Ressourcesinformatiques



# AutoCAD 2016



## Des fondamentaux à la présentation détaillée autour de projets professionnels

ISBN : 978-2-7460-9702-5
Imprimé en France

**Editions ENI**
ZAC du Moulin Neuf
Rue Benjamin Franklin
44800 St HERBLAIN

Tél. 02.51.80.15.15
Fax 02.51.80.15.16

e-mail : editions@ediENI.com
http://www.editions-eni.com

Auteurs : Jean-Yves GOUEZ et Olivier LE FRAPPER
Collection **Ressources Informatiques** dirigée par Joëlle MUSSET

Les éléments à télécharger sont disponibles à l'adresse suivante :
**http://www.editions-eni.fr**
Saisissez la référence ENI de l'ouvrage **RI16AUT** dans la zone de recherche et validez. Cliquez sur le titre du livre puis sur le bouton de téléchargement.

## Introduction

## Chapitre 1
## Les documents



## Chapitre 2
## L'environnement de travail

## Chapitre 3
# Le dessin

## Exercice 1
## Dessiner un meuble de bureau



## Chapitre 4
## Les tableaux



## Chapitre 5
## Les champs

## Exercice 2
## Créer un tableau de surfaces



## Chapitre 6
## La gestion des objets

## Chapitre 8
## La gestion de l'affichage



## Chapitre 9
## La gestion des calques

## Exercice 4
## Organiser le projet avec les calques



## Chapitre 10
## Les éléments de bibliothèque

## Exercice 5
## Éléments de bibliothèque



## Chapitre 11
## Les références externes

## Exercice 6
## Références externes



## Chapitre 12
## Les images tramées

## Chapitre 13
## L'habillage



## Chapitre 14
## Les lignes de repère

## Exercice 7
## Habiller le plan



## Exercice 8
## Habiller le plateau



## Chapitre 15
## Les renseignements

## Chapitre 16
## La présentation du dessin



## Exercice 9
## Mettre en page le plan



## Exercice 10
## Mettre en page le plateau

## Chapitre 17
# Objets annotatifs et échelle d'annotation



## Chapitre 18
# Les fichiers d'échange

# Introduction

## 1. Présentation d'AutoCAD 2016

### 1.1 Application

Le logiciel AutoCAD est une application universelle de Conception/Dessin Assisté(e) par Ordinateur. Les applications de CAO/DAO sont des outils très puissants. La vitesse et la facilité avec lesquelles un dessin peut être préparé et modifié sur un ordinateur présentent un immense avantage par rapport au dessin à la main. AutoCAD offre cette technologie sophistiquée (précédemment réservée aux systèmes plus grands et plus coûteux) aux utilisateurs de micro-ordinateurs.

Avec AutoCAD, il est possible de créer, pour ainsi dire, tout type de dessin. Si un dessin peut être créé à la main, il peut être créé avec AutoCAD. Il est préférable d'avoir de bonnes notions de dessin technique pour mieux apprécier les possibilités du logiciel. Convivial et complet, AutoCAD est utilisé dans de nombreux domaines d'activités :

- Dessins d'architecture divers.
- Dessins pour applications d'électronique, de chimie, d'ingénierie civile, de mécanique et d'aérospatiale ainsi que pour la technique automobile.
- Conception navale.
- Dessins d'architecture d'intérieur.
- Organigrammes et graphiques de toutes sortes.
- Projets et présentations.
- Illustrations techniques et plans de montage.
- Logos d'entreprise...

## 1.2 Caractéristiques matérielles

Système d'exploitation :

- Microsoft® Windows® 8/8.1
- Microsoft Windows 8/8.1 Pro
- Microsoft Windows 8/8.1 Enterprise
- Microsoft Windows 7 Enterprise
- Microsoft Windows 7 Ultimate
- Microsoft Windows 7 Professional
- Microsoft Windows 7 Home Premium

Processeur :

- Minimum Intel Pentium 4 ou AMD Athlon 64

Mémoire : 4 GB (8 GB ou plus recommandés).

Résolution d'affichage : 1024 x 768 (1600 x 1050 ou supérieure recommandée) avec couleurs vraies.

Espace disque (pour l'installation) : 6 Go.

Éléments supplémentaires requis pour la modélisation 3D :

- Mémoire : 8 Go ou supérieur.
- Carte vidéo couleurs vraies 1280 x 1024 de 128 Mo ou plus, Pixel Shader 3.0 ou ultérieur, carte graphique de classe station de travail Direct3D®.

**Pour environnement Mac**

Apple® Mac OS® X v10.8 ou version ultérieure avec processeur Intel 64 bits.

Apple® Mac® Pro 4.1 ou version ultérieure ; MacBook® Pro 5.1 ou version ultérieure (MacBook Pro 6.1 ou version ultérieure recommandé) ; iMac® 8.1 ou version ultérieure (iMac 11.1 ou version ultérieure recommandé) ; Mac® mini 3.1 ou version ultérieure (Mac mini 4.1 ou version ultérieure recommandé) ; MacBook Air® 2.1 ou version ultérieure ; MacBook® 5.1 ou version ultérieure (MacBook 7.1 ou version ultérieure recommandé).

- 3 Go de mémoire vive (4 Go voire 8 Go de mémoire vive recommandés).
- 2,7 Go d'espace disque disponible pour le téléchargement et l'installation (4 Go recommandés).
- Toutes les cartes graphiques du matériel pris en charge.
- Affichage 1024 x 800 avec True Color (1600 x 1200 avec True Color recommandé).
- Toutes les langues des systèmes d'exploitation prises en charge par Mac OS X.

- Apple® Mouse, Apple Magic Mouse, Magic Trackpad, MacBook® Pro trackpad ou souris compatible Microsoft.
- Imprimante compatible Mac OS X.

## 1.3 Description générale

AutoCAD offre un jeu d'entités pour construire vos dessins. Une entité (ou objet) est un élément de dessin comme une ligne, un arc, un texte... Vous pouvez indiquer à AutoCAD l'entité à dessiner en entrant la commande au clavier, en la choisissant dans un menu déroulant ou dans une barre d'outils. Vous devez ensuite répondre aux messages apparaissant au bas de votre écran pour donner certains renseignements, par exemple la position de l'entité dans votre dessin, et éventuellement une échelle et un angle de rotation. Après avoir répondu à ces questions, l'entité sera dessinée et apparaîtra sur votre écran. Vous pouvez alors enchaîner par de nouvelles commandes de dessin. Chaque changement effectué apparaît immédiatement à l'écran.

D'autres fonctions d'AutoCAD vous permettent de modifier vos dessins de nombreuses façons. Les entités peuvent être effacées, déplacées ou copiées en assemblages réguliers. Vous pouvez modifier la visualisation du dessin. AutoCAD vous apporte des aides pour placer avec précision vos entités. Si vous désirez une copie de votre dessin sur papier, vous pouvez en effectuer le tracé avec un traceur ou une imprimante graphique.

## 1.4 Interface graphique

AutoCAD réunit les avantages des fonctions de base usuelles de l'interface Windows et ceux des fonctions AutoCAD proprement dites : ainsi, vous pouvez bénéficier des menus déroulants, des boîtes de dialogue, des barres de défilement, des menus contextuels, mais aussi des rubans, groupes de fonctions, palettes d'outils pouvant s'afficher ou se redimensionner à la demande, des différents liens entre applications Windows (OLE, hyperliens...).

Vous trouvez en arrière-plan une fenêtre de texte contenant toutes les opérations précédentes de la session courante. Vous basculez de l'écran texte à l'écran graphique et inversement avec la touche [F2].

Vous bénéficiez d'une aide intuitive et visuelle , bien documentée, pouvant renseigner les débutants, les utilisateurs chevronnés ainsi que les développeurs. Vous y accédez également avec la touche [F1] pour une aide automatiquement adaptée à la commande en cours.

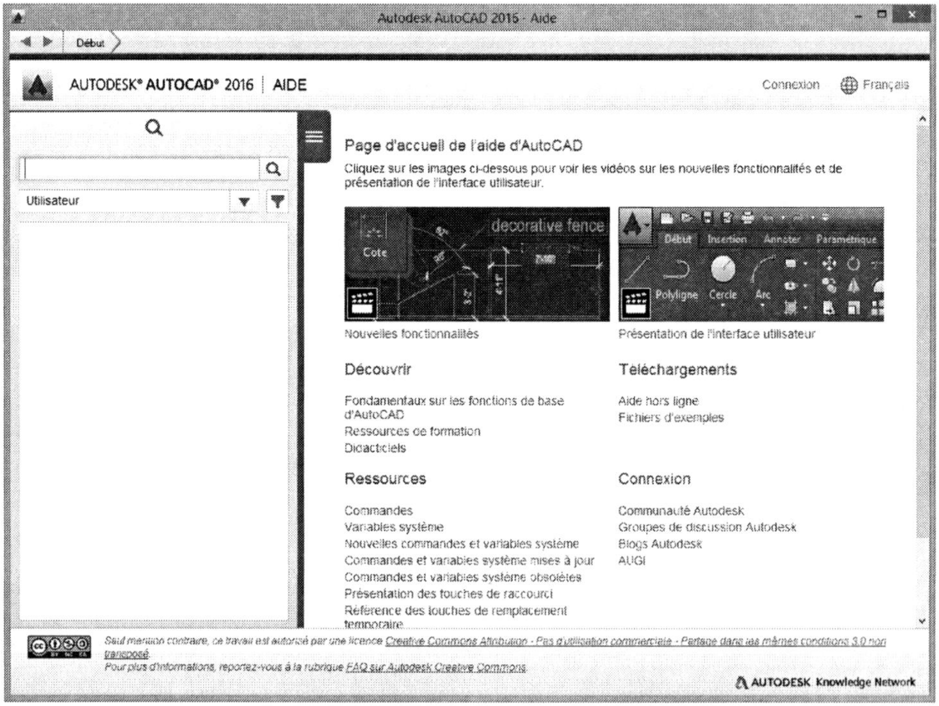


Depuis la barre de titre, le menu **?** permet l'accès aux aides citées précédemment, à une fenêtre de bienvenue, au téléchargement de l'aide hors ligne, à l'envoi de commentaires à l'éditeur Autodesk, au programme de participation du client.

Les rubriques suivantes sont affichées dans la fenêtre d'aide :

- Recherche par utilisateur, développeur et administrateur.
- Rubrique **Découvrir** donnant accès aux ressources de formation et didacticiels.
- Rubrique **Téléchargements** donnant accès aux téléchargements de l'aide hors ligne et aux fichiers d'exemple.
- Rubrique **Ressources** donnant accès à un manuel sur les fondamentaux d'AutoCAD, à des instructions dédiées à la gestion CAO, au référencement et aux aides des commandes et variables système, au glossaire des termes AutoCAD et aux FAQ.
- Rubrique **Connexion** donnant accès à la Communauté Autodesk, aux groupes de discussion Autodesk, aux blogs Autodesk et aux groupes d'utilisateurs (AUGI - *AutoDesk User Group International*).

## 1.5 Compatibilité

Avec AutoCAD 2016, vous pouvez charger des fichiers DWG, DXF ou DWT provenant de versions antérieures d'AutoCAD ou d'AutoCAD LT.

Vous pouvez aussi modifier les dessins provenant de ces différentes versions et procéder à leur enregistrement. AutoCAD 2016 permet l'enregistrement aux formats DWG AutoCAD 2013/LT2013, AutoCAD 2010/LT2010, AutoCAD 2007/LT2007, AutoCAD 2004/LT2004, AutoCAD 2000/LT2000 et AutoCAD R14/LT98/LT97.

**Remarque**

*Le format DWG AutoCAD 2013 est commun aux versions 2016, 2015, 2014 et 2013 d'AutoCAD et AutoCAD LT. Le format DWG AutoCAD 2010 est commun aux versions 2010, 2011 et 2012 d'AutoCAD. Le format DWG AutoCAD 2007 est commun aux versions 2009, 2008 et 2007. De la même façon, le format précédent DWG AutoCAD 2004 est commun aux versions 2004, 2005 et 2006.*

Attention, AutoCAD 2016 ne permet pas un enregistrement au format DWG AutoCAD 12 ou antérieur. L'enregistrement aux formats DXF AutoCAD 2013/LT2013, AutoCAD 2010/LT2010, AutoCAD 2007/LT2007, AutoCAD 2004/LT2004, AutoCAD 2000/LT2000, 12/LT2 est cependant toujours possible.

**Remarque**

*Le format DXF est un format standard de communication interlogiciel de CAO/DAO, autres logiciels de dessin vectoriel ou encore des logiciels dédiés à la construction et fabrication.*

# 2. L'écran AutoCAD 2016

## 2.1 L'écran de démarrage

Au lancement d'AutoCAD, l'écran de démarrage ci-dessous est affiché.

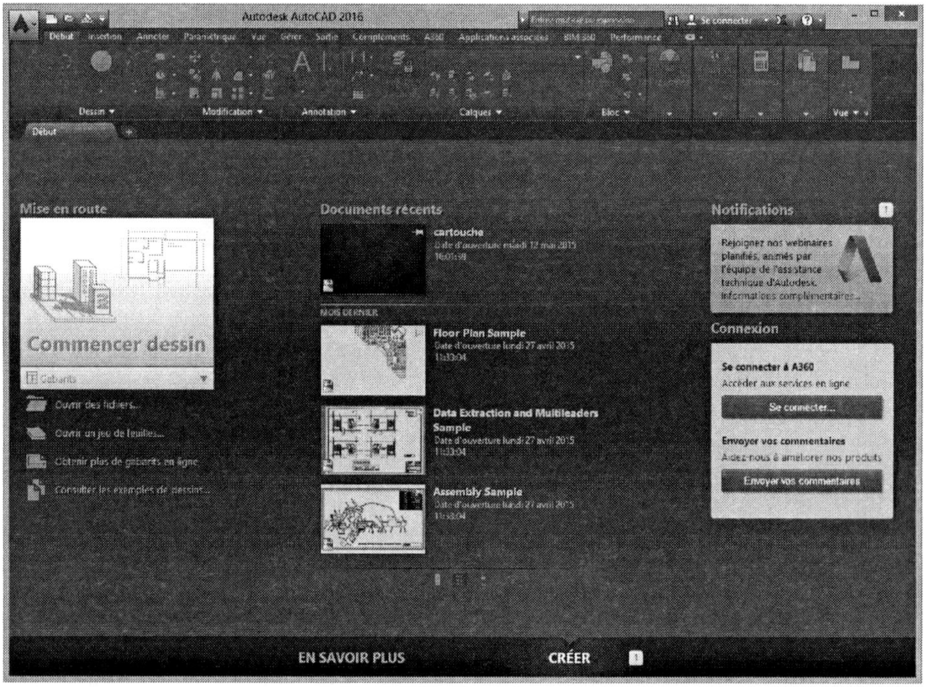


La fenêtre de démarrage affiche deux pages : la page **Créer** (par défaut) et la page **En savoir plus**.

La page **Créer** présente les quatre rubriques suivantes :

- **Mise en route** : accès à la création de nouveaux dessins à partir de la liste de gabarits. Accès aux fichiers, aux jeux de feuilles, à des gabarits en ligne, à des exemples de dessins.
- **Documents récents** : accès aux dessins ouverts récemment. Trois icônes situées dans la partie inférieure de la fenêtre de démarrage permettent de modifier le type d'affichage (grandes icônes, moyennes icônes, listes).
- **Notifications** : accès aux informations relatives aux mises à jour du logiciel, aux fichiers d'aide hors ligne, à l'accélération matérielle...

– **Connexion** : accès à Autodesk 360 (Cloud) et aux services en ligne (groupes de discussion, support, améliorations...).

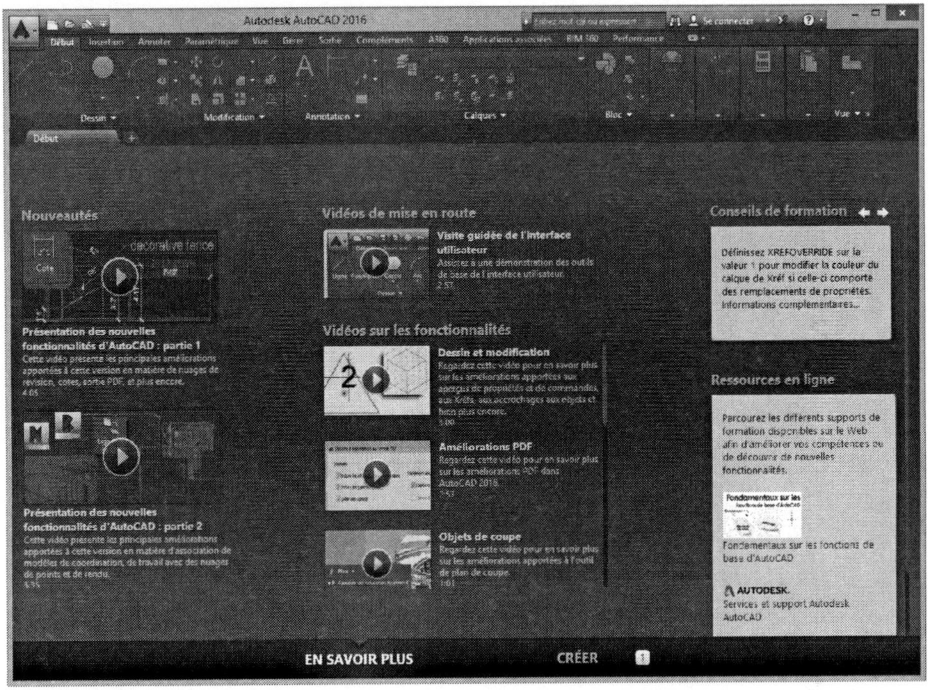


La page ci-dessus **En savoir plus** présente les cinq rubriques suivantes :

– **Nouveautés** : accès à une vidéo de présentation des nouveautés 2016.

– **Vidéos de mise en route** : accès à des vidéos de mise en route (interface, création et modification d'objets).

– **Vidéos sur les fonctionnalités** : accès à des vidéos détaillant certaines fonctionnalités.

– **Conseils de formation** : accès à des astuces et informations utiles à l'apprentissage.

– **Ressources en ligne** : accès aux ressources de support, formation et autres services web d'assistance.

Après avoir lancé AutoCAD 2016, l'écran suivant apparaît :

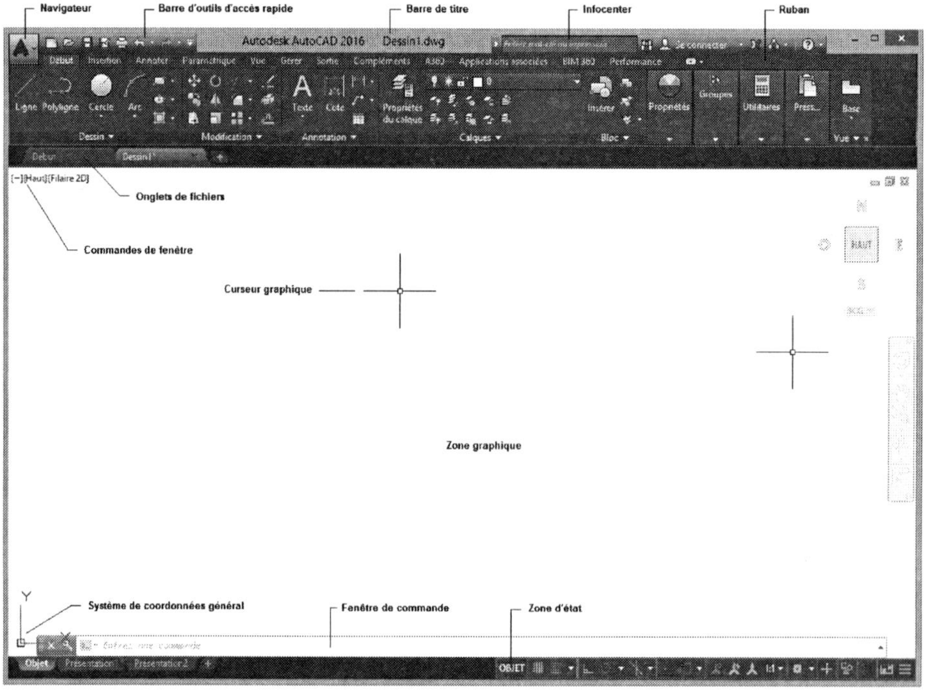


## Remarque

*L'affichage peut être légèrement différent sur votre écran. L'aspect de la fenêtre graphique dépend notamment de la taille et de la résolution de l'écran. Enfin, ici le fond d'écran est blanc pour une meilleure lisibilité de l'ouvrage.*

L'affichage de l'écran peut varier également selon l'espace de travail courant. AutoCAD met à disposition plusieurs espaces de travail prédéfinis, et permet la création d'espaces de travail personnalisés.

L'affichage précédent (par défaut) correspond à l'espace de travail **Dessin et annotation**, affichant l'interface actuelle propre aux plus récentes versions d'AutoCAD.

AutoCAD propose deux autres espaces de travail prédéfinis : **Eléments de base 3D** et **Modélisation 3D**. Ils sont tous les deux dédiés à la modélisation 3D.

Pour plus de détails sur les espaces de travail, voir Les espaces de travail dans ce chapitre.

Voici la description de chacune des zones de la fenêtre graphique :

## La barre de titre

Elle indique le nom de l'application et du fichier en cours. Mais elle inclut également le **Navigateur de menus**, une **Barre d'outils d'accès rapide** et l'**InfoCenter**.

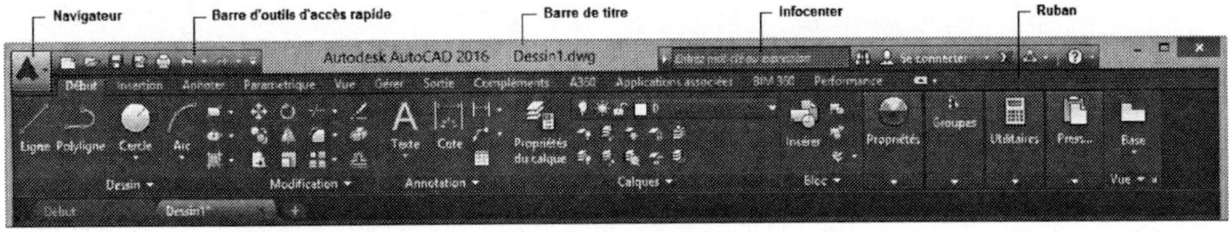


## Le Navigateur de menus

Il centralise les commandes visuelles suivantes :

- Créer un nouveau dessin ou un nouveau jeu de feuilles.
- Ouvrir un dessin, un dessin à partir du Cloud, un jeu de feuilles, importer un fichier DGN, accéder aux fichiers d'exemple locaux ou en ligne.
- Enregistrer des dessins, des gabarits, normes de dessin, enregistrer au format DXF...
- Exporter la présentation vers un autre dessin, convertir un lot de fichiers DWG.
- Exporter aux formats DWF, DWFx, DWF3D, PDF, DGN, FBX et autres formats.
- Publier des documents.
- Envoyer un module de dessins avec ses dépendances (E-Transmit), envoyer le fichier courant en tant que pièce jointe par courrier électronique.
- Imprimer, imprimer en différé, obtenir un aperçu du tracé, afficher le rapport de tracé et publication.
- Accéder au gestionnaire de mise en page.
- Accéder au gestionnaire des styles d'impression.
- Accéder aux utilitaires de dessin pour modifier les propriétés et les unités de dessin, purger ou récupérer un dessin.
- Fermer le ou les dessins ouverts.
- Rechercher des commandes à partir de chaînes de texte.
- Accéder aux dessins récemment ouverts ainsi qu'aux dessins actuellement ouverts.
- Accéder aux options AutoCAD.
- Quitter AutoCAD.

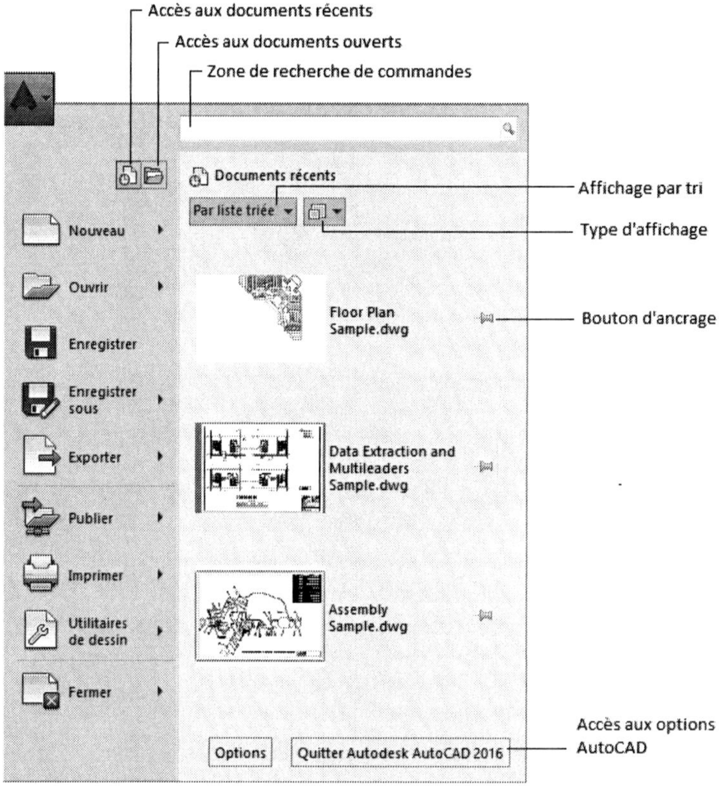


La figure ci-après affiche les documents récents. Le bouton **Type d'affichage** permet de modifier l'affichage des dessins dans le navigateur sous forme d'icônes, de petites, moyennes ou grandes images. Le bouton **Affichage par tri** permet de modifier l'affichage des dessins par date, taille, liste ou type. Le bouton d'**ancrage** (ou punaise) permet par exemple de rendre toujours disponible un document, quels que soient les dessins enregistrés par la suite. Dans la figure ci-après, le bouton d'ancrage au regard du dessin Plans-EXE_P0910_LF3.dwg est activé.

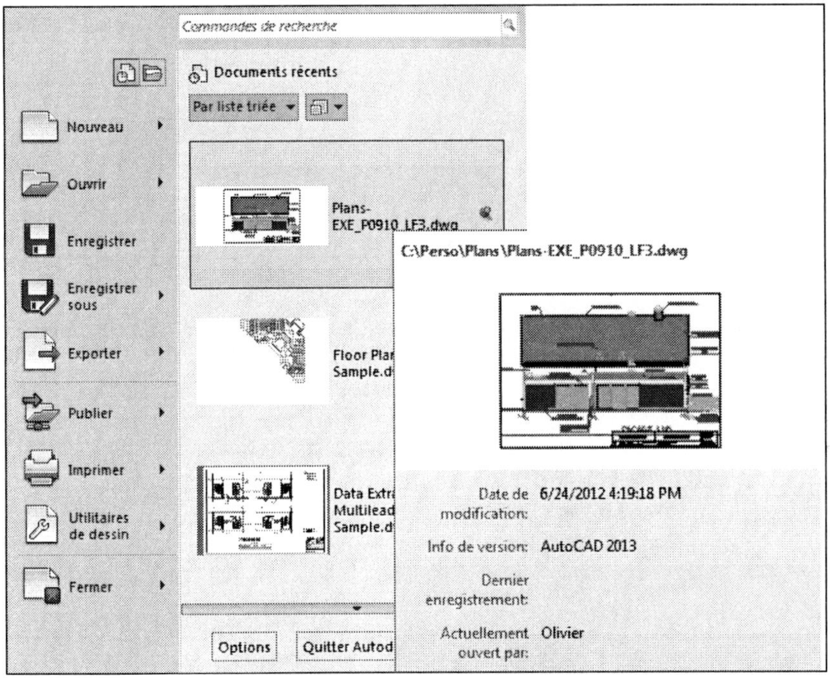


**Remarque**

*Conservez le pointeur de la souris sur le nom du dessin pour en obtenir un aperçu et un résumé.*

## La Barre d'outils d'accès rapide

Située à droite du navigateur, la barre d'outils d'accès rapide recense quelques commandes usuelles telles que les boutons **Nouveau**, **Ouvrir**, **Enregistrer**, **Enregistrer sous**, **Tracer**, **Annuler**, **Rétablir** ainsi que l'accès aux espaces de travail.

Conservez un instant le pointeur de la souris sur l'icône souhaitée, et découvrez l'info-bulle associée. Il s'agit d'une aide contextuelle affichant le nom de la commande, le raccourci-clavier associé, la définition de la commande, la commande à saisir au clavier, etc.

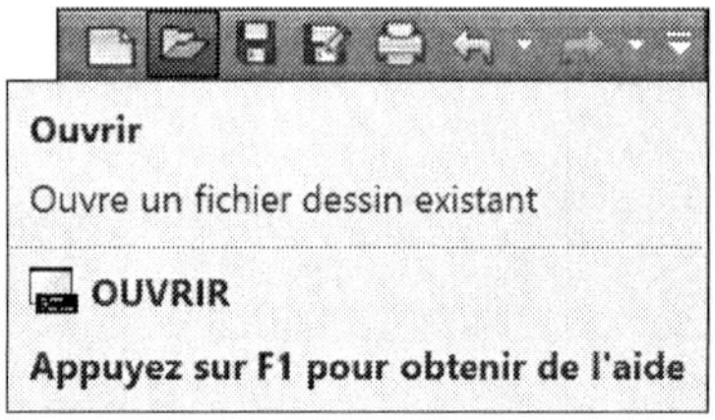


**Remarque**

*La Barre d'outils d'accès rapide est personnalisable, et vous pouvez y ajouter de nouveaux outils. Le bouton-liste situé à droite de la barre d'outils d'accès rapide permet d'accéder à l'affichage des outils prédéfinis.*

## L'InfoCenter

**InfoCenter**, qui apparaît dans la partie droite de la barre de titre, vous permet de rechercher et d'obtenir des informations à partir de mots-clés (ou expressions), d'accéder à la fenêtre **Exchange** pour consulter les annonces qui s'y trouvent, d'obtenir les mises à jour ou d'accéder à **Autodesk Online** pour les services associés à votre logiciel.

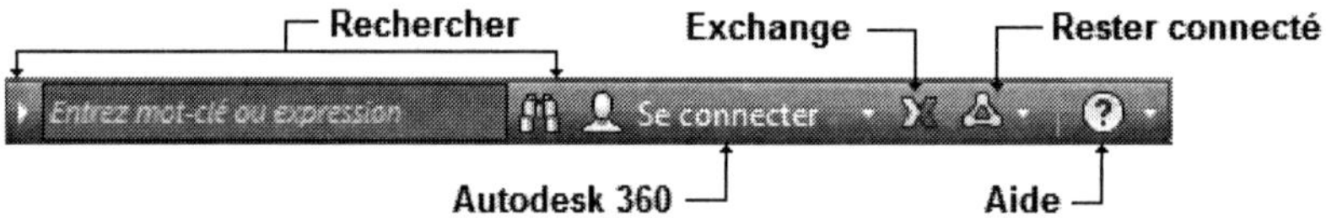


### Rechercher

Pour rechercher des informations, parcourir plusieurs sources simultanément (par exemple, l'aide, l'atelier des nouvelles fonctionnalités, des emplacements Web, des informations concernant des mots-clés, concepts ou outils...). Saisissez le mot-clé dans la zone de saisie et cliquez sur le bouton **Rechercher** .

### Autodesk 360

Permet de se connecter à Autodesk 360 et aux paramètres de stockage dans le Cloud.

### Exchange

Permet d'accéder aux applications du site web Applications Autodesk Exchange, aux téléchargements et à la communauté d'AutoCAD.

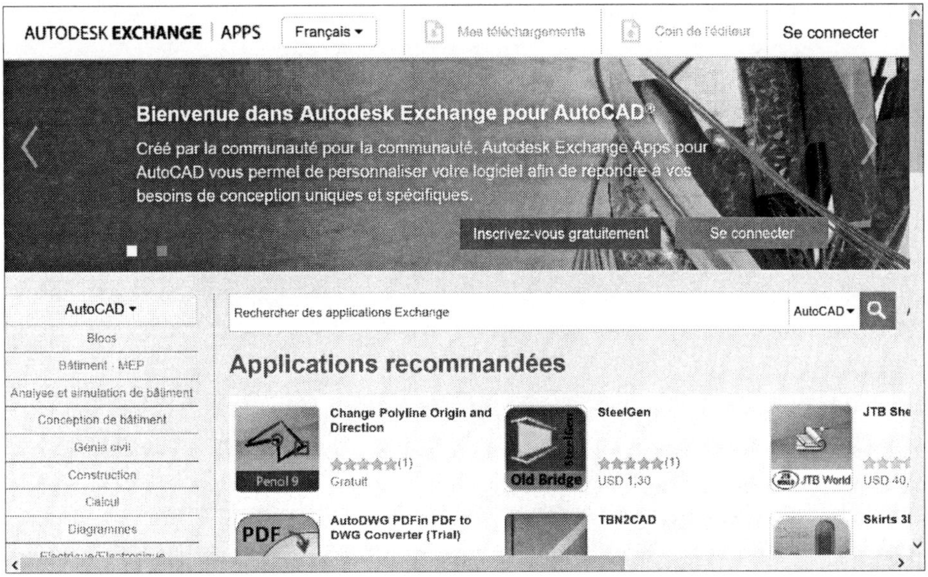


## Rester connecté

Permet d'accéder aux mises à jour de produits et de se connecter au centre d'abonnement ainsi qu'aux réseaux sociaux Facebook et Twitter.

## Aide

Le bouton-liste **Aide**  affiche le menu suivant :

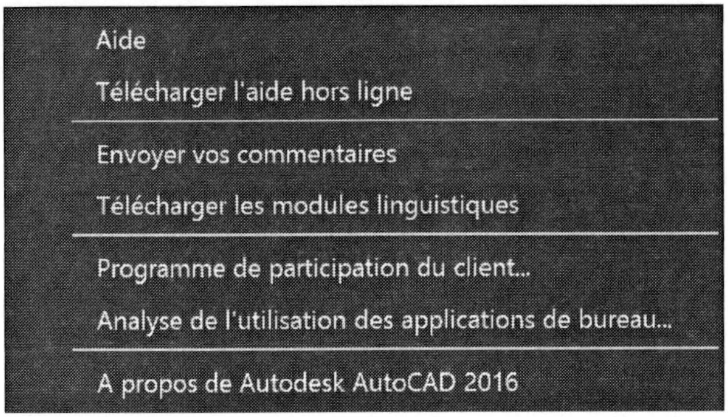


Utilisez la fonction **Aide** pour accéder à la rubrique Aide de la fenêtre Exchange.

**Télécharger l'aide hors ligne** permet d'installer localement le fichier d'aide pour une utilisation hors connexion.

**Envoyer vos commentaires** permet d'adresser vos "feedback" à Autodesk.

**Télécharger les modules linguistiques** permet d'accéder à l'installation de modules linguistiques et à leurs options.

**Programme de participation du client** permet de partager son expérience et de contribuer aux améliorations du produit.

**Analyse de l'utilisation des applications de bureau** permet de renseigner sa propre utilisation du logiciel. Autodesk collecte les informations suivantes : produit utilisé, durée de la session, pays, type de document, taille...

**A propos de Autodesk AutoCAD 2016** permet d'accéder aux termes d'utilisation de la licence, ainsi qu'aux informations d'accord de licence.

## Le Ruban

Le ruban réduit l'espace occupé par les outils en les regroupant dans un encombrement compact.

Le ruban est constitué d'**onglets** (figure ci-après) portant les noms **Début**, **Insertion**, **Annoter**, **Paramétrique**, **Vue**, **Gérer**, **Sortie**, **Compléments**, **A360**, **Applications associées**, **BIM 360** et **Performance** ainsi que des onglets contextuels. Chaque onglet affiche divers groupes de fonctions classés par catégories. Ainsi l'onglet **Début** affiche les groupes de fonctions **Dessin**, **Modification**, **Calques**, **Annotation**, etc. Ces groupes de fonctions incluent la plupart des commandes usuelles que vous retrouvez dans les menus, boîtes de dialogue, et barres d'outils. Ces commandes sont affichées sous la forme de bouton à icône simple ou bouton à icône déroulante.

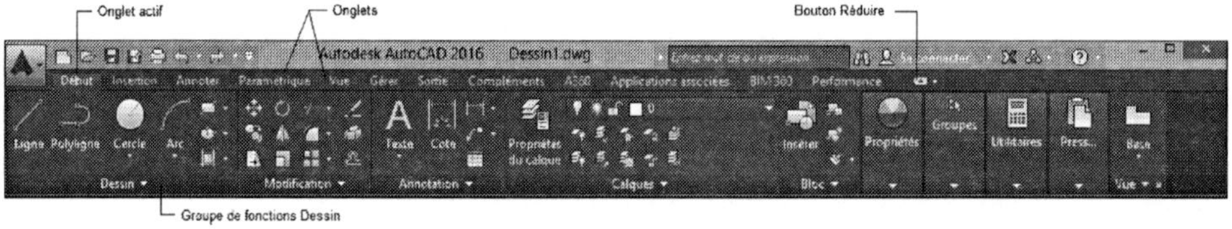


Les onglets contextuels sont affichés ponctuellement dans l'exécution d'une commande ou d'une opération, comme dans l'exemple de l'éditeur de texte ci-dessous (commande Texte multiligne) :

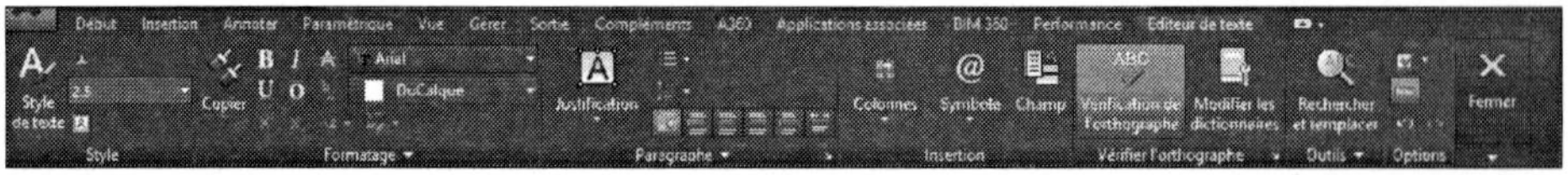

Sélectionnez l'onglet voulu, puis sélectionnez la commande (ou l'outil) dans le groupe correspondant.

Une flèche dans la partie inférieure droite d'un groupe de fonctions indique la possibilité d'afficher des outils complémentaires. Dans l'exemple ci-dessous, cliquez sur la flèche du groupe **Modification** (onglet **Début**) pour développer l'affichage de l'ensemble des fonctions du groupe :

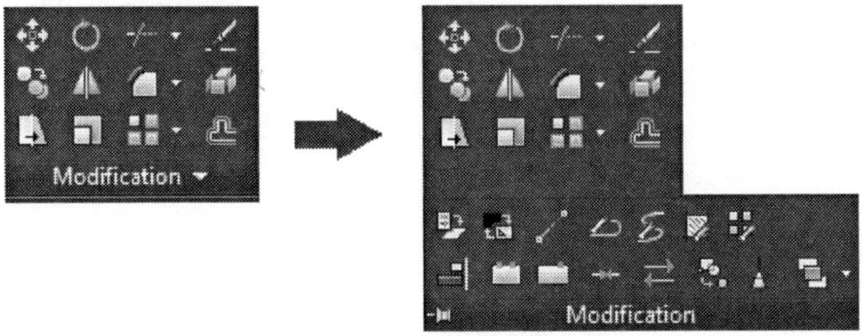


## Réduire l'affichage du Ruban

Vous affichez le ruban complet (par défaut), ou modifiez l'affichage du ruban en le réduisant aux seuls titres des onglets, ou encore aux titres des onglets et des groupes de fonctions.

Affichage des seuls titres des onglets :

Affichage des titres des onglets et groupes de fonctions :

Pour passer d'un affichage à un autre du ruban, cliquez sur le bouton **Réduire**  situé à droite des onglets du ruban.

■ Remarque

*Vous pouvez également accéder directement à l'affichage désiré, en déroulant le bouton **Réduire** puis en sélectionnant l'option désirée dans le menu suivant :*

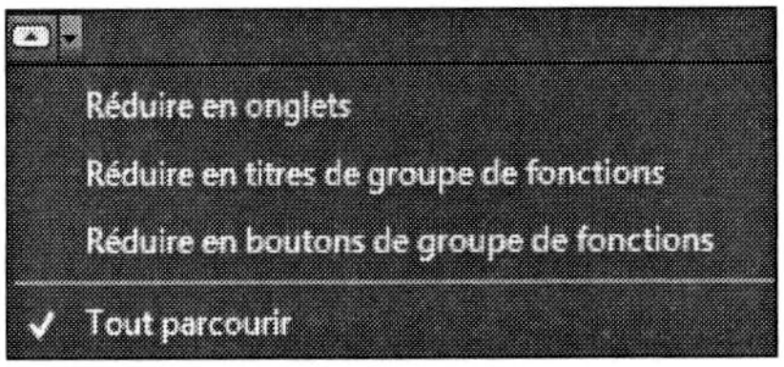

## Ancrer le Ruban ou le rendre flottant

Le ruban est présenté **ancré horizontalement** par défaut. Toutefois il est possible de l'afficher **ancré verticalement**, ou encore **flottant** pour un positionnement libre à l'écran.

### Rendre le ruban flottant

Pour rendre le ruban **flottant**, effectuez un clic droit sur le bouton **Réduire** du ruban, et sélectionnez **Désactiver l'ancrage**. Vous obtenez l'affichage suivant, et positionnez le ruban librement.

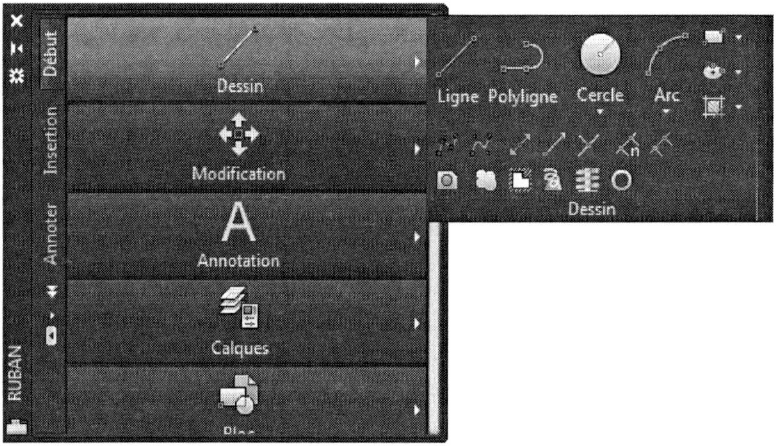


Le ruban flottant est organisé un peu différemment. Les onglets sont placés verticalement sur le côté, et les groupes de fonctions sont agencés les uns sous les autres. Une flèche permet de développer les outils complémentaires de chaque groupe de fonctions. Vous pouvez aussi afficher les noms de groupe de fonctions en effectuant un clic droit sur un des groupes puis en sélectionnant **Afficher les titres de groupes de fonctions**.

### Ancrer le ruban verticalement

Pour ancrer le ruban verticalement, effectuez un cliqué-glissé à partir de la barre de titre **Ruban** vers le bord droit ou gauche de l'écran AutoCAD.

Le résultat est semblable à l'affichage ci-dessous :

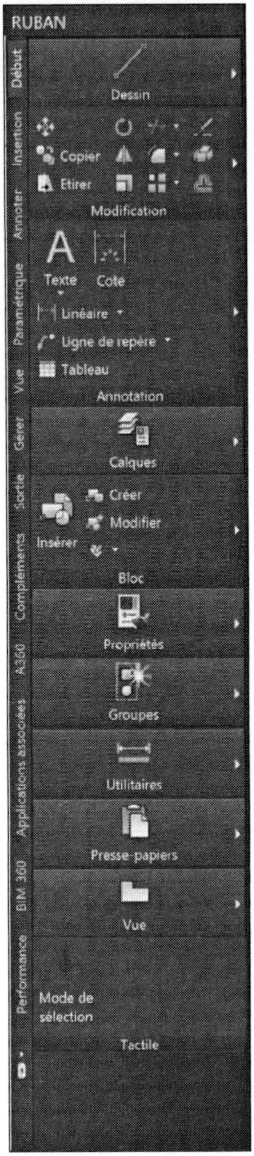


L'utilisation des onglets (placés sur le côté) et des groupes de fonctions est le même qu'avec le ruban ancré horizontal.

## La zone graphique

C'est l'espace dans lequel est représenté le dessin. Remarquez aussi la présence du Système de Coordonnées Général, il indique l'orientation des axes X et Y.

## Commandes de la fenêtre

Outre les boutons Windows classiques de réduction, d'agrandissement et de fermeture, AutoCAD intègre, dans la partie supérieure gauche, les commandes de la fenêtre du dessin courant.

[–] [Haut] [Filaire 2D]

Les commandes de la fenêtre permettent de modifier les vues, les styles visuels et d'autres paramètres.

On distingue trois zones (entre crochets) à partir desquelles vous pouvez changer les paramètres.

### [–] Contrôles de la fenêtre

Vous accédez ici aux options permettant d'agrandir la fenêtre, de changer sa configuration ou de gérer l'affichage des outils de navigation.

- Cliquez sur l'icône **Contrôles de la fenêtre** [–] pour afficher le menu contextuel suivant :

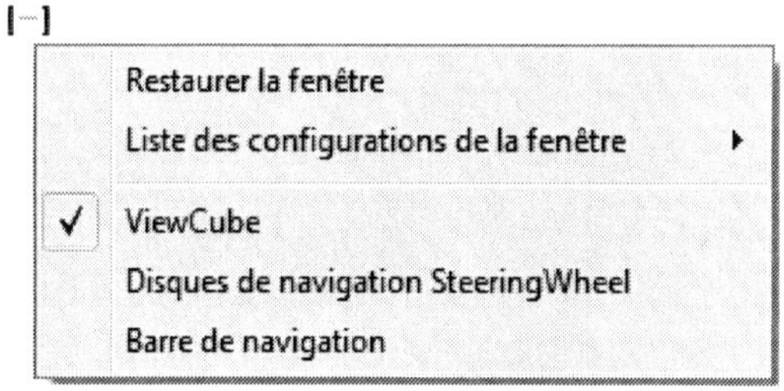


**Restaurer la fenêtre/Agrandir la fenêtre** : permet de restaurer ou d'agrandir la fenêtre courante.

**Liste des configurations de la fenêtre** : permet de changer la configuration de la fenêtre courante, pour diviser la zone graphique en plusieurs parties (multifenêtrage).

Ce menu permet aussi d'afficher ou de masquer les outils de navigation **ViewCube**, **Disques de navigation SteeringWheel**, **Barre de navigation**.

## [Haut] Contrôles de la vue

Vous choisissez ici parmi plusieurs vues standards et personnalisées.

- Cliquez sur l'icône **Contrôles de la vue** [Haut] pour afficher le menu contextuel suivant :

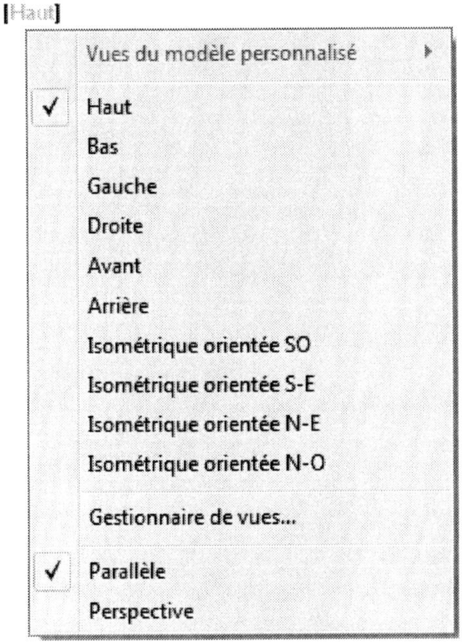


**Vues du modèle personnalisé** : accède aux vues nommées, créées par l'utilisateur (option grisée si absence de vues nommées).

**Haut**, **Bas**, **Gauche**, **Droite**, **Avant**, **Arrière** : accède aux projections orthogonales prédéfinies.

**Isométrique orientée SO**, **Isométrique orientée S-E**, **Isométrique orientée N-E**, **Isométrique orientée N-O** : accède aux vues isométriques prédéfinies.

**Gestionnaire de vues** : permet d'accéder à la fenêtre **Gestionnaire de vues**.

**Parallèle** : active la projection parallèle de la visualisation 3D.

**Perspective** : active la projection perspective de la visualisation 3D.

## [Filaire 2D] Contrôles du style visuel

Vous choisissez ici parmi les styles visuels standards et personnalisés.

- Cliquez sur l'icône **Contrôles du style visuel** [Filaire 2D] pour afficher le menu contextuel suivant :

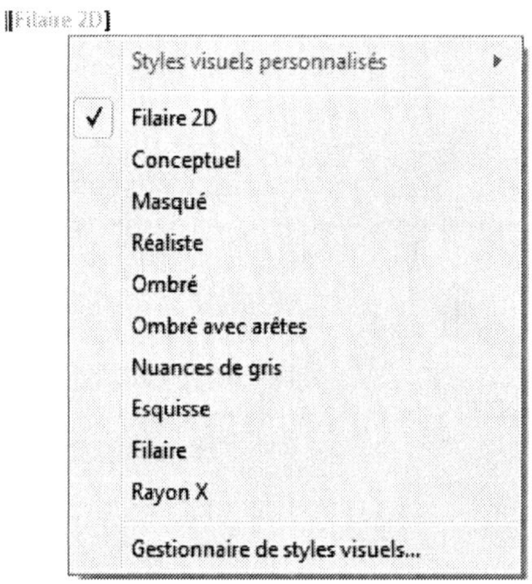


**Styles visuels personnalisés** : accède aux styles visuels nommés, créés par l'utilisateur (option grisée si absence de styles nommés).

**Filaire 2D**, **Conceptuel**, **Masqué**, **Réaliste**, **Ombré**, **Ombré avec arêtes**, **Nuances de gris**, **Esquisse**, **Filaire**, **Rayon X** : accède aux styles visuels prédéfinis, utilisés principalement en visualisation 3D.

**Gestionnaire de styles visuels** : permet d'accéder à la fenêtre **Gestionnaire de styles visuels**.

## La barre de navigation

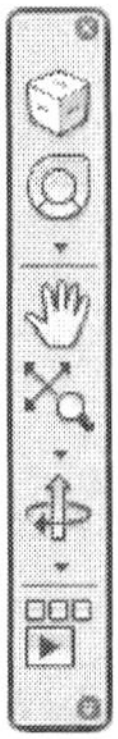

Située dans la partie droite de la zone graphique, elle permet un accès direct aux principaux outils de navigation : **ViewCube**, **Disques de navigation**, **Panoramique**, **Zoom**, **Orbites**, **ShowMotion**.

## La fenêtre de commande

Elle permet de saisir une commande au clavier et affiche les messages ou instructions à suivre lors des différentes réalisations. Elle permet également la sélection directe d'une option de commande à l'aide du pointeur.

Une zone d'état est située dans la partie inférieure et permet d'activer/désactiver certains outils d'aide au dessin, mais aussi d'accéder au paramétrage de ceux-ci grâce au clic droit de la souris.

La fenêtre de commande affiche un historique temporaire des invites au-dessus d'une fenêtre de commande flottante.

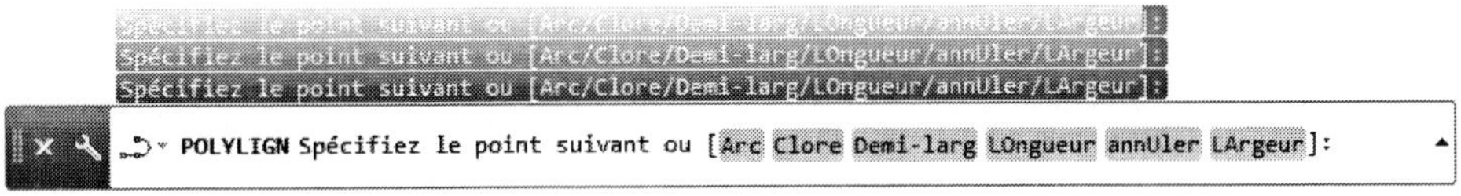


La fenêtre de commande peut être flottante et être positionnée n'importe où à l'écran. Elle pourra aussi être redimensionnée.

Pour obtenir une fenêtre de commande flottante, effectuez un cliqué-glissé à partir du bord gauche de la fenêtre. Disposez la nouvelle fenêtre où bon vous semble. Pour obtenir à nouveau une fenêtre ancrée, effectuez un même cliqué-glissé vers le bas de la fenêtre AutoCAD. Relâchez le dispositif de pointage seulement quand l'aspect de la fenêtre change. La fenêtre s'arrime d'elle-même correctement.

La fenêtre de commande peut être ancrée à la fenêtre AutoCAD. Dans ce cas, elle prend toute la largeur.

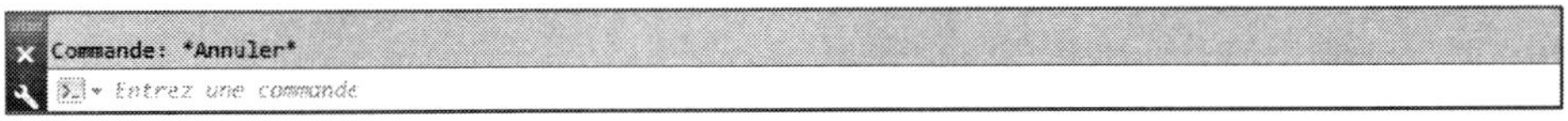


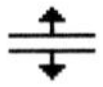

Vous pouvez agir sur la hauteur de cette fenêtre (3 lignes de commande par défaut). Pour cela, effectuez un cliqué-glissé à partir du bord supérieur de la fenêtre. Les options d'AutoCAD permettent de fixer le nombre de lignes par défaut de la fenêtre de commande.

**Remarque**

*Vous pouvez alternativement masquer ou afficher la fenêtre de commande grâce à la combinaison des touches [Ctrl]* ***9*** *(****ç*** *sur pavé alphanumérique).*

AutoCAD affiche la fenêtre ci-après pour confirmer le masquage de la fenêtre de commande.

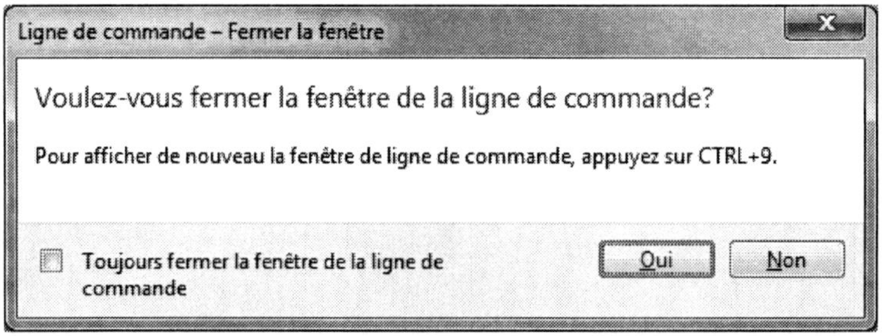


Lorsque la fenêtre de commande est masquée, toutes les informations de saisie sont affichées dynamiquement au niveau du curseur.

- Pour accéder aux options de personnalisation de la fenêtre de commande, cliquez sur le bouton **Personnaliser** situé dans la fenêtre de commande.

Le menu suivant est affiché :

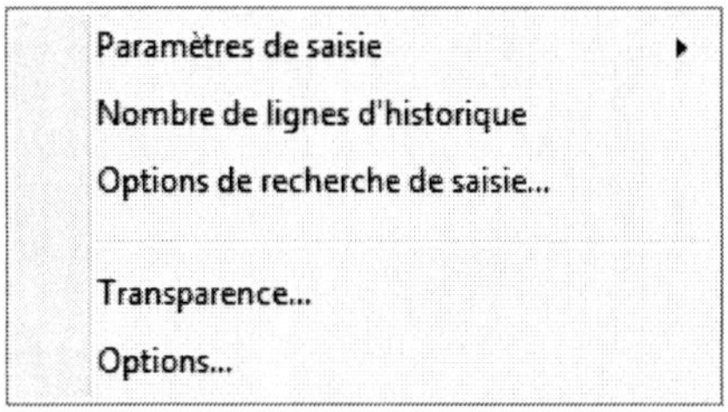


**Paramètres de saisie** permet de définir les suggestions d'affichage lors de la saisie d'une commande, telles qu'une liste de commandes et variables suggérées à partir d'une saisie partielle de caractères, l'affichage des icônes de commandes, la correction automatique...

**Nombre de lignes d'historique** permet de modifier le nombre de lignes par défaut de la fenêtre de commande.

**Options de recherche de saisie** gère les paramètres de suggestions associées aux commandes, variables système et contenus nommés tels que les blocs et les calques par exemple.

**Transparence** permet de modifier le niveau de transparence général et de survol de la fenêtre de commande.

**Options** permet d'accéder aux options générales d'AutoCAD.

## Présentation automatique des commandes et variables système

Par défaut, AutoCAD complète automatiquement le nom d'une commande ou d'une variable système affichée lors d'une saisie au clavier. Il affiche en outre une liste des choix possibles dans laquelle vous pouvez choisir la commande à exécuter.

▶ Saisissez la ou les premières lettres, et AutoCAD affiche une liste de suggestions.

Dans l'exemple ci-dessous, la lettre "R" est saisie. AutoCAD propose l'affichage suivant :

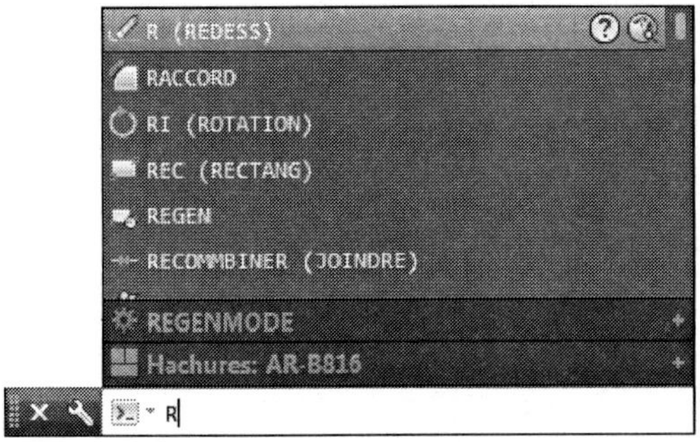


La liste de suggestions peut afficher pour chaque commande l'icône, l'alias (raccourcis de commande), et la commande elle-même. Ainsi, le premier exemple de la liste ci-dessus affiche l'icône , l'alias R et la commande entre parenthèses REDESS.

▶ Faites glisser la barre de défilement ou utilisez la touche [Tab] pour accéder aux suggestions suivantes si nécessaire.

▶ Puis sélectionnez la commande (ou variable) désirée grâce à un simple clic pour l'exécuter.

**Remarque**

*AutoCAD 2016 permet la correction automatique de la saisie et propose des suggestions et synonymes.*

## Contrôle des fonctions automatiques

Vous pouvez contrôler les fonctionnalités activées lors de la saisie.

- Effectuez un clic droit dans la fenêtre de commande et choisissez **Saisie automatique** pour afficher le menu ci-après.

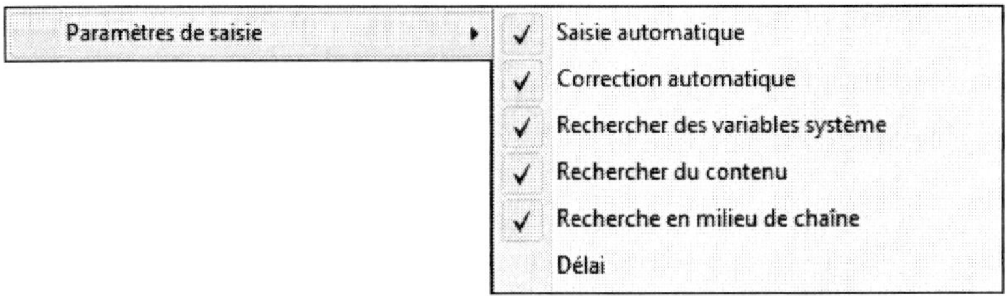


**Saisie automatique** : les commandes et les variables système sont automatiquement complétées lors de la saisie, lorsque cette option est activée.

**Correction automatique** : une liste de commandes et de variables système valides s'affiche lors de la saisie, pour les mots souvent mal orthographiés.

**Rechercher des variables système** : active ou désactive la prise en compte des variables système ou des commandes uniquement dans la saisie automatique.

**Rechercher du contenu** : précise si les objets nommés sont affichés dans la liste de suggestions (bloc, calque, hachure, style de texte, style de cote...).

**Recherche en milieu de chaîne** : permet la recherche des commandes et variables qui non seulement commencent par les lettres spécifiées, mais également qui les contiennent.

**Délai** : permet de fixer le délai (en secondes) avant l'affichage des suggestions.

**Remarque**

*La commande COMPLETERAUTO permet de contrôler ces fonctions automatiques.*

## Le curseur graphique et le périphérique de saisie

Le curseur se déplace interactivement avec le périphérique de saisie. Représenté par un trait horizontal et un trait vertical ainsi que par un réticule à l'intersection de ces deux traits, le curseur change d'aspect selon la situation dans laquelle vous vous trouvez. Par exemple, lorsque vous devez sélectionner des entités, le curseur ne présente que le réticule seul. En dehors de la zone graphique, le curseur est différent. Sur un groupe de fonctions par exemple, il se transforme en flèche Windows standard.

Le périphérique de saisie peut être une souris, un digitaliseur de 4 à 16 boutons ou encore un stylet. Considérons, que pour la suite de cet ouvrage, nous choisissons la souris.

### Les menus contextuels

Vous connaissez le bouton gauche de la souris, il sert à dérouler des menus, choisir des commandes ou des outils et à préciser des points particuliers sur votre dessin. Le bouton droit de la souris accède au menu contextuel qui varie selon la position du curseur et/ou la situation en cours.

#### Cas 1

Un clic droit sur le nom d'un groupe de fonctions accède à la liste des onglets et groupes de fonctions disponibles. Vous activez ou désactivez les onglets et groupes de fonctions à l'aide d'un simple clic.

#### Cas 2

Un clic droit dans la zone graphique (sans opération en cours) affiche un menu proposant :

- L'exécution de la dernière commande.
- L'accès aux précédentes saisies.
- L'utilisation des fonctions Windows du Presse-papiers (notez la possibilité de copier avec un point de base).
- L'accès aux fonctions d'isolement et de masquage des objets.
- L'annulation de la commande en cours ou la récupération de l'annulation précédente.
- Les zoom, panoramique temps réel et disque de navigation.
- L'accès à l'enregistreur d'actions.
- L'accès aux filtres de sous-objets.
- La sélection rapide des objets du dessin (cf. chapitre La gestion des objets - Sélection rapide).
- La calculatrice rapide.
- La recherche et/ou le remplacement de texte, texte de cote, valeurs d'attributs, hyperliens ou descriptions d'hyperliens dans le dessin courant.
- Les options d'AutoCAD.

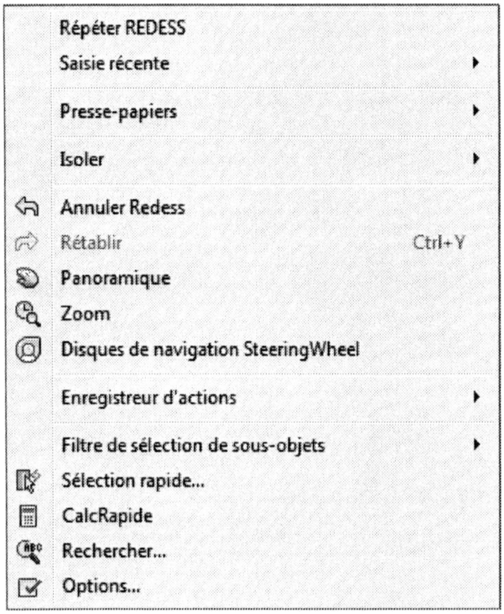


## Cas 3

Un clic droit dans la zone graphique, alors que des objets ont été sélectionnés, affiche un menu proposant :

- L'exécution de la dernière commande.
- L'accès aux précédentes saisies.
- Les fonctions Windows du Presse-papiers (notez la possibilité de copier avec un point de base).
- L'accès aux fonctions d'isolement et masquage des objets.
- Les commandes AutoCAD courantes : **Effacer**, **Déplacer**, **Copier la sélection**, **Echelle**, **Rotation**, **Ordre de tracé**, **Grouper**.
- La sélection de tous les objets similaires aux objets sélectionnés (**Sélection similaire**), selon les paramètres « similaires » définis par le biais de la commande **select-similar** (option **Paramètres**). Les paramètres par défaut nom et calque peuvent concerner la couleur, le calque, le type de ligne, l'échelle du type de ligne, l'épaisseur de ligne, le style de tracé, le style d'objet.
- La "désélection" des objets.
- L'accès aux filtres de sous-objets.
- La sélection rapide des objets du dessin (cf. chapitre La gestion des objets - Sélection rapide).

- L'accès à la calculatrice.
- La recherche et le remplacement de texte.
- L'accès aux propriétés des objets sélectionnés.
- L'activation/désactivation de la fenêtre **Propriétés rapides**.

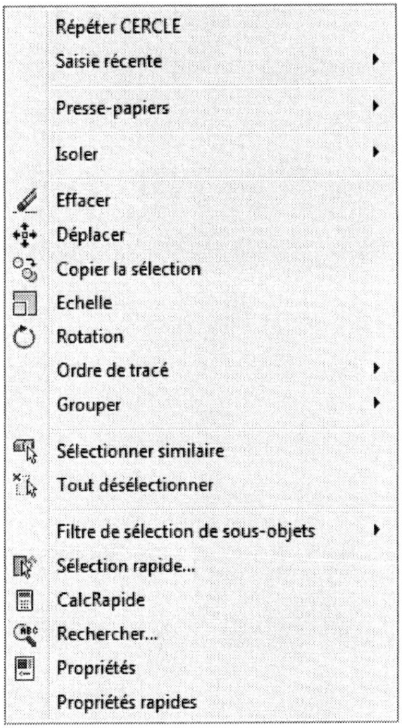


**Remarque**

*En fonction du type d'objet sélectionné, la commande d'édition correspondante est proposée. Ex. : si un texte multiligne est sélectionné, la commande **Editer textmult** est disponible ; si un motif de hachurage est sélectionné, la commande **Editer les hachures** est disponible.*

## Cas 4

Un clic droit dans la fenêtre de commande propose un petit menu contextuel :

- Les précédentes commandes utilisées sont disponibles.
- Les options de saisie automatique.
- La définition du nombre de lignes d'historique affichées.
- Les options de recherche de saisie automatique.

- Les fonctions Windows du Presse-papiers ainsi que la copie de l'historique de la fenêtre texte d'AutoCAD.
- Les paramètres de transparence.
- Les options d'AutoCAD.

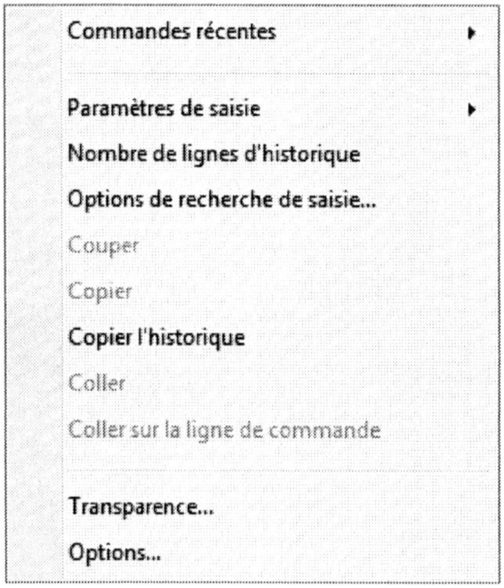


## Autres cas

Un clic droit dans la zone graphique alors qu'une commande est en cours affiche un menu proposant :

- La validation (**Entrer**).
- L'annulation de la commande en cours.
- Les options disponibles dans la commande en cours (nombreuses variantes selon la commande).
- L'accès à l'accrochage aux objets.
- Les zoom, panoramique temps réel et disques de navigation.
- La calculatrice rapide.

Exemple 1

▶ Exécutez la commande **Cercle** puis effectuez un clic droit. Le menu contextuel vous propose notamment les options 3Points, 2Points, Tangente tangente rayon.

Exemple 2

- Dans le cas de la mise en place de hachures, précisez un point interne à un contour à hachurer. Une fois le contour défini, un clic droit permet notamment un aperçu du hachurage, la sélection d'objets ou de nouveaux contours, mais donne aussi accès aux paramètres des hachures et aux options avancées de détection des îlots.

## La barre de menus déroulants

Elle contient les noms des menus déroulants. Parmi les diverses méthodes disponibles pour exécuter une commande, les menus déroulants restent les plus complets. Ils donnent accès à l'ensemble des commandes et outils. Les menus déroulants peuvent être personnalisés, ce qui requiert alors certaines connaissances de niveau avancé.

Les menus déroulants sont similaires à ceux que vous retrouvez dans le **Navigateur de menus**.

Et bien que la **barre de menus déroulants** ne soit pas affichée par défaut, vous pouvez activer celle-ci depuis le bouton-liste  de la **barre d'outils d'accès rapide** en choisissant **Afficher la barre de menus** dans le menu contextuel suivant.

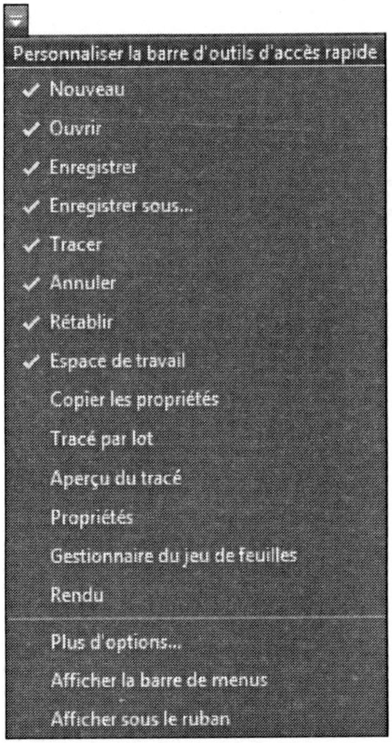

La **barre de menus déroulants** apparaît sous la **barre d'outils d'accès rapide** comme ci-dessous :

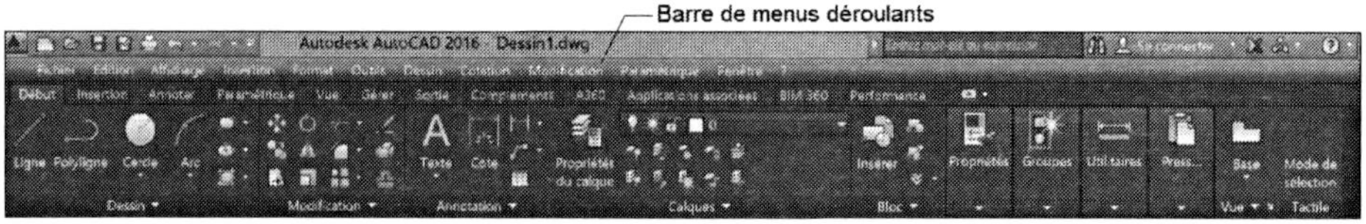


Les fonctions des différents menus déroulants seront précisées au fur et à mesure dans cet ouvrage.

Lorsque vous choisissez une commande suivie de points de suspension (...), par exemple **Nouveau** dans le menu **Fichier**, une boîte de dialogue s'affiche.

Quand vous choisissez une commande avec une flèche  à droite du nom, par exemple **Zoom** du menu **Affichage**, un menu en cascade apparaît et propose d'autres choix.

## Les info-bulles

Il suffit de laisser une seconde le pointeur de la souris sur une icône afin de découvrir l'info-bulle associée.

Dans l'exemple ci-dessous, le pointeur est placé sur la commande **Arc** du groupe de fonctions **Dessin** (onglet **Début** du ruban) :

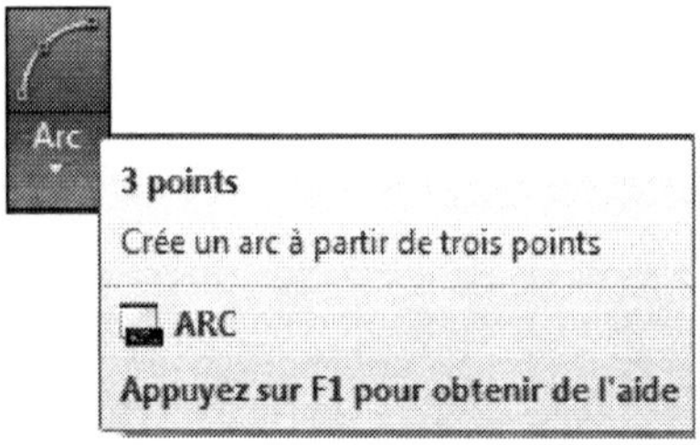


Cette aide précise :

- Le nom de la commande et une option éventuelle.
- La définition de la commande.
- Le nom de la commande (telle qu'elle peut être saisie au clavier ou utilisée en macro).

Si vous laissez le pointeur une seconde supplémentaire, l'aide précédente est complétée par un texte explicatif détaillant la commande et ses options, ainsi que par un graphique explicite voire une vidéo (limité à certaines commandes) comme ci-après.

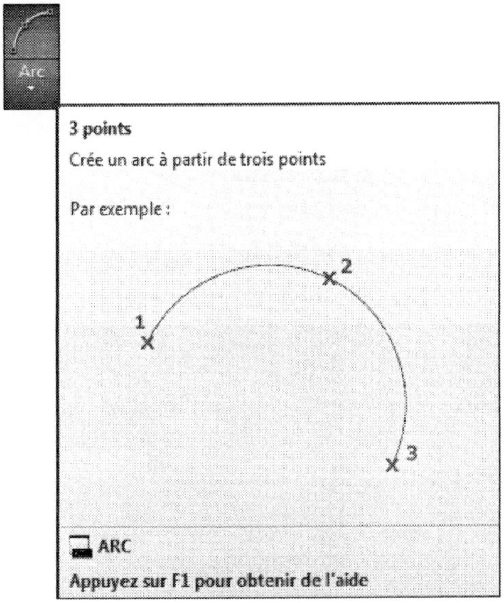


Vous pouvez activer ou désactiver ces info-bulles dans la boîte de dialogue **Options**, via l'onglet **Affichage**.

## Les info-bulles de survol

Les info-bulles de survol affichent les valeurs des propriétés, lorsque le pointeur de la souris est positionné sur l'objet.

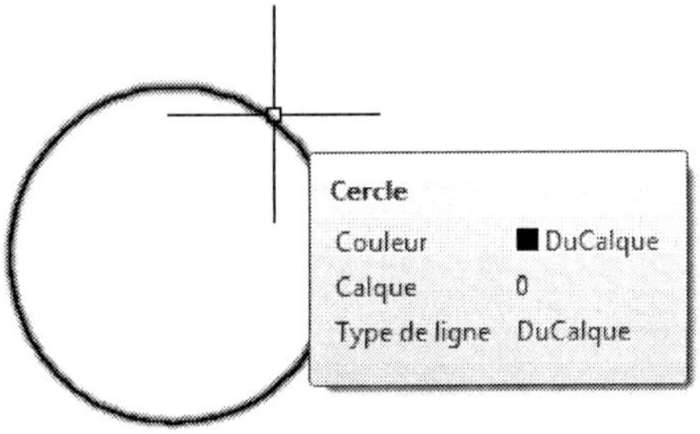


Par défaut, les propriétés de **Couleur**, de **Calque** et de **Type de ligne** peuvent être affichées comme dans l'exemple ci-dessus.

Mais ces propriétés et ces valeurs affichées peuvent être modifiées selon le type d'objet. Lorsque vous personnalisez l'affichage des propriétés pour une info-bulle de survol, vous pouvez afficher de nombreuses propriétés plus pertinentes selon vos propres préférences.

## Les palettes d'outils

Elles permettent d'organiser les blocs et les hachures dans des zones à onglets. Vous classez dans ces zones à onglets un ensemble d'éléments personnalisés (blocs ou hachures par exemple) que vous visualisez en un seul coup d'œil et que vous pouvez insérer très rapidement dans le dessin.

- Activez l'onglet **Vue** du ruban, et choisissez le bouton **Palettes d'outils** dans le groupe de fonctions **Palettes**.

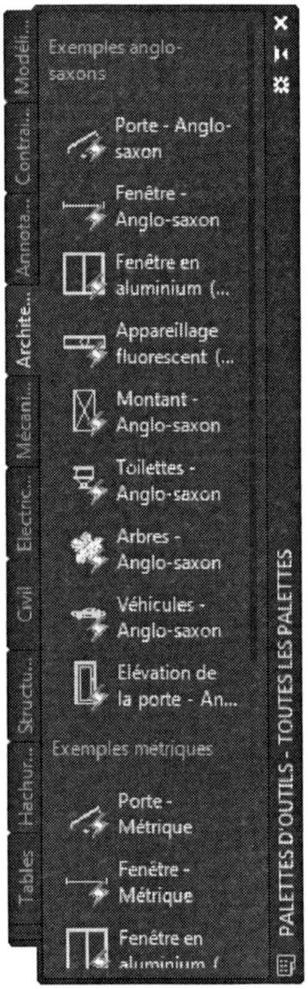


- Choisissez l'onglet désiré et cliquez sur le bloc ou le motif de hachure pour l'insérer dans le dessin. Suivez la procédure dans la ligne de commande pour indiquer les points d'insertion, échelles et orientation des blocs ou la zone à remplir pour les hachures.

Vous pouvez à tout moment redimensionner cette fenêtre en effectuant un cliqué-glissé sur l'un des bords ou coins de la fenêtre. Celle-ci peut être déplacée sur la zone graphique par un cliqué-glissé sur la barre de titre verticale. Elle peut être également arrimée sur les bords gauche ou droit de la fenêtre AutoCAD, grâce à un cliqué-glissé sur la barre de titre verticale ; lâchez le dispositif de pointage lorsque le nouvel aperçu de la fenêtre apparaît.

Une barre de défilement vertical permet d'accéder aux contenus supérieur et inférieur de l'onglet courant.

L'affichage des palettes d'outils peut être réduit à la largeur de la barre de titre, ce qui permet de libérer l'espace de travail.

▶ Dans la fenêtre **Palettes d'outils**, cliquez sur le bouton **Masquer automatiquement** .

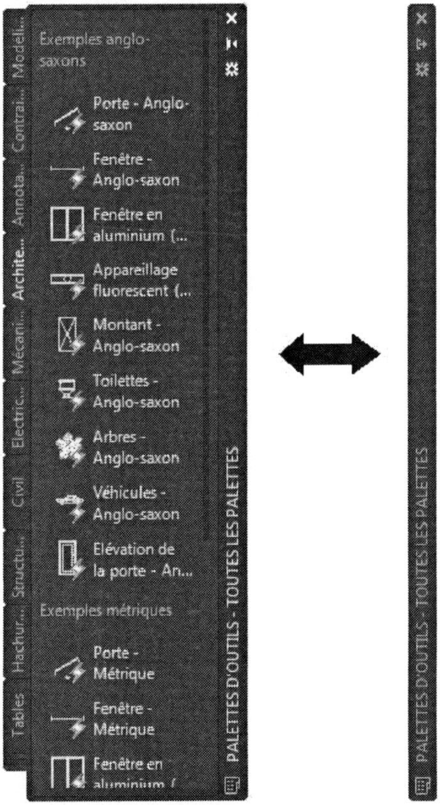

- Positionnez le pointeur de la souris sur la barre de titre pour voir apparaître automatiquement le contenu de la palette d'outils. Inversement, positionnez le pointeur à l'extérieur pour la masquer à nouveau.
- Cliquez une nouvelle fois sur le bouton **Masquer automatiquement** pour désactiver le masquage automatique.
- Dans la fenêtre **Palettes d'outils**, cliquez sur le bouton **Propriétés** .

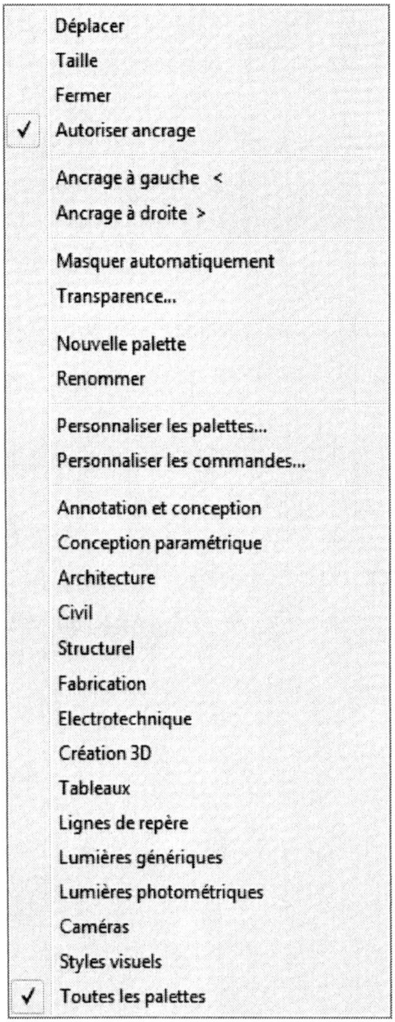

Cette fenêtre donne accès aux déplacement, redimensionnement et fermeture de la palette d'outils. Les options **Déplacer**, **Taille** et **Fermer** sont l'équivalent des manipulations effectuées par le pointeur directement sur la fenêtre.

L'option **Autoriser ancrage** permet l'arrimage aux bords gauche et droit de la fenêtre AutoCAD. Si cette option est désactivée, l'arrimage devient impossible.

L'option **Ancrage à gauche <** impose l'arrimage de la fenêtre **Palettes d'outils** à gauche de la fenêtre graphique.

L'option **Ancrage à droite >** impose l'arrimage de la fenêtre **Palettes d'outils** à droite de la fenêtre graphique.

L'option **Masquer automatiquement** est identique au bouton **Masquer automatiquement** présenté précédemment.

L'option **Transparence...** permet un affichage transparent des palettes d'outils. Ceci vous permet de visualiser le dessin tout en accédant aux symboles et blocs des palettes d'outils.

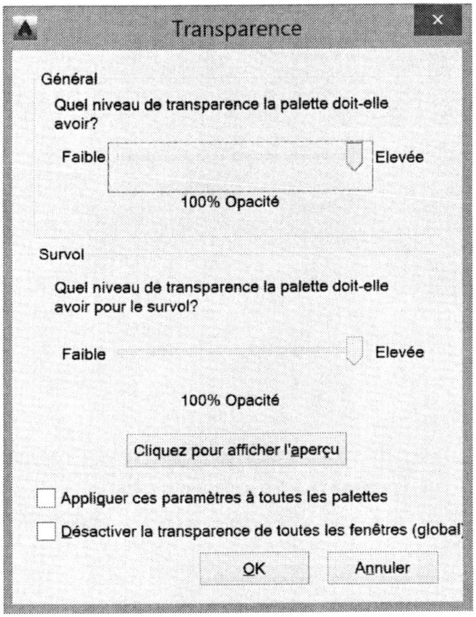


- Agissez sur les règles **Général** et **Survol** pour augmenter ou diminuer le niveau de transparence (faible opacité = transparence élevée).

  La règle **Général** agit sur l'affichage de la fenêtre **Palettes d'outils** à l'écran, alors que la règle **Survol** agit sur l'affichage de la fenêtre **Palettes d'outils** lors du passage du pointeur de la souris.

- Cliquez sur le bouton **Cliquez pour afficher l'aperçu** pour constater les niveaux de transparence.
- Activez la case à cocher **Appliquer ces paramètres à toutes les palettes** permet d'appliquer ces réglages de transparence à l'ensemble des palettes d'outils telles que **Propriétés**, **Calques** et **Calculatrice rapide**.
- Pour annuler la transparence, cochez la case **Désactiver la transparence de toutes les fenêtres**.
- Confirmez par **OK**.

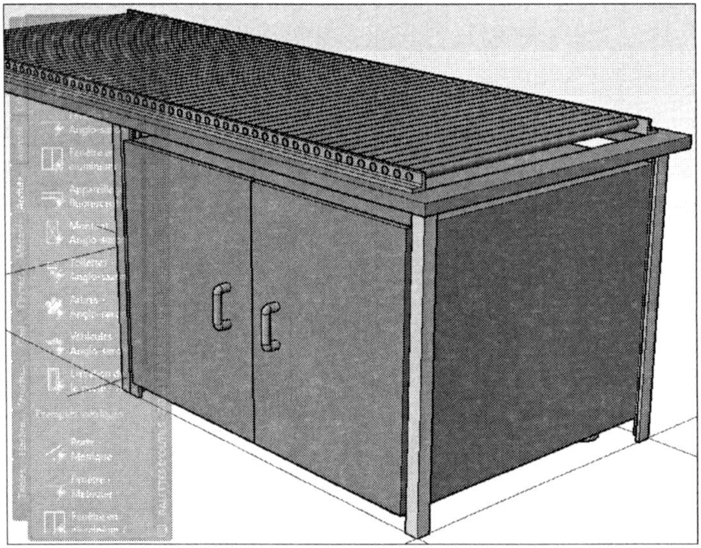

L'option **Toutes les palettes** permet l'affichage simultané de toutes les palettes d'outils dans la fenêtre **Palettes d'outils**.

L'option **Annotation et conception** restreint l'affichage du groupe de palettes **Annotation et conception** dans la fenêtre **Palettes d'outils**. Pour ce groupe, les palettes suivantes sont présentes : **Annotation**, **Architecture**, **Hachures et remplissage**, **Mécanique**, **Electricité**, **Civil**, **Structurel**.

L'option **Création 3D** restreint l'affichage des palettes suivantes : **Modélisation**, **Dessiner** et **Modifier**.

De la même façon, les options **Conception paramétrique**, **Architecture**, **Civil**, **Structurel**, **Fabrication**, **Electrotechnique**, **Tableaux**, **Lignes de repère**, **Lumières génériques**, **Lumières photométriques**, **Caméras** et **Styles visuels** restreignent les groupes de palettes correspondants.

Les onglets des palettes d'outils peuvent être ordonnés différemment.

▶ Effectuez un clic droit sur un onglet, le menu contextuel apparaît :

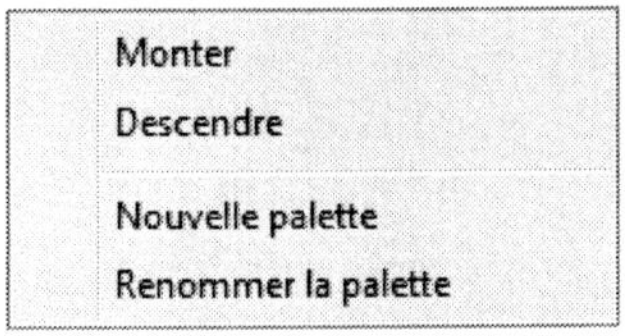


Les options **Monter** et **Descendre** agissent sur l'onglet en cours. L'option **Monter** n'est pas disponible si le clic droit est effectué sur l'onglet supérieur.

Si vous effectuez le clic droit sur l'onglet courant, le menu suivant est affiché :

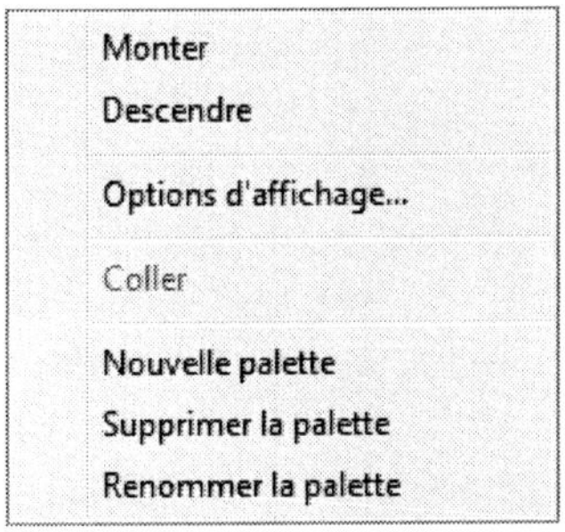


L'option supplémentaire **Options d'affichage** est disponible et ouvre la fenêtre suivante :

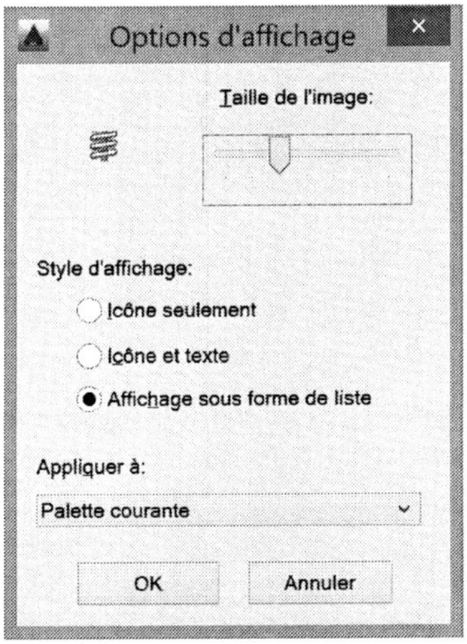

La règle **Taille de l'image** agit sur la taille des icônes de blocs et hachures affichées.

Les styles d'affichage **Icône seulement**, **Icône et texte**, **Affichage sous forme de liste** permettent de choisir la représentation des icônes : seules, accompagnées de texte ou affichées sous forme de liste.

La liste **Appliquer à** permet d'affecter les options d'affichage décrites ci-dessus soit à la palette d'outils courante, soit à toutes les palettes.

Ces diverses options spécifiques aux palettes d'outils sont accessibles également à l'aide d'un clic droit dans la palette d'outils.

## 2.2 Verrouillage des palettes d'outils

AutoCAD vous permet de verrouiller la position des barres d'outils et des palettes. Ainsi, vous pouvez figer une interface, en empêchant le déplacement des barres d'outils et des palettes.

Vous pouvez verrouiller indépendamment les palettes arrimées ou les palettes flottantes, ou encore verrouiller l'ensemble.

### Pour verrouiller les palettes d'outils arrimées

- Dans le menu déroulant **Fenêtres**, choisissez **Emplacement de verrouillage**, puis **Fenêtres ancrées**.

Dans ce cas, seules les palettes d'outils arrimées ne peuvent être déplacées.

### Pour déverrouiller les palettes d'outils arrimées

- Dans le menu déroulant **Fenêtres**, choisissez **Emplacement de verrouillage**, puis **Fenêtres ancrées**.

Dans ce cas, les palettes d'outils arrimées peuvent être déplacées.

### Pour verrouiller les palettes d'outils flottantes

- Dans le menu déroulant **Fenêtres**, choisissez **Emplacement de verrouillage**, puis **Fenêtres flottantes**.

Dans ce cas, seules les palettes d'outils flottantes ne peuvent être déplacées.

### Pour déverrouiller les palettes d'outils flottantes

- Dans le menu déroulant **Fenêtres**, choisissez **Emplacement de verrouillage**, puis **Fenêtres flottantes**.

Dans ce cas, les palettes d'outils flottantes peuvent être déplacées.

### Pour verrouiller les palettes et barres d'outils

- Dans le menu déroulant **Fenêtres**, choisissez **Emplacement de verrouillage**, puis **Tout**, et **Verrouillé**.

Dans ce cas, ni les palettes ni les barres d'outils ne peuvent être déplacées, qu'elles soient flottantes ou arrimées.

### Pour déverrouiller les palettes d'outils et les barres d'outils

- Dans le menu déroulant **Fenêtres**, choisissez **Emplacement de verrouillage**, puis **Tout**, et **Déverrouillé**.

Dans ce cas, toutes les palettes et les barres peuvent être déplacées, qu'elles soient flottantes ou arrimées.

## 3. Les espaces de travail

AutoCAD 2016 vous permet d'enregistrer des configurations d'interface personnalisées. Ces configurations sont constituées des barres d'outils, palettes d'outils et menus que vous utilisez le plus souvent ou lors d'opérations spécifiques.

À chaque configuration d'interface correspond un espace de travail personnalisé et vous basculez d'un espace à l'autre selon les tâches à réaliser.

AutoCAD 2016 propose les espaces de travail suivants : **Dessin et annotation**, **Eléments de base 3D** et **Modélisation 3D**. Les espaces de travail sont accessibles depuis la barre d'outils d'accès rapide.

L'espace de travail **Dessin et annotation** propose un environnement épuré composé d'un ruban constitué de groupes de fonctions 2D facilement accessibles.

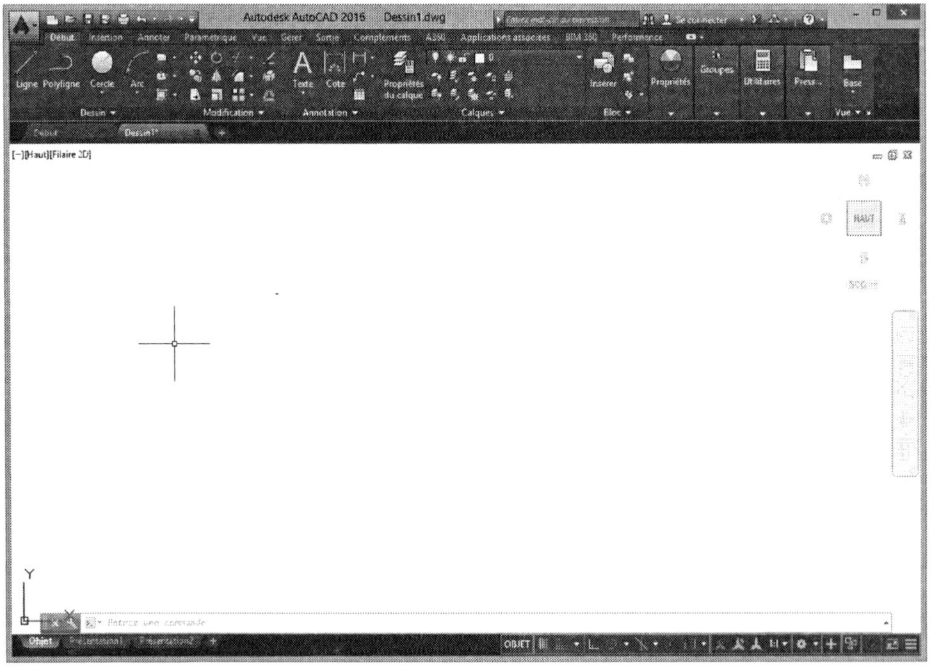


L'espace de travail **Modélisation 3D** propose un environnement épuré avec un ruban contenant les groupes de fonctions utilisées en modélisation 3D volumique et surfacique ainsi que pour le rendu. Ainsi, pour une conception 3D, les principaux outils sont directement accessibles et l'interface est optimisée comme ci-après.

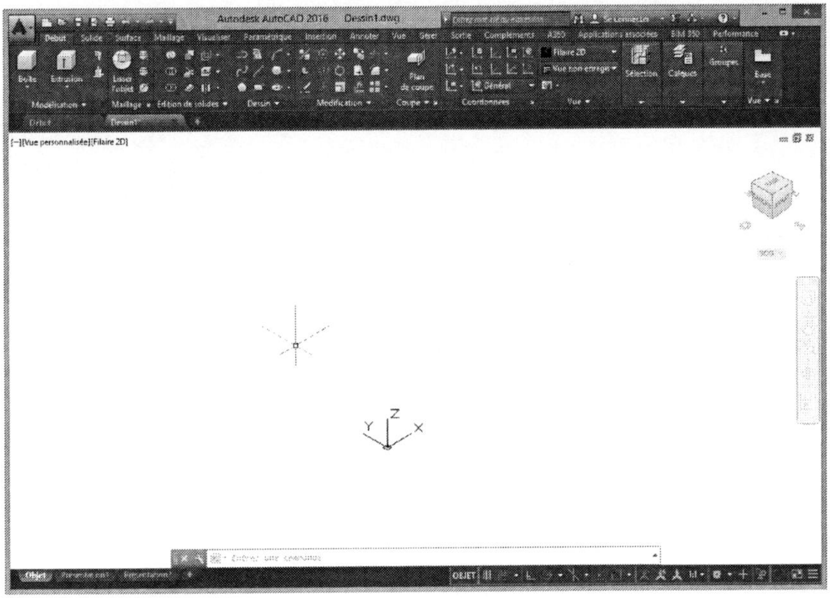


L'espace de travail **Eléments de base 3D** constitue un environnement alternatif présentant les fonctionnalités basiques utilisées en modélisation 3D volumique.

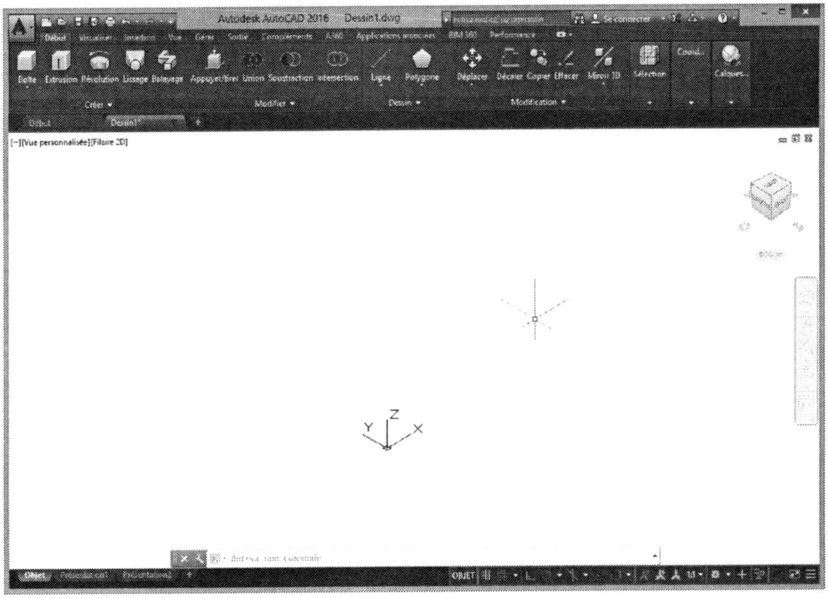

## 4. Options et paramètres de la fenêtre AutoCAD

◘ Effectuez un clic droit dans la zone graphique et choisissez **Options**.

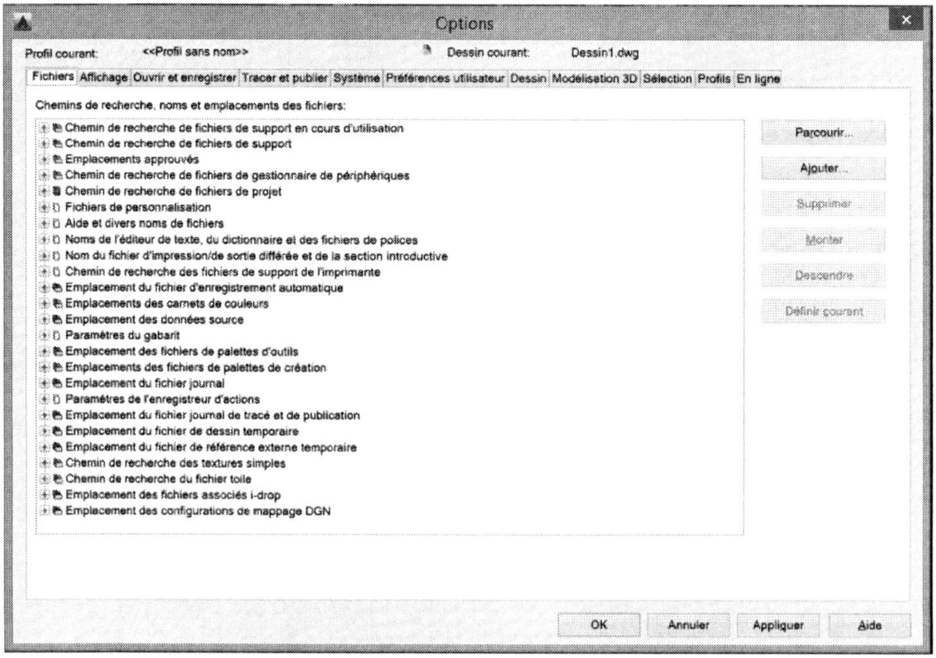


Cette boîte de dialogue propose onze onglets affichant chacun une catégorie de paramètres. Certains concernent le dessin en cours, d'autres tous les futurs dessins.

Certains paramètres sont spécifiques aux préférences de chaque utilisateur (aides au dessin). D'autres concernent l'affichage ; d'autres encore sont propres à l'impression.

Dans ces onglets, vous trouverez des paramètres valables uniquement pour le dessin AutoCAD en cours. Ceux-ci sont accompagnés d'une icône de fichier AutoCAD.

### 4.1 Onglet Fichiers

◘ Cliquez sur le signe + placé devant chaque rubrique pour afficher son contenu.

Vous pouvez ici ajouter des chemins de recherche de fichiers de support (ou programmes).

Vous visualisez aussi ceux en cours d'utilisation.

Vous ajoutez des chemins de recherche de fichiers pilotes pour vos périphériques.

Vous fixez des chemins de recherche de fichiers projets.

Vous ajoutez ou modifiez des emplacements de fichiers menus, des fichiers d'aide, de configuration...

Vous modifiez l'éditeur de texte, le dictionnaire, les polices de mappage...

Vous précisez le nom de fichiers d'impression, ou l'utilitaire d'impression différée.

Vous modifiez l'emplacement du fichier d'impression différée, ainsi que celui des fichiers de support de l'imprimante.

Vous fixez un chemin de recherche pour les programmes ARX.

Vous modifiez l'emplacement du fichier de sauvegarde automatique.

Vous modifiez l'emplacement des données sources (liaisons bases de données), des fichiers gabarits, des fichiers temporaires, des références externes temporaires.

Vous modifiez le chemin de recherche des textures.

## 4.2 Onglet Affichage

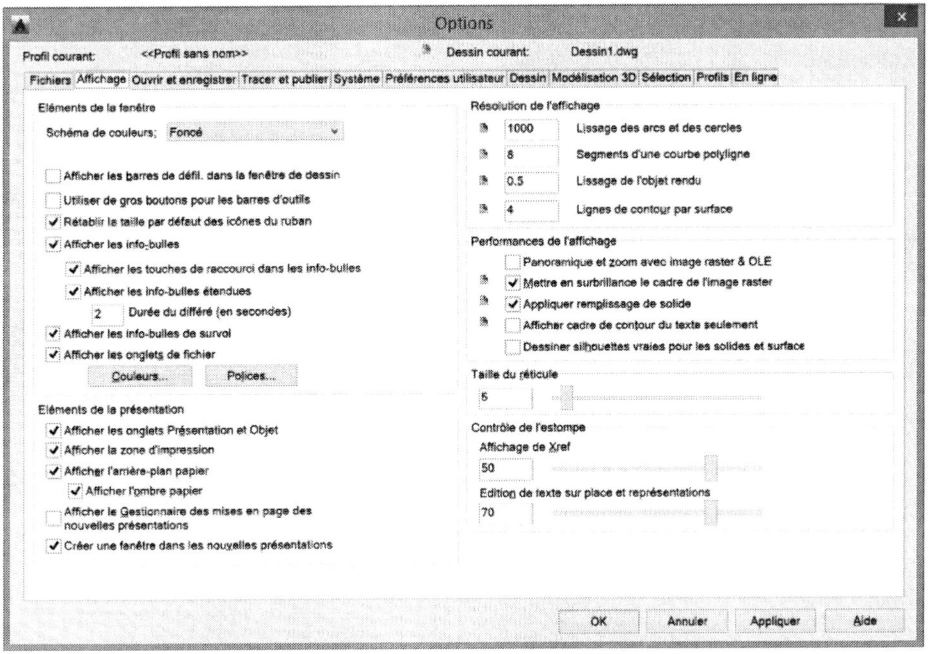

## Eléments de la fenêtre

Vous pouvez ici changer la police de caractères qu'utilise AutoCAD, ainsi que la couleur et les propriétés des différents éléments (présentation, arrière-plan, réticule, info-bulles, etc.) et paramètres propres à l'affichage. Vous pouvez afficher les barres de défilement horizontale et verticale.

Vous activez l'affichage de gros boutons pour les barres d'outils.

Vous redimensionnez les icônes du ruban.

Vous activez l'affichage des info-bulles, et paramétrez les informations (raccourcis et info étendues) et la durée d'affichage.

Vous activez les info-bulles de survol.

Vous activez ou désactivez les onglets de fichiers affichés dans la partie supérieure de la zone graphique.

## Résolution de l'affichage

**Lissage des arcs et des cercles** : agit sur l'affichage des arcs et des cercles. La valeur (de 1 à 20000) définit le lissage des arcs et cercles. Plus cette valeur est importante, plus la régénération graphique est longue.

**Segments d'une courbe polyligne** : agit sur l'affichage des courbes polylignes. La valeur définit le nombre de segments des polylignes. Plus cette valeur est importante, plus la régénération graphique est longue.

**Lissage de l'objet rendu** : agit sur l'affichage des solides 3D en mode lignes cachées, en mode ombré ou en mode rendu. Plus cette valeur (entre 0.01 et 10) est importante, plus le calcul de rendu est long.

**Lignes de contour par surface** : agit sur l'affichage des solides 3D en mode filaire, c'est-à-dire sur le nombre de génératrices sur les parties courbes (représentation maillée). Plus cette valeur est importante (entre 0 et 2047), plus l'affichage des solides 3D est long.

**Remarque**

*L'icône rouge précise que ces paramètres sont définis pour le dessin courant.*

## Eléments de la présentation

Vous modifiez ici les propriétés des présentations nouvelles et existantes.

Vous activez l'affichage des onglets **Objet** et **Présentation**.

Vous affichez les marges dans chaque présentation (zone d'impression).

Vous affichez **l'arrière-plan** correspondant au format pour la présentation.

Vous affichez **l'ombre** matérialisant l'ombre papier pour chaque arrière-plan (seulement si arrière-plan activé).

Vous agissez sur l'affichage de la boîte de dialogue **Gestionnaire des mises en page** pour chaque nouvelle présentation.

Vous demandez ou pas la création d'une fenêtre flottante pour chaque nouvelle présentation.

## Performances de l'affichage

**Panoramique et zoom avec image raster & OLE** : permet l'affichage du contenu des images tramées lors de l'utilisation des zoom et panoramique. Désactivez cette option pour gagner en performance.

**Mettre en surbrillance le cadre de l'image raster** : permet l'affichage du cadre de l'image tramée sélectionnée.

**Appliquer remplissage de solide** : active ou désactive le remplissage des solides. La variable REMPLIR agit également sur le remplissage des solides.

**Afficher cadre de contour du texte seulement** : active ou pas l'affichage d'un cadre à la place de chaque texte du dessin. Cette règle est respectée pour les textes, cotations et attributs.

**Dessiner silhouettes vraies pour les solides et surfaces** : active ou désactive l'affichage de génératrices pour les solides 3D lors de l'élimination des lignes cachées. La variable DISPSILH agit également sur l'affichage des solides lors de l'élimination des lignes cachées.

## Taille du réticule

Agit sur la taille du curseur dans la zone graphique. Une taille de 100 fixe la taille maximum de la croix du curseur aux bords de la fenêtre graphique.

## Contrôle de l'estompe

Agit sur l'estompage des blocs ou références externes à l'affichage et lors de l'édition dans le dessin (cf. chapitre Les références externes - Éditer des blocs et des références externes).

## 4.3 Onglet Ouvrir et enregistrer

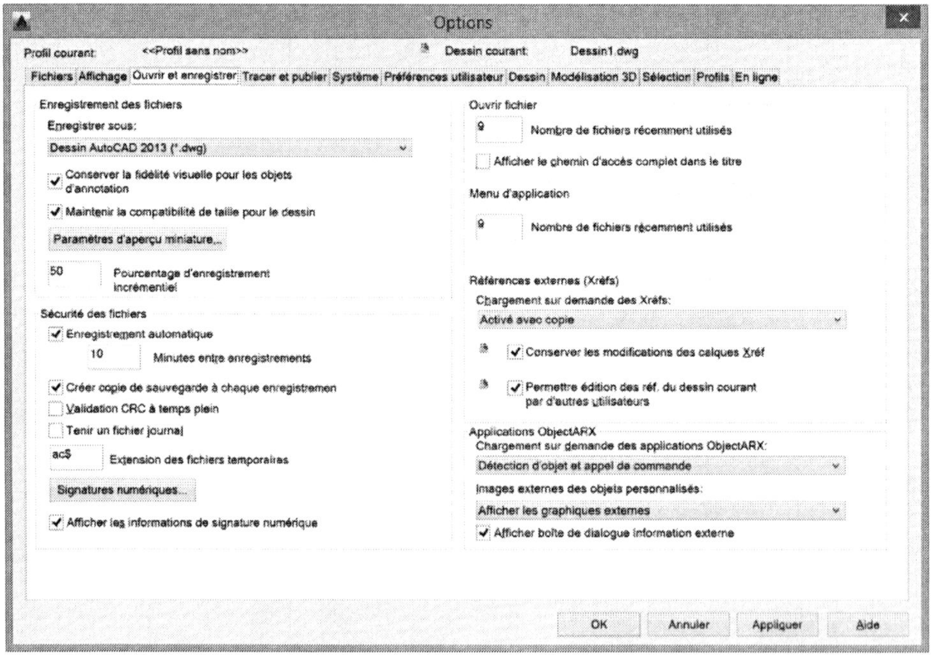


### Enregistrement des fichiers

Permet l'enregistrement désiré par défaut (ex. : si vous souhaitez un enregistrement systématique en version AutoCAD 2007) et permet la génération d'un aperçu miniature de l'image lors de l'enregistrement.

**Conserver la fidélité visuelle pour les objets d'annotation** : permet de préserver la fidélité visuelle des objets annotatifs lorsqu'ils sont affichés dans des versions antérieures d'AutoCAD.

**Maintenir la compatibilité de taille pour le dessin** : permet de prendre en charge les limitations de taille de fichiers ne dépassant pas 256 Mo dans les formats AutoCAD 2007 et antérieurs.

**Paramètres d'aperçu miniature** : détermine les paramètres de mise à jour des aperçus miniatures lors de l'enregistrement du dessin.

La valeur **Pourcentage d'enregistrement incrémentiel** définit le pourcentage d'espace inutilisé potentiel dans un fichier de dessin. Lorsque le pourcentage indiqué est atteint, AutoCAD effectue un enregistrement complet au lieu d'un enregistrement incrémentiel. Pour optimiser les performances, entrez la valeur 50. Si l'espace disque est insuffisant, entrez 25. Si vous attribuez à cette option une valeur inférieure à 20, les performances des commandes **Enregistrer** et **Enregistrer sous** diminuent considérablement.

## Ouvrir fichier

Fixe le nombre des fichiers récemment ouverts dans le menu **Fichier** ou dans la fenêtre **Actualités** (valeur de 0 à 9) et affiche ou masque le chemin complet du fichier ouvert dans la barre de titre.

## Menu d'application

Fixe le nombre de fichiers récemment utilisés qui sont affichés dans le menu.

## Références externes

Contrôle le chargement des références externes. Peut être désactivé, activé ou activé avec copie selon la demande.

- L'option **Conserver les modifications des calques Xréf** permet de récupérer les modifications apportées aux propriétés et aux états des calques dépendants de Xréfs. Lorsque le dessin est rechargé, les propriétés courantes des calques dépendants de Xréf sont conservées.
- L'option **Permettre édition des réf. du dessin courant par d'autres utilisateurs** permet la modification du dessin, s'il est référencé par un ou plusieurs autres dessins. Ce paramètre est enregistré dans le dessin.

## Sécurité des fichiers

Active l'enregistrement automatique et fixe l'intervalle des enregistrements. Permet aussi la génération de fichiers de sauvegarde (.BAK). Permet une vérification systématique des éventuelles erreurs présentes dans le dessin. Permet d'enregistrer le contenu de la fenêtre de texte dans un fichier journal. Fixe l'extension des fichiers temporaires. Permet l'accès aux options de sécurité de signature numérique et permet d'en afficher ou d'en masquer les informations.

## Applications ObjectARX

Contrôle le chargement automatique des applications ARX, ainsi que l'affichage des images externes des objets personnalisés.

## 4.4 Onglet Tracer et publier

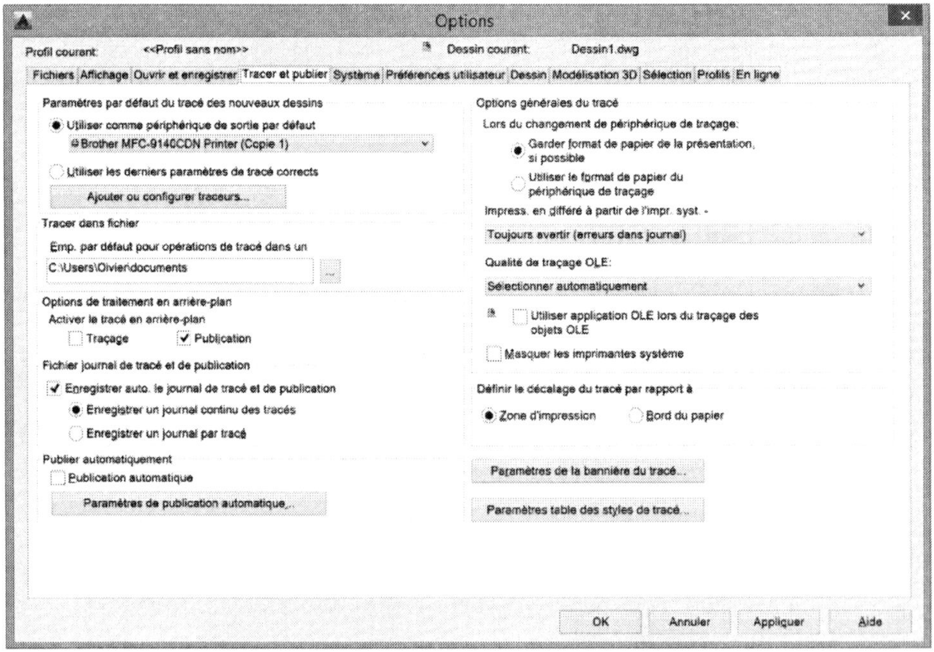


### Paramètres par défaut du tracé des nouveaux dessins

Permet d'accéder à la liste des périphériques configurés et de choisir le périphérique par défaut. Le bouton **Ajouter ou configurer traceurs** permet d'accéder à la configuration ou à la modification de nouveaux traceurs.

**Utiliser les derniers paramètres de tracé corrects** : permet de définir les paramètres de traçage correspondant à ceux du dernier tracé réussi.

### Options générales du tracé

Permet de conserver si possible le format de papier de la présentation lors d'un changement de périphérique de traçage, ou d'affecter le format du périphérique. Permet également un avertissement lors de l'impression différée. Règle la qualité d'impression des objets OLE.

**Utiliser application OLE lors du traçage des objets OLE** : permet le chargement de l'application source lors du tracé de l'objet OLE incorporé.

**Masquer les imprimantes système** : permet de ne pas afficher les imprimantes système Windows dans les boîtes de dialogue **Tracer** et **Mise en page** (exceptées les imprimantes installées avec l'assistant **Ajouter un traceur**).

### Tracer dans fichier

Indique l'emplacement par défaut des opérations de tracé dans un fichier.

### Options de traitement en arrière-plan

Active le traitement de l'impression en arrière-plan pour le traçage et/ou la publication.

### Fichier journal de tracé et de publication

Permet la création d'un fichier journal contenant des informations relatives à toutes les tâches de traçage et de publication enregistrées automatiquement.

### Publier automatiquement

Permet la publication automatique des dessins et définit les paramètres de publication automatique via la boîte de dialogue **Paramètres de publication automatique**.

### Définir le décalage du tracé par rapport à

Permet d'indiquer si le décalage de l'aire du tracé provient de l'angle inférieur gauche de la zone d'impression ou du bord du papier.

### Paramètres de la bannière du tracé

Permet l'accès à la boîte de dialogue **Bannière**, dans laquelle vous pouvez spécifier les paramètres des bannières (cf. chapitre La présentation du dessin - L'impression).

### Paramètres table des styles de tracé

Permet de préciser les paramètres des tables des styles de tracé dans la boîte de dialogue **Paramètres table des styles de tracé**. Permet de choisir le type de table de styles de tracé (.CTB ou .STB). Vous accédez aux différentes tables puis aux styles de tracé associés. Le bouton **Ajouter ou modifier tables de style de tracé** permet la création ou la modification de tables de styles de tracé.

## 4.5 Onglet Système

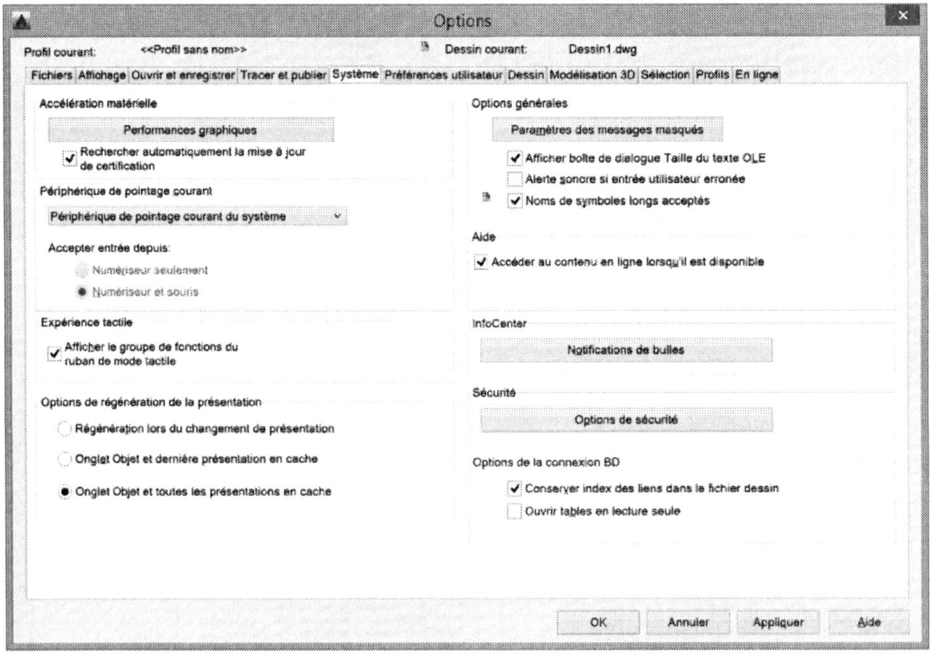


### Accélération matérielle

Permet le paramétrage de l'affichage des objets 3D. Le bouton **Performances graphiques** accède aux différentes possibilités (dégradations, faces, matériaux...). La case à cocher **Rechercher automatiquement la mise à jour de certification** permet l'identification automatique de mises à jour.

### Périphérique de pointage courant

Liste les périphériques configurés pour AutoCAD (souris, tablette à digitaliser).

### Options de régénération de la présentation

Définit la régénération lors du passage aux onglets **Objet** et **Présentation**.

## Options générales

Permet l'affichage de la boîte de dialogue **Taille du texte OLE** lors de l'insertion d'un objet OLE. Active ou désactive une alerte sonore lors d'une saisie erronée de l'utilisateur.

Autorise ou pas les noms longs (jusqu'à 255 caractères) pour les éléments suivants : calques, styles de texte, de cote, types de lignes, vues, présentations, blocs, scu.

Le bouton **Paramètres des messages masqués** permet d'accéder à l'ensemble des messages masqués. Des options de recherche permettent l'utilisation de mots-clés.

## Aide

Définit la source de l'aide en ligne ou locale.

**Navigateur de l'aide** permet de définir l'utilisation du navigateur Internet Explorer ou le navigateur par défaut.

## InfoCenter

Fournit des options contrôlant le contenu et la durée d'affichage des notifications de bulles dans l'angle supérieur droit de la fenêtre de l'application.

## Sécurité

Définit les paramètres de chargement des fichiers exécutables et fichier acad.lsp.

## Options de la connexion BD

Gère les index de liens (bases de données) ainsi que l'ouverture en lecture seule de tables.

## 4.6 Onglet Préférences utilisateur

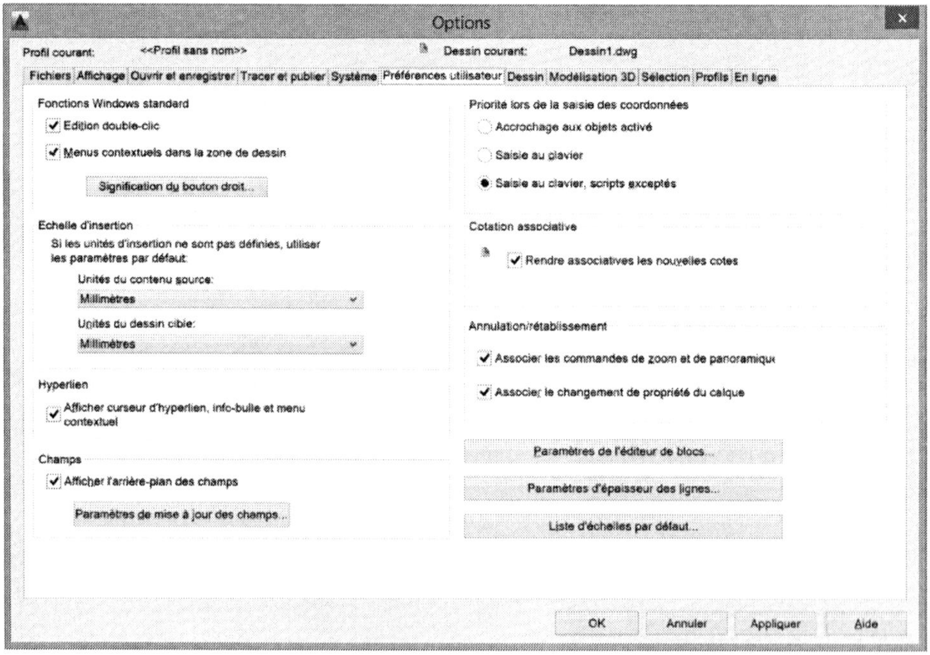


### Fonctions Windows standard

Permet d'activer ou de désactiver l'édition par double clic. Les menus contextuels sont activés ou non dans la zone de dessin.

**Signification du bouton droit** : permet de personnaliser l'utilisation du bouton droit de la souris dans les différents contextes d'utilisation (modes par défaut, d'édition ou de commande).

### Priorité lors de la saisie des coordonnées

Fixe la priorité :

- À l'accrochage aux objets (lorsque celui-ci est actif, et quelle que soit la saisie au clavier) option dangereuse.
- À la saisie au clavier même si l'accrochage est activé.
- À la saisie au clavier, scripts exceptés, même si l'accrochage est activé à l'exception des scripts (fichier programme).

### Echelle d'insertion

Permet de régler les unités source et destination lors de l'insertion de blocs ou références externes depuis AutoCAD DesignCenter ou i-drop.

### Cotation associative

Permet, dans le dessin courant, d'activer l'associativité des cotes aux objets. Ces cotes associatives s'adaptent automatiquement lorsque les objets cotés sont modifiés.

### Hyperlien

Permet l'affichage du curseur, du menu contextuel d'hyperlien, ainsi que des infobulles spécifiques aux hyperliens.

### Annulation/rétablissement

Permet de regrouper plusieurs commandes de Zoom et de Panoramique en une seule action, pour les opérations d'annulation et de rétablissement. Permet de regrouper les opérations de changement de propriétés des calques par annulation et rétablissement.

### Champs

Permet l'affichage des champs avec un arrière-plan gris clair non imprimable. Le bouton **Paramètres de mise à jour des champs** permet de configurer la mise à jour des champs avec les actions suivantes : Ouvrir, Enregistrer, Tracer, E-Transmit, Regen.

### Paramètres de l'éditeur de blocs

Contrôle les paramètres d'environnement de l'éditeur de blocs.

### Paramètres d'épaisseur des lignes

Permet de choisir l'épaisseur de lignes par défaut.

### Liste d'échelles par défaut

Permet de gérer la liste des échelles affichées dans la boîte de dialogue **Modifier la liste d'échelles**.

## 4.7 Onglet Dessin

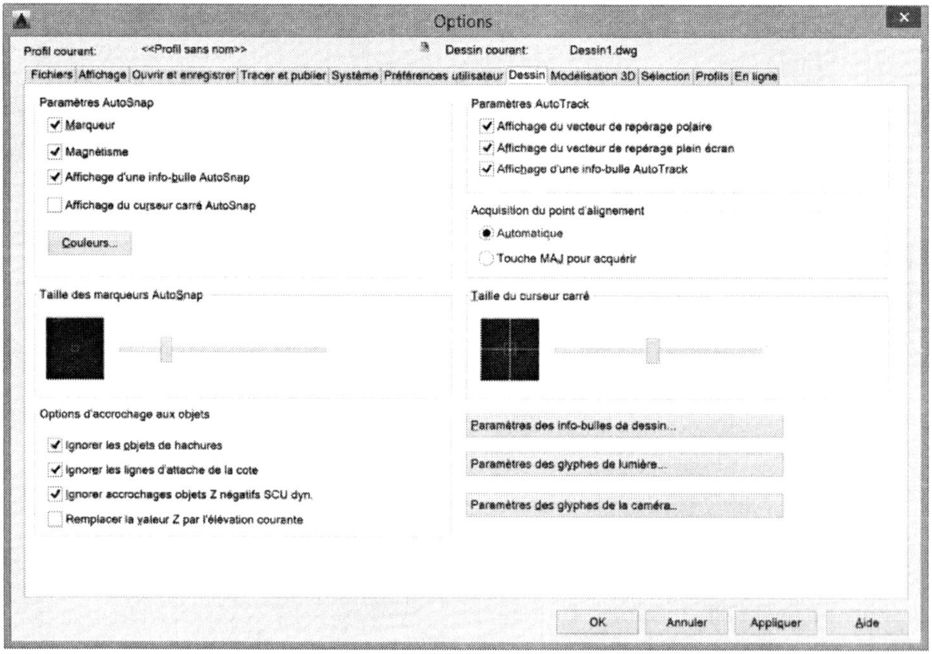


### Paramètres AutoSnap

Définit les paramètres d'affichage de l'accrochage aux objets :

- Affiche ou pas une marque par type d'accrochage aux objets.
- Active ou pas le magnétisme du curseur.
- Affiche ou pas le texte info propre au type d'accrochage aux objets.
- Affiche ou pas un curseur carré lors de l'activation de l'accrochage aux objets.

Le bouton **Couleurs** permet de définir la couleur des marques d'accrochage parmi les couleurs AutoCAD.

### Paramètres AutoTrack

Définit les paramètres d'affichage du repérage polaire :

– Affiche ou pas le vecteur de repérage polaire.

– Affiche ou pas le vecteur de repérage polaire plein écran.

– Affiche ou pas le texte Info propre au repérage polaire.

### Acquisition du point d'alignement

Permet le repérage du point d'extension automatique ou à l'aide de la touche [Shift].

### Taille des marqueurs AutoSnap

Définit la taille des marques d'accrochage.

### Taille du curseur carré

Définit la taille du curseur carré si celui-ci est activé (désactivé par défaut).

### Options d'accrochage aux objets

Permet d'éviter l'accrochage aux objets sur les motifs de hachures lorsque l'accrochage d'objet est activé, permet d'ignorer l'accrochage aux lignes d'attache des cotes, permet de remplacer la valeur Z par l'élévation définie par le SCU courant et précise que les accrochages aux objets ignorent la géométrie avec des valeurs Z négatives lors de l'utilisation d'un SCU dynamique.

### Paramètres des info-bulles de dessin

Permet d'accéder aux réglages des info-bulles depuis la boîte de dialogue **Apparence des info-bulles**.

### Paramètres des glyphes de lumière

Permet d'accéder aux réglages du glyphe de lumière (type, couleur et taille) via la boîte de dialogue **Apparence du glyphe de lumière**.

### Paramètres des glyphes de la caméra

Permet d'accéder aux réglages du glyphe de caméra (couleur et taille) via la boîte de dialogue **Apparence du glyphe de la caméra**.

## 4.8 Onglet Modélisation 3D

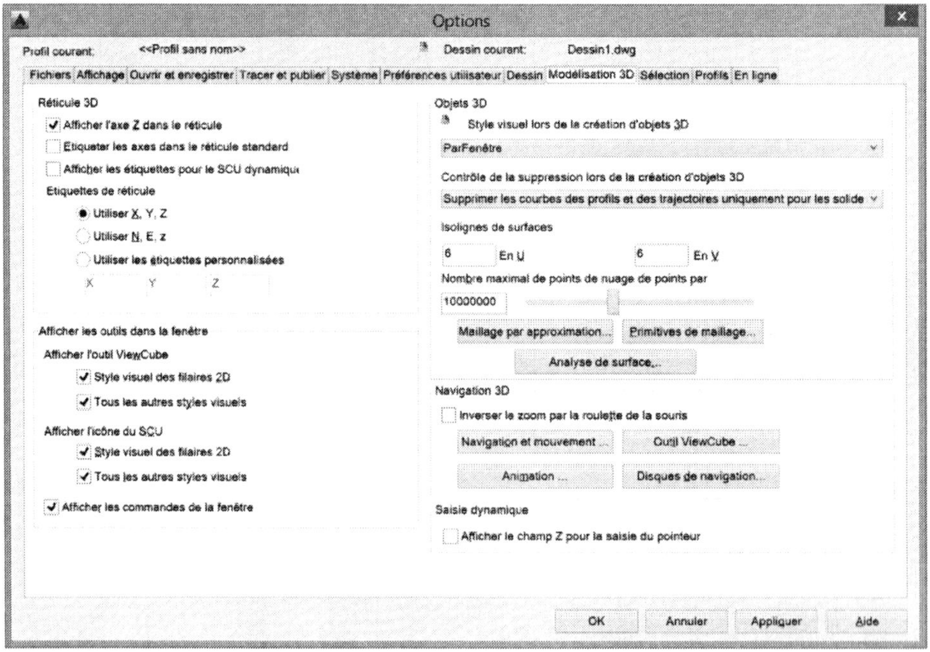


### Réticule 3D

Permet d'afficher l'axe Z sur le réticule. Permet d'étiqueter les axes du réticule. Permet d'afficher les étiquettes du SCU dynamique. Permet d'attribuer des étiquettes d'axes personnalisées.

### Objets 3D

Détermine le style visuel lors de la création des solides 3D : les options ParFenêtre, Filaire 2D, Masqué 3D, Filaire 3D, Conceptuel et Réaliste sont disponibles. Détermine la suppression des profils et trajectoires originaux lors de la création de solides et surfaces, définit la propriété des isolignes dans la direction U pour les surfaces et les mailles (valeur entre 0 et 200) et définit la propriété des isolignes dans la direction V pour les surfaces et les mailles (valeur entre 0 et 200).

**Nombre maximal de points de nuage de points par dessin** : définit le nombre de points maximal pour l'affichage de nuage de points.

**Maillage par approximation** : permet de régler les paramètres des objets convertis en objets maillés (ou maillage).

**Primitives de maillage** : permet de définir les paramètres de création de primitives maillées (surfaces primitives ou objets maillés de type boîte, cône, cylindre, pyramide).

**Analyse de surface** : permet de définir les options d'analyse par zébrures, les options d'analyse de courbure et de dépouille.

## Afficher les outils dans la fenêtre

Définit l'affichage de l'outil ViewCube et des SCU dans les espaces 2D et 3D.

## Navigation 3D

Permet d'**Inverser le zoom par la roulette de la souris**, permet de définir les paramètres de **Navigation et mouvement** via la boîte de dialogue **Paramètres de navigation et de mouvement**, permet de définir les paramètres d'**Animation** via la boîte de dialogue **Paramètres d'animation**, permet de définir les paramètres de navigation de l'**Outil ViewCube** et permet de définir les paramètres de navigation des **Disques de navigation**.

## Saisie dynamique

Permet l'affichage d'un champ pour la coordonnée Z lors de l'utilisation d'une saisie dynamique.

## 4.9 Onglet Sélection

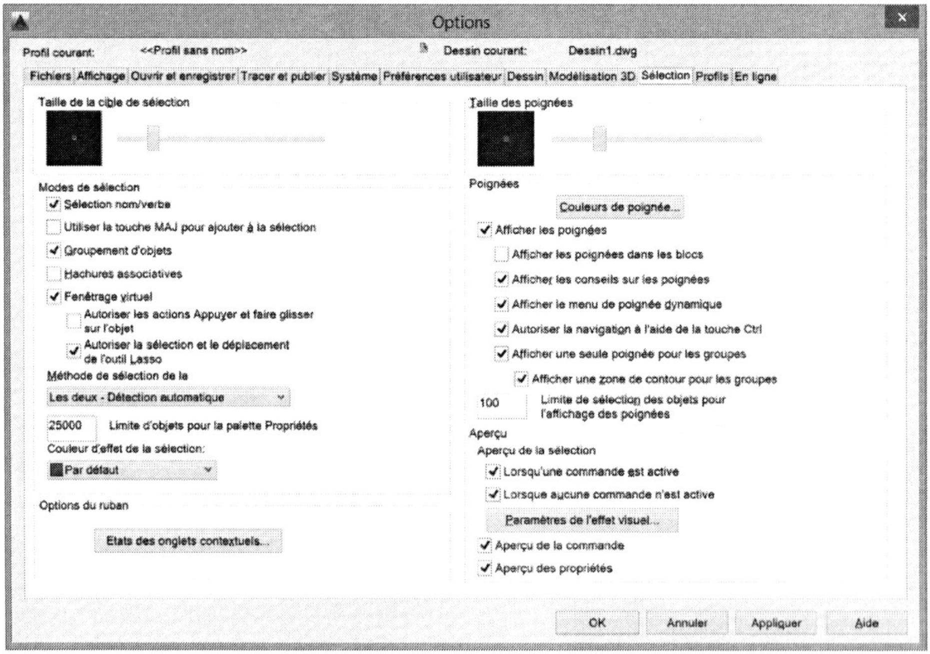

### Taille de la cible de sélection

Définit la taille du réticule de sélection (au message Choix des objets par exemple).

### Taille des poignées

Définit la taille des poignées.

### Modes de sélection

**Sélection nom/verbe** : permet la sélection d'objets avant d'exécuter une opération.

**Utiliser la touche MAJ pour ajouter à la sélection** : restreint la sélection d'objets à la sélection d'objets avec la touche [Shift]. Si cette option est activée, un clic sélectionne un objet, un second clic sélectionne un autre objet et désélectionne le premier sauf si vous utilisez la touche [Shift].

**Groupement d'objets** : permet la sélection directe d'un groupe en sélectionnant l'un des composants du groupe.

**Hachures associatives** : permet la sélection de la hachure avec les objets délimitant le contour hachuré (désactivé par défaut).

**Fenêtrage virtuel** : permet une fenêtre ou capture automatique lorsque vous effectuez le premier clic dans une zone dégagée.

**Autoriser les actions Appuyer et faire glisser sur l'objet** : permet de définir une fenêtre ou une capture de sélection en effectuant un cliqué-glissé (et non pas deux clics classiques). La liste **Méthode de sélection de la fenêtre** définit la méthode de sélection.

**Autoriser la sélection et le déplacement de l'outil Lasso** : permet l'utilisation du nouvel outil de sélection Lasso.

Le nombre défini dans la zone **Limite d'objets pour la palette Propriétés** correspond au nombre maximum d'objets modifiables en même temps par l'intermédiaire des palettes **Propriétés** et **Propriétés rapides**.

**Couleur d'effet de la sélection** : définit la couleur des objets sélectionnés.

## Poignées

Le bouton **Couleurs de poignée** donne accès aux trois options suivantes :

- **Couleur des poignées non sélectionnées** : permet de choisir la couleur des poignées s'affichant lors d'une sélection d'objets (sans commande en cours).
- **Couleur des poignées sélectionnées** : permet de choisir la couleur des poignées sélectionnées (permettant la manipulation avec les poignées).
- **Couleur des poignées dynamiques** : met en évidence le passage précis du pointeur sur une poignée.

**Afficher les poignées** : active l'utilisation des poignées (manipulations simples et rapides).

**Afficher les poignées dans les blocs** : active les poignées dans les éléments composant un bloc. Vous pouvez ainsi vous en servir dans les manipulations avec les poignées.

**Afficher les conseils sur les poignées** : affiche des conseils sur les poignées, lorsque le curseur passe au-dessus d'une poignée sur un objet personnalisé prenant en charge ce type de conseil.

**Afficher le menu de poignée dynamique** définit l'affichage du menu dynamique présent lorsque le pointeur est placé sur une poignée multifonctions.

**Autoriser la navigation à l'aide de la touche Ctrl** permet la navigation à l'aide de la touche [Ctrl] pour les poignées multifonctions.

**Afficher une seule poignée pour les groupes** : permet la manipulation d'une poignée unique pour un groupe d'objets.

L'option **Afficher une zone de contour pour les groupes** permet l'affichage d'un contour rectangulaire englobant l'étendue des objets du groupe sélectionné.

**Limite de sélection des objets pour l'affichage des poignées** : annule la sélection des poignées quand le nombre d'objets sélectionnés est supérieur au nombre indiqué.

### Aperçu

Affiche un **Aperçu de la sélection** lorsqu'une commande est active et que l'invite **Choix des objets** est proposée et affiche un aperçu de la sélection lorsqu'aucune commande n'est active. Le bouton **Paramètres de l'effet visuel** permet de définir les couleurs et filtrage selon le type d'objets, ainsi que les paramètres de l'aire de sélection (par fenêtre et capture).

La case à cocher **Aperçu de la commande** permet d'afficher le résultat de la commande active. La case à cocher **Aperçu des propriétés** permet un aperçu des modifications apportées depuis les listes du ruban et de la palette **Propriétés**.

### Options du ruban

Définit les paramètres d'affichage des onglets contextuels du ruban.

## 4.10 Onglet Profils

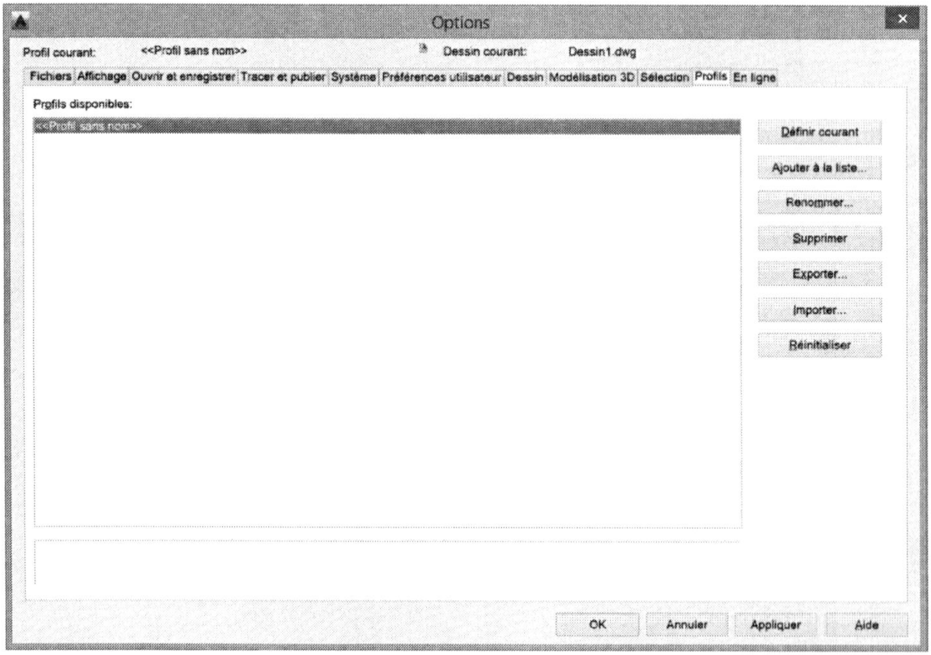

Permet d'enregistrer des configurations (profils) personnalisées. Les profils prennent en compte les paramètres contenus dans tous les onglets précédents, ainsi que l'affichage des barres d'outils. Ainsi, les profils permettent à chacun de mettre en place un ou plusieurs environnements de travail personnalisés.

Pour définir un profil : choisissez **Ajouter à la liste** pour affecter un nom et une description au nouveau profil.

Le bouton **Définir courant** permet de choisir le profil à rendre courant.

▶ Effectuez les différents réglages dans les onglets correspondants sans oublier, pour chaque onglet, de confirmer par le bouton **Appliquer**. Confirmez ensuite par **OK**.

## 4.11 Onglet En ligne

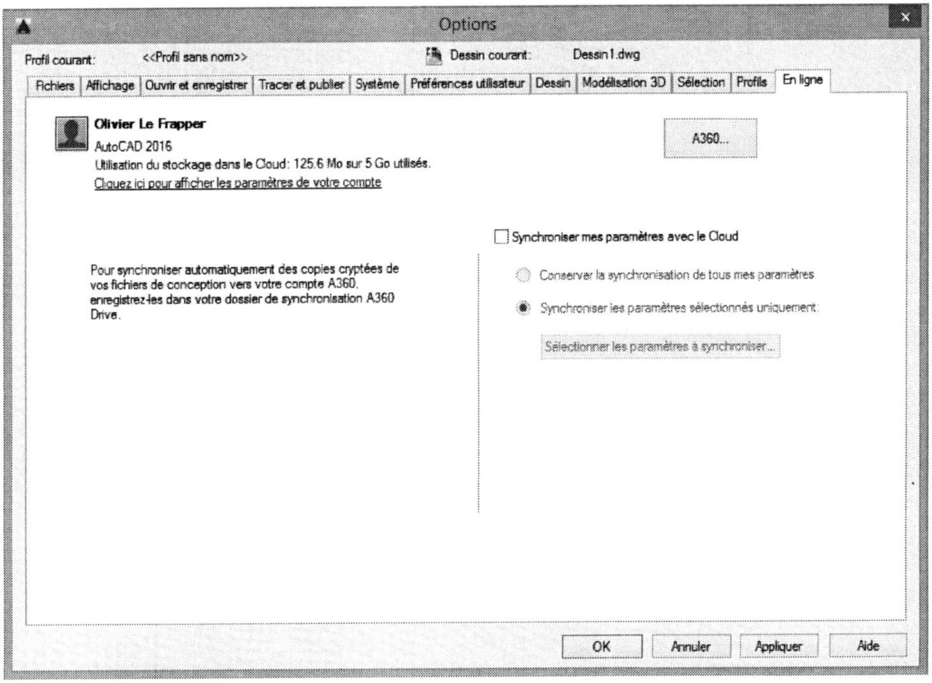


Accède au réglage des options permettant de travailler en ligne avec Autodesk 360 et donne accès aux documents de conception archivés dans votre compte Cloud.

**Cliquez ici pour afficher les paramètres de votre compte** : permet la connexion à votre compte Autodesk 360. Donne accès aux produits et services Autodesk 360. Affiche la quantité de ressources que vous utilisez dans votre compte.

Le bouton **A360** ouvre vos dossiers et votre liste de documents Autodesk 360 dans un navigateur.

**Synchroniser mes paramètres avec le Cloud** : active ou désactive la synchronisation de vos paramètres d'application personnalisés avec votre compte Autodesk 360.

**Conserver la synchronisation de tous mes paramètres** : synchronise tous les paramètres d'application personnalisés pris en charge avec votre compte Autodesk 360.

**Synchroniser les paramètres sélectionnés uniquement** : synchronise uniquement les paramètres d'application que vous spécifiez avec votre compte Autodesk 360. Ces paramètres sont définis à l'aide du bouton **Sélectionner les paramètres à synchroniser**.

# Chapitre 1
# Les documents

## 1. Création d'un nouveau dessin

▶ Dans la barre d'outils d'accès rapide, cliquez sur l'icône **Nouveau**  ou **Navigateur de menus - Nouveau**.

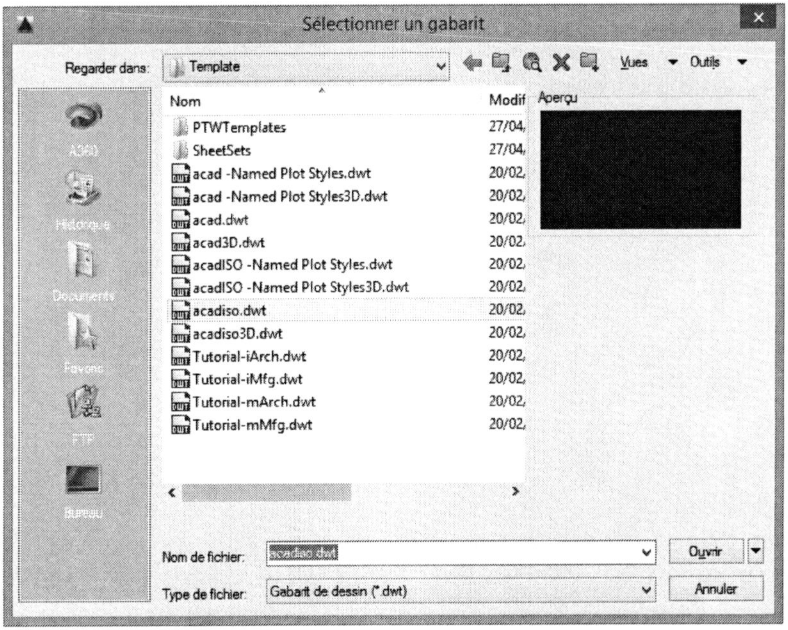

AutoCAD vous invite à sélectionner un gabarit.

Un gabarit sert de base ou de modèle à chaque nouveau dessin. Il peut être enrichi à volonté. Les fichiers gabarits portent l'extension DWT. Vous les ouvrez normalement dans AutoCAD, apportez les modifications et procédez à l'enregistrement. Cette option est détaillée plus loin dans ce chapitre (cf. Fichiers gabarits) et constitue un point capital pour une utilisation optimisée du logiciel.

AutoCAD pointe directement sur le dossier **Template** contenant les principaux gabarits existants par défaut. Bien sûr, cette base doit être enrichie et améliorée par vos propres gabarits. Les gabarits **acad.dwt** et **acad3D.dwt** constituent les gabarits anglo-saxons, alors que les gabarits **acadiso.dwt** et **acadiso3D.dwt** constituent les principaux gabarits métriques.

- Sélectionnez le gabarit voulu et confirmez par **Ouvrir** pour créer un nouveau dossier utilisant le gabarit sélectionné.

**Remarque**

*Pour créer un nouveau dossier sans utiliser de gabarit, dans la liste déroulante* ***Ouvrir****, sélectionnez l'option de votre choix :* ***Ouvrir sans gabarit - Système anglo-saxon*** *ou* ***Ouvrir sans gabarit - Système métrique****.*

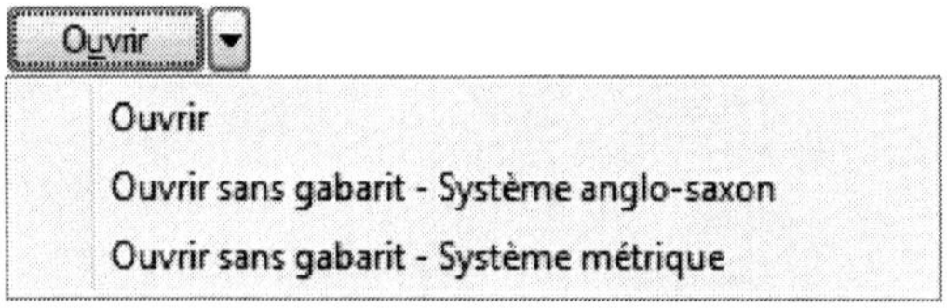


## 2. Affichage d'un dessin existant

- Dans la barre d'outils d'accès rapide, cliquez sur l'icône **Ouvrir**  ou **Navigateur de menus - Ouvrir**.

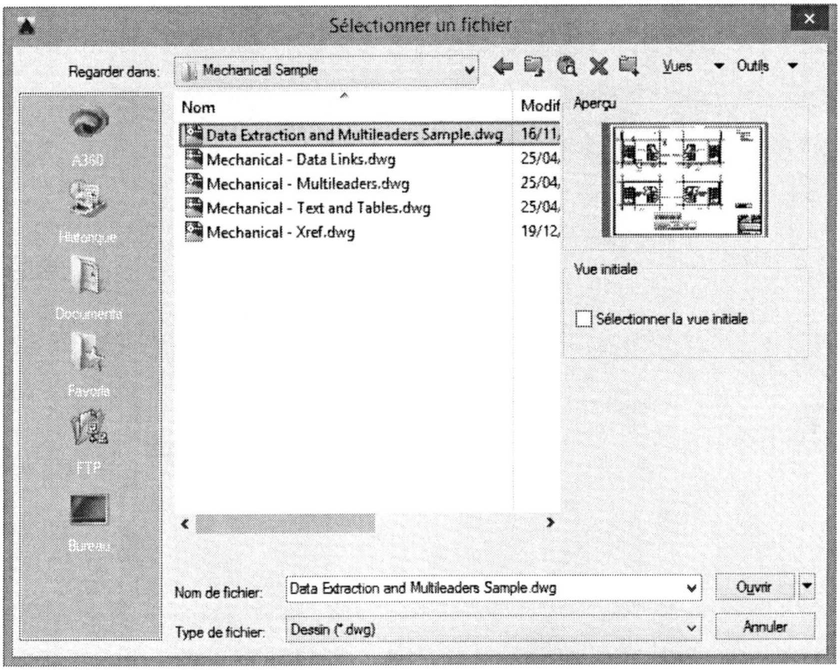


- Choisissez l'unité puis le dossier voulu. Sélectionnez le fichier dans la liste puis cliquez sur **Ouvrir**.

**Remarque**

*La touche [Ctrl] permet la sélection multiple de fichiers.*

## Aperçu

La zone **Aperçu** affiche une image du dessin. L'aperçu est disponible si l'option **Enregistrer un aperçu miniature de l'image** est activée dans l'onglet **Ouvrir et enregistrer** de la boîte de dialogue **Options**.

## Vues

La liste **Vues** affiche ou masque l'**Aperçu** du fichier sélectionné. Elle définit le type d'affichage des fichiers (**Liste**, **Détails** ou **Images miniatures**).

**Outils**

La liste **Outils** propose les options suivantes :

**Rechercher** permet une recherche minutieuse de fichiers.

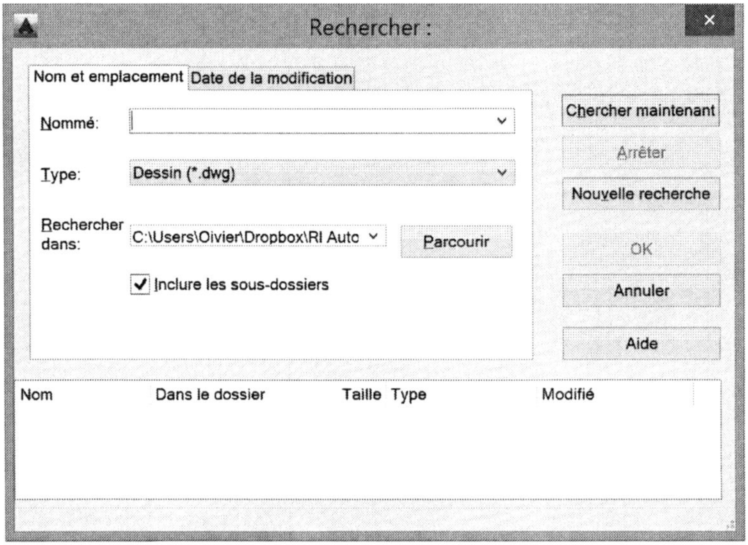


Vous fixez les critères de recherche suivants : emplacement, type de fichiers, nom de fichier, date, périodes...

**Chercher** permet de situer rapidement un fichier présent dans une liste de chemins de recherche. Saisissez le nom dans la zone **Nom de fichier**, puis choisissez **Chercher**. Si le fichier est placé dans l'un des chemins de support, vous obtenez l'aperçu et pouvez procéder à l'ouverture.

**Ajouter/Modifier adresses FTP** permet d'ajouter à la liste ou de modifier des adresses de sites Internet FTP.

**Ajouter le dossier courant à la liste des emplacements** permet d'ajouter le dossier courant aux chemins de support et de recherche.

**Ajouter aux favoris** permet de créer un raccourci vers les dossiers préférés accessibles par le bouton **Favoris**.

## Emplacements/Raccourcis

Dans la liste des emplacements située à gauche de la fenêtre de sélection de fichier :

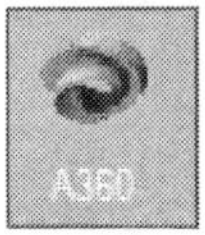


Le bouton **A360** permet d'accéder aux documents et dossiers de votre espace Autodesk Cloud.

Le bouton **Historique** permet l'accès aux derniers dessins ouverts (raccourcis).

Le bouton **Documents** permet d'accéder directement aux documents personnels placés dans le dossier Windows **Mes Documents**.

Le bouton **Favoris** permet l'accès aux dossiers favoris.

**Remarque**

*Notez que les raccourcis prennent place dans le dossier **Windows/favoris**.*

Le bouton **FTP** permet l'accès aux adresses FTP.

Le bouton **Bureau** permet d'accéder au bureau Windows.

## Ouvrir en lecture seule

Sélectionnez un fichier, puis déroulez la liste **Ouvrir** pour accéder à l'option **Ouvrir en lecture seule**. Cette technique permet l'ouverture et la modification d'un fichier mais impose de le renommer.

**Sélectionner la vue initiale**

Cette case à cocher ouvre le dessin et permet de choisir une vue enregistrée du dessin. Ceci permet une localisation rapide de la zone intéressée.

## 3. Enregistrement du dessin en cours

- Dans la barre d'outils d'accès rapide, cliquez sur **Enregistrer**  ou **Navigateur de menus - Fichier - Enregistrer**.

  Après avoir choisi le répertoire adéquat, tapez le nom du dessin dans la zone **Nom** puis cliquez sur **Enregistrer**. Le nom du dessin apparaît ensuite dans la barre de titre.

- Par la suite, si vous désirez enregistrer de nouvelles modifications sur ce dessin, cliquez à nouveau sur l'icône .

**Remarque**

*Pensez à enregistrer régulièrement votre dessin. Vous éviterez de perdre des données en cas de panne ou de coupure électrique.*

## 4. Enregistrement sous un autre nom

- Dans la barre d'outils d'accès rapide, cliquez sur **Enregistrer sous**  ou **Navigateur de menus - Fichier - Enregistrer sous**.
- Saisissez le nouveau nom que vous voulez affecter au dessin en cours et confirmez par **Enregistrer**.

Lorsque ces commandes demandent l'entrée d'un nom de fichier, AutoCAD affiche la boîte de dialogue standard **Enregistrer le dessin sous** :

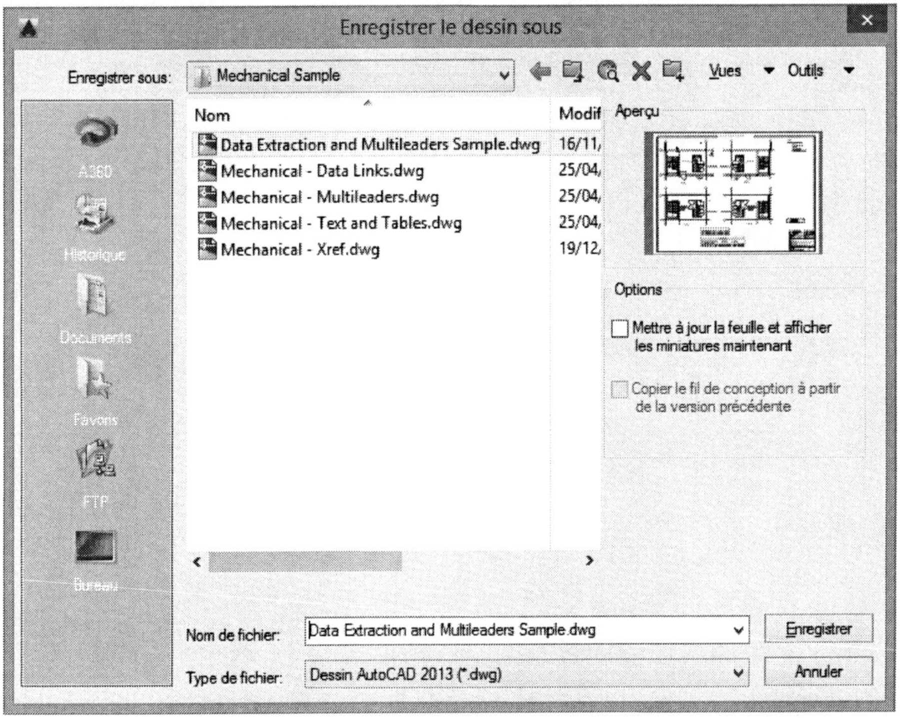


La liste **Type de fichier** permet l'enregistrement aux formats AutoCAD 2013 (format identique aux versions 2013, 2014, 2015 et 2016), AutoCAD 2010 (format identique aux versions 2010, 2011 et 2012), AutoCAD 2007 (format identique aux versions 2008, 2009), AutoCAD 2004/LT2004 (format identique aux versions 2005 et 2006), AutoCAD 2000/LT2000 (même format que 2000i et 2002), AutoCAD R14/LT98/LT97, Fichiers de normes (.DWS), Gabarit de dessin (.DWT), DXF 2013, DXF 2010, DXF 2007, DXF 2004, DXF 2000, DXF 12 (cf. chapitre Les fichiers d'échange).

L'enregistrement dans ces différents formats permet la lecture directe depuis des versions antérieures d'AutoCAD ou d'AutoCAD LT, et aussi un échange facile de données dans les deux sens. Le format DXF est très utile pour communiquer avec divers autres logiciels.

# 5. Utiliser les onglets de fichiers

AutoCAD 2016 met à disposition des onglets de fichiers qui permettent d'accéder facilement aux dessins ouverts, de passer de l'un à l'autre, de fermer un dessin ou encore d'en créer un nouveau (bouton **Plus** situé à droite des onglets).

## 5.1 Activer les onglets de fichiers

- Dans le groupe de fonctions **Interface** (onglet **Vue**), cliquez sur l'icône **Onglets Fichier** 

pour activer les onglets de fichiers.

Les onglets de fichiers sont affichés dans la partie supérieure de la zone de dessin comme dans l'exemple ci-dessous.

## 5.2 Rendre un dessin courant

- Dans les onglets de fichiers, cliquez sur l'onglet du fichier à rendre courant.

Les onglets de fichiers permettent de passer d'un dessin à un autre, et permettent l'accès direct aux diverses présentations de dessin.

## 5.3 Afficher une présentation

- Déplacez le pointeur sur l'onglet de fichier pour prévisualiser l'ensemble des présentations du dessin.
- Déplacez le pointeur sur une présentation pour afficher immédiatement son contenu.

## 5.4 Activer une présentation

- Dans les onglets de fichiers, déplacez le pointeur sur l'onglet de fichier correspondant.
- Cliquez sur la présentation pour basculer dans cette présentation.

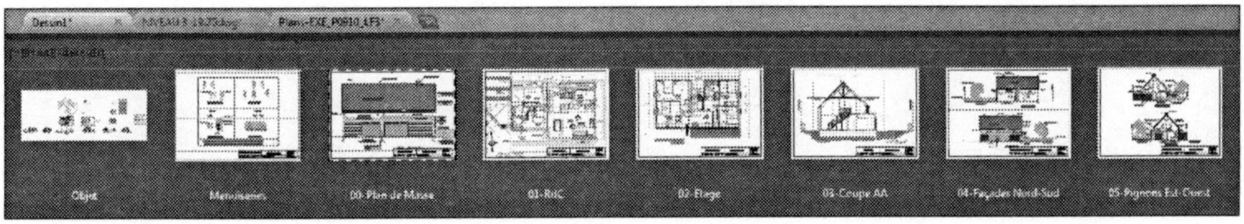


## 5.5 Imprimer une présentation

- Dans les onglets de fichiers, déplacez le pointeur sur l'onglet de fichier correspondant.
- Déplacez le pointeur sur la présentation à imprimer et cliquez sur le bouton **Tracer** .

## 5.6 Publier une présentation

- Dans les onglets de fichiers, déplacez le pointeur sur l'onglet de fichier correspondant.
- Déplacez le pointeur sur la présentation à publier et cliquez sur le bouton **Publier** .

## 5.7 Fermer un dessin

- Dans les onglets de fichiers, cliquez sur le bouton de fermeture de l'onglet du fichier à fermer.

## 5.8 Créer un nouveau dessin

- Dans les onglets de fichiers, cliquez sur le bouton **Plus** .

## 6. Fermeture d'un dessin

Dans le **Navigateur de menus**, choisissez **Fermer** puis **Dessin courant** ou cliquez sur le bouton **Fermer** [X] du document.

AutoCAD vous invite à enregistrer les modifications avant de fermer le document. Vous pouvez confirmer ou non l'enregistrement de ces modifications, ou encore annuler l'opération de fermeture.

## 7. Sortie d'une session

Dans le **Navigateur de menus**, choisissez **Quitter Autodesk AutoCAD 2016** ou cliquez sur le bouton de fermeture de l'application.

Si vous n'avez pas sauvé les modifications, AutoCAD vous propose pour chaque dessin plusieurs possibilités : enregistrer, abandonner les modifications ou annuler la commande.

## 8. Fichiers gabarits

Certaines valeurs sont associées à un dessin et sauvées avec celui-ci, comme des échelles, les limites, des calques, des styles d'annotations, de cotations... Toutes ces valeurs peuvent être placées dans un "dessin modèle" ou gabarit, qui vous servira lors de la création de nouveaux projets. AutoCAD fournit des gabarits standards, mais vous pouvez créer vos propres gabarits personnalisés ; chaque gabarit constituant une base de travail.

Un gabarit peut contenir un cartouche, des noms de calques personnalisés, des styles de texte et de cotation personnalisés, des présentations du dessin à échelles données ou autres informations que vous utilisez généralement dans un type de dessin particulier. À chaque nouveau dessin, vous pouvez indiquer à AutoCAD lequel de vos gabarits vous désirez utiliser (le nouveau dessin est une copie conforme du gabarit).

### 8.1 Création de fichiers gabarits

Il existe deux façons de créer un gabarit :

- La première méthode consiste, à partir d'un dessin vierge, à intégrer les uns après les autres tous les réglages.
- La deuxième méthode consiste à ouvrir un projet existant, et à conserver tous les paramètres et réglages, sauf la géométrie.

Pour un gain de temps, retenez si possible la deuxième méthode.

Ouvrez le dessin AutoCAD (dwg). Vérifiez tous les paramètres à conserver comme les calques, couleurs et types de ligne, l'échelle du type de ligne, la précision des unités et des angles, les styles de texte, de cotation, les présentations, les configurations de tracé.

Ensuite, effacez la géométrie spécifique au projet ouvert. Procédez à l'enregistrement du gabarit de la façon suivante :

- Dans le **Navigateur de menus**, choisissez **Enregistrer sous**, puis **Gabarit de dessin**. Dans la boîte de dialogue **Enregistrer le dessin sous**, notez le positionnement automatique dans le dossier **Template**. Dans la zone de texte **Nom de fichier**, précisez le nom du fichier gabarit et confirmez par **Enregistrer**.

**Remarque**

*Si vous précisez le caractère souligné (_) en début de nom de fichier, vous imposez un affichage en tête de liste.*

*Vous pouvez stocker votre gabarit dans votre compte Cloud.*

AutoCAD vous invite à commenter les spécificités du gabarit.

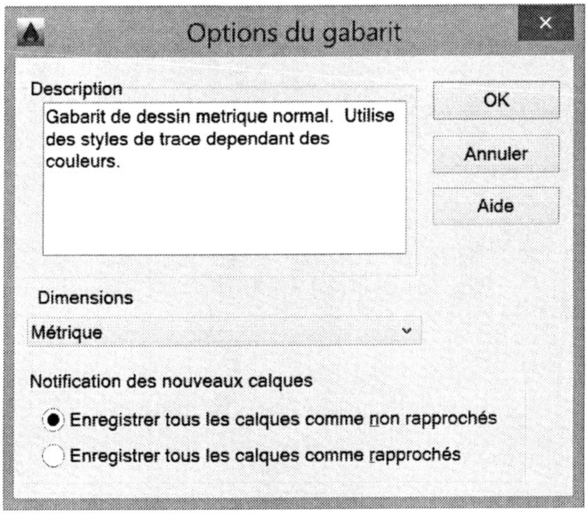


Lors de l'utilisation ultérieure du gabarit, le commentaire associé sera affiché et pourra vous aider dans votre choix.

## 8.2 Utilisation de fichiers gabarits

- Dans la barre d'outils d'accès rapide, cliquez sur l'icône **Nouveau** .

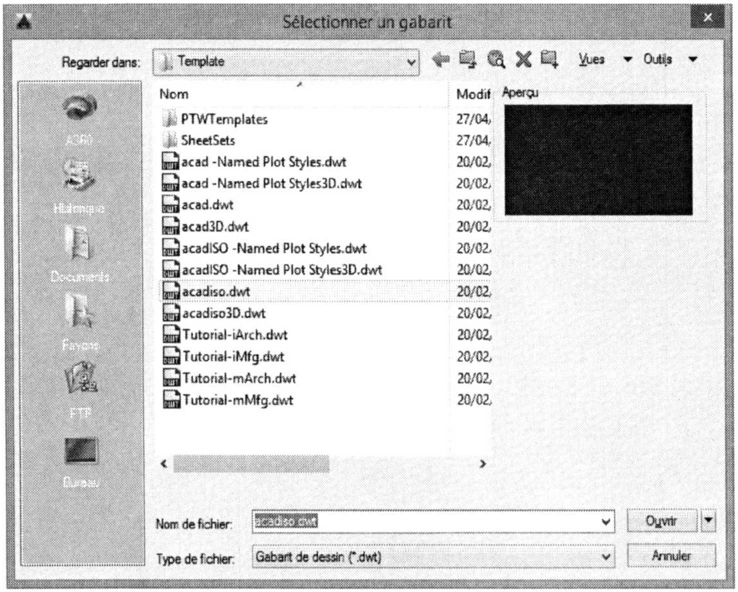


Tous les gabarits du dossier **Template** sont listés.

- Double cliquez sur le gabarit de votre choix.

Le nouveau dessin présent à l'écran est une copie conforme du gabarit sélectionné. En effet, tous les réglages et paramètres sont présents. L'utilisateur a donc à disposition tous les outils pour travailler.

## 8.3 Modification d'un fichier gabarit

Un fichier gabarit peut, comme n'importe quel fichier, être ouvert et réenregistré. Ceci vous permet d'enrichir au fur et à mesure votre base de travail.

- Dans le **Navigateur de menus**, choisissez **Ouvrir**. Dans la liste **Type de fichier**, sélectionnez **Gabarit de dessin (*.dwt)**. Seuls les fichiers gabarits sont alors affichés.

  Sélectionnez le gabarit à modifier puis confirmez par **Ouvrir**.
- Procédez aux modifications puis enregistrez normalement.

À la prochaine utilisation du gabarit, vous retrouverez les modifications apportées.

# Chapitre 2
# L'environnement de travail

## 1. Les limites

Dans le menu déroulant **Format**, choisissez **Limites du dessin**.

AutoCAD propose dans la fenêtre de commande :

```
LIMITES Spécifiez le coin inférieur gauche ou [ACtif INactif] <0.0000,0.0000>:
```

Les limites de dessin sont exprimées sous forme d'une paire de points 2D (le coin bas gauche et le coin haut droit) dans le Système de Coordonnées Général. Il n'y a pas de limites dans la direction Z.

Si vous voulez modifier les limites actuelles, validez le coin bas gauche par défaut (0,0), et indiquez un coin haut droit différent (ex. 210,297). En effet, vous interviendrez en général sur le coin haut droit et laisserez le coin bas gauche à 0,0.

Les limites désignent une zone de travail invisible, représentant les limites du dessin. Celles-ci vous servent de référence dans votre dessin. Vous pouvez à n'importe quel moment modifier ces limites.

Les limites englobent votre dessin (ex. pour un dessin de 100x80, les limites peuvent être de 150x100). Notez que l'unité n'est pas précisée ; ici l'unité peut être le millimètre, le mètre, le centimètre, le pouce... On utilise une unité réelle pour faciliter le travail et utiliser les vraies longueurs.

Les limites du dessin contrôlent la portion du dessin couverte par la grille, ce qui est pratique pour repérer le positionnement de son dessin sur ses limites.

Elles sont un des facteurs qui déterminent la zone affichée par un zoom Total.

Les autres options :

**ACtif** : active le mode Contrôle des limites, retenant les valeurs courantes des limites elles-mêmes. Si le contrôle des limites est actif, AutoCAD rejette tous les points définis en dehors de ces limites de dessin (bien qu'un élément tel qu'un cercle puisse commencer à l'intérieur des limites et les dépasser). Le contrôle des limites vous aide à ne pas dessiner en dehors de l'aire du dessin.

**INactif** : active le mode Libre de limites mais se souvient des valeurs des limites lorsque vous réactivez le mode contrôle.

## 2. La grille

La grille est représentée par un quadrillage de repères identiques à des petits points. La grille est affichée uniquement sur les limites du dessin. Associée à la résolution (magnétisme du curseur sur la grille), la grille vous permet de dessiner ou de modifier des objets selon des distances en rapport avec la grille. Vous pouvez activer ou désactiver l'affichage de la grille avec le bouton **Affichage de la grille de dessin** dans la barre d'état.

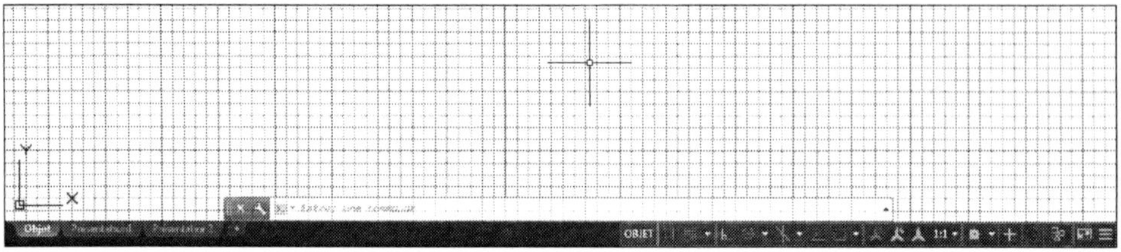

Vous pouvez agir sur les espacements de la grille (ils peuvent être différents en X et Y), ainsi que sur la résolution (magnétisme) grâce aux aides au dessin. Pour cela, effectuez un clic droit sur le bouton **Mode d'accrochage** de la barre d'état, et choisissez **Paramètres d'accrochage**.

Dans la boîte de dialogue ci-dessous, l'onglet **Accrochage/Grille** est activé :

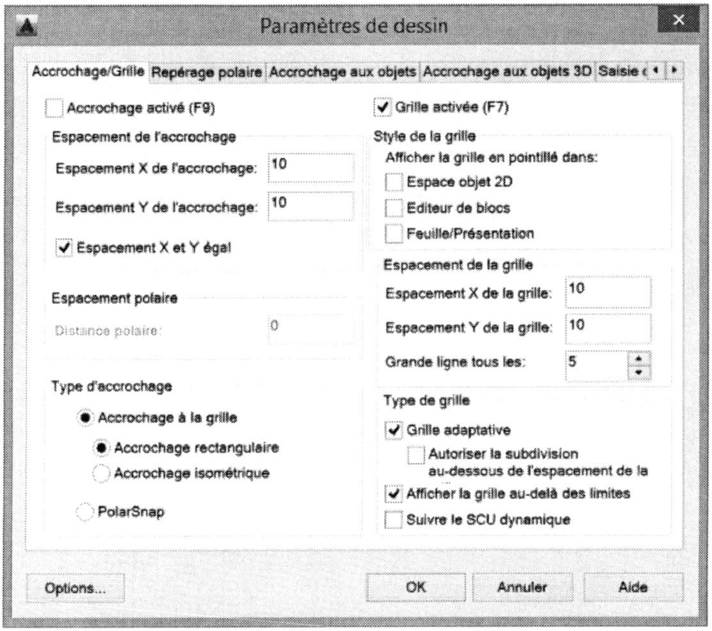


La case à cocher **Accrochage activé (F9)** active ou désactive le mode d'accrochage (ou magnétisme) à la grille.

La rubrique **Espacement de l'accrochage** définit une grille rectangulaire virtuelle d'accrochage selon les espacements X et Y (**Espacement X de l'accrochage** et **Espacement Y de l'accrochage**) qui restreignent le mouvement du curseur selon ces intervalles X et Y.

La case à cocher **Espacement X et Y égal** force des valeurs X et Y identiques.

La rubrique **Espacement polaire** permet via la zone **Distance polaire** de fixer la distance d'incrémentation des accrochages quand l'option **PolarSnap** est sélectionnée dans la zone **Type d'accrochage**.

La rubrique **Type d'accrochage** permet de choisir entre un **Accrochage à la grille** et un accrochage polaire (**PolarSnap**). L'accrochage à la grille permet l'accrochage aux points de la grille, soit selon une grille **rectangulaire** standard, soit selon une grille **isométrique**. Le bouton **PolarSnap** permet l'accrochage polaire pratiqué avec le repérage polaire utilisant les angles d'alignement définis dans l'onglet **Repérage polaire**.

La case à cocher **Grille activée (F7)** active ou désactive la grille.

La rubrique **Style de la grille** définit le style de grille en pointillés en activant ou désactivant la grille dans l'**espace objet 2D**, dans l'**éditeur de blocs** ainsi que dans les **feuilles/présentations**.

La rubrique **Espacement de la grille** définit les valeurs des **espacements X** et **espacement Y** des points de la grille, et permet la mise en évidence de **grandes lignes** intermédiaires selon l'espacement de votre choix à définir.

La rubrique **Type de grille** règle la **Grille adaptative** qui permet de limiter la densité de la grille lors d'un zoom arrière, et **autorise la subdivision de la grille au-dessous** des espacements mentionnés de la grille. La case à cocher **Afficher la grille au-delà des limites** permet de ne pas limiter l'affichage de la grille dans les limites du dessin. La case à cocher **Suivre le SCU dynamique** permet la modification du plan de la grille lors d'un changement de SCU dynamique.

**La grille 3D**

La grille est applicable également dans un environnement 3D.

Les paramètres de la grille 3D sont les mêmes que pour la grille 2D. L'affichage de la grille se présente comme ci-après.

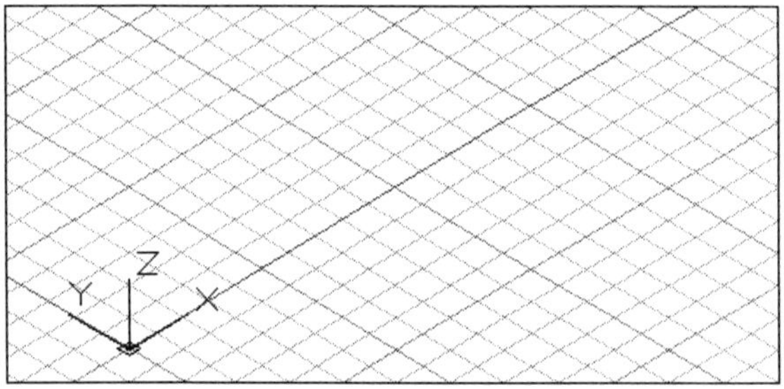


*Affichage en projection parallèle*

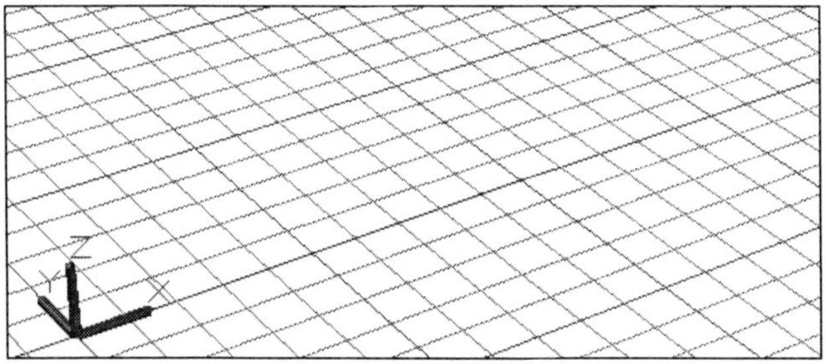


*Affichage en projection en perspective*

## 3. Le contrôle des unités

Bien souvent, les distances, angles et coordonnées sont donnés en notation décimale ordinaire. Cependant, dans certains domaines, d'autres formes de notation sont préférées. La précision des valeurs affichées peut également être l'objet d'un choix personnel. Afin de satisfaire certaines exigences, AutoCAD permet de contrôler l'affichage des unités.

Il est important de préciser que lorsque vous commencez un nouveau dessin, le format d'affichage et la précision sont dans le dessin prototype utilisé. Vous pouvez modifier ces valeurs autant de fois que nécessaire pendant que vous dessinez.

▶ Dans le menu déroulant **Format**, choisissez **Contrôle des unités**.

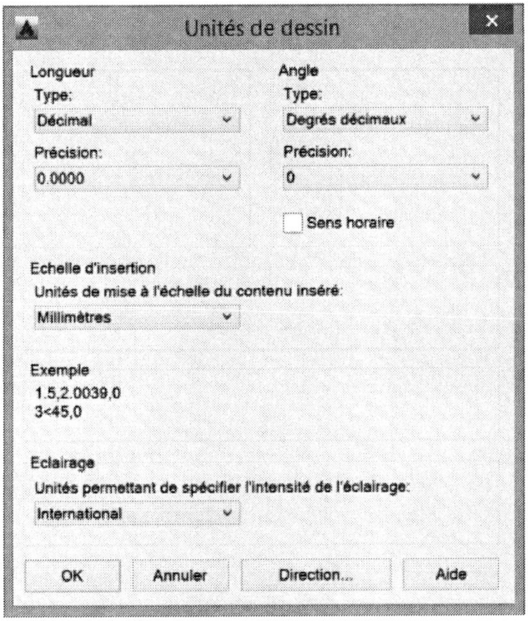


### Longueur

La liste **Type** permet de changer l'unité ou le type de mesure. Choisissez le format qui vous convient. La liste **Précision** affiche le format sélectionné. Cette liste affiche également la précision par défaut correspondant au format choisi. Pour changer cette valeur, sélectionnez la précision dans la liste.

Les formats **Ingénierie** et **Architecture** génèrent des affichages en pouces et en pieds ; avec ces formats, chaque unité de dessin représente un pouce.

## Angle

La zone **Angle** permet de définir la mesure des angles des dessins.

Choisissez le mode qui vous convient dans la liste **Type**. Le mode choisi apparaît dans la liste **Précision**. Cette liste contient également la précision par défaut correspondant au format d'angle sélectionné. Pour modifier la précision, sélectionnez-en une autre dans la liste.

AutoCAD a pris pour convention d'ajouter la lettre "r" pour indiquer les angles en radians et "g" pour les grades. Les angles en degrés, minutes et secondes sont un compromis de la forme suivante :

```
123d45'56.7"
```

où

```
d=degrés
'=minutes
"=secondes
```

Les unités géodésiques méritent une explication supplémentaire : si vous choisissez ce format, les angles seront affichés comme des angles géographiques.

### Exemple

```
<N/S><angle><E/O>
```

<N/S> est ou N ou S et <E/O> est ou E ou O. L'angle est édité exactement comme dans le mode degrés/minutes/secondes ; il indique de combien l'angle dévie de la direction nord/sud vers l'est ou l'ouest. L'angle est toujours inférieur à 90.

Si l'angle correspond exactement à un des points cardinaux, seule l'abréviation de ce point est affichée.

### Exemple

```
0=E
45=N45d0'0 "E
90=N
135=N45d0'0 "O
180=O
225=S45d0'0 "O
270=S
315=S45d0'0 "E
207.5=S67d30'0 "O
```

Si l'on utilise des unités géodésiques, les angles relatifs entre les objets sont affichés dans le format degrés/minutes/secondes (cela est également valable pour la cotation angulaire).

La case à cocher **Sens horaire** de la boîte de dialogue **Unités de dessin** inverse la direction par défaut des angles positifs. Si cette case à cocher est activée, la manipulation des angles positifs et négatifs est inversée dans les réseaux polaires, dans les arcs. Dans ce mode, un réseau polaire sera dessiné dans le sens horaire si vous entrez un angle positif. Cette option est donc à manipuler avec précaution.

### Echelle d'insertion

La liste déroulante affichée dans cette zone gère les unités utilisées lors de l'insertion par glissement d'un bloc ou d'une référence externe dans le dessin courant. Cette insertion par simple glissement s'effectue depuis le "DesignCenter" (sorte d'explorateur intelligent de contenus - cf. chapitre Les éléments de bibliothèque - AutoCAD DesignCenter), depuis une palette d'outils ou depuis un site web (technique de glisser déposer ou i-drop).

**Remarque**

*Vous utilisez habituellement l'unité du millimètre. Si, par exemple, vous choisissez dans la liste l'unité du mètre, lors de l'insertion d'un bloc depuis le DesignCenter dans le dessin courant, AutoCAD convertit automatiquement la géométrie, c'est-à-dire que le bloc inséré (d'une largeur de 4 mètres par exemple) sera bien représenté dans le dessin courant en millimètres (soit 4000 mm).*

### Eclairage

Contrôle l'unité de mesure utilisée pour l'intensité des lumières photométriques dans le dessin courant.

**Remarque**

*Vous devez sélectionner une lumière autre que générique dans la liste d'options pour créer et utiliser des lumières photométriques.*

## 4. Les notations cartésiennes et polaires

Un système de coordonnées cartésien ou rectangulaire sert à localiser des éléments avec précision sur le dessin. Il y a un axe horizontal ou axe des X, et un axe vertical ou axe des Y. L'intersection des axes des X et des Y est l'origine du système, et ses coordonnées valent 0,0. Les deux axes sont orthogonaux ou perpendiculaires dans le cas d'une projection orthogonale. Chaque point du dessin est référencé par rapport au système de coordonnées à l'aide d'un couple de nombres donnant les distances en X et en Y. Les valeurs sur l'axe des X vont en croissant vers la droite et celles sur l'axe des Y vont en croissant vers le haut.

À titre d'exemple, considérons deux points, A et B. Les coordonnées du point A sont 2,1 car il est situé à une distance de 2 sur l'axe des X et de 1 sur l'axe des Y par rapport à l'origine. Les coordonnées du point B sont 6,4 car il est situé à une distance de 6 sur l'axe des X et de 4 sur l'axe des Y par rapport à l'origine.

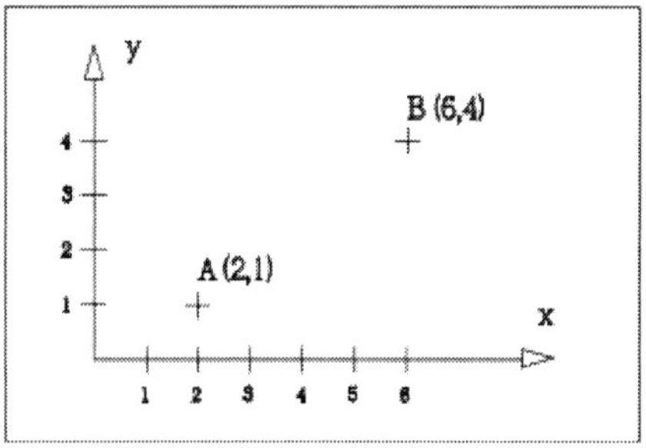


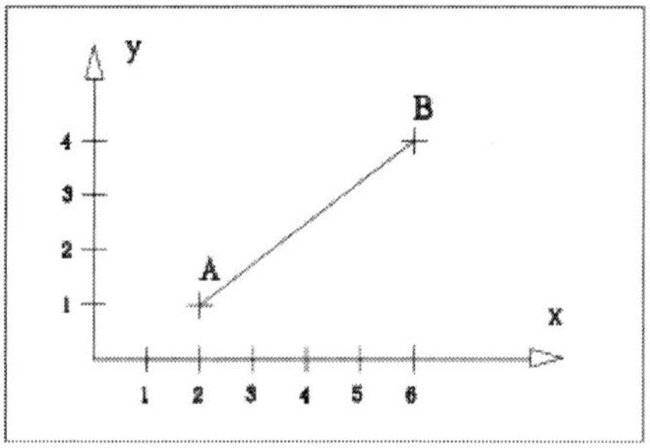


On définit une droite par les coordonnées de ses deux extrémités. Par exemple, nous pourrions tracer une ligne du point A de coordonnées 2,1 jusqu'au point B de coordonnées 6,4. On parle alors de référence cartésienne absolue car les deux extrémités sont référencées de façon absolue dans le système de coordonnées.

La saisie au clavier serait 2,1. Les coordonnées absolues du second point sont 6,4. Pour imposer les coordonnées absolues la saisie serait #6,4.

Cependant, il sera souvent plus pratique de donner les coordonnées du second point (ou point suivant) par rapport au premier point (coordonnées relatives), plutôt que par rapport à l'origine (coordonnées absolues). Dans notre exemple, les coordonnées relatives du second point sont 4 en X (soit 6-2) et 3 en Y (soit 4-1).

Pour saisir les coordonnées relatives :

- Saisissez la valeur **4**.

  L'affichage suivant apparaît :

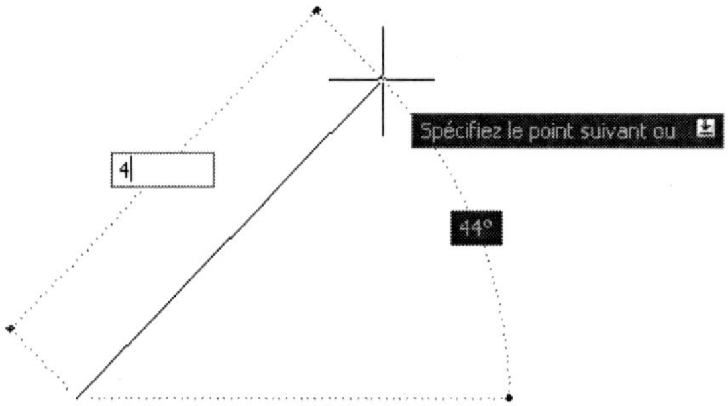


- Utilisez la touche virgule **,**. Ceci verrouille la coordonnée en X.

Vous obtenez l'affichage suivant :

▶ Saisissez la coordonnée en Y de **3**, et validez.

La notation polaire est une variante du système de référence relative. Avec cette méthode, vous indiquez une distance relative radiale et un angle par rapport à l'horizontale. Dans l'exemple suivant, la longueur de la ligne est 5 avec un angle de 37 degrés.

Pour saisir ces coordonnées polaires :

▶ Saisissez la valeur **5**.

L'affichage suivant apparaît :

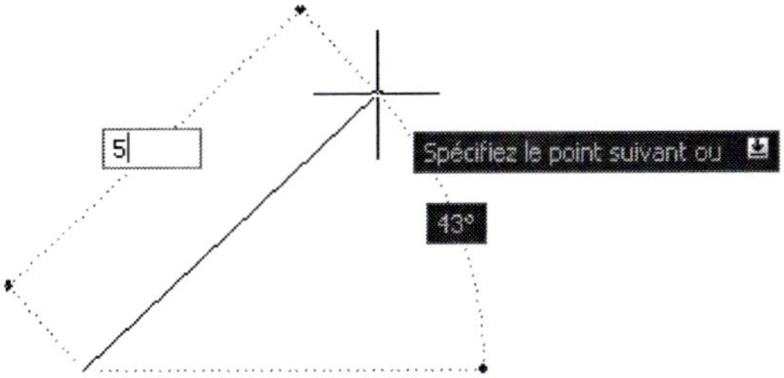


▶ Appuyez sur la touche [Tab]. Ceci verrouille la distance radiale.

Vous obtenez l'affichage suivant :

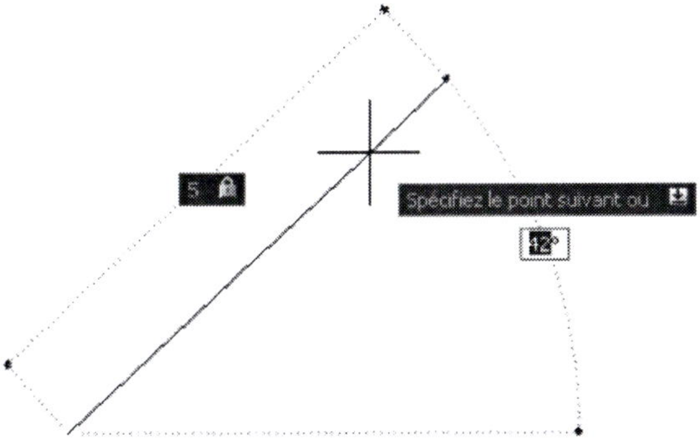




▶ Saisissez ensuite la valeur angulaire de **37**, et validez.

## La saisie dynamique au niveau du curseur

Les saisies au clavier utilisées dans les versions précédentes d'AutoCAD sont toujours autorisées. Soit X,Y pour les notations cartésiennes absolues, @X,Y pour les notations relatives, et @L<A pour les notations relatives polaires. Mais AutoCAD permet désormais la saisie dynamique au niveau du curseur apportant un sensible gain de productivité.

Ainsi :

- La touche du clavier virgule **,** permet de passer de la saisie X à Y (et de Y à Z en 3D) dans la saisie des coordonnées relatives.
- Faire précéder la valeur X du signe # impose la saisie de coordonnées absolues.
- La touche du clavier [Tab] permet de passer alternativement de la valeur radiale à la valeur angulaire dans la saisie des coordonnées relatives polaires.
- La touche [Entrée] utilisée après la saisie d'une première valeur permet la création directe d'un segment dans la direction du curseur. Cette méthode est particulièrement intéressante lorsqu'elle est combinée avec le mode orthogonal, le repérage polaire ou encore l'accrochage aux objets.
- Les touches [Flèche en bas] et [Flèche en haut] permettent d'accéder aux options de la commande en cours.

Ainsi, avec la notation polaire, la direction vers la droite (l'Est ou l'orientation à 3 heures) fait un angle de zéro, tandis que la verticale (le Nord ou l'orientation à 12 heures), dans la direction de l'axe des Y, constitue un angle de 90 degrés. La direction vers la gauche fait 180 degrés et la direction vers le bas correspond soit à 270 degrés, soit à -90 degrés.

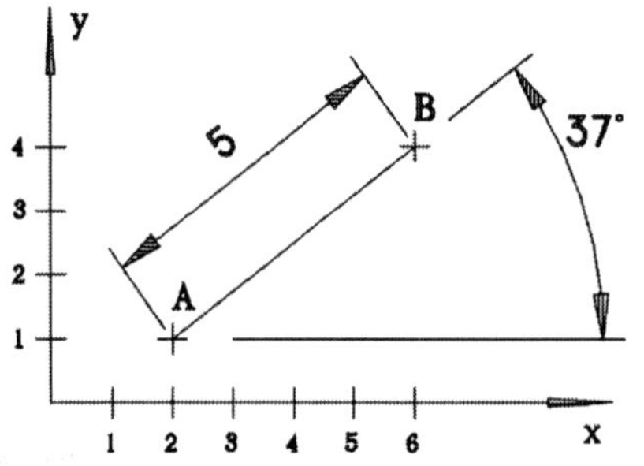

## Paramétrer la saisie dynamique

▶ Dans la barre d'état, effectuez un clic droit sur le bouton **Saisie dynamique** et choisissez **Paramètres de saisie dynamique**.

L'onglet **Saisie dynamique** est activé. Les options suivantes apparaissent :

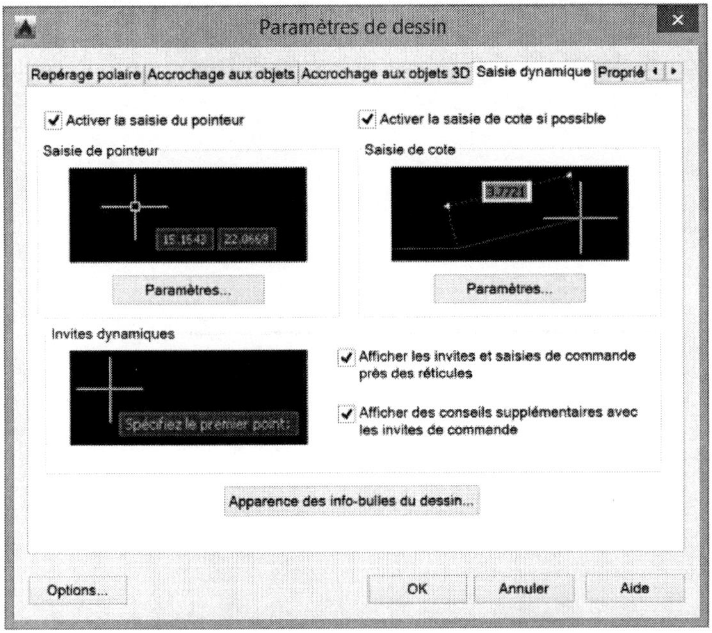


**Activer la saisie du pointeur** : permet d'activer la saisie du pointeur. Lorsque la saisie du pointeur et la saisie de cote sont activées, cette dernière a priorité sur la saisie du pointeur lorsqu'elle est disponible. Le bouton **Paramètres** règle le format de saisie et la visibilité des info-bulles.

**Activer la saisie de cote si possible** : permet d'activer la saisie de cote. Notez que pour certaines commandes, la saisie de cote n'est pas disponible, notamment lorsque celles-ci vous demandent un second point. Le bouton **Paramètres** définit les paramètres de saisie lors de l'étirement de la poignée.

**Invites dynamiques** : permet d'afficher les invites (ou commentaires), dans une info-bulle au niveau du curseur, lorsque cela est nécessaire pour évoluer dans la commande en cours. Vous pouvez saisir directement des valeurs dans l'info-bulle plutôt que sur la ligne de commande.

**Apparence des info-bulles du dessin** : le bouton **Apparence des info-bulles du dessin...** accède à la boîte de dialogue suivante :

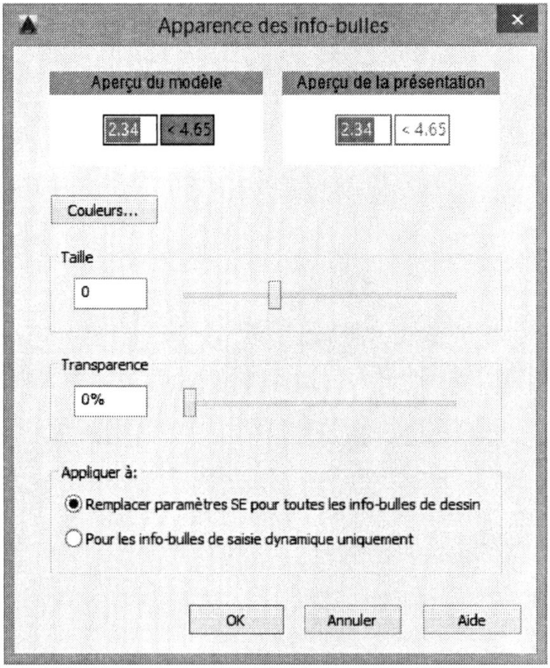


Le bouton **Couleurs...** permet de régler notamment la couleur des réticules, vecteur Autotrack, info-bulles, arrière-plan des info-bulles....

La rubrique **Taille** permet d'agir sur la taille des info-bulles à partir de la glissière ou en saisissant une valeur dans la zone de texte appropriée.

La rubrique **Transparence** gère la transparence des info-bulles. Plus la valeur (pourcentage) est importante, plus la transparence sera prononcée.

La rubrique **Appliquer à** permet l'application des paramètres d'info-bulles :

- À l'ensemble des info-bulles du dessin, via l'option **Remplacer paramètres SE pour toutes les info-bulles de dessin**.
- Aux info-bulles utilisées par la saisie dynamique, via l'option **Pour les info-bulles de saisie dynamique uniquement**.

**Remarque**

*Dans la zone d'état, le bouton **Saisie dynamique***  *active ou désactive la saisie dynamique.*

**Remarque**

*Voir aussi la saisie directe d'un écart (cf. chapitre Le dessin - Création de lignes).*

## 5. Système de points et de coordonnées

AutoCAD utilise un système de coordonnées cartésien fixe pour définir les points de votre dessin. Le point d'origine est à l'endroit où les valeurs de X et de Y sont égales à zéro. Si votre travail comprend le dessin ou la modélisation 3D, vous pouvez ajouter un axe Z pour fixer les points 3D en utilisant les coordonnées (x,y,z).

L'origine dans un système de coordonnées 3D est à l'endroit où les valeurs de X,Y et Z sont égales à zéro.

Un point 2D est exprimé comme paire de coordonnées (x,y) (c'est-à-dire une valeur en X et une valeur en Y, séparées par une virgule). Pour localiser un point 2D particulier, vous pouvez imaginer deux perpendiculaires dont l'une croise l'axe X à la valeur X du point et l'autre l'axe Y à la valeur Y du point. Le point se trouve à l'intersection des deux lignes.

Vous pouvez aussi imaginer une trame rectangulaire débutant à l'origine du système de coordonnées. Pour placer un point avec les coordonnées de trame (5,4), vous pouvez compter 5 lignes vers la droite (X positif) et quatre lignes vers le haut (Y positif) comme dans l'illustration ci-après.

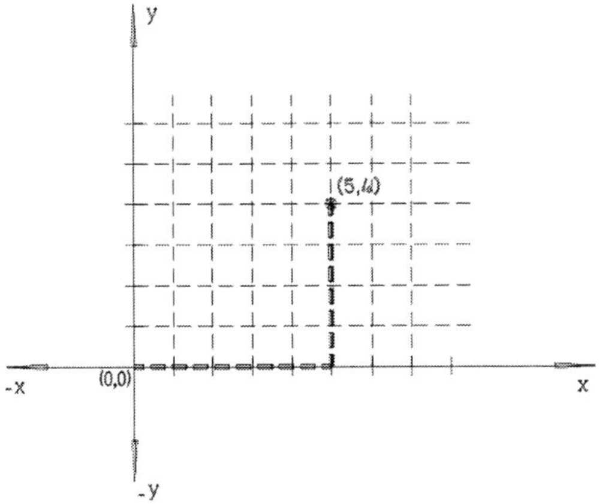


**Remarque**

*Voir aussi la saisie directe d'un écart (cf. chapitre Le dessin - Création de lignes).*

# Chapitre 3
# Le dessin

## 1. Création de lignes

L'entité de dessin principale dans les logiciels de CAO/DAO est la ligne.

▶ Activez l'onglet **Début** du ruban, choisissez le bouton **Ligne** 

du groupe de fonctions **Dessin**.

Vous devez définir les deux extrémités de la ligne. Vous pouvez les indiquer moyennant, soit des coordonnées 2D (x,y), soit des coordonnées 3D (x,y,z), ou combiner les deux types de coordonnées. Si vous entrez des coordonnées 2D, AutoCAD utilise l'élévation courante comme composant en Z du point.

Dans l'exemple ci-dessous, vous dessinez une ligne démarrant du point de coordonnées x=1, y=1 et z=0 et se terminant au point de coordonnées x=5, y=2 et z=1.

Au message 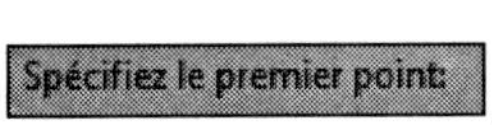

, saisissez **1,1,0** et appuyez sur la touche [Entrée] pour valider.

Au message 

, saisissez **5,2,1** et appuyez sur la touche [Entrée] pour valider.

Au message 

, appuyez sur la touche [Entrée] pour valider.

Le format à respecter est donc (x,y,z). Les trois valeurs sont séparées par une virgule. Vous pouvez vous contenter de donner les valeurs x et y ; dans ce cas, vous dessinez une ligne 2D. Dans l'exemple ci-dessous, vous dessinez une ligne partant du point de coordonnées x=1 et y=1 jusqu'au point de coordonnées x=10 et y=5. Ces deux points ont une composante z identique (égale à zéro).

Au message Spécifiez le premier point:, saisissez **1,1** et appuyez sur la touche [Entrée] pour valider.

Au message Spécifiez le point suivant ou, saisissez **10,5** et appuyez sur la touche [Entrée] pour valider.

Au message Spécifiez le point suivant ou, appuyez sur la touche [Entrée] pour valider.

À chaque message "Spécifiez le point suivant", un curseur élastique est attaché au réticule. Ceci vous permet de voir où s'arrêtera la ligne. Vous pouvez mettre en place une suite de lignes raccordées entre elles. AutoCAD vous demande un autre point après chaque point spécifié. Pour terminer la commande **Ligne**, donnez une réponse nulle (touche [Entrée] ou clic droit puis **Entrer**).

## Supprimer la dernière ligne introduite

Lorsque vous placez plusieurs lignes dans la même commande **Ligne**, vous êtes appelé à revenir en arrière, c'est-à-dire à annuler la ou les lignes précédemment dessinées. En cours de commande **Ligne**, un clic droit affiche le menu contextuel suivant :

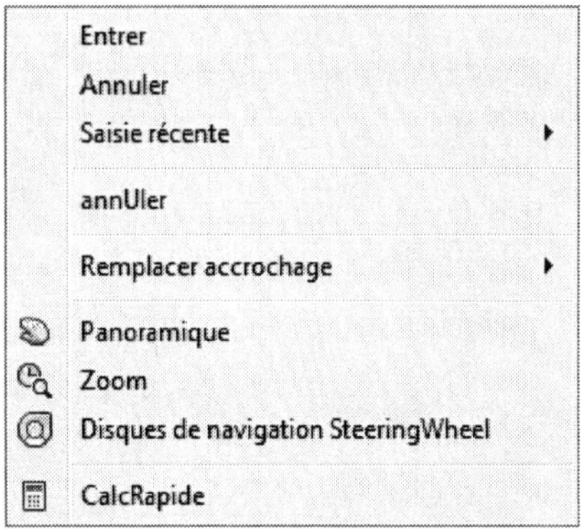


- Choisissez alors **annUler**. Le curseur élastique est repositionné au point précédent, où vous pouvez continuer à positionner vos différentes lignes.

**Remarque**

*Vous pouvez utiliser cette option à plusieurs reprises pour annuler plusieurs lignes dessinées. Ne la confondez pas avec l'option* **Annuler** *qui annule l'opération et sort de la commande en cours.*

## Fermer les polygones

Lorsque vous dessinez des lignes successives (au minimum deux), vous avez régulièrement besoin de fermer la figure ou le polygone.

▶ En cours de commande **Ligne**, effectuez un clic droit pour afficher le menu contextuel, puis choisissez **Clore**. AutoCAD ferme le polygone et quitte la commande **Ligne**.

## Repartir du dernier point précisé

Après le choix de la commande **Ligne**, si au message "Spécifiez le premier point" vous répondez en appuyant sur la barre d'espacement ou sur [Entrée], le dernier point précisé deviendra le point de départ de la ligne à dessiner.

Si un arc a été mis en place précédemment, son extrémité déterminera le point de départ et la direction de la ligne (tangente). AutoCAD vous demande alors la longueur de la ligne.

## Saisie directe d'un écart

La saisie directe de l'écart permet la mise en place rapide d'un point par rapport au point précédent.

▶ Indiquez la direction à respecter en déplaçant le curseur, puis saisissez une valeur numérique et validez par [Entrée]. Cette valeur définit la longueur du déplacement. La direction peut être définie de différentes façons :

- Le mode **Ortho**  (de la barre d'état) représente une méthode intéressante ; il permet d'imposer les directions X ou Y du système de coordonnées courant. Ceci est intéressant notamment pour une première esquisse, mais se limite à deux directions.
- Le **repérage polaire**  permet de respecter des orientations prédéfinies par l'utilisateur (voir détails dans le repérage polaire).
- L'**accrochage aux objets** peut être pris en compte pour fixer une direction.

  L'**accrochage aux objets activé** 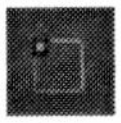 repère une intersection par exemple ; sans cliquer, saisissez une distance au clavier. La direction passant par l'intersection est effectivement prise en compte. Notez la particularité de l'outil d'accrochage **Extension** qui permet de s'appuyer sur le prolongement d'une ligne ou d'un arc.

**Remarque**

*Notez que la complémentarité du **repérage d'accrochage aux objets** et du **repérage polaire** permet le positionnement rapide d'un segment. Voir aussi la saisie dynamique au niveau du curseur (cf. chapitre L'environnement de travail - Les notations cartésiennes et polaires).*

## 2. Annulations et rétablissements

AutoCAD permet à tout moment d'annuler la ou les précédentes opérations effectuées dans le dessin courant.

Vous venez de mettre en place plusieurs lignes de construction, ou vous venez de déplacer des objets ou encore d'insérer un élément de bibliothèque... Vous pouvez très facilement annuler ces différentes commandes et les rétablir le cas échéant.

### Annulation

▶ Dans la barre d'outils d'accès rapide, cliquez sur le bouton **Annuler** .

**Remarque**

*Ce bouton est disponible si au moins une commande a été effectuée auparavant.*

Vous répétez l'opération pour l'annulation de plusieurs opérations précédentes.

Vous pouvez également utiliser le bouton-liste **Annuler** ci-dessous pour visualiser les dernières opérations à annuler.

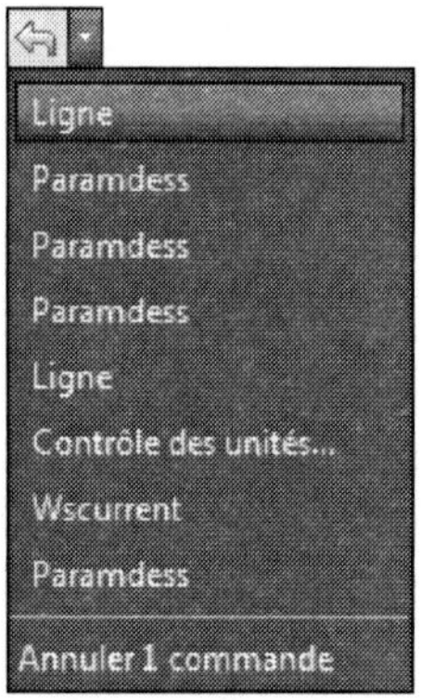


### Rétablissement

▶ Dans la barre d'outils d'accès rapide, cliquez sur le bouton **Rétablir** .

**Remarque**

*Ce bouton est disponible s'il y a eu au moins une annulation auparavant.*

Vous pouvez également utiliser le bouton-liste **Rétablir** ci-dessous pour visualiser et rétablir plusieurs opérations précédemment annulées.

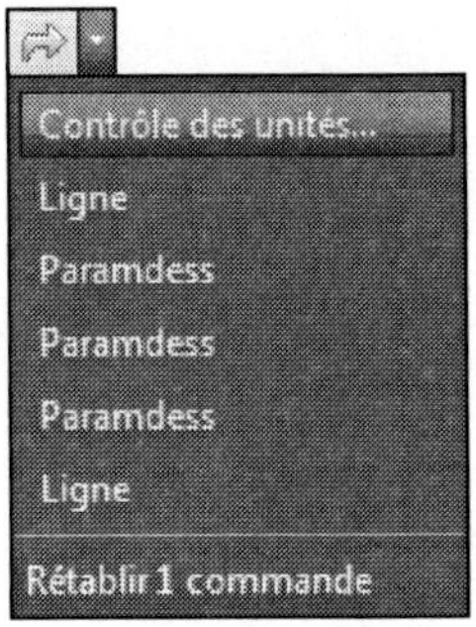


# 3. L'accrochage aux objets

AutoCAD reconnaît, à chaque type d'objets, un ou plusieurs points caractéristiques. Ces points de référence vous sont très utiles pour la construction. Ils peuvent être l'extrémité d'une ligne, l'intersection d'une ligne et d'un cercle... AutoCAD met à disposition de l'utilisateur des outils d'accrochage aux objets permettant de repérer efficacement les points de référence voulus.

## 3.1 Les outils d'accrochage aux objets

Un accrochage aux objets est un outil à utiliser lorsqu'AutoCAD demande à préciser un point. Vous pouvez par exemple, à partir de lignes de construction, repérer des intersections ou extrémités pour dessiner ou positionner des objets. Plutôt que de calculer des coordonnées en X et en Y, vous choisissez simplement l'outil d'accrochage, **Extrémité** par exemple. Une marque apparaît et permet de repérer l'extrémité d'une ligne (exemple ci-après).

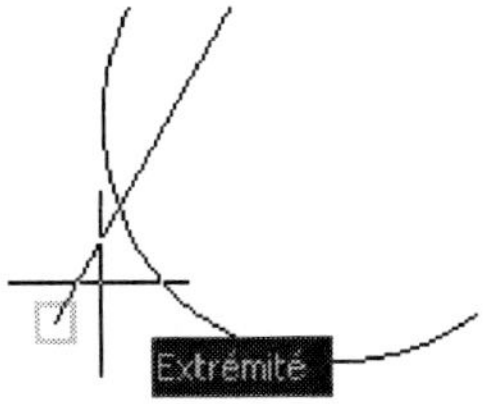

Voici les différents outils d'accrochage :

**Point de repérage temporaire** : permet de positionner un point à partir de plusieurs références X et Y. Cette option attend un premier point puis un deuxième ; il extrait la position en X de l'un et la position en Y de l'autre (voir aussi le repérage d'accrochage aux objets).

**Depuis** : un point de référence à partir duquel vous pouvez donner une position (relative).

**Extrémité** : l'extrémité la plus proche d'un segment droit ou courbe.

**Milieu** : le milieu d'un segment droit ou courbe.

**Intersection** : le point d'intersection de deux objets (soit l'intersection se trouve dans la cible, soit vous précisez deux objets).

**Intersection projetée** : l'intersection réelle ou fictive de deux objets dans l'espace 2D ou 3D (projection de l'intersection).

**Extension** : fixe un point en plaçant le curseur sur une extrémité (une petite marque apparaît). Le déplacement du curseur permet une extension virtuelle de l'objet. Entrez une distance au clavier ou fixez un autre point pour obtenir une intersection des deux segments par exemple.

**Centre** : le centre d'un cercle, d'un arc ou d'une ellipse.

**Centre géométrique** : centre de gravité d'une polyligne 2D fermée ou d'une spline 2D fermée.

**Quadrant** : les points situés sur les directions Nord, Ouest, Sud et Est sur un cercle, un arc ou une ellipse.

**Tangente** : le point par lequel une ligne, un arc passe de façon tangente ; valable pour les cercles, arcs, ellipses, splines...

**Perpendiculaire** : le point par lequel passe une ligne de façon perpendiculaire ; fonctionne pour les lignes, arcs, cercles, ellipses, splines.

**Parallèle** : permet de s'aligner à un segment droit. Déplacez le curseur sur l'objet de référence et il respectera une parallèle à ce segment droit.

**Nodal** : la position de l'objet Point.

**Point d'insertion** : le point d'insertion d'un texte, d'un attribut ou d'un bloc.

**Proche** : le point le plus proche sur une ligne, un arc, un cercle...

**Aucun** : permet de ne pas utiliser un accrochage prédéfini pour pouvoir préciser un point d'une autre manière (en X et Y par exemple).

AutoCAD vous permet aussi d'accéder à un menu curseur proposant tous ces outils d'accrochage. Pour l'utiliser, maintenez la touche [Shift] enfoncée et effectuez un clic droit.

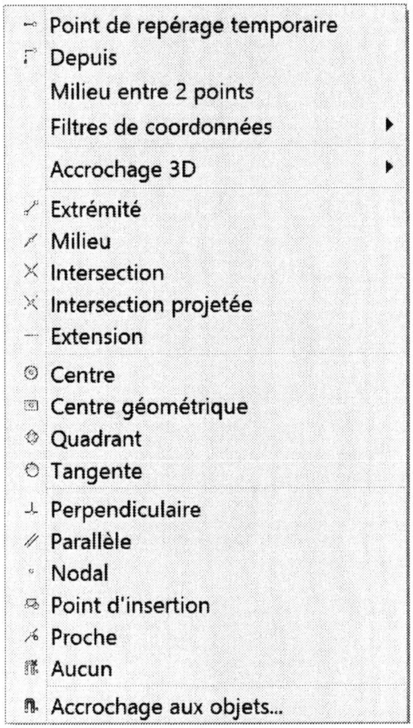


**Remarque**

*L'outil d'accrochage **Milieu entre 2 points** du menu contextuel permet de repérer automatiquement le milieu d'un segment matérialisé par deux points, à l'aide de l'accrochage aux objets par exemple.*

Vous accédez également aux outils d'accrochage en déroulant le bouton-liste **Curseur d'accrochage aux points de référence 2D**  de la barre d'état.
Le menu suivant est affiché et vous choisissez l'outil d'accrochage désiré :

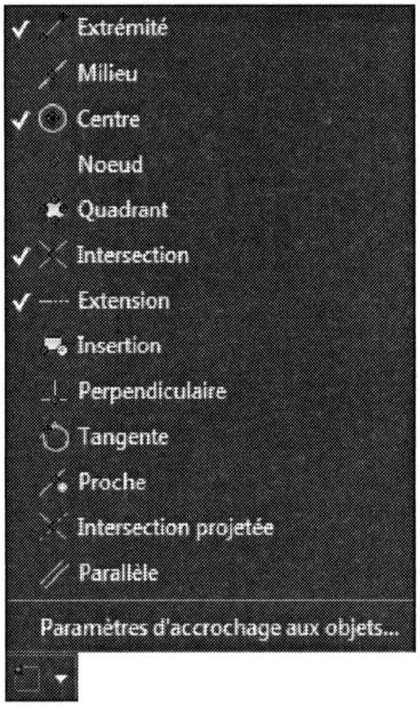


## 3.2 L'accrochage permanent aux objets

Vous pouvez ponctuellement, à chaque fois que vous en avez besoin, choisir un outil d'accrochage. Mais vous avez souvent la nécessité de plusieurs outils d'accrochage et il devient alors moins pratique de répéter l'opération. AutoCAD permet un accrochage permanent pour remédier à cet inconvénient et repérer ainsi divers points d'accrochage caractéristiques.

▶ Déroulez le bouton-liste **Curseur d'accrochage aux points de référence 2D** 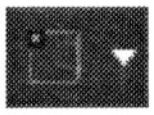 de la barre d'état, et choisissez **Paramètres d'accrochage aux objets**.

La fenêtre suivante est affichée :

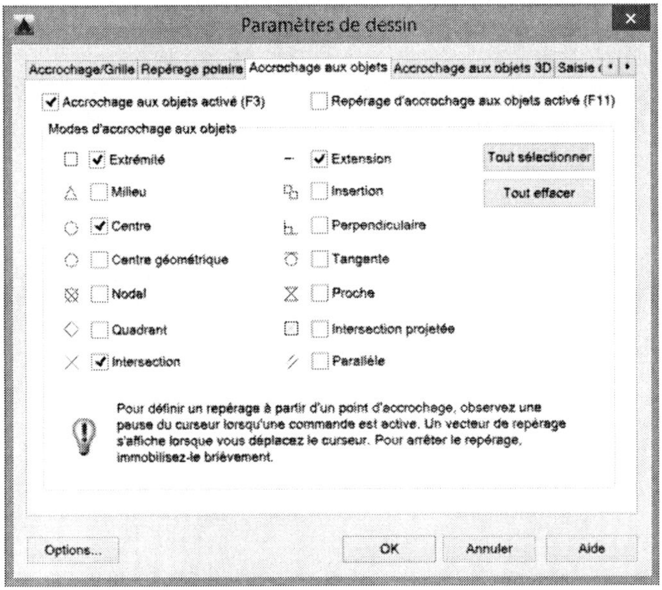


- Cliquez sur le bouton **Tout effacer** pour désélectionner l'ensemble des outils d'accrochage.
- Cochez les options **Extrémité**, **Milieu** et **Intersection** puis confirmez par **OK**. À chaque fois qu'AutoCAD vous demande un point, une marque apparaît automatiquement pouvant repérer n'importe quel milieu, extrémité, intersection ou intersection étendue.

En fonction de la position du curseur, AutoCAD choisira le point le plus adapté (le plus proche, extrémité ou milieu, ou l'intersection). Dans les zones délicates, où par exemple de nombreuses extrémités sont proches l'une de l'autre, vous pouvez rencontrer quelques difficultés pour accrocher le bon point. La touche [Tab] permet, à l'aide de plusieurs pressions successives, de passer en revue tous les accrochages locaux. Chaque objet concerné sera sélectionné, et ses accrochages spécifiques seront affichés.

Le bouton **Options** renvoie à l'onglet **Dessin** des options d'AutoCAD. Ici, vous pouvez afficher/masquer les marqueurs (un marqueur par type d'accrochage, un carré pour l'extrémité par exemple). Vous activez/désactivez le magnétisme du curseur, affichez/masquez les info-bulles, affichez/masquez la cible d'accrochage. Vous fixez la couleur et la taille des marqueurs.

Avec AutoCAD, l'accrochage permanent peut rester activé. En effet, dans le cas d'une saisie de coordonnées au clavier, celles-ci sont prioritaires.

**Remarque**

*Dans la zone d'état, le bouton* ***Accrochage aux objets***  *active ou désactive l'accrochage aux objets. Un clic droit sur ce bouton donne accès aux paramètres.*

## Les outils spécifiques Extension et Parallèle

L'exemple ci-dessous permet de se familiariser avec l'accrochage avancé d'AutoCAD, et plus particulièrement avec les outils **Extension** et **Parallèle**.

### Exemple

Vous avez à l'écran la figure de gauche et vous souhaitez obtenir la figure de droite. Le point A est le centre de l'arc. Le point B est l'intersection des prolongements de la ligne et de l'arc. Le segment BC est horizontal, et le segment CD est parallèle à l'oblique de la première figure.

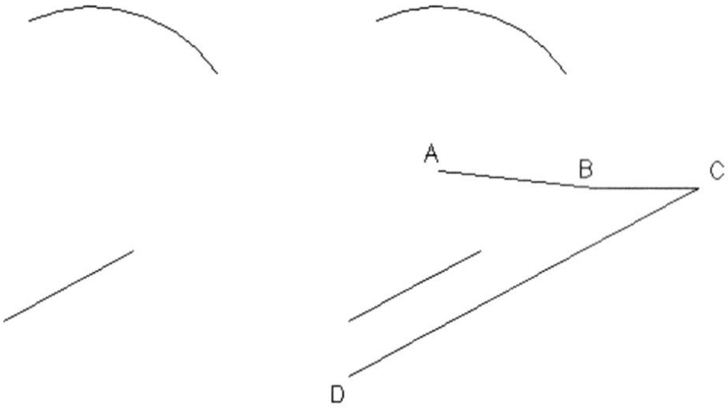


- Dans la barre d'état, déroulez le bouton-liste **Curseur d'accrochage aux points de référence 2D**, et choisissez **Paramètres d'accrochage aux objets**. Activez les cases à cocher suivantes : **Accrochage aux objets activé**, **Centre**, **Intersection**, **Extension** et **Parallèle**. Confirmez par **OK**.
- Dans la zone d'état, désactivez si nécessaire les boutons **Limiter le curseur à des angles spécifiques**  et **Limiter le curseur dans le sens orthogonal** .
- Activez l'onglet **Début** du ruban, choisissez le bouton **Ligne** dans le groupe de fonctions **Dessin**.
  - Déplacez le curseur sur l'arc. Le marqueur rond (Centre) apparaît. Cliquez pour préciser le point A.

- Pour spécifier le point B, déplacez le curseur sur l'extrémité haute de la ligne pour fixer la marque d'extension, puis de la même façon, déplacez le curseur sur l'extrémité droite de l'arc pour fixer la marque d'**extension**. Si vous déplacez délicatement le curseur vers l'intersection des deux segments, vous constatez que deux lignes de construction s'affichent et se rejoignent à l'intersection B représentée dans la figure ci-dessous. Cliquez pour imposer le premier point B.

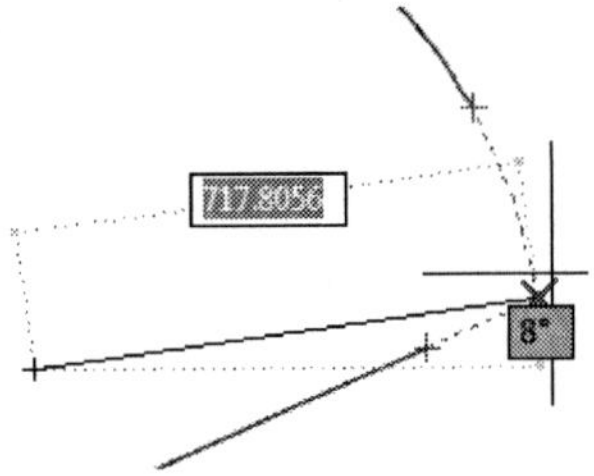


- Activez le mode orthogonal en cliquant sur le bouton **Limiter le curseur dans le sens orthogonal** de la barre d'état. Déplacez le curseur vers la droite. Saisissez une longueur au clavier (ex. 50) puis validez avec la touche [Entrée]. Vous précisez comme ceci le point C.
- Désactivez le bouton **Limiter le curseur dans le sens orthogonal** pour déplacer le curseur sur la ligne oblique jusqu'à obtention du signe **Parallèle**, puis sans cliquer, bougez le curseur vers le bas pour constater la mise en place automatique d'une ligne de construction parallèle, telle que représentée dans la figure ci-dessous. Cliquez pour fixer le point D ou tapez une longueur au clavier (ex. : 200). Pour quitter la commande, faites un clic droit puis choisissez **Entrer**.

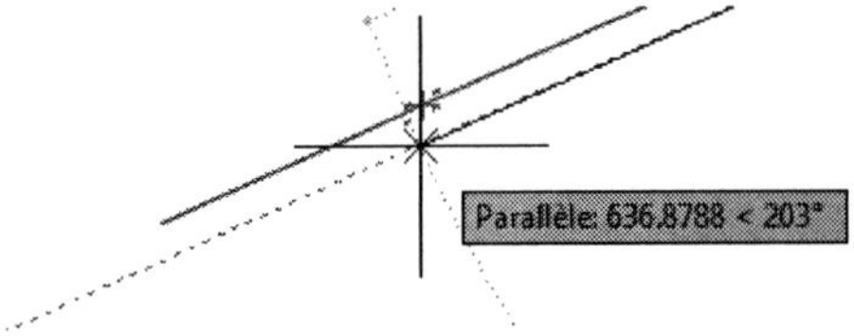


## 3.3 Le repérage d'accrochage aux objets

- Déroulez le bouton-liste **Curseur d'accrochage aux points de référence 2D**  de la barre d'état, et choisissez **Paramètres d'accrochage aux objets**.
- Dans la fenêtre **Paramètres de dessin**, activez l'onglet **Accrochage aux objets**, et cochez la case **Repérage d'accrochage aux objets activé**.

Grâce aux outils d'accrochage activés, le curseur va se référer à différents points intermédiaires (extrémité, milieu, intersection...) pour positionner le point voulu.

Dans la barre d'état, le bouton **Afficher les lignes de référence d'accrochage** active ou désactive le repérage d'accrochage aux objets.

Dans les exemples ci-après, grâce au repérage d'accrochage aux objets, les deux extrémités ou milieux repérés permettent de positionner l'intersection de l'horizontale et de la verticale passant par ces extrémités.

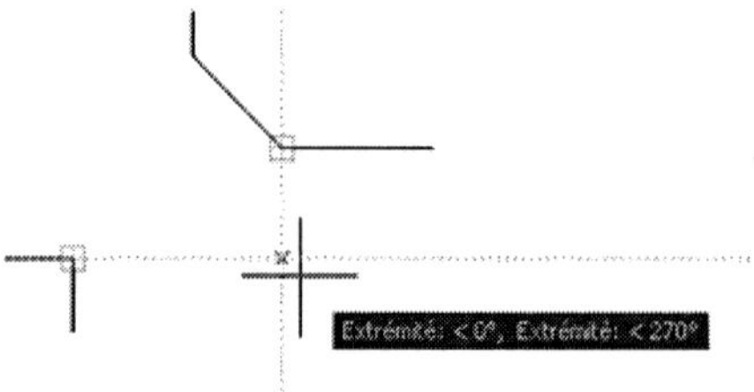


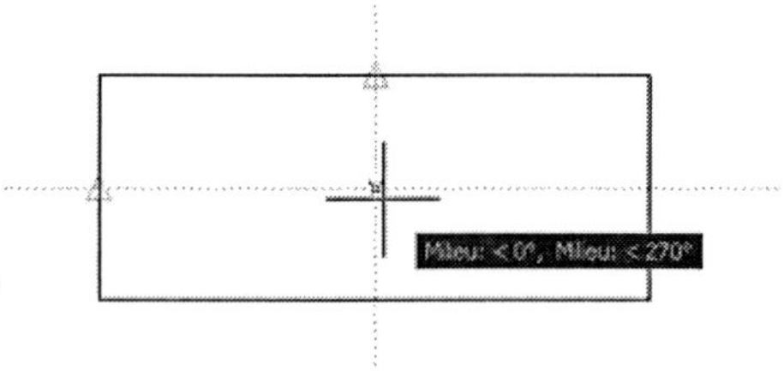


## 4. Le repérage polaire

Le mode orthogonal permet d'imposer les directions horizontale et verticale.

Le repérage polaire permet d'imposer tout type d'orientation. L'utilisateur fixe un ou plusieurs angles de référence à respecter. Ceux-ci sont des angles absolus ou relatifs au précédent segment.

- Dans la barre d'état, déroulez le bouton-liste **Limiter le curseur à des angles spécifiés** et choisissez **Paramètres de repérage**.

La boîte de dialogue suivante apparaît :

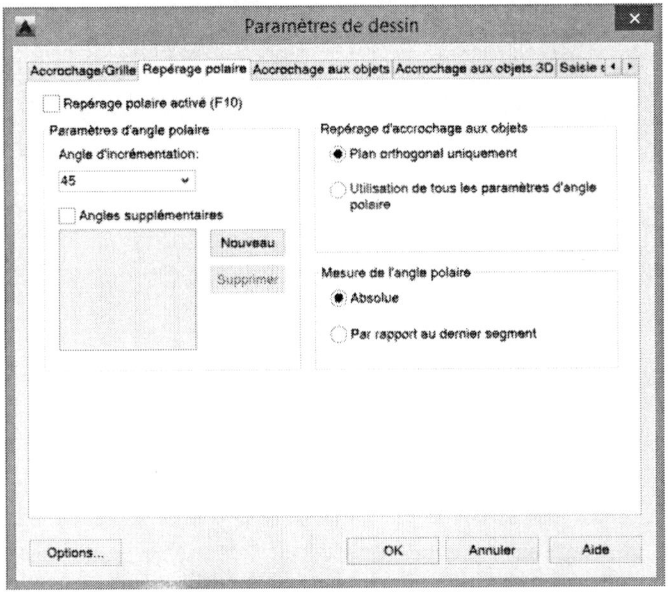


La case à cocher **Repérage polaire activé (F10)** permet d'utiliser ou non le repérage polaire.

## Paramètres d'angle polaire

- Placez le curseur dans la zone de texte pour fixer l'angle incrémental à respecter. Si vous précisez une valeur de 45, le curseur imposera une direction à 45, puis 90, 135, 180, 225... La liste déroulante accède aux valeurs précédemment utilisées.
- Cliquez sur **Nouveau** pour fixer un angle supplémentaire (non incrémental). Si vous rentrez un angle supplémentaire de 67, le curseur imposera, en plus des angles 45, 90, 135, l'angle absolu de 67.

## Repérage d'accrochage aux objets

L'option **Plan orthogonal uniquement** permet de s'appuyer, grâce à l'accrochage aux objets, aux directions horizontale et verticale tout en respectant les paramètres d'angle polaire.

L'option **Utilisation de tous les paramètres d'angle polaire** permet d'imposer tous les paramètres d'angle à partir de n'importe quel accrochage aux objets.

#### Mesure de l'angle polaire

L'option **Absolue** force l'utilisation de l'angle incrémental par rapport au zéro degré. L'option **Par rapport au dernier segment** tient compte, contrairement à l'option **Absolue**, de la direction du segment précédent.

## 5. Création d'arcs

▶ Activez l'onglet **Début**, du ruban. Dans le groupe de fonctions **Dessin**, cliquez sur l'icône déroulante **Arc** 

et choisissez l'une des options ci-après.

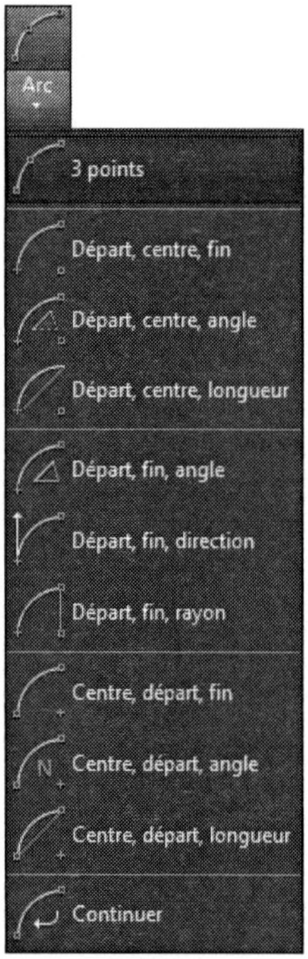


Les arcs sont des portions de cercles. Il y a onze façons de dessiner un arc :

- Par 3 points.
- Par un point de départ, un centre, un point final.
- Par un point de départ, un centre, un angle décrit.

- Par un point de départ, un centre, une longueur de corde.
- Par un point de départ, un point final, un angle décrit.
- Par un point de départ, un point final, une direction.
- Par un point de départ, un point final, un rayon.
- Par un centre, un point de départ, un point final.
- Par un centre, un point de départ, un angle.
- Par un centre, un point de départ, une longueur de corde.
- Par la continuité d'une ligne ou d'un arc déjà en place.

Voici quelques exemples utilisant différentes méthodes pour dessiner un arc :

## Arc défini par trois points 

La méthode de mise en place est semblable à celle utilisée pour les cercles. Le premier et le troisième point sont les extrémités de l'arc. Notez qu'avec cette méthode, un arc peut être défini dans les deux sens (horaire et trigonométrique).

```
Spécifiez le point de départ de l'arc ou [Centre]: P1
Spécifiez le second point de l'arc ou [Centre pt Final]: P2
Spécifiez l'extrémité de l'arc: P3
```

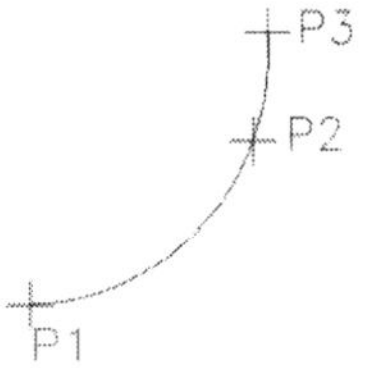


Les points p1, p2 et p3 peuvent être des points fixés à l'aide de la souris, des points d'accrochage ou des coordonnées précises.

## Axe défini par un point de départ, un centre et un point final 

Vous définissez un arc dessiné dans le sens trigonométrique du point de départ au point final, avec un centre spécifié.

```
Spécifiez le point de départ de l'arc ou [Centre]: 10,10
Spécifiez le centre de l'arc: 12,15
Spécifiez l'extrémité de l'arc (maintenez la touche Ctrl enfoncée pour
changer de direction) ou [Angle Longueur de corde]: 23.18
```

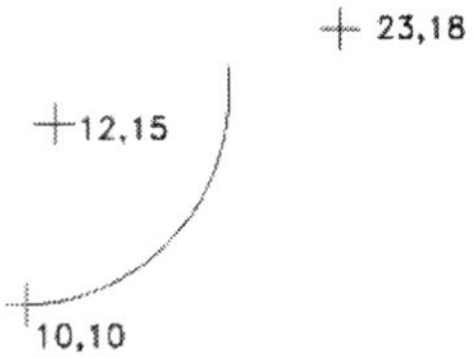


Dans ce cas, le point final défini est uniquement utilisé pour définir l'angle final de l'arc. L'arc ne passe pas forcément par ce point. Son rayon est déterminé par le centre et le point de départ.

Il est parfois pratique de donner le centre en premier, ainsi il vous est possible de donner le centre, le rayon, l'angle de départ et l'angle final en utilisant les coordonnées relatives.

## Axe défini par un point de départ, un centre et un angle décrit 

Normalement, l'arc est dessiné dans le sens trigonométrique à partir du point de départ. Ici cependant, si vous avez spécifié un angle négatif, l'arc sera dessiné dans le sens inverse.

```
Spécifiez le point de départ de l'arc ou [Centre]: P1
Spécifiez le centre de l'arc: P2
Spécifiez l'angle décrit (maintenez la touche Ctrl enfoncée pour changer
de direction): 90 ou 90 ou -270
```

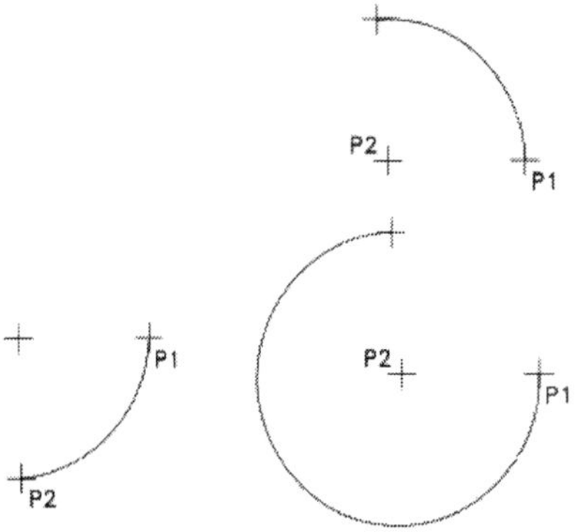

# 6. Création de cercles

■ Activez l'onglet **Début** du ruban. Dans le groupe de fonctions **Dessin**, cliquez sur l'icône déroulante **Cercle** 

et choisissez une des options ci-après.

Un cercle peut être défini de six manières différentes :

- Par un centre et un rayon.
- Par un centre et un diamètre.
- Par deux points.
- Par trois points.
- Par deux points de tangence et un rayon.
- Par trois points de tangence.

Pour les deux premières méthodes, vous pouvez également utiliser l'accrochage des objets pour spécifier un point sur la circonférence du cercle que vous créez ; ainsi différentes constructions géométriques seront possibles.

Voici quelques exemples utilisant différentes méthodes :

## Cercle défini par un centre et un rayon 

```
Spécifiez le centre du cercle ou [3P 2P Ttr (tangente tangente rayon)]: 4,4
Spécifiez le rayon du cercle ou [Diamètre]: 30
```

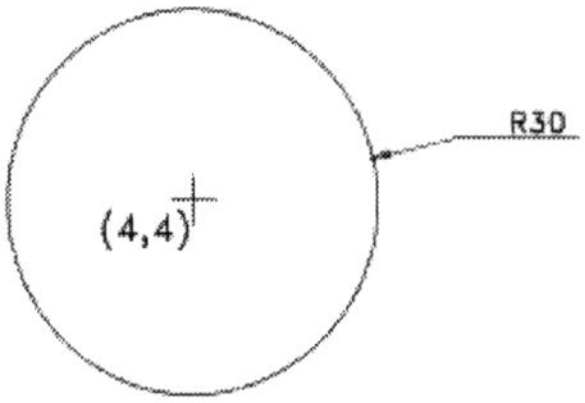


## Cercle défini par deux points de tangence et un rayon 

```
Spécifiez un point de l'objet pour la première tangente du cercle: P1
Spécifiez un point de l'objet pour la deuxième tangente du cercle: P2
Spécifiez le rayon du cercle: valeur du rayon
```

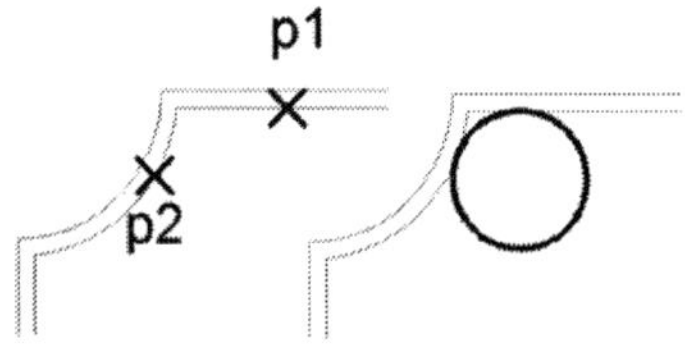


## Cercle défini par trois points de tangence 

Dans les exemples ci-après, le cercle sera tangent à trois éléments (lignes ou/et cercles) et au plus près des trois points de saisie.

```
Spécifiez un premier point sur le cercle: _tan à: Objet 1
Spécifiez un deuxième point sur le cercle: _tan à: Objet 2
Spécifiez un troisième point sur le cercle: _tan à: Objet 3
```

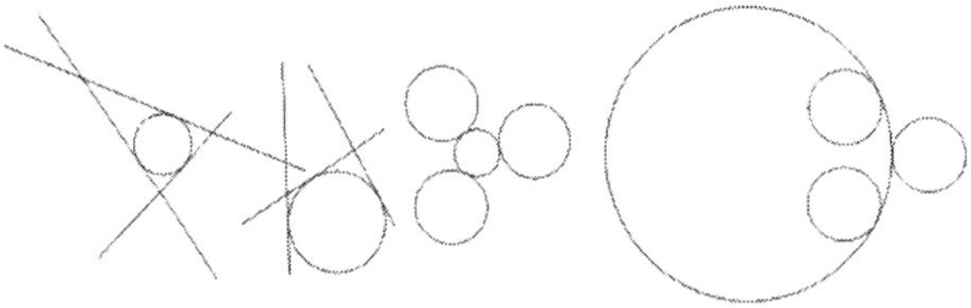

# 7. Création d'anneaux

▶ Activez l'onglet **Début** du ruban. Déroulez le groupe de fonctions **Dessin** et choisissez le bouton **Anneau** .

Les invites ci-dessous vous permettent de définir les diamètres interne et externe de l'anneau.

```
Spécifiez le diamètre interne de l'anneau <0.5000>:
Spécifiez le diamètre externe de l'anneau <1.0000>:
```

Les anneaux ressemblent à des disques remplis. Le remplissage des anneaux est également soumis au remplissage de solide. Les anneaux sont en réalité des polylignes fermées, composées de segments d'arcs de cercle épais. Par conséquent, vous pouvez éditer les anneaux comme les polylignes.

**Remarque**

*Pour activer/désactiver le remplissage des anneaux, accédez à la boîte de dialogue **Options** d'AutoCAD (clic droit dans la zone graphique - **Options**). Activez l'onglet **Affichage** et cochez/décochez la case **Appliquer remplissage de solide**.*

**Remarque**

*Si nécessaire, régénérez l'affichage pour visualiser les changements de l'affichage : dans le menu déroulant **Affichage**, choisissez **Régénérer** (ou **Régénérer Tout**).*

AutoCAD vous donne la possibilité de préciser plusieurs anneaux à suivre. Appuyez sur la touche [Echap] pour interrompre la commande.

Exemples

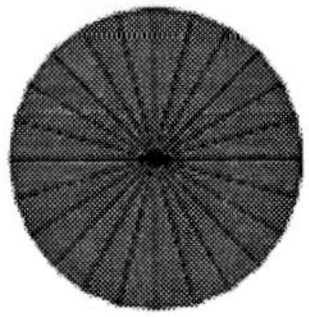

Anneau de diamètre intérieur de 0.

Anneau de diamètre intérieur différent de 0.

## 8. Création de points

◘ Activez l'onglet **Début** du ruban. Déroulez le groupe de fonctions **Dessin**, choisissez l'icône **Plusieurs points** .

AutoCAD vous demande de placer le ou les point(s).

`Spécifiez un point:`

◘ Saisissez **5,6** puis appuyez sur la touche [Entrée].

◘ Appuyez sur la touche [Echap] pour quitter la commande.

L'introduction précédente place au point de coordonnées (5,6) un point. Les points peuvent être utilisés pour y accrocher un objet du dessin (outil Nodal). Vous pouvez spécifier un point tridimensionnel.

Vous pouvez modifier l'apparence et la taille des entités "Point".

◘ Dans le menu déroulant **Format**, choisissez **Style de points**.

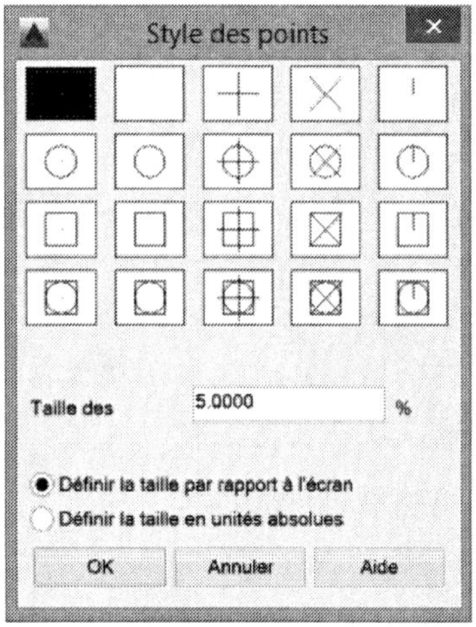


Après avoir cliqué sur le type de point désiré et confirmé par **OK**, il faut attendre la prochaine régénération graphique (menu déroulant **Affichage** - **Régénérer**) pour voir les points existants sous leur nouvelle apparence.

AutoCAD vous donne deux possibilités de disposer des points sur un objet :

– L'objet peut être divisé en un certain nombre de segments, et les points seront uniformément répartis sur l'objet.
– Une longueur de segment sera mise en place à partir d'un point donné sur l'objet. Les points seront équidistants les uns des autres.

Déroulez le groupe de fonctions **Dessin**, choisissez l'icône **Diviser** .

AutoCAD vous demande de choisir l'objet à diviser, puis d'indiquer le nombre de segments. Le nombre de points mis en place sur l'objet est égal au nombre de segments moins un.

Déroulez le groupe de fonctions **Dessin**, choisissez l'icône **Mesurer** .

AutoCAD vous demande de choisir l'objet, puis d'indiquer la longueur du segment à mesurer. Les points seront mis en place sur l'objet en respectant la longueur fixée. Le premier point sera mis en place du côté de la sélection de l'objet.

## 9. Création de polygones

Activez l'onglet **Début** du ruban. Dans le groupe de fonctions **Dessin**, cliquez sur l'icône déroulante **Polygone** .

Cette commande vous permet de dessiner des polygones réguliers de 3 à 1024 côtés. La grandeur du polygone peut être définie par le rayon d'un cercle qu'il circonscrit, ou par la longueur d'un côté. En fait, le polygone est une polyligne fermée.

`Entrez le nombre de côtés <4>:` **`(Spécifiez un nombre entier entre 3 et 1024)`**

`Spécifiez le centre du polygone ou [Côté]:`

Si vous entrez un point, il servira de centre à partir duquel le polygone sera dessiné. Ensuite, AutoCAD demande :

`Entrez une option [Inscrit dans un cercle Circonscrit autour d'un cercle] <I>:` **`Clic droit, option Inscrit dans le cercle`**

Ici, le polygone est inscrit dans le cercle. L'option **Circonscrit au cercle** permet d'obtenir le polygone à l'extérieur du cercle.

`Spécifiez le rayon du cercle:`

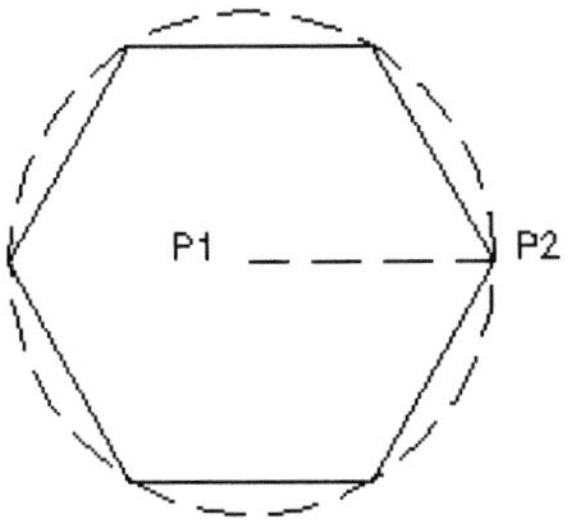


Le point central est **P1** et le rayon a été qualifié par **P2**. Le rayon et les cercles sont en pointillés. Vous pouvez qualifier le rayon dynamiquement.

### Créer un polygone en définissant un de ses côtés

Dans le groupe de fonctions **Dessin**, cliquez sur l'icône déroulante **Polygone** .

`Entrez le nombre de côtés <4>:` **Spécifiez le nombre de côtés du polygone.**

`Spécifiez le centre du polygone ou [Côté]:` **Effectuez un clic droit et choisissez l'option Côté.**

`Spécifiez la première extrémité du côté:` **P1**

`Spécifiez la deuxième extrémité du côté:` **P2**

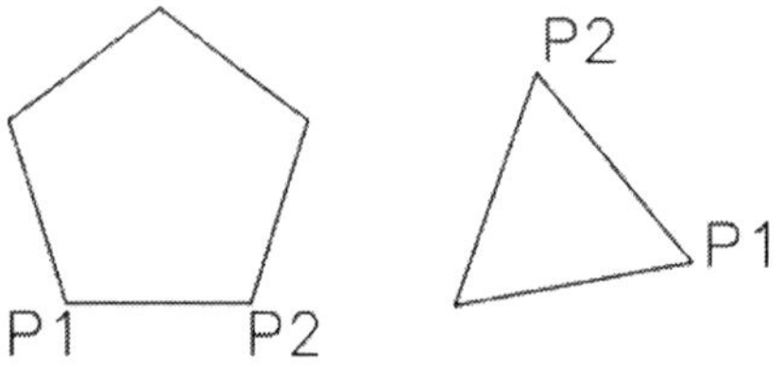


Le polygone sera dessiné dans le sens trigonométrique, les points qualifiés définissant son premier côté. La deuxième extrémité peut être qualifiée dynamiquement. Les deux polygones ci-avant sont définis de cette manière ; **P1** est la première extrémité et **P2** la deuxième.

## 10. Création de rectangles

Activez l'onglet **Début** du ruban. Dans le groupe de fonctions **Dessin**, cliquez sur l'icône déroulante **Rectangle** .

Pour dessiner un rectangle, AutoCAD a besoin de deux points, c'est-à-dire une diagonale du rectangle par exemple.

Vous devez indiquer le premier point en précisant ses coordonnées au clavier ou en utilisant l'accrochage aux objets.

Si vous déplacez la souris, vous constatez l'apparition d'un rectangle dynamique.

Précisez le deuxième point du rectangle, soit :

- En cliquant dans la zone graphique.
- En utilisant un outil d'accrochage aux objets, le repérage d'accrochage ou le repérage polaire.

– En définissant la longueur et la hauteur du rectangle de l'une des façons suivantes :

```
@X,Y (X est la longueur et Y la hauteur).
@L<A (L est la longueur de la diagonale et A l'angle de cette diagonale
par rapport à l'horizontale direction EST).
```

### L'option Côtés

Lorsque le premier coin du rectangle est précisé, l'option **Côtés** est disponible dans le menu contextuel, obtenu par un clic droit. Cette option permet de fixer simplement les longueur et largeur du rectangle.

- Effectuez un clic droit pour choisir cette option. Les messages suivants apparaissent :

```
Spécifiez la longueur des rectangles <10.0000>:
Spécifiez la largeur des rectangles <10.0000>:
```

- Précisez la longueur puis la largeur. Déplacez ensuite le pointeur de la souris pour définir l'orientation du rectangle. Un clic confirmera cette orientation.

### L'option Aire

Lorsque le premier coin du rectangle est précisé, l'option **Aire** est disponible dans le menu contextuel, obtenu par clic droit. Cette option permet de préciser la surface du rectangle à dessiner.

- Effectuez un clic droit pour choisir cette option. Le message suivant apparaît :

```
Entrez l'aire du rectangle en unités courantes <100.0000>:
```

- Précisez la valeur de la surface.

```
Calculez les cotes du rectangle en fonction de la [Longueur lArgeur] <Longueur>:
```

- Validez le choix de la longueur du rectangle à dessiner. L'option **lArgeur** permet de spécifier une largeur.

```
Entrez la longueur du rectangle <10.0000>:
```

- Précisez la longueur du rectangle.

### L'option Rotation

Lorsque le premier coin du rectangle est précisé, l'option **Rotation** est disponible dans le menu contextuel, obtenu par clic droit. Cette option permet de fixer l'orientation du rectangle à dessiner.

- Effectuez un clic droit pour choisir cette option. Le message suivant apparaît :

```
Spécifiez l'angle de rotation ou [Choisir points] <0>:
```

- Saisissez l'angle de rotation.

```
Spécifiez un autre coin ou [Aire Cotes rOtation]:
```

- Spécifiez le second point du rectangle ou choisissez une option.

Le rectangle constitue un seul objet. Il s'agit d'une polyligne. Il faut donc noter que la largeur courante est prise en compte pour le rectangle.

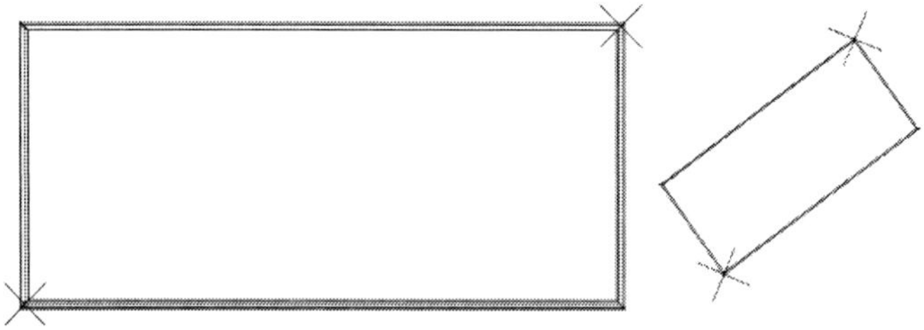

Avant de fixer le premier point, plusieurs options sont disponibles. Elles permettent d'imposer une largeur, de chanfreiner ou raccorder les sommets, ou encore d'agir sur l'élévation ou la hauteur d'objet du rectangle.

## Rectangle aux coins arrondis

Pour dessiner un rectangle aux coins arrondis, choisissez l'icône déroulante **Rectangle**  dans le groupe de fonctions **Dessin**.

AutoCAD affiche :

```
Spécifiez le premier coin ou [Chanfrein Elévation Raccord Hauteur Largeur]:
```

- Effectuez un clic droit et choisissez l'option **Raccord**.

Le message devient :

```
Spécifiez le rayon du raccord des rectangles <0.0000>:
```

- Indiquez la valeur désirée. Vous précisez ensuite les deux coins du rectangle. Le rectangle est dessiné avec le même arrondi à chaque sommet, comme présenté dans la figure ci-après.

**Remarque**

*L'option **Chanfrein** respecte le même principe.*

## 11. Création d'ellipses

▶Dans le groupe de fonctions **Dessin** (onglet **Début**), cliquez sur l'icône déroulante **Ellipse**  et choisissez l'option voulue.

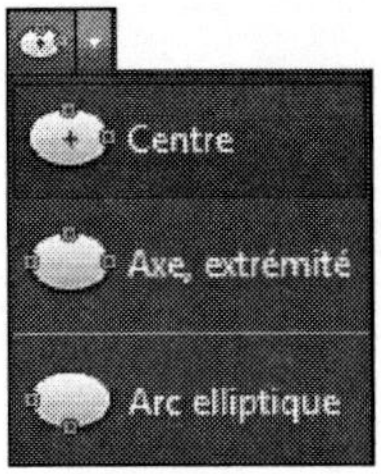


Pour AutoCAD, une ellipse est une projection dans le plan d'un cercle contenu dans un autre plan (cf. dessin ci-après). De ce fait, on peut définir une ellipse par :

- Une longueur sur un axe et la demi-longueur sur l'autre axe (exemple 1).
- Un centre et deux demi-longueurs (exemple 2).
- Une longueur sur un axe et une rotation du plan contenant le cercle (exemple 3).
- Une demi-longueur et une rotation du plan contenant le cercle.

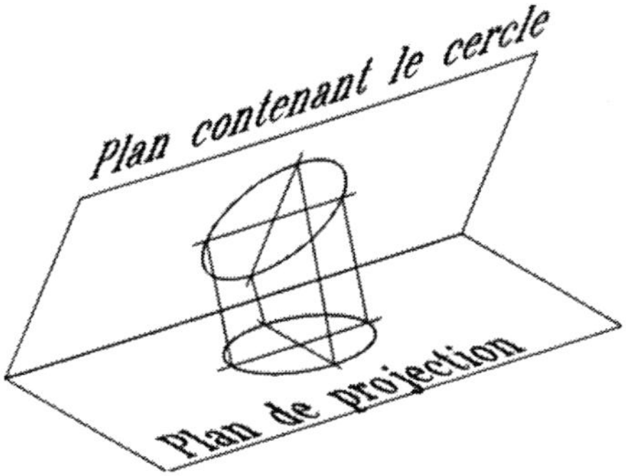


Voici quelques exemples d'ellipses utilisant les différentes options :

<u>Exemple 1 : Option Axe, extrémité</u>

▶Dans le groupe de fonctions **Dessin**, cliquez sur l'icône déroulante **Ellipse, Axe, extrémité** 
.

AutoCAD affiche les messages suivants :

`Spécifiez l'extrémité de l'axe de l'ellipse ou [Arc Centre]:` **`Précisez le point P1`**

`Spécifiez la deuxième extrémité de l'axe:` **`Précisez le point P2`**

`Spécifiez la distance avec l'autre axe ou [rOtation]:` **`Précisez le point P3`**

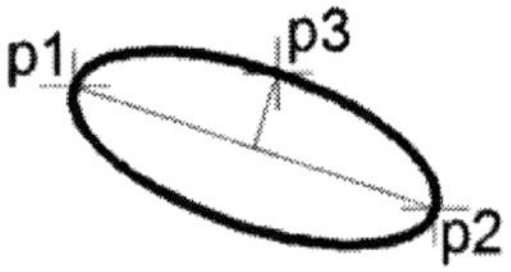


Exemple 2 : Option Centre

▶Dans le groupe de fonctions **Dessin**, cliquez sur l'icône déroulante **Ellipse, Centre** 

.

AutoCAD affiche les messages suivants :

`Spécifiez le centre de l'ellipse:` **`Précisez le point P1`**

`Spécifiez l'extrémité de l'axe:` **`Précisez le point P2`**

`Spécifiez la distance avec l'autre axe ou [rOtation]:` **`Précisez le point P3`**

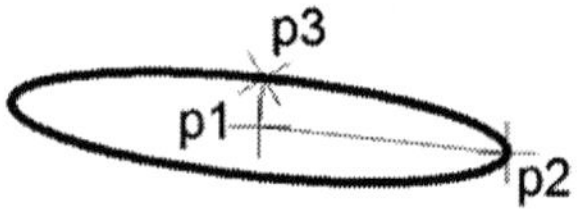


Exemple 3 : cas particulier

Vous pouvez créer des ellipses définies par une longueur et une rotation (option **Rotation**) du plan contenant le cercle :

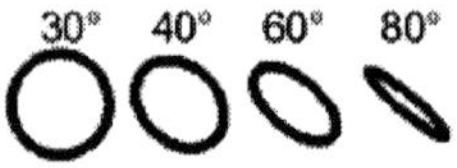


## 12. Création d'arcs elliptiques

AutoCAD permet, en plus de ces différentes méthodes, de dessiner une portion d'ellipse. Vous devez préciser un angle de départ et de fin :

▶Dans le groupe de fonctions **Dessin** (onglet **Début**), choisissez l'icône déroulante **Ellipse**, **Arc elliptique** 

.

Outre les options précédentes définissant les points nécessaires à la création de l'ellipse, pour décrire l'arc elliptique AutoCAD demande un angle de départ et un angle décrit.

```
Spécifiez l'angle de départ ou [Paramètre]:
Spécifiez l'angle de fin ou [Paramètre angle Décrit]:
```

Les angles sont définis par deux points ou par une valeur. Chaque angle se réfère à l'angle 0 (direction Est) selon le sens trigonométrique. La figure ci-dessous présente un arc elliptique avec un angle de départ de 10° et un angle de fin de 270°.

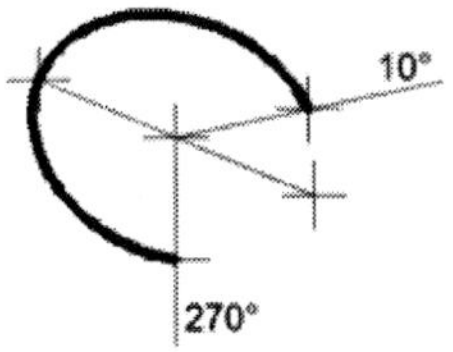


## 13. Création de polylignes

Une polyligne est une succession continue de segments droits et/ou courbes. La polyligne reste malgré cela une seule entité, quel que soit le nombre de segments la composant. Une polyligne 2D n'a pas de variantes en Z. Toutes les polylignes 2D ont les propriétés suivantes :

- On peut définir l'épaisseur des lignes des polylignes, avec une épaisseur constante ou une épaisseur dégressive.
- Une polyligne 2D d'épaisseur importante peut remplir complètement ou partiellement un cercle.
- Les polylignes peuvent être fermées ou ouvertes.
- Elles peuvent être dessinées avec des types de lignes définis, des raccords et chanfreins peuvent être ajoutés aux polylignes.
- Le lissage des polylignes est possible.
- On peut connaître le périmètre, la surface d'une polyligne.
- On peut éditer ou modifier une ou plusieurs polylignes.

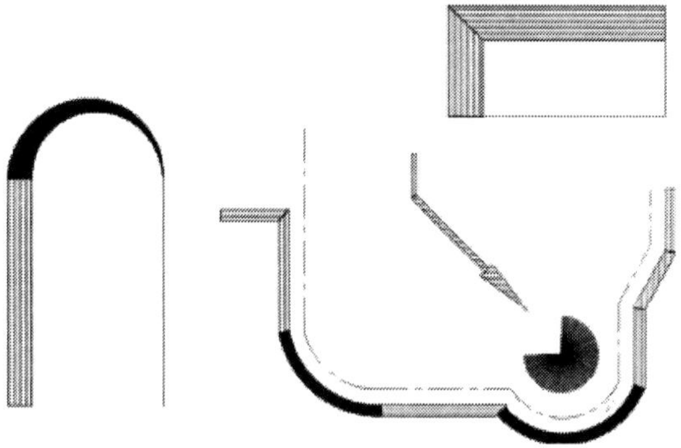

Une polyligne 3D est uniquement une succession de segments, dont l'épaisseur est égale à zéro. Le contour d'une polyligne 3D peut également être fermé.

Les options de la commande Polyligne vous permettent de modifier le tracé des polylignes.

▶ Dans le groupe de fonctions **Dessin** (onglet **Début**), cliquez sur l'icône **Polyligne** 

.

```
Spécifiez le point de départ: Précisez le point de départ
Spécifiez le point suivant ou [Arc Demi-larg LOngueur annUler LArgeur]:
```

Chaque option est détaillée ci-après :

**Arc** : permet de dessiner des segments courbes (Arcs) et entraîne l'affichage d'une nouvelle ligne d'options expliquées un peu plus loin.

**Clore** : ferme le contour d'une polyligne.

**Demi-larg** : permet de définir la demi-épaisseur du point de départ au point final du segment suivant (voir exemple 2).

**LOngueur** : permet de dessiner un segment de ligne possédant le même angle que le segment précédent et dont la longueur est fixée par l'utilisateur. Si le segment intervient après un arc de cercle, le segment sera tangent à l'extrémité de l'arc.

**annUler** : permet d'annuler le dernier segment, l'avant-dernier segment devenant alors le dernier segment, il peut à son tour être annulé.

**LArgeur** : permet de définir l'épaisseur des droites ou des arcs de cercle suivants. Pour utiliser cette option, il faut avoir précisé au moins un point de la polyligne. Vous obtenez le remplissage des polylignes si le remplissage de solide est actif (voir exemple 1).

Les sous-options de l'option **Arc** sont :

**Angle** : permet de préciser l'angle inscrit de l'arc de cercle.

**CEntre** : permet de dessiner un arc de cercle défini par son centre. Cet arc de cercle n'est pas obligatoirement tangent au dernier objet créé (voir exemple 3).

**CLore** : cette option est identique à celle des lignes, mais elle ferme le contour avec un arc de cercle.

**DIrection** : normalement, AutoCAD dessine l'arc de cercle tangent au dernier segment créé. À l'aide de cette option, vous pouvez modifier l'angle de raccordement entre le dernier segment créé et l'arc de cercle (voir exemple 4).

**LIgne** : permet de revenir au menu segment de droite.

**Rayon** : permet de définir l'arc de cercle par son rayon, celui-ci n'étant pas obligatoirement tangent au dernier objet créé.

**Second pt** : permet de définir le deuxième point pour le dessin d'un arc défini par trois points.

Exemple 1

- Saisissez le premier point de la Polyligne, puis choisissez l'option **LArgeur**.

```
Spécifiez la largeur de départ : 1
Spécifiez la largeur de fin : 5
```

- Après avoir saisi le deuxième point de la Polyligne, précisez un troisième point.

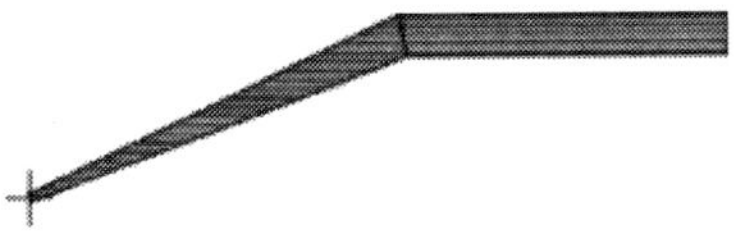

- Après avoir saisi le troisième point de la Polyligne, choisissez l'option **LArgeur**.

```
Spécifiez la largeur de départ : 5
Spécifier la largeur de fin : 1
Précisez un quatrième point.
```

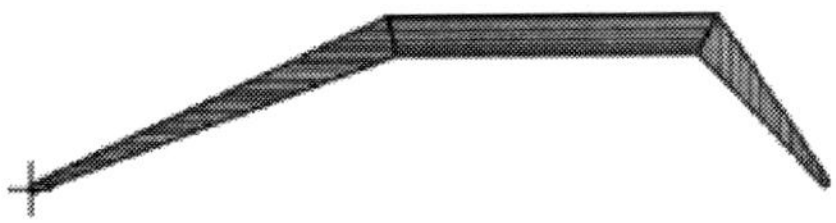

**Remarque**

*Ici, le deuxième segment a une épaisseur constante correspondant à la valeur finale de l'épaisseur du segment précédent.*

Si votre polyligne n'a pas l'aspect ci-dessus, agissez sur le remplissage de solide. Pour ce faire, activez la case à cocher **Appliquer remplissage de solide** dans l'onglet **Affichage** de la fenêtre **Options**.

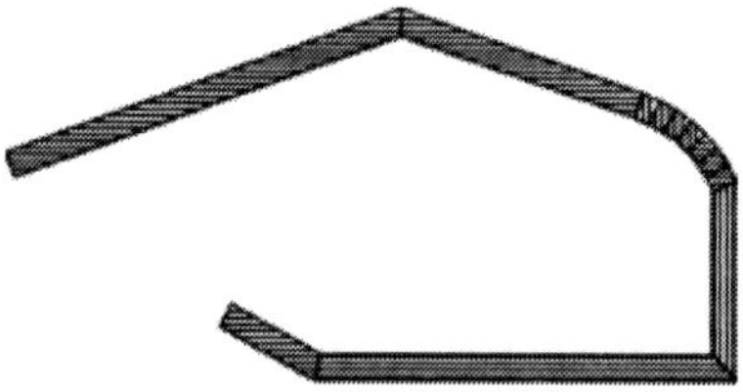

Exemple 2

Option **Demi-largeur**

```
Spécifiez la demi-largeur de départ : 1
Spécifiez la demi-largeur de fin : 10
```

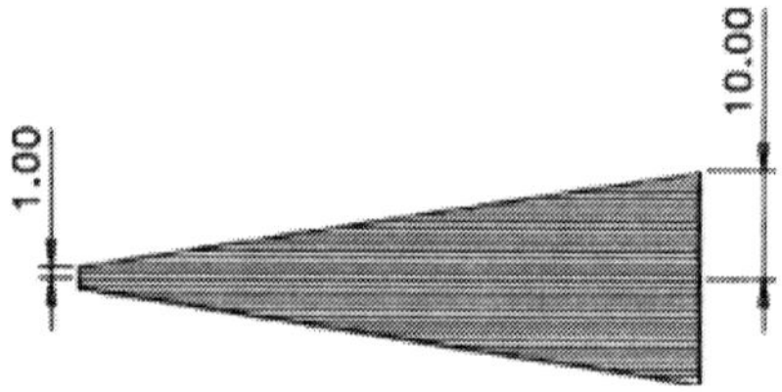


Exemple 3

Arc de cercle d'une polyligne définie par son centre.

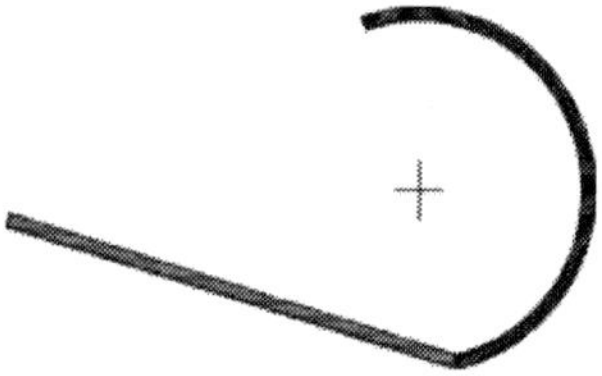

Exemple 4

Arc de cercle tangent au dernier segment créé.

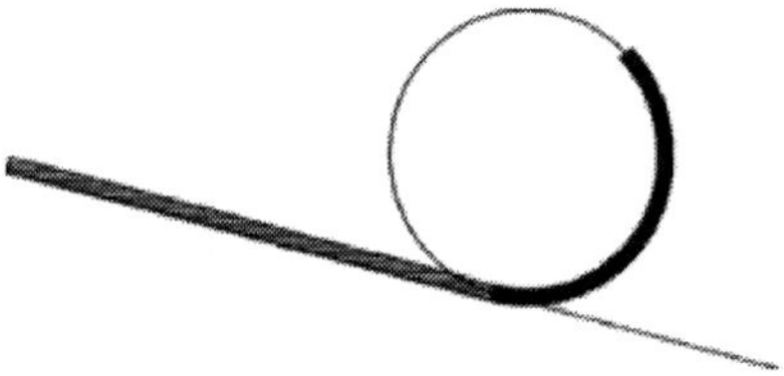

Arc de cercle obtenu avec l'option **Direction**.

**Remarque**

*Les lignes en trait fin sont les lignes de construction.*

## 14. Création de contours

Cette fonction vous permet de créer une polyligne fermée, ou une région à partir d'un contour fermé. Dans le cas d'une polyligne, vous obtenez rapidement un périmètre, une surface. Dans le cas d'une région, vous obtenez en plus des propriétés mécaniques telles que l'encombrement, le centre de gravité, les moments d'inertie, le rayon de giration...

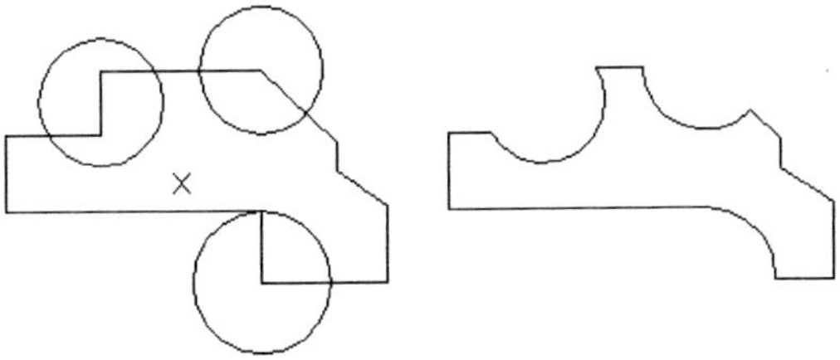

Dans le groupe de fonctions **Dessin** (onglet **Début**), choisissez l'icône déroulante **Contour** .

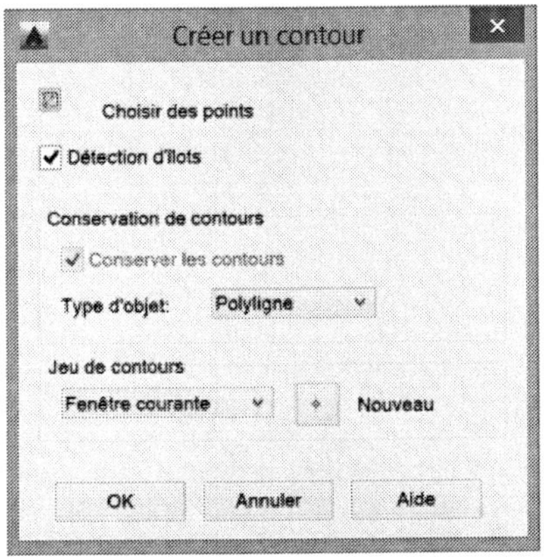

◘ Pour choisir le type d'élément que vous souhaitez créer, accédez à la liste déroulante **Type d'objet**. Choisissez **Polyligne** ou **Région**.

La zone **Jeu de contours** vous permet de gagner du temps pour la recherche de contour. Par défaut, AutoCAD analyse les objets affichés à l'écran, ce qui peut parfois demander du temps. Le bouton **Sélectionner un nouveau jeu de contours** 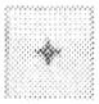 vous invite à choisir les objets à partir desquels AutoCAD devra effectuer la recherche. Les objets non sélectionnés ne seront pas pris en compte pour la recherche. Il vous restera à choisir un point interne à ce jeu de contours. Il est vivement conseillé d'utiliser cette option.

Le bouton **Choisir des points**  vous permet de préciser un point interne à une zone fermée. AutoCAD effectue le calcul et affiche le contour en pointillés. Si vous le désirez, précisez d'autres points pour calculer d'autres contours.

La case à cocher **Détection d'îlots** active ou désactive la détection des contours internes fermés (îlots).

## 15. Création de droites et demi-droites

Les droites sont des lignes de construction d'une longueur infinie. Vous positionnez ces droites, puis vous vous y appuyez pour dessiner ou insérer des objets. Vous pouvez modifier les droites et, dans ce cas, elles peuvent se transformer. Si vous raccordez ou ajustez deux droites, elles deviennent des demi-droites. Si vous raccordez ou ajustez des demi-droites, elles deviennent des lignes. Il faut donc comprendre que les droites, au départ réservées éventuellement à la construction, peuvent faire partie intégrante du dessin en se transformant en lignes.

AutoCAD propose différentes orientations possibles.

◘ Déroulez le groupe de fonctions **Dessin** (onglet **Début**) et choisissez l'icône **Droite** .

Le message suivant apparaît :

`Spécifiez un point ou [Hor Ver Ang Bissect Décalage]:`

Les options de la commande **Droite** sont détaillées ci-dessous :

**Hor** : place des droites horizontales passant par des points demandés.

**Ver** : place des droites verticales passant par des points demandés.

**Ang** : place des droites orientées de l'angle demandé. Avec l'option **Référence**, vous placez des droites orientées par rapport à d'autres droites (ou lignes).

**Bissect** : place la bissectrice de deux directions à préciser.

**Décalage** : place une droite décalée de la valeur fournie.

**Spécifiez un point** : attend deux points par lesquels passera la droite.

▶ Dans le groupe de fonctions **Dessin**, choisissez l'icône **Demi-droite** .

Contrairement aux droites, les demi-droites démarrent à un point donné et évoluent dans un seul sens à l'infini. AutoCAD attend un point de départ puis un deuxième point par lequel passera la demi-droite.

## 16. Création de nuages de révision

Les nuages de révision servent à mettre en évidence une partie du dessin, par exemple une zone concernée par des modifications.

▶ Déroulez le groupe de fonctions **Dessin** (onglet **Début**), et choisissez l'icône déroulante **Nuage de révision à main levée** 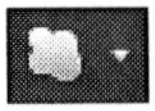.

AutoCAD affiche le message suivant :

```
NUAGEREV Spécifiez le premier point ou [longueur arC Objet Rectangulaire Polygone a main Levée Style Modifier] <Objet>:
```

▶ Précisez le point de départ et déplacez le pointeur dans le sens trigonométrique pour former le nuage de révision et vous rapprocher du point de départ pour fermer le nuage.

Le message suivant confirme la réalisation du nuage de révision :

« `Nuage de révision terminé.` »

L'option **longueur arC** permet de fixer la longueur de chacun des arcs constituant le nuage de révision final.

L'option **Objet** permet de convertir les objets fermés (polylignes, splines...) par un nuage de révision.

L'option **Rectangulaire** permet la création d'un nuage de révision rectangulaire.

L'option **Polygone a main levée** permet la création d'un nuage de révision polygonal.

L'option **Style** permet d'utiliser une représentation calligraphique ou normale du nuage de révision.

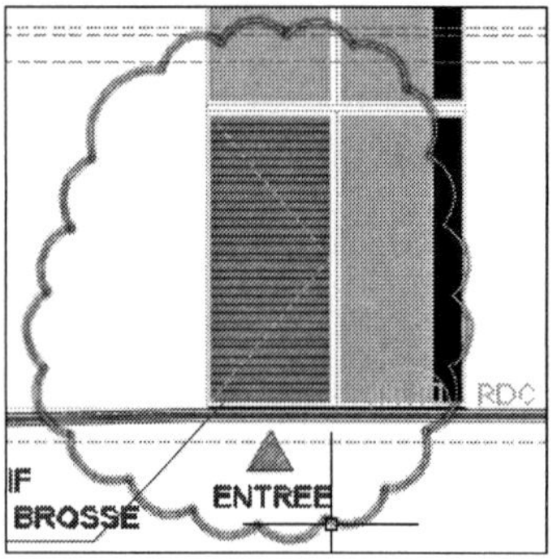


**Remarque**

*AutoCAD 2016 propose deux variantes permettant respectivement la création de nuages de révision rectangulaires et la création de nuages de révison polygonaux.*

## 17. Création de courbes splines

Les splines sont des courbes passant par une série de points. AutoCAD utilise les splines NURBS (*Non Uniform Rational B-Splines*). Celles-ci sont définies par des points de lissage ou avec des sommets de contrôle. Les points de lissage sont situés sur la spline (la spline passant par les points), alors que les sommets de contrôle définissent un "cadre de tolérance". Il est possible de supprimer ou d'ajouter des points de contrôle à la spline. Ainsi, vous pouvez apporter localement une modification sur la courbe, tout en conservant une grande précision ainsi qu'une allure naturelle de la courbe. Il est possible de créer une spline à partir de polylignes, même si ceci présente peu d'avantages (moins précis).

### 17.1 Définir une spline passant par des points de lissage

Déroulez le groupe de fonctions **Dessin** (onglet **Début**) et choisissez l'icône **Spline par PL** .

Le message suivant apparaît :

```
Paramètres courants: Méthode=Ajustement Noeuds=Corde
Spécifiez le premier point ou [Méthode Noeuds Objet]:
```

Spécifiez le premier point puis AutoCAD affiche le message suivant :

```
Indiquez le point suivant ou [Tangence de départ toLérance]:
```

L'option **Tangence de départ** permet d'agir sur l'orientation de départ de la spline, en spécifiant une direction dont la spline respectera la tangence.

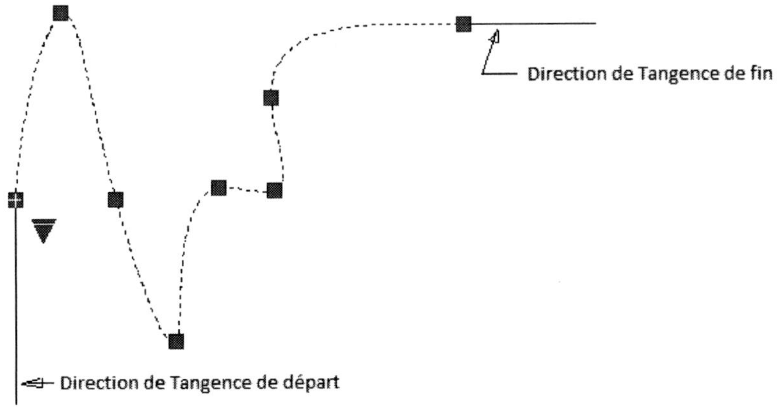


L'option **toLérance** autorise une distance dont peut s'écarter la spline des points de lissage spécifiés. Exceptés pour les premier et dernier points de la spline, une valeur positive écarte la spline des points de lissage, alors que la valeur 0 impose à la spline de passer par les points.

▶ Spécifiez le point suivant puis le message suivant est affiché :

```
Indiquez le point suivant ou [Tangence fin toLérance annUler]:
```

L'option **annUler** permet d'annuler le point précédent.

▶ Spécifiez le point suivant puis le message suivant est affiché :

```
Indiquez le point suivant ou [fin Tangente toLérance annUler Clore]:
```

▶ Spécifiez les points suivants pour matérialiser tous les points de lissage.

L'option **Clore** permet si nécessaire de fermer la spline.

## 17.2 Définir une spline passant par des sommets de contrôle

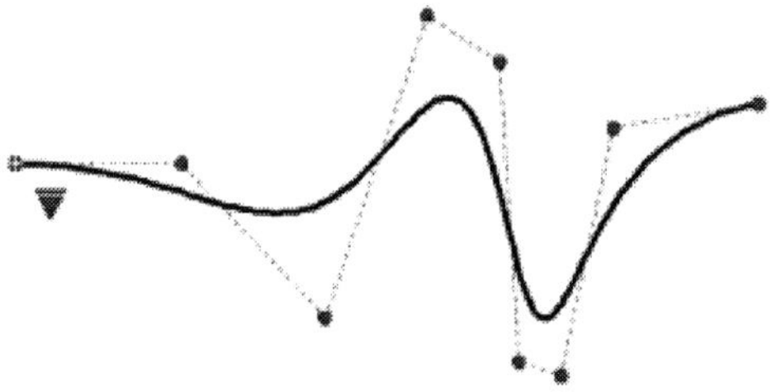

▶ Déroulez le groupe de fonctions **Dessin**, et choisissez l'icône **Spline par SC** .

Le message suivant apparaît :

`Spécifiez le premier point ou [Méthode Degré Objet]:`

▶ Spécifiez le premier point puis le message suivant est affiché :

`Indiquez le point suivant:`

▶ Spécifiez le point suivant puis le message suivant est affiché :

`Indiquez le point suivant ou [annUler]:`

L'option **annUler** permet d'annuler le point précédent.

▶ Spécifiez le point suivant puis le message suivant est affiché :

`Indiquez le point suivant ou [Clore annUler]:`

▶ Spécifiez les points suivants pour matérialiser tous les points de lissage.

L'option **Clore** permet si nécessaire de fermer la spline.

**Remarque**

*Le polygone de contrôle passant par les sommets de contrôle est matérialisé en pointillés lors de la mise en place de la Spline (voir figure ci-dessous).*

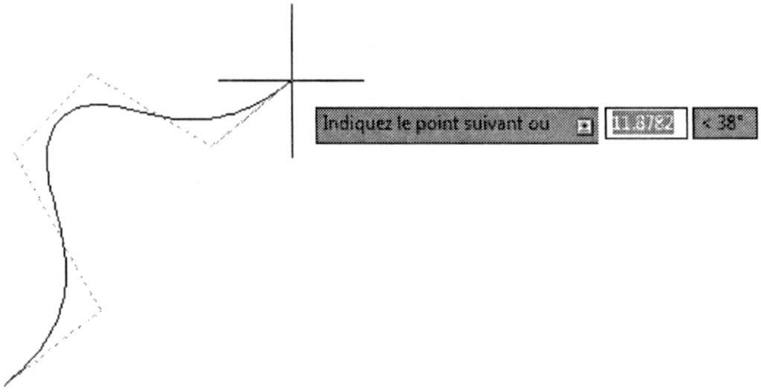

**Méthode** : détermine si la spline est créée avec des points de lissage ou avec des sommets de contrôle.

- **Ajustement** permet de définir la spline en précisant chaque point de lissage.
- **SC** permet de préciser les sommets de contrôle.

**Degré** : définit le degré polynomial de la spline (degré 1 = linéaire, degré 2 = quadratique, degré 3 = cubique).

**Nœuds** : intervient sur le paramétrage de nœud, et influe sur la forme de la courbe qui passe par les points de lissage.

- **Corde** : numérote les points de modification avec des valeurs décimales représentant leur emplacement sur la courbe.
- **Racine carrée** : numérote les points de modification d'après la racine carrée de la longueur de corde comprise entre des noeuds consécutifs.
- **Uniforme** : numérote les points de modification avec des nombres entiers consécutifs.

Les courbes ci-dessous sont réalisées avec les trois options **Corde**, **Racine carrée** et **Uniforme** à partir des mêmes points de lissage.

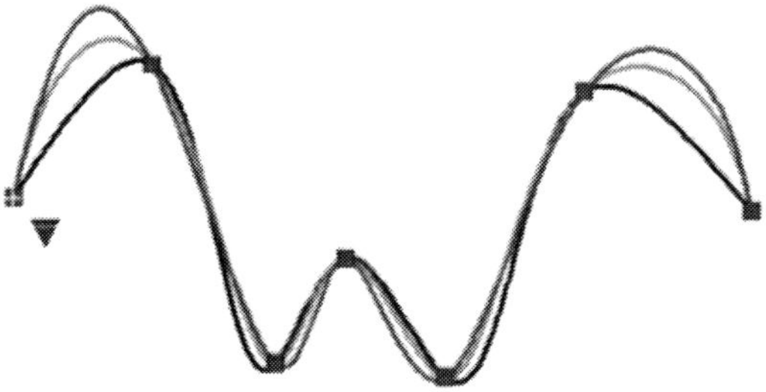

Par défaut, AutoCAD demande un premier point, puis les autres points par lesquels passera la spline. Une fois ces points précisés, AutoCAD demande une tangente de début et de fin. Ces tangentes correspondent à des directions influant sur la courbure de début et de fin. Si vous validez par [Entrée], AutoCAD calcule les tangentes par défaut en respectant l'allure globale de la courbe.

À chaque fois qu'AutoCAD attend un point, vous pouvez modifier la valeur de tolérance qui détermine l'écart autorisé de la spline aux points de contrôle.

L'option **Objet** convertit une polyligne 2D ou 3D (lissée en spline avec la commande **Modifier polyligne** ) en "vraie" spline NURBS.

■ Sélectionnez la spline, et accédez à la poignée ci-dessous pour afficher les points de lissage de la spline (**Ajustement**) ou les sommets de contrôle.

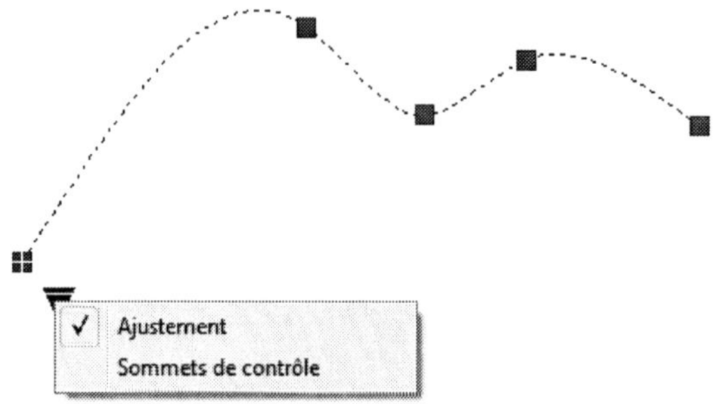


La figure ci-dessous affiche la spline avec ses sommets de contrôle :

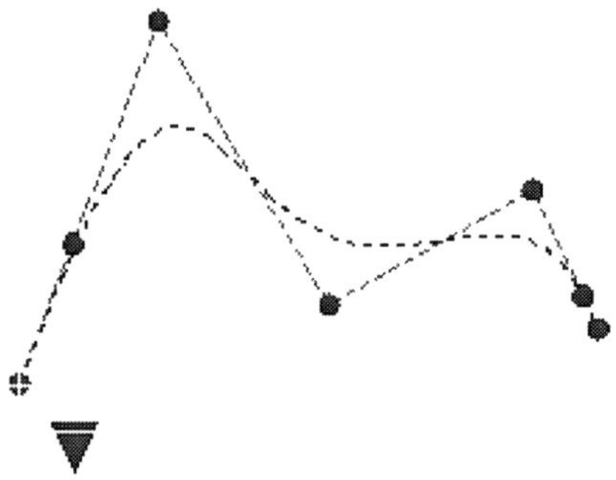

Voici quelques exemples utilisant les splines :

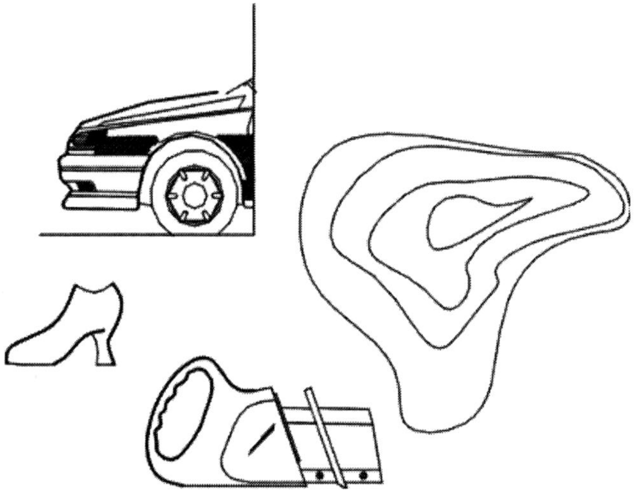

**Remarque**

*Les splines sont modifiables par la commande* ***Modifier spline***  *et à l'aide des poignées, comme ci-après.*

AutoCAD permet l'utilisation avancée des poignées de modification.

Pour éditer une spline, sélectionnez celle-ci et déplacez le pointeur sur un point de lissage ou sur un point de sommet pour afficher les options disponibles dans le menu contextuel.

Les figures ci-après affichent un menu d'édition de spline depuis un point de lissage (figure 1) ou depuis un sommet de contrôle (figure 2).

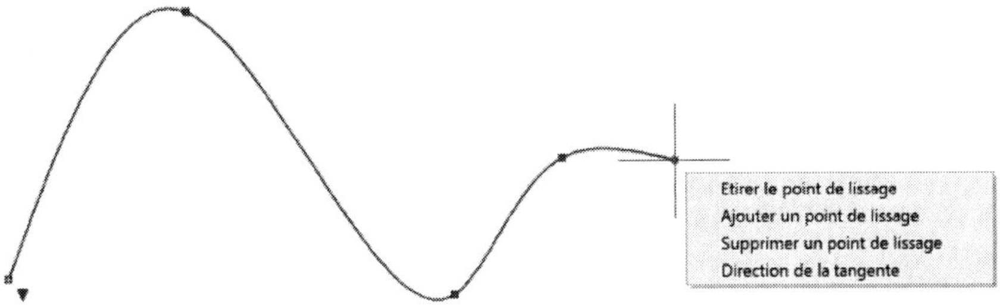


*Figure 1*

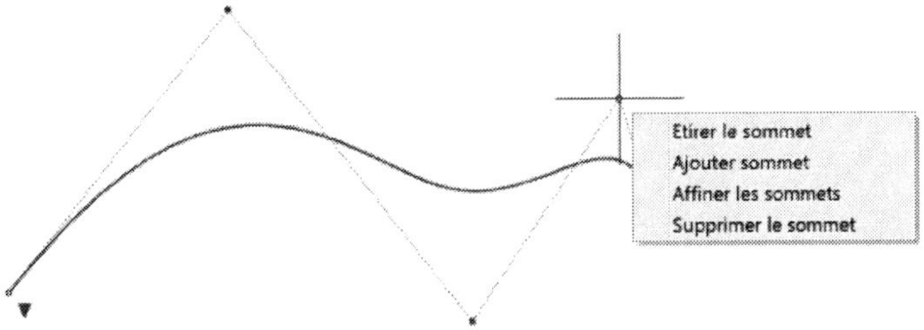


*Figure 2*

# 18. Création de texte

Vous pouvez insérer du texte dans un dessin avec un grand choix de jeux de caractères. Ces textes peuvent être compressés, élargis, inclinés, reflétés, tournés... AutoCAD propose deux types de texte : le texte sur une ou plusieurs lignes indépendantes, et le paragraphe de texte (ou texte multiligne).

## 18.1 Le texte sur lignes indépendantes

▶ Dans le groupe de fonctions **Annotation** (onglet **Début**), cliquez sur l'icône déroulante **Une seule ligne** 

.

**Remarque**

*Cette commande est également accessible depuis le groupe de fonctions **Texte** dans l'onglet **Annoter**.*

AutoCAD affiche le message suivant :

```
TEXTE Spécifiez le point de départ du texte ou [Justifier Style]:
```

Soit vous positionnez le point de départ du texte (option par défaut), soit vous choisissez les options **Justifier** ou **Style**.

**Spécifiez le point de départ du texte** : cette option justifie votre texte le long de sa ligne de base. Il suffit simplement d'indiquer le point de départ désiré.

**Justifier** : utilisez cette option pour justifier (ou aligner) votre texte d'après les options d'alignement (voir les options d'alignement).

**Style** : choisissez cette option pour utiliser un nouveau style de texte (voir Styles de texte).

Si vous validez par [Entrée] sur l'option **Point de départ**, le texte que vous préciserez prendra place sous le texte précédent. Pour quitter la commande, validez par [Entrée] une ligne de texte vierge.

**Remarque**

*Le texte dynamique permet un affichage instantané dans la zone graphique, mais aussi l'alignement de plusieurs lignes de texte.*

**Remarque**

*Le positionnement de différents points de départ dans la même opération est régi par la variable TEXTED (à saisir au clavier).*

## 18.2 Les options d'alignement (Justifier)

Vous pouvez aligner le texte en utilisant une combinaison des modes d'alignement haut/bas/milieu/ligne de base et gauche/centre/droite. La ligne de base représente la ligne le long de laquelle se trouve la base des majuscules. Si vous imaginez un cadre entourant le texte, les lettres longues (telles que p, g et y) dépassent la ligne de base vers le bas du cadre et les majuscules atteignent le haut du cadre. La position du milieu se trouve à mi-chemin entre la ligne de base et le haut du cadre. La figure suivante affiche les différentes positions d'alignement du texte.

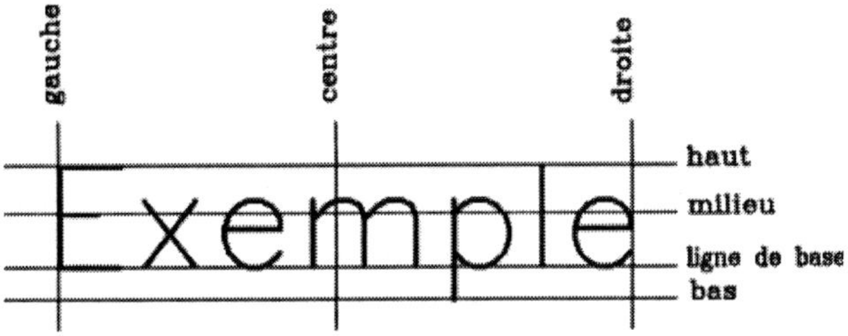


L'option **Justifier** vous permet de choisir parmi une liste d'options qui contrôlent l'alignement basique de votre texte.

```
TEXTE Entrez une option [Gauche Centre Droite Aligner Milieu Fixé HG HC HD MG MC MD BG BC BD]:
```

L'alignement à gauche, le plus utilisé, est proposé par défaut.

### L'option Aligner

Vous pouvez définir l'orientation et la hauteur du texte en définissant les extrémités de la ligne de base. AutoCAD demande les deux extrémités et calcule une hauteur de texte de façon à ce que le texte soit placé entre ces deux points. Plus le texte est long, plus sa hauteur diminue. La taille des caractères est ajustée proportionnellement à la hauteur.

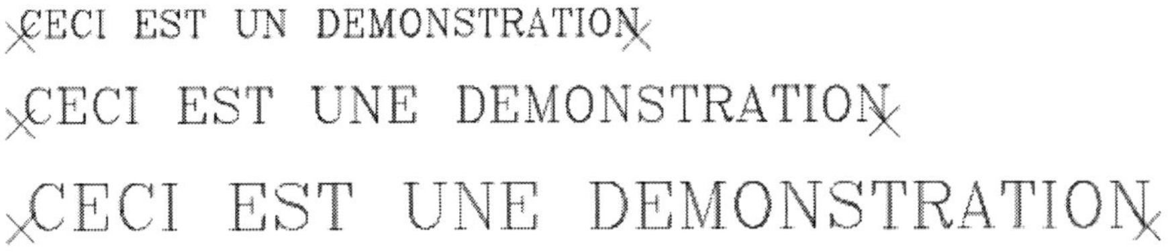

**Remarque**

*Avec l'option **Aligner**, AutoCAD ne vous demande pas de hauteur de texte lors de la mise en place du texte.*

### L'option Fixé

L'option **Fixé** est semblable à l'option **Aligner**. Par contre, AutoCAD demande un premier point de la ligne de texte, un second point et la hauteur du texte. AutoCAD utilisera donc cette hauteur, ajustant seulement la largeur du texte en l'étendant ou en le comprimant afin de le placer entre les deux points indiqués.

**Remarque**

*Pour les options **Point de départ**, **Centre**, **Milieu** et **Droite**, un angle de rotation du texte (ne pas le confondre avec l'angle d'inclinaison des caractères) vous sera demandé. Cet angle est pris par rapport au zéro trigonométrique. De plus, toutes les options demandent la hauteur des caractères si celle-ci n'a pas été établie (valeur par défaut) lors du chargement de la police de caractères.*

## 18.3 Les codes de contrôle

Le texte dynamique ne permet pas d'obtenir directement certains caractères particuliers. En fonction de la police utilisée, des symboles de tolérance (en mécanique), le symbole de diamètre, des surlignages et soulignements... ne sont pas accessibles directement. Dans ce cas, il faut utiliser les codes suivants :

| Résultat | Code | Définition |
|---|---|---|
| $\overline{250}$ | %%o | Active/désactive le surlignage. |
| $\underline{250}$ | %%u | Active/désactive le soulignage. |
| 60° | %%d | Insère le symbole des degrés (°). |
| 4.3±0.15 | %%p | Insère le symbole de tolérance positive et négative. |
| Ø12 | %%c | Insère le symbole de diamètre. |
| 100% | %%% | Insère le symbole de pourcentage. |

Il faut noter que, dans le cas d'un soulignement par exemple, il faudra utiliser deux fois le code de contrôle %%u. L'un va activer le soulignement et l'autre va le désactiver. Pour l'exemple présenté, il faut écrire %%u250%%u.

## 18.4 Les codes ASCII

Certaines polices peuvent reconnaître les codes ASCII. La syntaxe devient la suivante :

```
%%codeASCII
```

## 18.5 Le texte sous forme de paragraphe

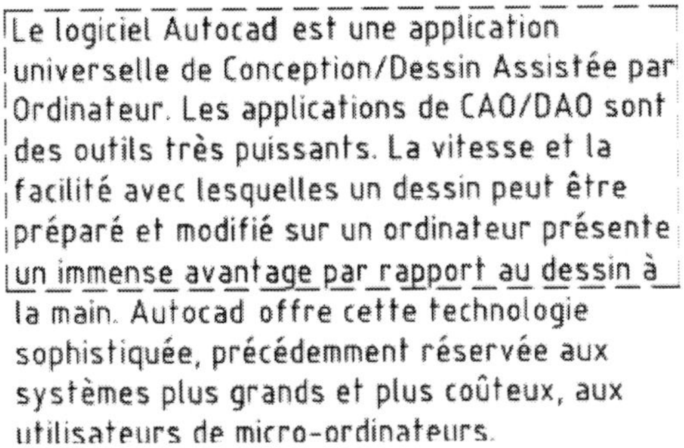
Le logiciel Autocad est une application universelle de Conception/Dessin Assistée par Ordinateur. Les applications de CAO/DAO sont des outils très puissants. La vitesse et la facilité avec lesquelles un dessin peut être préparé et modifié sur un ordinateur présente un immense avantage par rapport au dessin à la main. Autocad offre cette technologie sophistiquée, précédemment réservée aux systèmes plus grands et plus coûteux, aux utilisateurs de micro-ordinateurs.

▶ Dans le groupe de fonctions **Annotation** (onglet **Début**), cliquez sur l'icône déroulante **Texte multiligne** 
.

**Remarque**

*Cette commande est également disponible dans le groupe de fonctions **Texte** de l'onglet **Annoter**.*

Le texte sous forme de paragraphe est positionné dans un cadre non imprimable. Le paragraphe s'adapte automatiquement à la largeur de ce cadre. AutoCAD vous demande de définir le point haut gauche du cadre, puis le coin opposé. Le texte évolue de la gauche vers la droite dans ce cadre et le premier mot prend place en haut à gauche. Le deuxième point matérialisant le cadre précise la largeur du cadre.

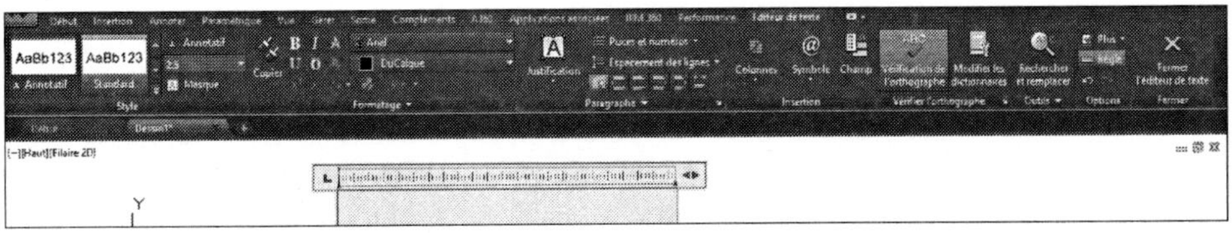

Vous pouvez saisir directement le paragraphe de texte. Il apparaît dans la zone représentant le cadre sous la règle des retraits et tabulations. Il n'est pas nécessaire d'appuyer sur la touche [Entrée] pour passer à la ligne. Le texte respecte la largeur du cadre. Le bouton **OK** validera la création du texte.

**Remarque**

*Chaque pression sur la touche [Entrée] génère un nouveau paragraphe (pour lequel on peut avoir des tabulations et retraits différents).*

## Formatage du texte

- Sélectionnez la partie du texte à modifier, et accédez aux options des groupes suivants :

### Groupe Formatage

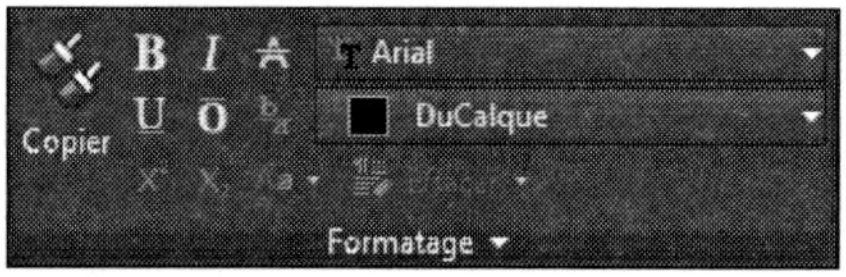


- Pour un changement de police, agissez sur le bouton-liste **Police** .
- Pour un changement de couleur, agissez sur le bouton-liste **Couleur** .
- Pour obtenir un soulignement, choisissez le bouton **Souligné** .
- Pour obtenir un surlignement, choisissez le bouton **Ligne de séparation supérieure** .
- Pour barrer un texte, choisissez le bouton **Barré** .
- Pour un changement de mise en forme en **Gras** et **Italique**, choisissez les boutons  et .
- Pour basculer le texte sélectionné en majuscules, déroulez l'icône **Changer la casse** , puis choisissez l'icône **Majuscules**  ; pour basculer le texte en minuscules, choisissez l'icône déroulante **Minuscules** .

L'icône déroulante **Effacer**  permet de supprimer le formatage de caractères et/ou de paragraphes, par l'intermédiaire des options suivantes :

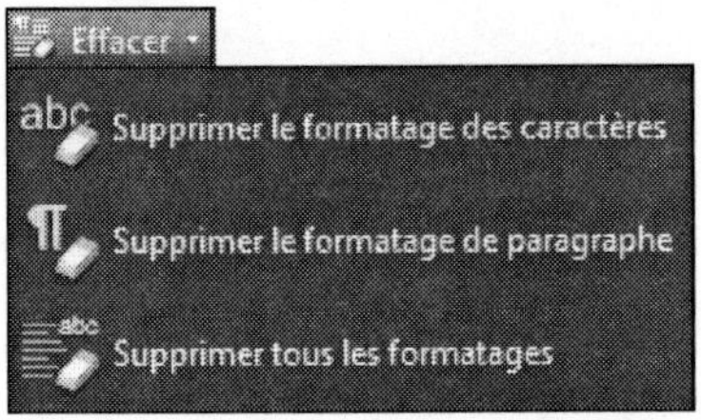


Dans la partie déroulée du groupe de fonctions **Formatage**, accédez aux zones suivantes :

- **Angle oblique**  : vous agissez sur l'inclinaison du texte sélectionné. Une valeur positive incline le texte vers la droite, et une valeur négative l'incline vers la gauche. Les valeurs sont comprises entre -85 et 85.
- **Repérage**  : vous augmentez ou diminuez l'espace situé entre les caractères du texte sélectionné. Une valeur inférieure à 1 diminue l'espace et une valeur supérieure à 1 l'augmente.
- **Facteur de largeur**  : vous augmentez ou diminuez la largeur des caractères du texte sélectionné. Une valeur de 1 constitue la largeur normale. Une valeur inférieure à 1 diminue la largeur et une valeur supérieure à 1 l'augmente.

## Groupe Style

La liste des styles permet de modifier le style de texte courant et permet d'attribuer au texte les paramètres de mise en forme enregistrés dans le style (voir aussi les styles de texte).

La liste **Hauteur du texte** 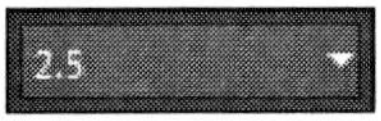 permet de modifier la hauteur du texte sélectionné.

Le bouton **Annotatif**  active ou désactive la propriété annotative du texte multiligne courant.

▶ Pour attribuer un arrière-plan au texte multiligne, choisissez l'icône **Masque** .



## Groupe Paragraphe

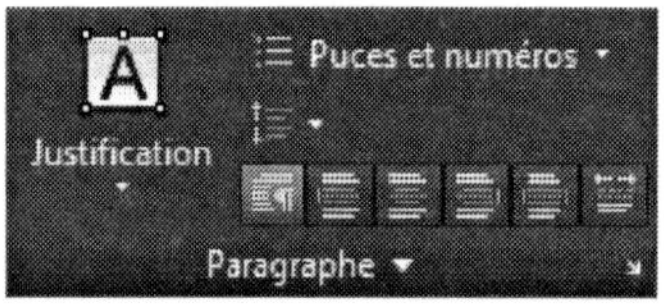


Les boutons **Gauche** , **Centre** , **Droite**  alignent les limites du paragraphe de texte à gauche, au centre ou à droite.

Le bouton **Justifier**  aligne les bords gauche et droit du paragraphe de texte, tandis que le bouton **Distribuer**  étend les espaces entre caractères jusqu'à l'alignement des limites gauche et droite du paragraphe.

Le bouton **Par défaut**  permet de récupérer la mise en forme initiale.

L'icône déroulante **Espacement des lignes**  définit l'espace entre les lignes du paragraphe courant ou sélectionné. La liste déroulante propose quelques choix usuels, la suppression de l'espacement entre les lignes, ainsi que l'option **Suite** (ci-dessous) qui affiche la boîte de dialogue **Paragraphe** dans laquelle d'autres options sont disponibles.

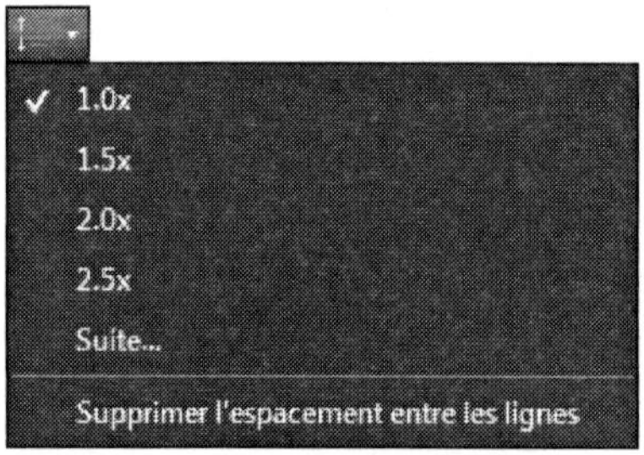

L'icône déroulante **Puces et numéros** 

attribue des numéros (liste numérotée) aux paragraphes de texte sélectionnés. La liste déroulante permet la mise en place de lettres et puces. Vous accédez au menu suivant :

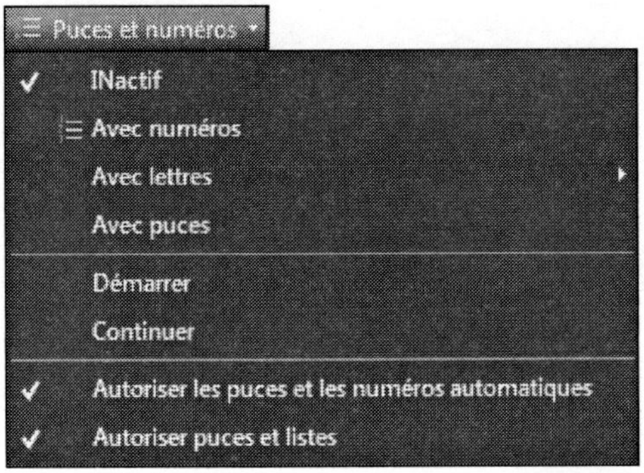


L'icône déroulante **Justification** 

définit la justification du paragraphe de texte avec les neuf possibilités de la figure ci-après. La justification par défaut est en haut à gauche. Ceci détermine le point d'insertion du texte multiligne.

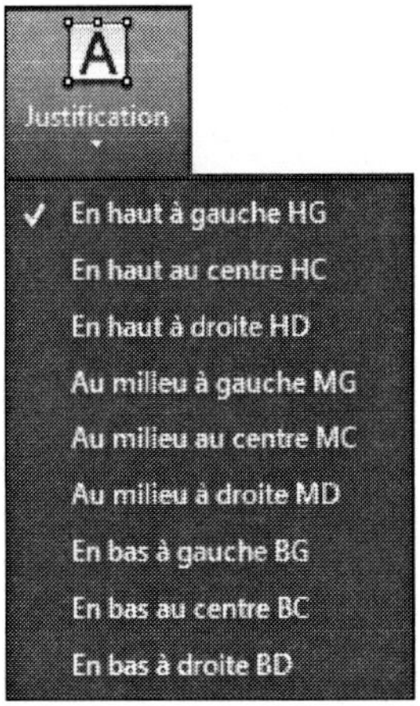

Utiliser la flèche située à l'extrême droite du groupe **Paragraphe** permet d'accéder à la boîte de dialogue **Paragraphe** qui définit les retraits de paragraphe et les retraits de première ligne, les alignements, les tabulations, l'espacement entre les lignes et les espacements entre les paragraphes.

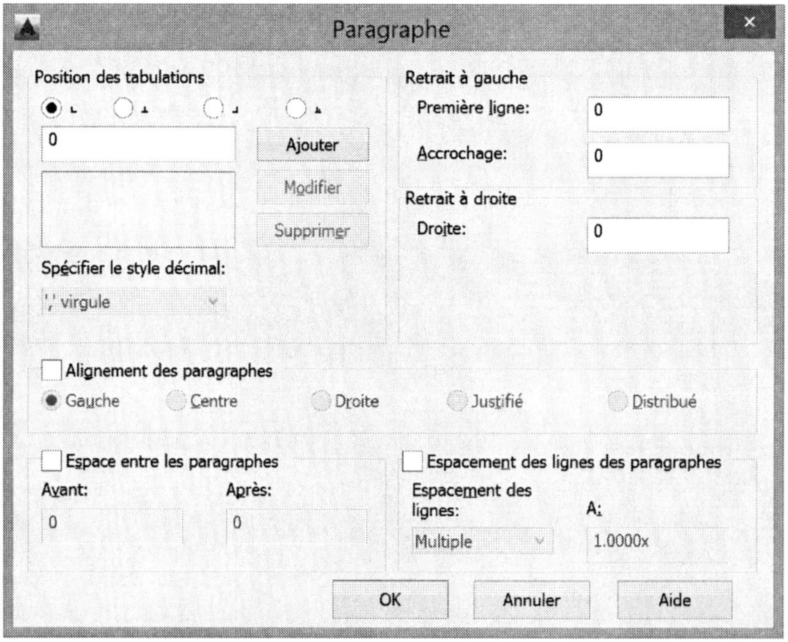


Les notions de retraits et tabulations sont détaillées dans ce chapitre (voir Les retraits et Les tabulations).

## Groupe Insertion

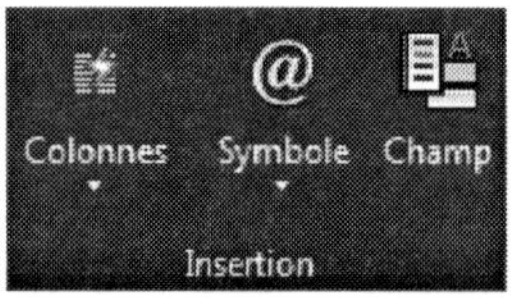


L'icône **Champ** permet d'insérer un champ automatique (cf. chapitre Les champs).

L'icône déroulante **Colonnes** permet de définir le texte multiligne sous forme de colonnes dynamiques ou statiques.

Le menu suivant est affiché :

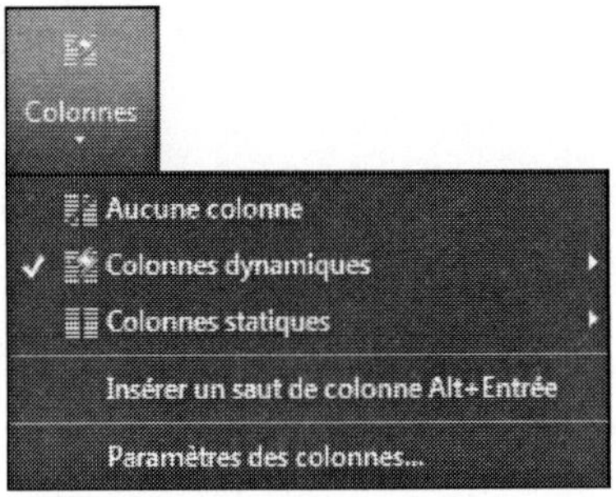


L'option **Paramètres des colonnes** permet de régler le type, le nombre, la hauteur et la largeur de colonnes.

L'icône déroulante **Symbole** permet d'accéder à la liste de symboles suivante :

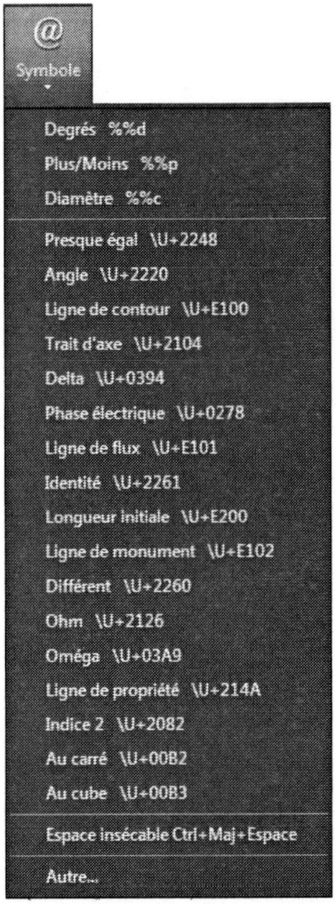

## Groupe Outils

L'icône **Rechercher et remplacer** permet la recherche et le remplacement de mots ou chaînes de caractères de la manière suivante :

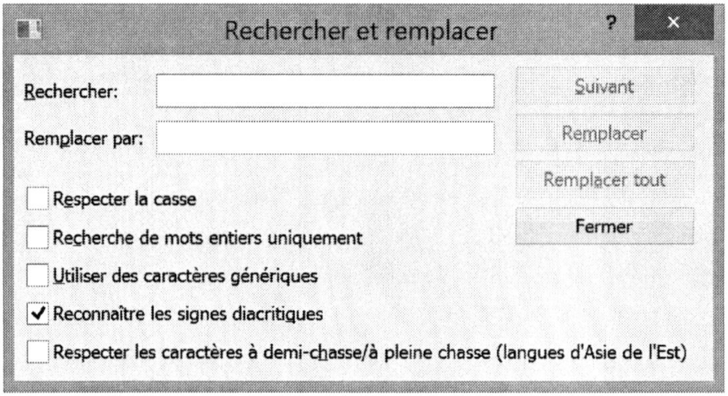


Pour effectuer une recherche, saisissez le mot ou l'expression dans la zone **Rechercher**, puis cliquez sur **Suivant**.

Pour effectuer un remplacement, saisissez le mot ou l'expression de remplacement dans la zone **Remplacer par**, puis choisissez **Remplacer** pour un remplacement unique, ou **Remplacer tout** pour un remplacement global dans le texte multiligne.

La case à cocher **Respecter la casse** impose le respect des majuscules et minuscules dans la recherche.

La case à cocher **Recherche de mots entiers uniquement** impose la recherche du mot entier isolé.

La case à cocher **Utiliser des caractères génériques** permet l'utilisation de caractères de substitution dans la recherche tels que l'astérisque (*) pour une chaîne de caractères, ou le point d'interrogation (?) pour un caractère.

La case à cocher **Reconnaître les signes diacritiques** permet la reconnaissance des caractères diacritiques issus des langues basées sur le latin.

La case à cocher **Respecter les caractères à demi-chasse/à pleine chasse** permet la reconnaissance des caractères à demi-chasse à pleine chasse issus des langues d'Asie de l'Est.

▶ Déroulez le groupe pour accéder aux options suivantes :

**Importer le texte** : permet d'insérer un fichier texte externe (TXT ou RTF).

**MAJUSCULE** : verrouille ou déverrouille les majuscules.

## Groupe Vérifier l'orthographe

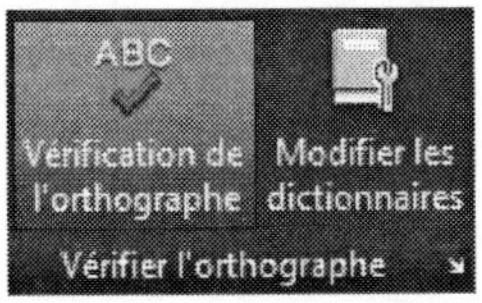


L'icône **Vérification de l'orthographe** permet une vérification d'orthographe de chaque mot du (ou des) paragraphe(s) de texte. La vérification s'appuie sur un dictionnaire (différentes langues possibles) que vous pouvez enrichir.

La vérification de l'orthographe est activée par défaut. Lorsqu'un mot est inconnu, celui-ci est souligné d'un trait pointillé qui signifie la non-reconnaissance du mot.

▶ Effectuez un clic droit pour afficher un menu contextuel semblable à :

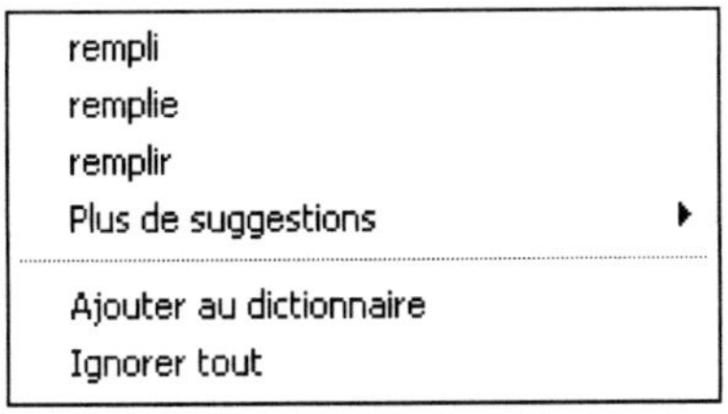


Le menu propose des suggestions dans la partie supérieure. L'option **Plus de suggestions** permet l'accès à des suggestions supplémentaires.

**Ajouter au dictionnaire** permet d'ajouter le mot non reconnu à la liste des mots du dictionnaire courant.

**Ignorer tout** permet de ne pas effectuer de modification sur ce mot non reconnu même si celui-ci est rencontré à nouveau.

L'icône **Modifier les dictionnaires** permet de changer de dictionnaire (autre langue par exemple), ou de modifier un dictionnaire existant. Vous pouvez ajouter de nouveaux mots ou en retirer dans un dictionnaire personnalisé (.cus).

▶ Utilisez la flèche située à l'extrême droite du groupe **Vérifier l'orthographe** pour accéder aux paramètres de vérification d'orthographe :

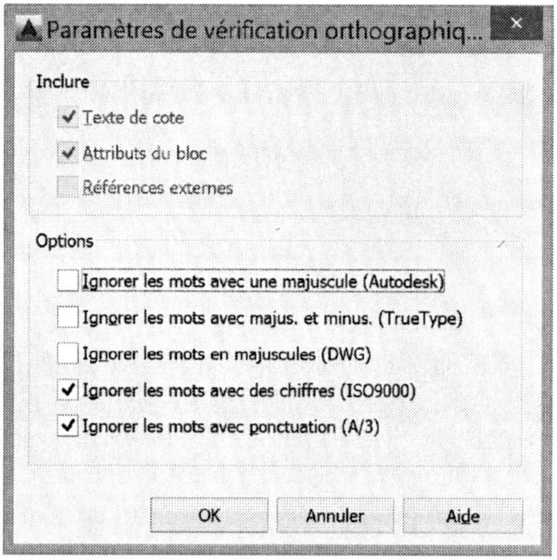


## Groupe de fonctions Options

L'icône **Annuler**  permet d'annuler la dernière saisie de texte ou la dernière modification effectuée sur le texte.

L'icône **Rétablir**  permet de rétablir la dernière annulation.

L'icône **Règle**  affiche ou masque la règle de l'éditeur de texte.

Voici quelques principes d'affichage de la règle ainsi que quelques explications relatives aux retraits et aux tabulations.

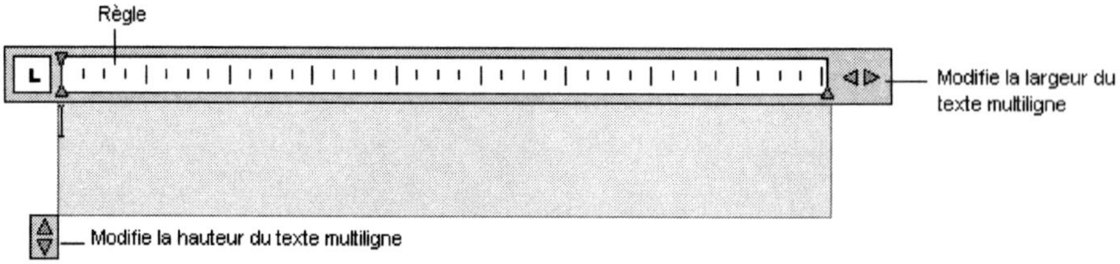

L'icône déroulante **Plus**  donne accès au menu suivant :

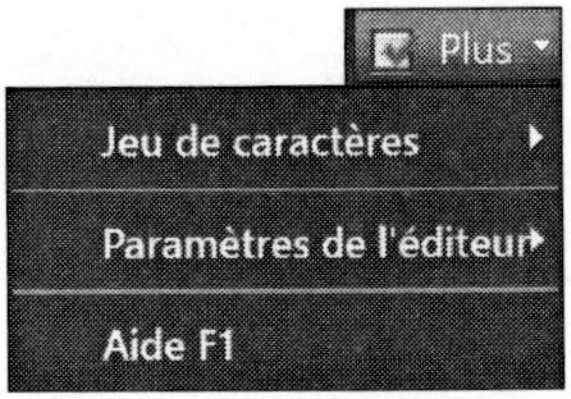


**Jeu de caractères** : affiche un menu de pages de codes à appliquer au texte.

**Paramètres de l'éditeur** : permet d'accéder aux réglages de l'éditeur de texte, tels que l'affichage ou le masquage de la barre d'outils **Format de texte**, la couleur de surbrillance du texte, l'affichage opaque de l'arrière-plan.

**Aide F1** : donne accès à la rubrique d'aide.

## Les retraits

Les retraits définissent la valeur du décalage de gauche affecté à la première ligne (retrait de première ligne) et à l'ensemble du texte multiligne (retrait, gauche et droit).

▶ Effectuez directement un cliqué-glissé depuis les indicateurs de retrait dans la règle.

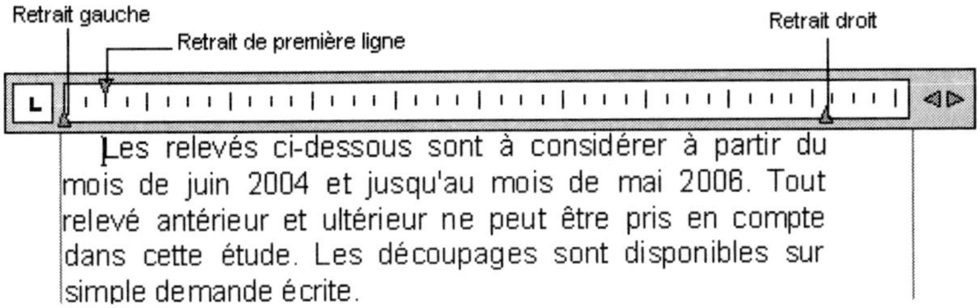


## Les tabulations

Les tabulations permettent de définir des prépositionnements réguliers qui seront respectés à chaque pression sur la touche [Tab] pour le paragraphe courant.

▶ Positionnez le (ou les) taquet(s) de tabulation utilisateur en cliquant directement dans la règle.

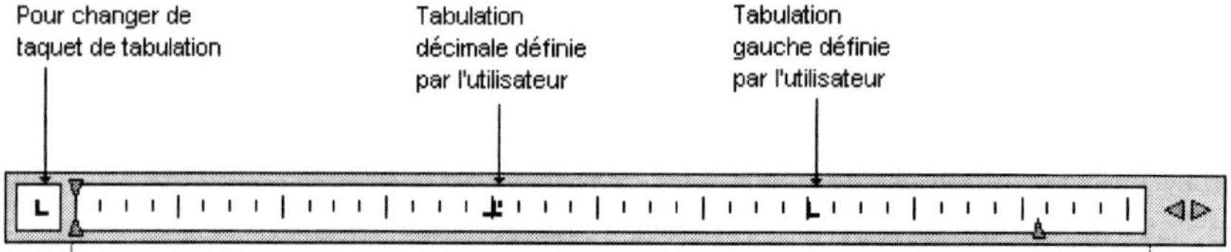


| ZONES | SURFACE | ETAT |
|---|---|---|
| A | 6500,00 | C |
| B | 7800,00 | R |
| C | 8650,00 | Validé |
| D | 5400,00 | R |

**Groupe Fermer**

Le bouton **Fermer l'éditeur de texte** permet de quitter l'éditeur de texte en validant les modifications de formatage de texte.

# 19. Définition de styles de texte

Les styles déterminent le format du texte par défaut. Différents paramètres définissent le style : l'apparence des caractères (police de caractères), la hauteur, l'angle de rotation, la justification et différents effets de compression, d'inclinaison, de renversement... Le style par défaut est **Standard**, mais vous pouvez créer les styles de texte à votre convenance.

▶ Déroulez le groupe de fonctions **Annotation** (onglet **Début**) et choisissez le bouton **Style de texte** .

**Remarque**

*Le groupe de fonctions **Texte** (onglet **Annoter**) propose également un accès à la fonction **Style de texte**.*

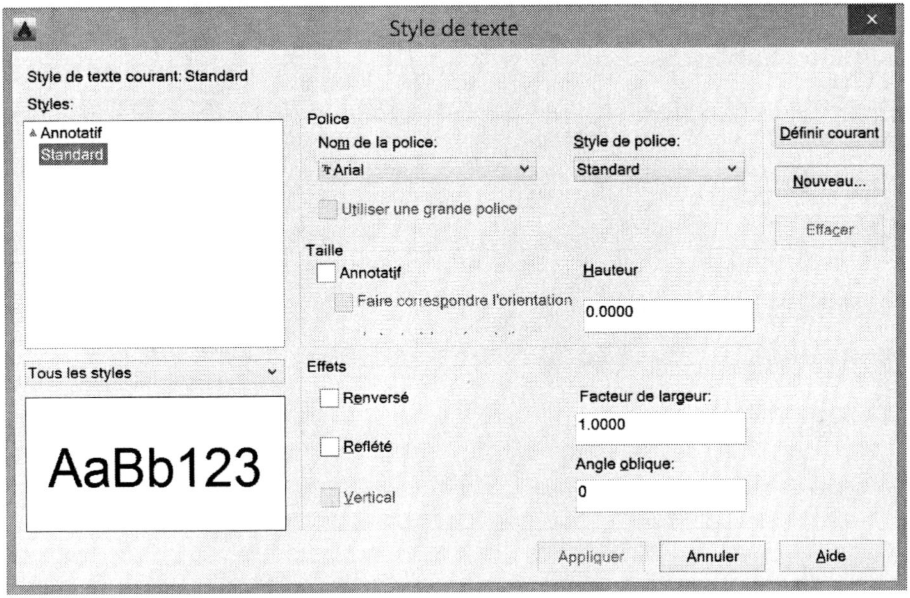


- Cliquez sur le bouton **Nouveau**. AutoCAD vous demande le nom du nouveau style.
- Répétez l'opération si vous souhaitez créer plusieurs styles. Chaque nouveau style créé apparaît dans la liste des styles. Vous pouvez renommer ou supprimer un style de la liste.
- Sélectionnez le style avant de lui affecter une police de caractères. La police définit l'aspect des caractères. Vous accédez aux polices True Type (.ttf), et aux polices AutoCAD (.shx). Notez l'accès direct aux polices Windows de type Helvetica, Times Roman, Architectural...

En fonction de la police choisie, certains aspects Gras ou Italique sont disponibles. La case à cocher **Utiliser une grande police** est disponible avec certaines polices seulement. La zone **Hauteur** peut fixer la hauteur de caractères du style de texte.

Il est souvent pratique de compresser ou élargir des textes, de les incliner ou même de les renverser. Tout cela est possible, en utilisant la rubrique **Effets**. AutoCAD vous propose différents effets tels que les symétries horizontales ou verticales, ou encore la compression/extension. L'affichage est instantané dans l'aperçu. Notez que certaines polices TrueType (.ttf) affichent les textes remplis.

## 20. Le vérificateur d'orthographe

Le vérificateur d'orthographe permet de vérifier chaque mot du texte mis en place dans votre dessin. Il vérifie le texte en s'appuyant sur un dictionnaire (différentes langues possibles) que vous pouvez enrichir. Sont pris en compte les textes sur une ligne et sous forme de paragraphes, les annotations associées aux repères de cotation ainsi que les attributs.

▶ Activez l'onglet **Annoter**. Dans le groupe de fonctions **Texte**, choisissez l'icône **Vérifier l'orthographe** .

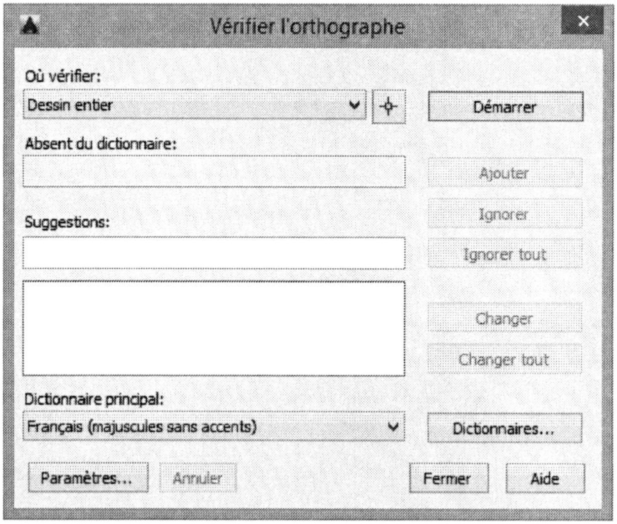


AutoCAD vous demande de choisir le texte à vérifier. La liste déroulante **Où vérifier** propose par défaut le dessin entier, mais aussi la possibilité de limiter la vérification à l'espace ou à la présentation courant(e), ou encore de choisir **Objets sélectionnés** (via le bouton **Choix des objets** ). Cette dernière option est pratique car elle vous permet de limiter la vérification à une ou plusieurs parties du dessin.

▶ Cliquez sur le bouton **Démarrer** pour lancer la vérification d'orthographe.

L'expression est affichée dans la rubrique **Contexte** et le mot incorrect apparaît dans la rubrique **Absent du dictionnaire**.

Une liste de suggestions (plus ou moins importante) apparaît et le vérificateur vous propose une solution se rapprochant du mot incorrect. Si celle-ci ne vous convient pas, sélectionnez-en une autre dans la liste ou tapez-la dans la zone de texte **Suggestions**.

**Ignorer** : permet de continuer la vérification, sans faire de modifications dans l'expression affichée. Si le même mot existe ailleurs, le vérificateur fait à nouveau la même suggestion.

**Ignorer tout** : permet de continuer la vérification, sans faire de modifications, ni dans l'expression affichée, ni dans une autre expression contenant le même mot. Si le même mot existe ailleurs, le vérificateur n'en tient pas compte.

**Changer** : permet de remplacer le mot incorrect par la suggestion, dans l'expression affichée seulement.

**Changer tout** : permet de remplacer le mot incorrect pour tous les textes sélectionnés dans le dessin. Le vérificateur ne s'arrêtera plus sur ce mot.

**Ajouter** : permet d'enrichir le dictionnaire d'un terme, spécifique à votre société par exemple. Ce bouton est disponible lorsque le mot n'existe pas dans le dictionnaire courant.

**Dictionnaires** : permet de changer de dictionnaire (autre langue par exemple), ou de modifier un dictionnaire existant. Vous pouvez ajouter de nouveaux mots ou en retirer dans un dictionnaire personnalisé (.cus).

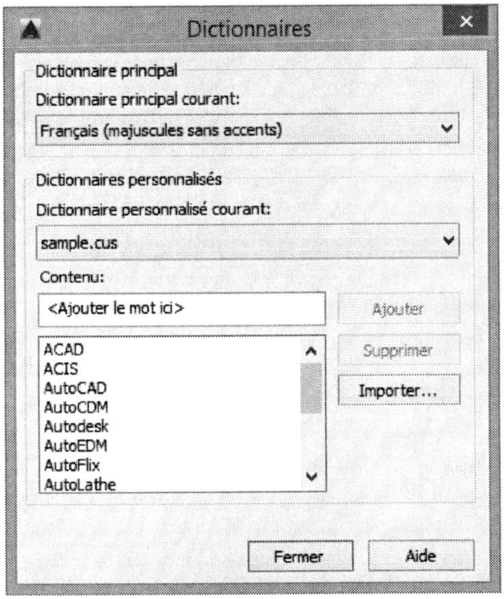

**Paramètres** : permet d'exclure ou d'inclure les textes de cote, attributs de blocs et références externes dans la vérification d'orthographe, ainsi que de régler quelques options telles qu'ignorer les majuscules, etc.

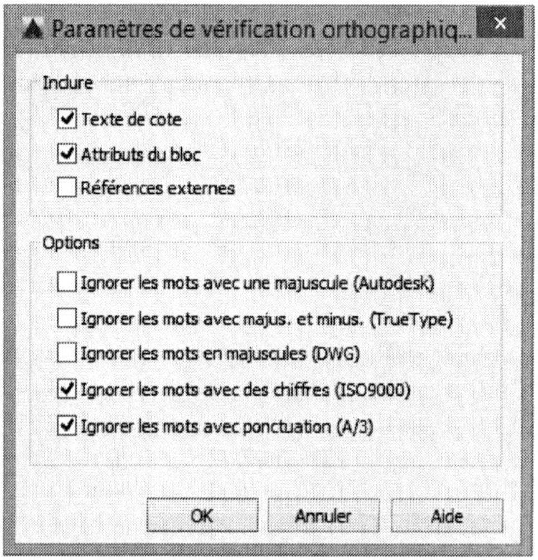


## 21. Recherche et remplacement

Cette technique permet une recherche et/ou un remplacement d'une chaîne de caractères dans tout le dessin, ou sur une sélection d'objets. Les objets concernés sont les textes sur une ligne, textes multilignes, valeurs d'attribut, textes de cote, hyperliens et descriptions d'hyperliens.

- Activez l'onglet **Annoter**. Dans le groupe de fonctions **Texte**, cliquez sur la zone de saisie **Rechercher du texte** 
.
- Saisissez la chaîne de caractères à rechercher et cliquez sur le bouton **Rechercher**  situé à droite de la zone de saisie.

La fenêtre suivante est affichée :

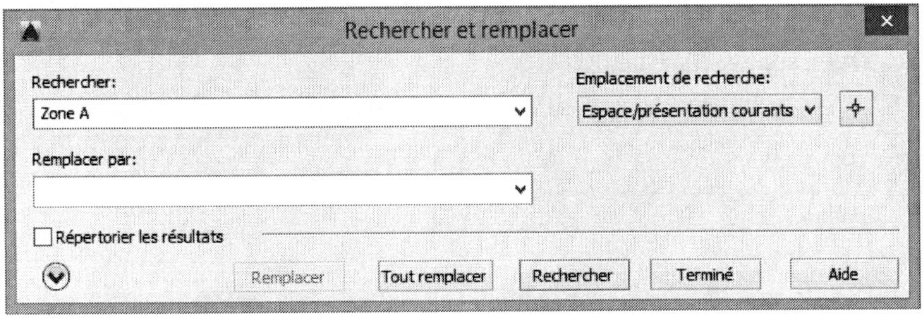


- Saisissez si nécessaire une nouvelle chaîne de caractères à rechercher, vous accédez aux dernières recherches dans la liste déroulante. La liste déroulante contient les dernières recherches. Dès cet instant, les boutons **Remplacer**, **Tout remplacer** deviennent accessibles.

Par défaut, la recherche s'effectue sur tout le dessin. Pour restreindre la recherche à une partie du dessin, effectuez votre choix dans la liste **Emplacement de recherche** : **Dessin entier**, **Espace/présentation courants** ou **Objets sélectionnés**. Dans le cas du choix **Objets sélectionnés**, cliquez sur le bouton **Choix des objets**  (devenu accessible) et saisissez les objets concernés. La sélection effectuée, la liste déroulante **Rechercher** affiche **Sélection courante**.

- Cliquez sur **Rechercher**. AutoCAD affiche et sélectionne le texte trouvé dans son contexte dans la zone graphique. Le bouton **Zoom** permet d'afficher à l'écran la localisation des caractères recherchés dans le contexte concerné.

Si vous souhaitez un remplacement, saisissez les caractères de remplacement dans la zone **Remplacer par**.

Le bouton **Remplacer** remplace la chaîne de caractères dans le contexte affiché. Utilisez le bouton **Rechercher** pour une nouvelle recherche. Le bouton **Tout remplacer** remplace la chaîne de caractères dans tout le dessin ou dans la sélection courante.

Le bouton **Plus d'options** affiche la boîte de dialogue ci-après :

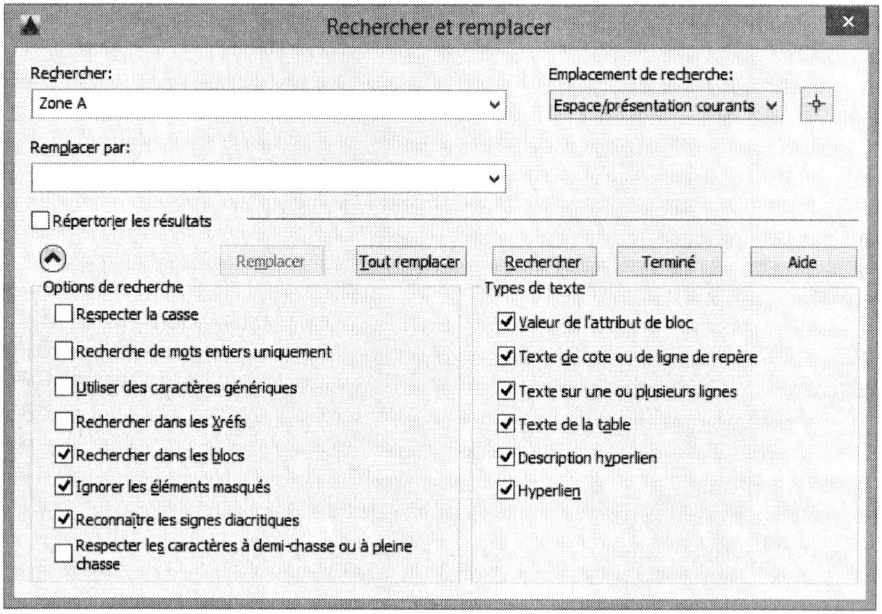


Dans la rubrique **Options de recherche**, activez ou désactivez les options :

**Respecter la casse** : permet de respecter les majuscules et minuscules du texte recherché.

**Recherche de mots entiers uniquement** : impose la recherche de mots entiers isolés.

**Utiliser des caractères génériques** : permet l'utilisation de caractères de substitution dans la recherche tels que l'astérisque (*) pour une chaîne de caractères ou le point d'interrogation (?) pour un caractère.

**Rechercher dans les Xréfs** : autorise la recherche de textes appartenant aux dessins en références externes.

**Rechercher dans les blocs** : autorise la recherche de textes appartenant aux blocs.

**Ignorer les éléments masqués** : permet la recherche du texte situé sur les calques gelés ou désactivés, le texte situé dans les attributs de bloc créés en mode invisible, ainsi que le texte en état de visibilité situé dans les blocs dynamiques.

**Reconnaître les signes diacritiques** : permet la reconnaissance des caractères diacritiques issus des langues basées sur le latin.

**Respecter les caractères à demi-chasse ou à pleine chasse** : permet la reconnaissance des caractères à demi-chasse à pleine chasse issus des langues d'Asie de l'Est.

Dans la rubrique **Types de texte**, vous activez ou désactivez les types d'objets texte à considérer dans la recherche.

**Valeur de l'attribut de bloc** : permet la recherche sur les valeurs d'attributs de bloc.

**Texte de cote ou de ligne de repère** : permet la recherche des textes appartenant aux cotations et lignes de repère.

**Texte sur une ou plusieurs lignes** : permet la recherche des objets texte sur une ligne et texte multiligne.

**Texte de la table** : permet la recherche des objets texte présents dans les cellules de tableau AutoCAD.

**Description hyperlien** : permet la recherche des objets texte présents dans les descriptions des hyperliens.

**Hyperlien** : permet la recherche des objets texte présents dans les URL des hyperliens.

# Exercice 1
# Dessiner un meuble de bureau

Dans cet exercice, nous allons utiliser les outils de dessin **Ligne**, **Arc** et **Cercle** pour concevoir le dessin d'un meuble de bureau qui pourrait par exemple être utilisé dans le plan d'un local professionnel. Le résultat attendu sera celui-ci :

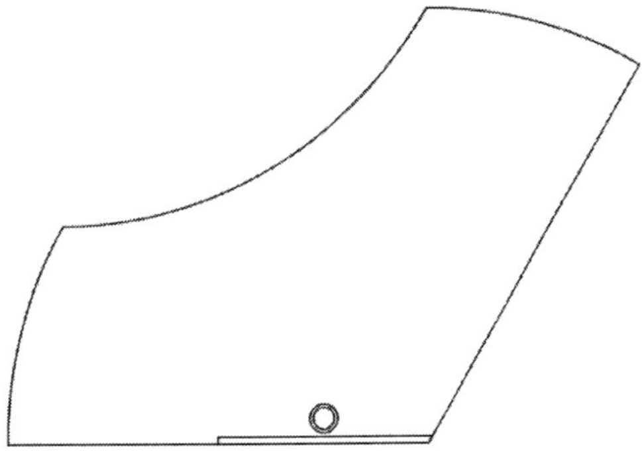

## 1. Étape 1 : Paramétrer les aides au dessin

▶ Déroulez le bouton **Personnalisation**  de la zone d'état pour afficher le menu ci-après.

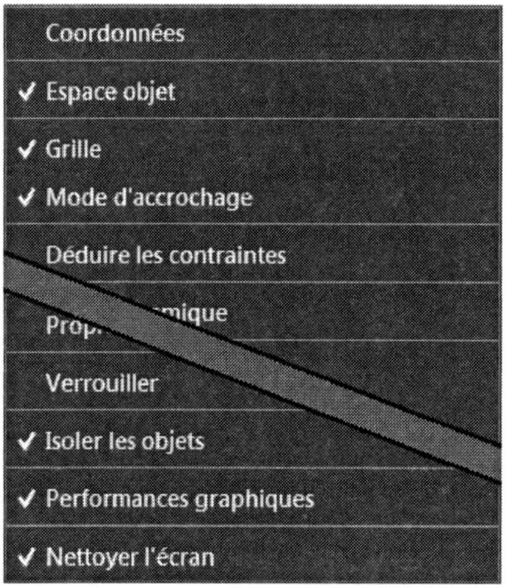


En exemple, la coche située au regard de l'outil **Grille** ci-dessus indique l'affichage de l'outil **Grille** dans la barre d'état.

- Dans le menu ci-dessus, vérifiez l'activation des outils d'aide au dessin **Grille**, **Saisie dynamique**, **Repérage polaire**, **Repérage d'accrochage aux objets** et **Accrochage aux objets** pour leur affichage dans la zone d'état.
- Dans la zone d'état, cliquez sur les outils suivants pour les activer : **Saisie dynamique** , **Repérage polaire** , **Repérage d'accrochage aux objets**  et **Accrochage aux objets** .
- Cliquez sur l'icône **Afficher la grille de dessin** 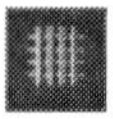 pour désactiver la grille.

  L'affichage de la zone d'état ressemble à celui-ci :

- Dans la zone d'état, effectuez un clic droit sur l'icône **Repérage polaire** pour afficher le menu contextuel suivant :

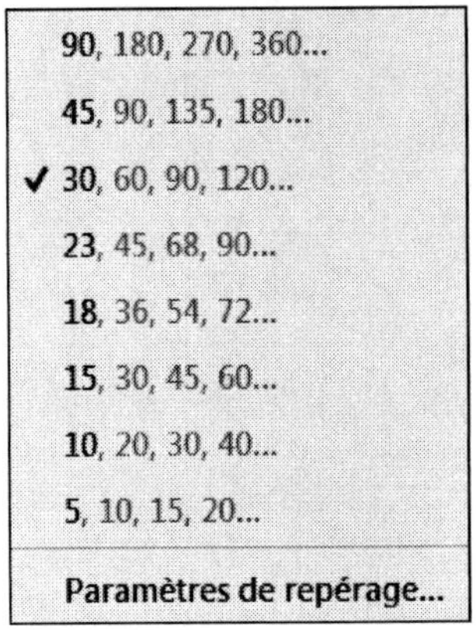


- Pour choisir l'angle incrémentiel 30°, cliquez sur la ligne **30, 60, 90, 120...**.
- Dans la zone d'état, effectuez un clic droit sur l'icône **Accrochage aux objets** pour afficher le menu contextuel ci-après et vérifiez l'activation des outils **Extrémité**, **Milieu**, **Centre**, **Quadrant**, **Intersection**, **Extension**, **Insertion** et **Perpendiculaire**.

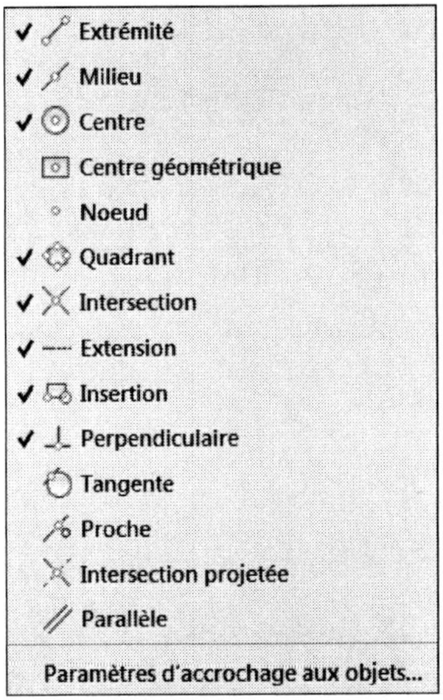

## 2. Étape 2 : Dessiner le contour avec l'outil Ligne

Nous allons tout d'abord tracer les contours rectilignes du meuble de bureau.

- Dans le groupe de fonctions **Dessin** (onglet **Début**), cliquez sur l'icône **Ligne** 

.

La ligne de commande affiche :

```
LIGNE Spécifiez le premier point:
```

- Cliquez dans la zone graphique pour définir le premier point.

La ligne de commande affiche :

```
LIGNE Spécifiez le point suivant ou [annUler]:
```

**Remarque**

*Le déplacement du pointeur affiche un segment virtuel (ou élastique) comme dans la figure ci-dessous.*

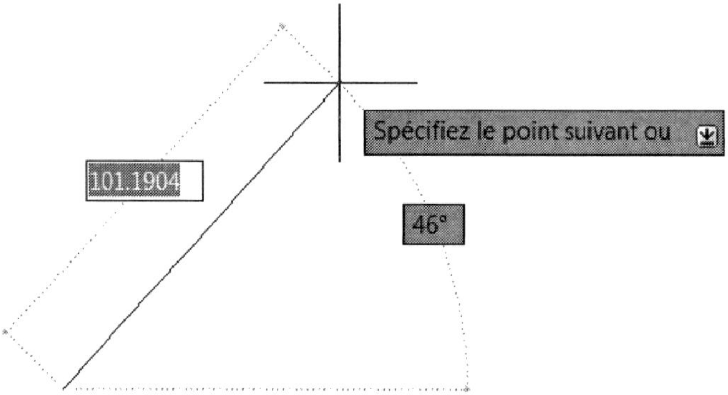

■ Déplacez le pointeur vers la gauche sur l'axe horizontal comme sur la figure ci-dessous, saisissez la valeur « 120 » et appuyez sur [Entrée] pour valider.

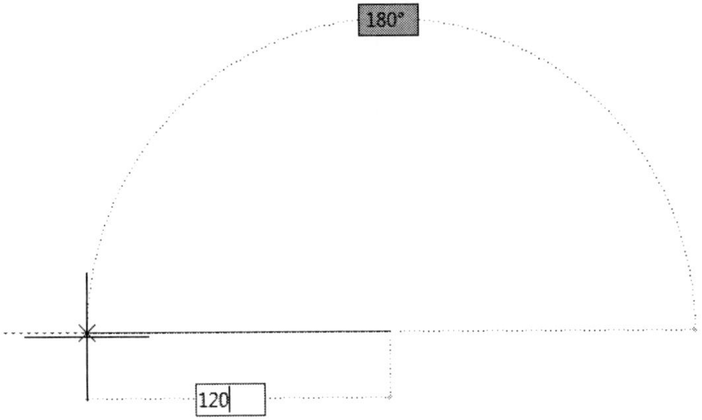


**Remarque**

*Dans la figure ci-dessus, des pointillés verts sont affichés selon la direction de l'axe X (horizontal).*

■ Appuyez sur [Entrée] pour quitter la commande **Ligne**.

■ Effectuez un clic droit dans la zone graphique, et choisissez **Répéter LIGNE** dans le menu contextuel pour rappeler la commande précédente.

La ligne de commande affiche :

```
LIGNE Spécifiez le premier point:
```

■ Placez le pointeur près de l'extrémité droite de la ligne, et cliquez pour spécifier l'extrémité droite de la ligne, comme présenté sur la figure ci-dessous.

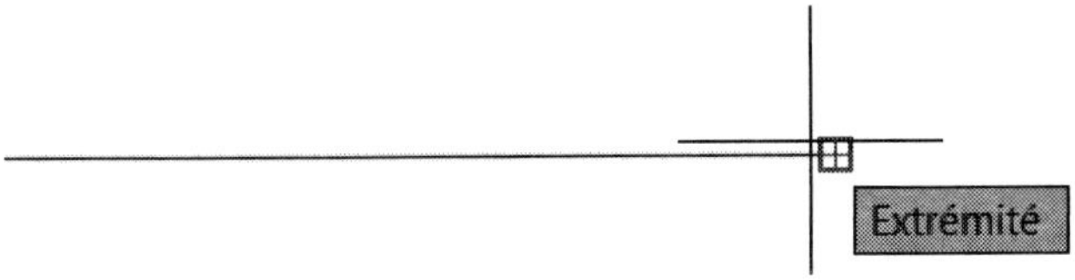


La ligne de commande affiche :

```
LIGNE Spécifiez le point suivant ou [annUler]:
```

▶ Déplacez le pointeur selon l'angle de 60° grâce au repérage polaire, comme le représente la figure ci-dessous.

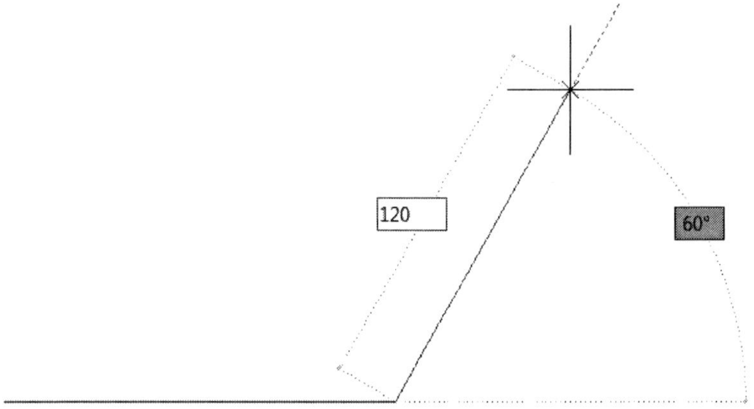


▶ Saisissez la valeur « 120 » et appuyez sur [Entrée] pour valider.

## 3. Étape 3 : Dessiner le contour avec l'outil Arc

Nous allons maintenant dessiner les contours courbes du meuble de bureau. Il s'agit en fait de trois arcs de cercle.

▶ Dans le groupe de fonctions **Dessin** (onglet **Début**), déroulez l'icône **Arc** 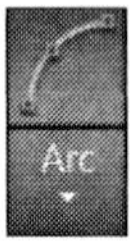

et sélectionnez l'outil **Départ, centre, fin** 

.
La ligne de commande affiche :

```
ARC Spécifiez le point de départ de l'arc ou [Centre]:
```

▶ Dans la zone graphique, cliquez sur l'extrémité haute de la ligne inclinée comme indiqué sur la figure ci-dessous, pour spécifier le point de départ de l'arc.

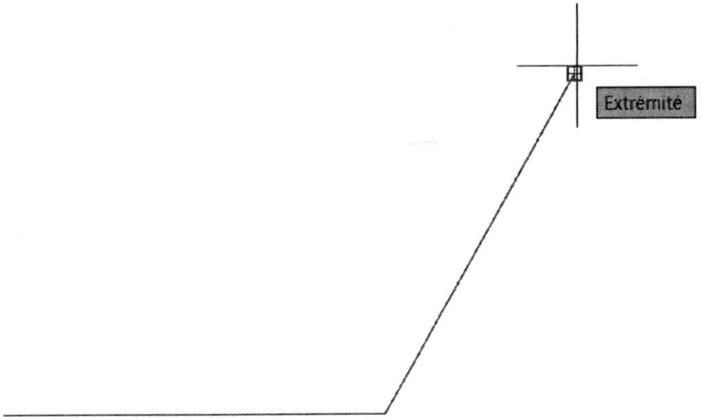


La ligne de commande affiche :

```
ARC Spécifiez le centre de l'arc:
```

▶ Dans la zone graphique, cliquez sur l'intersection des deux lignes pour spécifier la position du centre de l'arc, comme affiché ci-dessous.

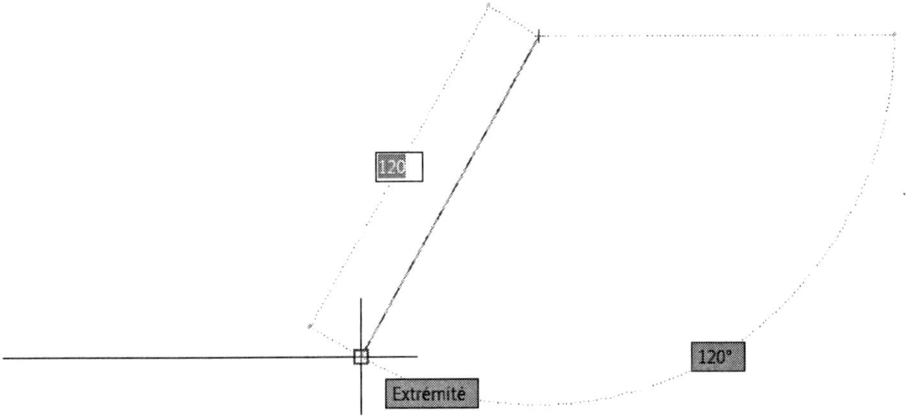


La ligne de commande affiche :

```
ARC
Spécifiez l'extrémité de l'arc (maintenez la touche Ctrl enfoncée pour changer de direction) ou [
Angle Longueur de corde]:
```

▶ Déplacez le pointeur le long d'un repère vertical et cliquez pour spécifier l'angle de l'arc.

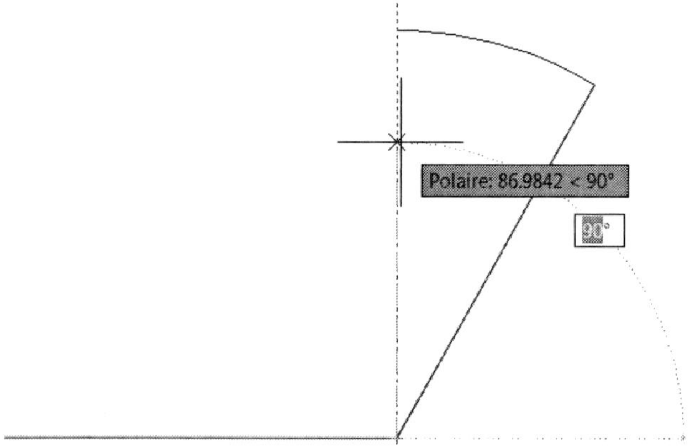


▶ Dans le groupe de fonctions **Dessin** (onglet **Début**), cliquez sur l'icône **Arc** .
Ceci permet d'exécuter la commande précédemment utilisée.
La ligne de commande affiche :

```
ARC Spécifiez le point de départ de l'arc ou [Centre]:
```

▶ Dans la zone graphique, cliquez sur l'extrémité gauche de la ligne horizontale pour spécifier le point de départ de l'arc, comme le présente la figure ci-dessous.

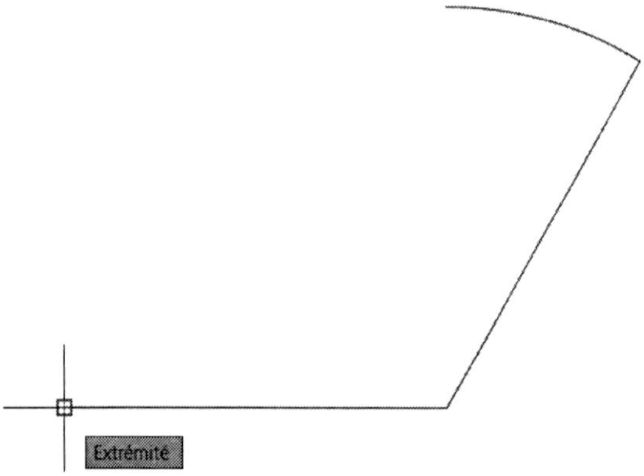


La ligne de commande affiche :

```
ARC Spécifiez le centre de l'arc:
```

▶ Cliquez sur l'intersection des deux lignes pour spécifier la position du centre de l'arc, comme le présente la figure ci-dessous.

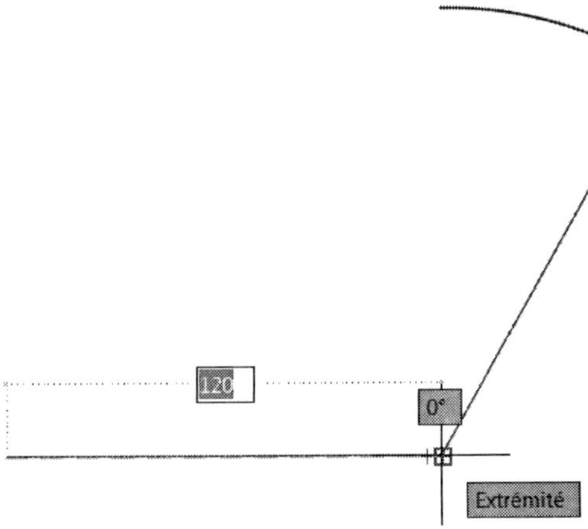


La ligne de commande affiche :

```
ARC
Spécifiez l'extrémité de l'arc (maintenez la touche Ctrl enfoncée pour changer de direction) ou
[Angle Longueur de corde]:
```

▶ À l'aide du repérage polaire, déplacez le pointeur le long d'un repère incliné à 150° pour spécifier l'angle de l'arc, maintenez enfoncée la touche [Ctrl] pour inverser le sens de l'arc, et cliquez pour spécifier la position du point final.

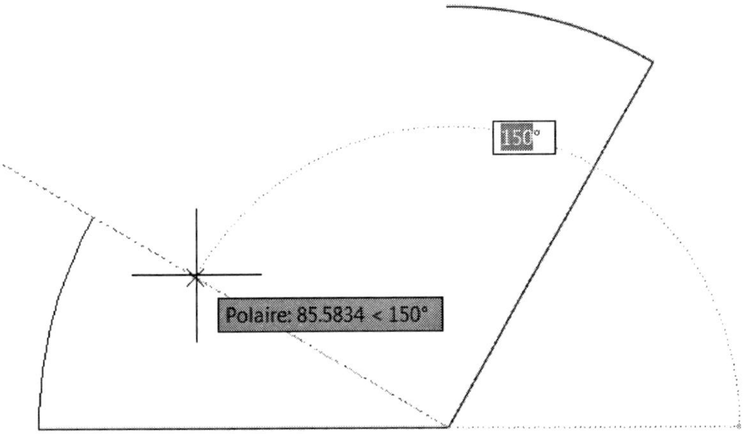

▶ Dans le groupe de fonctions **Dessin** (onglet **Début**), déroulez l'icône **Arc** 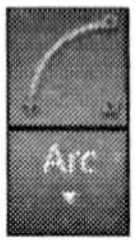

et choisissez l'outil **Départ, fin, rayon** 

.
La ligne de commande affiche :

```
ARC Spécifiez le point de départ de l'arc ou [Centre]:
```

▶ Dans la zone graphique, cliquez sur l'extrémité supérieure de l'arc précédemment créé pour spécifier le point de départ de l'arc, comme le présente la figure ci-dessous.

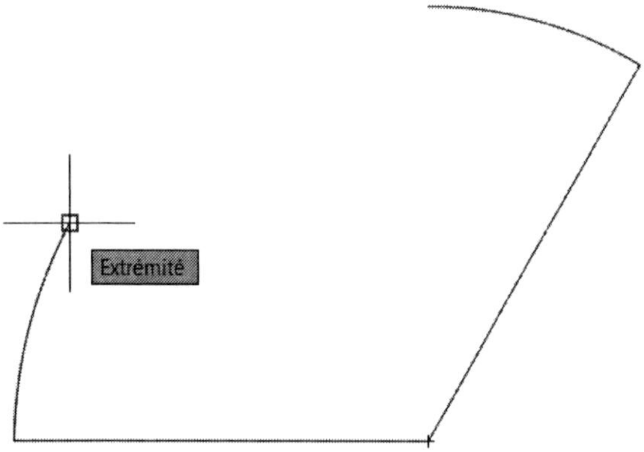


La ligne de commande affiche :

```
ARC Spécifiez l'extrémité de l'arc:
```

▶ Cliquez sur l'extrémité gauche de l'arc opposé pour spécifier la position du point final de l'arc, comme le présente la figure ci-après.

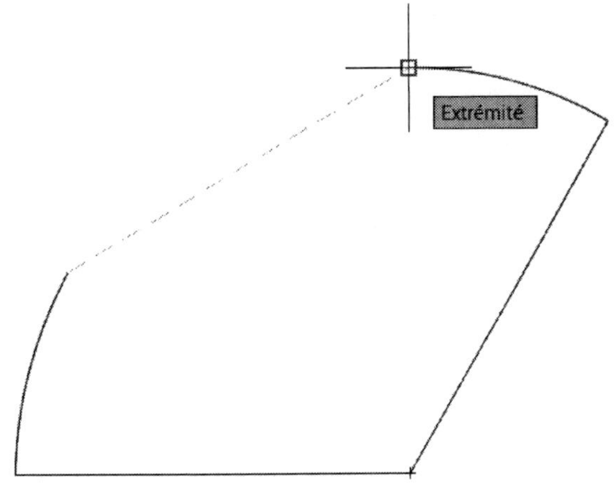


La ligne de commande affiche :

```
ARC
Spécifiez le rayon de l'arc (maintenez la touche Ctrl enfoncée pour changer de direction):
```

▶ Saisissez « 120 » puis validez par [Entrée] pour renseigner la valeur du rayon de l'arc, comme indiqué dans la figure ci-dessous.

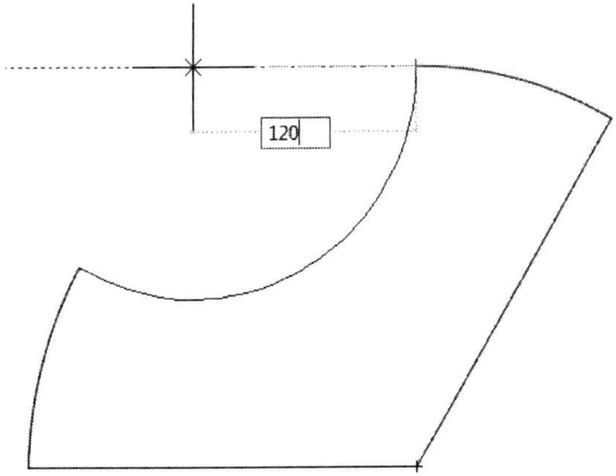

Le résultat est le suivant :

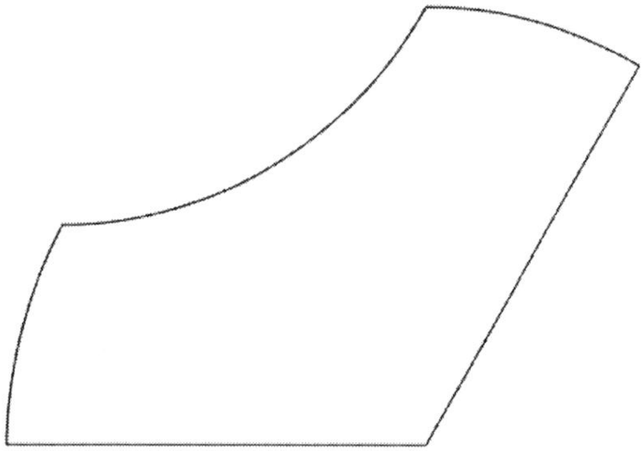

## 4. Étape 4 : Dessiner les détails du bureau avec l'outil Ligne

À présent, nous allons dessiner un pare-vue (planche verticale) au niveau du bord rectiligne horizontal du bureau.

▶ Dans le groupe de fonctions **Dessin** (onglet **Début**), cliquez sur l'icône **Ligne** 

.

La ligne de commande affiche :

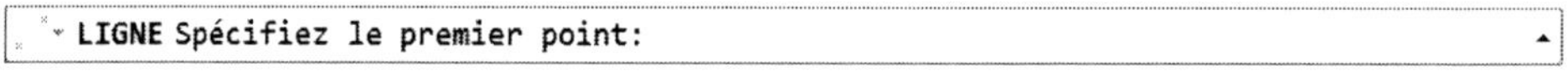


▶ Dans la zone graphique, placez le pointeur sur le milieu de la ligne horizontale, et cliquez pour spécifier le point de départ de la ligne.

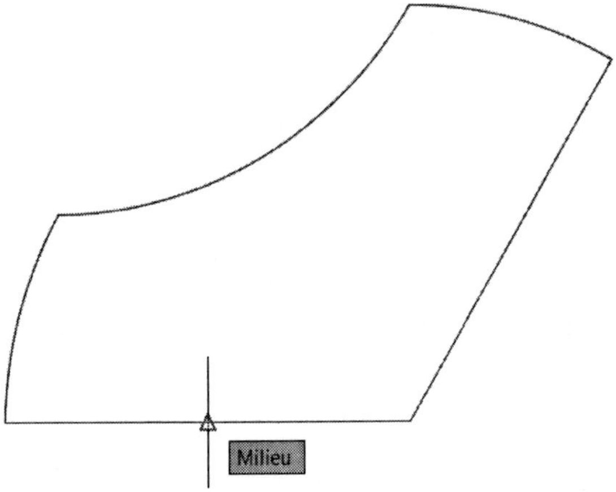


- Déplacez le pointeur le long d'un repère vertical pour déterminer la direction de la ligne.
- Saisissez « 2 » et appuyez sur [Entrée] pour renseigner la longueur de la ligne, comme le présente la figure ci-dessous.

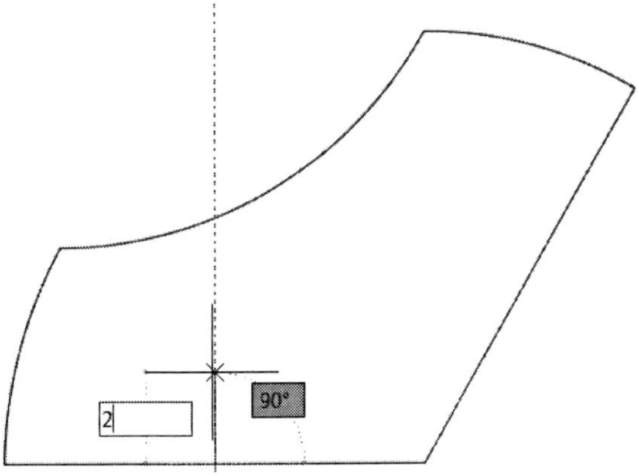


La ligne de commande affiche :

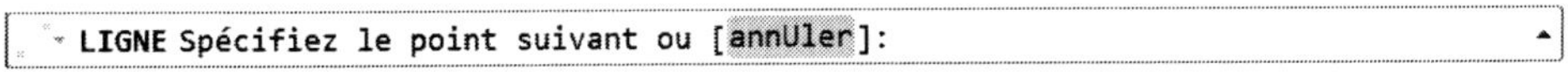

Déplacez le pointeur le long d'un repère horizontal vers la droite, comme indiqué dans la figure ci-dessous.

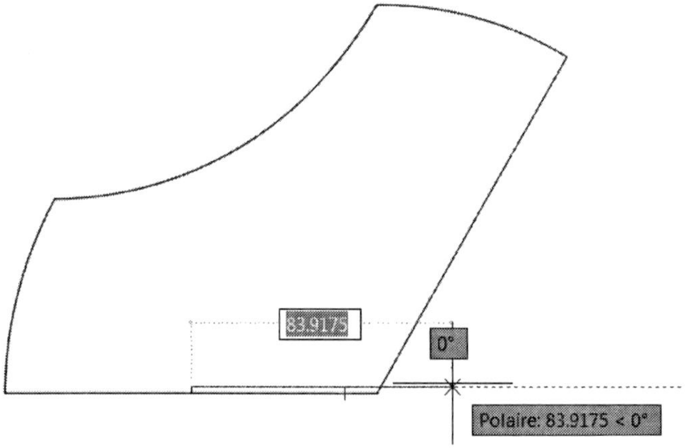


Placez le pointeur sur la ligne inclinée pour afficher le symbole d'accrochage aux objets **Intersection**, comme le présente la figure ci-dessous, et cliquez pour spécifier la position du point final.

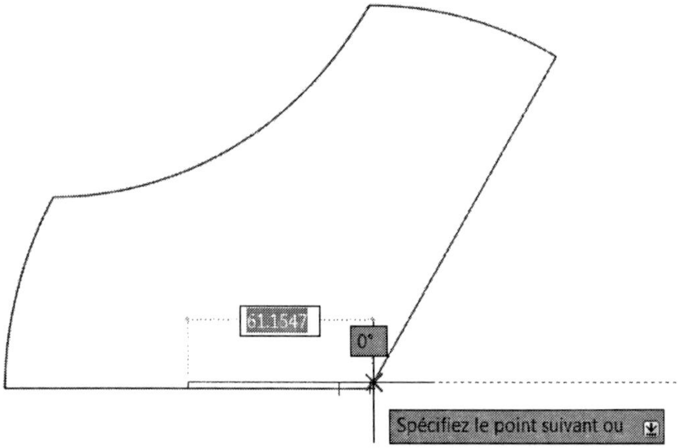

La ligne de commande affiche :

```
LIGNE Spécifiez le point suivant ou [Clore annUler]:
```

▶ Appuyez sur la touche [Echap] pour quitter la commande **Ligne**.

## 5. Étape 5 : Dessiner les détails du bureau avec l'outil Cercle

Enfin, nous allons dessiner devant le pare-vue une ouverture composée de deux cercles et destinée au passage des câbles électriques.

▶ Dans le groupe de fonctions **Dessin** (onglet **Début**), cliquez sur l'icône **Cercle** .

La ligne de commande affiche :

```
CERCLE Spécifiez le centre du cercle ou [3P 2P Ttr (tangente tangente rayon)]:
```

▶ Dans la zone graphique, placez le pointeur sur le point du milieu de la ligne horizontale précédemment créée, comme indiqué sur l'image ci-dessous.

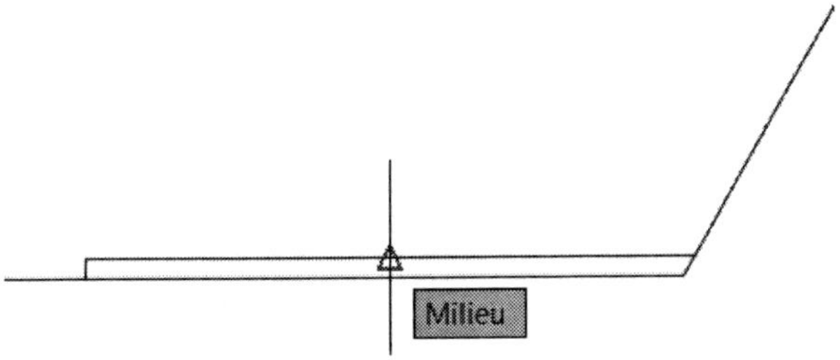


▶ Déplacez le pointeur le long d'un repère vertical vers le haut.

▶ Saisissez « 5 » et validez par [Entrée] pour spécifier la position du centre du cercle comme le présente la figure ci-dessous.

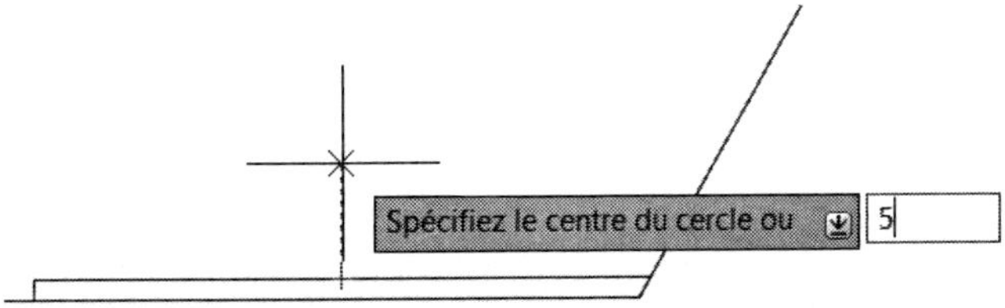

La ligne de commande affiche :

```
CERCLE Spécifiez le rayon du cercle ou [Diamètre] <3.0000>:
```

Saisissez « 4 » et validez par [Entrée] pour spécifier le rayon du cercle.

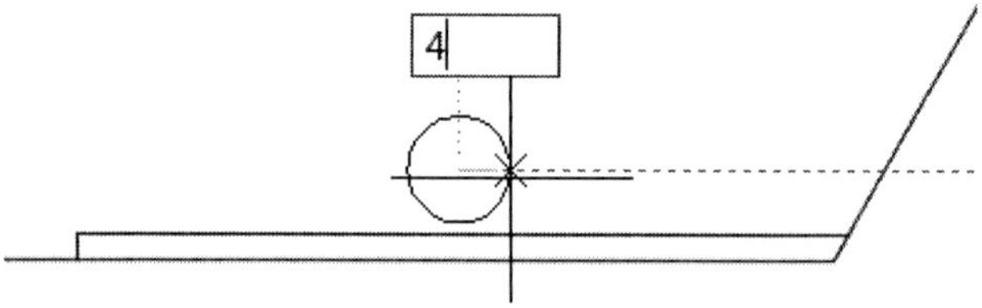


Dans le groupe de fonctions **Dessin** (onglet **Début**), cliquez sur l'icône **Cercle** .

La ligne de commande affiche :

```
CERCLE Spécifiez le centre du cercle ou [3P 2P Ttr (tangente tangente rayon)]:
```

Placez le pointeur sur le centre du cercle et cliquez pour positionner le centre du nouveau cercle comme le présente la figure ci-dessous.

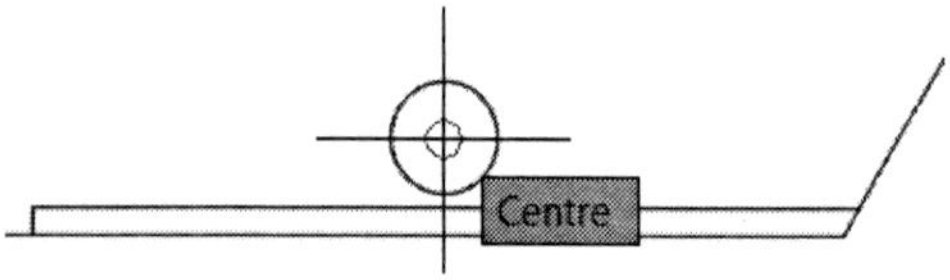


La ligne de commande affiche :

```
CERCLE Spécifiez le rayon du cercle ou [Diamètre] <3.0000>:
```

Saisissez « 3 » et validez par [Entrée] pour spécifier le rayon du cercle.

La figure ci-dessous affiche le résultat obtenu.

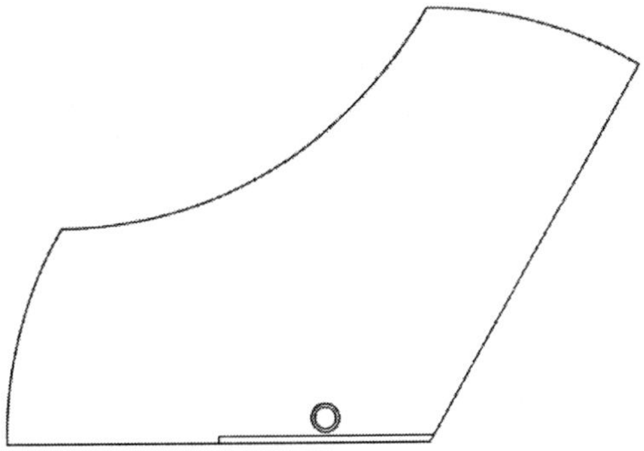

## 6. Étape 6 : Redéfinir le point de base du dessin

Cette technique permet de placer l'origine 0,0 du dessin. Dans le cas présent, le point de base servira de référence pour les insertions futures du dessin en tant que bloc.

- Déroulez le groupe de fonctions **Définition de bloc** (onglet **Insertion**) et choisissez l'icône **Définir un point de base** .
  La ligne de commande affiche :

- Spécifiez l'intersection des deux plus grandes lignes comme nouveau point de base comme affiché dans la figure ci-dessous.

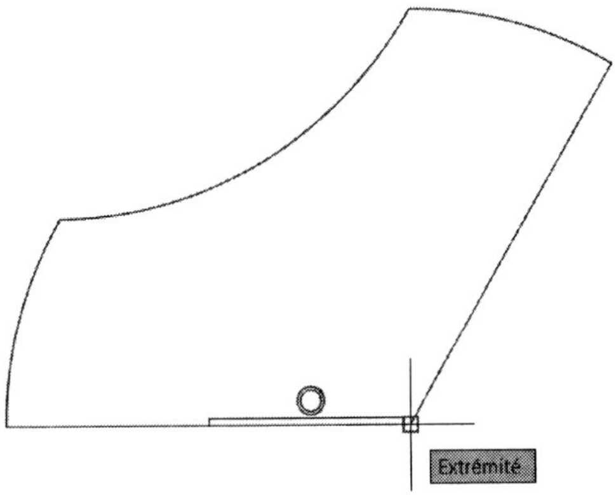

# Chapitre 4
# Les tableaux

## 1. Introduction

AutoCAD permet la création automatisée d'objets tableaux. Ceci vous évite de concevoir des tableaux à partir de lignes individuelles, textes et blocs. Après avoir précisé la structure des cellules du tableau, vous y entrez du texte ou y insérez des blocs. Les champs et fonctions de calcul permettent l'automatisation et l'actualisation des tableaux.

Les paramètres des tableaux peuvent être enregistrés dans un style de tableaux pour des utilisations ultérieures.

## 2. Créer un tableau

- Dans le groupe de fonctions **Tableaux** (onglet **Annoter**), choisissez le bouton **Tableau**.

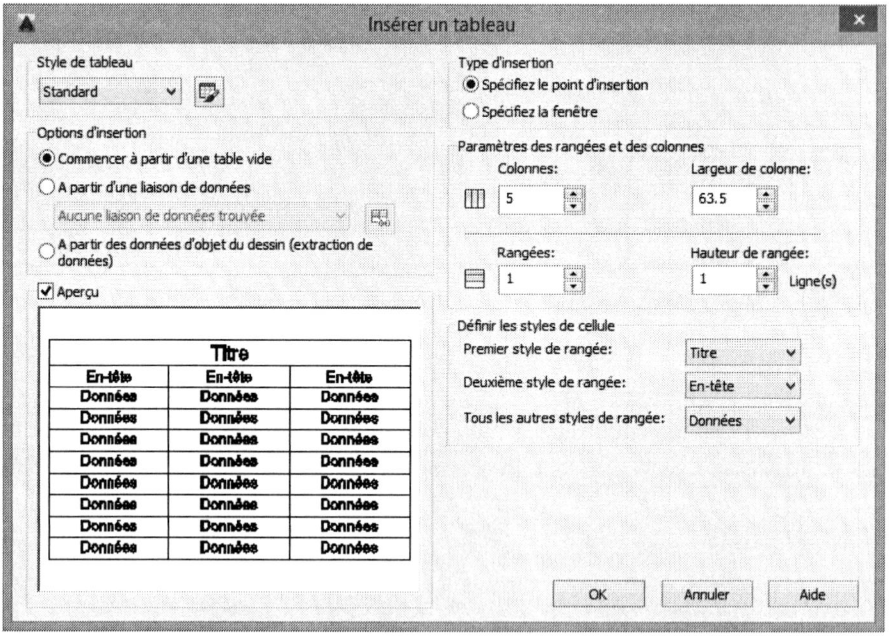


## Style de tableau

La liste **Style de tableau** affiche par défaut le style **Standard**. Cette liste permet l'accès aux styles de tableau présents dans le dessin courant. À droite de cette liste, le bouton **Boîte de dialogue Style de tableau**  permet la création et la modification des styles de tableau (cf. Les styles de tableau dans ce chapitre).

L'**Aperçu** respecte les divers paramètres du tableau tels que le style de texte, les en-têtes, titres et données de tableau, les couleurs, les bordures, le remplissage, les alignements, les colonnes et rangées...

## Type d'insertion

- Activez le bouton-radio **Spécifiez le point d'insertion** pour imposer l'insertion du tableau à l'aide du dispositif de pointage. Si le style de tableau définit un sens de lecture du tableau du haut vers le bas, le point d'insertion est situé en haut à gauche ; le sens de lecture est défini du bas vers le haut, le point d'insertion est situé en bas à gauche.

Le bouton-radio **Spécifiez la fenêtre** permet de positionner et dimensionner le tableau à l'aide du dispositif de pointage. Ainsi, le nombre de rangées et la largeur des colonnes dépendent de la taille de la fenêtre matérialisée avec le dispositif de pointage.

## Options d'insertion

- Choisissez le bouton-radio **Commencer à partir d'une table vide** pour créer un nouveau tableau sans données.

Vous pouvez choisir **A partir d'une liaison de données** pour créer un tableau à partir d'une feuille de calcul Excel existante.

Vous pouvez aussi choisir **A partir des données d'objet du dessin (extraction de données)** pour créer un tableau à partir d'une extraction d'attributs de blocs via un assistant.

## Définir les styles de cellule

- Utilisez les listes déroulantes pour définir les styles de cellules pour les différentes cellules du tableau tels que **Titre**, **En-tête** et **Données**.

## Paramètres des rangées et des colonnes

- Définissez les nombre et largeur de colonnes dans les zones de texte **Colonnes** et **Largeur de colonne**. Si le type d'insertion choisi est **Spécifiez la fenêtre**, alors la largeur de colonne indique **Auto** et est fonction de la fenêtre matérialisée avec le dispositif de pointage. La largeur minimum est la largeur d'un caractère.
- Définissez les nombre et hauteur de rangées dans les zones de texte **Rangées** et **Hauteur de rangée**. Si le type d'insertion choisi est **Spécifiez la fenêtre**, alors le nombre de rangées de données indique **Auto** et est fonction de la fenêtre matérialisée avec le dispositif de pointage. La hauteur de rangée minimum est une ligne.
- Cliquez sur le bouton **OK** pour valider les paramètres du tableau à créer.
- Spécifiez l'emplacement du tableau en cliquant dans la zone graphique.

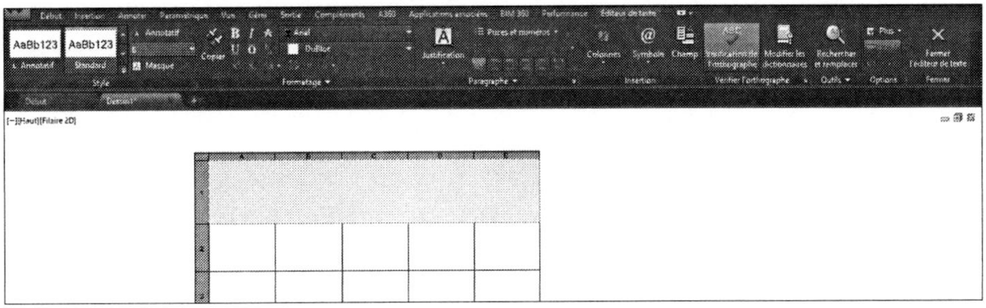

Dans les groupes de fonctions de l'onglet **Editeur de texte**, les options de style de texte, police, taille de caractères et mise en forme de caractères sont accessibles pour le texte à saisir dans chacune des cellules du tableau. La rangée de titre du tableau est sélectionnée.

- Saisissez le titre du tableau.

Pour la saisie des en-têtes et données de tableau, utilisez la touche [Tab] pour passer d'une cellule de tableau à une autre de la gauche vers la droite, et ligne après ligne du haut vers le bas. La combinaison des touches [Shift] [Tab] permet un déplacement inverse. Les flèches de déplacement du clavier [Haut], [Bas], [Gauche] et [Droite] permettent de naviguer dans les cellules du tableau de façon aléatoire.

- Confirmez par **Fermer l'éditeur de texte** (groupe de fonctions **Fermer**) pour valider la saisie du tableau.

## 3. Sélectionner les cellules du tableau

Selon les manipulations à effectuer sur un tableau existant, vous devez sélectionner une ou plusieurs cellules, une ou plusieurs rangées, une ou plusieurs colonnes, ou encore le tableau entier.

- Cliquez dans une cellule pour la sélectionner. La touche [Shift] permet la sélection continue de plusieurs cellules.
- Effectuez un cliqué-glissé et définissez un rectangle de sélection (affiché en pointillés) en croisant les frontières internes des cellules pour sélectionner des rangées ou colonnes. La touche [Shift] permet la sélection continue de rangées ou colonnes.
- Cliquez sur un des bords extérieurs du tableau pour sélectionner celui-ci dans sa totalité.

## 4. Modifier les propriétés du tableau

### Uniformiser la taille des colonnes et rangées

- Cliquez sur un des bords du tableau.
- Effectuez un clic droit, le menu contextuel affiche les options suivantes propres aux propriétés de tableau :

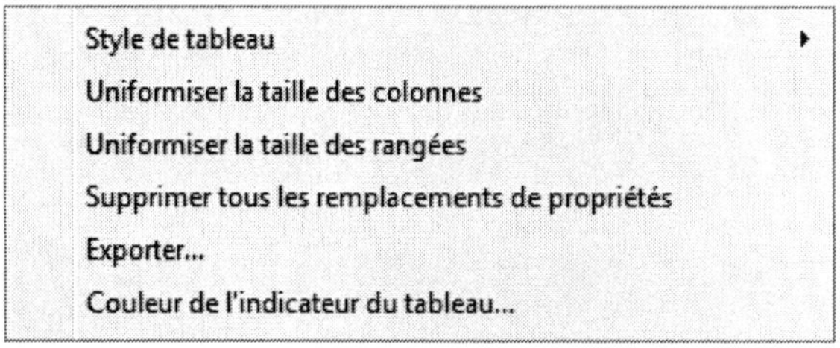


- Choisissez **Uniformiser la taille des colonnes** ou **Uniformiser la taille des rangées** pour agir globalement sur le tableau.

## Insérer une colonne ou une ligne

▶ Cliquez dans une cellule située dans la colonne ou ligne concernée.

Le groupe de fonctions contextuel ci-dessous est affiché :

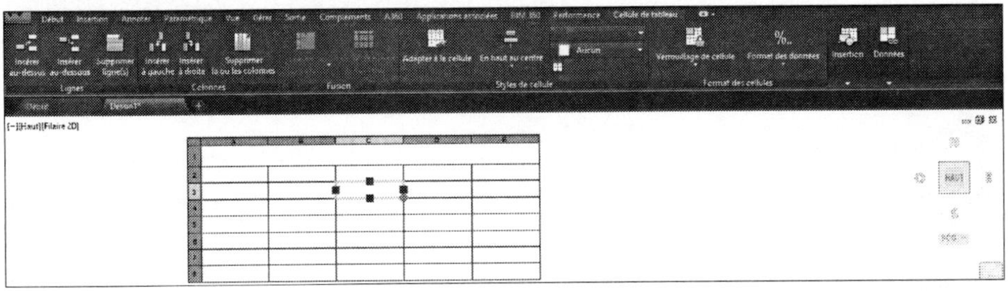

▶ Dans le groupe de fonctions **Lignes**, choisissez **Insérer au-dessus** 

ou **Insérer au-dessous** 

pour insérer une ligne ; ou dans le groupe de fonctions **Colonnes**, choisissez **Insérer à gauche** 

ou **Insérer à droite** 

pour insérer une colonne.

## Supprimer une colonne ou une ligne

▶ Cliquez dans une cellule située dans la colonne ou ligne concernée.

▶ Dans le groupe de fonctions **Lignes**, choisissez **Supprimer ligne(s)** 

ou dans le groupe de fonctions **Colonnes**, choisissez **Supprimer la ou les colonnes** 

pour supprimer la ligne ou la colonne.

## Fusionner des cellules

La fusion permet de transformer plusieurs cellules conjointes en une seule cellule.

- Sélectionnez les cellules à fusionner.
- Dans le groupe de fonctions **Fusion**, déroulez le bouton-liste **Fusionner les cellules** ; comme le montre la figure ci-dessous :

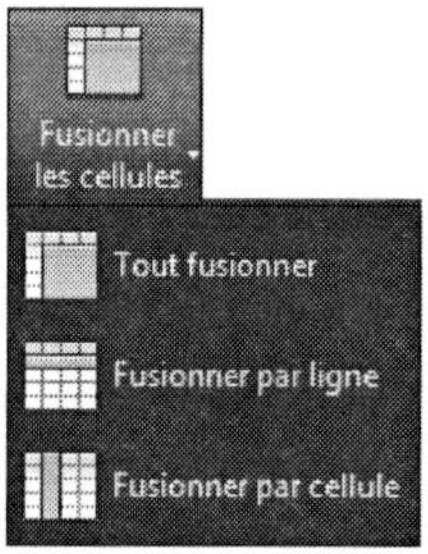


- En fonction de la sélection de cellules à fusionner, sélectionnez **Tout fusionner** pour une fusion de toutes les cellules sélectionnées, ou **Fusionner par ligne** pour une fusion des cellules de la même ligne ou encore **Fusionner par cellule** pour une fusion des cellules de la même colonne.

**Remarque**

*L'annulation de la fusion est possible en sélectionnant le résultat de la fusion puis le bouton **Annuler la fusion des cellules** du groupe de fonctions **Fusion**.*

## Uniformiser des colonnes

Vous pouvez diviser uniformément une largeur occupée par plusieurs colonnes pour obtenir des colonnes de même largeur. AutoCAD ne modifie pas la largeur totale.

- Sélectionnez les cellules ou les colonnes (une cellule par colonne suffit).
- Effectuez un clic droit et choisissez **Colonnes**, puis **Uniformiser** la taille des colonnes.

## Uniformiser la taille des lignes

Vous pouvez appliquer une même hauteur à plusieurs lignes. AutoCAD prend comme référence la ligne de plus grande taille, et augmente la hauteur du tableau.

- Sélectionnez les cellules ou les lignes (une cellule par ligne suffit).
- Effectuez un clic droit et choisissez **Lignes**, puis **Uniformiser** la taille des lignes.

## Placer des bordures

Vous pouvez positionner des bordures sur une ou plusieurs cellules ou sur l'ensemble du tableau.

- Sélectionnez les cellules pour lesquelles vous souhaitez appliquer ou modifier une bordure.
- Dans le groupe de fonctions **Styles de cellule**, choisissez le bouton **Bordures de cellules** .

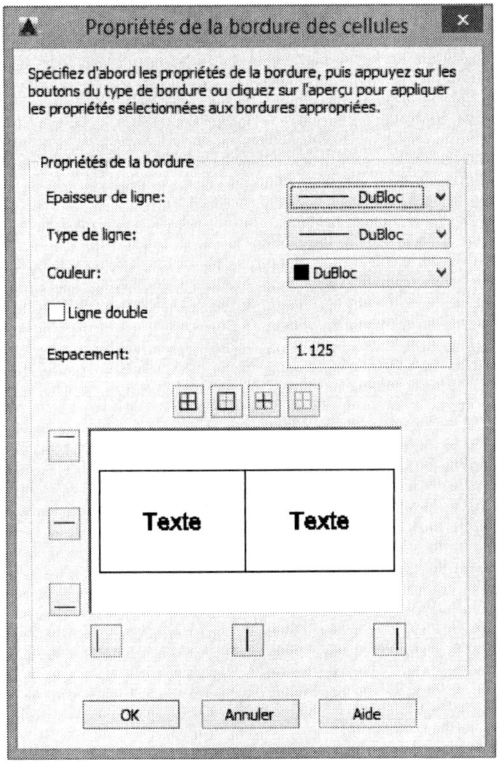


- Dans la boîte de dialogue **Propriétés de la bordure des cellules**, choisissez l'**Epaisseur de ligne**, le **Type de ligne**, la **Couleur** à attribuer à la bordure, l'**Espacement** et cochez **Ligne double** si désiré.

- Choisissez ensuite le type de bordure : **Toutes les bordures**, **Bordures extérieures**, **Bordures intérieures** ou encore **Aucune bordure**, **Bordure supérieure**, **Bordure horizontale intérieure**, **Bordure inférieure**, **Bordure gauche**, **Bordure verticale intérieure**, **Bordure droite**. Confirmez par **OK**.

## Modifier le texte d'une cellule

- Effectuez un double clic dans la cellule.
- Procédez aux modifications dans le groupe de fonctions de l'onglet **Texte multiligne** à l'aide des options de style de texte, police, taille de caractères et mise en forme de caractères, etc.
- Cliquez sur le bouton **Fermer l'Editeur de texte** pour quitter.

## Supprimer le contenu d'une cellule

Vous pouvez supprimer rapidement le contenu d'une ou de plusieurs cellules (texte, bloc, champ).

- Sélectionnez la ou les cellules.
- Appuyez sur la touche [Suppr].

## Aligner le contenu des cellules

- Sélectionnez les cellules dont vous voulez modifier l'alignement.
- Effectuez un clic droit et choisissez **Alignement** puis l'alignement souhaité.

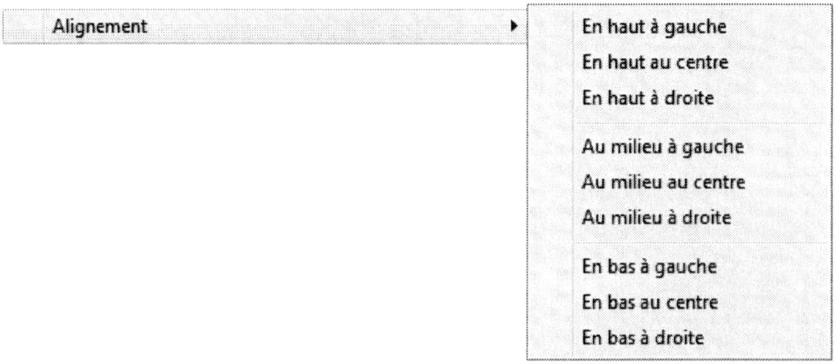

## Insérer un bloc dans une cellule de tableau

- Sélectionnez la cellule dans laquelle vous souhaitez insérer un bloc.
- Effectuez un clic droit et choisissez **Insérer** puis **Bloc**.

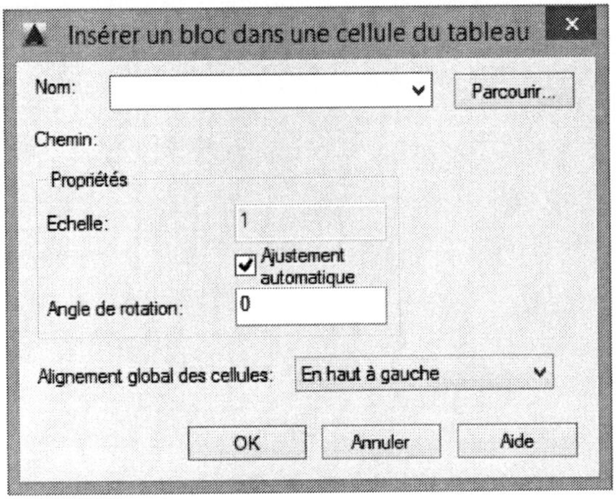


- Choisissez le bouton **Parcourir** pour choisir le fichier dessin qui sera inséré comme un bloc.
- Dans la zone **Alignement global des cellules** choisissez l'**Alignement** du bloc dans la cellule.
- Choisissez l'**Echelle** d'insertion ou cochez la case **Ajustement automatique** pour obtenir une adaptation du bloc en fonction de la taille de la cellule. Enfin, choisissez l'**Angle de rotation** si vous souhaitez orienter le bloc suivant un angle particulier.
- Confirmez par **OK** pour valider l'insertion du bloc.

## Insérer un champ dans une cellule de tableau

- Effectuez un double clic dans la cellule dans laquelle vous souhaitez insérer un champ.
- Effectuez un clic droit et choisissez **Insérer**, puis **Champ**.

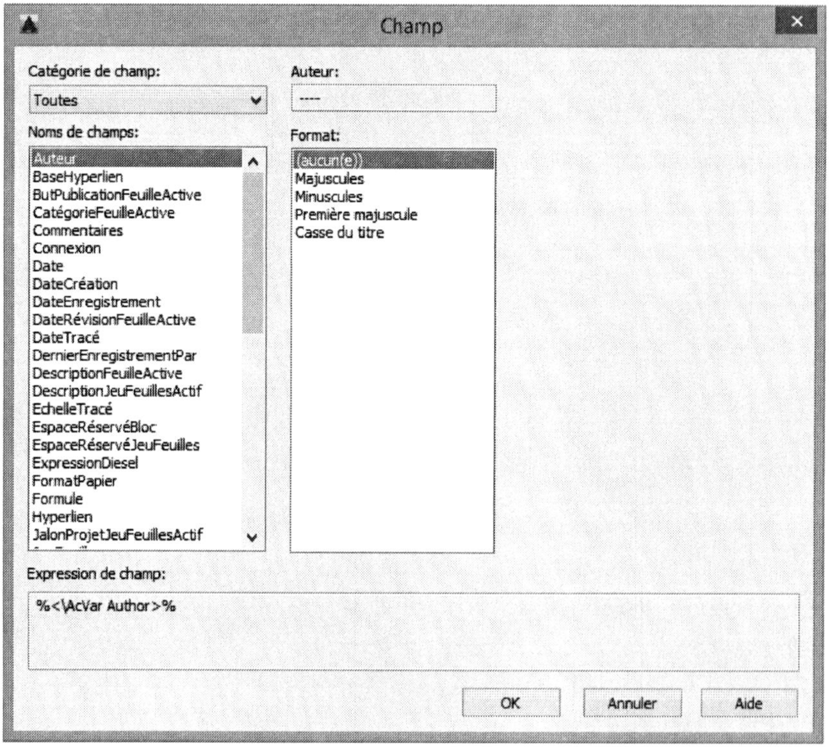


- Dans la zone **Noms de champs**, choisissez le nom et le **Format** souhaité (cf. chapitre Les champs, pour les détails).
- Confirmez par **OK**.

## Insérer une formule dans un tableau

Prenons l'exemple du tableau suivant :

| | |
|---|---|
| Trim 1 | 600 |
| Trim 2 | 750 |
| Trim 3 | 800 |
| Trim 4 | 975 |
| Sous-total | |
| Coefficient pondérateur | 0.75 |
| TOTAL | |

## Formule Somme

La formule permettant d'obtenir le sous-total est la somme des quatre cellules situées au-dessus.

- Placez le curseur dans la cellule dans laquelle vous souhaitez le résultat du sous-total.
- Effectuez un clic droit, puis choisissez **Insérer**, puis **Champ** dans le menu contextuel.

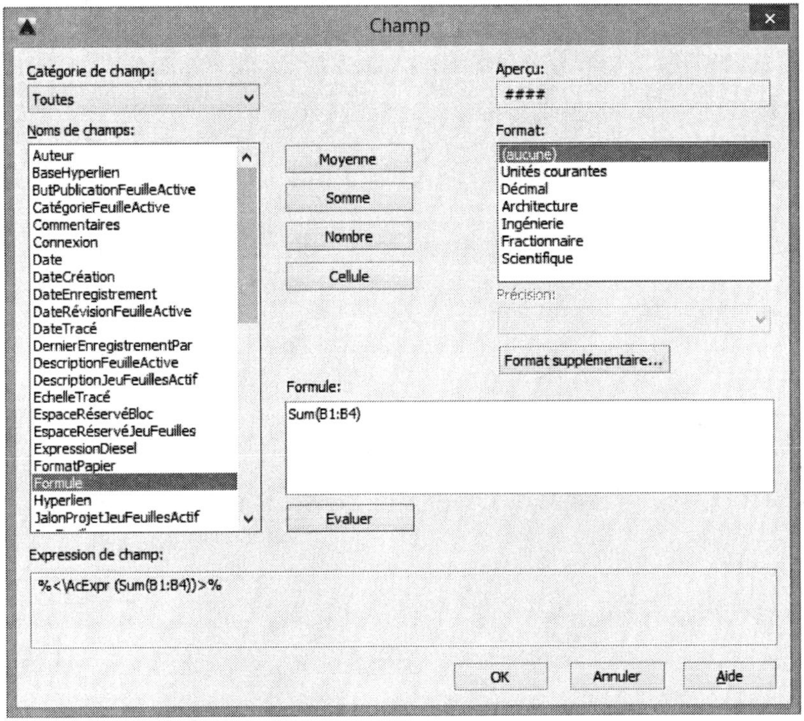


- Dans la boîte de dialogue **Champ**, dans la liste **Noms de champs**, sélectionnez **Formule**.
- Cliquez sur le bouton **Somme**. AutoCAD vous invite à effectuer deux clics couvrant les cellules à additionner (soit un premier clic dans la première cellule à calculer 600 et un second dans la dernière 975).
- Dans la liste **Format**, sélectionnez le format (unités) du champ (décimal par ex), puis la précision voulue.
- Confirmez par **OK**.

Vous obtenez le résultat sur un arrière-plan grisé qui indique qu'il s'agit d'un champ. Cet arrière-plan n'est pas imprimé.

**Remarque**

*Cette fonction est également accessible à l'aide d'un clic droit **Insérer - Formule - Somme**.*

*Si vous modifiez la valeur d'une des cellules, le résultat du sous-total est immédiatement modifié.*

## Formule Produit

À partir de notre exemple, la formule permettant d'obtenir le total est le produit du sous-total avec le coefficient pondérateur.

- Placez le curseur dans la cellule dans laquelle vous souhaitez ce total.
- Effectuez un clic droit, choisissez **Insérer** puis **Champ** dans le menu contextuel.

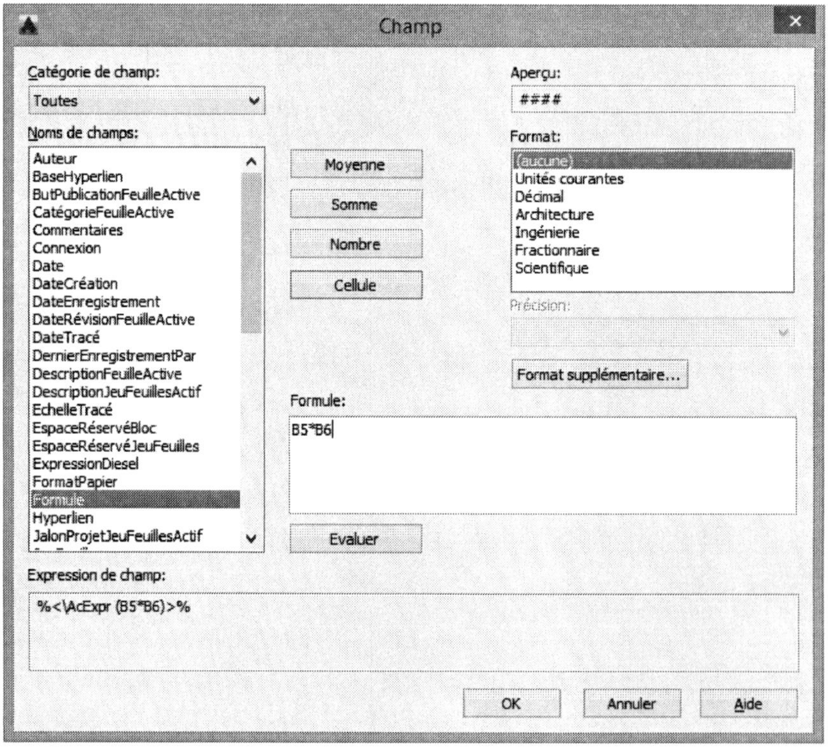

- Dans la boîte de dialogue **Champ**, dans la liste **Noms de champs**, sélectionnez **Formule**.
- Cliquez sur le bouton **Cellule**. AutoCAD vous invite à cliquer sur l'une des cellules concernées par le calcul. Cliquez sur la valeur du sous-total.
- Dans la zone de texte **Formule**, le nom de la cellule est affichée (B5 par exemple).
- Saisissez le signe * (multiplier) juste après le nom de la cellule.
- Cliquez à nouveau sur le bouton **Cellule** pour enfin cliquer sur la valeur correspondant au coefficient pondérateur.
- Dans la zone de texte **Formule**, la formule complète est affichée (soit B5*B6 par exemple).
- Dans la liste **Format**, sélectionnez le format (unités) du champ (décimal par exemple), puis la précision voulue. Confirmez par **OK**.

Vous obtenez le résultat sur un arrière-plan grisé qui indique qu'il s'agit d'un champ. Cet arrière-plan n'est pas imprimé.

**Remarque**

*Cette fonction est aussi accessible à l'aide d'un clic droit* ***Insérer - Formule - Cellule****.*

*Si vous modifiez la valeur d'une des cellules, le résultat du sous-total est immédiatement modifié. Si vous modifiez l'une des valeurs des cellules du tableau concernées par les formules, les résultats sont immédiatement mis à jour.*

## Utiliser la fenêtre Propriétés pour modifier les caractéristiques du tableau

La fenêtre **Propriétés** permet de modifier l'ensemble des caractéristiques d'une cellule, de plusieurs cellules ou d'un tableau entier.

- Sélectionnez la ou les cellules. Effectuez un clic droit et choisissez **Propriétés**.

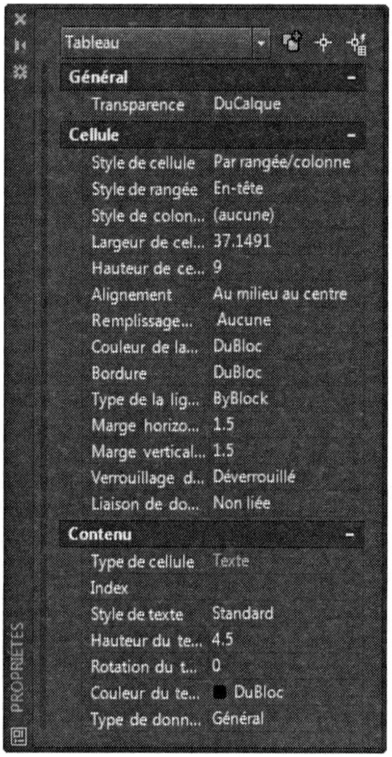


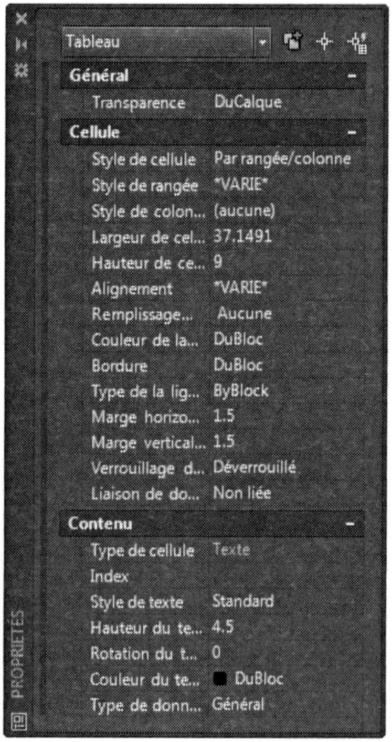


**Remarque**

*Ci-dessus, la figure de gauche affiche toutes les propriétés d'une seule cellule. La figure de droite affiche les propriétés de plusieurs cellules ; dans ce second cas, certaines valeurs ne sont pas communes et affichent* ****VARIE****.

- Dans la rubrique **Cellule**, agissez sur les hauteur et largeur de cellule, l'alignement du texte, le remplissage d'arrière-plan des cellules, les bordures, la couleur des bordures.
- Dans la rubrique **Contenu**, modifiez le texte lui-même, modifiez le style, la hauteur, la rotation et la couleur du texte.

## Redimensionner rapidement un tableau à l'aide des poignées

Les poignées constituent une manière très rapide de redimensionner une colonne, une rangée, un tableau. La touche [Ctrl] permet une modification d'une colonne ou rangée sans altérer la largeur ou hauteur du tableau.

- Cliquez sur l'un des bords du tableau pour le sélectionner.

Des poignées sont affichées sur chaque coin du tableau ainsi qu'aux coins supérieurs de chaque colonne.

▶ Sélectionnez une poignée supérieure située entre deux colonnes.

▶ Effectuez un déplacement de la poignée pour redimensionner la colonne. Si vous appuyez sur la touche [Ctrl], la largeur du tableau ne change pas, sinon elle est affectée.

## 5. Les styles de tableau

Vous pouvez créer vos propres styles de tableau ou utiliser le style par défaut (Standard). Les styles de tableau vous permettent de contrôler l'apparence et les paramètres de tableaux prédéfinis tels que la mise en forme de rangées et de colonnes, des cellules fusionnées, de cellules simples, la justification du texte, les bordures, le sens de lecture...

### 5.1 Créer un style de tableau

▶ Déroulez le groupe de fonctions **Annotation** (onglet **Début**), et choisissez le bouton **Style de tableau** .

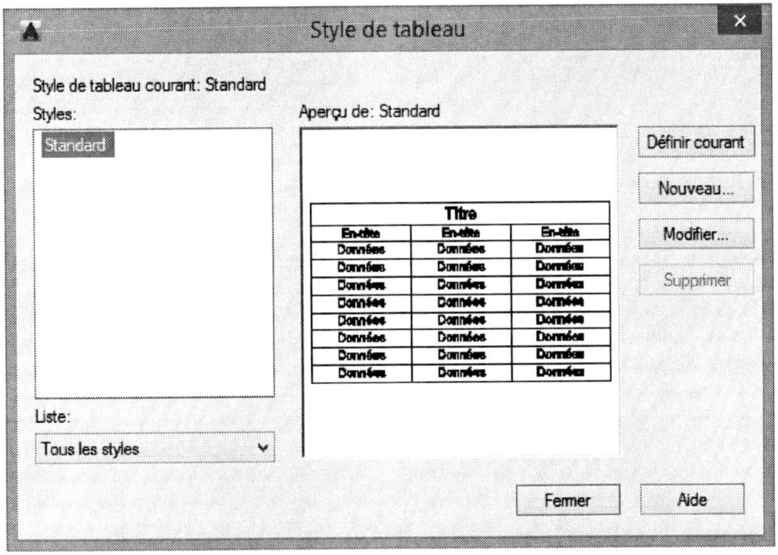

- Dans la boîte de dialogue **Style de tableau**, cliquez sur le bouton **Nouveau** pour créer un nouveau style de tableau.

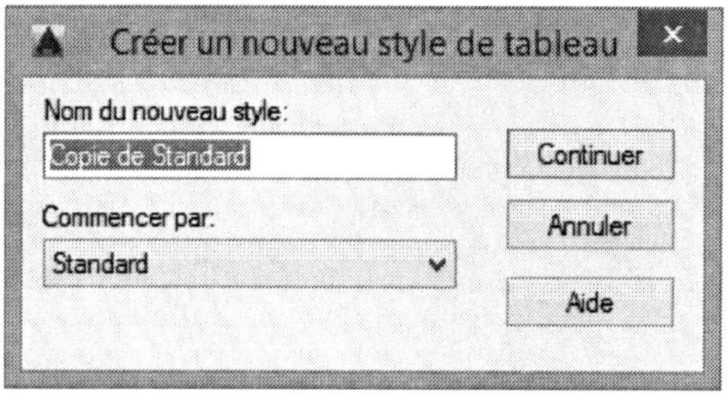


- Dans la boîte de dialogue **Créer un nouveau style de tableau**, saisissez le nom du style à créer.
- Sélectionnez si nécessaire un style de référence dans la liste **Commencer par**.
- Cliquez sur **Continuer**.

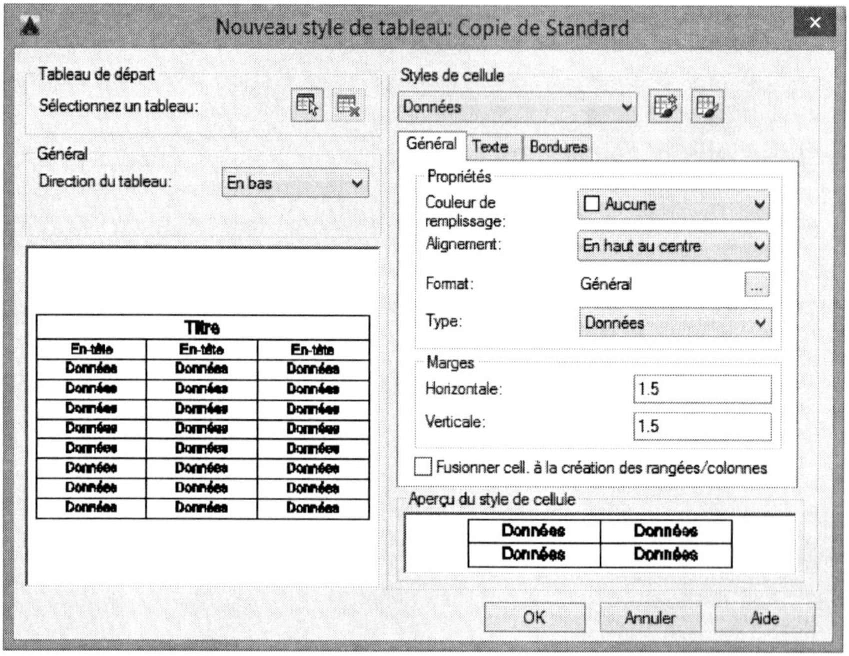

- Dans la boîte de dialogue **Nouveau style de tableau**, définissez l'ensemble des options ci-dessous du tableau :

## Rubrique Tableau de départ

- Sélectionnez le bouton **Sélectionnez un tableau**  pour sélectionner un tableau dans le dessin courant. Ce tableau sélectionné sert de base au nouveau style.

## Rubrique Général

- Définissez la **Direction du tableau**. Sélectionnez **En bas** ou **En haut**. Le choix **En haut** impose une lecture du tableau du bas vers le haut, et la rangée de titre et les en-têtes de colonnes figurent en bas du tableau.

## Rubrique Styles de cellule

- Dans la liste **Styles de cellules**, sélectionnez l'un des styles de cellule présent dans le tableau courant.

- Choisissez le bouton **Créer un style de cellule**  pour créer un nouveau style de cellules. Le bouton **Gérer les styles de cellule**  permet de créer, renommer ou supprimer les styles de cellule.

Chaque style de cellule comporte les paramètres établis dans les onglets **Général**, **Texte** et **Bordures** présentés ci-dessous.

L'aperçu du style de cellule permet une visualisation fidèle de l'aspect de la cellule.

## Onglet Général

- Définissez ici la couleur de remplissage de la cellule, l'alignement du texte dans la cellule, le type et le formatage des données de cellule.
- Définissez ici les marges horizontale et verticale séparant le texte du bord de la cellule.

## Onglet Texte

- Définissez ici les propriétés de texte de la cellule telles que le style de texte, la hauteur, la couleur et l'angle du texte.

## Onglet Bordures

- Sélectionnez ici l'épaisseur de ligne, le type de ligne, la couleur, l'aspect double-ligne et l'espacement de cette double-ligne, puis sélectionnez l'un des boutons correspondant aux bordures à appliquer avec ces propriétés.
- Confirmez par **OK** pour valider la création du style de tableau.

## 5.2 Modifier un style de tableau

- Déroulez le groupe de fonctions **Annotation** (onglet **Début**), choisissez le bouton **Style de tableau** .
- Dans la boîte de dialogue **Style de tableau**, sélectionnez le style de tableau à modifier dans la liste **Styles**.
- Cliquez sur le bouton **Modifier** pour apporter les modifications au style de tableau.
- Effectuez les réglages comme pour la création d'un style de tableau (voir ci-dessus).
- Confirmez par **OK**.
- Confirmer par **Fermer** pour quitter la boîte de dialogue **Style de tableau**.

## 5.3 Utiliser un style de tableau

- Déroulez le groupe de fonctions **Annotation** (onglet **Début**), choisissez le bouton **Style de tableau**  situé à droite du nom de groupe **Tableaux**.
- Dans la boîte de dialogue **Style de tableau**, sélectionnez le style de tableau à utiliser.

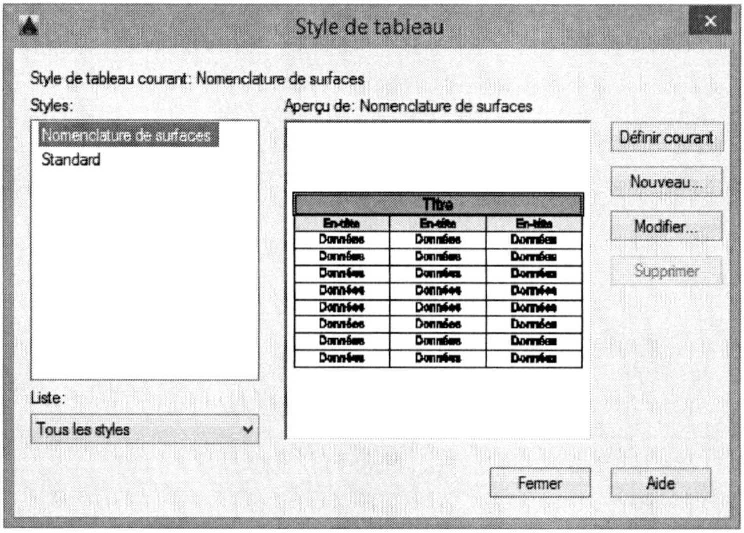


Remarquez que l'aperçu du tableau respecte les couleurs, polices, remplissage...

▶ Choisissez le bouton **Définir courant** et confirmez en cliquant sur le bouton **Fermer** pour quitter la boîte de dialogue **Style de tableau**.

■ Remarque

*Vous accédez aussi à la sélection d'un style de tableau grâce au bouton-liste **Style de tableau*** 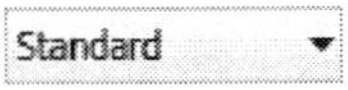

*(groupe de fonctions **Tableaux** - onglet **Annoter**).*

Pour les prochaines créations de tableau, la boîte de dialogue **Insérer un tableau** affiche automatiquement le style de tableau défini comme courant dans la liste **Style de tableau**.

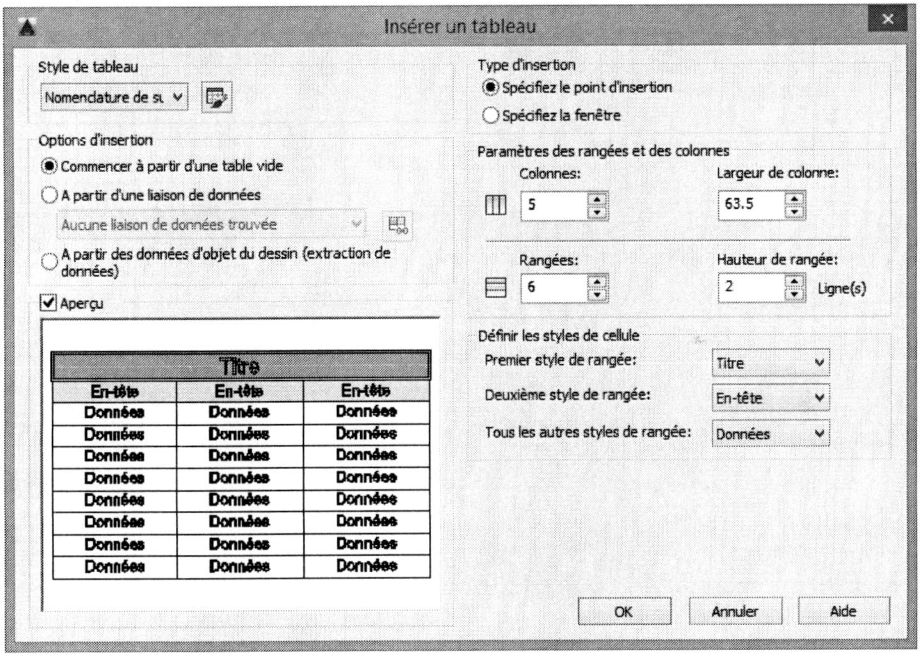

# Chapitre 5
# Les champs

## 1. Introduction

Les champs permettent d'indiquer des informations automatisées comme une aire, un calque, une date, une heure, un nom de fichier, un format de mise en page, une échelle, une formule de calcul, etc. AutoCAD permet l'insertion de champ dans tout objet texte, afin d'afficher des données modifiables dans le jeu de dessins ou de feuilles. La mise à jour du champ permet l'affichage automatique de la dernière version des données.

AutoCAD met à disposition un nombre important de champs modifiables tels que le nom de l'auteur, le commentaire associé au fichier dessin, les dates de création, d'enregistrement, de tracé, l'échelle de tracé, le format du papier, le nom de fichier, le nom du périphérique, la taille du fichier... Pour chacun des champs, AutoCAD propose plusieurs types d'affichage. Les champs sont disponibles lors de la création de texte sur une ligne, de texte multiligne, de définition d'attribut, de texte de cotation, de tableaux...

## 2. Créer un champ affichant le nom de fichier

Dans l'exemple ci-après, la création d'un champ s'effectue dans un texte multiligne.

▶ Dans le groupe de fonctions **Texte** (onglet **Annoter**), choisissez l'icône déroulante **Texte multiligne** 

.

- Spécifiez les deux points qui délimitent l'encombrement du texte multiligne.
- Dans la zone réservée à la saisie du texte, effectuez un clic droit puis choisissez **Insérer un champ** dans le menu contextuel.

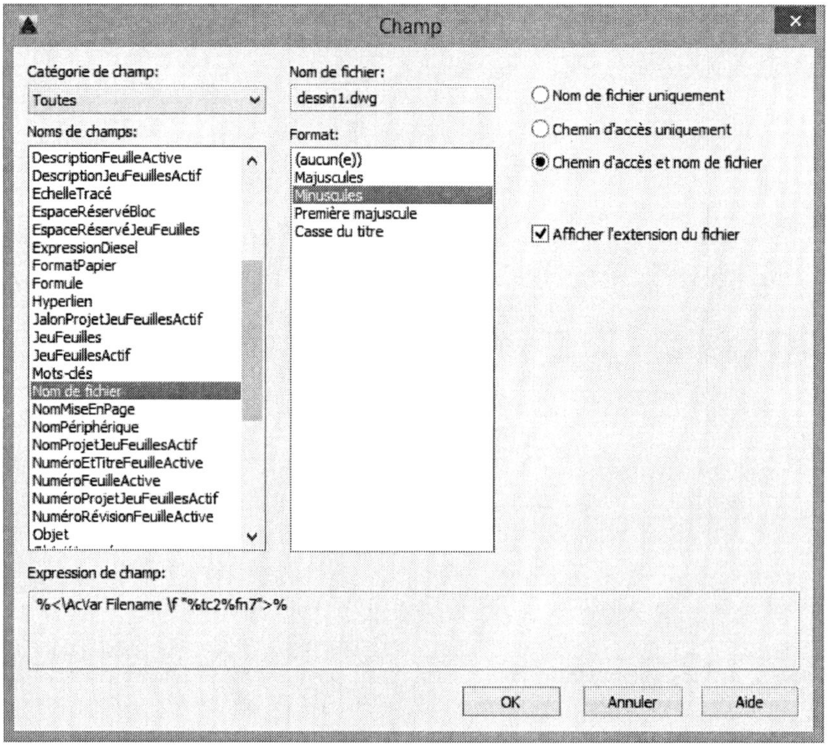


- Dans la boîte de dialogue **Champ**, dans la liste **Noms de champs**, sélectionnez **Nom de fichier**.
- Dans la liste **Format**, sélectionnez le type d'affichage désiré :

  **Majuscules** : force l'affichage du nom de fichier en majuscules.

  **Minuscules** : force l'affichage du nom de fichier en minuscules quel que soit le format de la saisie.

  **Première majuscule** : force l'affichage en majuscule de la première lettre du nom de fichier.

  **Casse du titre** : impose une majuscule pour la première lettre de chaque mot du nom de fichier.

- Activez le bouton-radio selon le résultat souhaité :

  **Nom de fichier uniquement** : permet l'affichage du nom de fichier seul sans le nom de l'emplacement.

  **Chemin d'accès uniquement** : permet l'affichage de l'emplacement seul (unité de disque et dossiers).

  **Chemin d'accès et nom de fichier** : permet l'affichage du nom de fichier précédé de son emplacement.

  La case à cocher **Afficher l'extension du fichier** permet l'affichage ou le masquage de l'extension .DWG.

- Confirmez par **OK** pour quitter la boîte de dialogue **Champ**.
- Cliquez sur le bouton **Fermer l'Editeur de texte** pour quitter l'éditeur de texte.

**Remarque**

*La zone de texte **Nom de fichier** permet l'affichage d'un aperçu du résultat en fonction du choix de formats.*

# 3. Mettre à jour un champ

Dans le premier exemple, si vous modifiez le polygone et que ces modifications entraînent un changement de la surface, vous pouvez demander la mise à jour automatique du champ.

- Effectuez un double clic sur le texte multiligne pour accéder à l'éditeur de texte multiligne.
- Dans la boîte de dialogue **Format du texte**, cliquez sur le texte/champ pour le sélectionner.
- Effectuez un clic droit et choisissez **Mettre à jour le champ** dans le menu contextuel.

  Les informations de champ sont mises à jour et la nouvelle surface du polygone est affichée.

- Cliquez sur le bouton **Fermer l'Editeur de texte** pour quitter l'éditeur de texte.

**Remarque**

*Une régénération du dessin peut suffire dans ce cas à la mise à jour des champs.*

Dans le second cas, l'enregistrement sous un autre nom par exemple modifie automatiquement le champ. Ce cas est particulier.

## 4. Créer un champ affichant une surface calculée

L'intérêt d'un champ affichant une surface calculée est le suivant : dès que le contour (la polyligne) subit des modifications, le champ affiche automatiquement la surface modifiée correspondante.

La figure ci-dessous est une polyligne (par exemple) dont vous souhaitez extraire la surface.

Un texte multiligne présente le texte « Surf = x $m^2$ », la valeur x correspondant à un champ calculé.

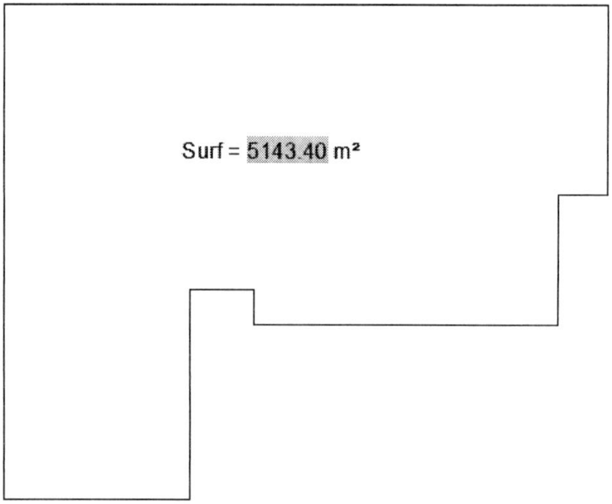


- Dans le groupe de fonctions **Texte** (onglet **Annoter**), choisissez l'icône déroulante **Texte multiligne** 
.
- Spécifiez les deux points qui délimitent l'encombrement du texte multiligne.
- Dans la zone réservée à la saisie du texte, saisissez « Surf = » (les lettres Surf, un espace, le signe = puis un espace). Effectuez un clic droit puis choisissez **Insérer un champ** dans le menu contextuel.

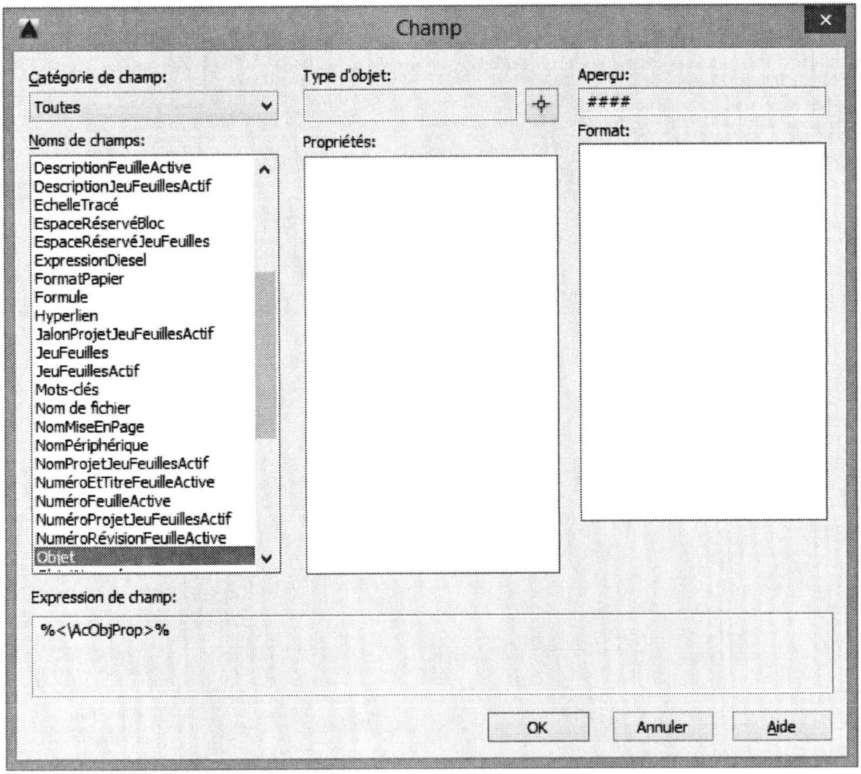


- Dans la liste **Noms de champs**, choisissez **Objet**.
- Cliquez sur le bouton **Sélectionner un objet**  pour pointer la polyligne dont vous voulez extraire la surface.

L'affichage est à présent comme dans la figure ci-dessous :

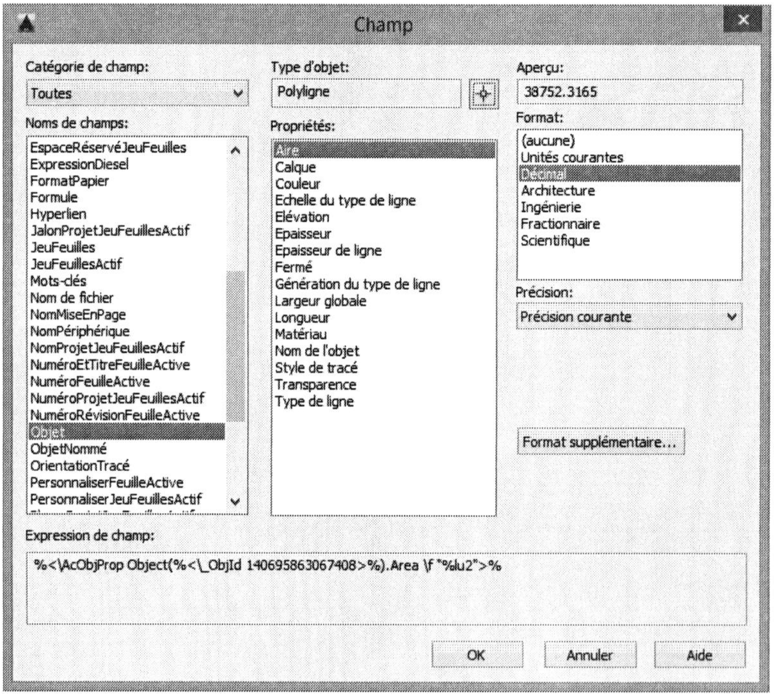


- Dans la liste des propriétés, choisissez **Aire**, puis spécifiez le nombre de décimales souhaité grâce à la liste déroulante **Précision**.
- Confirmez par **OK** pour quitter la fenêtre **Champ**.
- Dans l'éditeur de texte, saisissez « m$^2$ » (un espace puis m$^2$).
- Cliquez sur **Fermer**, puis **Fermer l'éditeur de texte** pour confirmer la mise en place du texte avec champ.

L'expression est affichée avec la valeur de surface calculée. Si la polyligne subit des modifications, la valeur est automatiquement mise à jour.

## 5. Créer un champ personnalisé

Vous pouvez créer des champs personnalisés qui peuvent ensuite être affichés à différents endroits du dessin. Un champ personnalisé possède un nom, ainsi qu'une valeur que vous ferez varier. Ainsi dès que la valeur du champ est modifiée, l'ensemble des mêmes champs du dessin est modifié.

Prenons l'exemple d'un champ Maître d'ouvrage dont la valeur est présente à de nombreux emplacements du dessin (cartouches multiples, annotations diverses, etc). Pour un projet A, sa valeur est SCI OLFEC. Pour un projet B, sa valeur est CLAJU SA. Vous modifiez la valeur dans les propriétés du dessin, et procédez à la mise à jour.

- Dans le **Navigateur**, choisissez **Utilitaires de dessin**, puis **Propriétés du dessin**.
- Activez l'onglet **Personnaliser** pour afficher la fenêtre ci-dessous :

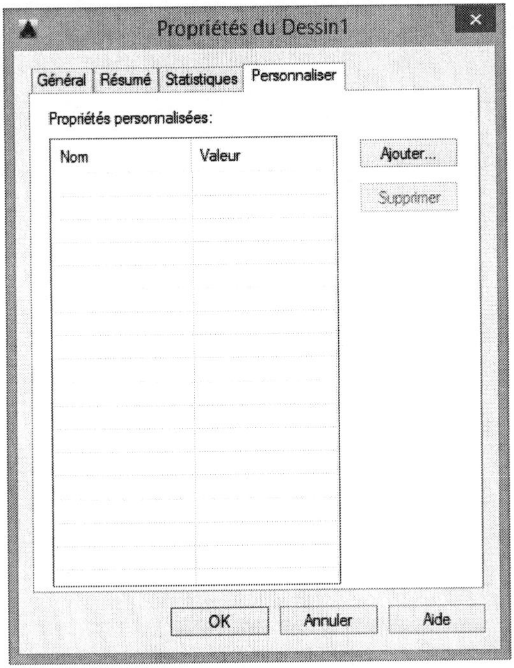


- Cliquez sur **Ajouter** pour procéder à la création du champ personnalisé.

La fenêtre suivante s'affiche.

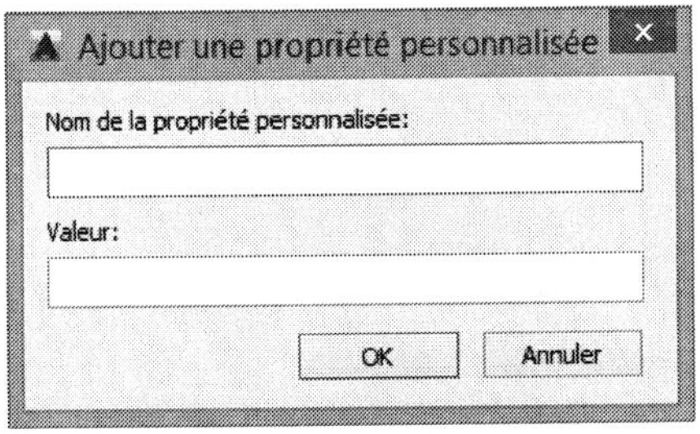

- Dans la zone **Nom de la propriété personnalisée**, saisissez par exemple **Maître d'ouvrage**, puis dans la zone **Valeur**, indiquez la chaîne de caractères que vous souhaitez attribuer au champ (ex. SCI OLFEC).
- Confirmez par **OK** pour confirmer la création du champ personnalisé.
- Confirmez par **OK** pour quitter la fenêtre **Propriétés du dessin**.

## Utiliser le champ personnalisé

- Dans le groupe de fonctions **Données** (onglet **Insertion**), choisissez l'icône **Champ** 

.

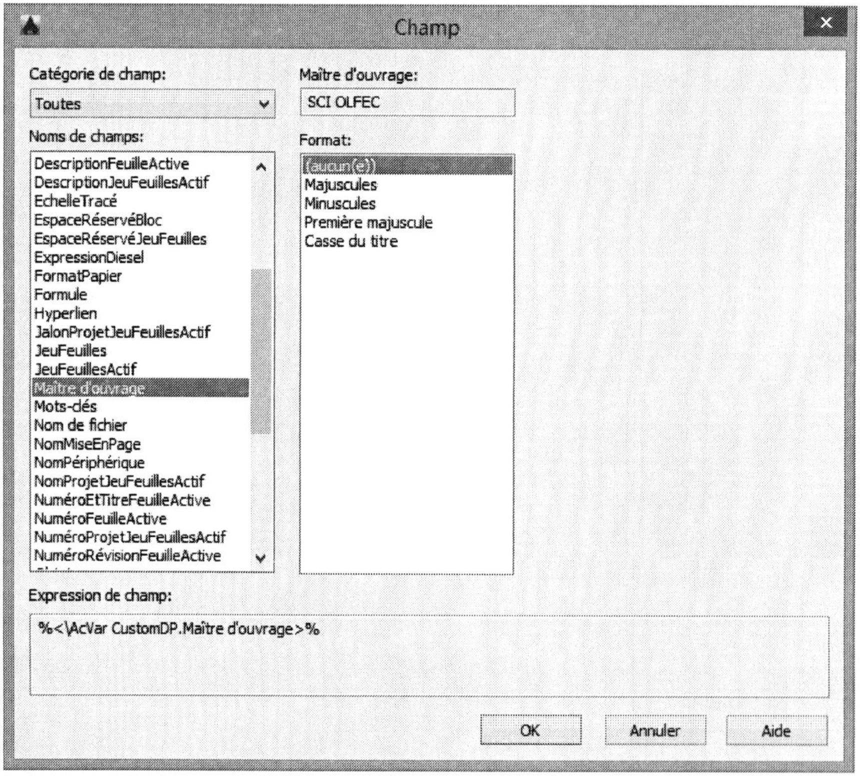

- Dans la liste **Noms de champs**, sélectionnez le nouveau champ personnalisé **Maître d'ouvrage**, et constatez la valeur et le format dans la partie droite.
- Confirmez par **OK**.

AutoCAD vous demande de positionner le champ dans le dessin.

- Effectuez cette opération pour placer le champ personnalisé aux différentes localisations souhaitées dans le dessin.

## 6. Modifier et mettre à jour la valeur du champ personnalisé

- Dans le **Navigateur**, choisissez **Utilitaires de dessin**, puis **Propriétés du dessin**.
- Activez l'onglet **Personnaliser**.
- Au regard du nom du champ personnalisé, saisissez la nouvelle valeur dans la zone **Valeur**, et confirmez par **OK**.
- Dans le menu déroulant **Affichage**, choisissez **Régénérer** pour mettre à jour l'ensemble des champs.

## 7. Modifier le type de champ et ses paramètres

- Effectuez un double clic sur le texte comportant un champ pour accéder à l'éditeur de texte.
- Cliquez sur le texte du champ pour le sélectionner.
- Effectuez un clic droit puis choisissez **Modifier le champ** dans le menu contextuel.

  La boîte de dialogue **Champ** est affichée et permet d'accéder, comme à la création, aux types de champs, formats et options de champs.
- Effectuez les modifications du champ et confirmez par **OK** pour quitter la boîte de dialogue **Champ**.
- Confirmez par **Fermer l'Editeur de texte** pour quitter l'éditeur de texte.

## 8. Convertir un champ en texte

- Effectuez un double clic sur le texte comportant un champ pour accéder à l'éditeur de texte.
- Cliquez sur le texte du champ pour le sélectionner.
- Effectuez un clic droit puis choisissez **Convertir le champ en texte** dans le menu contextuel.

**Remarque**

*L'arrière-plan grisé, caractéristique du champ, disparaît pour afficher un texte classique.*

# Exercice 2
# Créer un tableau de surfaces

Dans cet exercice, nous allons utiliser les outils de tableau pour intégrer au plan d'un local professionnel un tableau indiquant la surface de chaque pièce. Cette surface sera calculée à l'aide de champs.

## 1. Étape 1 : Ouvrir le fichier ressource

- Téléchargez et ouvrez le fichier ressource **Tableaux_et_champs.dwg** représentant la figure ci-dessous.

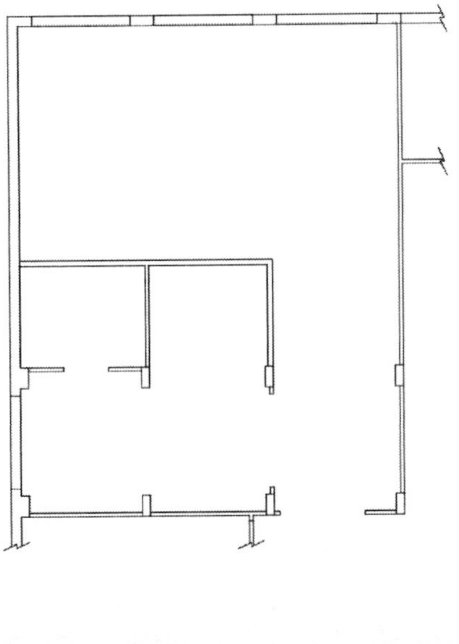

## 2. Étape 2 : Créer les polylignes de contour des pièces

Pour pouvoir calculer la surface de chaque pièce, nous allons au préalable tracer leurs contours à l'aide de polylignes.

▶ Dans le groupe de fonctions **Dessin** (onglet **Début**), déroulez l'icône **Hachures**  et cliquez sur l'icône **Contour** .



La fenêtre suivante est affichée :

▶ Dans la fenêtre **Créer un contour**, cliquez sur le bouton **Choisir des points** .

La fenêtre de commande affiche :

```
CONTOUR Choisissez un point interne:
```

▶ Cliquez dans les zones indiquées au niveau des points **P1**, **P2** et **P3** matérialisés dans la figure ci-dessous.

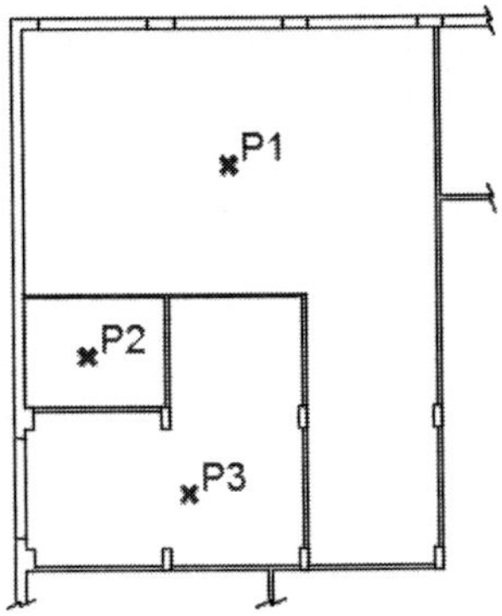


▶ Appuyez sur [Entrée] pour confirmer la création des contours.
La figure ci-dessous affiche le résultat obtenu.

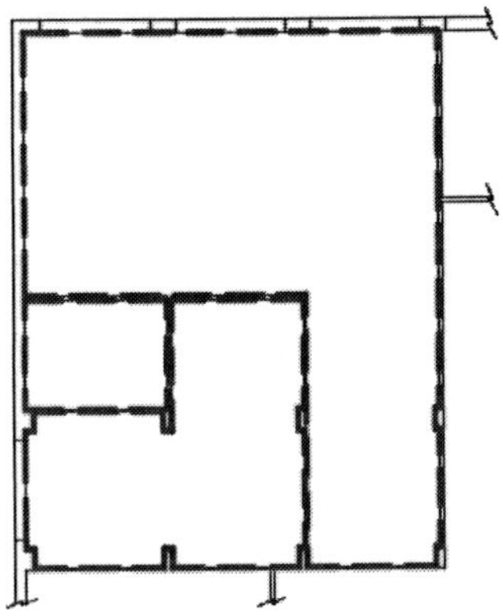

## 3. Étape 3 : Insérer un tableau

Passons maintenant à la création du tableau.

▶ Dans le groupe de fonctions **Calque** (onglet **Début**), déroulez la liste des calques et choisissez le calque **0**.

▶ Dans le groupe de fonctions **Annotation** (onglet **Début**), cliquez sur l'icône **Tableau** .

- Dans la fenêtre **Insérer un tableau**, dans la rubrique **Paramètres des rangées et des colonnes**, saisissez la valeur **2** dans la zone **Colonnes**, la valeur **75** dans la zone **Largeur de colonne**, la valeur **4** dans la zone **Rangées**, et la valeur **1** dans la zone **Hauteur de rangée**.

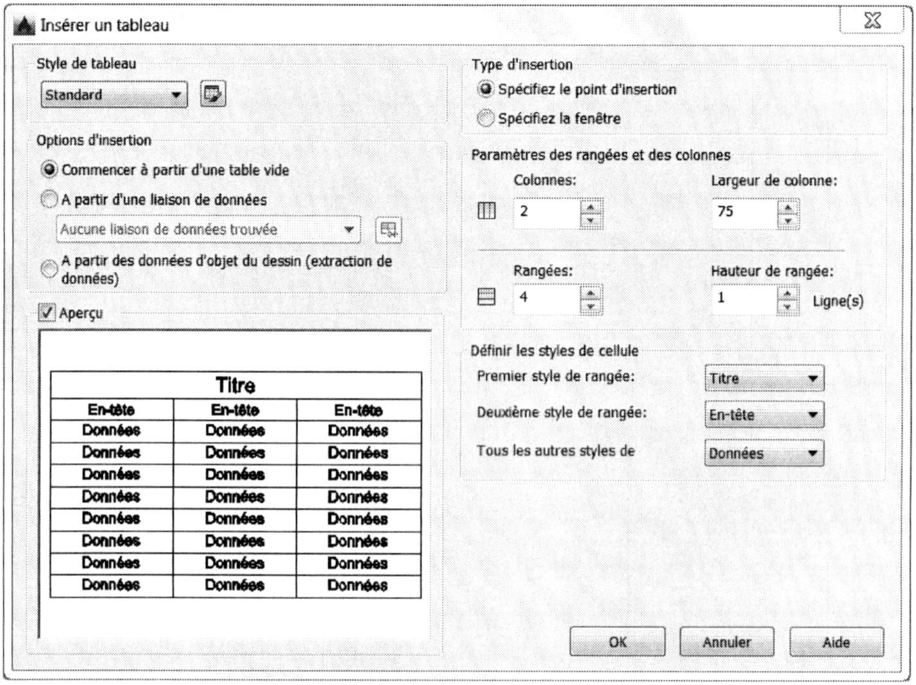


- Confirmez par **OK** pour insérer le tableau.

La fenêtre de commande affiche :

```
TABLEAU Spécifiez le point d'insertion:
```

▶ Cliquez à droite du dessin comme affiché ci-dessous pour insérer le tableau :

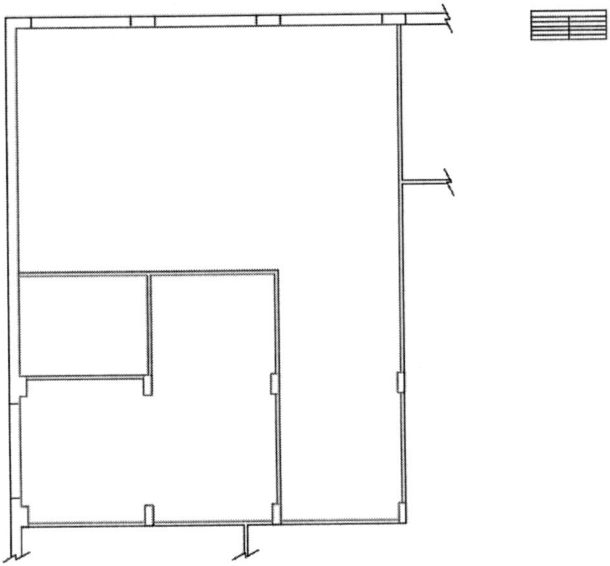

## 4. Étape 4 : Renseigner le titre, les en-têtes et le nom des pièces

Nous allons à présent renseigner manuellement certaines cellules du tableau : titre, en-têtes et noms des pièces.

▶ Saisissez **Tableau de surfaces**, appuyez sur la touche [Entrée] pour un déplacement vers le bas, saisissez **Pièces**, appuyez sur la touche [Tab] pour un déplacement vers la droite, saisissez **M²**, appuyez sur la touche [Tab], saisissez **Open Space**, appuyez sur la touche [Entrée], saisissez **Atelier Technique**, appuyez sur la touche [Entrée], saisissez **Stock**, appuyez sur la touche [Entrée], saisissez **Total**, appuyez sur la touche [Entrée], pour obtenir la figure ci-dessous :

| Tableau de surfaces | |
|---|---|
| Pièces | M² |
| Open Space | |
| Atelier Technique | |
| Stock | |
| Total | |

■ Cliquez en dehors du tableau pour quitter l'édition de celui-ci.

## 5. Étape 5 : Insérer un champ calculant la surface d'une polyligne

Pour renseigner les cellules du tableau relatives à la surface de chaque pièce, nous allons y insérer des champs calculant la surface des polylignes que nous avons tracées à l'étape 2.

■ Dans la zone graphique, double cliquez sur la cellule **B3** indiquée sur la figure ci-dessous.

| | A | B |
|---|---|---|
| 1 | Tableau de surfaces | |
| 2 | Pièces | M² |
| 3 | Open Space | |
| 4 | Atelier Technique | |
| 5 | Stock | |
| 6 | Total | |

■ Effectuez un clic droit dans la cellule **B3**, et choisissez **Insérer un champ...** dans le menu contextuel.

■ Dans la fenêtre **Champ**, déroulez la liste **Catégorie de champ** et choisissez **Objet**.

■ Dans la rubrique **Noms de champs**, sélectionnez **Objet**.

■ Dans la rubrique **Type d'objet**, cliquez sur le bouton **Sélectionner un objet** .
La fenêtre **Champ** est provisoirement fermée pour permettre la sélection d'objet.

▶ Cliquez sur la polyligne indiquée sur la figure ci-dessous.

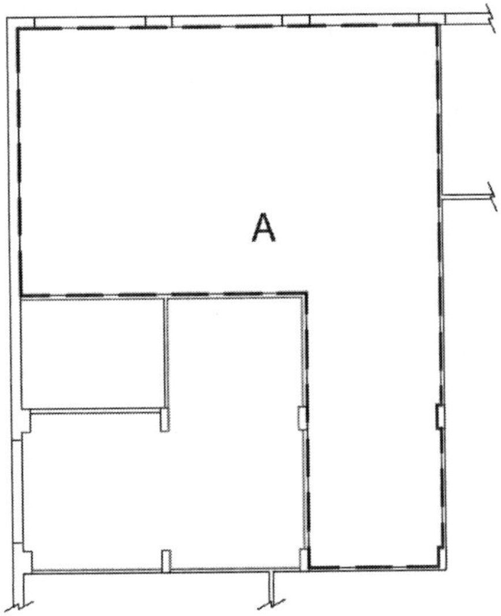


La fenêtre **Champ** réapparaît.

▶ Dans la fenêtre **Champ**, sélectionnez **Aire** dans la rubrique **Propriétés**.

▶ Dans la rubrique **Format**, sélectionnez **Décimal**.

▶ Dans la liste déroulante **Précision**, choisissez **0.0**.

▶ Cliquez sur le bouton **Format supplémentaire...** pour afficher la fenêtre **Format supplémentaire**.

▶ Dans la fenêtre **Format supplémentaire**, saisissez **0.0001** dans la zone de texte **Facteur de conversion** et cliquez sur **OK**.

La figure suivante résume l'ensemble des paramètres à renseigner dans la fenêtre **Champ**.

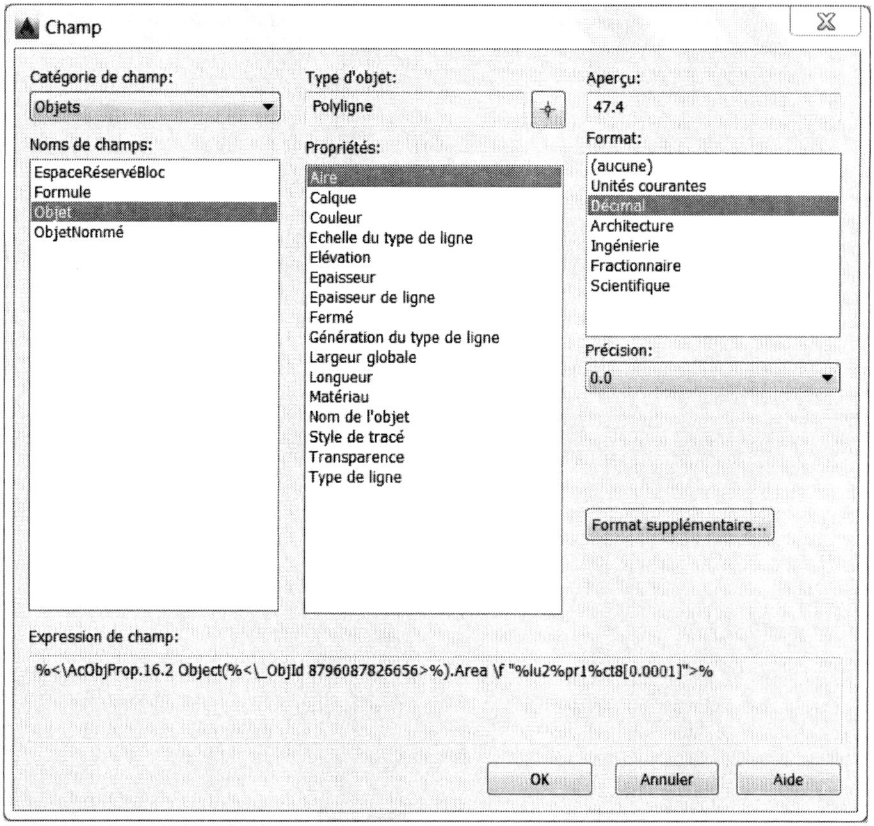


▶ Cliquez sur **OK** pour valider l'insertion du champ dans la cellule du tableau.

▶ Cliquez en dehors du tableau pour quitter l'édition du texte dans la cellule.

## Dupliquer le champ et ses paramètres

▶ Cliquez sur la cellule **B3** indiquée sur la figure ci-dessous.

| | A | B |
|---|---|---|
| 1 | Tableau de surfaces | |
| 2 | Pièces | M² |
| 3 | Open Space | 47.4 |
| 4 | Atelier Technique | |
| 5 | Stock | |
| 6 | Total | |

▶ Cliquez sur la poignée inférieure droite de la cellule **B3** et déplacez-la sur le coin inférieur droit de la cellule **B5** comme le présente la figure ci-dessous.

| | A | B |
|---|---|---|
| 1 | Tableau de surfaces | |
| 2 | Pièces | M² |
| 3 | Open Space | 47.4 |
| 4 | Atelier Technique | |
| 5 | Stock | |
| 6 | Total | |

Les cellules **B4** et **B5** sont automatiquement dupliquées avec les mêmes paramètres que le champ original, et la figure affiche le résultat obtenu comme ci-dessous.

| | A | B |
|---|---|---|
| 1 | Tableau de surfaces | |
| 2 | Pièces | M² |
| 3 | Open Space | 47.4 |
| 4 | Atelier Technique | 47.4 |
| 5 | Stock | 47.4 |
| 6 | Total | |

### Modifier l'objet associé au champ (cellule B4)

▶ Double cliquez sur la cellule **B4** pour accéder à la saisie du texte et double cliquez sur le champ pour modifier ses paramètres.

▶ Dans la rubrique **Type d'objet** de la fenêtre **Champ**, cliquez sur le bouton **Sélectionner un objet** .

- Sélectionnez la polyligne ci-dessous.

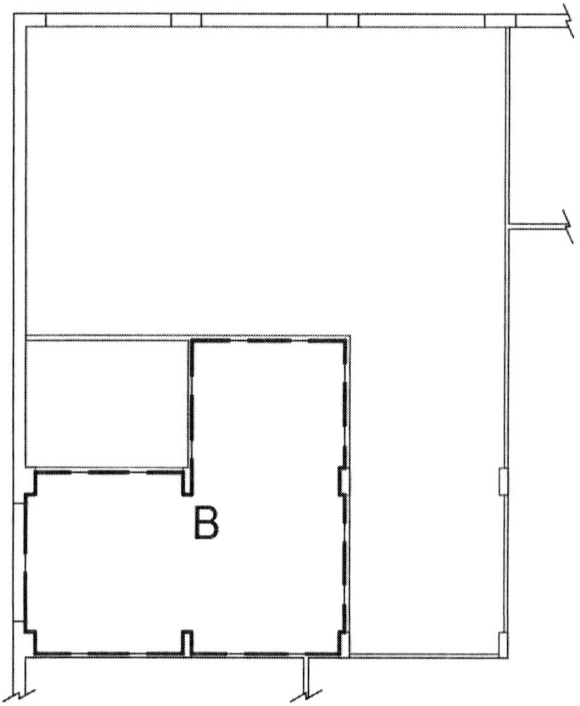


- Cliquez sur le bouton **Format supplémentaire...** pour afficher la fenêtre **Format supplémentaire**.
- Dans la fenêtre **Format supplémentaire**, saisissez **0.0001** dans la zone de texte **Facteur de conversion** et cliquez sur **OK**.
- Cliquez sur **OK** pour valider les nouveaux paramètres du champ.

## Modifier l'objet associé au champ (cellule B5)

- Double cliquez sur la cellule **B5** pour accéder à la saisie du texte et double cliquez sur le champ pour modifier ses paramètres.
- Dans la rubrique **Type d'objet** de la fenêtre **Champ**, cliquez sur le bouton **Sélectionner un objet** .

Exercice 2

▶ Sélectionnez la polyligne ci-dessous.

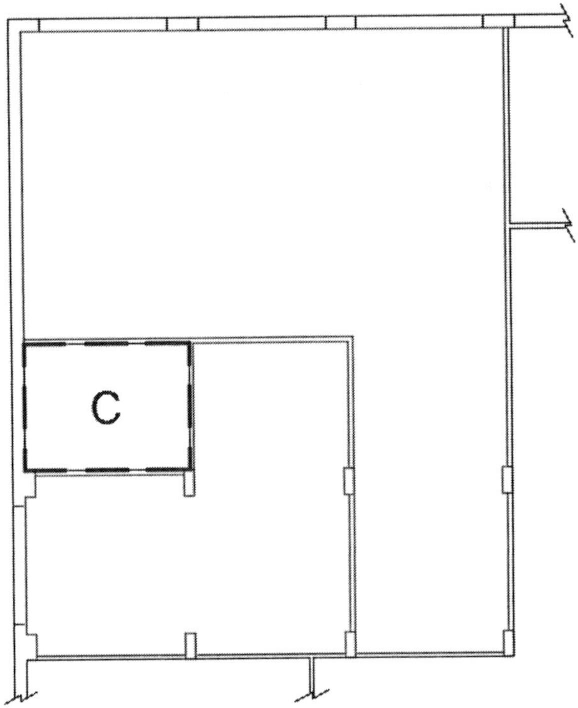


▶ Cliquez sur le bouton **Format supplémentaire...** pour afficher la fenêtre **Format supplémentaire**.

▶ Dans la fenêtre **Format supplémentaire**, saisissez **0.0001** dans la zone de texte **Facteur de conversion** et cliquez sur **OK**.

▶ Cliquez sur **OK** pour valider les nouveaux paramètres du champ.

Le tableau affiche maintenant une surface différente à chaque rangée, comme l'indique la figure ci-dessous.

| Tableau de surfaces | |
|---|---|
| Pièces | M² |
| Open Space | 47.4 |
| Atelier Technique | 18.6 |
| Stock | 5.0 |
| Total | |

## 6. Étape 6 : Insérer une formule « Somme »

Enfin, nous allons renseigner la cellule indiquant la surface totale à l'aide d'une formule **Somme**.

- Dans la zone graphique, cliquez dans la cellule **B6**, comme indiqué dans l'image ci-dessous.

| | A | B |
|---|---|---|
| 1 | Tableau de surfaces | |
| 2 | Pièces | M² |
| 3 | Open Space | 47.4 |
| 4 | Atelier Technique | 18.6 |
| 5 | Stock | 5.0 |
| 6 | Total | |

- Dans le groupe de fonctions **Insertion** 

(onglet **Cellule de tableau**), déroulez l'icône **Formule** 

et choisissez **Somme**.

La fenêtre de commande affiche le message suivant :

```
MODIFCELLTABLE Sélectionnez le premier angle de l'intervalle de cellules du tableau:
```

- Cliquez sur la cellule **B5** pour spécifier la position du premier coin du rectangle de sélection.

```
MODIFCELLTABLE Sélectionnez le second angle de l'intervalle de cellules du tableau:
```

- Cliquez sur la cellule **B3** pour spécifier la position du coin opposé du rectangle de sélection, comme indiqué dans la figure ci-dessous.

| | A | B |
|---|---|---|
| 1 | Tableau de surfaces | |
| 2 | Pièces | M² |
| 3 | Open Space | 47.4 |
| 4 | Atelier Technique | 18.6 |
| 5 | Stock | 5.0 |
| 6 | Total | |

La formule **=SUM(B3:B5)** apparaît dans la cellule **B6**.

- Appuyez sur [Entrée] pour valider la formule.

La figure ci-dessous affiche le résultat.

| Tableau de surfaces | |
|---|---|
| Pièces | M² |
| Open Space | 47.4 |
| Atelier Technique | 18.6 |
| Stock | 5.0 |
| Total | 709841.0000 |

## Modifier le format de la cellule

- Dans la **Zone graphique**, cliquez sur la cellule **B6** du tableau, comme indiqué dans la figure ci-dessous.

| | A | B |
|---|---|---|
| 1 | Tableau de surfaces | |
| 2 | Pièces | M² |
| 3 | Open Space | 47.4 |
| 4 | Atelier Technique | 18.6 |
| 5 | Stock | 5.0 |
| 6 | Total | 709841.0000 |

- Dans le groupe de fonctions **Format des cellules** (onglet **Cellule de tableau**), déroulez l'icône **Format des données** 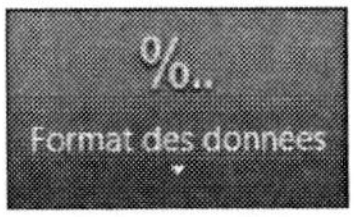

puis choisissez **Personnaliser le format des cellules de la table...**.

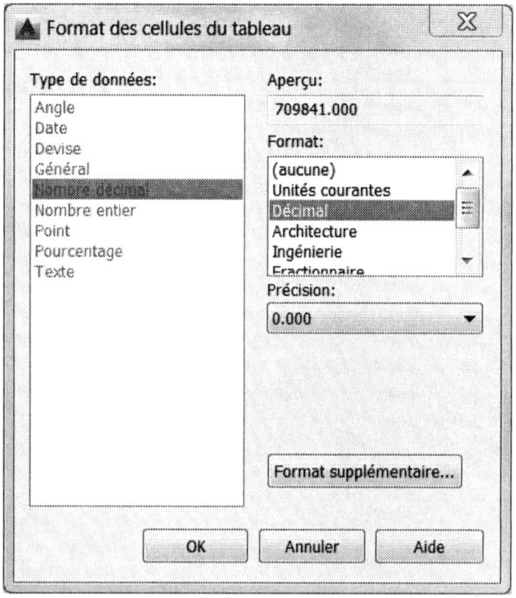


- Dans la fenêtre **Format des cellules du tableau**, choisissez le type de données **Nombre décimal** puis le format **Décimal**.
- Dans la liste **Précision**, choisissez **0.0**.
- Cliquez sur **Format supplémentaire...**.
- Dans la fenêtre **Format supplémentaire**, saisissez **0.0001** dans la zone de texte **Facteur de conversion** et confirmez par **OK** pour fermer la fenêtre **Format supplémentaire**.
- Confirmez par **OK** pour quitter la fenêtre **Format des cellules du tableau**.

La figure ci-dessous affiche le résultat obtenu.

| Tableau de surfaces | |
|---|---|
| Pièces | M² |
| Open Space | 47.4 |
| Atelier Technique | 18.6 |
| Stock | 5.0 |
| Total | 71.0 |

# Chapitre 6
# La gestion des objets

## 1. Suppression d'objets

▶Dans le groupe de fonctions **Modification** (onglet **Début**), cliquez sur l'icône **Effacer** .

Cette opération permet d'enlever, de la base de données du dessin, les éléments voulus. Dans la fenêtre de commande, AutoCAD propose le message :

```
Sélectionner des objets:
```

À ce stade, le curseur graphique est remplacé par un petit réticule de sélection.

Vous pouvez, soit cliquer sur l'objet que vous voulez supprimer, soit choisir une option du jeu de sélection pour un choix plus adapté (cf. Sélection des objets, dans ce chapitre).

Le message "Sélectionner des objets" reste valable tant que vous ne validez pas votre sélection avec [Entrée].

Pour récupérer toutes les entités qui viennent d'être effacées par mégarde, choisissez **Annuler**  dans la barre d'outils d'accès rapide.

**Remarque**

*Sans commande en cours, procédez à la sélection des objets puis appuyez sur la touche [Suppr].*

## 2. Sélection des objets

À chaque fois que le message "Sélectionner des objets" apparaît, AutoCAD requiert une sélection.

À ce moment précis, le curseur graphique est remplacé par un réticule (petit carré). Si vous positionnez ce réticule sur un objet, un clic sélectionnera l'objet. Cette méthode est suffisante pour un petit nombre d'entités à sélectionner mais n'est pas judicieuse (ou suffisante) pour des sélections plus délicates, spécifiques ou nombreuses.

### Jeu de sélection

AutoCAD propose un jeu de sélection adapté à tous types de sélection.

**Options : Type de sélection**

**Dernier** : dernier objet créé.

**Précédent** : la dernière sélection utilisée dans une commande d'édition.

**annUler** : annule la dernière sélection sans quitter la commande.

**Fenêtre** : les objets entièrement inclus dans la fenêtre rectangulaire.

**Capture** : les objets entièrement inclus ainsi que ceux croisant l'un des bords de la fenêtre rectangulaire (trait pointillé).

**SPolygone** : les objets entièrement inclus dans la fenêtre polygonale.

**CPolygone** : les objets entièrement inclus ainsi que ceux croisant l'un des bords de la fenêtre polygonale (trait pointillé).

**Supprimer** : modifie le message "Sélectionner des objets" en "Supprimer les objets" pour permettre une désélection.

**Ajouter** : à partir du message "Retirer les objets", revient au message "Sélectionner des objets".

**Trajet** : les objets croisant le(s) segment(s).

**TOUT** : tous les objets du dessin ne se trouvant pas sur un calque gelé (cf. chapitre La gestion des calques - Le contrôle des calques).

**Groupe** : demande le nom d'un groupe d'objets préalablement créé et sélectionne ces objets.

**Filtres de Sélection ('FILTER)** : crée des listes de sélection d'objets selon des critères pré-établis.

**Boîte** : permet de préciser un premier point dans une zone dégagée ; le deuxième point suivant sa position fixe une sélection de type Fenêtre ou Capture. Si le deuxième point est placé sur la droite, une fenêtre de sélection est proposée ; s'il est placé à gauche, une capture est proposée.

**Sous-objet** : permet de sélectionner des composants appartenant à des solides composés ou des sommets, arêtes et faces sur des solides 3D.

**Objet** : met fin à la possibilité de sélectionner des sous-objets, et permet la sélection d'objets.

**Remarque**

*Appuyer sur la touche [Ctrl] et la maintenir enfoncée revient à sélectionner l'option* ***Sous-objet*** *du jeu de sélection (commande SELECT). Voir la sélection cyclique ci-après.*

Voici quelques exemples de sélection :

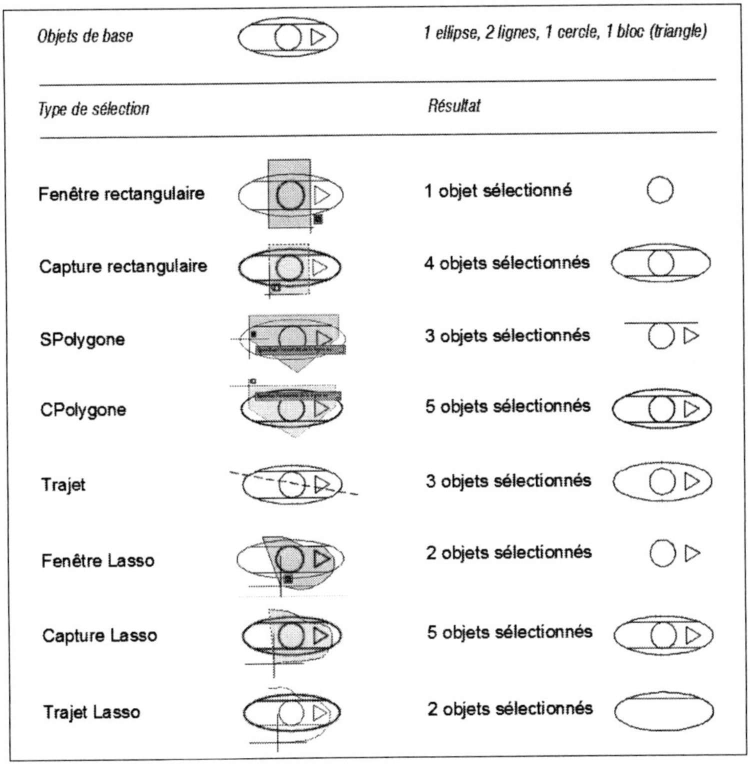


## Cas particulier de la sélection par le lasso

Le lasso permet une sélection rapide à main levée en décrivant un contour de sélection de forme quelconque.

Une fois le contour décrit, trois types de sélection sont possibles :

- **Fenêtre Lasso** : sélection de tous les éléments entièrement inclus dans le lasso.

- **Capture Lasso** : sélection de tous les éléments entièrement inclus, ainsi que ceux qui croisent un bord du lasso.
- **Trajet Lasso** : sélection de tous les éléments qui croisent un bord du lasso.

## Utiliser la sélection par le lasso

▶ Restez appuyé sur le bouton gauche de la souris, et décrivez le contour de type lasso.

▶ Appuyez sur la barre d'espace pour passer alternativement du mode **Fenêtre Lasso**, **Capture Lasso** et **Trajet Lasso**.

**Remarque**

*Les objets sélectionnés apparaissent en surbrillance.*

▶ Relachez le bouton de la souris pour valider la sélection.

L'affichage des bords varie selon le type de lasso :

Contour continu pour la **Fenêtre Lasso** :

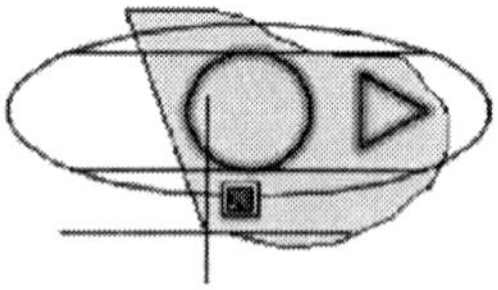

Contour en pointillés pour la **Capture Lasso** :

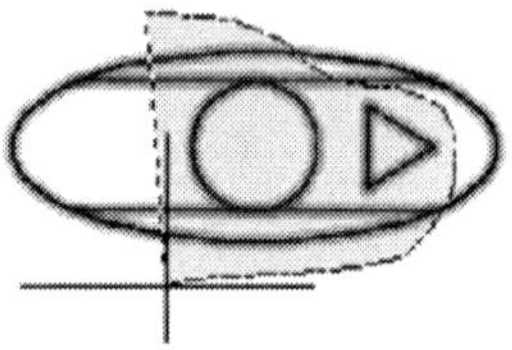

Trajectoire en pointillés pour le **Trajet Lasso** :

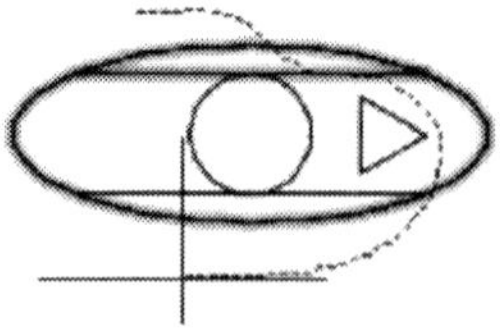

**Remarque**

*Au message **Sélectionner des objets**, tapez la ou les lettres apparaissant en majuscules dans la liste des options ci-dessus. Au message **Sélectionner des objets**, la désélection des objets est obtenue à l'aide d'une pression continue sur la touche [Shift] combinée à une option de sélection.*

## Utiliser la sélection cyclique

Lorsque plusieurs objets sont superposés, il peut être parfois délicat ou difficile de sélectionner l'objet désiré. AutoCAD offre désormais une solution simple qui permet de « passer en revue » les différents éléments superposés pour obtenir la sélection voulue.

Lorsque AutoCAD vous propose de sélectionner des objets, procédez comme suit :

- Dans la zone d'état, cliquez sur le bouton **Personnalisation** pour afficher le menu suivant :

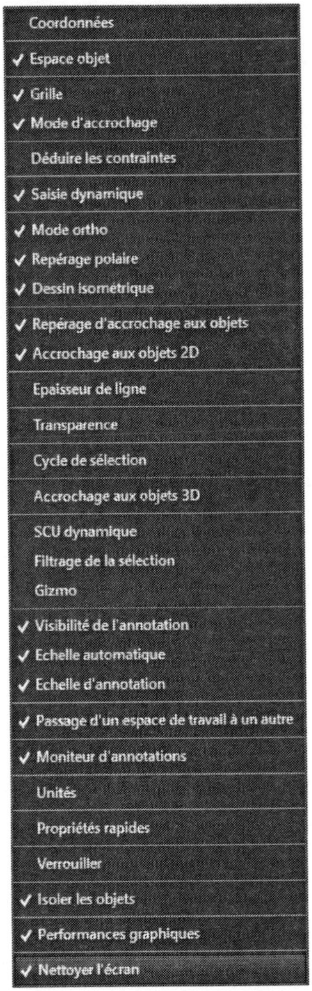

- Cliquez sur **Cycle de sélection** pour activer l'affichage de l'outil **Cycle de sélection** dans la zone d'état.
- Dans la zone d'état, vérifiez l'activation du bouton **Cycle de sélection** .
- Déplacez avec précision le pointeur sur l'un des objets superposés (ou sur la zone concernée). Le curseur est accompagné de la double icône ci-dessous indiquant la détection d'objets superposés.

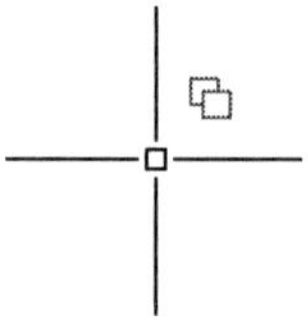

- Effectuez un clic pour afficher la fenêtre de sélection comme ci-dessous :

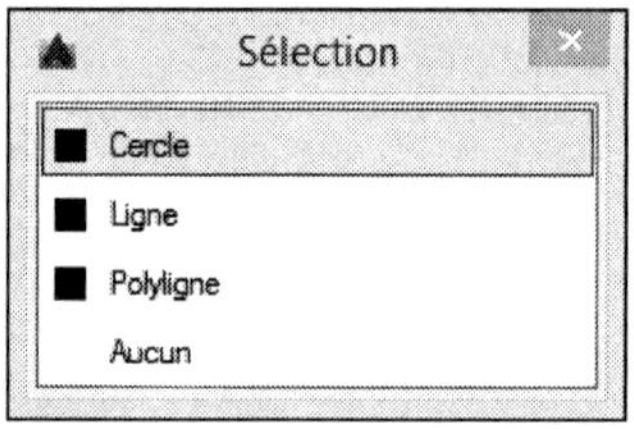


La fenêtre de sélection (ou zone de liste de sélection) affiche les objets superposés détectés, en listant le type d'objets et la couleur.

- Dans cette fenêtre, déplacez le pointeur sur chaque type d'objets détecté pour visualiser l'objet en surbrillance dans la zone graphique.
- Effectuez un clic sur le type d'objets dans la fenêtre de sélection pour valider la sélection. L'objet voulu est alors sélectionné, et vous pouvez procéder à une autre sélection ou validez pour traiter la commande en cours.

Dans l'exemple ci-dessous, les objets suivants sont superposés : Texte multiligne, Cotation et Solide 3D.

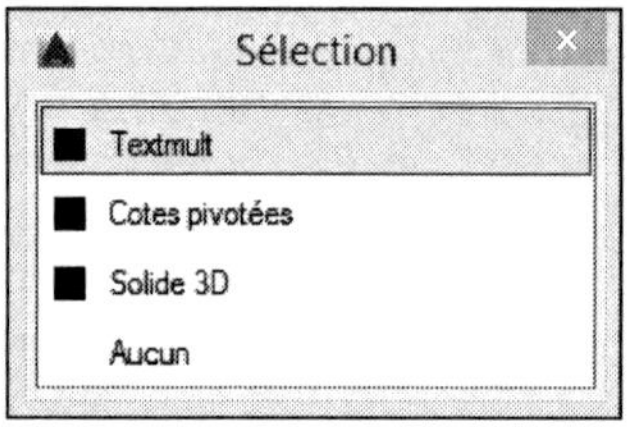

**Autre technique :**

- Utilisez la combinaison de la touche [Shift] et de la barre d'espace comme suit. Maintenez la touche [Shift] enfoncée, et appuyez à plusieurs reprises sur la barre d'espace pour voir apparaître en surbrillance les différents objets superposés l'un après l'autre. Cliquez pour confirmer la sélection qui convient.

**Cas particulier : Solides 3D composés**

Dans le cas des solides 3D composés, la sélection cyclique permet de passer en revue et de sélectionner un composant (ou sous-objet) appartenant à un solide complexe.

- Maintenez la touche [Ctrl] enfoncée, déplacez le pointeur sur la zone concernée pour la superposition des sous-objets. Le curseur est accompagné de la double icône  indiquant la détection d'objets ou sous-objets superposés.
- Effectuez un clic pour afficher la fenêtre de sélection comme ci-dessous :

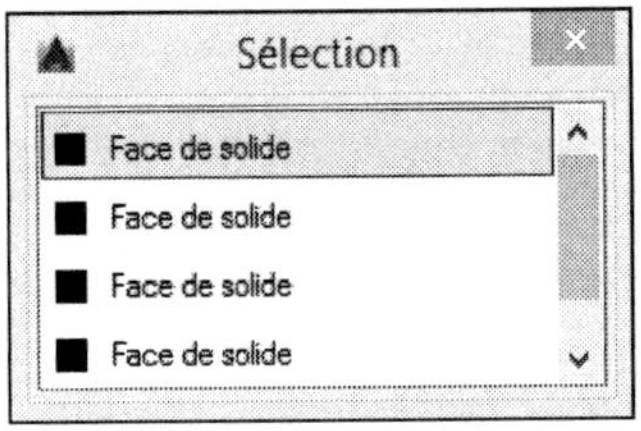


La fenêtre de sélection (ou zone de liste de sélection) affiche les sous-objets superposés du solide 3D (Face de solide) et la couleur.

Dans cette fenêtre, déplacez le pointeur sur chaque type d'opérations détecté pour visualiser le sous-objet en surbrillance dans la zone graphique.

- Effectuez un clic sur le type d'opérations dans la fenêtre de sélection pour valider votre sélection. Le sous-objet voulu est alors sélectionné, et vous pouvez procéder aux modifications.

## 3. Sélection rapide

La sélection rapide des objets agit sur l'ensemble du dessin ou sur un ensemble d'objets à sélectionner. Cette méthode est rapide car elle permet de choisir le type d'objets voulu, voire les propriétés de ceux-ci.

- Dans le groupe de fonctions **Utilitaires** (onglet **Début**), choisissez le bouton **Sélection rapide** .

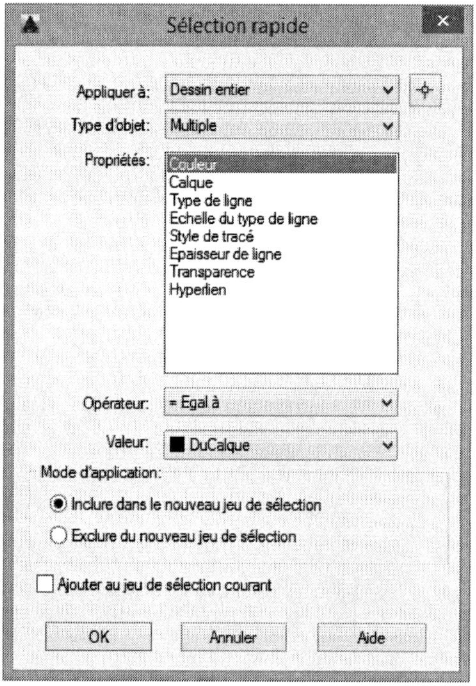


▶ Par défaut, la sélection rapide s'effectue sur tout le dessin. Cliquez sur le bouton **Choix des objets**  pour restreindre la sélection à une partie du dessin. La liste **Appliquer à** affiche alors **Sélection courante**. La liste **Type d'objet** permet de choisir le type des objets à sélectionner (ligne, arc, cercle, polyligne, texte...).

Par exemple, si vous souhaitez sélectionner tous les textes du dessin, choisissez **Dessin entier** dans la liste **Appliquer à**, puis **Texte** dans la liste **Type d'objet**. Confirmez par **OK**. Tous les textes sont sélectionnés. Notez que les textes sur une ligne appartiennent au type d'objet **Texte**, alors que les textes multilignes appartiennent au type **Textmult**.

Les **Propriétés** permettent une sélection encore plus précise en fixant une propriété spécifique aux objets à sélectionner. Vous pouvez, par exemple, demander une sélection de tous les textes du dessin qui appartiennent à un calque précis.

▶ Dans ce cas, comme dans l'exemple ci-dessus, appliquez la sélection au dessin entier. Le **Type d'objet** est le texte. Choisissez **Calque** dans la liste des propriétés.

▶ La liste déroulante **Valeur** propose tous les calques existants du dessin. Choisissez celui qui vous convient puis confirmez par **OK**.

La liste **Opérateur** affiche **Egal à**, **Différent de**, **Supérieur à**, **Inférieur à**. Ces opérateurs peuvent servir par exemple à la sélection de texte dont la hauteur est à 5. Dans ce cas, la propriété **Hauteur** sera choisie, l'opérateur sera **Egal à** et vous saisirez 5 dans la liste **Valeur** avant de confirmer par **OK**.

Deux modes d'application sont proposés :

- **Inclure dans le nouveau jeu de sélection** permet la sélection des objets de la sélection rapide.
- **Exclure du nouveau jeu de sélection** permet une sélection de tous les objets sauf ceux de la sélection rapide.

La case à cocher **Ajouter au jeu de sélection courant** permet d'affecter la sélection rapide à la sélection courante.

# 4. Déplacement/copie d'objets

## Déplacement d'objets

Vous pouvez déplacer un ou plusieurs éléments de votre dessin dans n'importe quelle direction, sans changer leur orientation ni leur taille.

▶ Dans le groupe de fonctions **Modification** (onglet **Début**), cliquez sur l'icône **Déplacer** 

.

Le message ci-dessous est affiché :

```
Sélectionner des objets:
```

▶ Sélectionnez les objets à déplacer puis validez la sélection par [Entrée].

AutoCAD attend le vecteur de déplacement désigné par deux points. Le message suivant demande de préciser le premier point :

```
Spécifiez le point de base ou [Déplacement] <Déplacement>:
```

▶ Précisez le point de départ du déplacement (**P1** dans l'exemple).

```
Spécifiez le deuxième point ou <utiliser le premier point comme déplacement>:
```

▶ Précisez le point d'arrivée du déplacement (**P2** dans l'exemple).

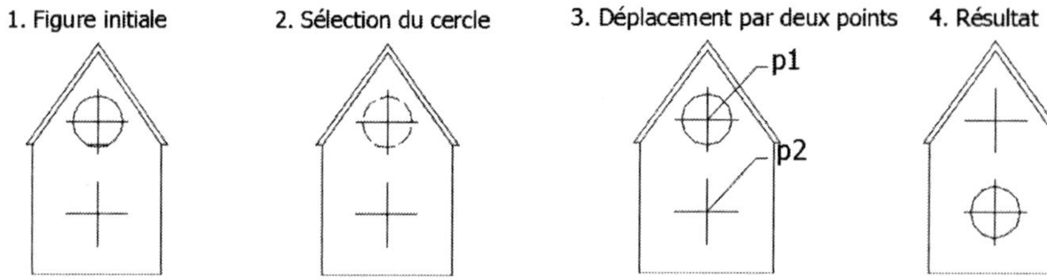


Le déplacement défini par un vecteur de direction s'applique à chaque entité choisie. Vous fournissez un déplacement relatif, aussi le premier point ne doit pas forcément être sur l'un des objets sélectionnés, bien que cela facilite la visualisation du déplacement.

**Remarque**

*Pour déplacer les objets, procédez directement à la sélection des objets à déplacer (sans commande en cours), positionnez le curseur sur l'un des objets sélectionnés (pas sur une poignée), puis effectuez un cliqué-glissé.*

## Copie d'objets

Vous pouvez copier (ou dupliquer) des éléments de votre dessin. La façon de procéder est la même que pour **Déplacer**, la seule différence étant que **Copier** laisse l'original intact. Les copies ont donc la même orientation et la même taille que l'original.

AutoCAD vous demandera ensuite un point de base et les différents points de déplacement pour obtenir des copies multiples.

▶ Dans le groupe de fonctions **Modification** (onglet **Début**), cliquez sur l'icône **Copier** 

.

Le message ci-dessous est affiché :

```
Sélectionner des objets:
```

▶ Sélectionnez les objets à copier puis validez la sélection par [Entrée].

AutoCAD attend le vecteur de déplacement (pour la copie) désigné par deux points. Le message suivant demande de préciser le premier point :

```
Spécifiez le point de base ou [Déplacement mOde] <Déplacement>:
```

▶ Précisez le point de départ (**P1** dans l'exemple).

```
Spécifiez le deuxième point ou [Réseau] <utiliser le premier point comme déplacement>:
```

▶ Précisez un second point pour la copie (**P2** dans l'exemple).

```
Spécifiez le second point ou [réseAu Quitter annUler] <Quitter>:
```

▶ Précisez un troisième point pour une nouvelle copie, ou validez par [Entrée] pour quitter la commande **Copier**.

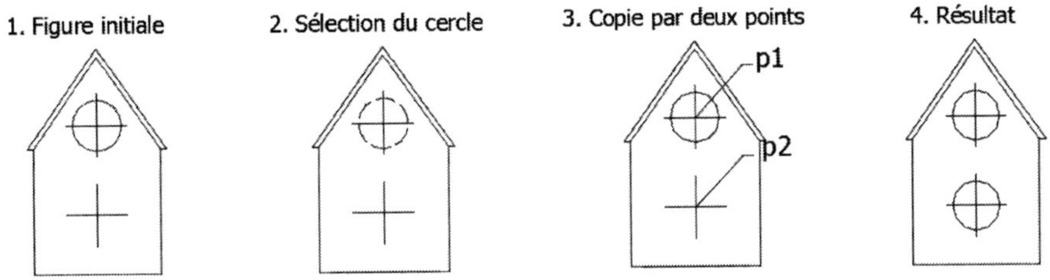


## 5. Décalage d'objets

La fonction **Décaler** permet de construire une entité parallèle à une autre à une distance quelconque ou passant par un certain point. Ce décalage est possible pour les lignes, arcs, cercles, polylignes 2D et splines.

▶ Dans le groupe de fonctions **Modification** (onglet **Début**), cliquez sur l'icône **Décaler** .

Le message ci-dessous est affiché :

```
Spécifiez la distance de décalage ou [Par Effacer Calque] <3.1367>:
```

Vous pouvez entrer la distance explicitement, la qualifier par deux points ou choisir l'option **Par** (Par un point) pour indiquer que l'objet parallèle passera par un point donné.

▶ Saisissez une valeur de décalage puis validez par [Entrée].

Le message suivant est affiché :

```
Sélectionnez l'objet à décaler ou [Quitter annUler] <Quitter>:
```

▶ Sélectionnez l'objet à décaler en cliquant directement sur celui-ci (sans sélection par Fenêtre ou Capture, Trajet...).

Le message ci-dessous est affiché.

```
Spécifiez un point sur le côté à décaler ou [Quitter Multiple annUler] <Quitter>:
```

▶ Précisez un côté de l'objet à décaler, ou modifiez la valeur de décalage.

Vous pouvez enchaîner par des décalages successifs, en précisant à chaque fois la valeur de décalage, l'objet à décaler puis le côté de l'objet à décaler.

▶ Appuyez sur la touche [Entrée] ou [Echap] pour quitter la commande **Décaler**.

L'option **Par** amène à sélectionner l'objet à décaler dans un premier temps, puis à préciser un point par lequel passe le décalage.

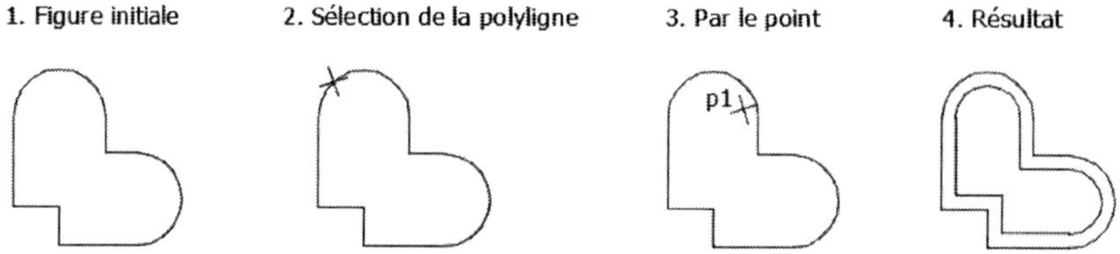


L'option **Multiple** permet d'appliquer le même décalage successivement dans la même opération. Ainsi la saisie n'est plus accessible et AutoCAD requiert les côtés des décalages (ou les points de passage).

L'option **Effacer** permet d'effacer l'objet source après le décalage.

L'option **Calque** permet de placer le décalage sur le calque courant ou le calque source.

## 6. Rotation d'objets

Vous pouvez modifier l'orientation d'objets existants en les faisant tourner autour d'un point de base défini.

▶ Dans le groupe de fonctions **Modification** (onglet **Début**), cliquez sur l'icône **Rotation** 

.

Le message ci-dessous est affiché :

```
Sélectionner des objets:
```

▶ Sélectionnez les objets à pivoter puis validez la sélection par [Entrée].

Le message ci-dessous est affiché :

```
Spécifiez le point de base:
```

▶ Précisez le point autour duquel les objets vont pivoter.

Le message ci-dessous est affiché :

```
Spécifiez l'angle de rotation ou [Copier Référence] <250>:
```

Si vous répondez à ce dernier message par un angle numérique, cet angle sera considéré comme l'angle relatif de la rotation des objets, autour du point de base spécifié.

Dans les exemples ci-dessous, pour tourner les objets sélectionnés de 45° dans le sens trigonométrique, entrez **45** :

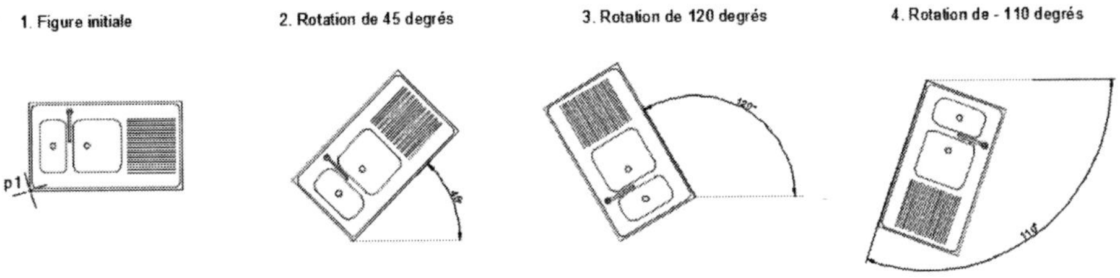


## Option Référence

Parfois, plutôt que de calculer la valeur de l'angle de rotation, il est plus pratique de s'appuyer sur un angle de référence (orientation courante) puis sur un nouvel angle (orientation souhaitée).

L'option **Référence** permet de préciser ces deux angles de manière dynamique et permet une orientation facilitée.

L'exemple ci-dessous présente une utilisation de l'option de **Référence**.

- Dans le groupe de fonctions **Modification**, choisissez l'icône **Rotation** 

.

Le message ci-dessous est affiché :

```
Sélectionner des objets:
```

- Sélectionnez les objets à pivoter (l'évier dans l'exemple ci-dessous) puis validez la sélection par [Entrée].

Le message ci-dessous est affiché :

```
Spécifiez le point de base:
```

- Précisez le point autour duquel les objets vont pivoter (**P1** dans l'exemple ci-dessous).

Le message ci-dessous est affiché :

```
Spécifiez l'angle de rotation ou [Copier Référence] <250>:
```

- Choisissez l'option **Référence**.

Le message suivant est affiché :

```
Spécifiez l'angle de référence <11>:
```

▶ Spécifiez l'angle de référence par deux points (**P1** et **P2** dans l'exemple ci-dessous).

Le message suivant est affiché :

```
Spécifiez le nouvel angle ou [Points] <0>:
```

▶ Spécifiez le nouvel angle par un troisième point (**P3** dans l'exemple ci-après).

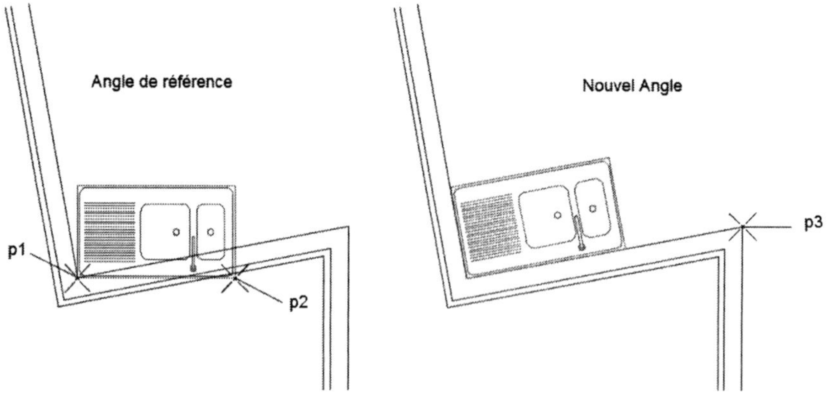


**Remarque**

*L'option **Copier** permet de conserver l'original après la rotation.*

## 7. Changement d'échelle des objets

Vous pouvez changer la taille d'entités existantes. Vous pouvez étendre ou comprimer des objets ou les faire évoluer dynamiquement. Le changement de taille s'effectue toujours depuis un point de base que vous devez préciser. Le même facteur d'échelle est appliqué aux dimensions en X et en Y.

▶ Dans le groupe de fonctions **Modification** (onglet **Début**), cliquez sur l'icône **Echelle** 

.

Le message ci-dessous est affiché :

```
Sélectionner des objets:
```

Sélectionnez les objets à redimensionner puis validez la sélection par [Entrée].

Le message suivant est affiché :

```
Spécifiez le point de base:
```

Précisez le point à partir duquel le redimensionnement sera appliqué (**P1** dans l'exemple).

Le message ci-après est affiché :

```
Spécifiez le facteur d'échelle ou [Copier Référence]:
```

Saisissez le facteur d'échelle (**1.5** dans l'exemple).

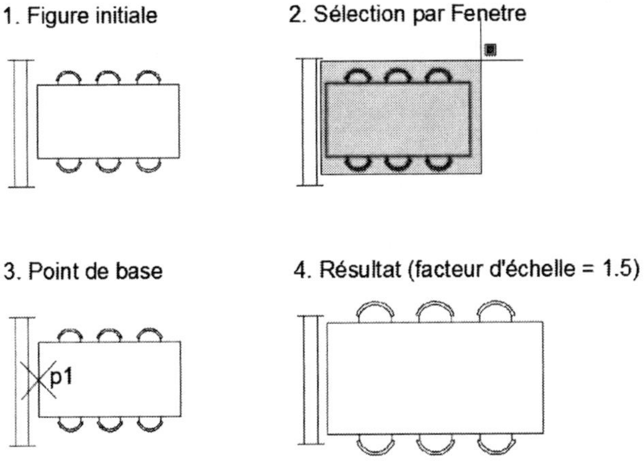


## Option Référence

Parfois, plutôt que de calculer le facteur d'échelle, il est plus pratique de s'appuyer sur une longueur de référence (longueur courante) puis sur une nouvelle longueur (longueur souhaitée).

L'option **Référence** permet de préciser ces deux longueurs de manière dynamique et permet un redimensionnement facilité.

L'exemple ci-dessous présente une utilisation de l'option de **Référence**.

Dans le groupe de fonctions **Modification**, choisissez l'icône **Echelle** 
.

Le message ci-dessous est affiché :

```
Sélectionner des objets:
```

- Sélectionnez les objets à redimensionner puis validez la sélection par [Entrée].

Le message suivant est affiché :

```
Spécifiez le point de base:
```

- Précisez le point à partir duquel le redimensionnement sera appliqué (**P1** dans l'exemple).

Le message ci-après est affiché :

```
Spécifiez le facteur d'échelle ou [Copier Référence]:
```

- Choisissez l'option **Référence**.

Le message suivant est affiché :

```
Spécifiez la longueur de référence <1.0000>:
```

- Spécifiez la longueur de référence, soit en saisissant la valeur de référence, soit par deux points (**720** ou **P1** et **P2** dans l'exemple ci-dessous).

Le message suivant est affiché :

```
Spécifiez la nouvelle longueur ou [Points] <1.0000>:
```

- Spécifiez la nouvelle longueur, soit en saisissant la nouvelle valeur ou en précisant un troisième point (**980** ou **P3** dans l'exemple ci-après).

1. Figure initiale

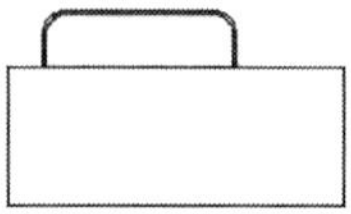

2. Sélection par Fenetre

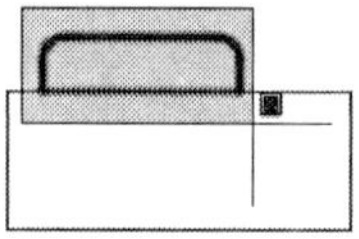

3. Longueur de référence

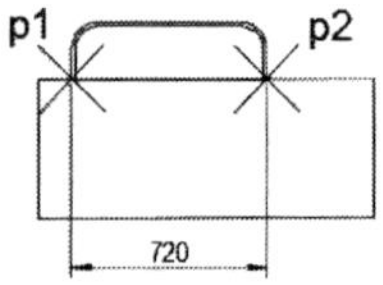


4. Nouvelle longueur

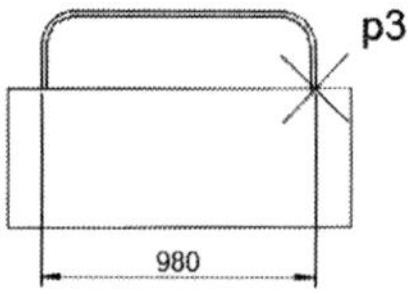


**Remarque**

*L'option **Copier** permet de conserver l'original après le changement d'échelle.*

## 8. Symétrie d'objets

Vous pouvez effectuer automatiquement des symétries d'objets existant dans votre dessin, en conservant ou en supprimant les éléments initiaux. Ces symétries s'effectuent par rapport à une ligne de symétrie à préciser par deux points.

- Dans le groupe de fonctions **Modification** (onglet **Début**), cliquez sur l'icône **Miroir** 

.

Le message ci-dessous est affiché :

```
Sélectionner des objets:
```

- Sélectionnez les objets pour lesquels vous souhaitez appliquer une symétrie puis validez la sélection par [Entrée].

Le message suivant est affiché :

```
Spécifiez le premier point de la ligne de symétrie:
```

- Précisez le premier point de la ligne de symétrie (**P1** dans l'exemple).

Le message ci-après est affiché :

```
Spécifiez le deuxième point de la ligne de symétrie:
```

- Précisez le second point de la ligne de symétrie (**P2** dans l'exemple).

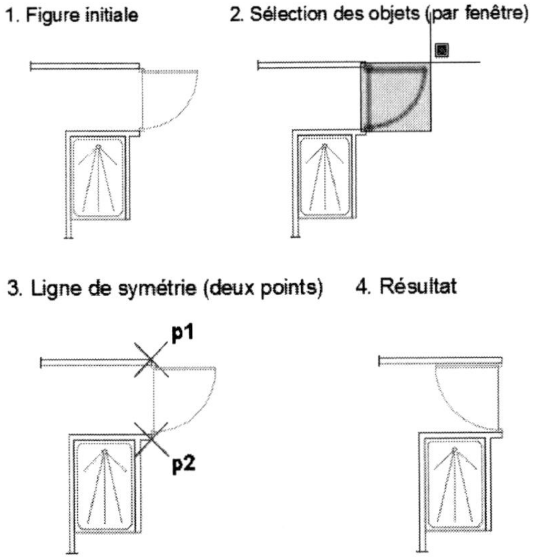

Le message ci-après est affiché :

```
Effacer les objets source ? [Oui Non] <N>:
```

## Cas particuliers : les textes et attributs

Vous pouvez refléter une partie d'un dessin sans que les textes deviennent illisibles. AutoCAD permet cela par la variable de système **Mirrtext**. Si celle-ci est affectée de la valeur 1 (valeur par défaut), le texte sera reflété selon les règles mathématiques de la réflexion.

Si vous assignez la valeur 0 à **Mirrtext**, les textes (et attributs) sont traités de manière spéciale pour empêcher un affichage renversé ou reflété.

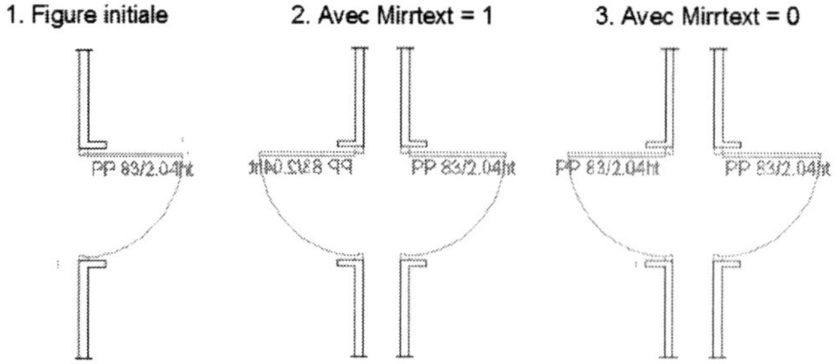


# 9. Étirement d'objets

Vous pouvez allonger ou rétrécir une partie d'un dessin. Vous pouvez aussi déplacer une partie sélectionnée d'un dessin, en préservant les connexions avec les portions du dessin laissées en place.

- Dans le groupe de fonctions **Modification** (onglet **Début**), cliquez sur l'icône **Etirer** .

Le message ci-dessous est affiché :

```
Sélectionner des objets:
```

La sélection doit être réalisée par l'outil **Capture** ou **CPolygone**. Tous les objets situés à l'intérieur de la capture seront déplacés ; ceux qui croisent un bord de la capture seront étirés (allongés ou écourtés).

- Sélectionnez les objets à étirer à l'aide de l'outil **Capture** ou (**CPolygone**) puis validez la sélection par [Entrée].

Le message suivant est affiché :

```
Spécifiez le point de base ou [Déplacement] <Déplacement>:
```

▶ Précisez le point de référence de départ (**P1** dans l'exemple).

Le message ci-après est affiché :

```
Spécifiez le deuxième point ou <utiliser le premier point comme déplacement>:
```

▶ Précisez le point de référence d'arrivée (**P2** dans l'exemple).

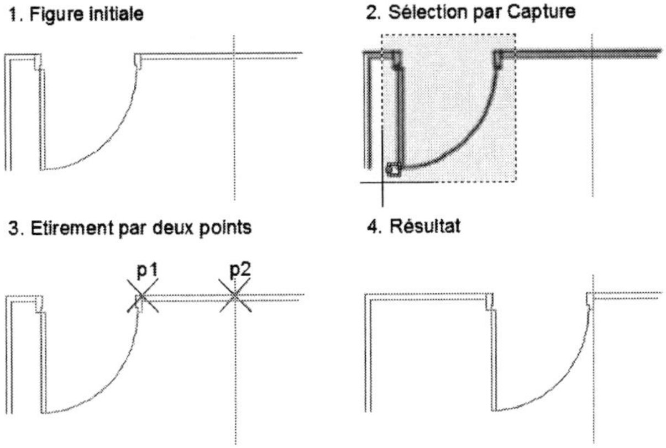


## 10. Alignement d'objets

Vous pouvez, en une seule opération, déplacer et faire tourner des objets. Vous précisez, en alternant les positions initiales et finales, quatre points (ou six en 3D). De cette façon, vous donnez les positions puis les orientations de départ et d'arrivée.

▶ Déroulez le groupe de fonctions **Modification**, et choisissez l'icône **Aligner**.

Le message ci-dessous est affiché :

```
Sélectionner des objets:
```

▶ Sélectionnez les objets à aligner puis validez la sélection par [Entrée].

Le message suivant est affiché :

```
Spécifiez le premier point source:
```

▶ Précisez le premier point de la position initiale (**P1** dans l'exemple).

Le message ci-après est affiché :

```
Spécifiez le premier point d'arrivée:
```

▶ Précisez le premier point de la position souhaitée (**P1'** dans l'exemple).

Le message suivant est affiché :

```
Spécifiez le deuxième point source:
```

▶ Précisez le second point de la position initiale (**P2** dans l'exemple).

Le message suivant est affiché :

```
Spécifiez le deuxième point d'arrivée:
```

▶ Précisez le second point de la position souhaitée (**P2'** dans l'exemple).

Le message suivant est affiché :

```
Spécifiez le troisième point source ou <continuer>:
```

▶ Validez par la touche [Entrée] (sauf si Alignement 3D souhaité).

Le message suivant est affiché :

```
Mettre les objets à l'échelle des points d'alignement ? [Oui Non] <N>:
```

▶ Validez par la touche [Entrée] pour conserver l'échelle des objets à aligner.

**Remarque**

*Un changement d'échelle est possible en s'appuyant sur la nouvelle longueur de référence spécifiée par le segment P1' P2'.*

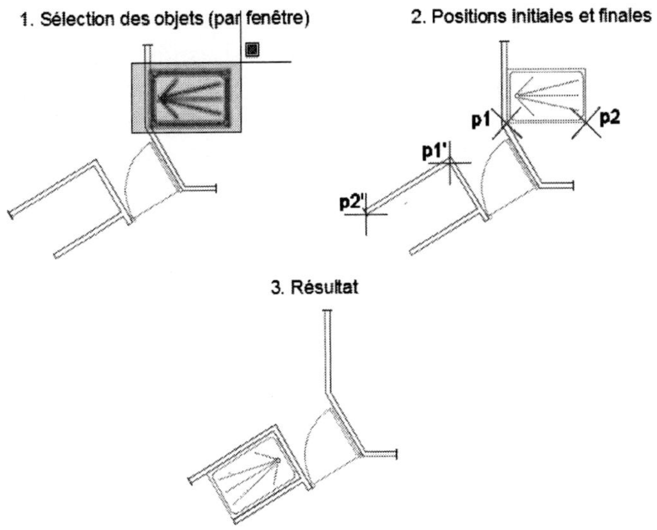


## 11. Copies multiples (ou Réseaux)

AutoCAD permet la copie multiple d'objets selon trois méthodes.

- **Le réseau rectangulaire** qui permet une duplication uniforme d'objets selon une combinaison de rangées, de colonnes et de niveaux. Dans l'exemple ci-dessous, la duplication respecte trois colonnes et deux rangées.

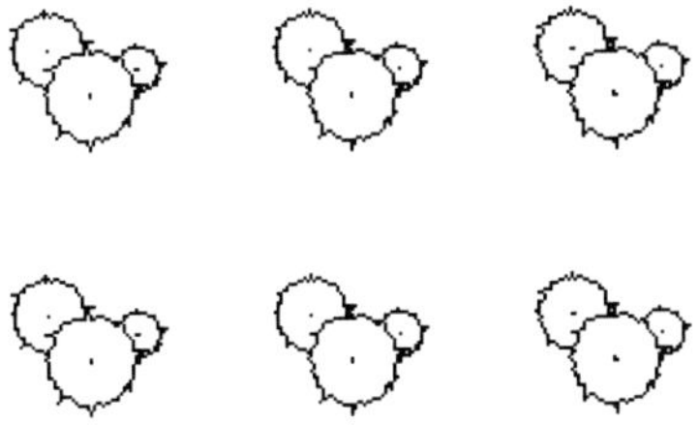

- **Le réseau polaire** qui permet une duplication uniforme d'objets autour d'un point de centre (ou axe de rotation). Dans l'exemple ci-dessous, la duplication respecte la rotation autour du point situé à l'intersection des deux axes selon 360 degrés.

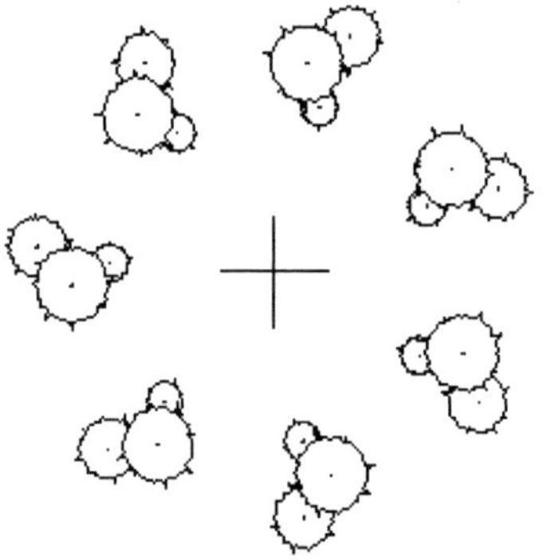

- **Le réseau le long d'une trajectoire** qui permet une duplication uniforme d'objets le long d'une trajectoire. Dans l'exemple ci-dessous, la duplication est générée le long de la courbe et sur toute sa longueur.

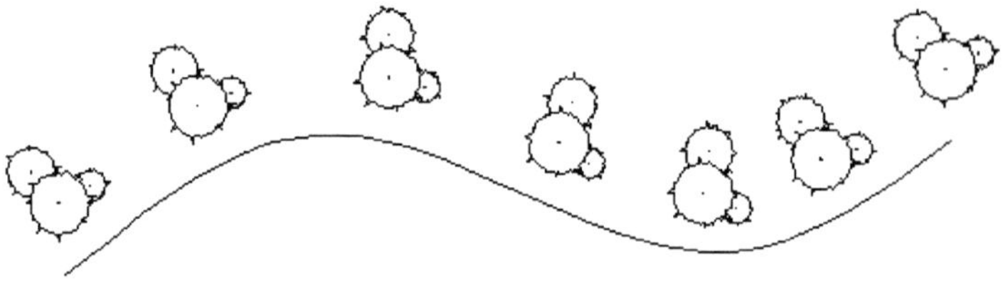

## 11.1 Réseau rectangulaire

▶ Dans le groupe de fonctions **Modification**, choisissez l'icône déroulante **Réseau rectangulaire** .

Le message ci-dessous est affiché :

```
Choix des objets:
```

Sélectionnez les objets à dupliquer puis validez la sélection par [Entrée].

AutoCAD affiche un aperçu du premier résultat, en tenant compte des valeurs présentes dans les groupes de fonctions contextuels de l'onglet **Création de réseau**.

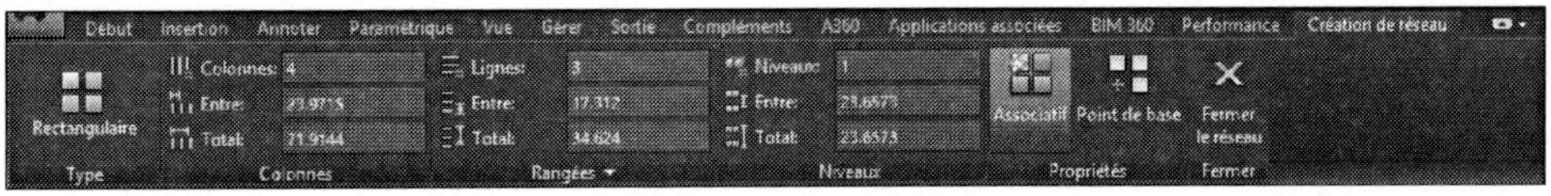


- Dans le groupe de fonctions **Colonnes**, précisez le nombre total de colonnes, la distance entre chaque colonne et/ou la distance totale entre les première et dernière colonnes.
- Dans le groupe de fonctions **Rangées**, précisez le nombre total de rangées, la distance entre chaque rangée et/ou la distance totale entre les première et dernière rangées.
- Dans le groupe de fonctions **Niveaux**, précisez si nécessaire le nombre de niveaux dans la direction Z, la distance entre chaque niveau et/ou la distance totale entre les premier et dernier niveaux.
- Dans le groupe de fonctions **Propriétés**, activez ou désactivez l'associativité du réseau à l'aide de l'icône **Associatif**.

Dans le cas d'un réseau associatif, les éléments dupliqués constituent un réseau associatif modifiable dynamiquement à volonté. Dans le cas d'un réseau non associatif, les objets dupliqués sont indépendants.

- Dans le groupe de fonctions **Propriétés**, choisissez l'icône **Point de base** pour modifier le point de référence des objets dupliqués.

- Confirmez le réseau rectangulaire en cliquant sur l'icône **Fermer le réseau** du groupe de fonctions **Fermer**.

## Modifier un réseau associatif

- Sélectionnez le réseau rectangulaire résultant. Le réseau associatif affiche plusieurs poignées de modification :

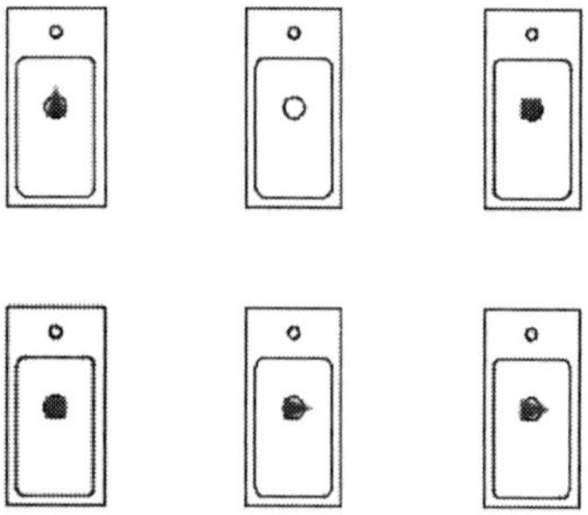

- Déplacez le pointeur sur les différentes poignées pour afficher le menu contextuel de modification.

La poignée ci-dessous vous permet de déplacer le réseau, ou de modifier le nombre de niveaux.

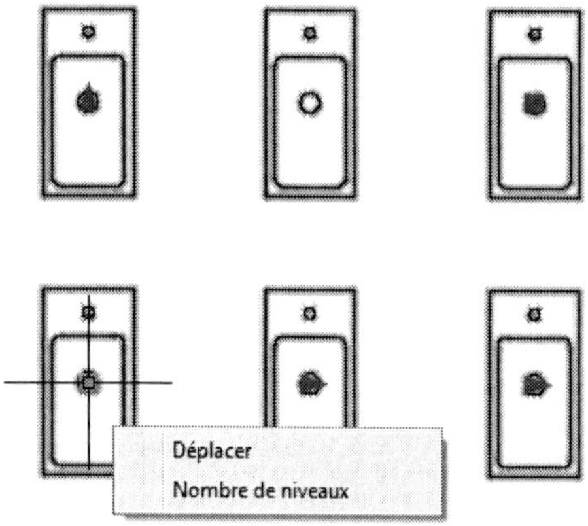

La poignée ci-dessous vous permet de modifier l'espacement entre les colonnes (saisie ou clic).

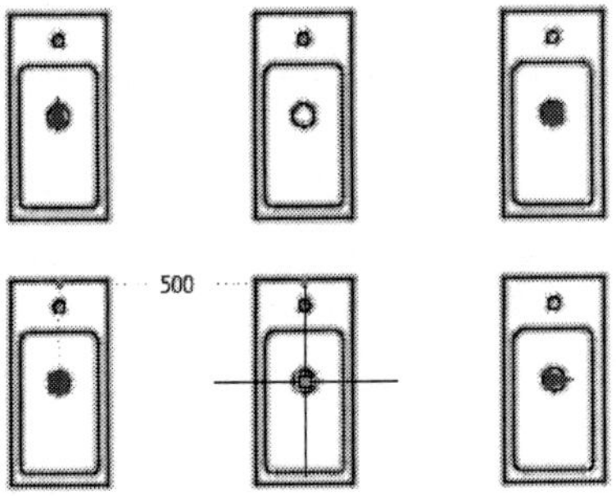


La poignée ci-dessous vous permet de modifier le nombre de colonnes, l'espacement total des colonnes ou encore l'angle de rotation du réseau.

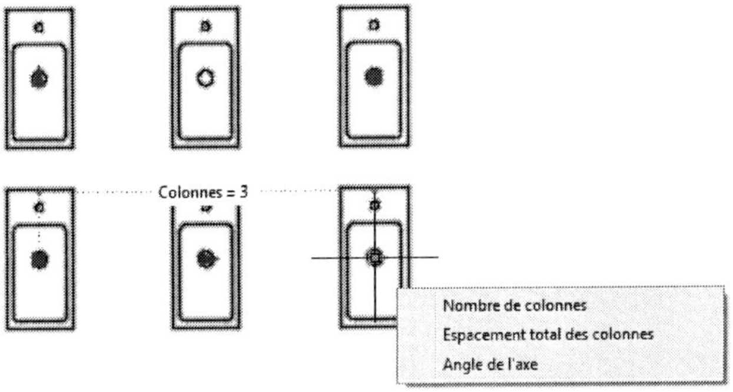


La poignée ci-dessous vous permet de modifier le nombre de rangées, l'espacement entre les lignes ou encore l'angle de rotation du réseau.

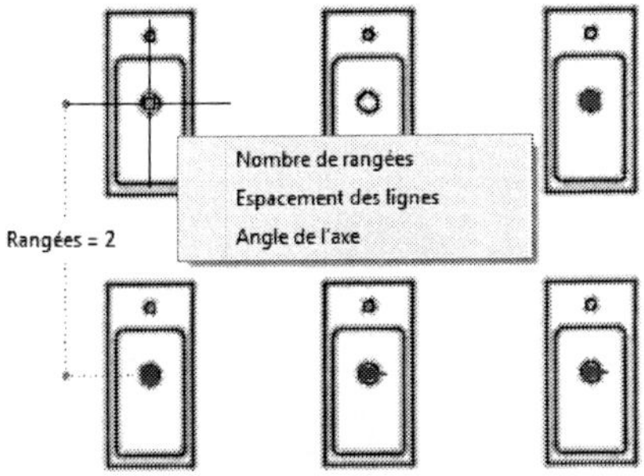

La poignée ci-dessous vous permet de modifier dynamiquement le nombre de rangées et de colonnes, et de modifier l'espacement total entre les rangées et les colonnes.

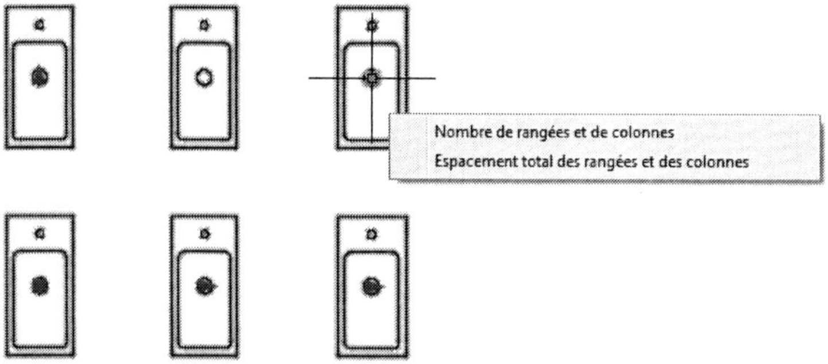


▶ Sélectionnez le réseau et effectuez un clic droit, puis sélectionnez **Réseau** pour afficher le menu contextuel suivant :

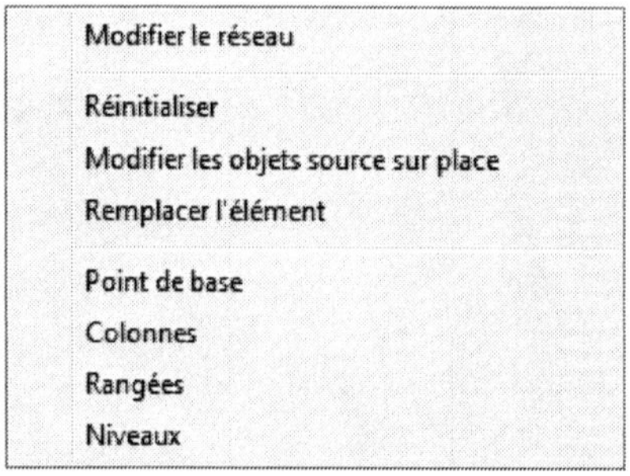


L'option **Modifier le réseau** permet de modifier l'ensemble des paramètres définissant le réseau.

L'option **Réinitialiser** permet de rétablir le réseau précédent après modification.

L'option **Modifier les objets source sur place** permet de modifier les objets de référence du réseau. Après modification, toutes les copies sont automatiquement mises à jour.

L'option **Remplacer l'élément** permet de remplacer les objets de référence du réseau.

L'ensemble des paramètres du réseau est également modifiable depuis le ruban et l'onglet contextuel **Réseau** :

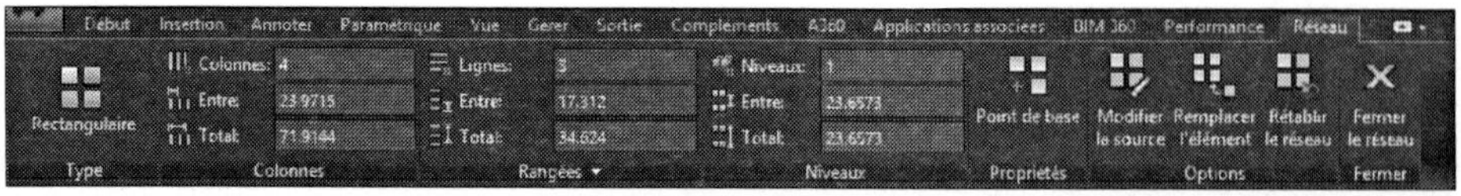

**Remarque**

*Utilisez la fonction **Décomposer** (groupe de fonctions **Modification**) pour retirer l'associativité du réseau.*

## 11.2 Réseau polaire

- Dans le groupe de fonctions **Modification**, choisissez l'icône déroulante **Réseau polaire** 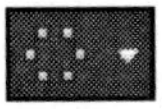.

AutoCAD affiche l'invite suivante :

```
Choix des objets:
```

- Sélectionnez les objets à dupliquer et validez par [Entrée].

AutoCAD affiche :

```
Spécifiez le point central du réseau ou [point de Base Axe de rotation]:
```

- Précisez le point de centre autour duquel dupliquer les objets.

L'option **point de Base** permet de modifier le point de référence pour les objets dupliqués.

L'option **Axe de rotation** permet de spécifier deux points définissant un axe de rotation (environnement 3D).

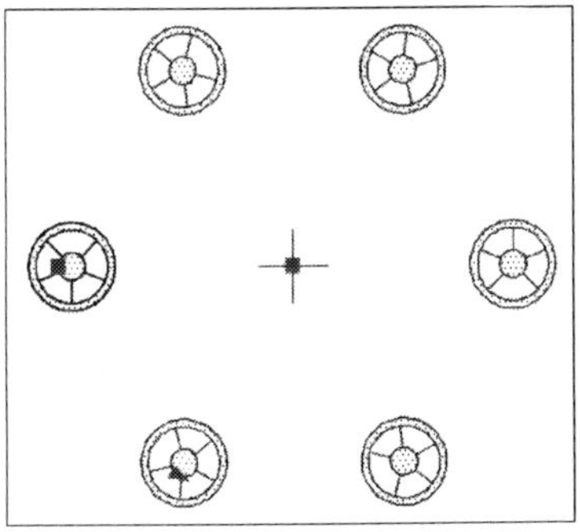

AutoCAD affiche un aperçu du premier résultat, en tenant compte des valeurs présentes dans les groupes de fonctions contextuels de l'onglet **Création de réseau**.

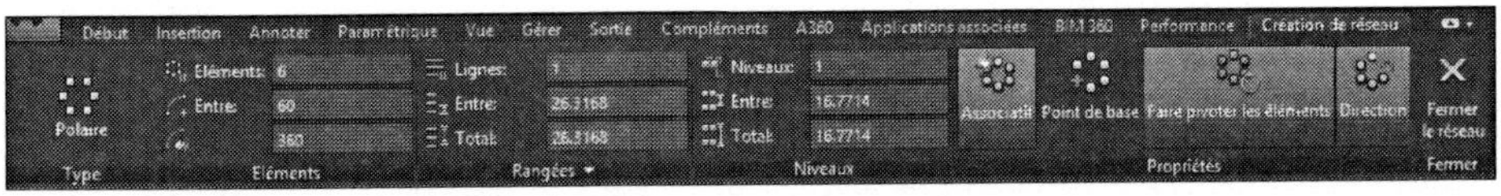

- Dans le groupe de fonctions **Eléments**, précisez le nombre total d'éléments dupliqués (originaux inclus), l'angle entre les éléments et/ou l'angle total entre les premier et dernier éléments dupliqués.
- Dans le groupe de fonctions **Rangées**, précisez si nécessaire le nombre de rangées distantes de la première rangée (tel un décalage), la distance entre chaque rangée et/ou la distance totale entre les première et dernière rangées.
- Dans le groupe de fonctions **Niveaux**, précisez si nécessaire le nombre de niveaux dans la direction Z, la distance entre chaque niveau et/ou la distance totale entre les premier et dernier niveaux.
- Dans le groupe de fonctions **Propriétés**, activez ou désactivez l'associativité du réseau à l'aide de l'icône **Associatif**.

Dans le cas d'un réseau associatif, les éléments dupliqués constituent un réseau associatif modifiable dynamiquement à volonté. Dans le cas d'un réseau non associatif, les objets dupliqués sont indépendants.

- Dans le groupe de fonctions **Propriétés**, choisissez l'icône **Point de base** pour modifier le point de référence des objets dupliqués ; choisissez l'icône **Faire pivoter les éléments** pour définir ou non une rotation des éléments dupliqués lors du réseau ; choisissez l'icône **Direction** pour choisir la rotation dans le sens trigonométrique ou horaire.
- Confirmez le réseau polaire en cliquant sur l'icône **Fermer le réseau** du groupe de fonctions **Fermer**.

## Modifier un réseau associatif

- Sélectionnez le réseau polaire résultant. Le réseau associatif affiche plusieurs poignées de modification :

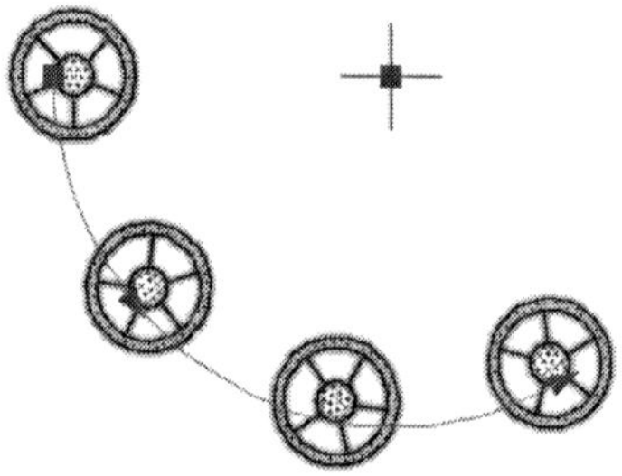

- Déplacez le pointeur sur les différentes poignées pour afficher le menu contextuel de modification.

La poignée ci-dessous vous permet de modifier le rayon de l'étirement (ou distance depuis le point de centre), et de modifier le nombre de rangées ainsi que le nombre de niveaux.

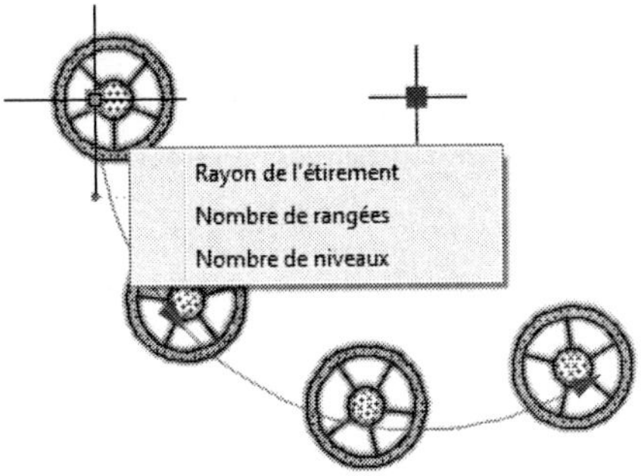


La poignée ci-dessous vous permet de modifier l'angle entre les éléments du réseau.

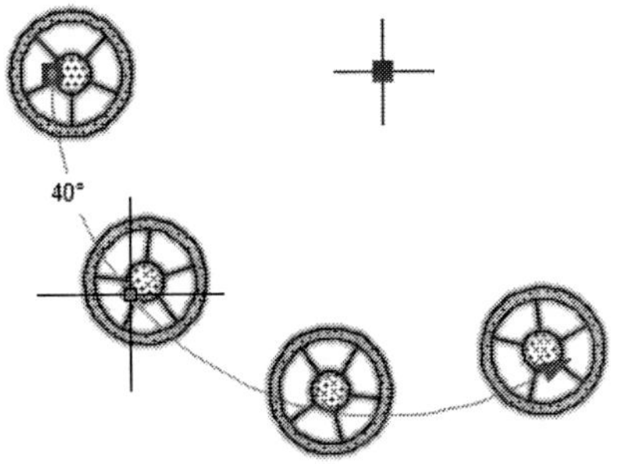


La poignée ci-dessous vous permet de modifier le nombre total d'éléments (l'original inclus) et l'angle parcouru entre les premier et dernier éléments du réseau.

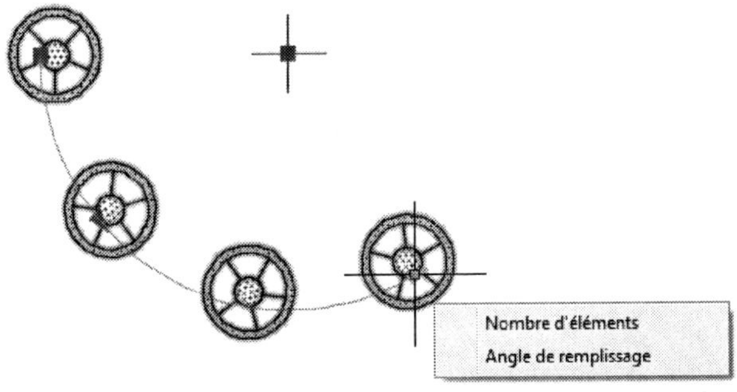

▶ Sélectionnez le réseau et effectuez un clic droit, sélectionnez **Réseau** pour afficher le menu contextuel suivant :

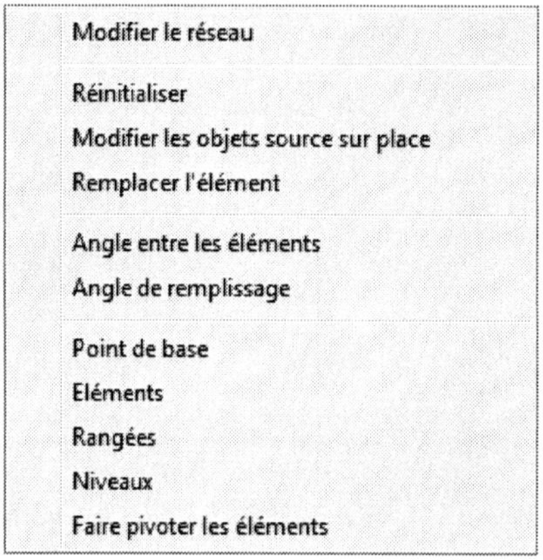


L'option **Modifier le réseau** permet de modifier l'ensemble des paramètres définissant le réseau.

L'option **Réinitialiser** permet de rétablir le réseau précédent après modification.

L'option **Modifier les objets source sur place** permet de modifier les objets de référence du réseau. Après modification, toutes les copies sont automatiquement mises à jour.

L'option **Remplacer l'élément** permet de remplacer les objets de référence du réseau.

L'ensemble des paramètres du réseau est également modifiable depuis le ruban et l'onglet contextuel **Réseau** :

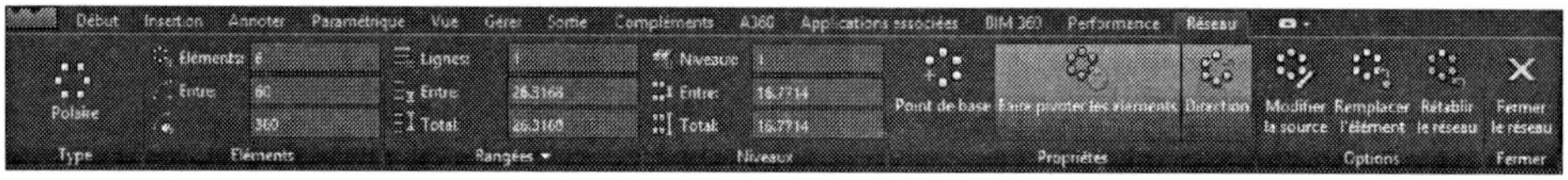


### Remarque

*Utilisez la fonction **Décomposer** (groupe de fonctions **Modification**) pour retirer l'associativité du réseau.*

## 11.3 Réseau le long d'une trajectoire

Dans l'exemple ci-dessous, nous allons dupliquer uniformément l'ordinateur le long de la courbe.

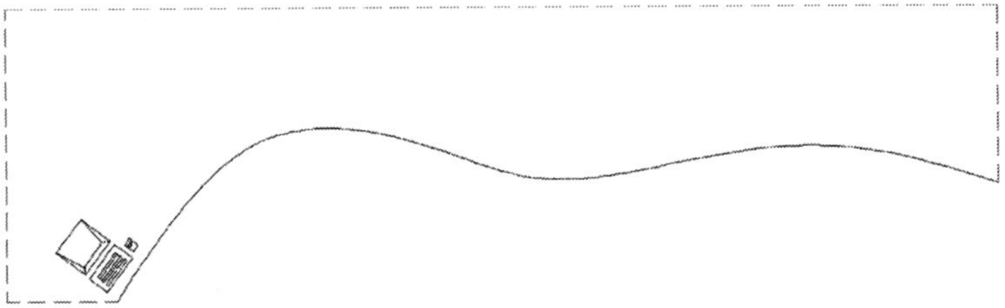

- Dans le groupe de fonctions **Modification**, choisissez l'icône déroulante **Réseau le long d'une trajectoire** .

AutoCAD affiche l'invite suivante :

```
Choix des objets:
```

- Sélectionnez les objets à dupliquer et validez par [Entrée].

AutoCAD affiche :

```
Sélectionnez la courbe de la trajectoire:
```

- Sélectionnez la courbe le long de laquelle vous souhaitez réaliser le réseau.

La trajectoire peut être une ligne, une polyligne 2D ou 3D, une spline, une hélice, un arc, une ellipse ou un cercle.

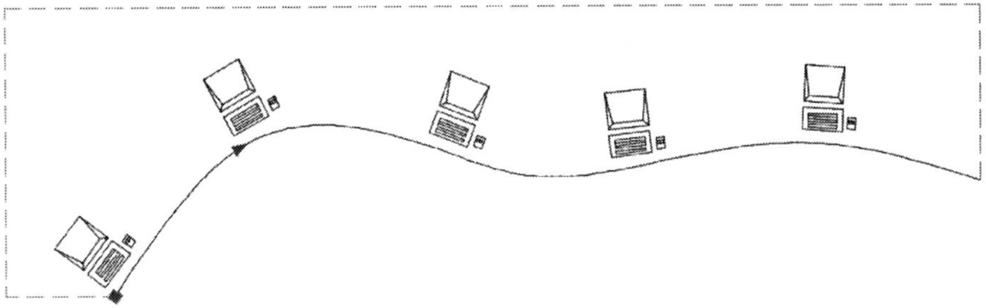

AutoCAD affiche un aperçu du premier résultat, en tenant compte des valeurs présentes dans les groupes de fonctions contextuels de l'onglet **Création de réseau**.

- Dans le groupe de fonctions **Eléments**, précisez le nombre total d'éléments dupliqués (originaux inclus), ou l'espacement entre les éléments et/ou l'espacement total entre les premier et dernier éléments dupliqués.
- Dans le groupe de fonctions **Rangées**, précisez si nécessaire le nombre de rangées distantes de la première rangée (tel un décalage), la distance entre chaque rangée et/ou la distance totale entre les première et dernière rangées.
- Dans le groupe de fonctions **Niveaux**, précisez si nécessaire le nombre de niveaux dans la direction Z, la distance entre chaque niveau et/ou la distance totale entre les premier et dernier niveaux.
- Dans le groupe de fonctions **Propriétés**, activez ou désactivez l'associativité du réseau à l'aide de l'icône **Associatif**.

Dans le cas d'un réseau associatif, les éléments dupliqués constituent un réseau associatif modifiable dynamiquement à volonté. Dans le cas d'un réseau non associatif, les objets dupliqués sont indépendants.

- Dans le groupe de fonctions **Propriétés**, choisissez l'icône **Point de base** pour modifier le point de référence des objets dupliqués ; choisissez l'icône **Direction Tangente** pour définir l'orientation des éléments à dupliquer, en définissant deux points le long de la trajectoire.
- Dans le groupe de fonctions **Propriétés**, choisissez l'icône déroulante **Mesurer** pour répartir les éléments dupliqués selon des intervalles définis ; ou choisissez l'icône déroulante **Diviser** pour répartir les éléments dupliqués de manière égale le long de la trajectoire (dans ce cas, le segment divisé).
- Dans le groupe de fonctions **Propriétés**, choisissez l'icône **Aligner les éléments** pour définir l'orientation des éléments dupliqués, soit de manière identique aux éléments originaux, soit de manière perpendiculaire (ou normale) à la trajectoire. Choisissez l'icône **Direction Z** si nécessaire pour orienter une direction Z lors de l'utilisation d'une trajectoire 3D.
- Dans le groupe de fonctions **Fermer**, choisissez **Fermer le réseau** pour valider la création du réseau.

## Modifier un réseau associatif

- Sélectionnez le réseau le long d'une trajectoire résultante. Le réseau associatif affiche plusieurs poignées de modification :

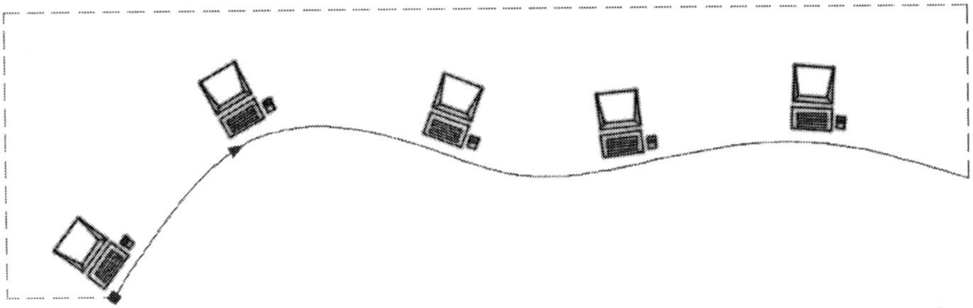

- Déplacez le pointeur sur les différentes poignées pour afficher le menu contextuel de modification.

La poignée ci-dessous vous permet de déplacer le réseau, de modifier le nombre de rangées et le nombre de niveaux.

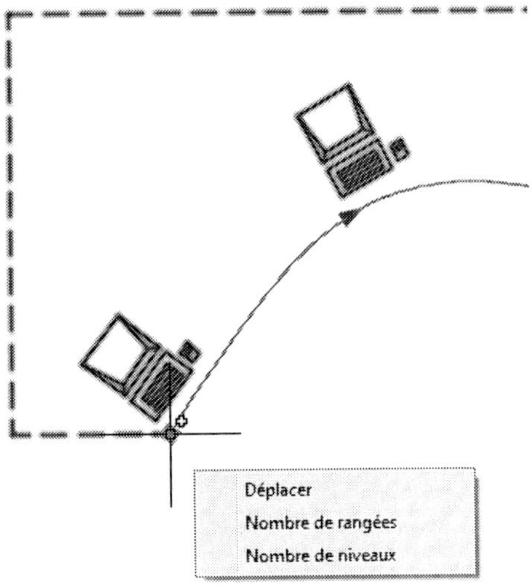

La poignée ci-dessous vous permet de modifier la distance entre les éléments.

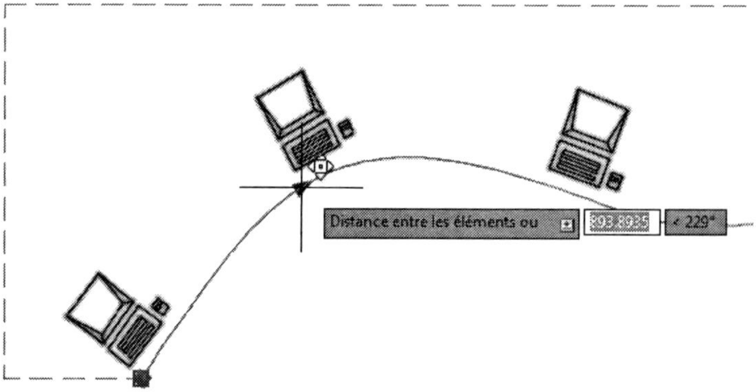


▶ Bougez le pointeur pour visualiser l'affichage dynamique de l'aperçu du résultat.

▶ Sélectionnez le réseau et effectuez un clic droit, sélectionnez **Réseau** pour afficher le menu contextuel suivant :

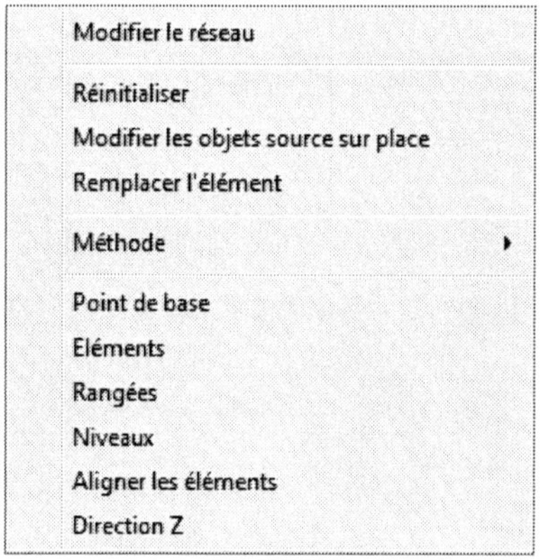


L'option **Modifier le réseau** permet de modifier l'ensemble des paramètres définissant le réseau.

L'option **Réinitialiser** permet de rétablir le réseau précédent après modification.

L'option **Modifier les objets source sur place** permet de modifier les objets de référence du réseau. Après modification, toutes les copies sont automatiquement mises à jour.

L'option **Remplacer l'élément** permet de remplacer les objets de référence du réseau.

L'option **Méthode** permet de modifier la technique de duplication : soit selon une répartition uniforme (Diviser), soit selon une longueur (Mesurer).

L'ensemble des paramètres du réseau est également modifiable depuis le ruban et l'onglet contextuel **Réseau** :

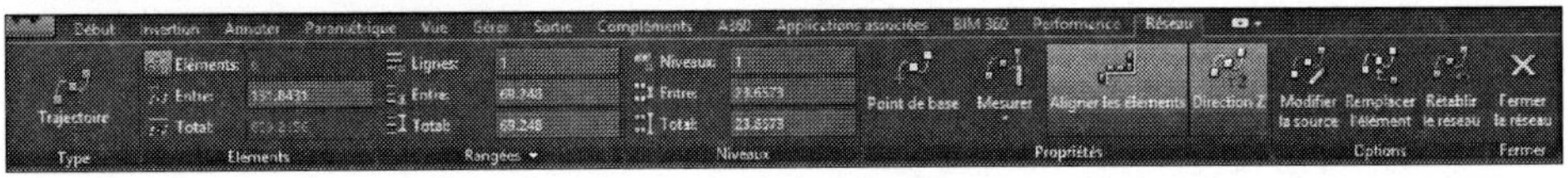


**Remarque**

*Utilisez la fonction **Décomposer** (groupe de fonctions **Modification**) pour retirer l'associativité du réseau.*

## 12. Ajustement d'objets

- Dans le groupe de fonctions **Modification** (onglet **Début**), cliquez sur l'icône déroulante **Ajuster** 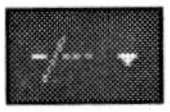.

Vous devez souvent ajuster des objets de façon à ce qu'ils ne dépassent pas une limite définie par un ou plusieurs objets dans le dessin (appellons cette limite une arête ou un bord de coupe). Vous donnez en quelque sorte un "coup de ciseaux" entre deux bords de coupe pour supprimer une partie d'objets indésirable.

D'abord, il faut définir la ou les arêtes auxquelles les entités seront ajustées. AutoCAD affiche l'invite suivante :

```
Sélectionnez les arêtes sécantes...
AJUSTER Sélectionnez les objets ou <tout sélectionner>:
```

- Sélectionnez toutes les arêtes définissant les bords de coupe et appuyez sur la touche [Entrée].

Le message suivant apparaît :

```
Sélectionnez l'objet à ajuster ou utilisez la touche Maj pour le prolonger ou
AJUSTER [tRajet cApture Projection Côté eFfacer annUler]: |
```

Vous pouvez choisir la ou les parties d'objets à supprimer soit en pointant directement ou en utilisant l'option **Trajet** ou encore la sélection par **cApture**. Dans le cas où vous avez plusieurs objets à ajuster, il sera souvent très intéressant de choisir **Trajet** ou **cApture**.

Voici quelques exemples :

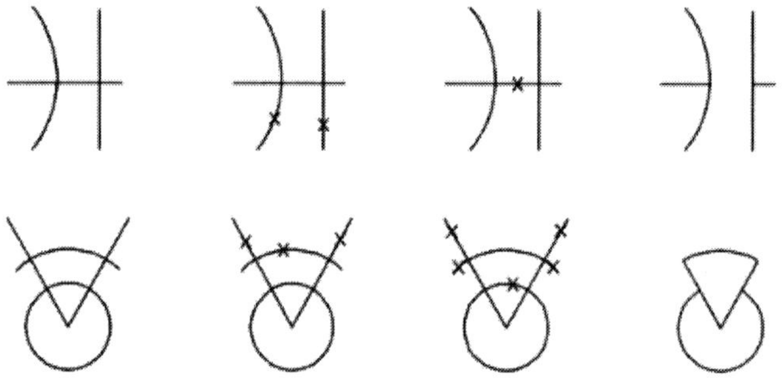


■ Remarque

*Notez qu'un seul et même objet peut servir de bord de coupe et être l'un des objets à ajuster.*

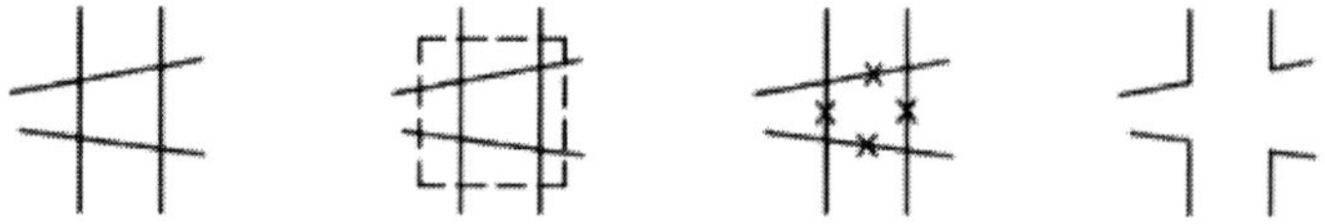


Dans l'exemple ci-après, on utilise l'option de sélection **Trajet** pour ajuster plusieurs objets. En effet, dans ce cas, l'option **Trajet** évite de sélectionner une par une les parties d'objets à ajuster.

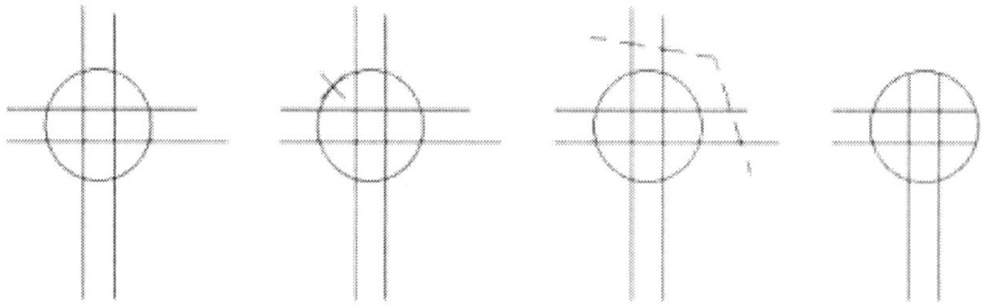

Dans l'exemple ci-après, il s'agit de l'ajustement d'une hachure.

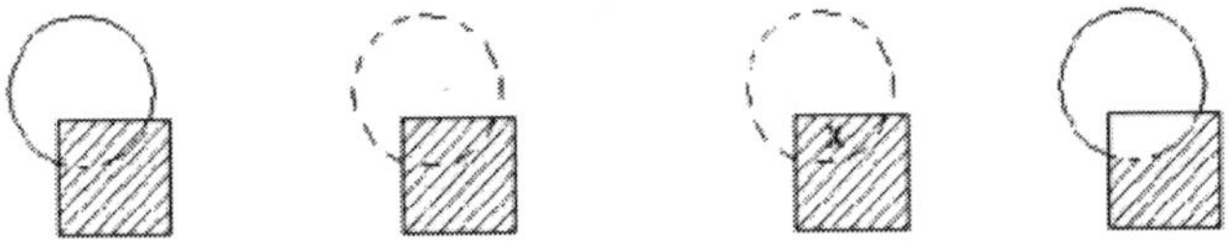

1. Initial    2. Choix de l'arête sécante    3. Choix de l'objet à ajuster    4. Résultat

## L'option Côté

Deux possibilités existent. Le message suivant est affiché :

```
AJUSTER Entrez un mode de prolongement du côté implicite [PRolongement PAs de prolongement]
<PAs de prolongement>:
```

**PRolongement** : permet un ajustement même si les bords de coupe ne croisent pas réellement les objets à ajuster. Il est conseillé de choisir cette option par défaut.

**PAs de prolongement** : permet un ajustement seulement si les bords de coupe croisent les objets à ajuster.

## L'option Projection

Cette option est particulière et peut être utile en 3D. Elle permet d'ajuster des objets entre eux, même s'ils ne se croisent pas et qu'ils ont des élévations en Z différentes. Ainsi, un objet 3D peut être ajusté par rapport à un objet 2D dans un plan particulier et inversement. Attention, cette méthode est à utiliser avec précaution.

Trois possibilités existent. Le message suivant est affiché :

```
Entrez une option de projection [Aucune Scu Vue] <Scu>:
```

**Aucune** : précise qu'AutoCAD n'ajuste que les objets se croisant réellement.

**Scu** : permet une projection dans le plan du Scu courant. AutoCAD ajuste les objets se croisant dans le Scu courant.

**Vue** : permet une projection selon la vue courante. AutoCAD ajuste les objets se croisant selon la vue.

## L'option eFfacer

L'option **eFfacer** permet de supprimer des objets au sein de la commande **Ajuster**.

**Remarque**

*Appuyez sur [Entrée] quand AutoCAD demande la sélection des arêtes ; vous pourrez directement choisir les parties à supprimer. AutoCAD ajuste les objets selon les premières limites rencontrées. Appuyez sur [Shift] et l'ajustement se transforme en prolongement.*

## 13. Prolongement d'objets

- Dans le groupe de fonctions **Modification**, cliquez sur l'icône déroulante **Prolonger** 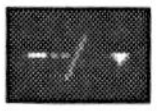.

Vous pouvez prolonger des objets pour qu'ils se terminent exactement à une limite définie par un ou plusieurs objets.

Notez que tout comme **Ajuster**, **Prolonger** peut utiliser une ou plusieurs limites.

Il faut d'abord sélectionner les objets servant de limites.

```
Sélectionnez les limites ...
PROLONGE Sélectionnez les objets ou <tout sélectionner>:
```

Les Lignes, Arcs, Cercles, Polylignes 2D et 3D, Ellipses, Splines... peuvent servir de limites. Vous pouvez qualifier celles-ci par une quelconque méthode de sélection d'objets.

- Sélectionnez toutes les limites et validez par [Entrée]. Vous obtenez alors le message :

```
Sélectionnez l'objet à prolonger ou utilisez la touche Maj pour l'ajuster ou
PROLONGE [TRajet cApture Projection Côté annUler]:
```

Vous devez choisir un objet à prolonger en pointant la partie de l'objet qui doit être prolongée. Vous pouvez aussi utiliser l'option **Trajet** ou la sélection par **cApture**. Ces options permettent un gain de temps considérable dès l'instant où vous avez plusieurs objets à prolonger.

Exemple

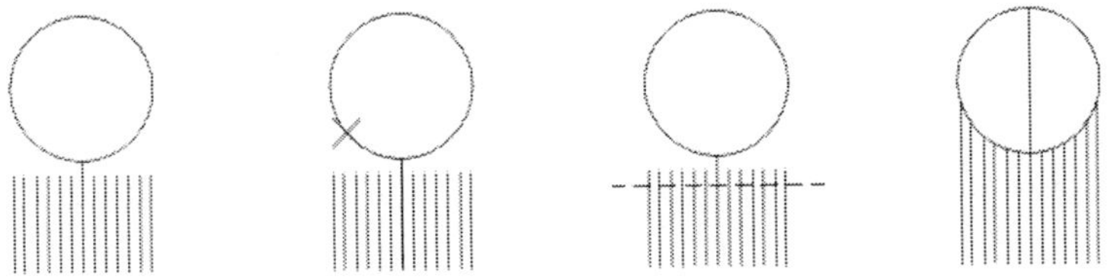

1. Initial    2. Sélection de limite    3. Sélection des objets à prolonger par l'option Trajet    4. Résultat

## L'option Côté

Deux possibilités existent. Le message suivant est affiché :

```
PROLONGE Entrez un mode de prolongement du côté implicite [PRolongement PAs de prolongement]
<PAs de prolongement>:
```

**PRolongement** : permet un prolongement même si les limites ne coupent pas réellement les objets à prolonger. Il est conseillé de choisir cette option par défaut.

**PAs de prolongement** : permet un prolongement seulement si les limites coupent les objets à prolonger.

## L'option Projection

Cette option est particulière et peut être utile en 3D. Elle permet de prolonger des objets entre eux, même s'ils ne se croisent pas et qu'ils ont des élévations en Z différentes. Ainsi, un objet 2D peut être prolongé jusqu'à un objet 3D dans un plan particulier et inversement. Attention, cette méthode est à utiliser avec précaution.

Trois possibilités existent. Le message suivant est affiché :

```
Entrez une option de projection [Aucune Scu Vue] <Scu>:
```

**Aucune** : précise qu'AutoCAD ne prolonge que les objets se croisant réellement.

**Scu** : permet une projection dans le plan du Scu courant. AutoCAD prolonge les objets se croisant dans le Scu courant.

**Vue** : permet une projection selon la vue courante. AutoCAD prolonge les objets se croisant selon la vue.

**Remarque**

*Appuyez sur [Entrée] quand AutoCAD demande la sélection des limites ; vous pourrez directement choisir les parties à prolonger. AutoCAD prolonge les objets jusqu'aux premières limites rencontrées. Appuyez sur [Shift] et l'ajustement se transforme en prolongement.*

# 14. Coupure d'objets

La coupure d'un objet peut s'effectuer de deux façons. Soit l'objet est coupé par un point (on obtient deux objets), soit l'objet est coupé par deux points (une partie de l'objet est supprimée). À la différence de la commande **Ajuster**, **Coupure** ne nécessite pas la sélection d'arêtes délimitant la partie à supprimer.

## 14.1 Coupure à un point

Cette méthode coupe l'objet en deux objets distincts. Vous devez préciser le point de coupure.

- Déroulez le groupe de fonctions **Modification** (onglet **Début**), cliquez sur l'icône **Couper au niveau du point** .

AutoCAD affiche :

```
Sélectionnez un objet:
```

- Sélectionnez l'objet à couper.

```
Spécifiez le premier point de coupure:
```

Vous spécifiez ici le point de coupure (une intersection par exemple).

## 14.2 Coupure par deux points

Cette méthode coupe une partie de l'objet. À la différence de l'option ci-dessus, les deux points précisés sont différents. Ils définissent la partie à couper.

- Dans le groupe de fonctions **Modification**, cliquez sur l'icône **Coupure** .

AutoCAD affiche :

```
Sélectionnez un objet:
```

- Sélectionnez l'objet à couper.

```
Spécifiez le deuxième point de coupure ou [Premier point]:
```

- Effectuez un clic droit et choisissez l'option **Premier point**.

Vous devez ensuite sélectionner les deux points matérialisant la partie à supprimer, au regard des messages suivants :

```
Spécifiez le premier point de coupure:
```

```
Spécifiez le deuxième point de coupure:
```

**Remarque**

*À chaque fois, AutoCAD propose, après la sélection, de fixer directement le deuxième point. Attention, dans ce cas, la sélection (l'endroit où vous avez cliqué) et le point demandé déterminent la partie à supprimer. Si la résolution est activée, vous maîtrisez précisément la sélection et cette option est bien pratique.*

## 15. Raccordement d'objets

- Dans le groupe de fonctions **Modification** (onglet **Début**), choisissez l'icône déroulante **Raccord** .

Vous pouvez raccorder deux lignes, arcs, cercles, polylignes, ellipses, splines, droites et demi-droites par un congé d'un rayon prédéfini. La longueur des entités originales est ajustée de sorte que celles-ci se terminent exactement sur l'arc. Les entités à raccorder seront suivant le cas soit écourtées ou allongées, soit inchangées. AutoCAD vous propose la ligne d'options suivante :

```
Sélectionnez le premier objet ou [annUler Polyligne Rayon Ajuster Multiple]:
```

- Sélectionnez le premier objet.

```
Sélectionnez le deuxième objet ou utilisez la touche Maj pour appliquer un coin ou [Rayon]:
```

- Déplacez le pointeur sur le deuxième objet et constatez l'aperçu du raccord comme dans la figure ci-dessous.

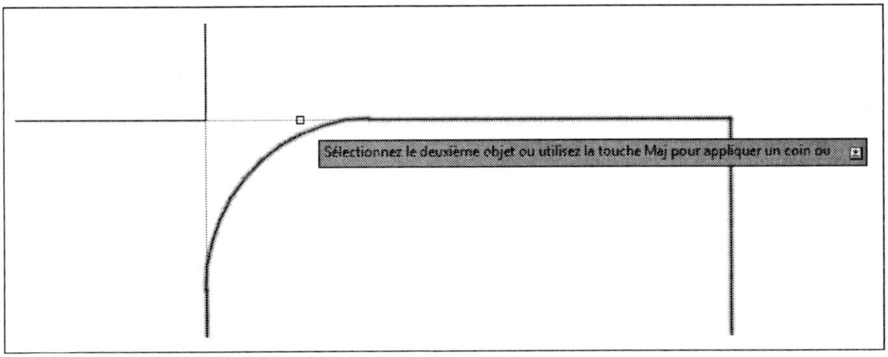

▶ Cliquez sur la partie à raccorder pour confirmer la mise en place du raccord.

Le congé est créé avec le rayon courant.

## L'option Rayon

Vous utilisez l'option **Rayon** pour modifier le rayon du raccord à mettre en place :

Le message ci-dessous est affiché :

```
Spécifiez le rayon du raccord <50.0000>:
```

▶ Précisez la valeur du nouveau rayon, et validez par [Entrée].

AutoCAD requiert ensuite la sélection du premier objet à raccorder :

```
Sélectionnez le premier objet ou [annUler Polyligne Rayon Ajuster Multiple]:
```

Puis le message suivant demande la sélection du second objet à raccorder.

```
Sélectionnez le deuxième objet ou utilisez la touche Maj pour appliquer un coin ou [Rayon]:
```

Pour raccorder des Cercles et des Arcs par exemple, il y a souvent plusieurs possibilités.

AutoCAD choisira le congé dont les extrémités seront les plus proches de vos points de sélection. Ainsi vous indiquez approximativement, par votre sélection, la position du congé.

Un rayon de raccordement d'une valeur de zéro peut être utilisé pour ajuster deux objets, de telle manière qu'ils se terminent précisément au même point (à leur intersection) ; dans ce cas, aucun congé n'est créé (seulement avec l'option **Ajuster**). Quelle que soit la valeur courante du rayon, en maintenant la touche [Shift] enfoncée, un raccord avec un rayon de zéro sera réalisé.

## L'option Ajuster

Deux possibilités sont proposées dans l'invite ci-dessous :

```
Entrez l'option du mode Ajuster [Ajuster Non-ajuster] <Ajuster>:
```

**Ajuster** : c'est l'option par défaut. Les objets originaux sont modifiés, c'est-à-dire soit prolongés, soit écourtés jusqu'à l'arc de raccordement.

**Non-ajuster** : permet de conserver les objets originaux intacts, tout en plaçant un congé.

Les deux figures suivantes montrent le raccordement d'un arc et d'une ligne. Faites attention aux points de sélection ; l'ajustement, le prolongement et le placement du congé dépendent essentiellement de ces points.

Ici, l'option **Ajuster** a été choisie.

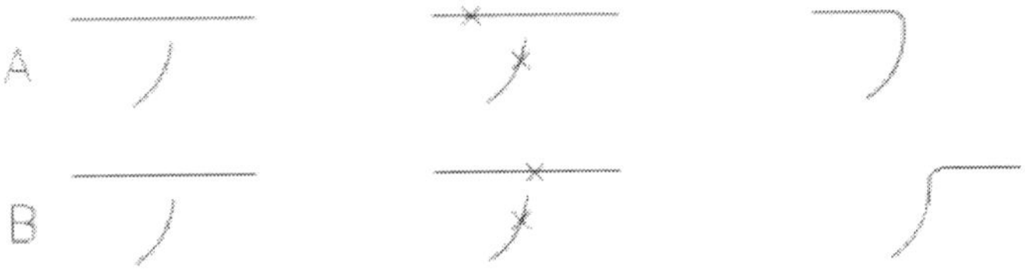


1. Dessin initial 2. Pointer les objets 3. Résultat

Les figures suivantes illustrent trois raccordements de cercles possibles. Encore une fois, le placement du congé dépend des points de sélection.

## L'option Polyligne

Vous pouvez utiliser l'option **Polyligne** pour raccorder tous les sommets de la polyligne 2D en une seule opération.

Le message suivant demande de sélectionner la polyligne à raccorder.

```
Choix de la polyligne 2D ou [Rayon]:
```

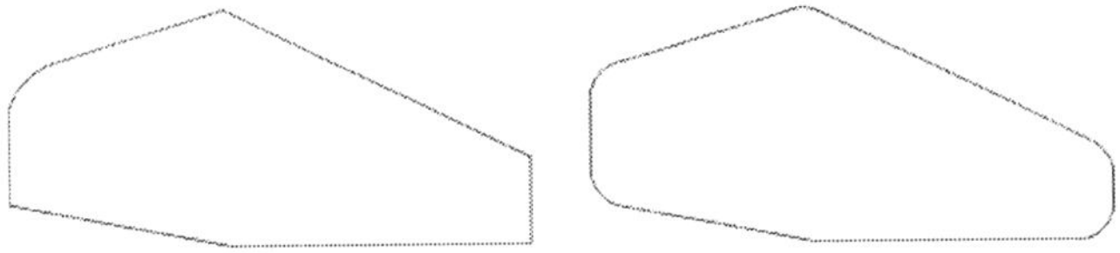

Avant Après

**Remarque**

*Avec l'option **Polyligne**, vous modifiez tous les sommets de la polyligne.*

Vous pouvez, si vous le souhaitez, ne raccorder que deux segments de la polyligne. Dans ce cas, ne choisissez pas l'option **Polyligne**, mais pointez directement les segments.

## L'option mUltiple

Vous pouvez utiliser l'option **mUltiple** pour permettre la répétition des raccords. Cette option vous permet de procéder très efficacement à une opération de raccordements successifs. Vous interrompez l'opération avec la touche [Echap] par exemple.

### Raccordement de solides 3D

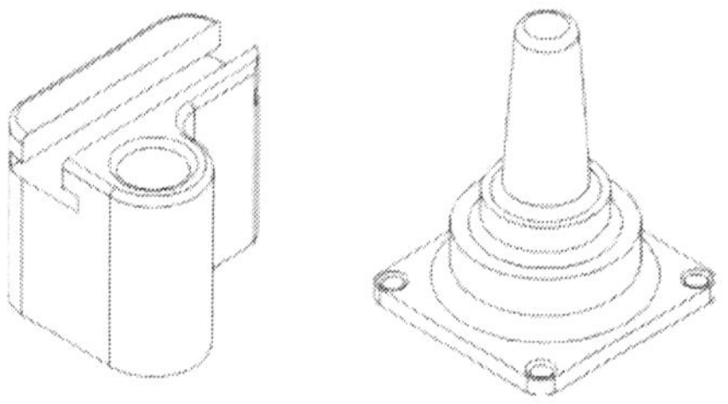

La même commande **Raccord** vous permet d'arrondir des arêtes ou de créer des congés sur des volumes 3D. Le message habituel apparaît.

AutoCAD attend la sélection d'une arête 3D appartenant à un solide 3D (et non deux lignes à raccorder entre elles comme en 2D), puis affiche le message suivant :

```
Entrez le rayon du raccord ou [Expression] <100.0000>:
```

Précisez la valeur du rayon pour l'arête sélectionnée. Vous pouvez ensuite étendre la sélection à d'autres arêtes. Le message suivant est affiché :

```
Sélectionnez une arête ou [Chaîne Boucle Rayon]:
```

L'option **Chaîne** permet la sélection automatique des arêtes cotangentes sur un même plan ou sur plusieurs plans 3D (arêtes courbes).

La première arête sélectionnée, cette option vous invite à sélectionner une arête concourante. AutoCAD reconnaît automatiquement toutes les arêtes 3D concourantes, et applique le raccord.

L'option **Boucle** permet la sélection automatique des arêtes communes à une face. Cette option vous invite à confirmer la sélection de la face, avant d'appliquer le raccord (arrondi) sur toutes les arêtes de la face.

## 16. Chanfreinage d'objets

### Chanfreinage selon deux écarts

▶ Dans le groupe de fonctions **Modification** (onglet **Début**), choisissez l'icône déroulante **Chanfrein** .

Vous pouvez couper deux lignes sécantes à une distance donnée de leur intersection et joindre les deux extrémités coupées par une nouvelle ligne.

Le message ci-dessous est affiché :

```
Sélectionnez la première ligne ou [annUler Polyligne Ecart ANgle AJuster méthOde Multiple]:
```

▶ Sélectionnez l'option **Ecart**.

Le message suivant est affiché :

```
Spécifiez l'écart du chanfrein 1er <0.0000>:
```

▶ Spécifiez la valeur du premier écart (**0.4** dans l'exemple).

Le message suivant est affiché :

```
Spécifiez l'écart du chanfrein 2ème <0.4000>:
```

▶ Spécifiez la valeur du second écart (**0.8** dans l'exemple).

Le message suivant est réaffiché :

```
Sélectionnez la première ligne ou [annUler Polyligne Ecart ANgle AJuster méthOde Multiple]:
```

▶ Sélectionnez la première ligne à chanfreiner (**P1** dans l'exemple).

AutoCAD affiche :

```
Sélectionnez la deuxième ligne ou utilisez la touche Maj pour appliquer un coin ou [DIstance Angle Méthode]:
```

▶ Sélectionnez la seconde ligne à chanfreiner (**P2** dans l'exemple).

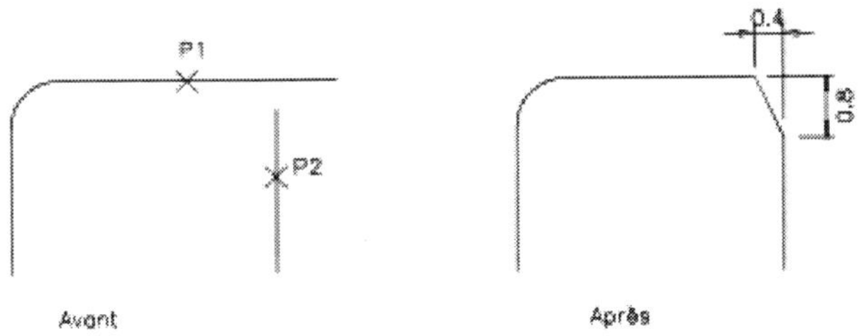


## Chanfreinage selon un angle

### L'option ANgle

Cette option enrichit la façon de créer des chanfreins. Avec l'option **Ecart** vue dans l'exemple précédent, vous agissez sur deux distances. Dans de nombreux cas, les données sont différentes, et l'option **ANgle** est plus adaptée. Elle permet un chanfrein avec une seule distance et un angle. Cette distance (écart) est affectée à la ligne sélectionnée, et l'angle est relatif à cette même ligne.

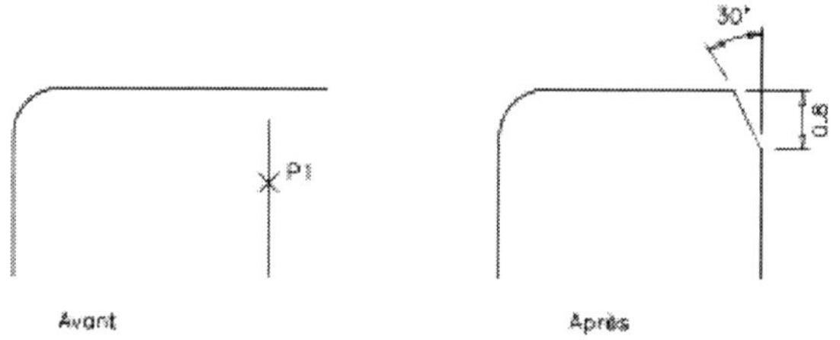


### L'option méthOde

Cette option définit simplement l'option par défaut (**Ecart** ou **ANgle**).

**Remarque**

*Quelle que soit la valeur courante des écarts, en maintenant la touche [Shift] enfoncée, un chanfrein avec deux écarts de zéro sera réalisé (coin).*

### L'option AJuster

Deux possibilités sont proposées :

```
Entrez l'option du mode Ajuster [Ajuster Non-ajuster] <Ajuster>:
```

- **Ajuster** est l'option par défaut. Les objets originaux sont modifiés, c'est-à-dire soit prolongés, soit écourtés jusqu'au chanfrein.
- **Non-ajuster** permet de conserver les objets originaux intacts, tout en plaçant le chanfrein.

### L'option Polyligne

Vous pouvez aussi utiliser l'option **Polyligne** pour chanfreiner chaque sommet de la Polyligne 2D. Pour cela, vous utilisez le même principe que pour la commande **Raccord**.

### L'option mUltiple

Vous pouvez utiliser l'option **mUltiple** pour permettre la répétition des chanfreins. Cette option vous permet de procéder très efficacement à une opération de chanfreins successifs. Vous interrompez l'opération par la touche [Echap] par exemple.

## Chanfreinage de solides 3D

La même commande **Chanfrein** vous permet de traiter les solides 3D.

Vous pouvez sélectionner plusieurs arêtes en même temps.

Lorsque vous cliquez sur l'arête d'un solide 3D, le message suivant apparaît :

```
Entrez une option de sélection de surface [suivaNte OK (courant)] <OK>:
```

Comme une arête est commune à deux faces, AutoCAD vous demande si la surface en surbrillance vous convient. Si cela n'est pas le cas, choisissez l'option **suivaNte**. La surface adjacente passera en surbrillance.

Sur cette surface de base, vous précisez le premier écart, puis sur la surface adjacente le deuxième écart du chanfrein. Vous devez ensuite sélectionner l'arête ou les arêtes à chanfreiner :

Le message ci-dessous est affiché :

```
Spécifiez la distance du chanfrein surface de base ou [Expression] <40.0000>:
```

▶ Saisissez la distance qui sera affectée à la surface de base.

Le message ci-dessous est affiché :

```
Spécifiez la distance du chanfrein autre surface ou [Expression] <60.0000>:
```

▶ Saisissez la distance qui sera affectée à l'autre surface.

Le message ci-dessous est affiché :

```
Sélectionnez une arête ou [Boucle]:
```

▶ Sélectionnez l'arête ou les arêtes à chanfreiner.

L'option **Boucle** permet de chanfreiner toutes les arêtes de la surface de base.

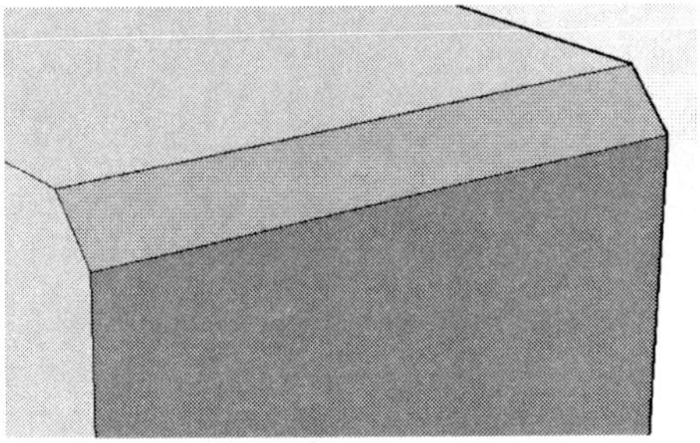

## 17. Modification de la longueur d'un objet

Vous pouvez avec cette commande modifier la longueur d'un ou de plusieurs objets. Seuls les objets ouverts sont modifiables (lignes, arcs, splines, polylignes 2D).

▶ Déroulez le groupe de fonctions **Modification**, et choisissez le bouton **Modifier la longueur** 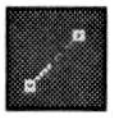.

AutoCAD affiche :

```
Sélectionnez un objet à mesurer ou [DIfférence Pourcentage TOtal DYnamique] <TOtal>:
```

### L'option DIfférence

La **DIfférence** permet de modifier la longueur de l'objet en indiquant la longueur à retirer ou à ajouter. Le message est le suivant :

```
Entrez la différence de longueur ou [Angle] :
```

Une valeur négative retire la longueur spécifiée, alors qu'une valeur positive ajoute la longueur spécifiée. Pour les arcs, **Angle** permet de retirer ou d'ajouter une portion d'arc.

**Remarque**

*Notez qu'il faut à nouveau sélectionner l'objet à modifier. C'est la sélection qui détermine le côté à modifier.*

### L'option Pourcentage

Permet de modifier la longueur de l'objet en indiquant la longueur finale en pourcentage.

Ce pourcentage peut être inférieur ou supérieur à 100. La partie sélectionnée détermine la partie à tronquer ou à prolonger. Le message est le suivant :

```
Entrez la longueur en pour cent<100.0000>:
```

### L'option TOtal

Permet de modifier la longueur de l'objet en indiquant directement la longueur totale après modification. La sélection indique le côté à allonger ou à écourter. Le message est le suivant :

```
Spécifiez la longueur totale ou [Angle] <longueur>
```

Pour les arcs, **Angle** permet d'indiquer directement un angle total et modifie l'arc du côté de la sélection.

### L'option DYnamique

Permet de sélectionner un côté de l'objet et de positionner, avec le dispositif de saisie, un point définissant la nouvelle longueur de l'objet.

## 18. Jonction des objets

Cette fonction permet de joindre des objets de même type de façon à ce qu'ils forment un objet unique sans coupure, tel qu'une polyligne ou une spline par exemple.

La fonction **Joindre** est utilisable avec les objets suivants : Ligne, Arc, Polyligne, Arc elliptique et Spline.

Ces objets doivent être jointifs.

Les lignes colinéaires (sur la même droite) sont converties en une seule ligne. Dans le cas contraire, vous obtenez une polyligne.

Les arcs situés sur le même cercle virtuel (même rayon) sont convertis en un seul arc. Dans le cas contraire, vous obtenez une polyligne.

Les polylignes peuvent être jointes par des objets lignes et arcs. Il s'agit de polylignes 2D (dans le même plan).

Les arcs elliptiques situés sur la même ellipse virtuelle sont convertis en un seul arc elliptique. Dans le cas contraire, vous obtenez une spline.

Les splines doivent être contiguës (pas de tangence obligatoire).

▶ Déroulez le groupe de fonctions **Modification**, choisissez l'icône **Joindre** 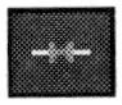.

AutoCAD demande la sélection de l'objet source et les objets à joindre. Le message varie selon le type d'objet source sélectionné.

## 19. Fusionner les courbes

AutoCAD permet de raccorder deux courbes à l'aide d'une spline indépendante et tangente aux deux courbes ouvertes.

Les courbes ouvertes sont des lignes, polylignes, arcs, ellipses, hélices ou splines.

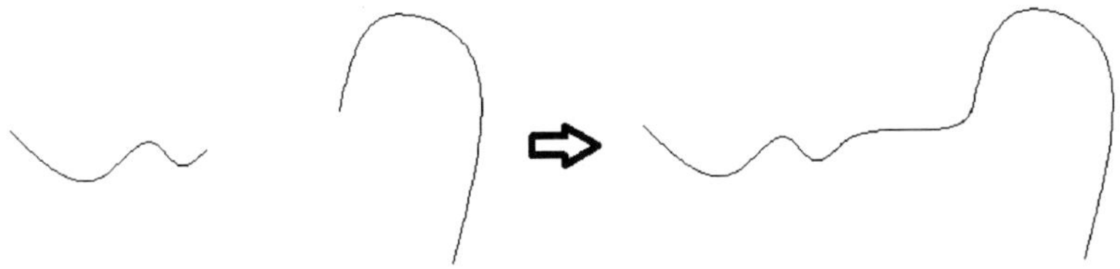

◼ Dans le groupe de fonctions **Modification**, choisissez l'icône déroulante **Fusionner les courbes** .

AutoCAD affiche le message suivant :

```
Sélectionnez le premier objet ou [CONtinuité]:
```

L'option **CONtinuité** permet de préciser l'un des deux types de fusion : continuité de tangence (G1) ou continuité de courbure (G2). Voir aussi la création de splines.

◼ Sélectionnez le premier objet à fusionner en privilégiant l'extrémité à fusionner.

```
Sélectionnez le deuxième objet :
```

◼ Déplacez le pointeur sans cliquer sur le second objet (du coté de l'extrémité à fusionner) et constatez l'aperçu du résultat avant de confirmer la sélection en cliquant.

La spline est créée.

◼ Cliquez sur celle-ci pour la modifier si nécessaire.

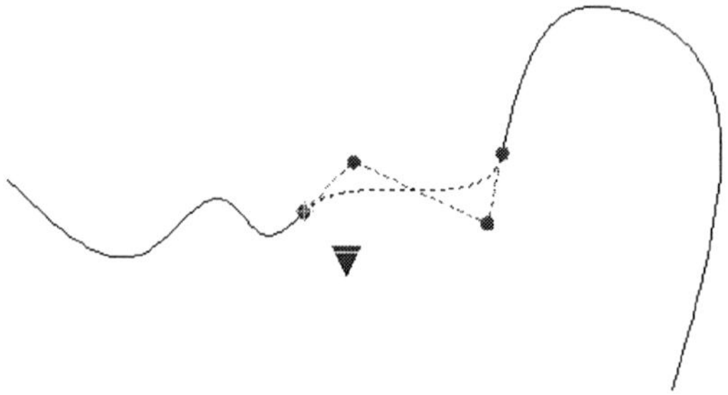

## 20. Modification des propriétés d'objets

◼ Activez l'onglet **Vue**. Dans le groupe de fonctions **Palettes**, cliquez sur l'icône **Propriétés**.

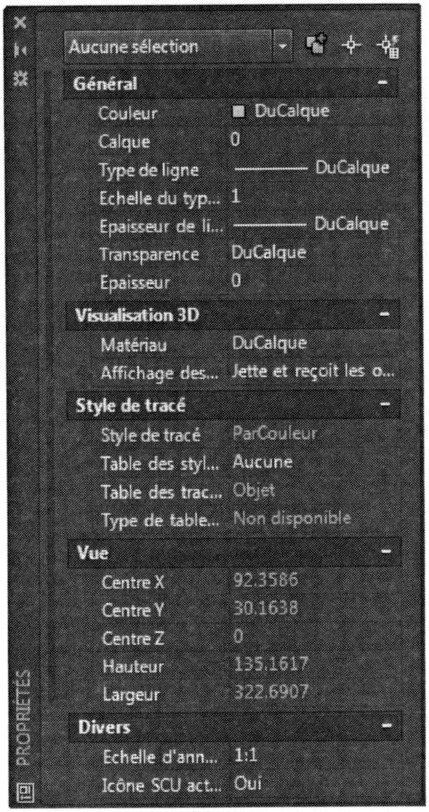


La fenêtre **Propriétés** s'affiche de deux façons. Soit elle reste flottante et elle est redimensionnable à souhait ; soit elle est ancrée à gauche ou à droite de la zone graphique.

Vous pouvez agir sur les propriétés courantes, changer les propriétés d'un ou de plusieurs objets en simultané, modifier la géométrie ou les caractéristiques propres à un ou plusieurs objets.

Cette commande peut être utilisée de diverses façons et réagit selon la sélection en cours :

– Si **aucun objet n'est sélectionné**, vous accédez aux propriétés et caractéristiques courantes, telles que le calque, la couleur, le type de ligne, l'échelle du type de ligne, l'épaisseur de ligne, la hauteur d'objet (épaisseur), le style de tracé, le positionnement de la vue en cours, l'échelle d'annotation courante, l'activation de l'affichage de l'icône du SCU, l'affichage de l'icône du SCU à son origine, l'affichage de l'icône du SCU par fenêtre et le nom du SCU courant.

- Si **plusieurs objets sont sélectionnés**, vous accédez aux changements des propriétés générales des objets telles que le calque, la couleur, le type de ligne, l'échelle du type de ligne, le style de tracé, l'épaisseur de ligne, l'hyperlien associé, la hauteur d'objet (épaisseur). Si le **type d'objet** est le même pour tous les objets sélectionnés (ex. : plusieurs lignes ou plusieurs textes), vous pouvez agir sur l'ensemble des caractéristiques en même temps.
- Si **un seul objet est sélectionné**, vous accédez aux propriétés, à la géométrie de l'objet, ainsi qu'à ses caractéristiques spécifiques. Vous pouvez agir sur le calque, la couleur, le type de ligne, l'échelle du type de ligne, le style de tracé, l'épaisseur de ligne, l'hyperlien associé, la hauteur (épaisseur) de l'objet ; mais aussi sur toutes les caractéristiques de l'objet telles que les positionnement, rotation, hauteur, style, épaisseur, sommets, points de lissage...

Le changement des propriétés est traité dans le chapitre La gestion des calques, pour les propriétés de calque, couleur, type de ligne, échelle de type de ligne, épaisseurs... (rubrique **Général** de la fenêtre **Propriétés**).

Intéressons-nous ici aux modifications d'objets concernant la géométrie et les caractéristiques propres au type d'objets (rubrique **Géométrie** de la fenêtre **Propriétés**).

Tout objet AutoCAD peut être modifié dans la fenêtre **Propriétés**.

En fonction de l'objet sélectionné, vous agissez sur le positionnement des extrémités d'une ligne, le centre et le rayon d'un cercle, le positionnement d'un texte, son style, sa hauteur, sa rotation, ses effets spéciaux, le positionnement des sommets d'une polyligne, ses épaisseurs variables ou constantes...

Les exemples ci-après présentent la modification des objets classiques ligne, cercle, arc, polyligne, texte.

Pour la **ligne**, vous obtenez l'affichage suivant :

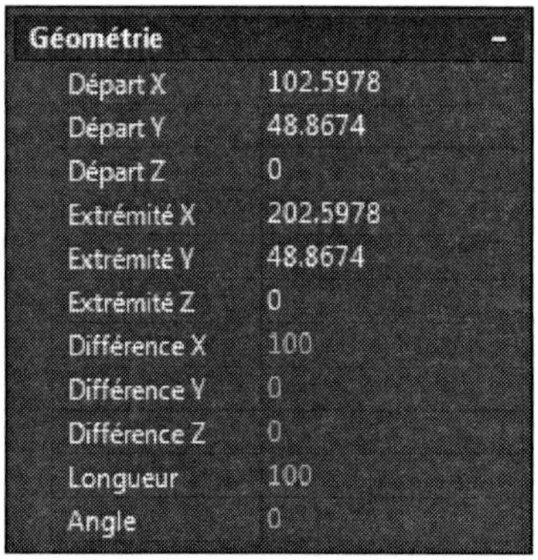

Vous modifiez les valeurs dans la colonne droite. Soit vous tapez au clavier la valeur souhaitée (confirmez par [Entrée]), soit vous choisissez le bouton situé à droite de la valeur numérique pour un positionnement à l'aide de la souris dans la zone graphique.

**Départ X**, **Y** et **Z** : modifient les coordonnées du point de départ de la ligne.

**Extrémité X**, **Y** et **Z** : modifient les coordonnées du point final de la ligne.

**Différence X**, **Y**, **Z**, **Longueur** et **Angle** : varient avec les coordonnées fixées.

Pour le **cercle**, vous obtenez l'affichage suivant :

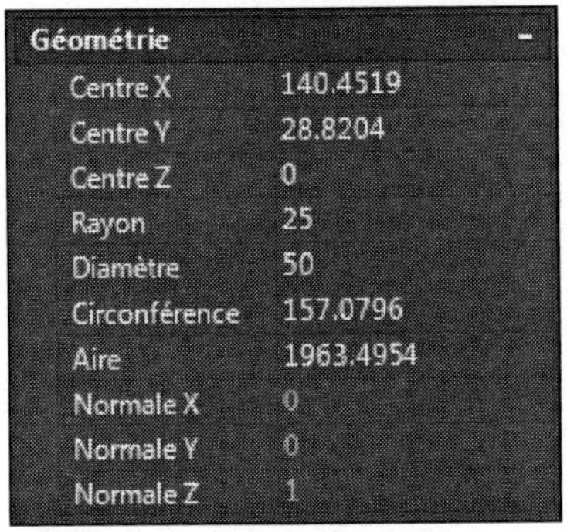


**Centre X**, **Y**, **Z** : modifient les coordonnées du centre du cercle.

**Rayon** : modifie le rayon du cercle.

**Diamètre** : modifie le diamètre du cercle.

**Circonférence** : modifie la circonférence du cercle.

**Aire** : modifie la surface du cercle.

**Normale X**, **Y** et **Z** : affichent la direction de la normale au plan du cercle dans le système de coordonnées courant.

Pour l'**arc**, vous obtenez l'affichage suivant :

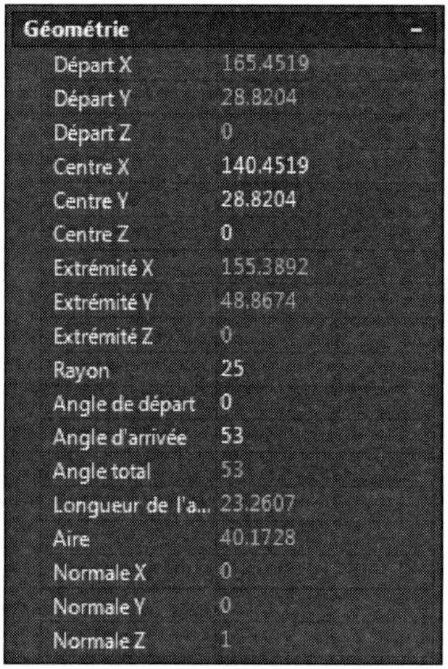


**Départ X**, **Y**, **Z** : modifient les coordonnées du point de départ de l'arc.

**Centre X**, **Y**, **Z** : modifient les coordonnées du centre de l'arc.

**Extrémité X**, **Y**,**Z** : modifient les coordonnées du point final de l'arc.

**Rayon** : modifie le rayon de l'arc.

**Angle de départ** : fixe un nouvel angle (angle absolu par rapport au zéro).

**Angle d'arrivée** : fixe un nouvel angle (angle absolu par rapport au zéro).

**Angle total** : affiche l'angle décrit par l'arc.

**Longueur de l'arc** : affiche la longueur de l'arc.

**Aire** : affiche l'aire de l'arc (la longueur de corde vient fermer l'arc).

**Normale X**, **Y** et **Z** : affichent la direction de la normale au plan de l'arc dans le système de coordonnées courant.

Pour la **polyligne**, vous obtenez l'affichage suivant :

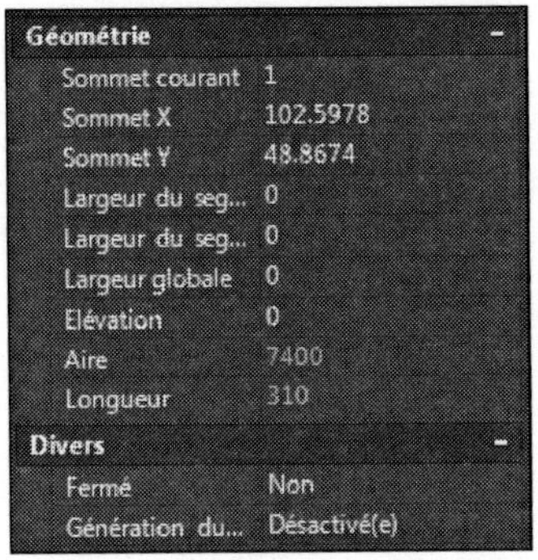


**Sommet courant** : permet de passer en revue tous les sommets de la polyligne sélectionnée. Agissez sur les deux flèches pour passer de l'un à l'autre. Toutes les caractéristiques en-dessous concernent le sommet choisi.

**Sommet X, Y** : modifient les coordonnées du sommet correspondant.

**Largeur du segment de départ** : modifie la largeur du début du segment (chaque segment possède un sommet de départ et de fin).

**Largeur du segment de fin** : modifie la largeur de fin du segment (chaque segment possède un sommet de départ et de fin).

**Largeur globale** : contrairement aux deux options précédentes, affecte une largeur identique à tous les segments.

**Elévation** : modifie la hauteur d'objet.

**Aire** : affiche l'aire de la polyligne (AutoCAD ferme la polyligne ouverte pour calculer l'aire).

**Longueur** : indique la longueur de la polyligne.

Pour le **texte**, vous obtenez l'affichage suivant :

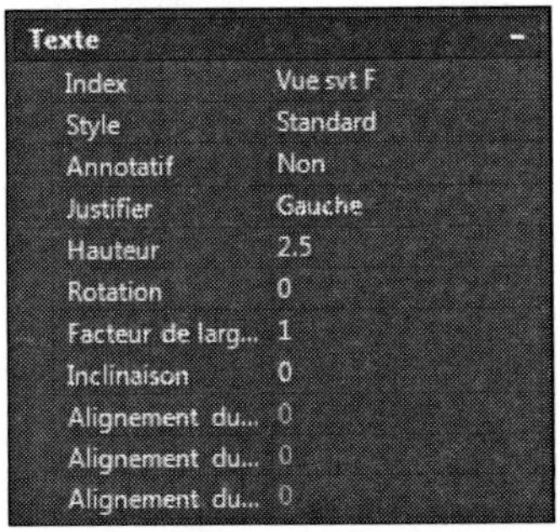

**Index** : modifie le contenu du texte.

**Style** : accède à tous les styles du dessin (liste déroulante).

**Annotatif** : active ou désactive le texte annotatif.

**Justifier** : modifie la justification du texte (liste déroulante).

**Direction** : modifie la direction du texte (horizontale, verticale ou selon le style).

**Hauteur** : modifie la hauteur du texte.

**Rotation** : affecte un angle de rotation au texte.

Pour un texte multiligne, les options ci-dessous sont disponibles :

**Facteur d'espacement des lignes** : modifie le facteur d'espacement appliqué aux lignes du texte multiligne.

**Espacement entre les lignes** : modifie la valeur d'espacement entre les lignes du texte multiligne. La valeur est liée à l'option suivante **Style d'espacement des lignes**.

**Style d'espacement des lignes** : modifie le style d'espacement par les choix **Au moins** (valeur minimum) ou **Exactement**. La valeur fixée au regard du champ **Espacement entre les lignes** est associée au style d'espacement.

**Masque d'arrière-plan** : modifie le masque d'arrière-plan du texte multiligne.

**Largeur définie** : modifie la largeur du texte multiligne.

**Hauteur définie** : modifie la hauteur du texte multiligne.

**Colonnes** : modifie le type de colonnes du texte multiligne, par l'intermédiaire d'une fenêtre **Paramètres de colonne**.

**Remarque**

*Notez les nombreux avantages de cette fenêtre **Propriétés** pour les objets suivants : l'ellipse, la spline, la cotation, les hachures, la définition d'attributs, les valeurs d'attributs, les fenêtres flottantes de présentation.*

### Tri par type d'objets

Si l'utilisateur ne sélectionne pas d'objet, la zone de texte située dans la partie supérieure de la fenêtre **Propriétés** affiche **Aucune sélection**.

Lorsque l'utilisateur effectue une sélection multiple, la liste déroulante affiche **Tout** suivi du nombre d'objets sélectionnés. Déroulez la liste, et constatez le tri par type d'objets.

- Effectuez le tri adapté ; les caractéristiques de ces objets sont disponibles dans la fenêtre **Propriétés**. Vous modifiez ensuite ces caractéristiques.

Le bouton **Sélection rapide** permet une sélection plus précise (cf. Sélection rapide, dans ce chapitre).

Le bouton **Sélectionner des objets** permet une nouvelle sélection d'objets, lorsqu'une sélection est déjà en cours. Les objets sont désélectionnés et vous procédez à la nouvelle sélection.

Le bouton **Activer/Désactiver la valeur de la variable système PICKADD** active ou désactive la sélection unique d'objet (cliquez sur l'objet). Cliquez une nouvelle fois sur ce bouton pour permettre une sélection normale de plusieurs objets.

**Remarque**

*Un double clic sur n'importe quel objet AutoCAD donne accès aux propriétés. Ainsi, vous modifiez très rapidement un cercle, une polyligne, un hachurage, les attributs d'un bloc...*

## Les propriétés rapides

Les propriétés rapides sont affichées lorsqu'un ou plusieurs objets sont sélectionnés.

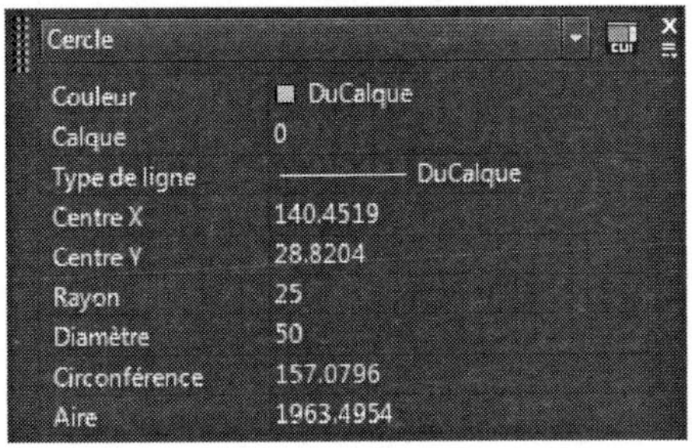


Elles permettent d'accéder et de modifier les propriétés d'un ou de plusieurs objets sélectionnés.

À la différence de la palette **Propriétés** qui contient l'ensemble des propriétés des objets, la palette **Propriétés rapides** est limitée à une liste réduite de propriétés modifiables (liste personnalisable).

- Sélectionnez un objet pour afficher la palette **Propriétés rapides**. Elle est flottante par défaut, et peut être disposée à l'écran selon votre préférence.
- Déplacez le pointeur de la souris sur la palette **Propriétés rapides** pour développer l'affichage complet de la palette.
- Agissez sur les propriétés à modifier tel que vous le faites dans la fenêtre **Propriétés**.

**Remarque**

*Activez ou désactivez les propriétés rapides en sélectionnant l'icône **Propriétés rapides**  dans la barre d'état.*

## 21. Copie des propriétés

La copie des propriétés s'effectue depuis un objet à sélectionner vers d'autres objets, dans le dessin courant ou vers d'autres dessins AutoCAD. Vous pouvez copier les propriétés suivantes : le calque, la couleur, le type de ligne, l'échelle du type de ligne, l'épaisseur de ligne, l'épaisseur et le style de tracé.

Pour le texte : les propriétés de texte.

Pour le hachurage : les propriétés de hachurage.

Pour la cotation : les propriétés de cote.

▶ Dans le groupe de fonctions **Propriétés** (onglet **Début**), cliquez sur l'icône **Copier les propriétés** 

.

AutoCAD demande la sélection de l'objet contenant les propriétés à copier :

```
Sélectionnez l'objet source:
```

Puis le message suivant apparaît :

```
Paramètres actifs courants:  Couleur Calque Tligne Echltp Epaisseur
de ligne Transparence Epaisseur StylesTraceur Cote Texte Hachures
Polyligne Fenêtre Table Matériau Affichage des ombres Ligne de repère
multiple
```

```
Sélectionnez le ou les objets de destination ou [PAramètres]:
```

Tous les objets sélectionnés adoptent les caractéristiques de l'objet source. Dans certains cas, la copie de toutes les caractéristiques n'est pas souhaitable.

Choisissez l'option **PAramètres**. La boîte de dialogue suivante s'affiche :

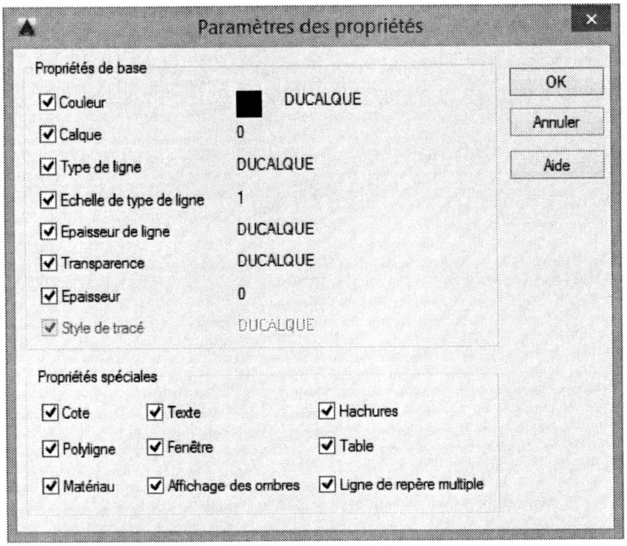


Par défaut, toutes les propriétés sont copiées. Chacune d'entre elles est cochée. Il vous suffit de décocher les propriétés adaptées pour limiter la copie à un changement de calque, de type de ligne, de motif de hachure.

**Remarque**

*Pour les styles de texte, de cotation et les motifs de hachure, trois cases spécifiques sont disponibles.*

## 22. Édition de polyligne

Vous pouvez modifier une polyligne existante : changer son épaisseur, fermer une polyligne ouverte (ou inversement), joindre plusieurs entités pour obtenir une seule polyligne. Vous pouvez aussi déplacer ou insérer un sommet, intervenir sur l'épaisseur d'un segment. Enfin, vous lissez la polyligne et agissez sur la génération du type de ligne aux différents sommets de la polyligne.

- Déroulez le groupe de fonctions **Modification** (onglet **Début**), cliquez sur l'icône **Modifier polyligne** .

AutoCAD demande la sélection d'une polyligne :

```
Sélectionnez la polyligne ou [Multiple]:
```

Si l'objet est un arc ou une ligne, AutoCAD affiche :

```
L'objet sélectionné n'est pas une polyligne
PEDIT Voulez-vous le transformer en polyligne? <O>
```

Appuyez sur [Entrée] pour transformer le segment en polyligne.

AutoCAD affiche :

```
Entrez une option [Clore Joindre LArgeur Modif-sommet Ajuster sPline Redresser TYpeligne gén Inverser annUler]:
```

Les options sont détaillées ci-après :

**Clore** : ferme une polyligne ouverte.

**Joindre** : permet de lier un ou plusieurs segments à une polyligne. Les segments doivent être liés par leurs extrémités. Le résultat donne une seule et même polyligne.

**LArgeur** : modifier la largeur (ou l'épaisseur) globale de la polyligne.

**Modif-sommet** : permet d'intervenir sur chacun des sommets de la polyligne. Les sous-options sont détaillées un peu plus loin.

**Ajuster** : donne un lissage de type Spline. La courbe obtenue passe par les points (sommets initiaux). Cette courbe est souvent déformée (voir les splines pour un travail plus précis avec les courbes).

**sPline** : donne un lissage de type Cubique (courbes de Bézier). La courbe passe loin des points (sommets initiaux) en respectant globalement l'allure de la polyligne. Un polygone de contrôle (visible grâce aux poignées) permet de déformer la courbe.

**Redresser** : récupère la polyligne initiale à partir d'une polyligne lissée.

**TYpeligne gén** : cette option peut permettre d'afficher un type de ligne Axe (par exemple) uniforme sur toute la polyligne, sans imposer une bonne représentation au niveau des sommets. Par défaut inactive, elle force une génération correcte des types de lignes aux sommets de la polyligne.

**Inverser** : inverse l'ordre des sommets de la polyligne.

**annUler** : annule la dernière opération sans quitter la commande.

L'option **Modif-sommet** propose une nouvelle série d'options :

**suivaNt** : permet de passer au sommet suivant. Une croix est matérialisée.

**Précéd** : permet de passer au sommet précédent. Une croix est matérialisée.

**Coupure** : sépare la polyligne en deux polylignes au sommet courant. L'option **Go** procède à la coupure.

**Insér** : permet de positionner un sommet supplémentaire après le sommet courant.

**Déplac** : déplace le sommet courant.

**Régén** : redessine la polyligne pour permettre une représentation tenant compte des dernières modifications comme un changement d'épaisseur.

**Linéair** : permet de "redresser" un ou plusieurs segments, afin d'obtenir un seul segment droit. Dans le cas d'un segment arc, il suffit de placer la croix au début du segment à linéariser. Si plusieurs segments successifs sont à redresser, il faut placer la croix au sommet du premier segment, puis utiliser l'option **suivaNt** pour la placer au sommet du dernier segment ; l'option **Go** permet ensuite le "redressement".

**Tang** : permet de modifier la direction de tangence du sommet marqué d'une croix. La nuance est visible dès le lissage de la polyligne.

**Epaiss** : permet de modifier la largeur d'un segment en particulier. La croix placée sur le premier sommet du segment, AutoCAD demande les nouvelles largeurs de départ et de fin.

**Quitter** : quitte l'option **Modif-sommet** pour revenir aux premières options.

■ Remarque

*La fenêtre **Propriétés** permet très rapidement de fermer ou d'ouvrir une polyligne, de modifier la génération du type de ligne, de repositionner l'un des sommets, de modifier la largeur des segments... L'option **Multiple** permet l'édition simultanée de plusieurs polylignes.*

## 23. Décomposition

AutoCAD utilise plusieurs objets complexes comme les cotations, les blocs, les polylignes ou les hachures. Chaque objet est considéré comme un seul élément, même si à l'origine plusieurs éléments le constituaient. Il est parfois utile de dissocier ces objets pour travailler avec les éléments initiaux.

▶ Dans le groupe de fonctions **Modification** (onglet **Début**), cliquez sur l'icône **Décomposer** .

AutoCAD attend la sélection d'un ou de plusieurs objets, puis le ou les dissocie.

Voici le résultat des diverses décompositions :

- Une polyligne est remplacée par des lignes et des arcs avec une épaisseur de zéro.
- Un bloc est remplacé par les éléments le composant initialement avec leurs caractéristiques d'origine (calque, couleur et type de ligne).
- Une cotation est remplacée par des lignes, des solides ou polylignes et un texte (à éviter).
- Une hachure est remplacée par des lignes (à éviter).
- Un réseau associatif perd son associativité.

## 24. Édition de spline

Vous pouvez supprimer, ajouter ou déplacer les points de contrôle de la spline. Vous pouvez ajuster, affiner, fermer ou ouvrir la spline. Vous pouvez encore modifier les tangentes aux sommets.

L'édition de spline est possible sur deux types de courbes :

- La polyligne lissée (cubique ou quadratique). Cette courbe s'inspire des courbes de Bézier. Elle ne permet pas (en tant que polyligne) une grande précision dans les modifications locales.
- La "vraie" spline NURBS générée par la commande Spline. Cette courbe passe par une série de points de définition (de lissage) et s'appuie sur des points (ou sommets) de contrôle. Voir les figures ci-après. Contrairement à la polyligne, elle permet une grande précision, même dans les modifications locales.

**Remarque**

*Il faut bien faire la différence entre les points de définition (ou de lissage) et les points (ou sommets) de contrôle. Les points de définition sont les points précisés dans la commande Spline. Tous ces points sont sur la courbe. Les points de contrôle (ou sommets) apparaissent lors de l'édition de la spline. Ils sont placés sur le polygone de contrôle de la spline.*

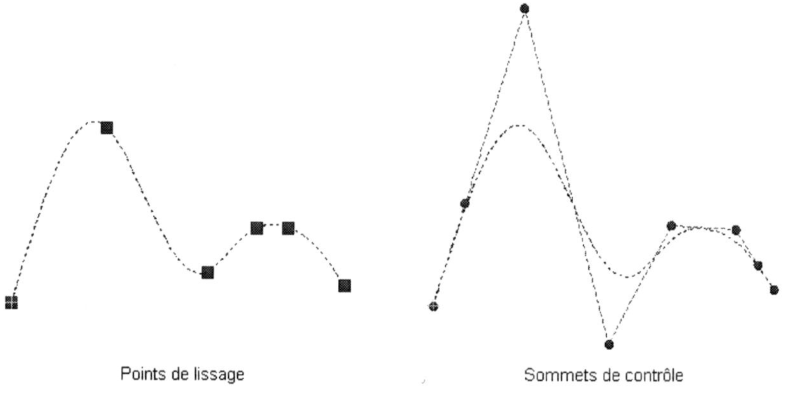


▶Déroulez le groupe de fonctions **Modification**, et cliquez sur l'icône **Modifier spline** .

AutoCAD demande la sélection d'une spline. Une fois la spline sélectionnée, les points de contrôle apparaissent en bleu (comme les poignées), et les options du menu contextuel ci-dessous sont disponibles.

```
Entrez une option [Clore Joindre Lissée Modif-sommet convertir en Polyligne Inverser annUler Quitter] <Quitter>:
```

**Clore** : ferme une spline ouverte. L'option **Ouvrir** remplace **Clore** si la spline est fermée.

**Joindre** : permet de joindre au niveau des extrémités de la spline des lignes, arcs, polylignes et splines. Les extrémités doivent être coïncidentes.

**Lissée** : affiche et modifie les points de définition (ou lissage) de la spline. Voici les options disponibles :

- **Ajouter** : ajoute un point de lissage à la spline, et relisse la spline en fonction du nouveau point de lissage.
- **Fermer** : clôt la spline. L'option **Fermer** est remplacée par **Ouvrir**.
- **Supprimer** : retire un point de lissage, et relisse la spline en fonction des points restants.
- **Déplacer** : modifie la position d'un point de lissage.
- **Purger** : extrait de la base de données du dessin les données propres au lissage de la spline.
- **TAngentes** : modifie les directions de tangence de la spline au niveau des points de définition de départ et de fin.
- **Tolérance** : demande une nouvelle valeur de tolérance. Avec la valeur par défaut (1), la spline passe par tous les points de définition. Si la tolérance est supérieure, la spline ne passe pas forcément par tous les points, mais respecte plus globalement l'allure de la spline. Ceci permet de faire abstraction de certains points pour éviter des déformations indésirables.
- **Quitter** : sort de l'option **Lissée**.

**Modif-sommet** : permet de modifier la position des points de contrôle (ou sommets) de la spline. Voici les options disponibles :

- **Ajouter** : ajoute un point de contrôle (sommet) à la spline. Cette option permet de modifier localement une partie de la spline.
- **Supprimer** : retire un point de contrôle (sommet) de la spline.
- **Elever Ordre** : augmente uniformément le nombre de points de contrôle (sommets) de la spline. La valeur maximale est fixée à 26.
- **Déplacer** : modifie la position d'un point de contrôle (sommet).
- **Poids** : rapproche la spline des points de contrôle (sommets). Plus la valeur (1 par défaut) est importante, plus la courbe tend à se rapprocher du sommet.
- **Quitter** : quitte les options **Modif-sommet**, pour un retour aux options de la commande **Editer spline**.

**convertir en Polyligne** : convertit une spline en polyligne. Une valeur comprise entre 0 et 99 détermine la précision avec laquelle la polyligne s'ajuste à la spline initiale. Attention, une valeur importante peut nuire à la performance. La variable PLINECONVERTMODE détermine si la polyligne est créée à partir de segments linéaires (0) ou de segments d'arc (1).

**Inverser** : modifie le sens de la spline.

**annUler** : supprime la dernière opération d'édition.

**Quitter** : sort de la commande **Modifier Spline**.

**Remarque**

*La fenêtre **Propriétés** permet également d'éditer une spline. Vous pouvez repositionner les points de contrôle, les points de lissage, agir sur le poids, la tolérance...*

## 25. Édition de texte

Cette commande vous permet de modifier tout type d'annotation : le contenu d'un texte sur une ligne, un paragraphe, un texte de cotation ou une définition d'attribut.

▶ Effectuez un double clic sur l'annotation à éditer (ou sélectionnez le texte, clic droit **Editer textmult**) pour afficher l'onglet contextuel suivant :

**Paragraphe (texte multiligne)**

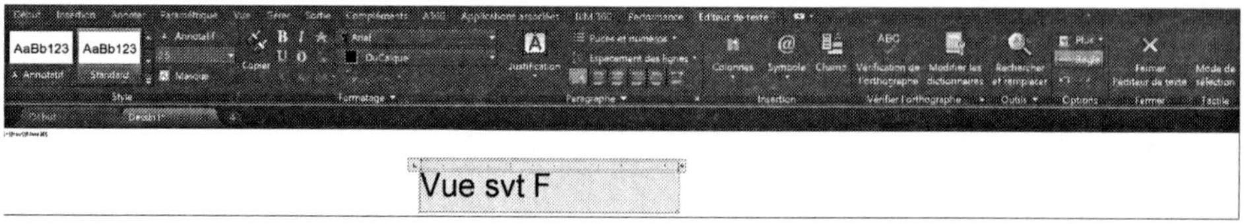


**Remarque**

*La fenêtre **Propriétés** permet d'éditer un texte très rapidement. Vous pouvez intervenir sur le style, la justification, la hauteur, la rotation, les effets de symétrie...*

### 25.1 Changement d'échelle des textes

Cette commande permet de modifier l'échelle d'un groupe de textes sans modifier leurs points d'insertion.

▶ Déroulez le groupe de fonctions **Texte** (onglet **Annoter**), cliquez sur l'icône **Echelle** .

Le message ci-dessous est affiché et propose de sélectionner les objets dont vous voulez changer l'échelle. Les textes et attributs sont acceptés.

```
Sélectionner des objets:
```

▶ Sélectionnez les objets et validez la sélection par [Entrée].

Le message ci-dessous est affiché :

```
Entrez une option de point de base pour la mise à l'échelle
ECHELLETEXTE [Existant Gauche Centre Milieu Droite HG HC HD MG MC MD BG BC BD] <Existant>:
```

▶ Effectuez un clic droit et choisissez **Existant** (on conserve la justification).

Les options suivantes sont affichées :

```
Spécifiez la nouvelle hauteur du modèle ou [Hauteur papier Correspondance objet Facteur échelle] <2.5>:
```

▶ Saisissez la nouvelle hauteur et validez par [Entrée] pour constater le changement d'échelle pour tous les textes.

**Remarque**

*Cette opération est possible aussi via la fenêtre* ***Propriétés****.*

## 25.2 Conversion d'échelle des textes

Cette commande permet d'adapter la hauteur de texte à une fenêtre de présentation quelle que soit son échelle.

Si, par exemple, une fenêtre affiche un dessin à l'échelle 4, AutoCAD peut modifier la hauteur de texte pour que celle-ci s'adapte aux éventuels textes internes à la fenêtre. Ainsi, un texte de hauteur 4 en présentation s'adapte à l'échelle 4 de la fenêtre ; sa taille passe à 16.

Important : la conversion est valable pour les textes en présentation (et non internes aux fenêtres de présentation).

▶ Déroulez le groupe de fonctions **Texte** (onglet **Annoter**), cliquez sur l'icône **Echelle** Echelle.

Le message ci-dessous est affiché et propose de sélectionner les textes à adapter placés sur la présentation (et non dans une fenêtre de présentation).

```
Sélectionner des objets:
```

Sélectionnez les objets et validez la sélection par [Entrée].

Le message ci-dessous est affiché :

```
Entrez une option de point de base pour la mise à l'échelle
ECHELLETEXTE [Existant Gauche Centre Milieu Droite HG HC HD MG MC MD BG BC BD] <Existant>:
```

Effectuez un clic droit et choisissez **Existant** (on conserve la justification).

Les options suivantes sont affichées :

```
Spécifiez la nouvelle hauteur du modèle ou [Hauteur papier Correspondance objet Facteur échelle] <10>:
```

Utilisez les options suivantes :

**Hauteur papier** : permet une mise à l'échelle de la hauteur de texte en fonction d'une propriété annotative. Cette option est valable uniquement pour les objets annotatifs.

**Correspondance objet** : permet un redimensionnement des objets textes de façon à ce que ceux-ci adoptent la taille d'un texte sélectionné.

**Facteur échelle** : permet de redimensionner des objets textes selon un facteur d'échelle, ou en fonction d'une longueur de référence et d'une nouvelle longueur de référence (option **Référence**).

## 25.3 Justifier les textes par lot sans déplacement

AutoCAD permet de changer la justification d'un ensemble de textes sans modifier l'emplacement des textes. Ceci est très pratique lorsque le texte est, par exemple, calé dans une cellule ou dans une structure de tableau ; le changement de justification conserve le positionnement précis des textes et évite toute redisposition manuelle.

Déroulez le groupe de fonctions **Texte** (onglet **Annoter**), cliquez sur l'icône **Justifier** .

```
Sélectionner des objets:
```

Au message ci-dessus, sélectionnez les objets et validez la sélection par [Entrée].

Le message ci-dessous est affiché.

```
Entrez une option de justification
JUSTIFIERTEXTE [Gauche Aligner AJuster Centre Milieu Droite HG HC HD MG MC MD BG BC BD] <Gauche>:
```

Choisissez la nouvelle justification des textes.

## 26. Édition de hachurage

Cette commande permet de modifier le motif d'un hachurage existant.

▶ Déroulez le groupe de fonctions **Modification** (onglet **Début**), cliquez sur l'icône **Modifier les hachures** .

```
Sélectionnez un objet de hachures:
```

Au message ci-dessus, sélectionnez une hachure et validez la sélection par [Entrée].

La boîte de dialogue ci-dessous est affichée :

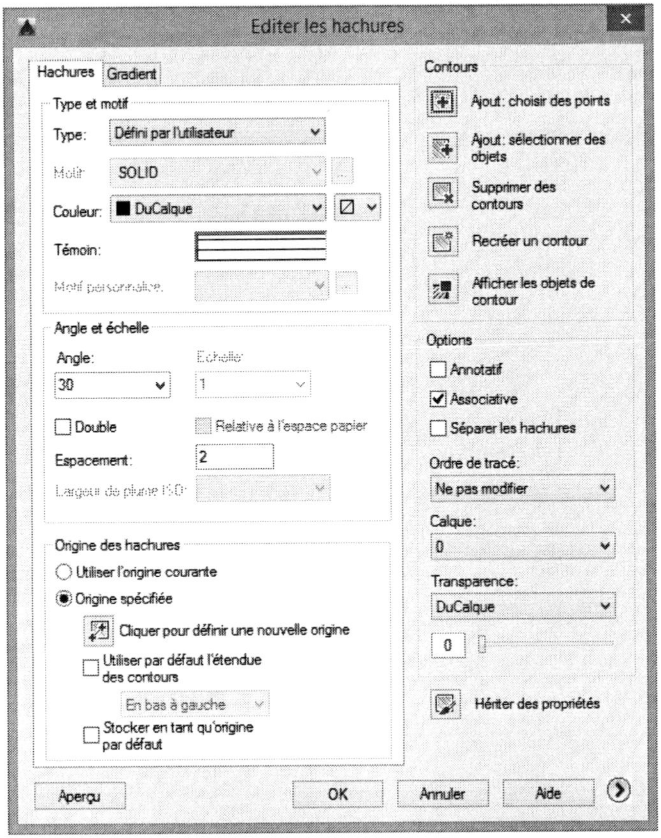

Vous interchangez les motifs prédéfinis, utilisateur ou personnalisés, et en fonction du motif, de l'échelle, de l'angle ou de l'espacement, vous ajoutez des objets ou supprimez des contours. Vous pouvez hériter d'un motif de hachurage du dessin. Vous pouvez modifier l'ordre de tracé et l'origine des hachures. Vous pouvez utiliser l'aperçu pour visualiser les modifications.

**Remarque**

*Une technique très simple consiste à sélectionner le motif de hachures et à en modifier les paramètres dans l'onglet contextuel* ***Editeur de hachures*** *ci-dessous :*

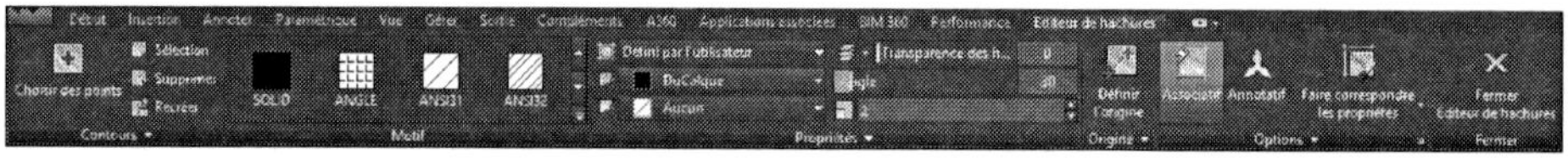

# Exercice 3
# Créer une distribution

Dans cet exercice, nous allons utiliser différents outils de gestion des objets pour définir la distribution des pièces sur le plan d'un local professionnel.

Le résultat attendu sera celui-ci :

Avant

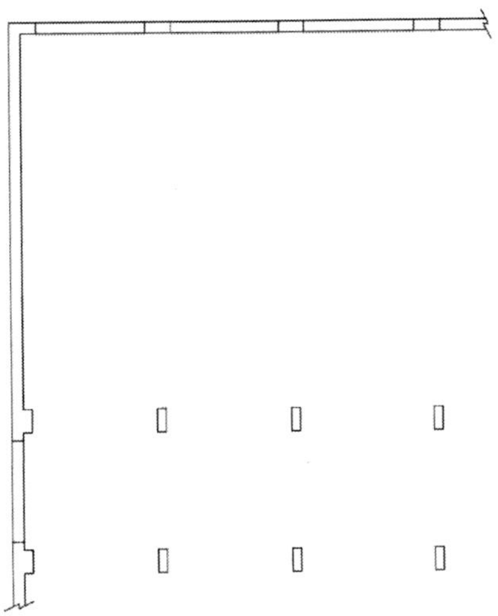

Après

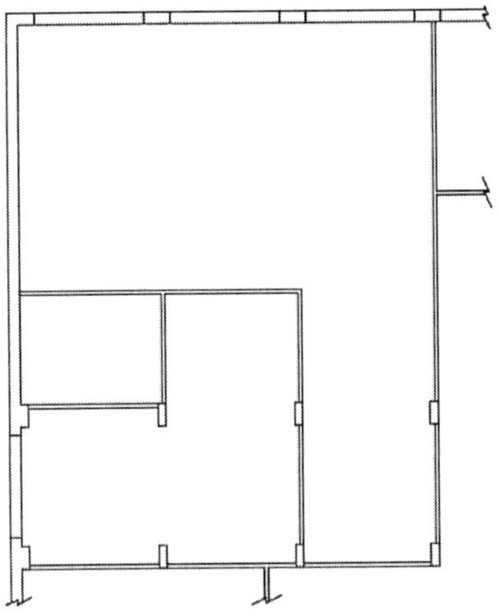

## 1. Étape 1 : Accéder au fichier ressource

▶ Téléchargez et ouvrez le fichier ressource : **Créer_une_distribution.dwg**.

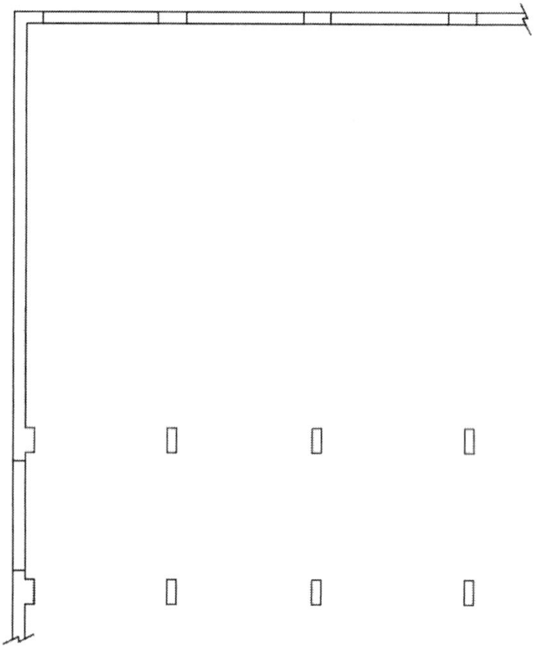

## 2. Étape 2 : Créer des lignes de référence

Nous allons tout d'abord tracer quelques lignes de référence aidant à la construction. La procédure consiste à créer une ligne passant par les points **A**, **B** et **C** affichés dans la figure ci-après.

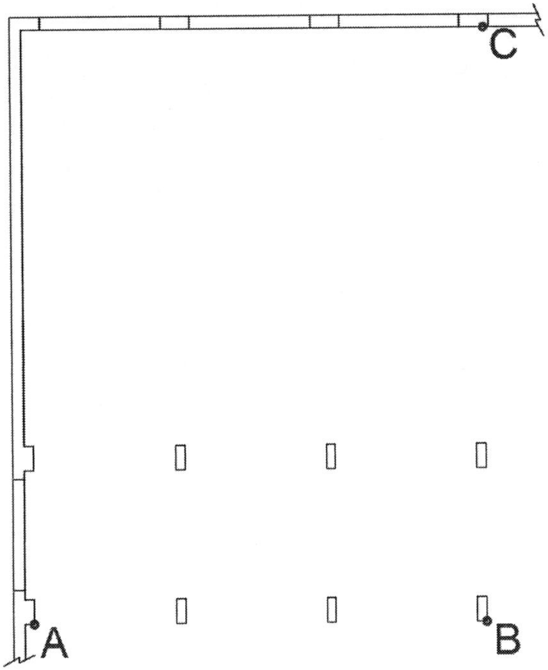


▶ Dans le groupe de fonctions **Dessin** (onglet **Début**), cliquez sur l'icône **Ligne** 

.
La ligne de commande affiche :

```
LIGNE Spécifiez le premier point:
```

▶ Dans la zone graphique, cliquez sur l'extrémité ci-dessous pour spécifier le point de départ de la ligne (**A**).

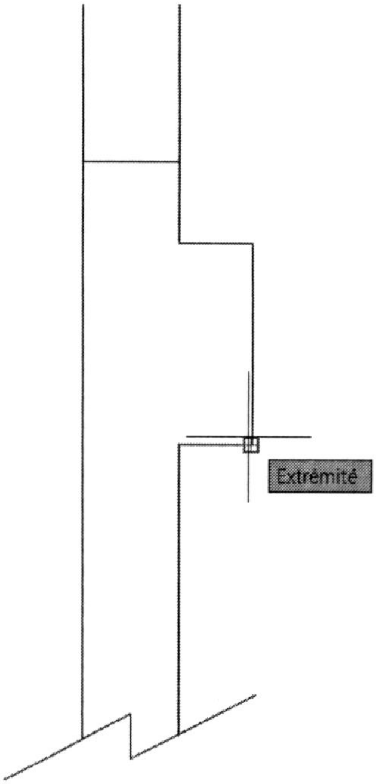


La ligne de commande affiche :

```
LIGNE Spécifiez le point suivant ou [annUler]:
```

▶ Cliquez sur le point **B**, comme affiché dans la figure ci-dessous pour spécifier le point suivant.

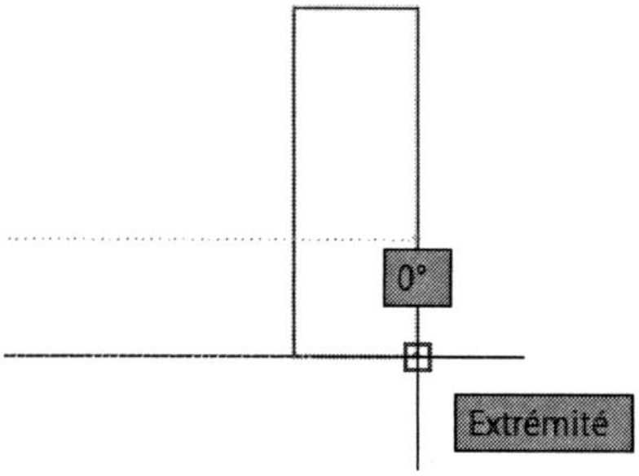

- Cliquez sur le point **C**, comme affiché dans la figure ci-dessous pour spécifier le point suivant.

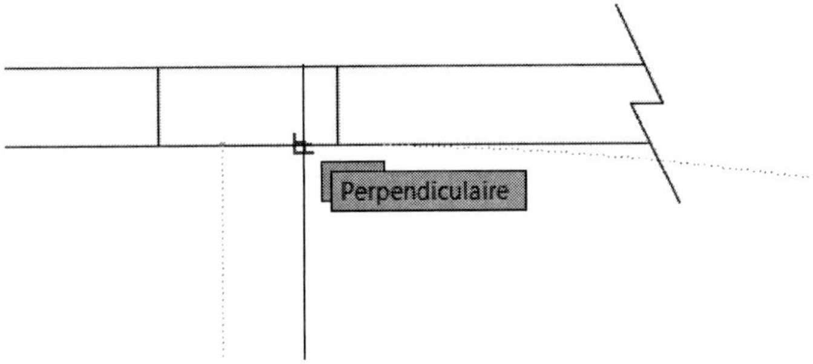


- Appuyez sur [Entrée] pour quitter la commande **Ligne**.
- Appuyez sur [Entrée] pour réactiver la commande **Ligne**.

**Remarque**

*Lorsqu'il n'y a pas de commande en cours, appuyer sur [Entrée] permet d'activer la dernière commande utilisée.*

La ligne de commande affiche :

```
LIGNE Spécifiez le premier point:
```

- Placez le pointeur sur le point **C**, comme indiqué dans la figure ci-dessous ; le symbole d'accrochage aux objets **Extrémité** apparaît.

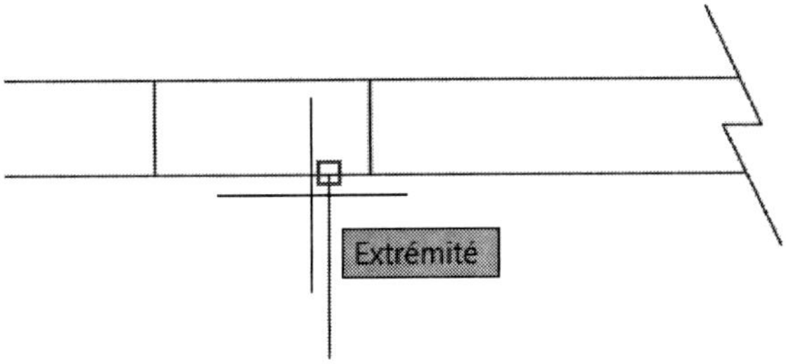


- Déplacez le pointeur vers le bas, le long de l'axe vertical, comme indiqué dans la figure ci-après.

▶ Saisissez « 300 » et appuyez sur [Entrée] pour spécifier la position du point de départ de la ligne.

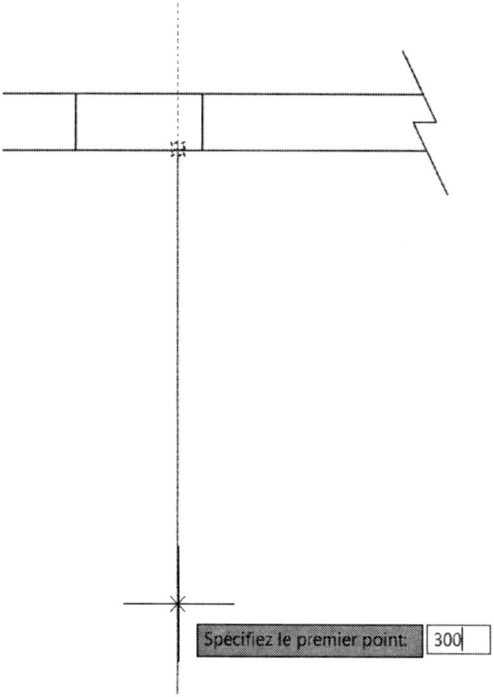


La ligne de commande affiche :

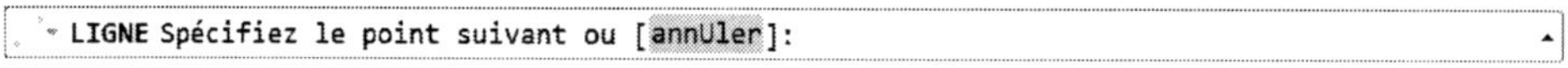


▶ Déplacez le pointeur vers la droite, le long de l'axe horizontal, comme indiqué dans la figure ci-après, saisissez « 92 » et appuyez sur [Entrée] pour spécifier la longueur de la ligne.

La figure ci-dessous affiche le résultat obtenu.

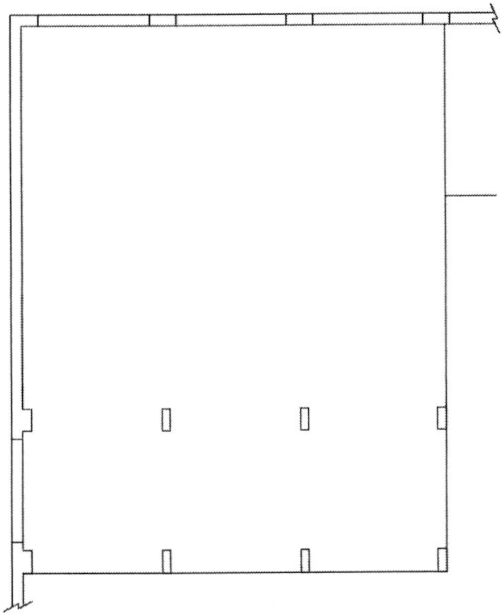

## 3. Étape 3 : Créer des segments horizontaux parallèles

Nous allons à présent utiliser l'outil **Décaler** pour créer des segments parallèles qui permettent de délimiter les différentes pièces.

- Dans le groupe de fonctions **Modification** (onglet **Début**), activez l'outil **Décaler** .

  La ligne de commande affiche :

```
DECALER Spécifiez la distance de décalage ou [Par Effacer Calque] <Par>:
```

- Saisissez « 290 » et appuyez sur [Entrée] pour renseigner la distance de décalage.

  La ligne de commande affiche :

```
DECALER Sélectionnez l'objet à décaler ou [Quitter annUler] <Quitter>:
```

- Dans la zone graphique, cliquez sur la ligne indiquée dans la figure ci-dessous pour sélectionner le contour à décaler.

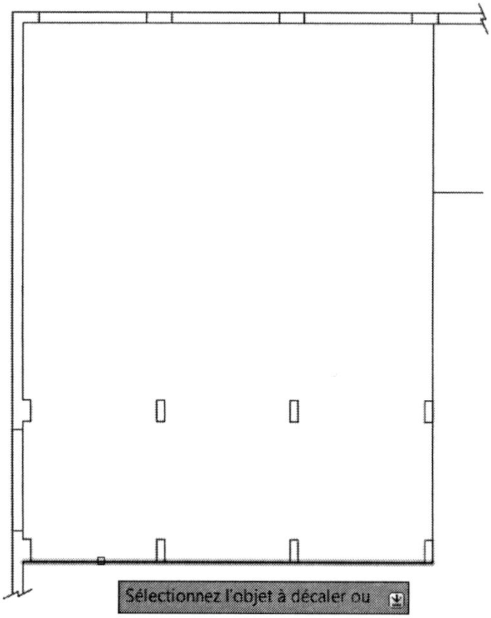


La ligne de commande affiche :

```
DECALER Spécifiez un point sur le côté à décaler ou [Quitter Multiple annUler] <Quitter>:
```

- Cliquez au-dessus de la ligne sélectionnée, comme indiqué dans la figure ci-dessous, pour déterminer le côté du décalage.

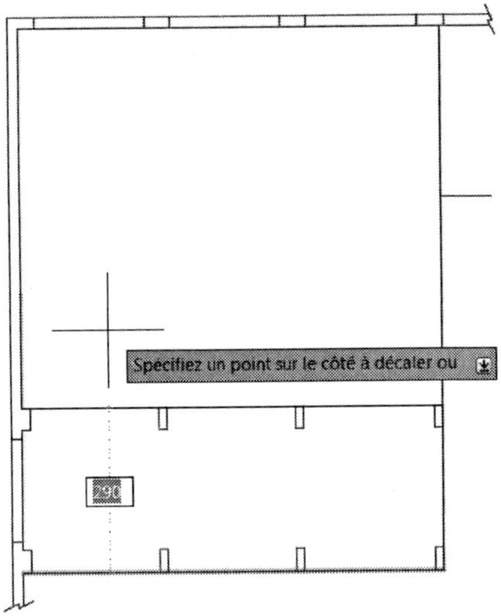


La ligne de commande affiche :

DECALER Sélectionnez l'objet à décaler ou [Quitter annUler] <Quitter>:

- Appuyez sur [Entrée] pour quitter la fonction.

La figure ci-dessous affiche le résultat obtenu.

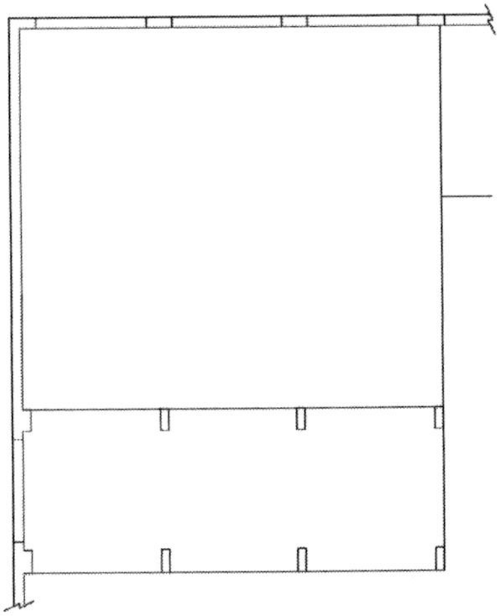

▶ Appuyez sur [Entrée] pour activer la fonction **Décaler**.
La ligne de commande affiche :

```
DECALER Spécifiez la distance de décalage ou [Par Effacer Calque] <Par>:
```

▶ Saisissez « 200 » et appuyer sur [Entrée] pour renseigner la valeur de décalage.
La ligne de commande affiche :

```
DECALER Sélectionnez l'objet à décaler ou [Quitter annUler] <Quitter>:
```

▶ Dans la zone graphique, cliquez sur la ligne indiquée dans la figure ci-dessous pour sélectionner le contour à décaler.

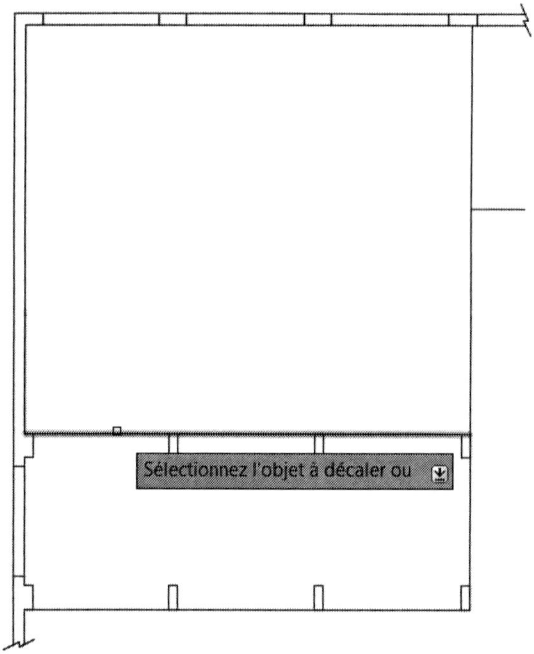


La ligne de commande affiche :

```
DECALER Spécifiez un point sur le côté à décaler ou [Quitter Multiple annUler] <Quitter>:
```

▶ Cliquez au-dessus de la ligne sélectionnée pour déterminer le côté du décalage.
La ligne de commande affiche :

```
DECALER Sélectionnez l'objet à décaler ou [Quitter annUler] <Quitter>:
```

▶ Appuyez sur [Entrée] pour quitter la fonction.
La figure ci-dessous affiche le résultat obtenu.

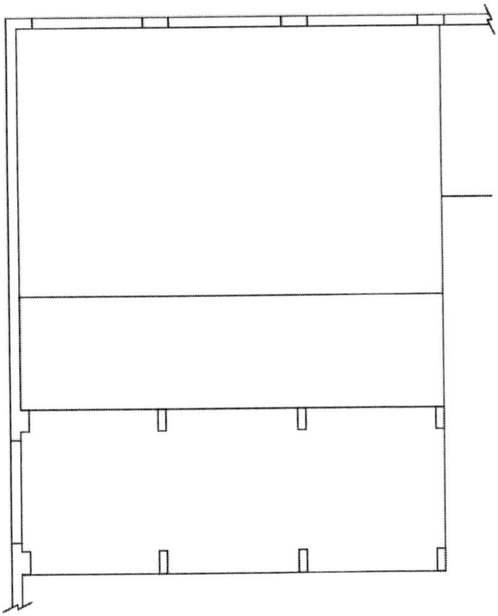

## 4. Étape 4 : Créer des segments verticaux parallèles

▶ Dans le groupe de fonctions **Modification** (onglet **Début**), activez l'outil **Décaler** .

La ligne de commande affiche :

```
DECALER Spécifiez la distance de décalage ou [Par Effacer Calque] <Par>:
```

▶ Saisissez « 250 » et appuyez sur [Entrée].
La ligne de commande affiche :

```
DECALER Sélectionnez l'objet à décaler ou [Quitter annUler] <Quitter>:
```

▶ Cliquez sur la ligne indiquée dans la figure ci-dessous.

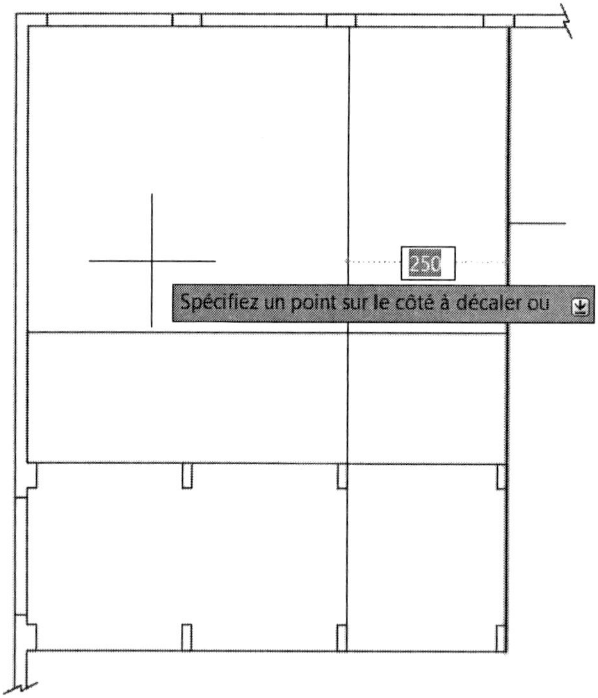


La ligne de commande affiche :

```
DECALER Spécifiez un point sur le côté à décaler ou [Quitter Multiple annUler] <Quitter>:
```

▶ Cliquez à gauche de la ligne sélectionnée.

La ligne de commande affiche :

```
DECALER Sélectionnez l'objet à décaler ou [Quitter annUler] <Quitter>:
```

▶ Cliquez sur la ligne indiquée dans la figure ci-dessous pour sélectionner le contour à décaler. Une distance de décalage de « 250 » est appliquée par défaut.

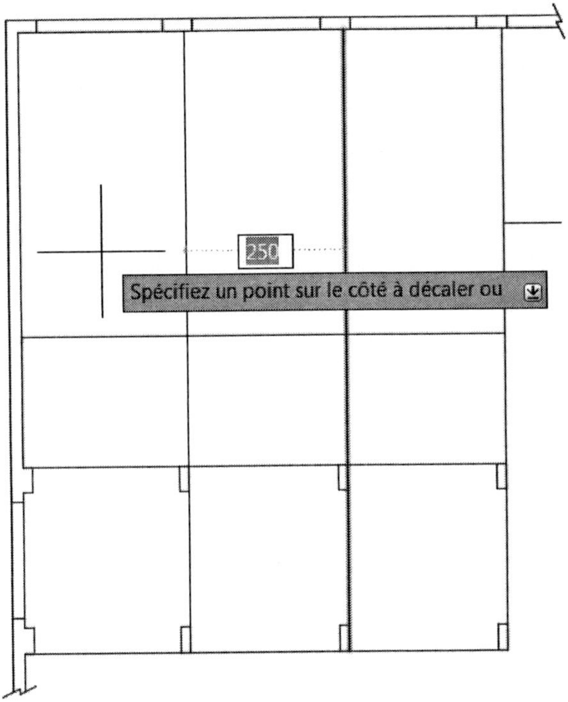


La ligne de commande affiche :

```
DECALER Spécifiez un point sur le côté à décaler ou [Quitter Multiple annUler] <Quitter>:
```

▶ Cliquez à gauche de la ligne sélectionnée.

La ligne de commande affiche :

```
DECALER Sélectionnez l'objet à décaler ou [Quitter annUler] <Quitter>:
```

Nous allons également esquisser les cloisons de locaux adjacents comme dans l'étape 2.

▶ Cliquez sur la ligne indiquée dans la figure ci-dessous pour sélectionner le contour à décaler.

La ligne de commande affiche :

```
DECALER Spécifiez un point sur le côté à décaler ou [Quitter Multiple annUler] <Quitter>:
```

▶ Placer le pointeur à droite de la ligne sélectionnée pour renseigner le côté à décaler, saisissez « 450 » et appuyez sur [Entrée] pour renseigner la distance de décalage, comme affiché sur la figure ci-dessous.

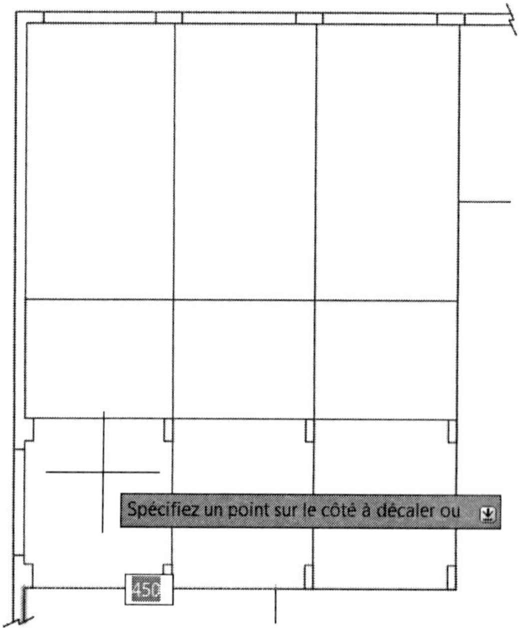


La ligne de commande affiche :

```
DECALER Sélectionnez l'objet à décaler ou [Quitter annUler] <Quitter>:
```

▶ Appuyez sur [Entrée] pour quitter la fonction.

## 5. Étape 5 : Ajuster les arêtes pour esquisser la distribution

Il va s'agir à présent de supprimer certaines parties des segments créés à l'étape précédente afin de délimiter les pièces.

▶ Dans le groupe de fonctions **Modification** (onglet **Début**), activez la commande **Ajuster** 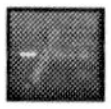.

La ligne de commande affiche :

```
AJUSTER Sélectionnez les objets ou <tout sélectionner>:
```

▶ Appuyez sur [Entrée] pour valider le choix par défaut **Tout sélectionner** et sélectionner les arêtes de bord de coupe.

La ligne de commande affiche :

```
AJUSTER [Trajet cApture Projection Côté eFfacer annUler]:
```

▶ Cliquez sur les lignes à ajuster comme indiqué sur la figure ci-dessous pour supprimer les segments à ajuster.

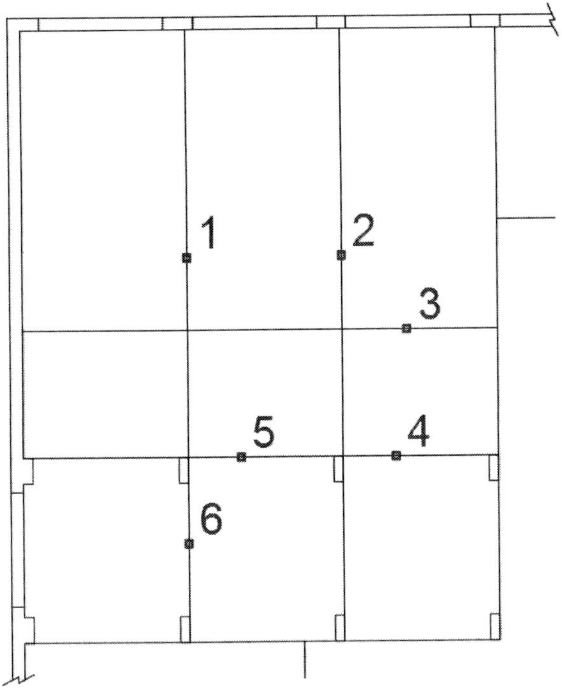


▶ Appuyez sur [Entrée] pour quitter la fonction.

La figure ci-dessous affiche le résultat obtenu :

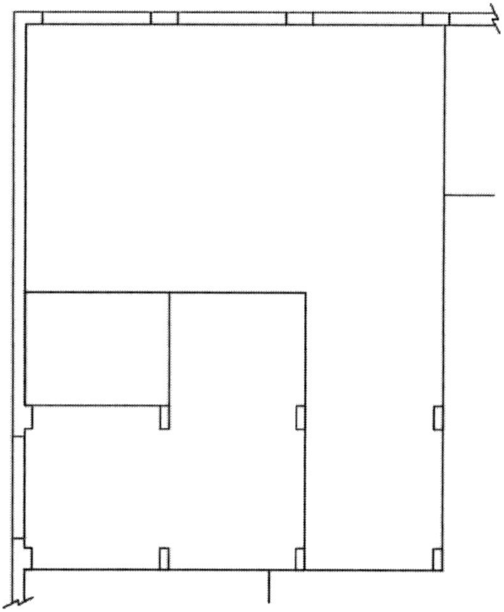

## 6. Étape 6 : Créer des parallèles en série

Nous allons de nouveau créer des segments parallèles afin cette fois de matérialiser les cloisons.

▶ Dans le groupe de fonctions **Modification** (onglet **Début**), activez l'outil **Décaler** .

La ligne de commande affiche :

```
DECALER Spécifiez la distance de décalage ou [Par Effacer Calque] <Par>:
```

▶ Saisissez « 7 » et appuyez sur [Entrée] pour renseigner la distance de décalage.

La ligne de commande affiche :

```
DECALER Sélectionnez l'objet à décaler ou [Quitter annUler] <Quitter>:
```

▶ Dans la zone graphique, cliquez sur la ligne indiquée dans la figure ci-dessous pour sélectionner le contour à décaler.

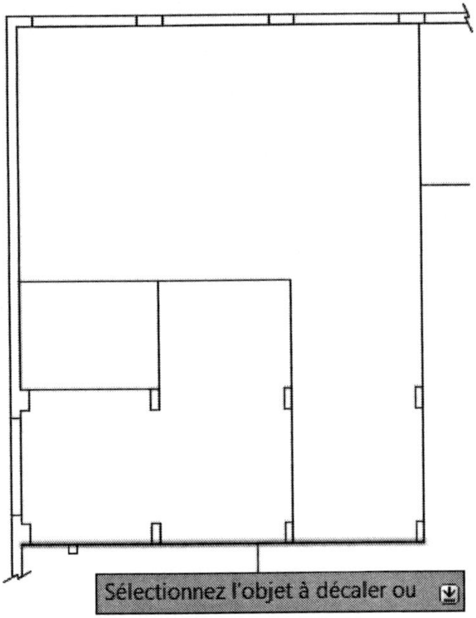


La ligne de commande affiche :

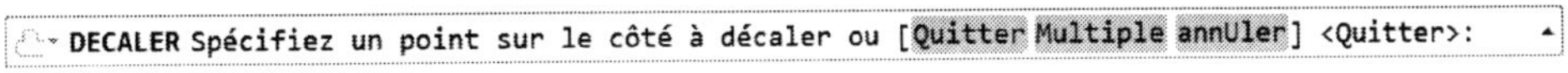

▶ Cliquez au-dessus de la ligne sélectionnée pour déterminer le côté du décalage. La figure ci-dessous affiche le résultat obtenu.

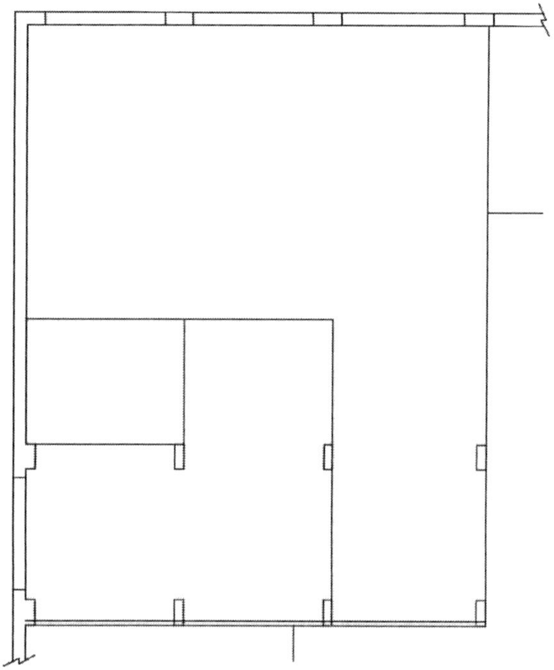

La ligne de commande affiche :

```
DECALER Sélectionnez l'objet à décaler ou [Quitter annUler] <Quitter>:
```

- Cliquez de nouveau sur une ligne à décaler pour créer un contour parallèle avec la même distance de décalage, comme indiqué sur la figure ci-dessous.

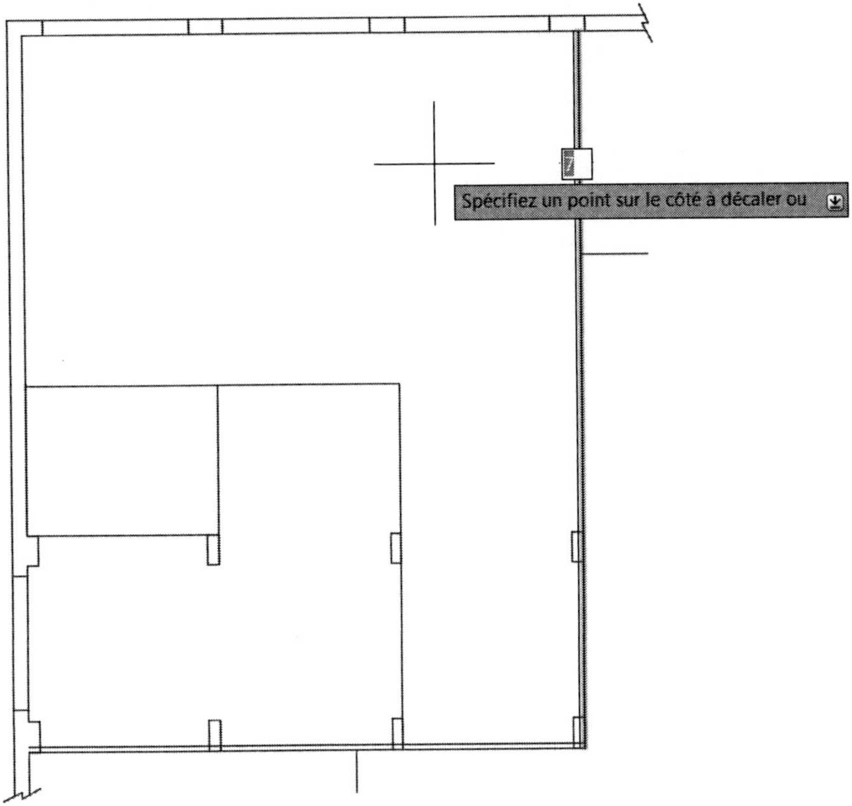

▶ Répétez l'opération sur les lignes A, B, C, D, E et F indiquées dans la figure ci-dessous, en respectant le sens du décalage.

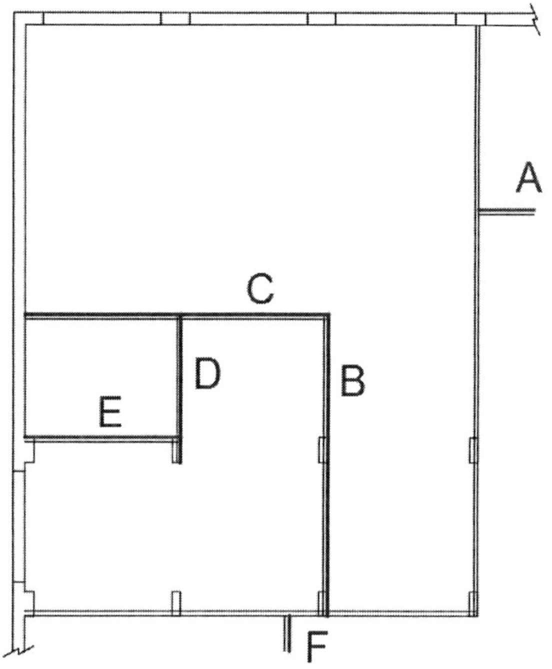


## 7. Étape 7 : Copier les lignes brisées

Comme nous avons créé de nouvelles cloisons extérieures au local lors des étapes 2 et 3, nous allons y ajouter des lignes brisées (qui symbolisent la continuité d'un mur tronqué sur le plan).

▶ Dans le groupe de fonctions **Modification** (onglet **Début**), activez la commande **Copier** .

La ligne de commande affiche :

- Sélectionnez la ligne brisée du mur vertical comme indiqué dans la figure ci-dessous et appuyez sur [Entrée] pour valider la sélection.

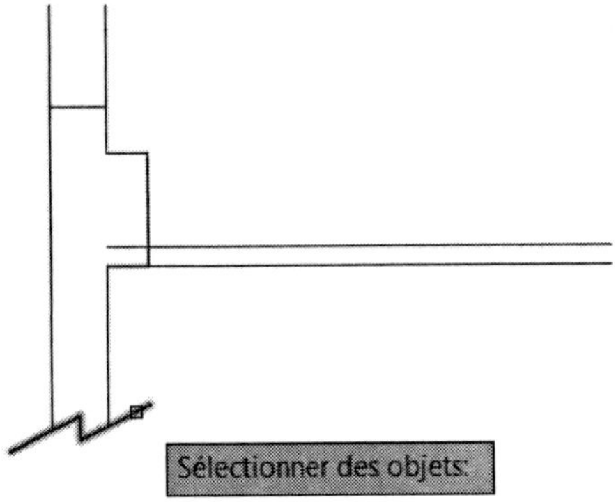


La ligne de commande affiche :

```
COPIER Spécifiez le point de base ou [Déplacement mOde] <Déplacement>:
```

- Dans la zone graphique, cliquez sur un point comme indiqué dans la figure ci-dessous pour spécifier le point de base de la copie.

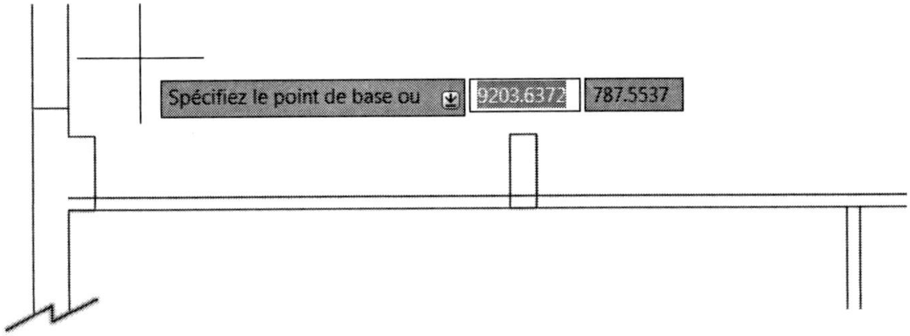


La ligne de commande affiche :

```
COPIER Spécifiez le deuxième point ou [Réseau]
<utiliser le premier point comme déplacement>:
```

- Déplacez le pointeur vers la droite, à l'horizontale, comme affiché dans la figure ci-dessous, saisissez « 456.5 » et appuyez sur [Entrée] pour spécifier la position du point d'insertion de la copie.

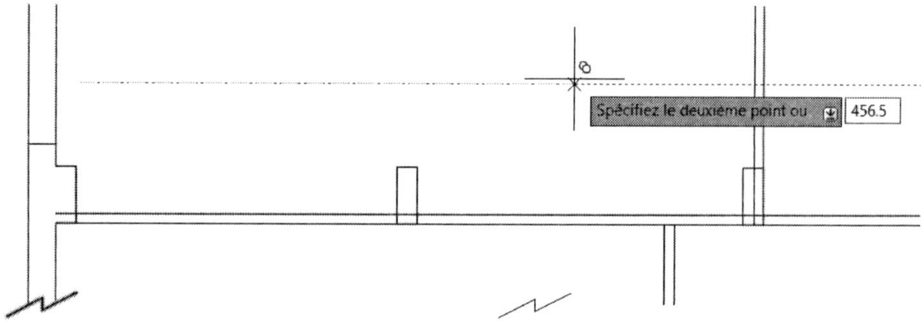


La ligne de commande affiche :

```
COPIER Spécifiez le second point ou [réseAu Quitter annUler] <Quitter>:
```

- Appuyez sur [Entrée] pour quitter la fonction.

La figure ci-dessous affiche le résultat obtenu.

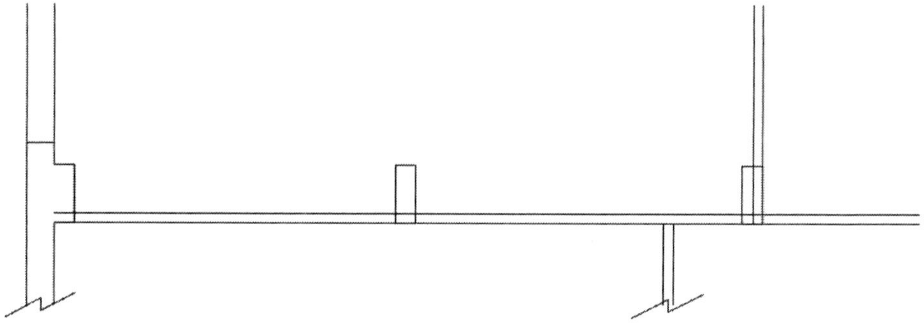

- Appuyez sur [Entrée] pour activer la fonction **Copier**.

La ligne de commande affiche :

```
COPIER Sélectionner des objets:
```

▶ Sélectionnez la ligne brisée du mur horizontal comme indiqué dans la figure ci-dessous et appuyez sur [Entrée] pour valider la sélection.

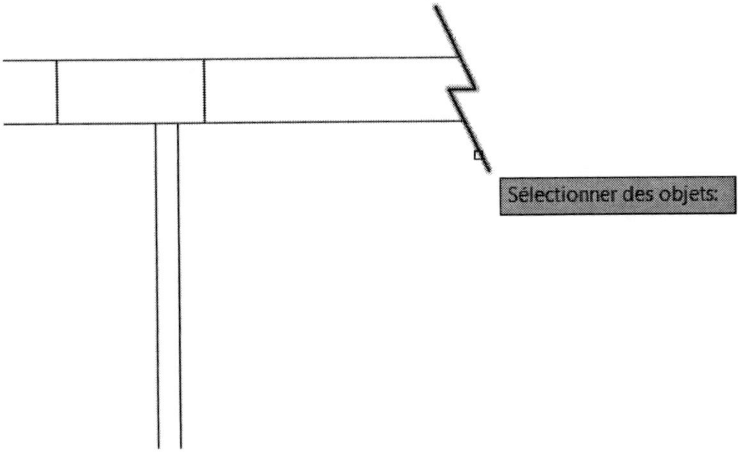


La ligne de commande affiche :

```
COPIER Spécifiez le point de base ou [Déplacement mOde] <Déplacement>:
```

▶ Dans la **Zone graphique** cliquez sur un point quelconque comme indiqué dans la figure ci-dessous pour spécifier le point de base de la copie.

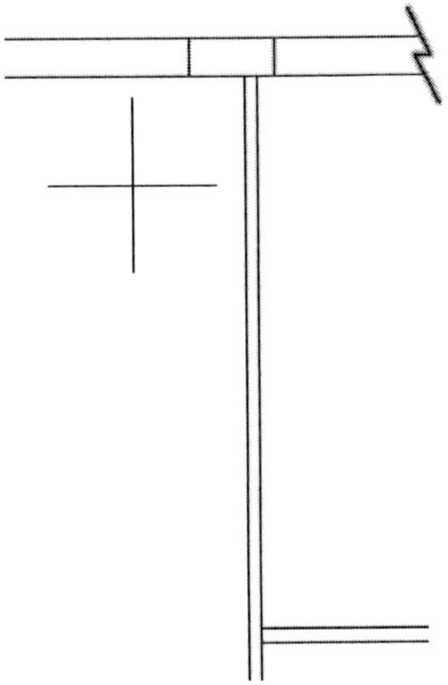

La ligne de commande affiche :

```
COPIER Spécifiez le deuxième point ou [Réseau]
<utiliser le premier point comme déplacement>:
```

- Déplacez le pointeur vers le bas à la verticale comme indiqué dans la figure ci-dessous.
- Saisissez « 313.5 » et appuyez sur [Entrée] pour spécifier la position du point d'insertion de la copie.

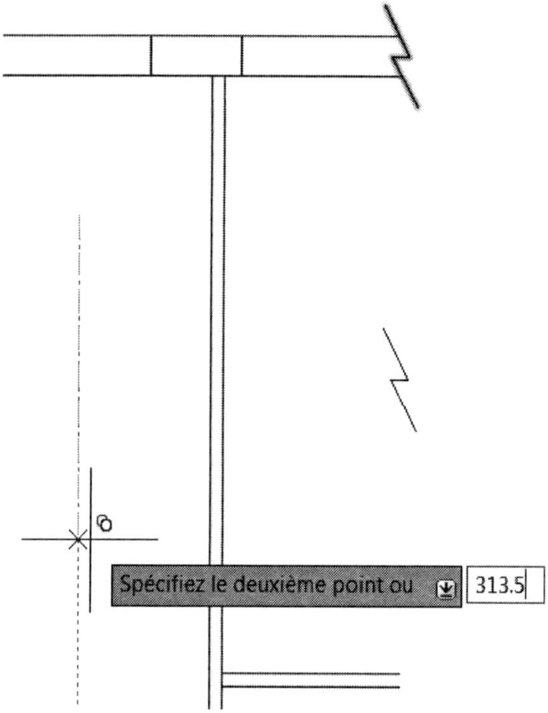


La ligne de commande affiche :

```
COPIER Spécifiez le second point ou [réseAu Quitter annUler] <Quitter>:
```

▶ Appuyez sur [Entrée] pour quitter la fonction.

La figure ci-dessous affiche le résultat obtenu.

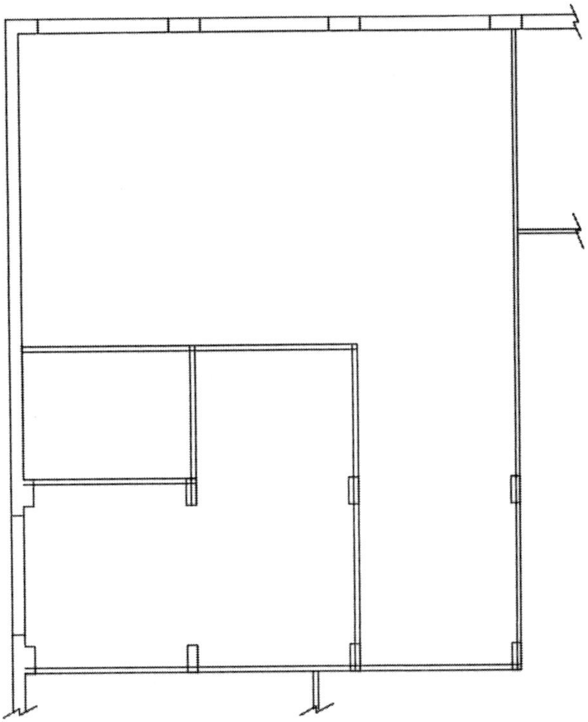

## 8. Étape 8 : Ajuster les arêtes pour esquisser la distribution

Nous allons maintenant effacer toutes les arêtes inutiles du plan.

▶ Dans le groupe de fonctions **Modification** (onglet **Début**), activez l'outil **Ajuster** 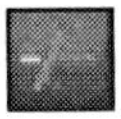.

La ligne de commande affiche :

```
AJUSTER Sélectionnez les objets ou <tout sélectionner>:
```

▶ Appuyez sur [Entrée] pour valider le choix par défaut **Tout sélectionner**.

La figure ci-dessous indique les différentes zones dans lesquelles utiliser la commande **Ajuster** :

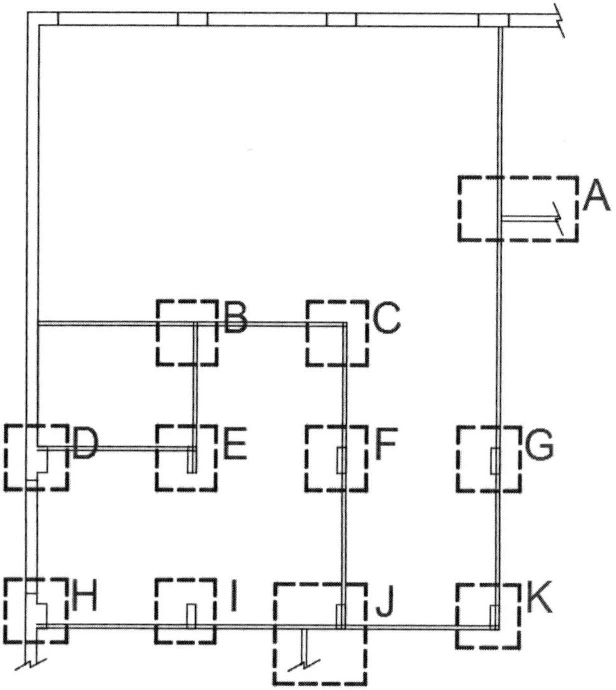


La ligne de commande affiche :

```
AJUSTER [Trajet cApture Projection Côté eFfacer annUler]:
```

Les détails suivants permettent d'identifier les éléments à ajuster ainsi que la méthode de sélection :

Détail A : Cliquez sur les segments à ajuster comme affiché dans la figure ci-dessous.

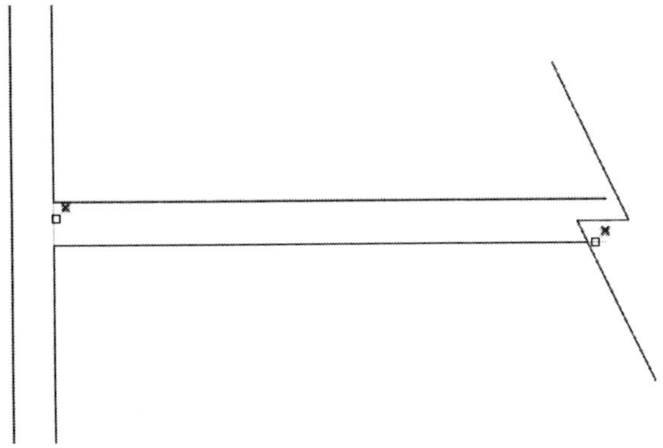

Détail B : Cliquez sur les segments à ajuster comme affiché dans la figure ci-dessous.

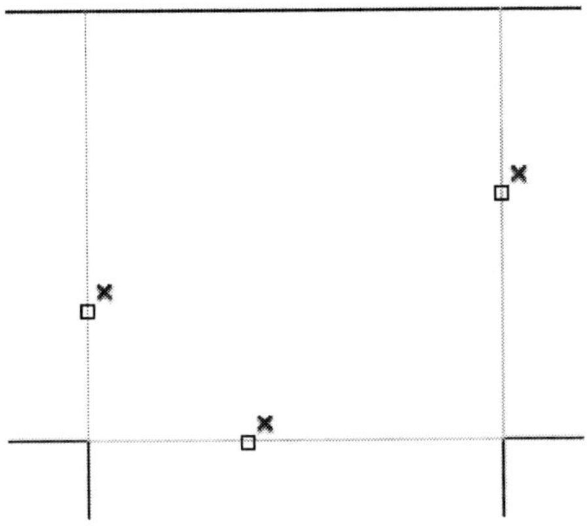

Détail C : Cliquez sur les segments à ajuster comme affiché dans la figure ci-dessous.

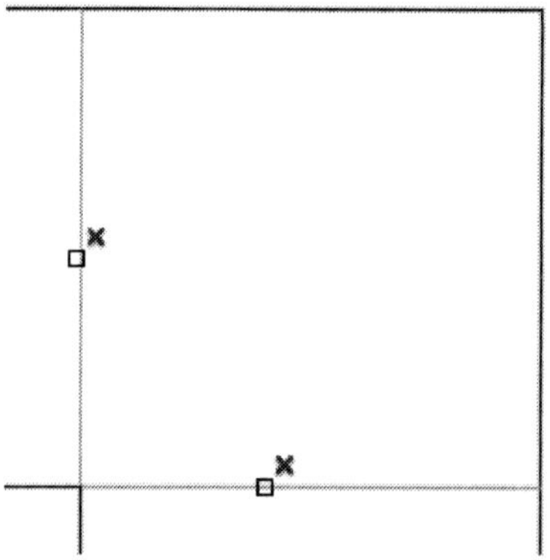

Détail D : Cliquez sur le segment à ajuster comme affiché dans la figure ci-dessous.

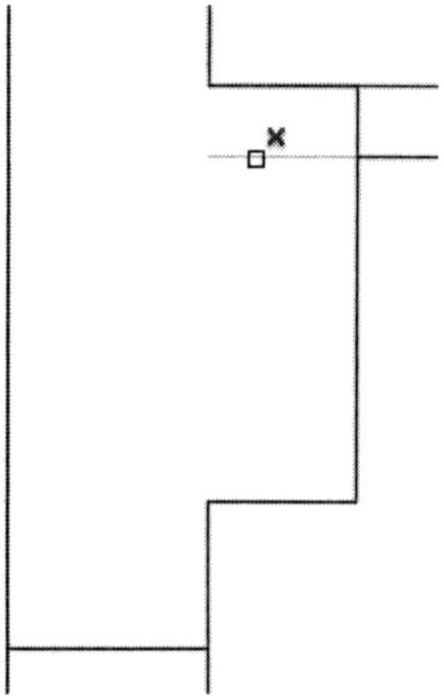

Détail E : Effectuez une fenêtre de sélection comme affiché dans la figure ci-dessous.

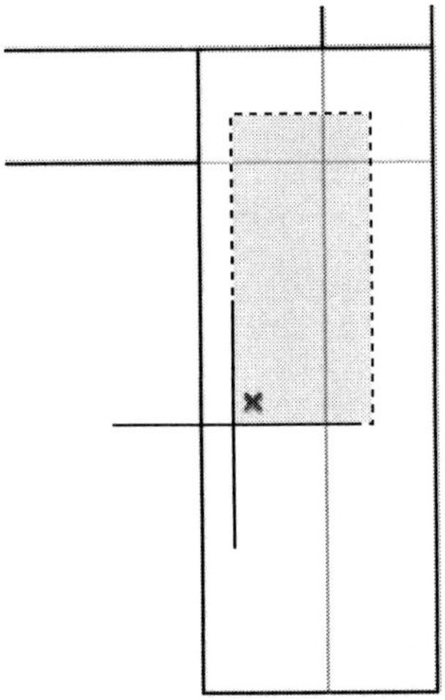

Détail F : Cliquez sur le segment à ajuster comme affiché dans la figure ci-dessous.

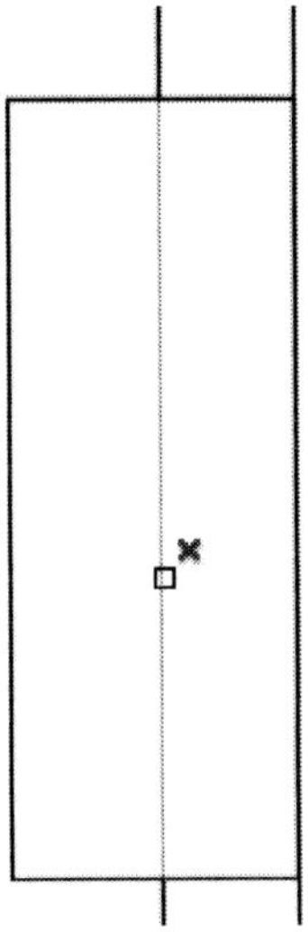

Détail G : Cliquez sur le segment à ajuster comme affiché dans la figure ci-dessous.

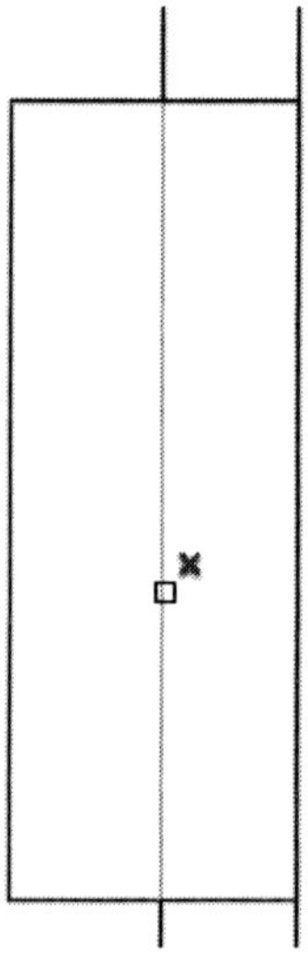

Détail H : Cliquez sur le segment à ajuster comme affiché dans la figure ci-dessous.

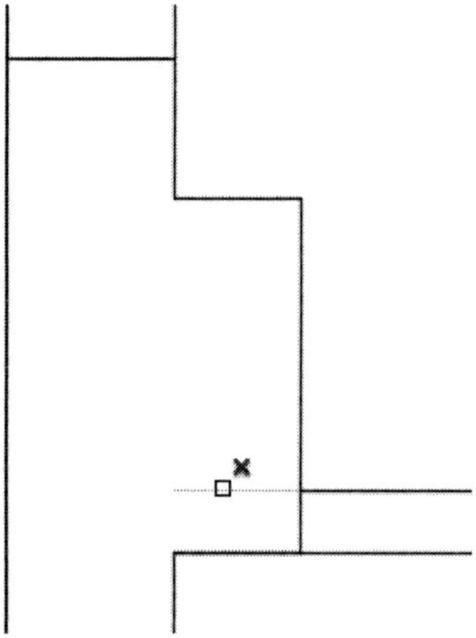

Détail I : Cliquez sur le segment à ajuster comme affiché dans la figure ci-dessous.

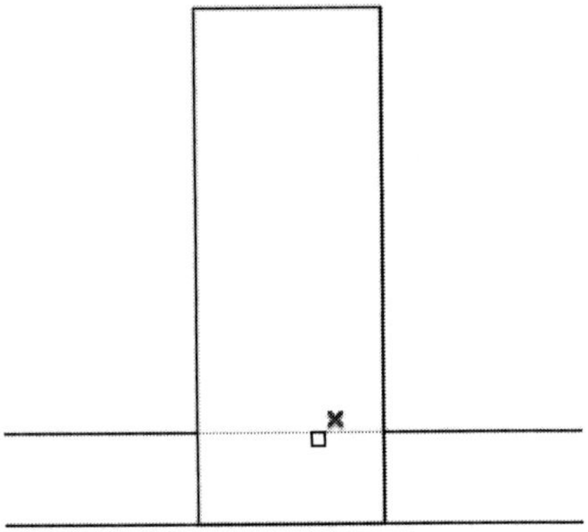

Détail J : Cliquez sur les segments à ajuster et effectuez une fenêtre de sélection comme affiché dans la figure ci-dessous.

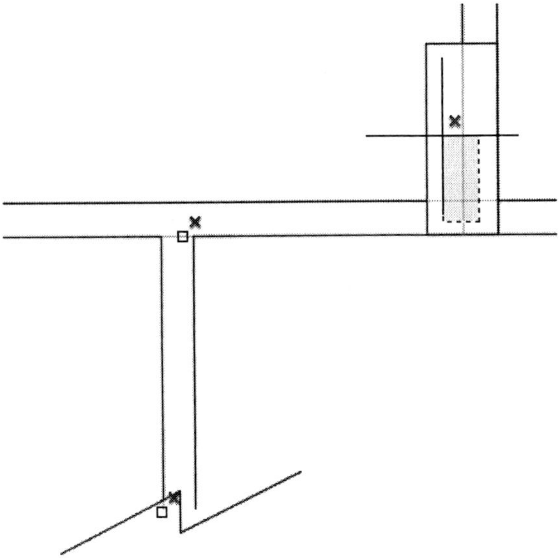

Détail K : Effectuez une fenêtre de sélection comme affiché dans la figure ci-dessous.

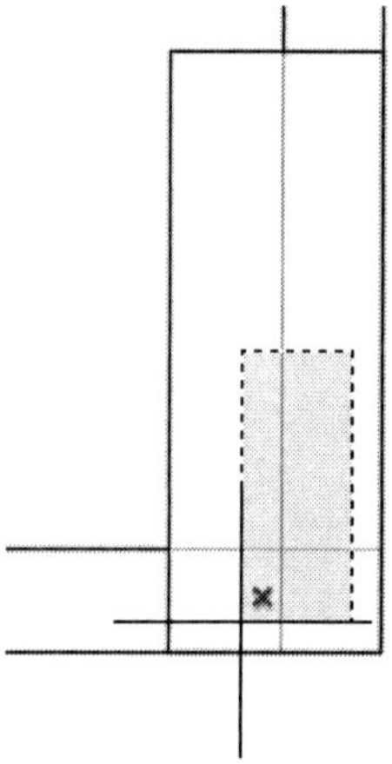

▶ Appuyez sur [Entrée] pour quitter la fonction.

L'aperçu ci-dessous affiche le résultat obtenu :

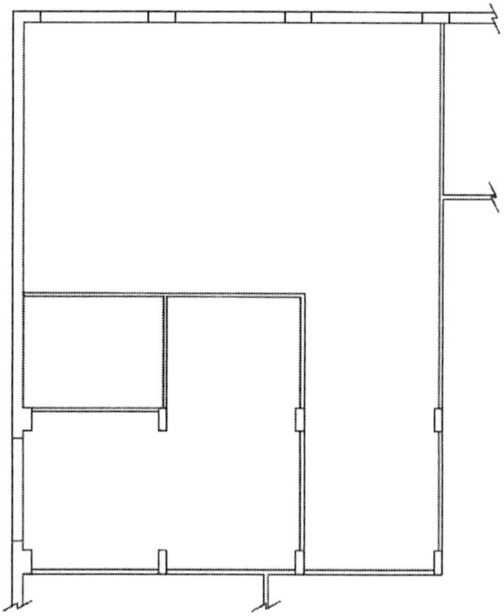

## 9. Étape 9 : Prolonger les arêtes avec la fonction Ajuster

Enfin, nous allons prolonger les arêtes représentant les cloisons extérieures jusqu'aux lignes brisées.

La fonction **Ajuster** est toujours active.

- Maintenez enfoncé la touche [Shift] pour prolonger les arêtes.
- Dans la zone graphique, cliquez sur les arêtes indiquées dans la figure ci-dessous pour les prolonger jusqu'aux lignes brisées.

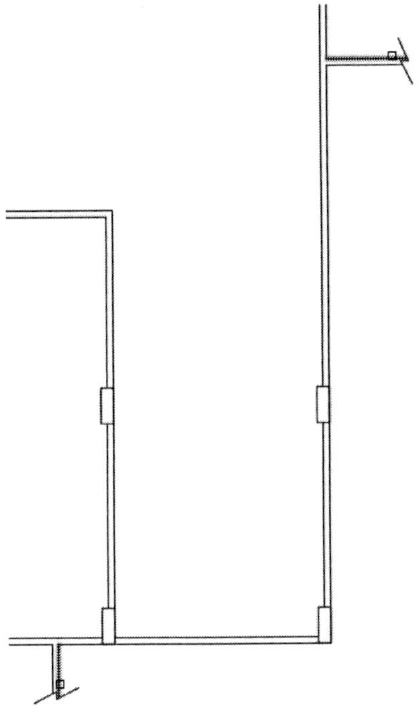

L'aperçu ci-dessous affiche le résultat obtenu :

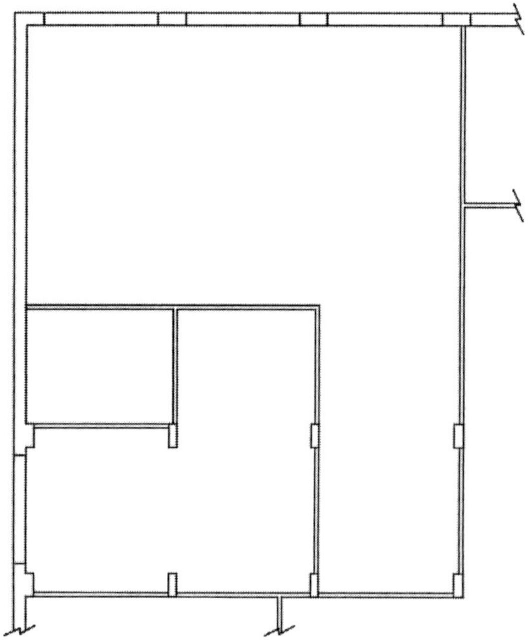

# Chapitre 7
# Le dessin paramétrique

## 1. Généralités

Le principe du *dessin paramétrique* consiste à associer des contraintes à la géométrie 2D, de façon à faire évoluer le dessin selon des règles géométriques et dimensionnelles logiques.

Ainsi, un dessin évolue de façon cohérente en conservant des contraintes de perpendicularité, de tangence, d'angle précédemment appliquées à la géométrie. Une simple modification dimensionnelle peut, par exemple, provoquer une cascade de changements sur le même dessin.

Le dessin paramétrique permet aussi d'établir, à partir d'une même base, toute une gamme de variantes de dessins.

Il existe deux types de contraintes :

- Les *contraintes géométriques* qui contrôlent les relations géométriques entre les objets (parallélisme, perpendicularité, colinéarité, concentricité, tangence, etc.).
- Les *contraintes dimensionnelles* qui contrôlent la distance, la longueur, l'angle et les valeurs de rayon des objets.

La géométrie évolue selon les restrictions que vous lui appliquez. Ainsi, certains segments demeurent parallèles, d'autres perpendiculaires, un arc demeure tangent à un segment droit ou courbe, des cercles sont concentriques, etc. Il s'agit ici des contraintes géométriques.

Les contraintes dimensionnelles pilotent la géométrie. Si vous modifiez la valeur d'une contrainte dimensionnelle, toutes les contraintes appliquées à l'objet sont réévaluées et les objets concernés sont mis à jour automatiquement.

Les contraintes dimensionnelles intègrent la notion de paramètres qui permet la mise en relation des dimensions entre elles. De cette façon, la longueur d'un segment peut par exemple être définie égale à la moitié de la longueur d'un autre segment, les angles peuvent être figés, les cercles peuvent être de mêmes rayons, etc.

Les contraintes permettent d'effectuer les opérations suivantes :

- Préserver les spécifications et exigences de conception par contrainte géométrique.
- Appliquer instantanément plusieurs contraintes géométriques aux objets.
- Inclure des formules et équations dans les contraintes dimensionnelles.
- Accélérer les modifications de conception par modification de la valeur d'une (ou de plusieurs) variable(s).

En règle générale, vous commencez par appliquer les contraintes géométriques au dessin, pour restreindre la forme. Puis vous associez les contraintes dimensionnelles qui définissent la taille des composantes du dessin.

L'illustration suivante affiche des contraintes géométriques et dimensionnelles à l'aide de la visibilité et du format par défaut.

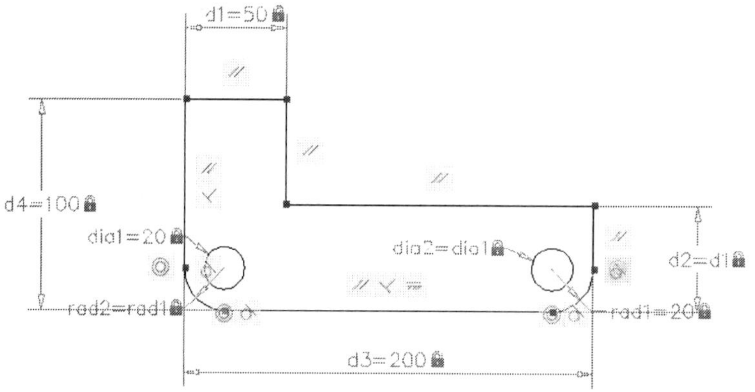


Une icône bleue est affichée lorsque vous déplacez le pointeur sur un objet auquel sont associées des contraintes. Voir ci-après :

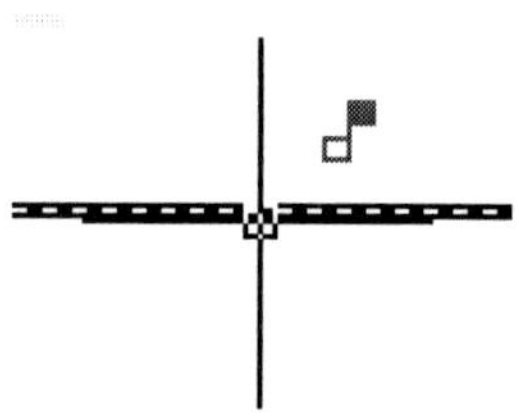

# 2. Les contraintes géométriques

Il existe deux méthodes de conception avec contraintes.

- Vous pouvez appliquer certaines contraintes, et utiliser un dessin sous-contraint pour effectuer les modifications au fur et à mesure que vous progressez, en utilisant les commandes d'édition, les poignées et en ajoutant ou en modifiant les contraintes.
- Vous pouvez aussi contraindre entièrement un dessin, puis contrôler la conception exclusivement en relâchant et en remplaçant les contraintes géométriques, et en changeant les valeurs des contraintes dimensionnelles.

Prenons l'exemple de la figure suivante. Vous avez ici dessiné des segments horizontaux et verticaux jointifs, sans les dimensionner précisément. Puis vous avez arrondi les deux parties inférieures, et placé deux cercles concentriques :

## 2.1 Appliquer plusieurs contraintes géométriques automatiquement

▶ Dans le groupe de fonctions **Géométrique** (onglet **Paramétrique**), choisissez l'icône **Contrainte auto** 

.

Le message ci-dessous est affiché :

```
Choix des objets ou [paRamètres]
```

▶ Sélectionnez l'ensemble de la géométrie à contraindre et validez par [Entrée].

Le dessin affiche toutes les contraintes géométriques comme ci-dessous :

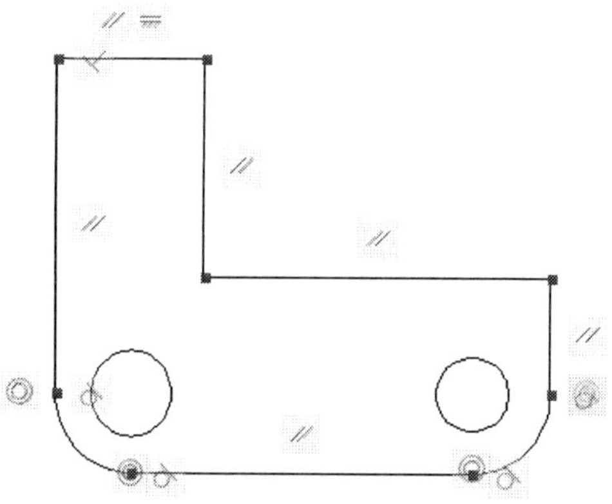

**Horizontal**  : indique que le segment (constitué des deux points de la ligne supérieure) est horizontal.

**Parallèle**  : indique que le segment est parallèle à un autre segment.

▶ Déplacez le pointeur sur la contrainte pour constater la relation de parallélisme comme sur la figure ci-dessous. Les segments parallèles sont affichés en pointillés, et la contrainte apparaît sur fond bleu.

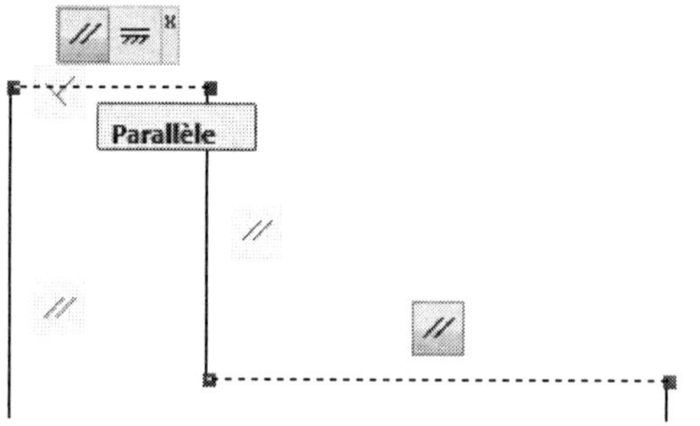


**Perpendiculaire**  : indique que le segment (ligne ou polyligne) est perpendiculaire à un autre segment (orienté de 90° par rapport à cet autre segment).

- Déplacez le pointeur sur la contrainte pour constater la relation de perpendicularité comme sur la figure ci-dessous. Les segments perpendiculaires sont affichés en pointillés.

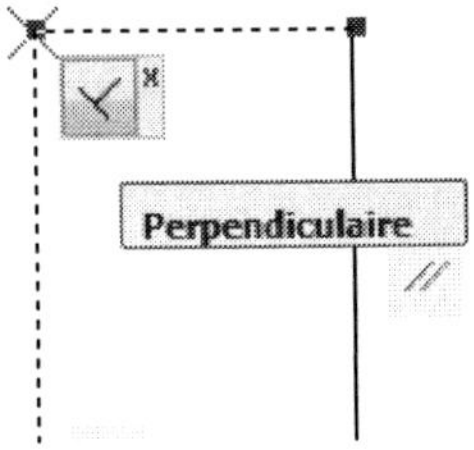


**Concentrique**  : indique que l'arc et le cercle ont le même centre. Cette contrainte est valable aussi pour les ellipses.

- Déplacez le pointeur sur la contrainte pour constater la relation de concentricité entre l'arc et les cercles qui sont affichés en pointillés.

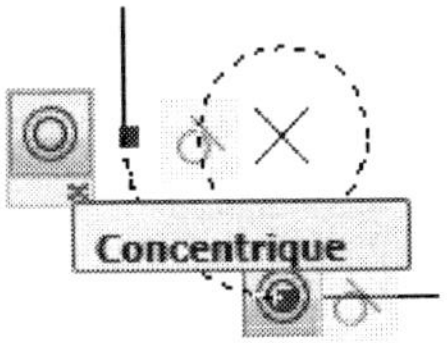


**Tangente**  : indique que l'arc est tangent à la ligne (ou à son prolongement). Cette contrainte est valable pour les arcs, cercles, polylignes et ellipses.

- Déplacez le pointeur sur la contrainte pour constater la relation de Tangence entre l'arc et la ligne qui sont affichés en pointillés.

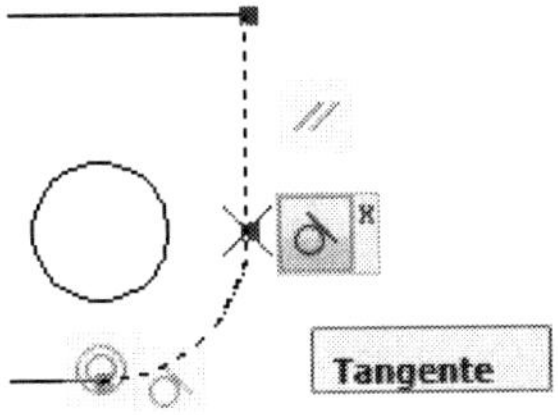

À ce stade, la géométrie étant contrainte, vous la modifiez (avec les poignées ou avec les commandes d'édition classiques) et constatez le respect des restrictions géométriques. Ainsi, vous pouvez modifier la taille de la géométrie (longueurs, rayons, etc.), mais toujours selon les contraintes d'horizontalité, parallélisme et perpendicularité précédentes.

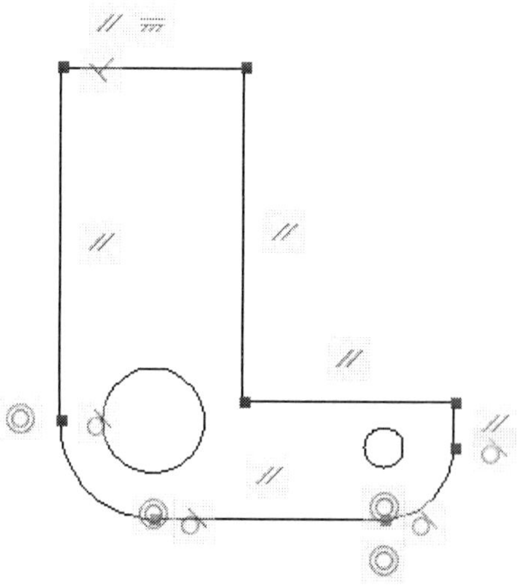

## 2.2 Appliquer des contraintes géométriques séparément

Le groupe de fonctions propose l'ensemble des contraintes géométriques applicables à la géométrie. Vous pouvez appliquer une contrainte une à une et ainsi faire évoluer les restrictions de la conception au fur et à mesure.

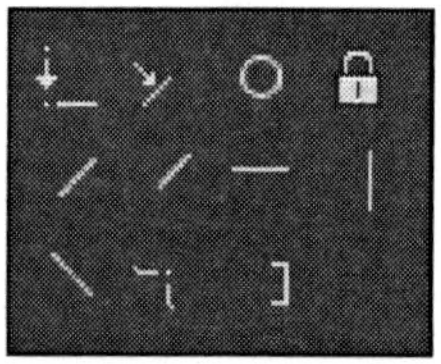

Dans la figure précédente, vous allez appliquer une contrainte d'égalité de rayon entre deux arcs et une contrainte d'égalité diamètre entre les deux cercles.

▶ Dans le groupe de fonctions **Géométrique** (onglet **Paramétrique**), choisissez l'icône **Egal** .

▶ Sélectionnez l'objet de référence puis l'objet qui adoptera le même rayon ou diamètre. Dans l'exemple, utilisez deux fois la commande pour les arcs puis pour les cercles pour obtenir la figure suivante :

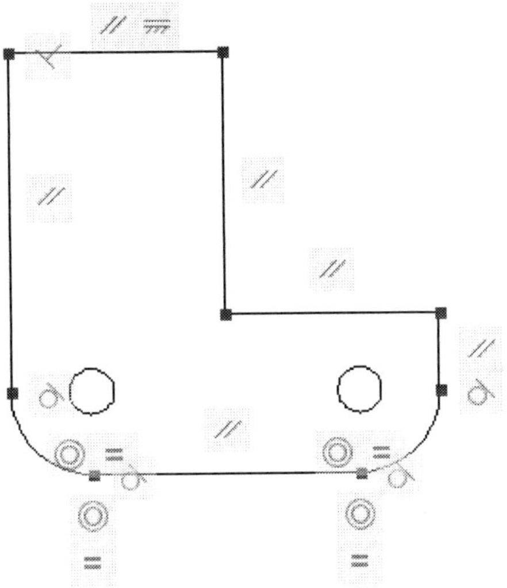

## Définir un point fixe

Il est important de déterminer un point fixe à partir duquel la géométrie va évoluer. Au stade de la figure ci-dessus, vous pouvez déplacer le dessin. Or, il peut être nécessaire de bloquer un point particulier (ici le coin supérieur gauche par exemple) pour permettre à la géométrie d'évoluer naturellement d'un côté ou de l'autre de ce point.

▶ Dans le groupe de fonctions **Géométrique**, choisissez l'icône **Fixe** .

▶ Cliquez sur le segment supérieur à proximité de l'extrémité gauche.

Une marque rouge matérialise le point détecté .

- Vous obtenez la figure suivante (on note le symbole du cadenas précisant le point fixe) :

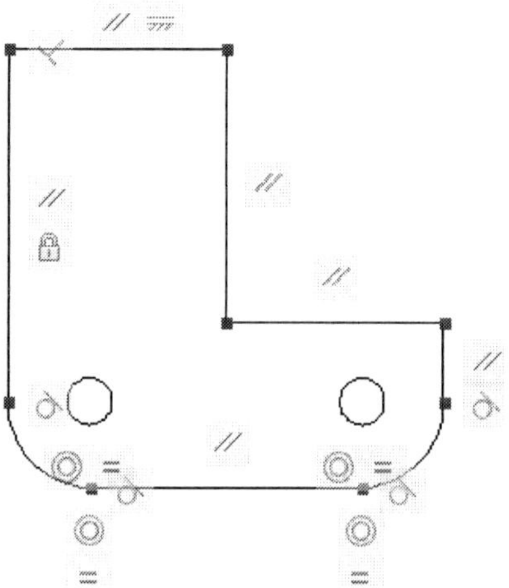

Toutes les contraintes suivantes sont applicables :

**Vertical** : contraint des lignes ou deux points de façon verticale (selon l'axe Y du système de coordonnées).

**Horizontal** : contraint des lignes ou deux points de façon horizontale (selon l'axe X du système de coordonnées).

**Parallèle** : contraint deux lignes à la même inclinaison.

**Perpendiculaire** : contraint deux segments de ligne ou polyligne selon une orientation de 90 degrés l'un par rapport à l'autre.

**Tangente** : contraint deux courbes entre elles (ou entre leur prolongement) de façon tangente à un point. Cette contrainte est valable pour les lignes (avec arc/cercle ou ellipse), arcs, cercles, polylignes et ellipses.

**Doux** : contraint une spline avec une autre spline (ou une ligne ou un arc) de manière à appliquer une continuité de tangence (de type G2) entre les deux courbes.

**Symétrique** : contraint deux objets de façon symétrique par rapport à un axe.

**Egal** : contraint deux lignes ou polylignes à la même longueur, ou des arcs et cercles au même rayon.

**Coïncidence** : contraint deux points à coïncider ou un point sur un même point ou sur un objet (ou sur son prolongement). Le résultat varie selon le type d'objets : il est ainsi possible de faire coïncider le centre d'un arc ou d'un cercle avec une ligne. Le second point ou objet devient coïncident au premier point sélectionné.

**Colinéaire** : contraint deux lignes sur la même droite. La seconde ligne sélectionnée devient colinéaire à la première.

**Concentrique** : contraint deux arcs, cercles ou ellipses au même centre. Le second objet devient concentrique au premier.

**Fixe** : détermine un point fixe (ou un objet) à partir duquel la géométrie va évoluer.

## 2.3 Supprimer une contrainte géométrique

Il est possible de supprimer une contrainte, pour faire évoluer la géométrie selon de nouveaux critères. Par exemple, une ligne horizontale qui doit évoluer selon un nouvel angle, ou encore un cercle qui ne doit plus être concentrique à un autre cercle.

Il est souvent utile de supprimer une contrainte séparément.

- Sélectionnez la contrainte à supprimer en cliquant sur l'icône associée.
- Effectuez un clic droit et choisissez **Supprimer**.

**Remarque**

*Vous pouvez appuyer sur la touche [Suppr].*

## 2.4 Supprimer toutes les contraintes géométriques

Pour supprimer toutes les contraintes appliquées aux objets sélectionnés, utilisez la procédure suivante :

- Dans le groupe de fonctions **Gérer** (onglet **Paramétrique**), choisissez l'icône **Supprimer les contraintes** 

.

- Sélectionnez les objets pour lesquels vous souhaitez supprimer toutes les contraintes.

## 2.5 Afficher et masquer les contraintes géométriques

Les contraintes sont affichées, pour chaque objet, sous la forme d'une barre de contraintes contenant une ou plusieurs icônes selon les contraintes appliquées à l'objet.

La barre des contraintes permet d'identifier rapidement les contraintes appliquées à chaque objet. Vous pouvez la déplacer en effectuant un cliqué-glissé. Vous pouvez aussi masquer toutes les contraintes et afficher les contraintes des objets sélectionnés.

### 2.5.1 Masquer toutes les contraintes

- Dans le groupe de fonctions **Géométrique** (onglet **Paramétrique**), choisissez l'icône 

.

**Remarque**

*Il peut être utile de masquer les contraintes géométriques pour plus de confort visuel, tel que sur la figure en exemple ci-dessous :*

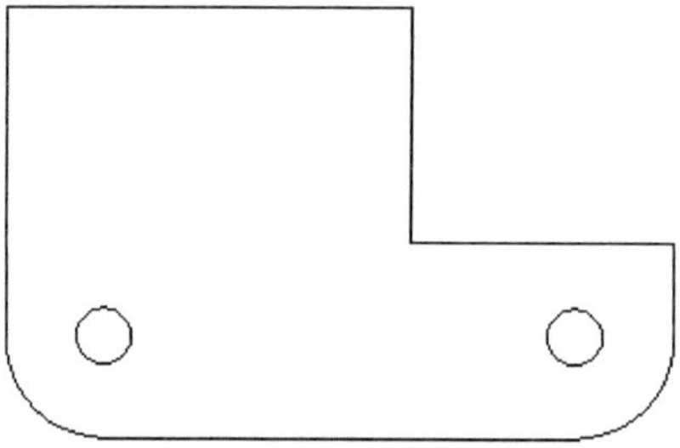

### 2.5.2 Afficher les contraintes des objets sélectionnés

Il peut être très utile de limiter l'affichage des contraintes à un ou plusieurs objets. Ceci permet aussi un confort visuel.

- Dans le groupe de fonctions **Géométrique** (onglet **Paramétrique**), choisissez l'icône 

.

Le message suivant est affiché :

```
Sélectionner des objets:
```

▶ Sélectionnez ensuite les objets pour lesquels vous souhaitez afficher les contraintes et validez par [Entrée].

La fenêtre de commande affiche le message ci-dessous :

```
Entrez une option [Afficher Masquer]<Afficher>:
```

▶ Choisissez l'option **Afficher** pour afficher les contraintes des objets sélectionnés.

**Remarque**

*À l'inverse, dans les options ci-dessus, le choix de l'option* ***Masquer*** *permet de masquer les contraintes des objets sélectionnés.*

Vous obtenez un affichage similaire à la figure suivante :

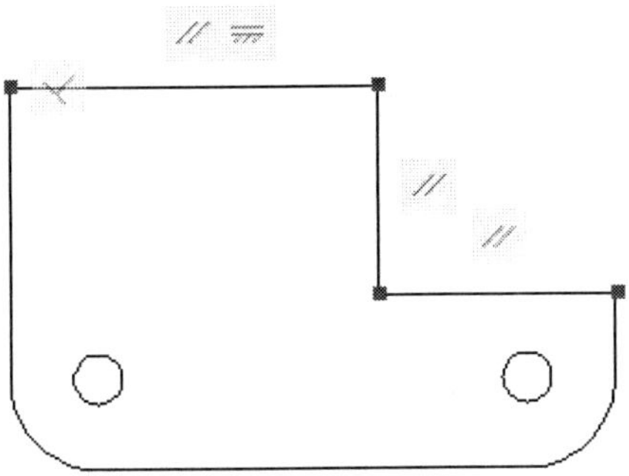

### 2.5.3 Afficher toutes les contraintes du dessin

▶ Dans le groupe de fonctions **Géométrique** (onglet **Paramétrique**), choisissez l'icône 

.

## 2.6 Gérer l'affichage des contraintes dans les barres des contraintes

▶ Pour paramétrer l'affichage des contraintes géométriques, cliquez sur la petite flèche **Paramètres de contrainte**  située à droite du nom du groupe de fonctions **Géométrique**.

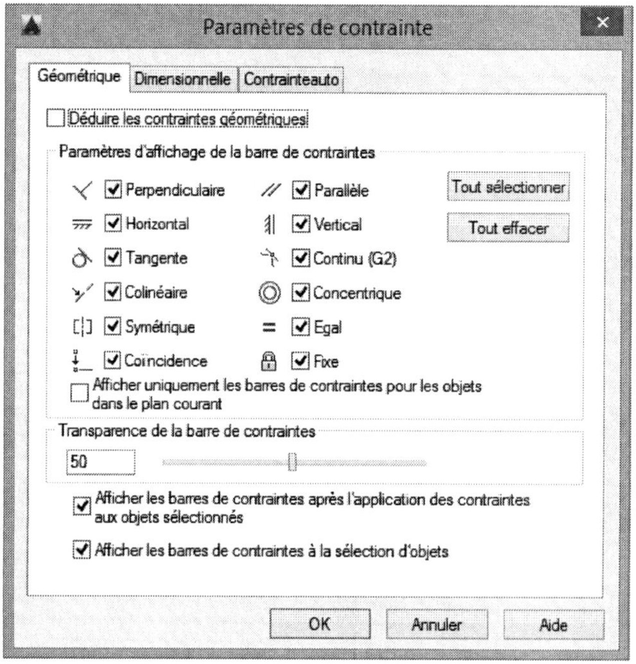


## 2.6.1 Onglet Géométrique

L'onglet **Géométrique** gère l'affichage des types de contrainte dans les barres de contraintes.

L'option **Déduire les contraintes géométriques** déduit les contraintes géométriques lors de la création et de la modification de la géométrie. La déduction de contrainte fonctionne conjointement avec l'accrochage aux objets et le repérage polaire. La déduction de contraintes est également activé ou désactivé à l'aide du bouton **Déduction de contraintes**  présent dans la barre d'état.

Bien que l'affichage des contraintes soit très utile, vous pourriez envisager de ne pas afficher les contraintes **Horizontal** et **Vertical** par exemple.

**Rubrique Paramètres d'affichage de la barre de contraintes**

▶ Dans la liste, sélectionnez les contraintes à masquer dans la barre des contraintes.

Le bouton **Tout effacer** permet de désélectionner toutes les contraintes.

Le bouton **Tout sélectionner** permet de sélectionner toutes les contraintes.

La case à cocher **Afficher uniquement les barres de contraintes pour les objets dans le plan courant** permet de limiter l'affichage des contraintes aux objets du plan courant.

**Rubrique Transparence de la barre de contraintes**

▶ Utilisez la règle pour modifier la transparence des contraintes.

La case à cocher **Afficher les barres de contraintes après l'application des contraintes aux objets sélectionnés** permet un affichage actualisé des contraintes appliquées une à une dans la barre des contraintes de l'objet concerné.

La case à cocher **Afficher les barres de contraintes à la sélection d'objets** permet l'affichage ponctuel des barres de contraintes lors de la sélection des objets.

## 2.6.2 Onglet Contrainteauto

L'onglet **Contrainteauto** contrôle les contraintes appliquées à un jeu de sélection et l'ordre dans lequel elles sont appliquées.

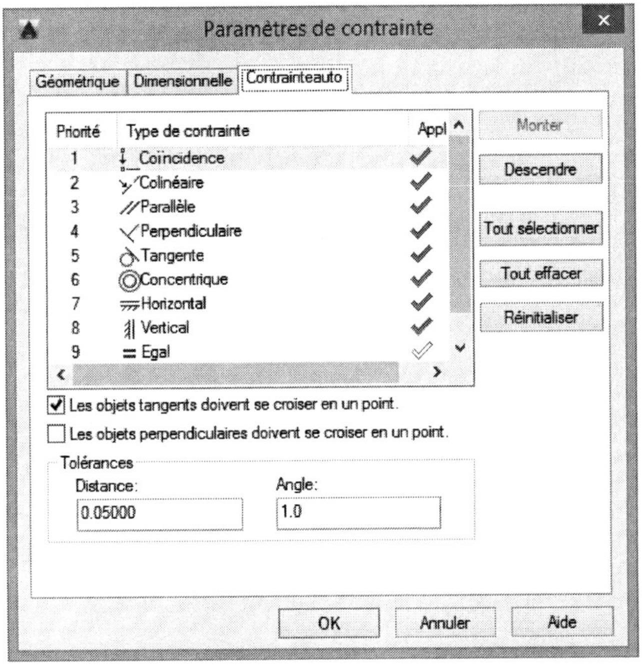


Il est conseillé de ne pas modifier les priorités, le type et l'application des contraintes pour une utilisation optimale des contraintes.

Il est toutefois possible de modifier l'ordre d'application des contraintes grâce aux boutons **Descendre** et **Monter**.

La colonne **Priorité** affiche l'ordre d'application des contraintes.

Dans la colonne **Appliquer**, il est possible de ne pas appliquer certaines contraintes en désactivant la coche verte en face de la contrainte à désactiver. Le bouton **Tout effacer** désélectionne l'ensemble des contraintes, et le bouton **Tout sélectionner** active la sélection de l'ensemble des contraintes.

La case à cocher **Les objets tangents doivent se croiser en un point** permet l'application de la contrainte de tangence à deux courbes qui partagent un point. Ainsi, selon la distance de tolérance spécifiée, une contrainte de tangence sera appliquée à un arc et une ligne qui ont des extrémités proches pour obtenir au final deux objets jointifs (extrémités coïncidentes) et tangents.

La case à cocher **Les objets perpendiculaires doivent se croiser en un point** spécifie que les lignes doivent se couper ou l'extrémité d'une ligne doit être coïncidente avec l'autre ligne ou avec l'extrémité de l'autre ligne, tel que spécifié dans la tolérance de distance.

#### Rubrique Tolérances

Définit les valeurs de tolérance acceptables qui déterminent si une contrainte est appliquée.

**Distance** : tolérance de distance déterminant l'application des contraintes.

**Angle** : tolérance d'angle déterminant l'application des contraintes.

Les contraintes de coïncidence sont placées aux extrémités de lignes sécantes pour fermer un contour par exemple. Ceci est possible grâce à la tolérance de Distance. De la même façon, une contrainte d'horizontalité sera automatiquement appliquée aux lignes d'une orientation inférieure à 1 degré (tolérance d'angle par défaut).

## 3. Les contraintes dimensionnelles

Les contraintes dimensionnelles contrôlent la taille et les proportions d'une conception. Vous dimensionnez ainsi :

- La distance entre les objets, ou entre des points sur des objets.
- L'angle entre les objets, ou entre des points sur des objets.
- Le rayon ou le diamètre des arcs et cercles.

Les contraintes dimensionnelles pilotent la géométrie, contrairement aux cotes traditionnelles.

Si vous modifiez la valeur d'une contrainte dimensionnelle, toutes les contraintes appliquées à l'objet sont réévaluées et les objets concernés sont mis à jour automatiquement. Les contraintes dimensionnelles intègrent la notion de paramètres qui permet la mise en relation des dimensions entre elles. De cette façon, la longueur d'un segment peut, par exemple, être définie égale à la moitié de la longueur d'un autre segment, les angles peuvent être figés, les cercles peuvent être de mêmes rayons, etc.

## 3.1 Appliquer des contraintes dimensionnelles

### 3.1.1 Linéaire

La contrainte linéaire permet de dimensionner une ligne (fictive ou réelle) matérialisée par deux points. Elle permet la mise en place d'une contrainte verticale ou horizontale.

Contrairement aux contraintes **Horizontal** et **Vertical** qui imposent respectivement la mise en place de contraintes horizontale et verticale, la contrainte **Linéaire** permet la mise en place de contraintes horizontale ou verticale.

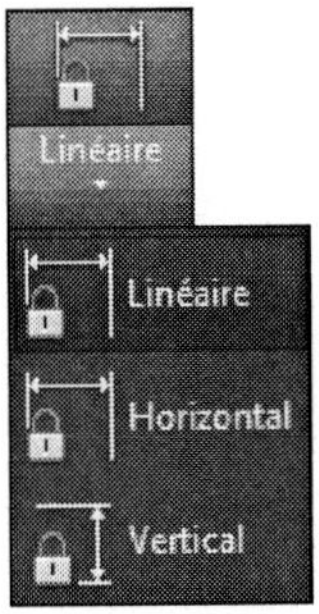


Dans l'exemple précédent, vous allez appliquer une contrainte dimensionnelle linéaire pour dimensionner le segment horizontal supérieur.

▶ Dans le groupe de fonctions **Dimensionnelle**, choisissez l'icône **Linéaire** 
.

Vous devez obligatoirement préciser deux points.

La fenêtre de commande affiche le message ci-dessous :

```
Spécifiez le premier point de contrainte ou [Objet] <Objet>:
```

▶ Placez le pointeur à proximité de l'extrémité gauche de la ligne supérieure.

AutoCAD affiche un marqueur rouge identifiant le point repéré :

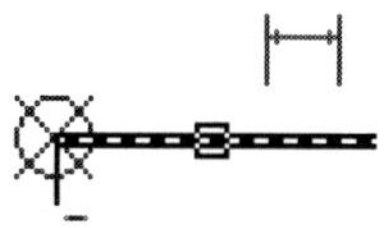

▶ Cliquez pour préciser l'extrémité gauche de la ligne supérieure.

Le message ci-dessous est affiché :

```
Spécifiez le second point de contrainte:
```

▶ Cliquez pour préciser l'extrémité droite.

```
Spécifiez l'emplacement de la ligne de cote:
```

▶ Au message ci-dessus, positionnez la ligne de cote de la contrainte, comme sur la figure ci-après :

À ce stade, AutoCAD affiche l'équation qui intègre la variable et la valeur calculée (ex : d5=61.3581).

▶ Saisissez la valeur de la contrainte dimensionnelle (par exemple la valeur **60**) et validez par [Entrée].

La géométrie évolue automatiquement, en respectant les contraintes géométriques précédemment appliquées, et à partir du point fixe.

La figure présente désormais l'affichage de la contrainte dimensionnelle suivante :

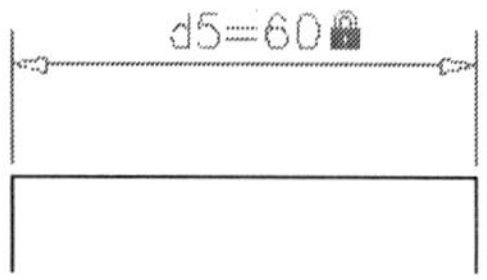


▶ Procédez de la manière suivante pour placer une nouvelle contrainte linéaire pour dimensionner la hauteur du dessin (sur la gauche).

Notez que la même commande Linéaire permet de placer une contrainte verticale ou horizontale.

▶ Dans le groupe de fonctions **Dimensionnelle**, choisissez l'icône **Linéaire** 

.

La fenêtre de commande affiche le message ci-dessous :

```
Spécifiez le premier point de contrainte ou [Objet] <Objet>:
```

▶ Cliquez sur l'extrémité supérieure de la ligne verticale gauche pour préciser le premier point.

Le message ci-dessous est affiché :

```
Spécifiez le second point de contrainte:
```

▶ Cliquez sur l'extrémité gauche de la ligne horizontale (point de tangence avec l'arc) pour préciser le second point.

Le message ci-dessous est affiché :

```
Spécifiez l'emplacement de la ligne de cote:
```

▶ Positionnez la ligne de cote de la contrainte, sur la partie gauche du dessin, saisissez la valeur **80** et validez par [Entrée].

La géométrie évolue pour un résultat semblable à la figure suivante :

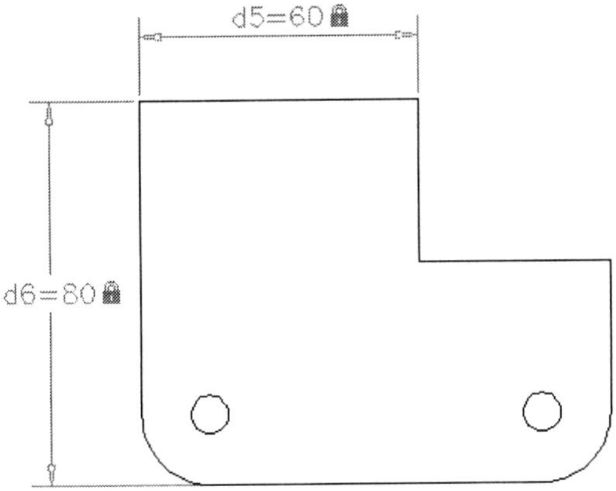

▶ Appliquez de la même manière les deux contraintes linéaires pour obtenir la figure suivante :

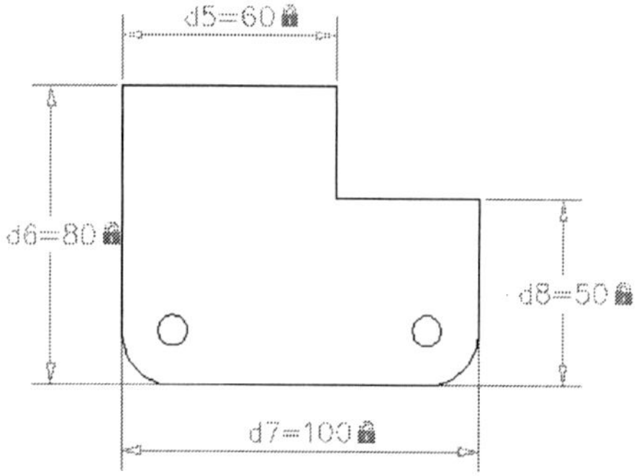


## 3.1.2 Radial

La contrainte dimensionnelle radiale permet de dimensionner le rayon d'un cercle, d'un arc ou d'un segment d'arc de polyligne.

Dans l'exemple précédent, vous allez placer une contrainte de rayon sur l'arc de gauche.

▶ Dans le groupe de fonctions **Dimensionnelle**, choisissez l'icône **Rayon** .

Le message ci-dessous est affiché :

```
Sélectionnez l'arc ou le cercle:
```

▶ Sélectionnez l'arc de gauche.

Le message ci-dessous est affiché :

```
Spécifiez l'emplacement de la ligne de cote:
```

▶ Positionnez la ligne de cote de la contrainte, saisissez la valeur **20** et validez par [Entrée].

La géométrie évolue pour un résultat similaire à la figure ci-dessous. Notez l'égalité automatique de rayon entre l'arc de gauche et celui de droite (en effet, vous avez précédemment placé une contrainte géométrique **Egal** pour préciser le même rayon entre les deux arcs).

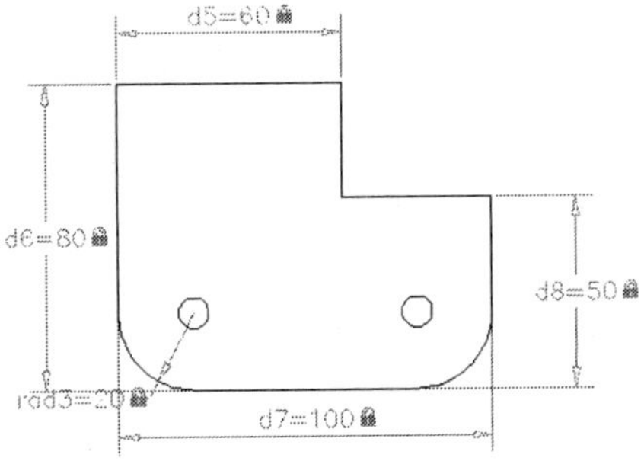


### 3.1.3 Diamètre

La contrainte dimensionnelle diamètre permet de dimensionner le diamètre d'un cercle, d'un arc ou d'un segment d'arc de polyligne.

▶ Dans le groupe de fonctions **Dimensionnelle**, choisissez l'icône **Diamètre** .

Le message ci-dessous est affiché :

```
Sélectionnez l'arc ou le cercle:
```

▶ Sélectionnez le cercle de droite.

Le message ci-dessous est affiché :

```
Spécifiez l'emplacement de la ligne de cote:
```

▶ Positionnez la ligne de cote de la contrainte, saisissez la valeur **12** et validez par [Entrée].

La géométrie évolue pour un résultat similaire à la figure ci-dessous. Notez l'égalité automatique de diamètre entre les deux cercles (en effet, vous avez précédemment placé une contrainte géométrique **Egal** pour préciser le même diamètre entre les deux cercles).

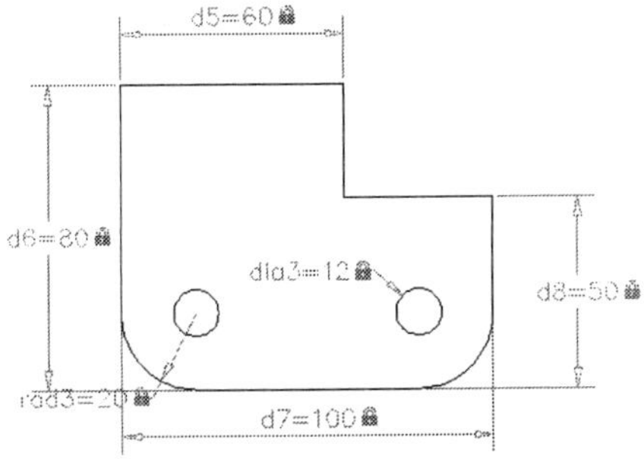

Dans l'exemple ci-dessus, une contrainte dimensionnelle supplémentaire n'est pas nécessaire. En effet, les rayons des arcs sont égaux, les diamètres des cercles sont également égaux et les cercles sont concentriques aux arcs.

Si vous placez une contrainte dimensionnelle horizontale supplémentaire dans le prolongement de la valeur 60 par exemple, AutoCAD indique la surcontrainte en affichant le message suivant :

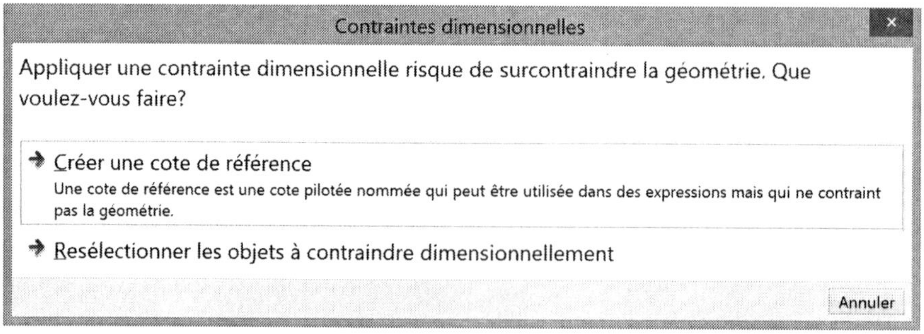


▶ Choisissez **Annuler** pour quitter l'opération.

L'option **Créer une cote de référence** positionne une cote de référence. Les cotes de référence ne pilotent pas la géométrie, mais donnent une information de dimensionnement affichée entre parenthèses comme dans la figure ci-dessous :

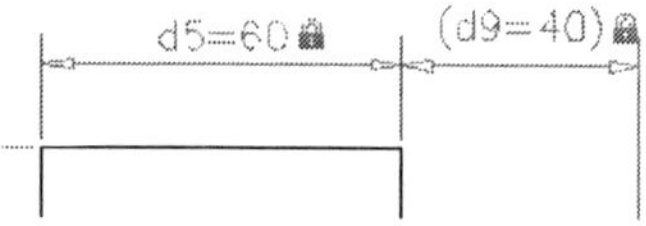


L'option **Resélectionner les objets à contraindre dimensionnellement** permet de procéder à une nouvelle sélection.

### 3.1.4 Angulaire

La contrainte **Angulaire** permet de dimensionner l'angle entre deux segments réels, ou selon trois points (deux segments fictifs) et permet de dimensionner l'angle décrit par un arc.

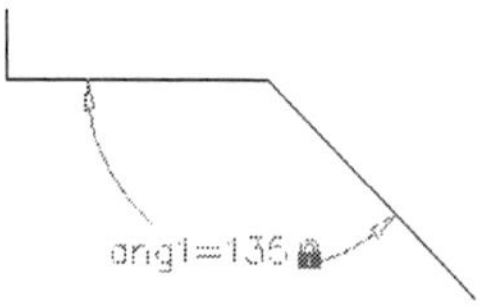

▶ Dans le groupe de fonctions **Dimensionnelle**, choisissez l'icône **Angulaire** .

AutoCAD affiche le message suivant :

```
Sélectionnez la première ligne ou l'arc ou [3Point] <3Point>:
```

▶ Pour dimensionner deux lignes, sélectionnez directement la première ligne puis AutoCAD vous invite à sélectionner la seconde.

▶ Pour dimensionner deux lignes fictives par trois points, choisissez l'option **3Point**.

▶ Pour dimensionner un arc, sélectionnez directement l'arc.

▶ Positionnez ensuite la ligne de cote de la contrainte, saisissez la valeur selon la contrainte d'angle souhaitée et validez par [Entrée].

### 3.1.5 Alignée

La contrainte **Alignée** dimensionne un segment réel ou fictif (défini par deux points) selon l'orientation définie par ce segment.

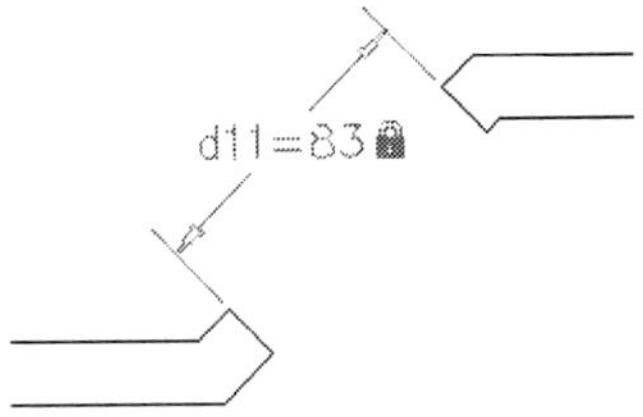


▶ Dans le groupe de fonctions **Dimensionnelle**, cliquez sur l'icône **Alignée** 
.

Le message ci-dessous est affiché :

```
Spécifiez le premier point de contrainte ou [Objet Point & ligne 2Lignes] <Objet>:
```

▶ Précisez le premier point de la géométrie à coter.

Le message ci-dessous est affiché :

```
Spécifiez le second point de contrainte:
```

▶ Précisez le second point de la géométrie à coter.

Le message ci-dessous est affiché :

```
Spécifiez l'emplacement de la ligne de cote:
```

▶ Positionnez la ligne de cote, saisissez la **valeur** et validez par [Entrée].

### 3.1.6 Convertir des cotes en contraintes dimensionnelles

Vous pouvez transformer des cotes AutoCAD classiques en contraintes dimensionnelles. Ceci peut s'avérer très intéressant lorsque vous ouvrez un dessin qui provient de versions d'AutoCAD antérieures, ou que vous exploitez un dessin qui n'a pas été conçu de façon paramétrique.

Pour effectuer la conversion, procédez comme suit :

- Dans le groupe de fonctions **Dimensionnelle**, cliquez sur l'icône **Convertir** .

Le message ci-dessous est affiché :

```
Sélectionnez les cotes associatives à convertir:
```

- Sélectionnez la ou les cotes à convertir, validez par [Entrée].

## 3.2 Utiliser les variables

### 3.2.1 Principe

Lors de la mise en place des contraintes dimensionnelles, AutoCAD affiche par défaut le nom et l'expression comme sur la figure ci-dessous (voir Les contraintes dimensionnelles - Modifier l'affichage des contraintes dimensionnelles, dans ce chapitre) :

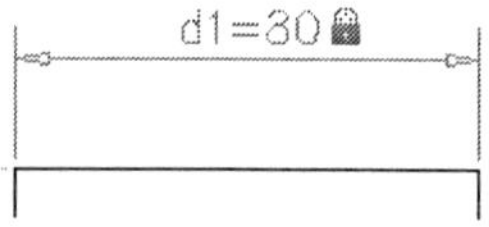


La variable sous la forme *d1* tient compte de l'ordre de mise en place de chaque contrainte dimensionnelle. Ainsi, la première contrainte dimensionnelle (linéaire) se nomme automatiquement d1, la seconde d2, la suivante d3, etc.

Les variables sont appliquées selon les règles suivantes :

– Le nom **d1** est appliqué pour les contraintes linéaires (d = distance).
– Le nom **rad2** est appliqué pour les contraintes radiales (rad = radius ou rayon).
– Le nom **dia3** est appliqué pour les contraintes de diamètre (dia = diamètre).
– Le nom **ang4** est appliqué pour les contraintes angulaires (ang = angle).

### 3.2.2 Créer une expression simple

AutoCAD permet d'écrire des expressions qui mettent en relation plusieurs variables. Vous pouvez créer une expression de différentes façons :

– Lors de la création de la contrainte dimensionnelle.
– En éditant une contrainte dimensionnelle existante.

– Via la palette **Propriétés** ou **Propriétés rapides**.
– Via le **Gestionnaire des paramètres**.

Quel que soit le cas de figure, procédez de manière identique pour écrire l'expression.

Prenons le cas de l'édition d'une contrainte dimensionnelle.

▶ Effectuez un double clic sur la contrainte dimensionnelle pour l'éditer.

AutoCAD présente l'affichage suivant :

▶ Saisissez directement l'expression (exemple : **d4/2**).

L'affichage de l'expression devient :

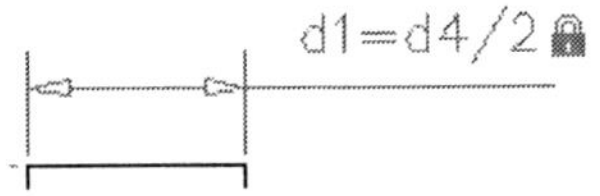


Vous contrôlez ainsi la géométrie à l'aide d'expressions mathématiques qui utilisent les opérateurs suivants :

| Opérateur | Description |
|---|---|
| + | Addition |
| - | Soustraction ou opérateur de négation |
| % | Coefficient décimal |
| * | Multiplication |
| / | Division |
| ^ | Élévation à une puissance |
| ( ) | Parenthèse, délimiteur d'expression |
| . | Séparateur décimal |

Les expressions sont interprétées en fonction des règles de priorité mathématiques standard suivantes :

– Les expressions entre parenthèses en premier, en commençant par le jeu le plus à l'intérieur.
– Les opérateurs dans l'ordre standard : la négation en premier, puis les exposants, la multiplication et la division, puis en dernier l'addition et la soustraction.

Une contrainte peut donc afficher l'expression suivante :

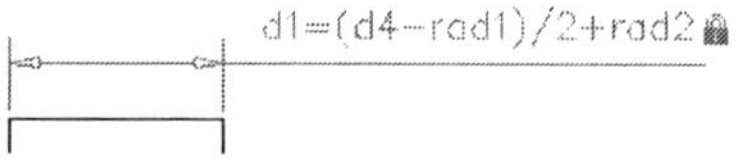


Les expressions prennent également en charge les fonctions mathématiques suivantes :

| **Fonction** | **Syntaxe** |
|---|---|
| Cosinus | cos(*expression*) |
| Sinus | sin(*expression*) |
| Tangente | tan(*expression*) |
| Cosinus d'arc | acos(*expression*) |
| Sinus d'arc | asin(*expression*) |
| Tangente d'arc | atan(*expression*) |
| Cosinus hyperbolique | cosh(*expression*) |
| Sinus hyperbolique | sinh(*expression*) |
| Tangente hyperbolique | tanh(*expression*) |
| Cosinus hyperbolique d'arc | acosh(*expression*) |
| Sinus hyperbolique d'arc | asinh(*expression*) |
| Tangente hyperbolique d'arc | atanh(*expression*) |
| Racine carrée | sqrt(*expression*) |
| Fonctions des signes (-1,0,1) | sign(*expression*) |
| Arrondi à l'entier le plus proche | round(*expression*) |
| Décimale tronquée | trunc(*expression*) |
| Arrondi inférieur | floor(*expression*) |
| Arrondi supérieur | ceil(*expression*) |
| Valeur absolue | abs(*expression*) |
| Élément le plus important du réseau | max(*expression1*;*expression2*) |
| Élément le plus petit du réseau | min(*expression1*;*expression2*) |
| Degrés en radians | d2r(*expression*) |
| Radians en degrés | r2d(*expression*) |
| Logarithme, base e | ln(*expression*) |

| Fonction | Syntaxe |
|---|---|
| Logarithme, base 10 | log(*expression*) |
| Exposant, base e | exp(*expression*) |
| Exposant, base 10 | exp10(*expression*) |
| Fonction des puissances | pow(*expression1*;*expression2*) |
| Décimale aléatoire, 0-1 | Aléatoire |

Outre ces fonctions, les constantes Pi et e peuvent également être utilisées dans les expressions.

### 3.2.3 Créer des variables utilisateur

Les expressions mathématiques incluent les noms des contraintes dimensionnelles, des variables utilisateur et des fonctions.

AutoCAD permet de personnaliser chaque nom de variable (variables utilisateur), et permet de créer de nouvelles variables utilisateur. De cette façon, les variables adoptent des noms plus explicites tels que Longueur, Hauteur, Epaisseur, Axe1, Angle2, etc.

Les variables personnalisées facilitent la lecture des expressions qui devient plus aisée et plus explicite. Ainsi, l'expression *d1 = d3 - d2* devient *Hauteur = Longueur – Epaisseur*.

- Dans le groupe de fonctions **Gérer**, choisissez l'icône **Gestionnaire des paramètres**.

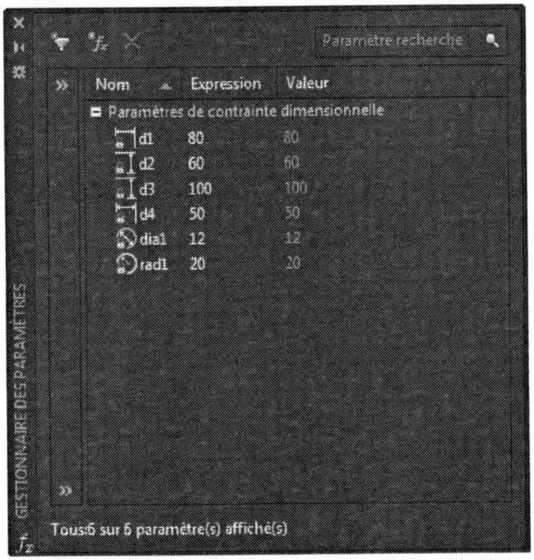

La palette **Gestionnaire des paramètres** affiche les variables utilisées dans le dessin.

La colonne **Nom** intègre les noms de paramètres par défaut.

La colonne **Expression** présente la formule mathématique (ou valeur si formule inexistante).

La colonne **Valeur** affiche les valeurs calculées.

- Utilisez le bouton **Créer un groupe de paramètres**  pour obtenir l'affichage ci-dessous :

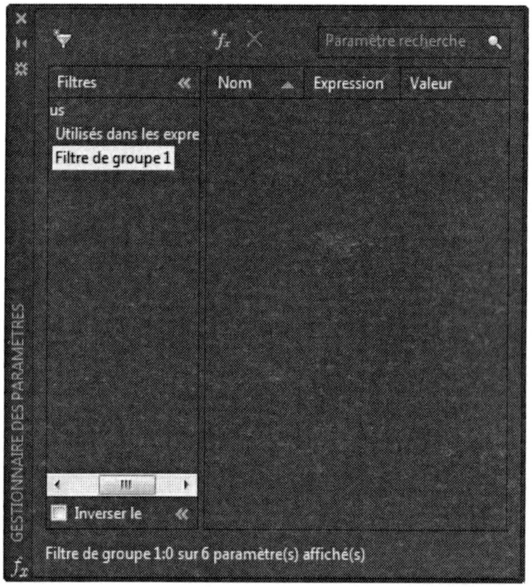


Le panneau gauche de la palette affiche une liste arborescente de filtres.

Vous pouvez ici créer des groupes de filtres personnalisés, en glissant les paramètres dans ces groupes. Ainsi, un groupe Longueurs peut regrouper tous les paramètres concernant des paramètres de longueur.

La case à cocher **Inverser le filtre** affiche tous les paramètres qui n'appartiennent pas au groupe.

Le panneau **Filtres** propose les options ci-dessous :

**Tous** : affiche toutes les variables. Aucun filtre n'est appliqué.

**Utilisés dans les expressions** : affiche toutes les variables contenant des expressions d'évaluation de valeurs ainsi que les variables contenues dans ces expressions.

**Filtre de groupe personnalisé** : affiche tous les paramètres ajoutés (glissés) dans le groupe de paramètres défini.

- Utilisez la zone **Paramètres de recherche** pour procéder à une recherche de paramètres par nom.

**Remarque**

*La sélection d'un paramètre dans le **Gestionnaire des paramètres** permet la mise en surbrillance de l'objet concerné dans la zone graphique.*

### 3.2.4 Personnaliser chaque nom de variable

- Dans la palette **Gestionnaire des paramètres**, effectuez un double clic sur le nom de la variable à renommer (ex : **d1**).
- Saisissez le nom de paramètre personnalisé (ex : **Epaisseur**), et validez par [Entrée].
- Procédez de la même façon pour chaque paramètre existant.

**Remarque**

*Le nom ne doit pas commencer par un chiffre, n'inclut pas d'espace et autorise 256 caractères.*

Les noms de variables sont automatiquement affichés dans les expressions du dessin.

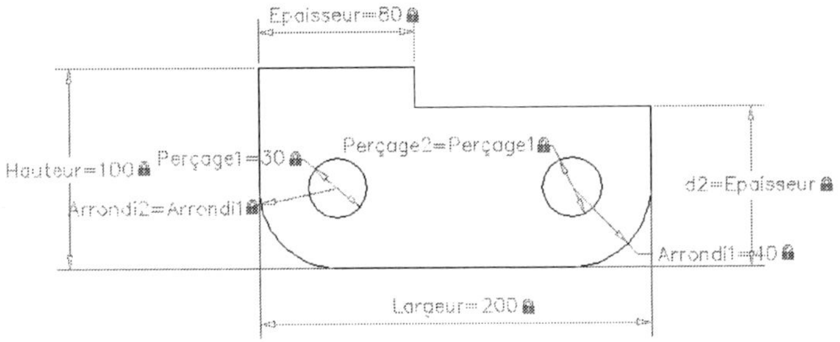


La palette **Gestionnaire des paramètres** affiche désormais les variables utilisées dans le dessin.

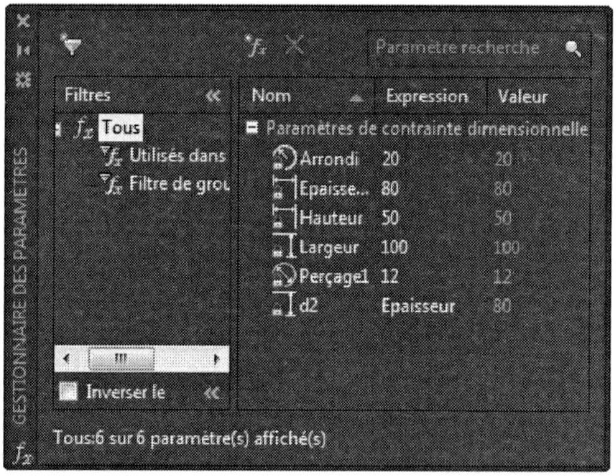


### 3.2.5 Créer une variable utilisateur (ou paramètre utilisateur)

Outre les variables personnalisées, vous pouvez créer des paramètres qui ne correspondent pas à des contraintes dimensionnelles réelles, mais qui servent de référence dans les formules et expressions.

En exemple, les variables Largeur et Hauteur sont contrôlées par les paramètres Largeur_bati et Hauteur_bati (Largeur = Largeur_bâti * 0.9) :

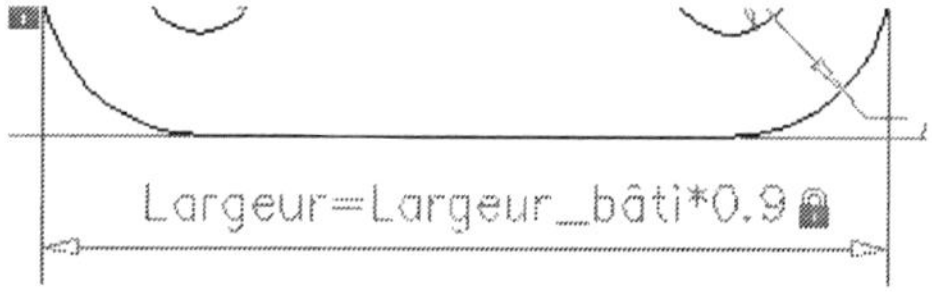


- Dans la palette **Gestionnaire des paramètres**, cliquez sur le bouton **Créer un paramètre utilisateur** .

AutoCAD affiche le nom provisoire de paramètre (user1) dans la rubrique **Variables utilisateur** de la palette **Gestionnaire des paramètres**.

- Saisissez le nom du nouveau paramètre utilisateur (ex **Largeur_bâti**) et cliquez sur la colonne **Expression** correspondante pour saisir la valeur (ex **204**) ou la formule désirée. Validez par [Entrée].

Dans l'exemple ci-dessous, le gestionnaire des paramètres affiche deux paramètres ou variables utilisateur :

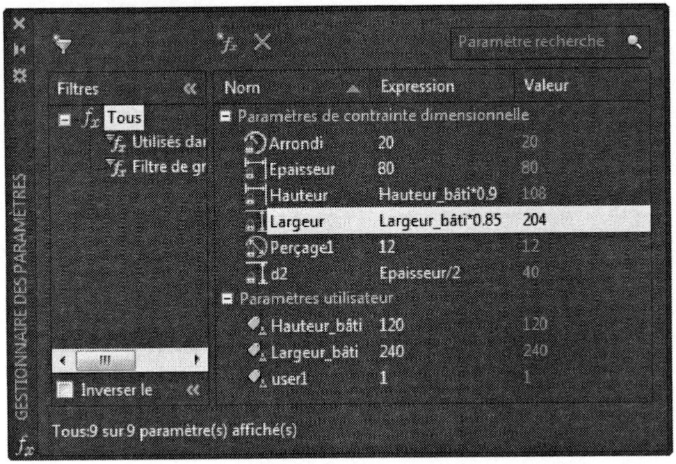


Notez, ci-dessus, l'utilisation des paramètres utilisateur dans les expressions utilisées pour les variables **Largeur** et **Hauteur**.

- Pour supprimer une variable, utilisez le bouton **Supprimer les paramètres sélectionnés**  dans le **Gestionnaire des paramètres**.
- Pour supprimer plusieurs paramètres, sélectionnez les paramètres à l'aide des touches [Shift] ou [Ctrl], et utilisez le bouton **Supprimer les paramètres sélectionnés**  dans le **Gestionnaire des paramètres**.

### 3.2.6 Créer une expression qui utilise les variables utilisateur

Vous pouvez créer une expression qui utilise les variables utilisateur de différentes façons :

- Lors de la création de la contrainte dimensionnelle.
- En éditant une contrainte dimensionnelle existante.
- Via la palette **Propriétés** ou **Propriétés rapides**.
- Via le **Gestionnaire des paramètres**.

Bien que la saisie de l'expression complète (dont les paramètres) puisse s'envisager, préférez le **Gestionnaire des paramètres** qui permet de coller les noms de paramètres dans une expression.

- Dans la palette **Gestionnaire des paramètres**, effectuez un double clic sur l'expression, au regard de la variable concernée.
- Saisissez la formule et les opérateurs mathématiques. Plutôt qu'une ressaisie des paramètres utilisateur, utilisez le copié-collé depuis la rubrique **Variables utilisateur** pour coller les noms de paramètres à inclure dans l'expression. Validez par [Entrée] lorsque la formule est finalisée.

Dans l'exemple ci-dessous, l'expression de la variable hauteur est : Hauteur_bâti * 0.9 :

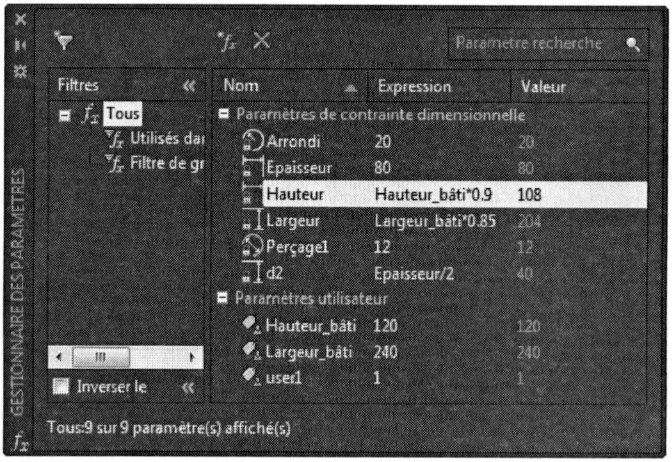


## 3.3 Modifier l'affichage des contraintes dimensionnelles

AutoCAD permet trois types d'affichage pour les contraintes dimensionnelles :

**La valeur** : la dimension est affichée comme pour une cote classique.

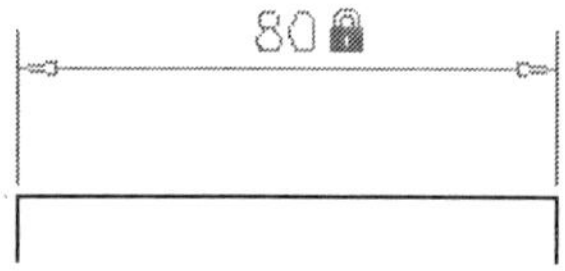


**Le nom de la variable** : le nom de la variable est affiché (d1, d2, etc.).

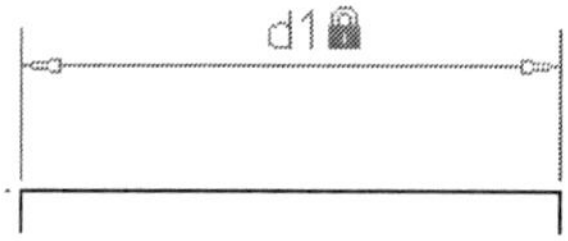

**Le nom et l'expression** :

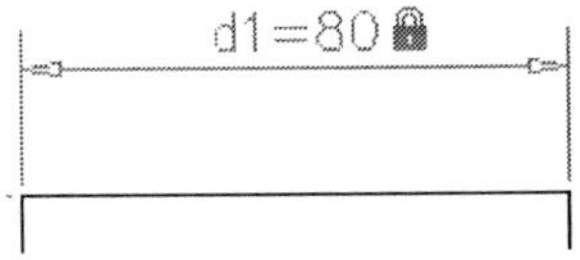


ou

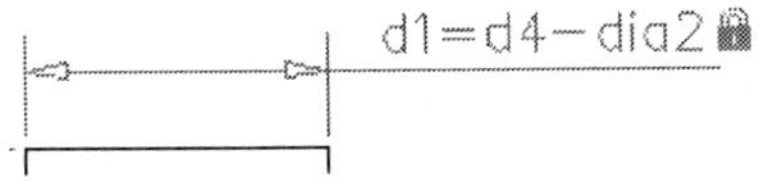


▶ Dans le groupe de fonctions **Dimensionnelle**, choisissez le bouton **Paramètres de contrainte** (situé à droite du nom de groupe de fonctions **Dimensionnelle**).

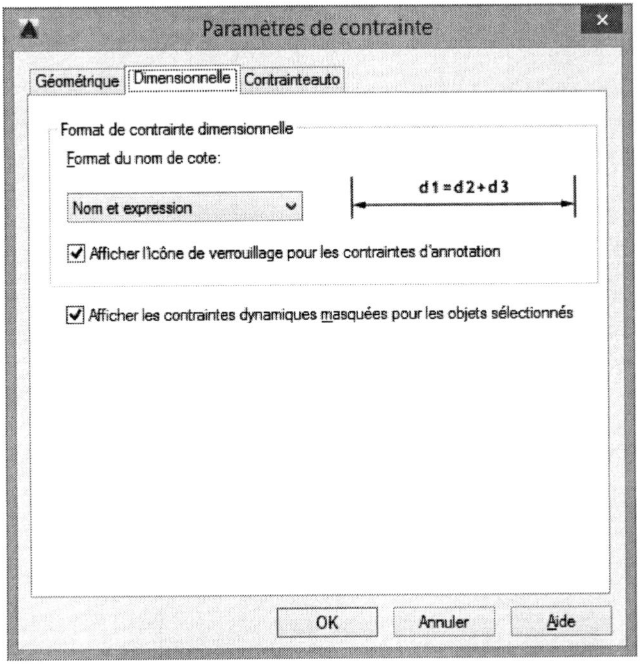


▶ Dans la rubrique **Format de contrainte dimensionnelle**, déroulez la liste **Format du nom de cote** et choisissez le format pour l'ensemble des contraintes du dessin.

La case à cocher **Afficher l'icône de verrouillage pour les contraintes d'annotation** permet l'affichage du verrou (cadenas) spécifique aux contraintes dimensionnelles.

La case à cocher **Afficher les contraintes dynamiques masquées pour les objets sélectionnés** permet l'affichage des contraintes des objets contraints sélectionnés.

## 3.4 Afficher ou masquer les contraintes dimensionnelles

- Dans le groupe de fonctions **Dimensionnelle**, choisissez l'icône **Tout afficher** 

.

## 3.5 Supprimer les contraintes dimensionnelles

Vous pouvez supprimer les contraintes dimensionnelles individuellement et appliquer ensuite de nouvelles contraintes ou non.

**Remarque**

*La suppression de contraintes dimensionnelles ne retire pas la ou les contraintes géométriques.*

- Sélectionnez la ou les contraintes dimensionnelles à supprimer.
- Effectuez un clic droit et choisissez **Effacer** (ou appuyez sur la touche [Suppr]).
  Ou choisissez l'icône **Supprimer les contraintes** dans le groupe de fonctions **Gérer**.

## 3.6 Modifier les contraintes dimensionnelles

Vous pouvez modifier la valeur (ou l'expression) des longueurs, distances et angles des contraintes dimensionnelles, et constater les évolutions instantanées du dessin en fonction des contraintes géométriques et dimensionnelles appliquées.

### 3.6.1 Modifier la valeur de contrainte dimensionnelle à l'aide d'un double clic

- Effectuez un double clic sur la contrainte dimensionnelle, saisissez la nouvelle valeur et validez par [Entrée].
- Dans l'exemple suivant, effectuez un double clic sur la contrainte dimensionnelle horizontale de 50, saisissez **80** et validez par [Entrée].
- Effectuez un double clic sur la contrainte radiale (20), saisissez la valeur de **40** et validez par [Entrée].
- Effectuez un double clic sur la contrainte de diamètre (20), saisissez la valeur de **30** et validez par [Entrée].

Le dessin paramétrique a évolué automatiquement selon les contraintes géométriques et dimensionnelles précédemment appliquées.

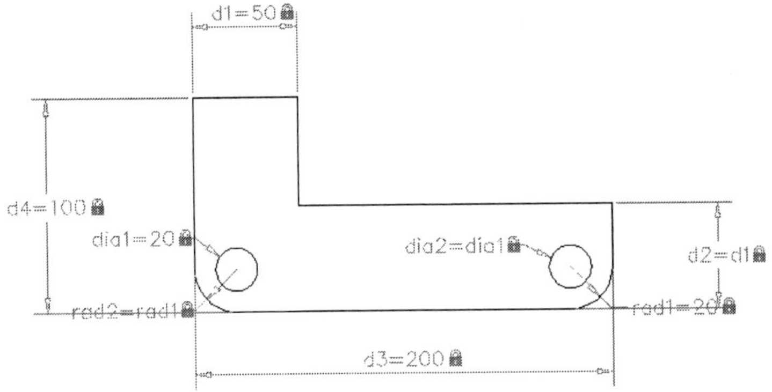


*Avant modification*

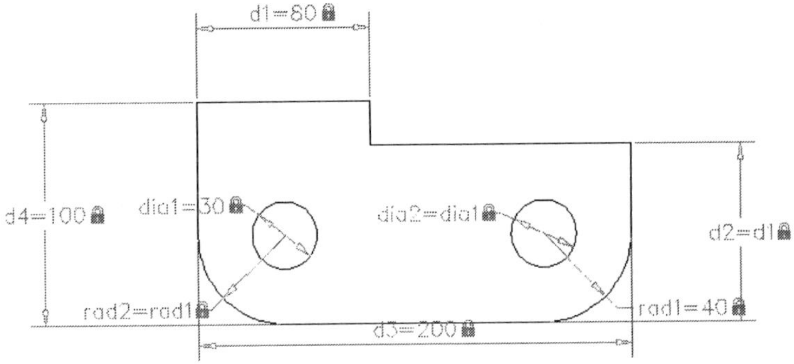


*Après modification*

Voir Les contraintes dimensionnelles - Utiliser les variables dans ce chapitre, pour plus de détails pour l'utilisation et la personnalisation des paramètres utilisateur.

### 3.6.2 Modifier la contrainte dimensionnelle dynamiquement à l'aide des poignées

Vous pouvez également modifier les contraintes dimensionnelles à l'aide des poignées.

- Sélectionnez la contrainte dimensionnelle, et cliquez sur la poignée de modification dynamique.

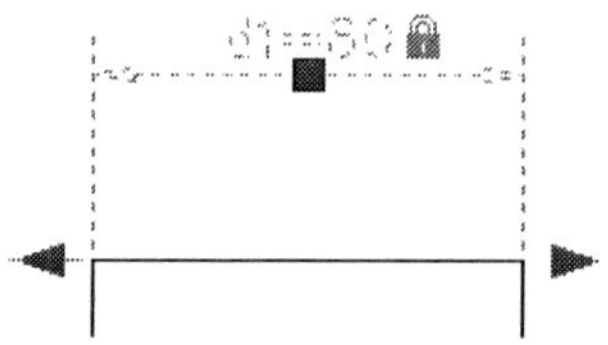

▶ Déplacez le pointeur pour constater la modification dynamique. Cliquez ou utilisez l'accrochage aux objets, le repérage d'accrochage aux objets ou encore le repérage polaire pour une modification précise.

### 3.6.3 Modifier la contrainte dimensionnelle en changeant les variables ou expressions depuis le Gestionnaire des paramètres

Vous pouvez changer les variables utilisateur ou les expressions associées aux contraintes dimensionnelles depuis le **Gestionnaire des paramètres** (voir Les contraintes dimensionnelles - Utiliser les variables dans ce chapitre, pour plus de détails pour l'utilisation et la personnalisation des paramètres utilisateur).

# Chapitre 8
# La gestion de l'affichage

## 1. L'affichage du dessin

La zone graphique correspond à une zone de travail sur laquelle vous dessinez. Cette zone (définie par la commande LIMITES) varie en fonction de la taille du dessin. Celui-ci à l'écran peut représenter de très grandes réalisations en réalité. Vous n'êtes pas limité à la taille de l'écran !

Il est donc pratiquement indispensable de modifier l'affichage du dessin pour travailler dans de bonnes conditions. En effet, il est nécessaire d'agrandir une partie du dessin pour définir un détail. Il est aussi utile de diminuer l'affichage pour faire évoluer les extérieurs d'un dessin.

AutoCAD vous propose plusieurs possibilités pour modifier l'affichage du dessin. Vous pouvez agrandir ou diminuer une partie du dessin. Vous pouvez aussi effectuer un "glissement" de l'image à l'écran.

Ces opérations peuvent s'effectuer de façon transparente, c'est-à-dire pendant que vous effectuez une autre manipulation sur des objets (sans toutefois quitter cette manipulation).

Les principaux outils d'affichage sont disponibles dans la barre de navigation.

▶ Pour afficher la barre de navigation, cliquez sur l'icône **Barre de navigation** 

dans le groupe de fonctions **Outils de fenêtre** (onglet **Vue**).

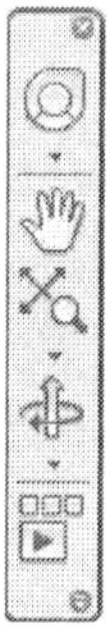

La barre de navigation ci-dessus est arrimée par défaut en haut à droite de la zone graphique. Cette position d'ancrage est modifiable par l'intermédiaire du bouton d'accès aux paramètres situé dans la partie inférieure de la barre de navigation, tout comme l'affichage ou le masquage des outils disponibles dans la barre de navigation.

## 2. Le zoom

Le **Zoom** permet d'agrandir ou de diminuer l'affichage (ou l'image) du dessin à l'écran. Les objets ne changent pas de taille, c'est l'image ou la visualisation qui est différente.

▶ Dans le groupe de fonctions **Navigation** (onglet **Vue**), déroulez le bouton-liste **Zoom** :

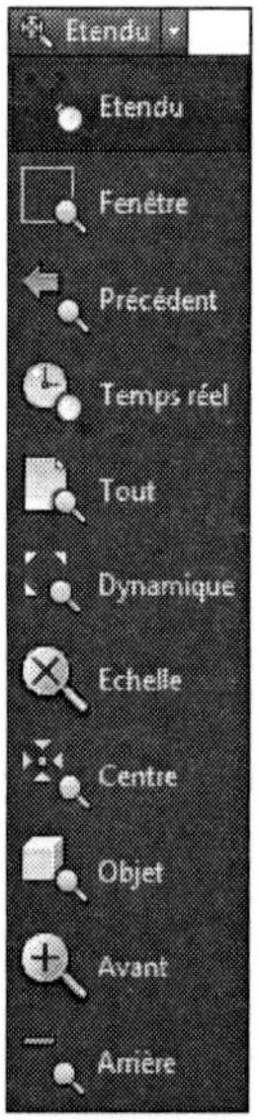

Voici la description des options disponibles :

Le dessin sera affiché le plus grand possible à l'écran.

Définit par deux points un agrandissement ou une réduction. Nécessite l'entrée de deux points (diagonale) qui matérialisent le nouvel écran. Si vous choisissez la commande ZOOM via le clavier, vous pouvez directement préciser ces deux points (il n'est pas nécessaire de choisir l'option **Fenêtre**).

Permet de retrouver l'affichage précédent.

Le **Zoom Temps réel** permet une réduction ou un agrandissement de l'image en temps réel. Le curseur est remplacé par une loupe. Effectuez un cliqué-glissé vers le bas pour diminuer la taille de l'image, et vers le haut pour l'agrandir. Appuyez sur [Echap] ou [Entrée] pour quitter. Notez que le **Zoom Temps réel** permet un affichage instantané, même pour des projets complets. Il représente un gain de temps considérable en évitant de longues régénérations graphiques.

Tout le dessin est affiché, même si des objets sont situés en dehors des limites.

Permet une réduction, un agrandissement ou juste un "glissement" de l'image. Un cadre représentant le zoom actuel est matérialisé. Un clic gauche permet de redimensionner ce cadre, et un clic droit valide le zoom voulu.

Permet d'appliquer un coefficient soit au zoom total, soit au zoom précédent pour obtenir un pourcentage de l'affichage du zoom total ou du zoom précédent (voir les exemples ci-après). Cette option est l'option par défaut. Vous donnez directement le coefficient.

Centre le dessin à l'écran. Nécessite un point qui deviendra le point centre de l'écran, puis une hauteur.

Effectue un agrandissement de l'objet ou des objets sélectionnés. AutoCAD vous propose une sélection et adapte l'affichage à la sélection.

Effectue un agrandissement de l'affichage de 200 %.

Effectue une réduction de l'affichage de 50 %.

## Options du Zoom Temps réel

Lorsque le **Zoom Temps réel** est activé, un curseur spécifique sous forme de loupe est affiché dans la zone graphique. Un clic droit permet l'affichage du menu contextuel suivant :

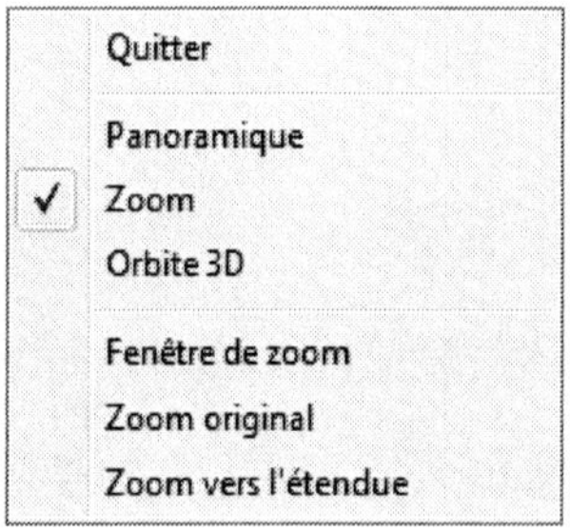


**Quitter** : sort de la commande **Zoom Temps réel**.

**Panoramique** : bascule du zoom au panoramique et inversement (cf. Le panoramique dans ce chapitre).

**Orbite 3D** : accède au mode de visualisation 3D.

**Fenêtre de zoom** : permet un agrandissement d'une partie du dessin (par cliqué-glissé).

**Zoom original** : permet de revenir à l'affichage précédent le Zoom Temps réel.

**Zoom vers l'étendue** : affiche le dessin le plus grand possible à l'écran.

Dans un environnement 3D (ou en utilisant un style visuel différent de Filaire 2D), le menu contextuel varie et propose les options ci-après.

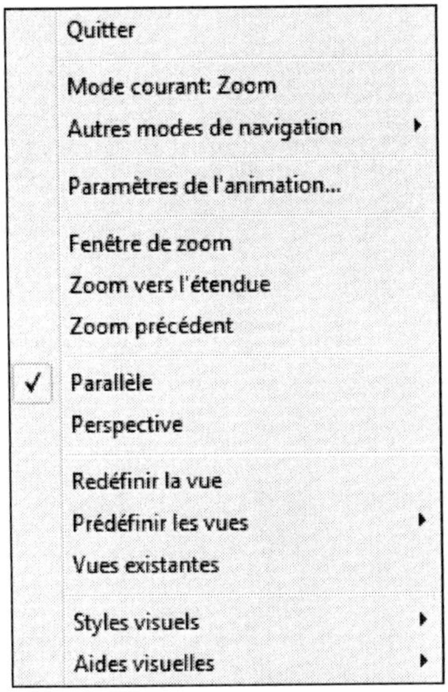


**Quitter** : sort de la commande Zoom Temps réel.

**Mode courant: Zoom** : indique le mode d'affichage courant (Zoom, panoramique, Orbite libre, Orbite continu, Orbite contrainte, Ajuster distance, Pivot...).

**Autres modes de navigation** : permet l'accès aux différents modes de navigation dynamiques existants tels que les orbites (contrainte, libre et continu), Ajuster distance, Pivot, Navigation, Mouvement.

**Paramètres de l'animation** : permet l'accès aux paramètres d'animation tels que le style visuel, la résolution, le nombre d'images par seconde, et le format de sortie (WMV, MPG, AVI, MOV).

**Fenêtre de zoom** : permet un agrandissement d'une partie du dessin par cliqué-glissé.

**Zoom vers l'étendue** : affiche le dessin le plus grand possible à l'écran.

**Zoom précédent** : permet de rétablir l'affichage précédent.

**Parallèle/Perspective** : indique le type de projection 3D (parallèle ou perspective).

**Redéfinir la vue** : rétablit l'affichage précédant le lancement de la commande.

**Prédéfinir les vues** : accède aux vues prédéfinies (projections orthogonales et isométriques).

**Vues existantes** : accède aux vues existantes nommées.

**Styles visuels** : accède aux styles visuels (Filaire 2D, Masqué, Filaire 3D, Conceptuel, Réaliste...).

**Aides visuelles** : accède aux aides visuelles telles que l'affichage de la Grille, d'une Boussole et de l'icône du SCU.

AutoCAD reconnaît les pilotes Intellimouse de Microsoft (souris à molette).

La molette permet un zoom **Temps Réel** quelle que soit la commande en cours :

- Faites rouler la molette vers l'avant pour obtenir un Zoom avant.
- Faites rouler la molette vers l'arrière pour obtenir un Zoom arrière.
- Effectuez une double pression sur la molette pour obtenir un zoom étendu.
- Effectuez un cliqué-glissé avec la molette pour obtenir un panoramique dynamique.

## 3. Le panoramique

Le panoramique permet un glissement de l'image à l'écran. Avec le panoramique, il n'y a pas d'agrandissement ou de réduction de l'image.

▶ Dans le groupe de fonctions **Navigation** (onglet **Vue**), cliquez sur l'icône **Panoramique** 

.

Un symbole apparaît à la place du curseur.

▶ Effectuez un cliqué-glissé pour permettre le glissement de l'image en temps réel. Appuyez sur [Echap] ou [Entrée] pour quitter.

Lorsque le **Panoramique** est activé, un curseur spécifique sous forme de main est affiché dans la zone graphique. Un clic droit permet l'affichage du menu contextuel :

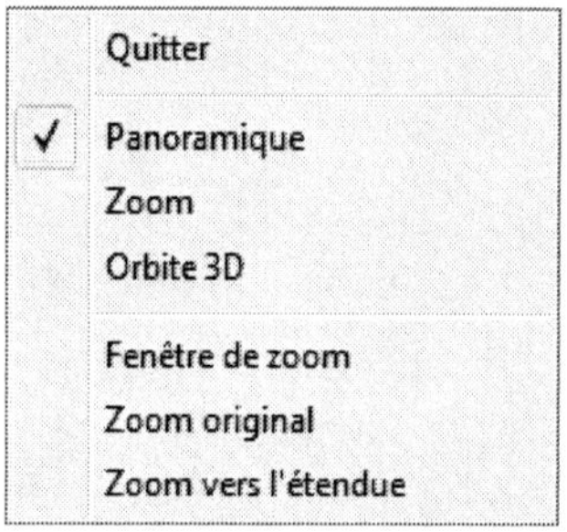


**Quitter** : sort de la commande Panoramique.

**Zoom** : bascule du panoramique au zoom et inversement (cf. Le zoom dans ce chapitre).

**Orbite 3D** : accède au mode de visualisation 3D.

**Fenêtre de zoom** : permet un agrandissement d'une partie du dessin (par cliqué-glissé).

**Zoom original** : permet de revenir à l'affichage précédant le Panoramique.

**Zoom vers l'étendue** : affiche le dessin le plus grand possible à l'écran.

**Remarque**

*Effectuez une double pression sur la molette pour obtenir un zoom étendu.*

# 4. Les vues

Les vues correspondent à l'affichage du dessin dans une position 2D ou 3D particulière, incluant un style visuel spécifique. Elles vous permettent de sauvegarder des détails particuliers (agrandissement d'une partie du dessin) ou des points de vue 3D spécifiques de façon à les restaurer aisément dès que vous en avez l'utilité.

Ces vues peuvent être statiques, et peuvent constituer également des séquences animées (cinématique ou navigation), appelées aussi prises de vue.

## 4.1 Enregistrement d'une vue

Choisissez le point de vue adapté et l'agrandissement voulu.

▶ Dans le groupe de fonctions **Vues** (onglet **Vue**), choisissez l'icône **Gestionnaire des vues** 

.

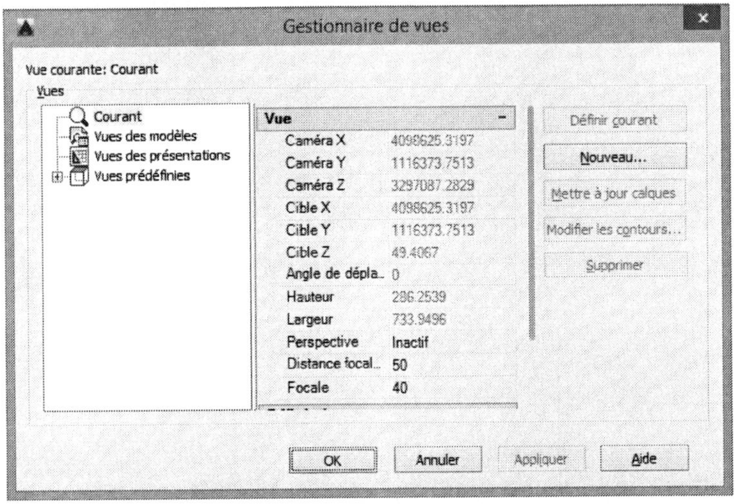

▶ Dans la fenêtre ci-dessus, cliquez sur le bouton **Nouveau**.

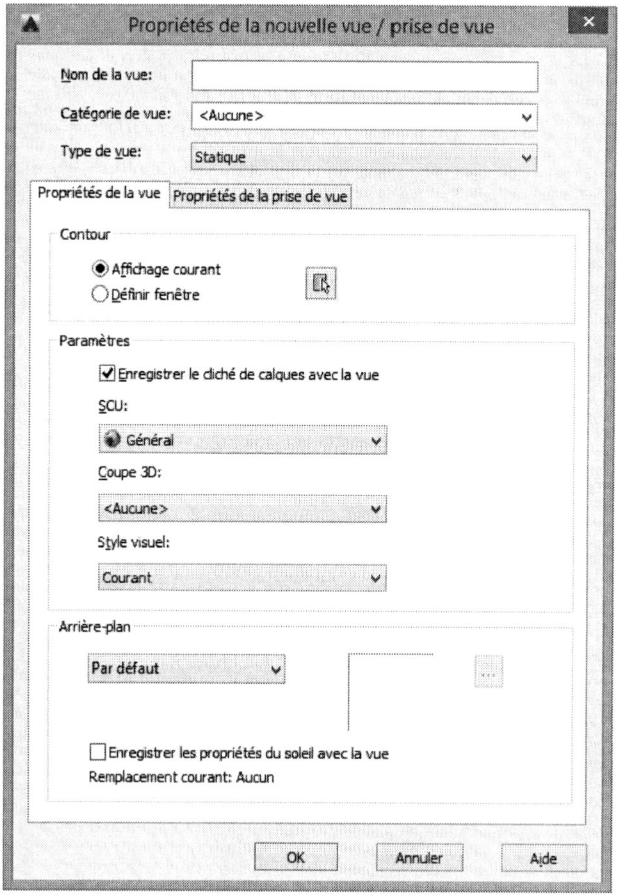


▶ Saisissez le nom de la vue dans la zone **Nom de la vue**.

**Catégorie de vue** : permet d'indiquer une catégorie pour la vue existante (Elévations, Coupes ou Détails, par exemple). La catégorie comporte des vues et des prises de vues.

**Type de vue** : permet de définir le type de vue **Statique**, **Cinématique** ou **Navigation**. Ces deux derniers concernent des séquences animées.

L'onglet **Propriétés de la vue** est activé.

## Contour

**Affichage courant** : tient compte de l'agrandissement actuel ainsi que du point de vue 3D pour l'enregistrement de la vue.

**Définir fenêtre** : autorise l'accès au bouton **Définir la fenêtre de vue** et vous invite à définir, par un rectangle, la zone adéquate pour l'enregistrement de la vue.

## Paramètres

**Enregistrer le cliché de calques avec la vue** : permet l'enregistrement des paramètres de visibilité de calques courants avec la nouvelle vue.

**SCU** : permet d'associer un SCU à la nouvelle vue. Option valable pour les vues des présentations et des modèles.

**Coupe 3D** : permet d'afficher la coupe 3D appliquée lors de la restauration de la vue. Option valable pour les vues des modèles uniquement.

**Style visuel** : permet d'associer un style visuel à enregistrer avec la vue. Option valable pour les vues des modèles uniquement.

## Arrière-plan

La liste **Par défaut** permet de remplacer l'arrière-plan par un aplat de couleur (solide), un dégradé de couleurs (gradient), une image ou un arrière-plan **Ciel & Soleil**. Cette option est appliquée à la vue.

La boîte de dialogue **Arrière-plan** est affichée :

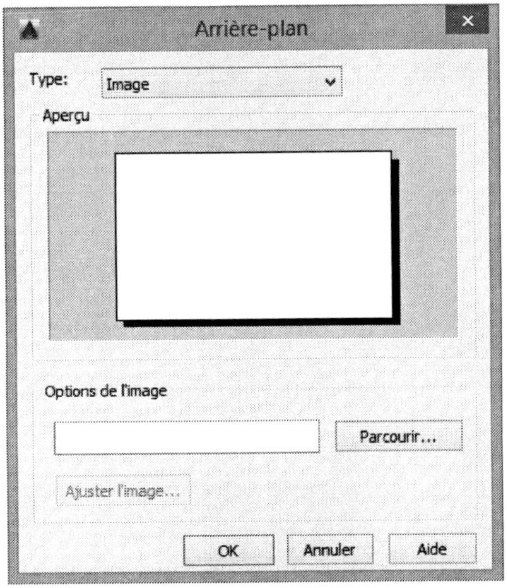

Les quatre types d'arrière-plan disponibles sont **Solide** (aplats de couleur), **Gradient** (dégradé de couleurs), **Image** (accès au bouton **Parcourir** pour le choix d'une image sur le disque ou réseau) et **Ciel & Soleil**.

▶ Confirmez par **OK** pour quitter la boîte de dialogue **Nouvelle vue**.

▶ Confirmez par **OK** pour quitter le **Gestionnaire de vues**.

La case à cocher **Enregistrer les propriétés du soleil avec la vue** permet l'enregistrement des données de soleil et de ciel dans la vue existante. Cette option est automatiquement sélectionnée si vous avez choisi **Ciel & Soleil** comme type d'arrière-plan.

## 4.2 Restauration d'une vue

▶ Dans le groupe de fonctions **Vues**, déroulez la liste des Vues.

▶ Sélectionnez la vue nommée à restaurer.

L'affichage s'adapte automatiquement.

L'autre technique consiste à passer par le **Gestionnaire de vues**.

▶ Dans le groupe de fonctions **Vues** (onglet **Vue**), choisissez l'icône **Gestionnaire des vues** 

.

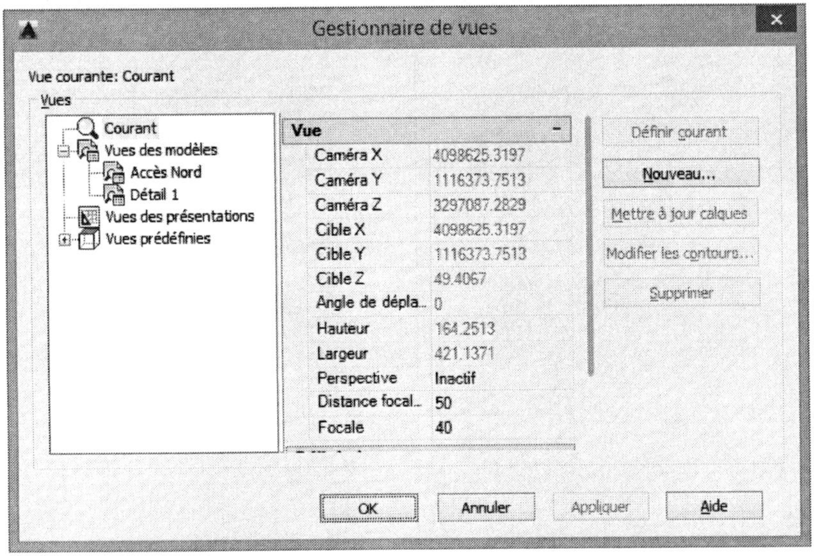


- Dans la rubrique **Vues**, déroulez l'arborescence **Vues des modèles** (pour une vue des modèles).
- Sélectionnez la vue à restaurer et cliquez sur **Définir courant**.
- Cliquez sur **Appliquer**.
- Confirmez par **OK** pour quitter le **Gestionnaire de vues**.

## 4.3 Suppression d'une vue

- Dans le groupe de fonctions **Vues**, cliquez sur l'icône **Gestionnaire des vues**

.

- Dans la fenêtre **Gestionnaire des vues**, déroulez l'arborescence **Vues des modèles**.
- Sélectionnez la vue à supprimer, et cliquez sur **Supprimer**.
- Confirmez par **OK** pour quitter le **Gestionnaire de vues**.

**Mettre à jour calques** : permet de mettre à jour l'affichage (visibilité) des calques enregistré avec la vue existante sélectionnée.

**Modifier les contours** : permet de redéfinir les contours de vue sélectionnée. Une couleur plus claire matérialise ce contour.

**Remarque**

*La zone centrale affiche des renseignements sur la vue nommée sélectionnée, grâce aux rubriques **Général**, **Animation** et **Vue**.*

Les **vues des modèles** sont des vues 2D (définissant un détail ou une zone spécifique) ou des vues 3D (avec un point de vue particulier, une projection en perspective, un style visuel, etc.). Elles sont propres à l'onglet **Objet**.

Les **vues des présentations** sont, elles, propres aux présentations. Elles permettent par exemple d'afficher une vue de détail, une nomenclature ou une vue d'ensemble indépendamment des autres fenêtres présentes dans l'onglet de présentation. Pour les vues des présentations, procédez de la même façon pour créer, restaurer, ou supprimer une vue.

## 5. Le multifenêtrage

Dans la partie **Objet** de la fenêtre AutoCAD (onglet **Objet** activé), vous avez la possibilité de diviser l'écran en plusieurs zones. Différentes configurations de fenêtres sont mises à votre disposition. Vous pouvez sauvegarder ces configurations pour les restaurer le moment opportun.

Chaque fenêtre peut afficher une vue différente du dessin, ce qui est pratique en 2D, et souvent nécessaire en 3D. En effet, vous visualisez votre dessin en vue isométrique dans l'une et en vue de face dans l'autre. Vous pouvez fixer séparément les modes d'accrochage, la grille, la résolution, l'affichage des SCU dans chaque fenêtre.

### 5.1 Diviser l'écran en plusieurs fenêtres

- Dans le groupe de fonctions **Fenêtres d'espace objet** (onglet **Vue**), cliquez sur l'icône **Nommé** 
.

Dans la boîte de dialogue **Fenêtres** ci-dessous, l'onglet **Nouvelles fenêtres** est activé.

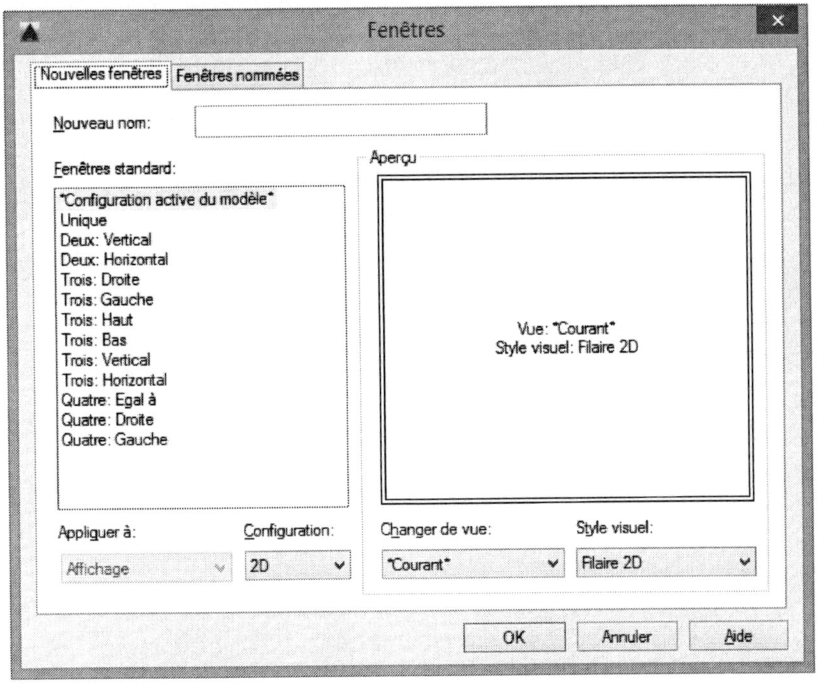


La liste **Fenêtres standard** affiche une série de configurations standards de fenêtres.

Sélectionnez une configuration et l'**Aperçu** de droite affiche les fenêtres et les vues affectées aux fenêtres.

Une vue prédéfinie est affectée à chaque fenêtre. Sélectionnez une fenêtre, et vous pouvez modifier la vue associée grâce à la liste **Changer de vue**. Toutes les vues définies et prédéfinies dans le dessin sont disponibles.

La liste **Appliquer à** permet d'affecter la nouvelle configuration de fenêtres, soit à l'affichage courant, soit à la fenêtre courante.

La liste **Configuration** permet un affichage 2D ou 3D.

Attention, chaque fenêtre peut être "redécoupée". Plus le nombre de fenêtres est important, plus petit devient chaque espace de travail.

La liste **Style visuel** permet d'appliquer un style visuel à la fenêtre.

Notez que l'option **Unique** peut rétablir l'affichage "multifenêtre" en une seule fenêtre (dans ce cas, vérifiez qu'**Affichage** est sélectionné dans la liste **Appliquer à**).

Vous pouvez également accéder à ces fonctions pour diviser l'écran via le bouton-liste **Configuration de la fenêtre** (groupe **Fenêtres d'espace objet**) :

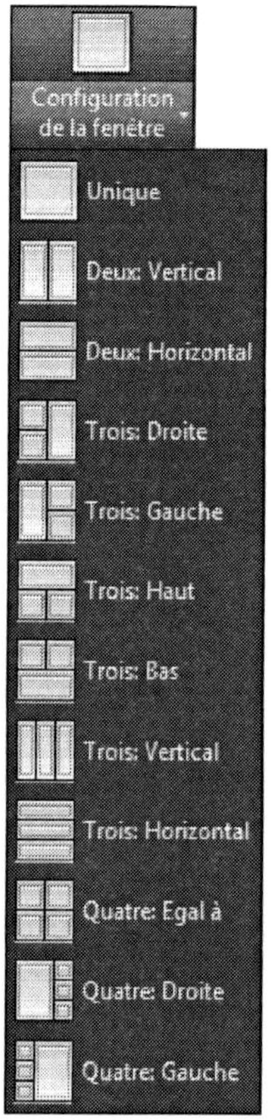


## 5.2 Enregistrer la configuration de fenêtres

- Dans le groupe de fonctions **Fenêtres de présentation**, cliquez sur l'icône **Nommé** 

.
- Activez l'onglet **Nouvelles fenêtres**.
- Une fois la configuration de fenêtres choisie, saisissez un nom explicite dans la zone **Nouveau nom** puis confirmez par **OK**.

## 5.3 Rappeler une configuration de fenêtres

▶ Dans le groupe de fonctions **Fenêtres d'espace objet**, cliquez sur l'icône **Nommé** 
.

▶ Activez l'onglet **Fenêtres nommées** dans la fenêtre ci-dessous :

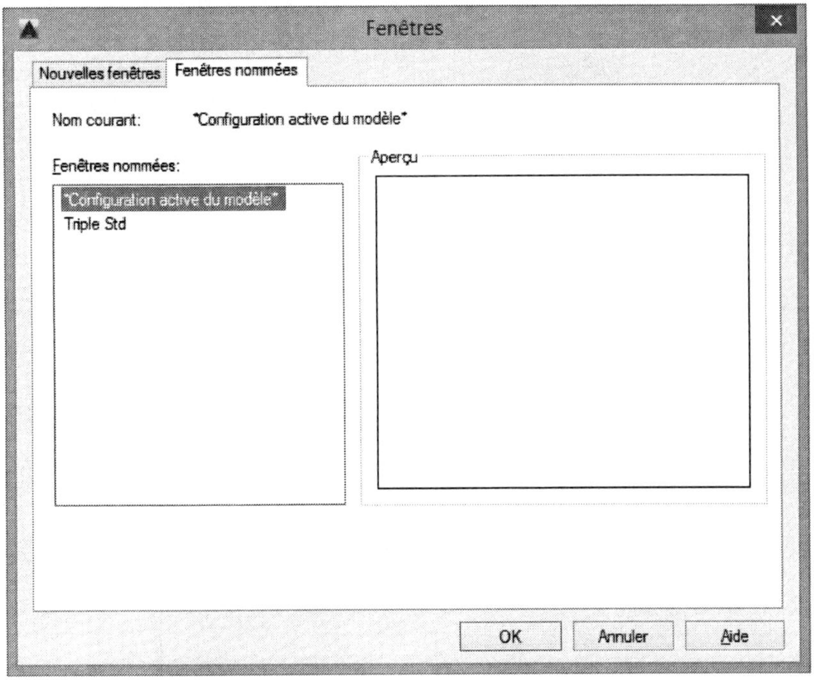


La liste **Fenêtres nommées** affiche les configurations nommées dans le dessin.

▶ Sélectionnez la configuration souhaitée puis confirmez par **OK**.

Un clic droit sur le nom d'une configuration de fenêtres permet de la renommer ou de la supprimer.

**Remarque**

*Ne confondez pas les fenêtres en mosaïque en espace objet et les fenêtres flottantes de l'espace papier (cf. chapitre La présentation du dessin - La présentation du dessin). Contrairement aux fenêtres en mosaïque, les fenêtres flottantes peuvent se superposer.*

# Chapitre 9
# La gestion des calques

## 1. Généralités

Vous pouvez placer les entités de votre dessin sur un ou plusieurs calques. À l'aide des calques, vous pouvez facilement grouper des éléments associés d'un dessin.

Un calque (ou un jeu de calques) peut contenir des entités attachées à un aspect particulier du dessin ; vous pouvez contrôler globalement la visibilité, la couleur, les possibilités d'édition, le type de ligne, l'épaisseur de ligne, le style de tracé et le traçage.

Considérez les calques comme des feuilles superposées, bien que l'ordre dans lequel AutoCAD dessine les objets ne dépende pas des calques et puisse varier d'une session d'édition à une autre.

À chaque calque sont associés un nom, un état de visibilité, une couleur et un type de ligne, l'épaisseur de ligne, le style de tracé et le traçage. Ceux-ci vous permettent de qualifier toutes les entités.

Un calque a les propriétés suivantes :

**Nom du Calque** : nom utilisé pour la qualification du calque. Il peut comporter jusqu'à 255 caractères dont des lettres, des chiffres ainsi que les caractères $ (dollar), - (tiret) et _ (souligné). La combinaison des majuscules et minuscules est possible. Vos noms de calque peuvent être associés à vos applications (ex. calque Gaz, calque Sanitaires...).

**Visibilité** : un calque peut être actif (visible à l'écran) ou inactif (invisible). Seuls les éléments dans les calques actifs sont affichés ou tracés. Les calques invisibles sont toujours présents dans la base de données. Toutes les combinaisons sont possibles entre les calques actifs et inactifs.

**Numéro de couleur** : le numéro de couleur définit la couleur à l'écran des entités du calque. Par défaut, tout nouveau calque créé est affecté de la couleur 7 (blanc). Les couleurs vraies (nuanciers) sont disponibles ainsi que des carnets de couleurs (PANTONE par exemple).

**Nom du Type de Ligne** : nom donné à un modèle de ligne avec lequel seront représentés les éléments dans un calque (Lignes, Arcs, Cercles, Polylignes...). Le nom comprend jusqu'à 31 caractères. Plusieurs calques peuvent avoir le même type de ligne. Par défaut, chaque nouveau calque est affecté du type de ligne continu (Continuous).

**Geler/Libérer** : chaque calque possède la propriété supplémentaire de pouvoir être gelé ou libéré. Si votre calque est gelé, les entités contenues dans ce calque ne sont pas traitées lors de chaque régénération de l'affichage. Geler un calque consiste à le rendre invisible. Ainsi, en gelant les calques inutiles à l'intérieur d'un dessin complexe, vous pouvez accélérer la régénération graphique.

**Verrouiller/Déverrouiller** : les entités associées aux calques verrouillés sont visibles mais ne peuvent pas être modifiées à l'aide des commandes d'édition. Il est possible de rendre courant un calque verrouillé. Vous pouvez également dessiner à l'intérieur d'un calque verrouillé, modifier son type de ligne, sa couleur, le geler ou encore demander des renseignements sur les entités. Un calque verrouillé évite des modifications accidentelles. Ainsi, les objets d'un calque verrouillé ne sont pas pris en compte lors d'un déplacement ou d'une rotation.

**Epaisseur de ligne** : permet l'affichage à l'écran d'une épaisseur de ligne. Dans la zone d'état, l'icône **Afficher/Masquer l'épaisseur de ligne**  gère l'affichage des épaisseurs de ligne à l'écran. À chaque calque est affectée une épaisseur par défaut. Celle-ci est fixée dans les options. Mais il possible à tout moment d'affecter ou de modifier l'épaisseur de ligne. Une liste déroulante propose toutes les épaisseurs normalisées.

**Styles de tracé** : permet d'affecter à chaque calque un style de tracé différent. Définit l'aspect des objets lors de l'impression. Un style de tracé peut forcer l'impression avec la couleur de votre choix, mais aussi le type de ligne, l'épaisseur de ligne... indifféremment de l'aspect de ces objets à l'écran. L'utilisateur peut créer ses propres styles de tracé. Ceux-ci appartiennent à une table de styles de tracé (cf. chapitre La présentation du dessin - Les styles de tracé).

**Tracer** : permet de tracer ou ne pas tracer les objets appartenant à un calque. Certains calques contiennent des objets indispensables dans la conception (trame de fond, ligne de construction, références diverses...) ou dans la présentation (fenêtres de présentation, annotations...), mais ne doivent pas être imprimés.

Vous pouvez attribuer un nom particulier à chaque calque et afficher toutes les combinaisons de calques. Les présentations peuvent afficher des calques spécifiques par fenêtre (cf. chapitre La présentation du dessin - La présentation du dessin).

**Remarque**

*Il n'y a pas de limites au nombre de calques, ni au nombre d'entités contenues dans chacun de ces calques.*

## 2. Le contrôle des calques

▶ Dans le groupe de fonctions **Calques** (onglet **Début**), cliquez sur l'icône **Propriétés du calque** .


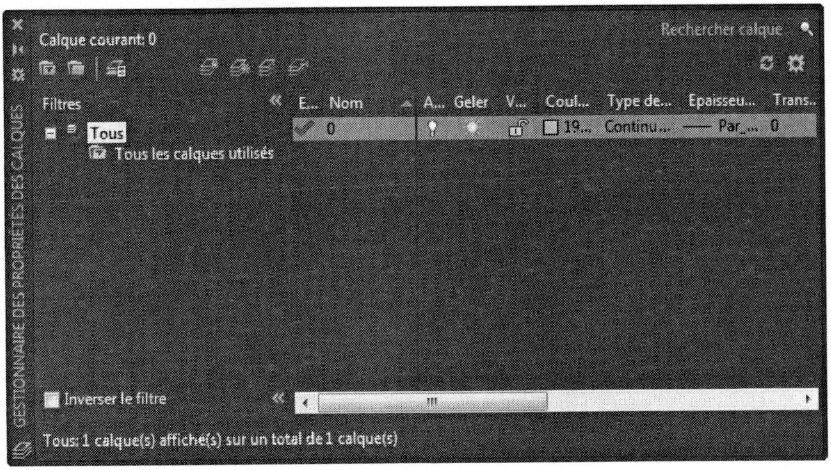


La palette **Gestionnaire des propriétés des calques** permet de réaliser les opérations suivantes :

- Créer, rendre courant ou renommer un calque.
- Définir la couleur, le type de ligne, l'épaisseur de ligne, le style de tracé d'un ou plusieurs calques sélectionnés.
- Activer/désactiver, verrouiller/déverrouiller, geler/libérer, activer ou désactiver le traçage d'un ou plusieurs calques sélectionnés dans la fenêtre en cours ou dans une nouvelle fenêtre.

- Créer des groupes de calques permettant l'organisation des calques en catégories logiques.
- Filtrer et ordonner l'affichage des calques en fonction de leurs caractéristiques (nom, état, couleur, type de ligne, épaisseur de ligne, style de tracé).
- Enregistrer des configurations d'états de calques, les restaurer.

▶ Cliquez sur le bouton **Réduit l'arborescence des filtres de calque** pour masquer la liste des filtres de calque et privilégier l'affichage de la liste des calques dans la partie droite du **Gestionnaire des propriétés des calques**.

**Remarque**

*La palette **Gestionnaire des propriétés des calques** est redimensionnable ; ceci vous permet d'accéder visuellement à plus d'informations.*

## 2.1 La création de calques

▶ Dans la palette **Gestionnaire des propriétés des calques**, choisissez l'icône **Nouveau calque** . Dans la liste des calques, le nom provisoire **Calque1** apparaît. Tapez le nom du nouveau calque et validez par [Entrée], ou insérez une virgule pour la création d'un autre calque. Le nombre de calques est illimité.

Notez que si vous cliquez à plusieurs reprises sur le bouton **Nouveau calque**, les noms Calque2, Calque3, Calque4, etc. apparaissent. Effectuez ensuite deux clics successifs sur le nom du calque pour le renommer.

Chaque nouveau calque ainsi créé est activé, libéré, déverrouillé et reçoit la couleur numéro 7 (blanc), le type de ligne Continuous et l'épaisseur par défaut. Mais si vous prenez la précaution de sélectionner un calque dont les propriétés vous intéressent, avant la création d'un nouveau calque, celui-ci adopte exactement les mêmes propriétés (couleur, état, type de ligne, état, épaisseur de ligne, etc.).

▶ Appuyez sur la touche [Entrée] pour valider la création des calques.

## 2.2 La sélection des calques

Il convient généralement de sélectionner le ou les calques voulus dans la liste, puis d'agir sur l'état de ceux-ci.

Vous pouvez utiliser les touches [Shift] et [Ctrl] pour effectuer des sélections multiples.

- **Sélection continue** : sélectionnez un premier calque. Maintenez la touche [Shift] enfoncée, et sélectionnez un autre calque. Tous les calques intermédiaires sont sélectionnés.
- **Sélection discontinue** : sélectionnez un premier calque. Maintenez la touche [Ctrl] enfoncée et sélectionnez d'autres calques. Tous les calques sont sélectionnés, quelle que soit leur position.
- **Sélection rapide** : dans la liste des calques, effectuez un clic droit. Le menu contextuel présente les options suivantes :

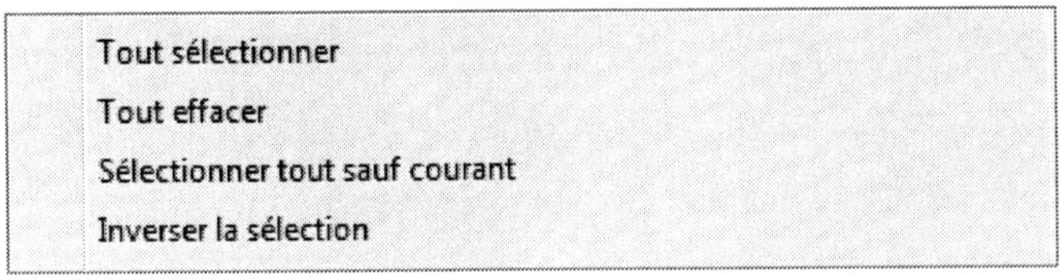


**Tout sélectionner** : permet la sélection de tous les calques existants. La touche [Ctrl] vous permet de désélectionner le ou les calques indésirables.

**Tout effacer** : désélectionne tous les calques.

**Sélectionner tout sauf courant** : sélectionne tous les calques sauf le calque courant.

**Inverser la sélection** : sélectionne les calques non sélectionnés et désélectionne les calques sélectionnés.

## 2.3 L'affichage des calques

Par défaut, tous les calques existants apparaissent dans la liste. Vous pouvez agir sur l'ordre d'affichage, mais aussi sur l'affichage lui-même.

### Ordre d'affichage

Vous intervenez sur l'ordre d'apparition des calques en agissant sur les boutons d'en-tête **Nom**, **Actif**, **Geler**, **Verrouiller**, **Couleur**, **Type de ligne**, **Epaisseur de ligne**...

Cliquez sur le bouton **Nom**, et les calques sont affichés dans l'ordre alphabétique. Cliquez une nouvelle fois sur ce même bouton et vous obtenez l'ordre inverse. Cliquez sur **Actif**, et les calques actifs ou inactifs apparaissent en tête de liste. Le même principe est respecté pour les calques gelés et verrouillés. Les numéros de couleurs, de la même façon, sont classés dans l'ordre croissant ou décroissant. Les types de ligne sont rangés dans l'ordre alphabétique. Les épaisseurs de lignes sont classées de la plus petite à la plus grande ou inversement. Les styles de tracé sont classés dans l'ordre alphabétique.

**Remarque**

*L'intitulé de certains boutons n'apparaît pas en entier. Effectuez un cliqué-glissé sur la frontière de deux boutons, et l'intitulé est complet. Notez aussi l'info-bulle permettant la lecture complète, ainsi qu'une aide associée.*

## Filtres rapides

- Dans la palette **Gestionnaires des propriétés des calques**, cliquez sur le bouton **Développe l'arborescence des filtres de calque** pour afficher la liste des filtres des calques. Cliquez sur le bouton **Réduit l'arborescence des filtres de calque** pour masquer la liste des filtres de calque.

Vous pouvez aussi effectuer un clic droit dans la liste des calques.

Le menu suivant est affiché :

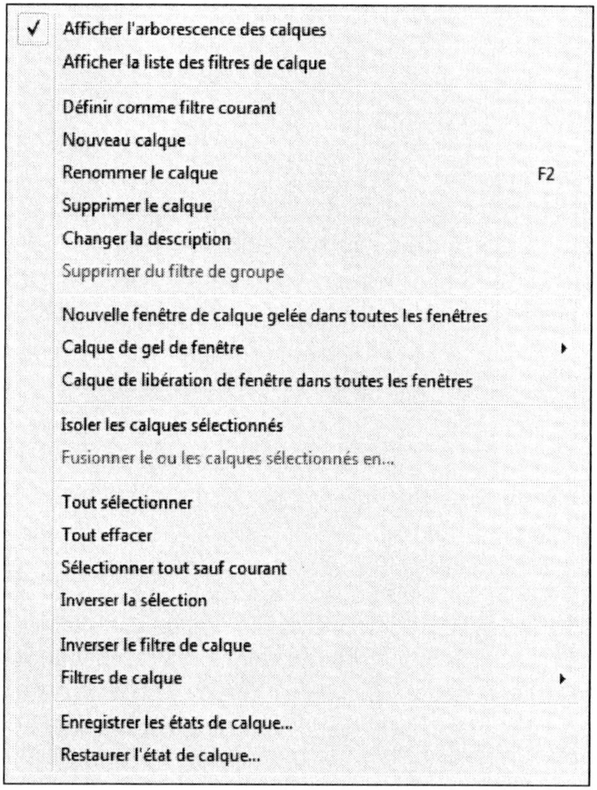

- Choisissez **Filtres de calque**, les options suivantes sont proposées :

  **Tous** : permet d'afficher tous les calques lorsqu'un filtre est déjà affecté.

  **Tous les calques utilisés** : affiche uniquement les calques contenant les objets utilisés dans le dessin.

**Remarque**

*Ce menu contextuel affiche aussi les groupes de calques et/ou les références externes si le dessin en contient.*

Pour procéder rapidement à un filtrage de calques (non nommé), dans le gestionnaire des propriétés des calques, saisissez un ou plusieurs caractères génériques pour voir apparaître les calques correspondants. En exemple, les caractères **Cof*** permettent l'affichage de tous les calques dont le nom commence par les lettres Cof.

L'option **Inverser le filtre du calque** du menu contextuel inverse l'affichage des calques en inversant le filtre en cours. Attention, si précédemment, tous les calques étaient affichés, cette option donne un affichage vierge.

## Définition des filtres de propriétés nommés

- Dans la palette **Gestionnaire des propriétés des calques**, choisissez le bouton **Nouveau filtre des propriétés** .

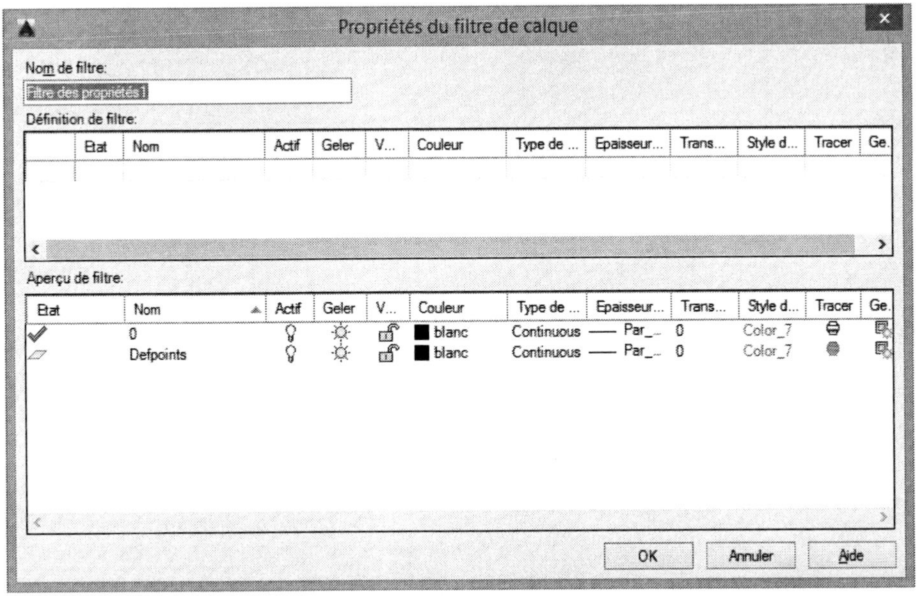

- Pour créer un filtre de propriétés de calque, saisissez le nom du filtre dans la zone de texte **Nom de filtre**.
- Agissez sur les différents critères de filtre nécessaires **Etat**, **Nom**, **Actif**, **Geler**, **Verrouiller**, **Couleur**, **Type de ligne**, **Epaisseur de ligne**, **Transparence**, **Styles de tracé**, **Tracer**, **Gel dans les nouvelles fenêtres** présents dans la zone **Définition de filtre** (voir la liste des filtres disponibles ci-après).
- Constatez le résultat du filtre en cours de création dans la zone **Aperçu de filtre**.

**Remarque**

*Pour sélectionner plusieurs valeurs pour une propriété, cliquez avec le bouton droit de la souris dans la définition du filtre, cliquez sur **Doublons**, puis sélectionnez une autre valeur pour cette propriété dans la ligne suivante.*

Par exemple, la définition d'un filtre qui affiche uniquement les calques actifs rouges ou verts se compose de deux lignes. La première ligne contient l'icône **Actif** et la couleur **rouge**. La seconde ligne contient l'icône **Actif** et la couleur **vert**.

- Cliquez sur **OK** pour confirmer la création du filtre des propriétés de calque. Puis confirmez par **OK** dans la boîte de dialogue **Gestionnaire des propriétés des calques**.

Vous pouvez utiliser une ou plusieurs propriétés pour définir le filtre. Ainsi, par exemple, vous définirez un filtre affichant tous les calques rouges ou bleus et en cours d'utilisation. Pour inclure plusieurs couleurs, types de ligne ou épaisseurs de ligne, dupliquez le filtre sur la ligne suivante et sélectionnez un paramètre différent.

Voici la liste des filtres disponibles :

**Etat** : choix de l'icône d'utilisation ou de non-utilisation des calques.

**Nom** : l'astérisque présent par défaut impose l'affichage de tous les calques, quel que soit leur nom. Ce caractère de remplacement de chaîne de caractères est utilisé comme suit. Le ou les caractères saisis devant l'astérisque impose(nt) l'affichage des calques dont le nom commence par ces caractères. (ex. MUR* affiche tous les calques dont le nom commence par MUR, quelle que soit la suite). Vous pouvez aussi imposer un nom de calque en particulier.

**Actif** : la liste permet de choisir l'affichage des calques activés, désactivés ou les deux.

**Geler** : la liste permet de choisir l'affichage des calques gelés, libérés ou les deux.

**Verrouiller** : la liste permet de choisir l'affichage des calques verrouillés, déverrouillés ou les deux.

**Couleur** : même principe que pour le nom du calque. L'astérisque sert de caractère de remplacement. Vous pouvez donc fixer une couleur spécifique ou imposer toutes les couleurs dont le numéro commence par exemple par 2, quelle que soit la suite.

**Type de ligne** : choix du type de ligne à respecter. L'astérisque est utilisable.

**Epaisseur de ligne** : choix de l'épaisseur à respecter. L'astérisque est utilisable pour imposer des épaisseurs inférieures au millimètre, par exemple (0*).

**Transparence** : choix du niveau de transparence.

**Style de tracé** : choix du nom du style de tracé à imposer. L'astérisque est utilisable.

**Tracer** : la liste permet de choisir l'affichage des calques à tracer, à ne pas tracer ou les deux.

**Gel Fen courante** : la liste permet de choisir l'affichage courant des calques gelés, libérés ou les deux dans la fenêtre active.

**Gel dans les nouvelles fenêtres** : la liste permet de choisir l'affichage courant des calques gelés, libérés ou les deux dans les futures fenêtres.

## Utilisation des filtres de propriétés nommés

Dans le gestionnaire des propriétés des calques, la zone située à gauche permet de lister tous les calques (option **Tous**).

- Cliquez sur le petit signe ⊞ situé à gauche de **Tous** pour accéder :
  - À l'ensemble des calques utilisés (option **Tous les calques utilisés**).
  - Aux filtres de propriétés des calques nommés.
- Pour accéder aux calques filtrés, cliquez sur le nom du filtre des propriétés des calques afin d'afficher instantanément la liste de calques correspondante, dans la zone située à droite, dans le gestionnaire des propriétés de calque (exemple ci-après : le filtre nommé CL permet l'affichage de tous les calques dont le nom commence par les caractères CL).

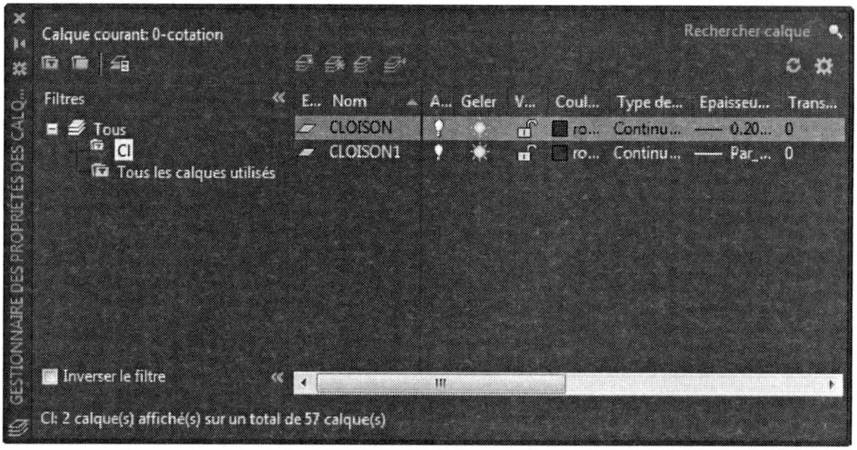


- Pour agir sur un groupe de calques filtrés, sélectionnez le filtre nommé et effectuez un clic droit afin d'accéder à la visibilité ou au verrouillage de l'ensemble des calques filtrés (cf. Le contrôle des calques - La manipulation des calques dans ce chapitre).

  Un clic droit permet aussi de renommer, de supprimer un filtre nommé, d'accéder aux propriétés de définition du filtre ou encore de modifier celles-ci.

- Cliquez sur **Tous** pour afficher de nouveau l'ensemble des calques ou sélectionnez un autre filtre des propriétés des calques.

## Les filtres de groupes de calque

Les groupes de calques permettent d'organiser les calques en catégories logiques. Ainsi, vous pouvez structurer différemment chaque groupe de calques et intégrer, dans chaque groupe, des calques adaptés.

Il est possible, à tout moment, de faire glisser un calque dans un nouveau groupe.

### Création et utilisation d'un filtre de groupe

- Dans le **Gestionnaire des propriétés des calques**, cliquez sur le bouton **Nouveau filtre de groupe** .

Un nouveau filtre de groupe vide (**Filtre de groupe 1**) est créé et répertorié dans l'affichage sous forme d'arborescence.

- Saisissez le nom du groupe (ex : Implantation), et confirmez par [Entrée].
- Dans l'arborescence, choisissez **Tous** pour afficher tous les calques du dessin.

- Dans la liste des calques de droite, sélectionnez les calques (à l'aide de la touche [Ctrl]) à glisser dans ce groupe.
- À partir de la sélection, effectuez un cliqué-glissé vers le nom de groupe présent dans l'arborescence de gauche.
- Sélectionnez le nom du filtre de groupe dans l'arborescence pour vérifier que les calques concernés sont inclus dans le groupe. Seuls ces calques sont affichés dans la liste des calques de droite.
- Pour agir sur un ensemble de calques appartenant à un groupe, sélectionnez le nom du filtre de groupe dans l'arborescence et effectuez un clic droit afin de rendre visible/invisible ou de verrouiller/déverrouiller l'ensemble des calques appartenant au groupe (voir aussi La manipulation des calques).

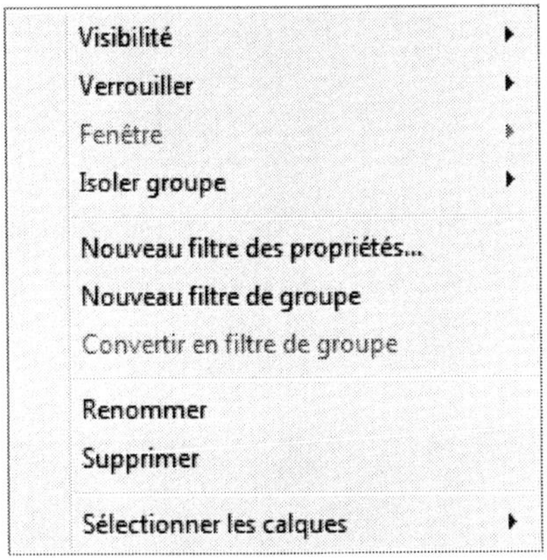


Un clic droit permet aussi de renommer ou de supprimer un filtre de groupe.

Le même menu contextuel permet de sélectionner un objet dans la zone graphique de façon à ajouter le calque de l'objet au groupe courant (**Sélectionner les calques - Ajouter**).

Grâce à ce menu, vous pouvez également remplacer les calques d'un groupe par les calques d'objets à sélectionner dans la zone graphique (**Sélectionner les calques - Remplacer**).

- Dans le **Gestionnaire des propriétés des calques**, cliquez sur le bouton **Paramètres** 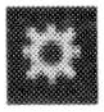 pour accéder à la boîte de dialogue **Paramètres de calque**.

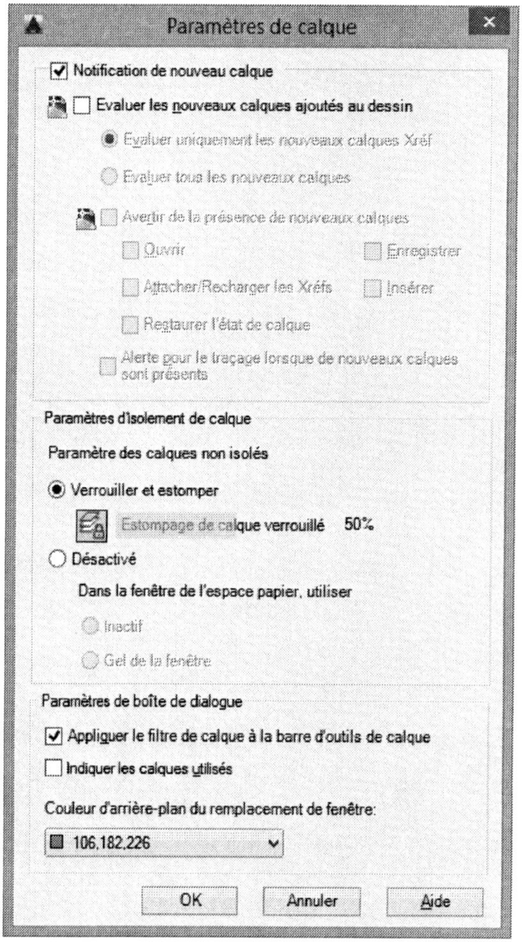


La case à cocher **Appliquer le filtre de calque à la barre d'outils de calque** permet d'affecter l'affichage des calques présents dans la liste **Calque** 

(groupe de fonctions **Calques**). Ainsi, les filtres de propriétés de calque ou les filtres de groupe activés dans le gestionnaire des propriétés des calques modifient l'affichage de la liste **Contrôle des calques**.

## Enregistrer les états de calques

Cette technique permet de sauvegarder les paramètres d'états et de propriétés de calques d'un dessin. Vous affectez un nom à une configuration d'états de calques ; et vous pourrez la restaurer le moment voulu.

▶ Dans le **Gestionnaire des propriétés des calques**, cliquez sur le bouton **Gestionnaire des états de calque** .

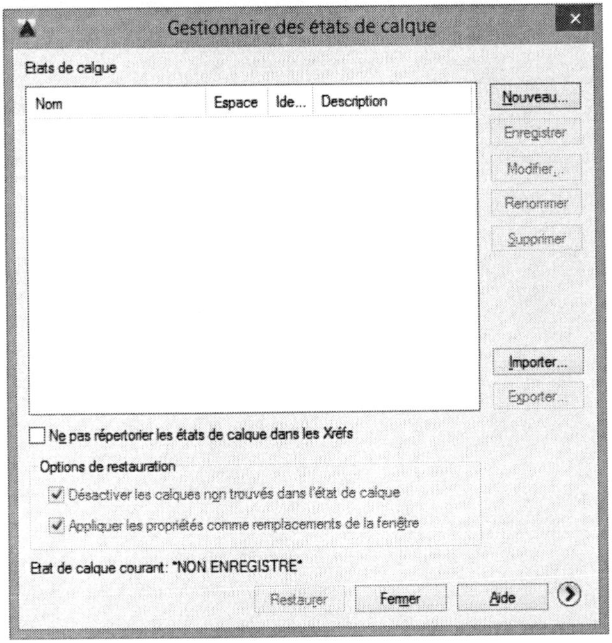


**Remarque**

*Vous accédez également au **Gestionnaire des états de calque** via le bouton **Gestionnaire des états de calque** du groupe de fonctions **Calques**.*

▶ Dans le **Gestionnaire des états de calque**, cliquez sur **Nouveau**.

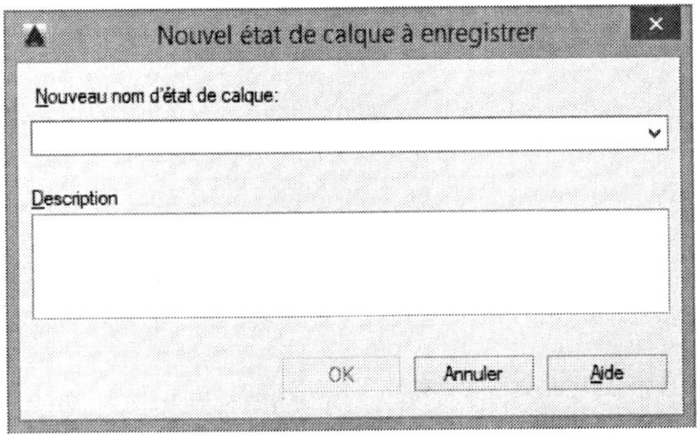

- Dans la boîte de dialogue **Nouvel état de calque à enregistrer**, saisissez le nom de l'état de calque à créer dans la zone de texte **Nouveau nom d'état de calque**. Des précisions sur l'état de calque peuvent être apportées dans la zone **Description**.
- Confirmez par **OK**.

**Remarque**

*L'espace associé à l'état de calque est affiché, selon l'espace courant, à la création de l'état de calque.*

- Cliquez sur le bouton **Plus d'options** de restauration  pour accéder aux propriétés de calques à restaurer. La fenêtre s'affiche alors de la façon suivante :

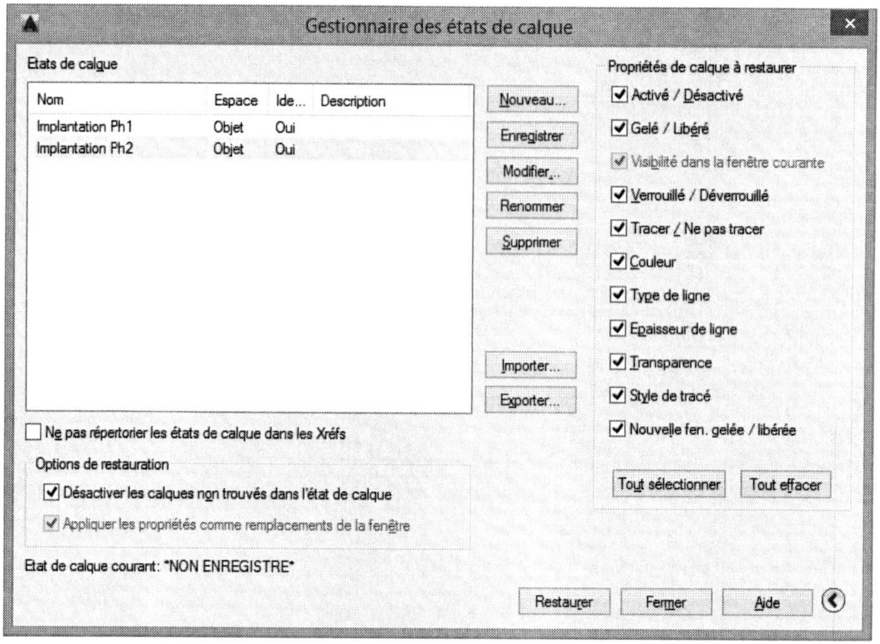


- Dans la rubrique **Propriétés de calque à restaurer**, cliquez sur **Tout sélectionner** pour sélectionner tous les paramètres.

Lorsque vous créez un état de calque, seuls les paramètres sélectionnés sont enregistrés (et restaurés) avec l'état de calque. Désactivez les paramètres et propriétés si nécessaire.

- Cliquez sur **Fermer** pour revenir au **Gestionnaire des propriétés des calques**.

■ Remarque

*Vous pouvez enregistrer un état de calque à partir d'un filtre de groupe de calque. Activez le filtre de groupe pour afficher les calques voulus dans la liste de calques. Un clic droit donne accès à un menu contextuel proposant* ***Enregistrer les états de calques****.*

## Restaurer les états de calques

Cette opération rappelle les configurations nommées d'états de calques. L'enregistrement puis la restauration des paramètres de calque sont des opérations intéressantes si vous souhaitez revenir sur des paramètres de calque spécifiques au cours des différentes étapes d'un dessin.

- Dans le **Gestionnaire des propriétés des calques**, cliquez sur le bouton **Gestionnaire des états de calques** .
- Sélectionnez l'état de calque à restaurer dans la liste des états créés.
- Cliquez sur le bouton **Restaurer**.
- Quittez le **Gestionnaire des propriétés des calques**.

La fenêtre **Gestionnaire des états de calques** propose plusieurs boutons :

**Restaurer** : restaure l'état des calques sélectionnés dans tout le dessin.

**Supprimer** : supprime l'état des calques sélectionnés de la liste des états de calques du dessin.

**Modifier** : modifie les paramètres d'état et de propriété de l'état des calques.

**Importer** : importe un état de calques préalablement enregistré sur le disque (.las).

**Exporter** : enregistre un état de calques sur le disque (.las). Ceci permet d'utiliser des configurations d'états de calques sur des projets différents (avec une même structure de calques).

## 2.4 La manipulation des calques

Elle s'effectue dans la boîte de dialogue **Gestionnaire des propriétés des calques** :

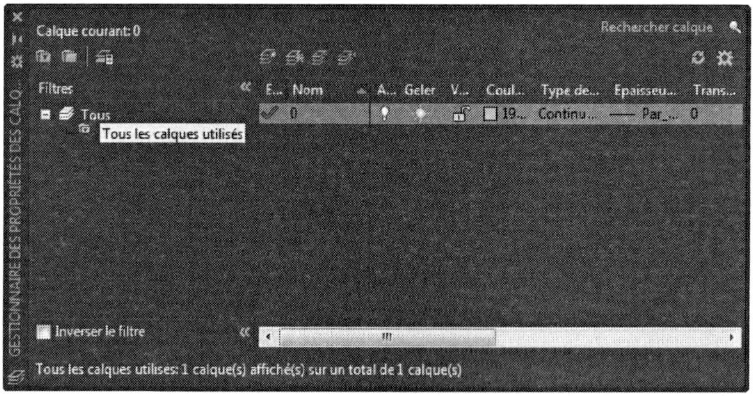


Vous pouvez créer des calques, leur attribuer des propriétés d'état de visibilité, de couleur, de type de ligne, de style des tracé, de transparence, etc. Vous pouvez effectuer ces manipulations sur chaque calque individuellement, ou sélectionner un jeu de calques pour une action commune à plusieurs calques.

### Définir le calque courant

Le calque courant définit le calque de travail sur lequel vont prendre place les objets dessinés. Définir un calque courant constitue l'étape qui précède la création du dessin. Les objets du calque courant adoptent automatiquement les propriétés du calque.

- Dans le **Gestionnaire des propriétés des calques**, sélectionnez le calque à rendre courant, et choisissez le bouton **Définir courant** .
- Dans la liste des calques, la coche verte placée au regard du calque indique que celui-ci est défini en tant que calque courant.

Désormais, les objets dessinés sont placés sur ce calque et possèdent ses propriétés.

**Remarque**

*Une autre méthode consiste à sélectionner le calque, effectuer un clic droit puis choisir* ***Définir comme filtre courant****.*

## Manipuler les propriétés des calques

**Actif**  : pour activer ou désactiver un ou plusieurs calques, il faut les sélectionner puis agir sur le symbole **Actif/Inactif**. L'ampoule grisée indique un calque inactif. Les entités associées à un calque non actif ne s'affichent pas sur l'écran graphique et ne sont pas tracées. Elles existent toujours mais sont invisibles.

**Geler dans toutes les fenêtres**  : pour libérer ou geler un ou plusieurs calques, commencez par les sélectionner puis cliquez sur le symbole **Geler dans toutes les fenêtres**. Un flocon remplace le soleil et indique un calque gelé dans toutes les fenêtres. Les entités associées à un calque gelé ne sont pas traitées lors de chaque régénération du dessin. Les entités des calques gelés ne sont ni affichées ni tracées, et AutoCAD ne passe pas de temps à calculer leur destination. La principale différence entre l'option **Geler** et **Désactivé** est l'efficacité. Si vous passez souvent d'un calque à l'autre afin de les modifier légèrement, validez **Désactivé** sur tous les calques concernés. Si, au contraire, vous réalisez la majeure partie de l'édition sur un calque déterminé (ou un ensemble de calques) et que vous n'avez pas besoin de voir les entités figurant sur un autre ensemble de calques, il convient de geler ces derniers. Ceci accélère l'édition si vous recourez fréquemment à des opérations entraînant la régénération du dessin.

**Verrouiller**  : pour verrouiller des calques, commencez par les sélectionner puis cliquez sur le symbole **Verrouiller**. Un cadenas fermé indique un calque verrouillé. Les entités figurant sur un calque verrouillé ne peuvent pas être modifiées, bien qu'elles soient visibles. Cette situation convient si vous travaillez sur un détail et que vous ne souhaitiez pas modifier par inadvertance les entités environnantes. Ainsi, vous ne pouvez utiliser aucune des commandes d'édition sur les entités d'un calque verrouillé.

- Pour déverrouiller un calque verrouillé, cliquez sur l'icône du cadenas fermé.

Les entités d'un calque verrouillé sont estompées.

- Pour **modifier sur l'estompage** des calques verrouillés, déroulez le groupe de fonctions **Calques** (onglet **Début**), et diminuez ou augmentez le degré d'estompage à l'aide d'un cliqué-glissé sur la règle **Estompage de calque verrouillé** ci-dessous :

Plus l'estompage est élevé, moins les entités du calque sont visibles.

▶ Pour activer ou désactiver l'estompage des calques verrouillés, cliquez sur le bouton **Estompage de calque verrouillé** située à gauche de la règle d'estompage.

**Couleur** : le symbole **Couleur** donne accès à une boîte de dialogue standard qui permet de changer la couleur des calques sélectionnés.

**Type de ligne** Continu... : le nom du **Type de ligne** (Continuous par défaut) donne accès à la boîte de dialogue **Choix du type de ligne**, qui permet de modifier le type de ligne des calques sélectionnés. La boîte de dialogue **Choix du type de ligne** n'affiche que les types de ligne déjà chargés dans le dessin courant. Si la liste ne suffit pas, choisissez le bouton **Charger** pour accéder aux différents types de ligne. Les types de ligne standards sont stockés dans le fichier **acadiso.lin** (voir aussi le point suivant de ce chapitre, Les types de ligne).

**Epaisseur de ligne** —— Par_... : pour affecter une épaisseur de ligne, sélectionnez le ou les calques, puis cliquez sur l'épaisseur de ligne. Vous accédez à la boîte de dialogue **Epaisseur de ligne** et sélectionnez l'épaisseur à affecter aux calques.

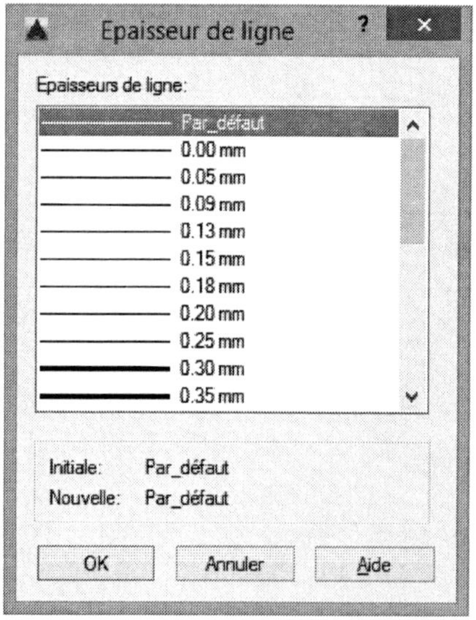


Cette boîte de dialogue propose toutes les épaisseurs normalisées jusqu'à 2,11 mm. L'épaisseur de ligne par défaut est réglée dans **Format - Epaisseur des lignes** (via le Navigateur de menus).

Le bouton **Afficher/Masquer l'épaisseur de ligne**  dans la barre d'état gère l'affichage des épaisseurs de ligne à l'écran.

**Transparence** 

: pour attribuer une transparence au(x) calque(s), sélectionnez le ou les calques, puis cliquez sur la valeur de transparence (0 par défaut). La fenêtre suivante vous invite à saisir ou choisir dans la liste une valeur de transparence comprise entre 0 et 90.

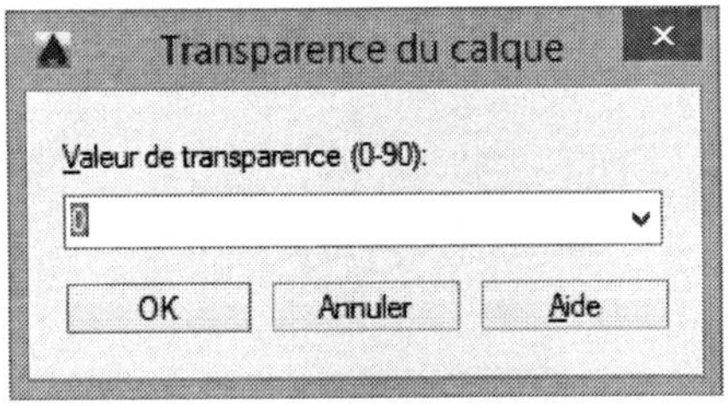


**Style de tracé** 

: cette propriété n'est pas accessible (par défaut) si le style est dépendant des couleurs. Elle le devient dans le cas d'un dessin utilisant les styles de tracé nommés. Voir le chapitre La présentation du dessin - Les styles de tracé.

- Pour affecter un style de tracé, sélectionnez le ou les calques, puis cliquez sur le style de tracé (**Normal** par défaut). Attention, cette caractéristique de calque n'est accessible que dans un dessin utilisant les styles de tracé nommés (et non dépendant des couleurs).

Vous accédez à la boîte de dialogue **Sélectionner un style de tracé**.

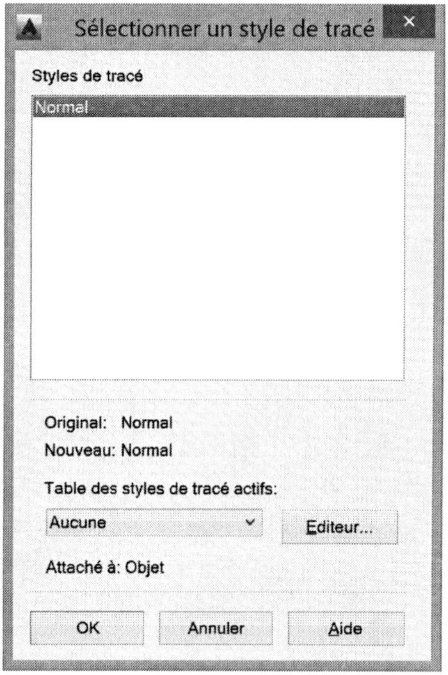


La liste déroulante affiche les tables de styles de tracé.

▶ Effectuez votre choix pour afficher la liste des styles de tracé disponibles dans la table.

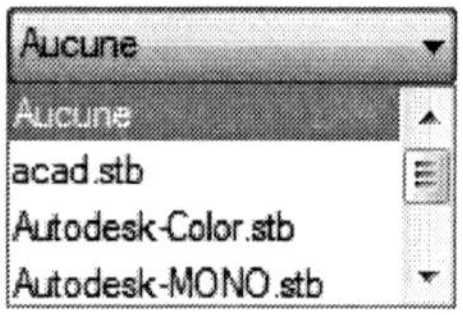


▶ Choisissez le style de tracé puis confirmez par **OK** (voir aussi les styles de tracé dans le chapitre La présentation du dessin).

**Description** : pour attribuer un commentaire à un calque, cliquez sur la zone de commentaire (vierge par défaut), et saisissez la description.

## 2.5 Cas particuliers des fenêtres de présentation

AutoCAD permet une gestion des calques par fenêtre de présentation. Lorsqu'une présentation est active, le gestionnaire des propriétés des calques affiche des propriétés supplémentaires. Les options **Gel de la fenêtre** et **Gel dans les nouvelles fenêtres** permettent respectivement de gérer l'affichage des calques dans la fenêtre courante et dans les fenêtres qui seront créées ultérieurement.

**Tracer**  : pour tracer ou ne pas tracer un calque, sélectionnez-le puis cliquez sur le symbole **Tracer**. Le symbole **Tracer** est barré et indique le non-traçage du calque.

**Gel de la fenêtre**  : pour geler ou libérer un ou plusieurs calques dans la fenêtre courante, sélectionnez les calques, puis cliquez sur le symbole **Gel de la fenêtre**. Un flocon remplace le soleil et indique un calque gelé dans la fenêtre courante. Notez que cette option n'est utilisable que dans les présentations. Si plusieurs fenêtres flottantes sont présentes, les calques sélectionnés sont gelés ou libérés uniquement dans la fenêtre courante (ou active). Ils restent visibles dans les autres fenêtres.

**Gel dans les nouvelles fenêtres**  : pour geler ou libérer un ou plusieurs calques dans les futures fenêtres flottantes, sélectionnez les calques, puis cliquez sur le symbole **Geler dans les nouvelles fenêtres**. Un flocon remplace le soleil et indique un calque gelé dans les futures fenêtres. Là aussi, cette option n'est utilisable que dans les présentations. Cette option vous permet d'anticiper et de geler les calques que vous ne souhaitez pas voir dans les nouvelles fenêtres.

## 2.6 Remplacement des propriétés de calques des fenêtres de présentation

AutoCAD permet un affichage différent des objets, dans des fenêtres de présentation séparées, tout en conservant leurs propriétés de calques d'origine. De cette façon, pour une fenêtre de présentation spécifique, vous procédez à un remplacement des propriétés de calque sans modifier les propriétés de calque en espace objet ou dans les autres fenêtres de présentation.

La fenêtre de présentation concernée par le remplacement des propriétés doit être activée.

Le gestionnaire des propriétés des calques présente six colonnes spécifiques au remplacement de propriétés, dans la partie droite du gestionnaire des propriétés des calques :

- Gel de la fenêtre
- Couleur de fenêtre

- Type de ligne de fenêtre
- Epaisseur de ligne de fenêtre
- Transparence de fenêtre
- Style de tracé de fenêtre

▶ Agissez sur l'une et l'autre de ces propriétés de calque pour procéder au remplacement pour la fenêtre courante, et ainsi modifier l'affichage de cette fenêtre sans modifier les propriétés d'origine des calques.

## 2.7 Les types de ligne

▶ Dans le groupe de fonctions **Propriétés** (onglet **Début**), déroulez la liste **Type de ligne**, et choisissez **Autre...**.

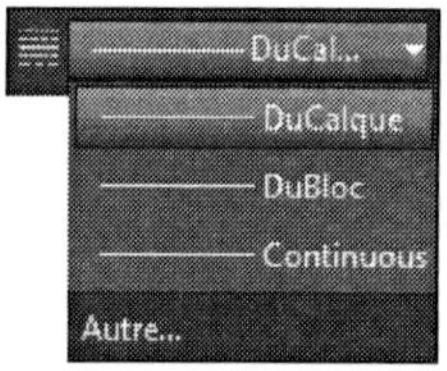


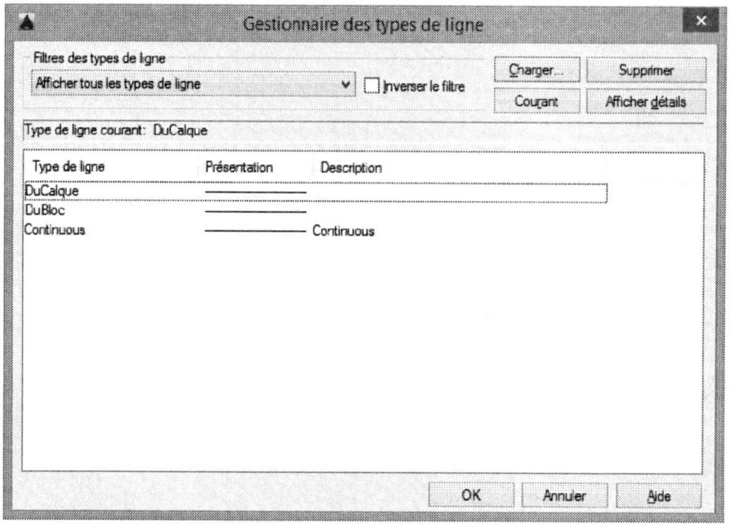


Tous les types de ligne chargés dans le dessin apparaissent dans la liste. Par défaut, les autres types de ligne ne sont pas directement disponibles.

Pour charger d'autres types de ligne, choisissez le bouton **Charger**.

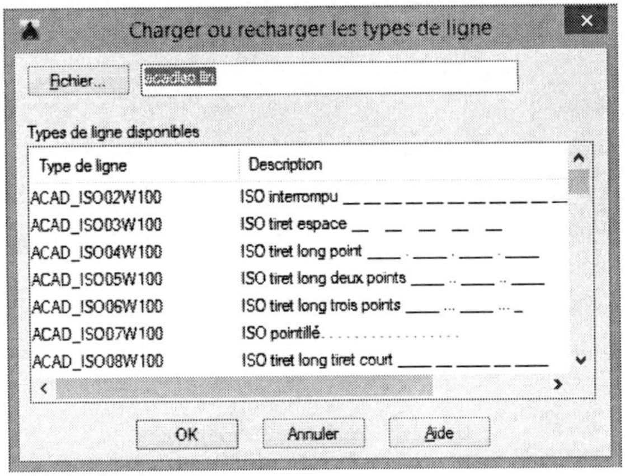


- Le fichier **acadiso.lin** dispose de nombreux types de ligne. Sélectionnez un ou plusieurs types de ligne (utilisez les touches [Ctrl] et [Shift]) avant de confirmer par **OK**.

Vous revenez dans le **Gestionnaire des types de ligne** et tous les nouveaux types de ligne sont maintenant présents dans la liste.

- Confirmez par **OK**.

Dans le gestionnaire de calques, vous pouvez désormais affecter les types de ligne voulus.

**Remarque**

*En règle générale, on affecte un type de ligne à un calque. Le type de ligne est DUCALQUE et est respecté lors de la création d'entités, dès que vous changez de calque courant. Mais vous pouvez également changer ou "forcer" le type de ligne d'un objet (cf. Changement de propriétés des objets dans ce chapitre).*

## L'échelle du type de ligne

- Dans le **Gestionnaire des types de ligne**, cliquez sur le bouton **Afficher détails**.

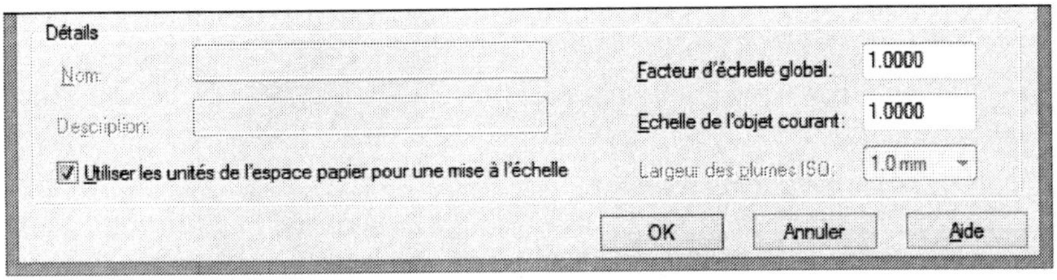

La zone de saisie **Facteur d'échelle global** précise l'échelle utilisée pour tous les types du dessin. Augmentez cette valeur pour un agrandissement général de tous les types de ligne du dessin.

La zone **Echelle de l'objet courant** peut modifier l'échelle des objets à créer. Dans la pratique, vous modifiez l'échelle individuelle des objets pour lesquels l'échelle globale ne convient pas (cf. Changement de propriétés des objets dans ce chapitre).

La case à cocher **Utiliser les unités de l'espace papier pour une mise à l'échelle** permet une uniformisation de l'échelle des types de ligne dans les différentes fenêtres de présentation quelles que soient leurs échelles.

Dans la barre d'outils **Standard**, le bouton **Contrôle des types de ligne** permet de changer de type de ligne courant, ou d'affecter un type de ligne à des objets présélectionnés.

## 2.8 Le contrôle rapide des calques

▶ Dans le groupe de fonctions **Calques** (onglet **Début**), choisissez le bouton-liste **Calque** 

.

Cette liste déroulante vous donne une autre possibilité de "jongler" avec l'état des calques. Le nom du calque courant apparaît dans la liste. Si celle-ci est déroulée, vous agissez directement sur l'état des différents calques en cliquant sur le symbole correspondant.

Vous obtenez (en fonction de vos propres calques) un contenu ressemblant à l'exemple ci-après :

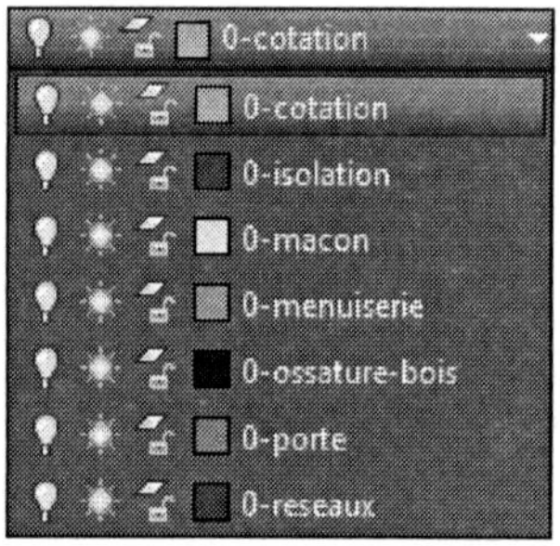


Hormis l'état des calques, vous pouvez aussi changer de calque courant. Pour cela, cliquez simplement sur le nom du calque.

Après avoir gelé, libéré ou verrouillé vos calques, pour quitter cette liste et revenir à la zone graphique, vous avez deux possibilités ; vous cliquez soit sur le nom du calque courant, soit dans la zone graphique.

## 2.9 Rendre le calque de l'objet courant

AutoCAD permet de rendre courant le calque de l'objet sélectionné.

▶ Sélectionnez l'objet, dans le groupe de fonctions **Calques** (onglet **Début**), choisissez le bouton **Rendre le calque de l'objet courant** .

Vous constatez l'affichage du nom du nouveau calque courant et ses propriétés dans la liste **Contrôle des calques**.

Dans la figure ci-dessous, **0-reseaux** est le nom du calque courant, sa couleur est **rose**.

## 2.10 Annuler les derniers changements apportés à un calque

▶ Dans le groupe de fonctions **Calques**, cliquez sur l'icône **Précédent** .

Cette technique permet d'annuler rapidement les changements apportés à un calque (tels que la couleur ou le type de ligne). AutoCAD confirme le rétablissement du calque précédent par le message "L'état précédent du calque a été rétabli". Plusieurs clics peuvent rétablir plusieurs modifications, concernant même plusieurs calques.

**Remarque**

*Le rétablissement ne fonctionne pas sur le nom du calque, ni sur les calques supprimés ou encore les nouveaux calques.*

## 2.11 Isoler un calque

À l'exception des calques des objets sélectionnés, tous les calques peuvent être désactivés ou verrouillés et estompés grâce à cette manipulation simple.

▶ Dans le groupe de fonctions **Calques** (onglet **Début**), cliquez sur le bouton **Isoler** .

AutoCAD affiche le message ci-dessous pour vous permettre de sélectionner un ou des objets placés sur le ou les calques à isoler :

```
Sélectionnez les objets des calques à isoler ou [PAramètres]:
```

▶ Une fois la sélection effectuée, appuyez sur la touche [Entrée] pour isoler les calques selon les paramètres courants (verrouillés et estompés par défaut).

L'option **Paramètres** permet d'accéder à la seconde option **Désactiver**.

▶ Utilisez le bouton **Associer**  pour annuler l'effet de la commande **Isoler**.

## 2.12 Geler les calques des objets sélectionnés

AutoCAD permet de geler rapidement un ensemble de calques, en sélectionnant simplement l'un des objets du ou des calques à geler.

▶ Dans le groupe de fonctions **Calques** (onglet **Début**), cliquez sur le bouton **Geler** .

AutoCAD affiche le message ci-dessous pour vous permettre de sélectionner un ou des objets placés sur le ou les calques à geler :

```
Sélectionnez un objet du calque à geler ou [Paramètres annUler]:
```

▶ Une fois la sélection effectuée, appuyez sur la touche [Entrée] pour geler les calques selon les paramètres courants.

L'option **Paramètres** permet d'accéder aux options **Fenêtre** et **Bloc** :

- L'option **Fenêtre** permet de geler tous les objets dans toutes les fenêtres ou de geler les objets de la fenêtre de présentation courante.
- L'option **Bloc** permet de geler les objets appartenant aux blocs imbriqués.

L'option **Annuler** retire la sélection précédente.

## 2.13 Désactiver les calques des objets sélectionnés

AutoCAD permet de désactiver rapidement un ensemble de calques, en sélectionnant simplement l'un des objets du ou des calques à désactiver.

▶ Dans le groupe de fonctions **Calques** (onglet **Début**), cliquez sur le bouton **Inactif** .

AutoCAD affiche le message ci-dessous pour vous permettre de sélectionner un ou des objets placés sur le ou les calques à désactiver :

```
Sélectionnez un objet du calque à désactiver ou [Paramètres annUler]:
```

▶ Une fois la sélection effectuée, appuyez sur la touche [Entrée] pour désactiver les calques selon les paramètres courants.

L'option **Paramètres** permet d'accéder aux options **Fenêtre** et **Sélection de bloc** :

- L'option **Fenêtre** permet de désactiver tous les objets dans toutes les fenêtres ou de geler les objets de la fenêtre de présentation courante.
- L'option **Sélection de bloc** permet de désactiver les objets appartenant aux blocs imbriqués.

L'option **Annuler** retire la sélection précédente.

## 2.14 Remplacer le calque des objets sélectionnés par le calque d'un objet autre

AutoCAD permet de remplacer rapidement le calque de plusieurs objets, quels que soient leurs calques respectifs, par le calque d'un objet autre.

Ainsi, en une opération, tous les objets de ces calques adoptent les propriétés du nouveau calque.

▶ Dans le groupe de fonctions **Calques** (onglet **Début**), cliquez sur le bouton **Copier le calque** .

AutoCAD affiche le message ci-dessous pour vous permettre de sélectionner les objets que vous souhaitez positionner sur un nouveau calque :

```
Sélectionner des objets:
```

▶ Une fois la sélection effectuée, appuyez sur la touche [Entrée].

Le message ci-dessous est affiché :

```
Sélectionnez un objet sur le calque de destination ou [Nommer]:
```

▶ Sélectionnez le calque de destination.

L'option **Nommer** permet de sélectionner le calque de destination dans la liste des calques suivante :

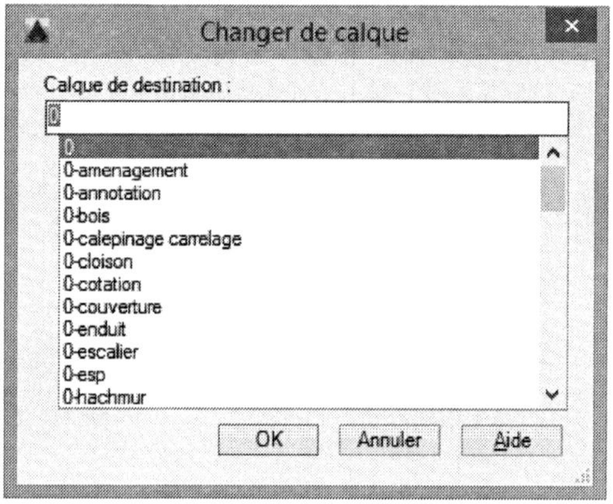


▶ Confirmez par **OK** pour terminer l'opération.

## 2.15 Outils de manipulation des calques complémentaires

AutoCAD met à disposition plusieurs outils supplémentaires qui simplifient et automatisent la manipulation des calques.

▶ Déroulez le groupe de fonctions **Calques** (onglet **Début**) et agissez sur les boutons suivants :

**Activer tous les calques**  : active tous les calques précédemment désactivés.

**Libérer tous les calques**  : libère tous les calques précédemment gelés.

**Verrouiller**  : verrouille le calque d'un objet sélectionné.

**Déverrouiller**  : déverrouille le calque d'un objet sélectionné.

**Remplacer par le calque courant**  : permet de placer les objets sélectionnés sur le calque courant.

**Copier les objets dans un nouveau calque**  : permet de placer les objets sélectionnés sur un même calque (en sélectionnant un objet appartenant à ce calque ou en choisissant le calque dans la liste des calques via l'option **Nom**).

**Parcourir les calques**  : permet d'afficher les objets des seuls calques sélectionnés dans la liste **Parcourir les calques** ci-dessous :

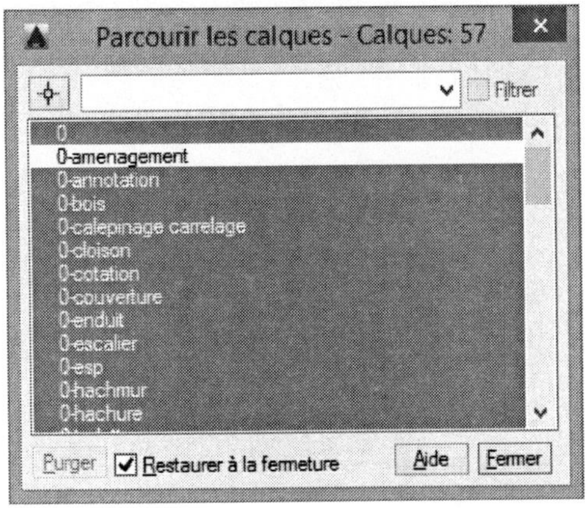


La touche [Ctrl] permet une sélection multiple de calques.

**Isoler dans la fenêtre courante**  : gèle les calques des objets sélectionnés dans toutes les fenêtres de présentation, sauf dans la fenêtre courante.

**Fusion**  : fusionne les calques des objets sélectionnés dans un calque cible. Attention, cette opération supprime les calques précédents du dessin.

**Supprimer**  : supprime tous les objets du calque de l'objet sélectionné, et supprime (purge) le calque du dessin.

## 3. Changement de propriétés des objets

▶ Dans le groupe de fonctions **Palettes** (onglet **Vue**), cliquez sur l'icône **Propriétés**

.

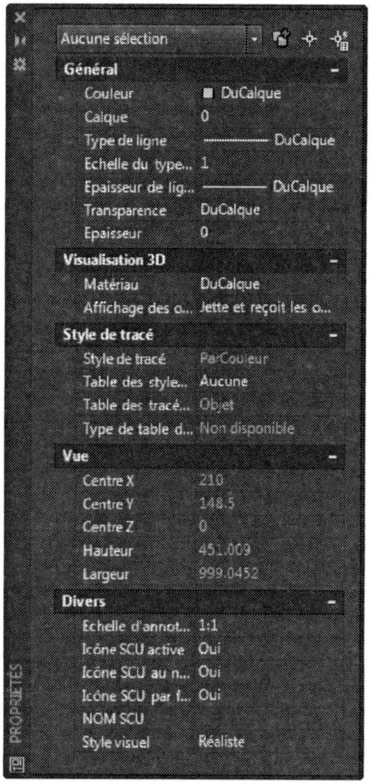


Chaque objet possède des caractéristiques qui lui sont propres. En effet, lorsque vous créez une ligne par exemple, vous utilisez le calque courant. La ligne dessinée est donc positionnée sur un calque ; elle possède une couleur et un type de ligne.

Vous devrez régulièrement changer les caractéristiques des objets.

En théorie, avant de dessiner, pensez à changer de calque courant pour que l'objet à représenter adopte les bonnes caractéristiques. En pratique, vous dupliquez souvent des objets existants (décalages, copies, symétries...). Les éléments copiés conservent leurs caractéristiques d'origine même si vous avez pris soin de changer de calque courant. Vous aurez donc à modifier leurs caractéristiques.

Souvent, soit par oubli, soit par gain de temps, vous ne changez pas de calque courant pour dessiner un objet. Dans ce cas également, vous changerez les caractéristiques de l'objet.

Le changement des propriétés est très rapide grâce à cette fenêtre très riche en possibilités. Nous nous intéressons ici au **changement des propriétés générales** (cf. chapitre La gestion des objets - Modification des propriétés d'objets). Les propriétés générales sont les propriétés de calque, couleur, type de ligne, échelle de type de ligne, épaisseurs...

▶ Sélectionnez un ou plusieurs objets à modifier. Si la sélection est multiple, la fenêtre **Propriétés** se limitera automatiquement à l'affichage des propriétés générales.

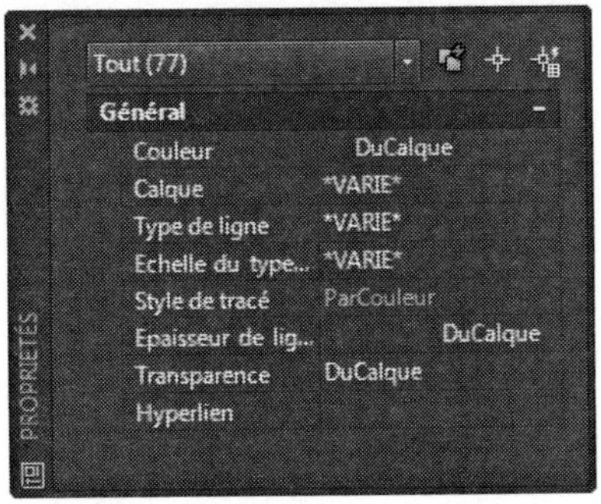


Lorsque la sélection est effectuée, les propriétés actuelles des objets apparaissent. Ceci constitue d'abord une source de renseignements intéressante.

▶ Agissez ensuite sur la ou les propriétés à modifier.

**Couleur** : affiche une liste déroulante proposant toutes les couleurs AutoCAD. La couleur DuCalque indique la couleur affectée au calque (couleur logique). La couleur DuBloc indique la couleur appartenant au bloc dont fait partie l'objet.

Vous pouvez forcer une couleur à un objet ; dans ce cas, la couleur DuCalque n'est plus affectée à l'objet. Un double clic passe en revue les couleurs les unes après les autres, sans utiliser la liste déroulante. AutoCAD utilise 256 couleurs numérotées, mais aussi les couleurs vraies et carnets de couleurs (PANTONE, RAL...).

**Calque** : accède à la liste des calques existants dans le dessin. Le calque choisi devient le calque des objets sélectionnés. Notez que les propriétés de couleur, type de ligne, style de tracé et épaisseur de ligne respectent celles attribuées au calque si elles se nomment DuCalque.

**Type de ligne** : affiche une liste déroulante proposant tous les types de ligne chargés dans le dessin. Le type de ligne DuCalque indique le type de ligne affecté au calque (type de ligne logique). Le type de ligne DuBloc indique le type de ligne appartenant au bloc dont fait partie l'objet. Vous pouvez forcer un type de ligne à un objet ; dans ce cas, le type de ligne DuCalque n'est plus affecté à l'objet. Un double clic passe en revue les types de ligne les uns après les autres, sans dérouler la liste déroulante.

**Echelle du type de ligne** : permet de modifier l'échelle du type de ligne des objets sélectionnés, ou individuellement. La valeur indiquée est multipliée par le facteur d'échelle global (cf. Le contrôle des calques dans ce chapitre).

**Style de tracé** : permet d'affecter un style de tracé aux objets sélectionnés. Les styles de tracé sont affectés soit aux calques, soit aux objets. L'option **Autres** permet l'accès aux autres styles de tracé de la table courante, ou aux différentes tables de tracé (cf. chapitre La présentation du dessin - Les styles de tracé).

**Epaisseur de ligne** : affiche les diverses épaisseurs de ligne normalisées.

**Transparence** : affiche la valeur de transparence attribuée aux objets sélectionnés.

**Hyperlien** : accède aux chemin et fichier lié à l'objet. Il est possible d'associer un hyperlien à plusieurs objets. Un bouton affichant trois petits points permet l'association à tout type de fichier.

**Epaisseur** : affiche la hauteur d'objet (ou épaisseur) des objets sélectionnés.

# Exercice 4
# Organiser le projet avec les calques

Nous allons attribuer à chaque élément du plan du local professionnel un calque afin d'en manipuler plus aisément les propriétés (type de ligne, couleur, épaisseur de ligne, etc.) et de les afficher ou les masquer selon les besoins.

## 1. Étape 1 : Accéder au Gestionnaire des propriétés des calques

▶ Téléchargez et ouvrez le fichier ressource **Gestion_des_calques.dwg**.

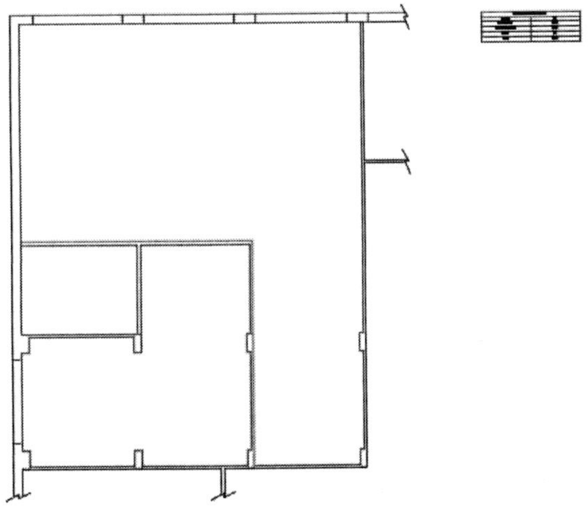

Vous reconnaissez le plan du local professionnel avec le tableau des surfaces des pièces créé dans l'exercice 2.

▶ Dans le groupe de fonctions **Calques** (onglet **Début**), cliquez sur l'icône **Propriétés du calque** 

pour ouvrir le **Gestionnaire des propriétés des calques** affiché ci-dessous.

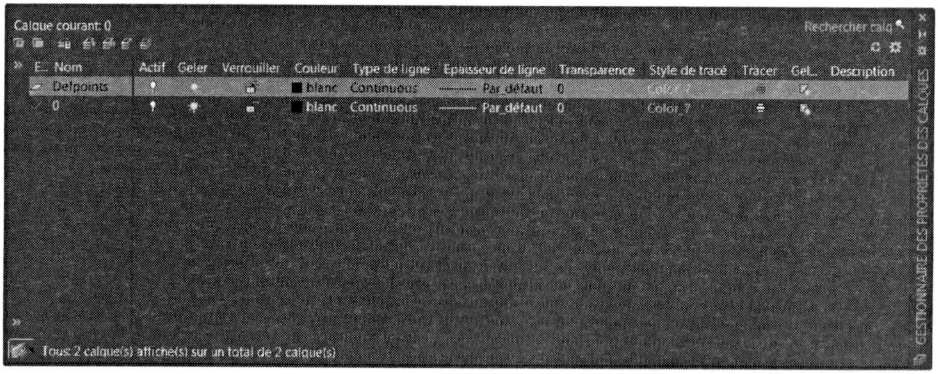


## 2. Étape 2 : Créer des calques

▶ Dans le **Gestionnaire des propriétés des calques**, cliquez sur l'icône **Nouveau calque** .

Un nouveau calque est créé et son nom apparaît surligné.

▶ Saisissez **GLF-10-Maçonnerie** et appuyez sur [Entrée] pour valider le nommage du calque.

**Remarque**

*Le nom du calque ne doit pas être donné au hasard. En phase d'édition du dessin, la liste affiche les calques par ordre alphabétique. Donner un numéro aux calques va permettre de les organiser dans le projet. Cependant, lors de l'insertion du fichier dans un autre fichier DWG, il est possible que d'autres calques utilisent déjà cette méthode d'organisation. Pour compléter le nom du calque, on peut rajouter un préfixe en rapport avec le nom de l'entreprise (ex : pour l'entreprise GLYF SARL, GLF précède chaque nom de calque).*

- En suivant la même méthode de nommage, créez les calques **Cloisons**, **Menuiseries ext.**, **Menuiseries int.**, **Aménagement**, **Hachures**, **Textes et tableaux**, **Cotations**, **Contours**.

  La figure suivante affiche le résultat obtenu.

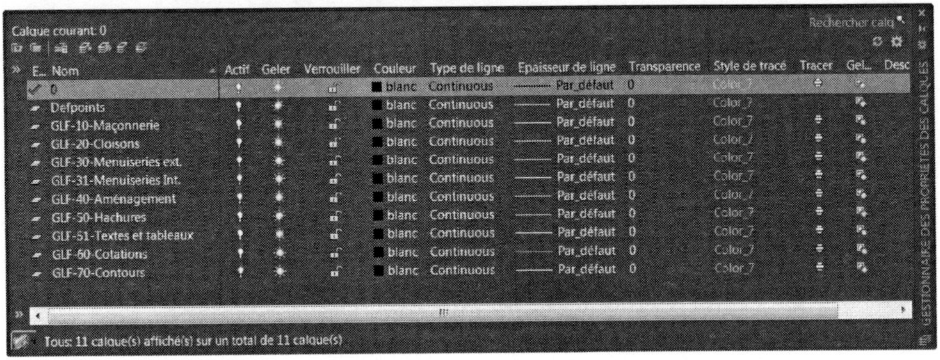


## 3. Étape 3 : Paramétrer la couleur des calques

Les calques permettent de prédéfinir des paramètres d'affichage pour différents éléments du dessin (lignes, cercles, polylignes, etc.). Il faut toutefois, en amont, bien définir ces paramètres.

- Dans le **Gestionnaire des propriétés des calques**, dans la colonne **Couleur**, cliquez sur l'aperçu de couleur au regard du calque **GLF-10-Maçonnerie**.
- Dans la fenêtre **Sélectionner une couleur**, sélectionnez la couleur **Bleu** (coul. index 5) comme indiqué dans la figure ci-dessous et cliquez sur **OK**.

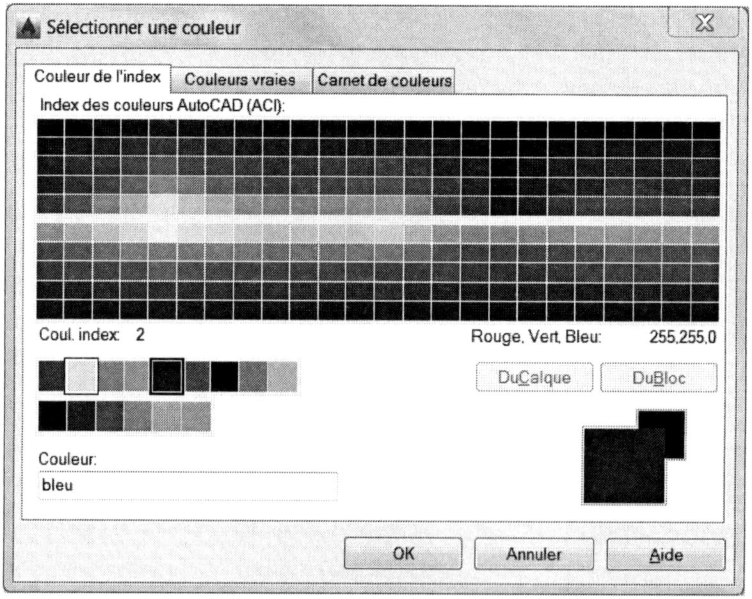


Une nouvelle couleur est attribuée au calque **GLF-10-Maçonnerie**. Les éléments disposés sur ce calque ayant comme propriété de couleur **DuCalque** afficheront une couleur bleu.

▶ Avec la même méthode, spécifiez la couleur des calques comme indiqué sur la figure suivante.

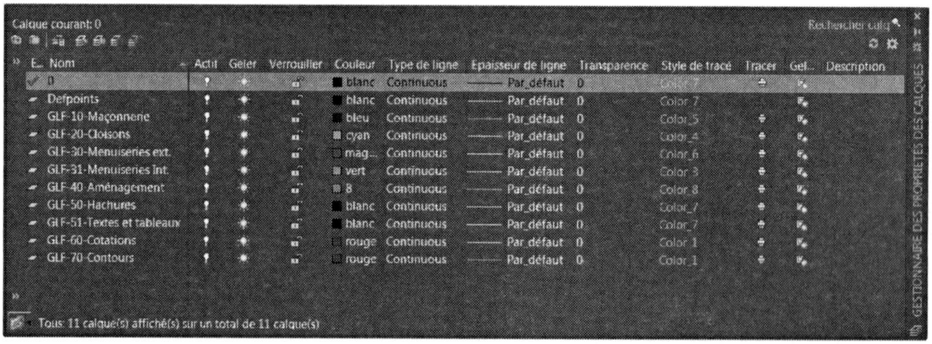

# 4. Étape 4 : Paramétrer le type de ligne d'un calque

- Dans le **Gestionnaire des propriétés des calques**, dans la colonne **Type de ligne**, cliquez sur l'aperçu de type de ligne au regard du calque **GLF-70-Contours**.
- Dans la fenêtre **Choix du type de ligne**, dans la colonne **Type de ligne**, cliquez sur **CACHE** pour sélectionner un type de ligne discontinu comme indiqué dans la figure ci-dessous et cliquez sur **OK**.

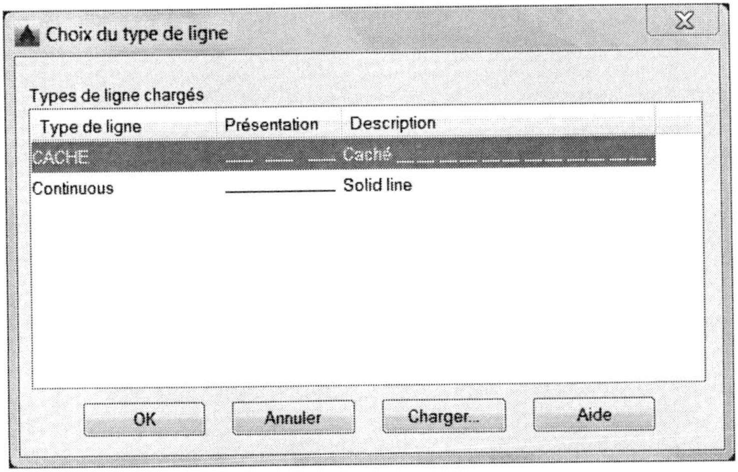


Un nouveau type de ligne est attribué au calque **GLF-70-Contours**. Les éléments disposés sur ce calque ayant comme propriété de type de ligne **DuCalque** afficheront un type de ligne discontinu.

# 5. Étape 5 : Paramétrer l'épaisseur de ligne d'un calque

- Dans le **Gestionnaire des propriétés des calques**, dans la colonne **Epaisseur de ligne**, cliquez sur l'aperçu de l'épaisseur au regard du calque **GLF-60-Cotations**.
- Dans la fenêtre **Epaisseur de ligne**, cliquez sur **0.09 mm** pour sélectionner une épaisseur plus fine que l'épaisseur par défaut réglée à 0.25 mm, comme indiqué dans la figure ci-dessous, et cliquez sur **OK**.

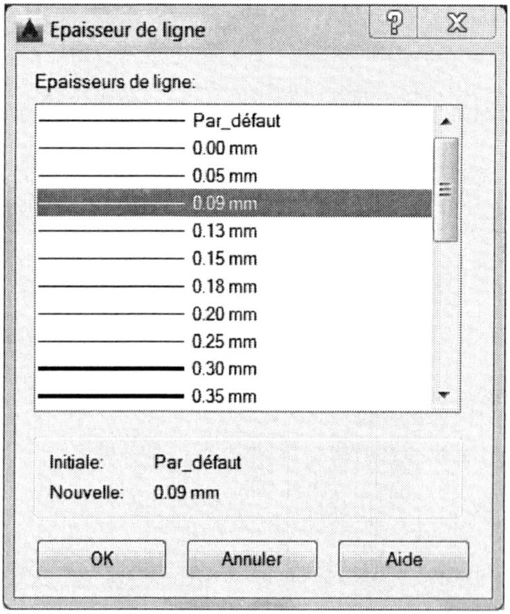


Une nouvelle épaisseur de ligne est attribuée au calque **GLF-60-Cotations**. Les éléments disposés sur ce calque ayant comme propriété d'épaisseur de ligne **DuCalque** afficheront des lignes fines à l'impression.

**Remarque**

*L'épaisseur des lignes n'est visible à l'écran qu'à partir de 0.30 mm et ce uniquement si l'aide au dessin* ***Epaisseur de ligne***  *présente dans la zone d'état est active.*

## 6. Étape 6 : Paramétrer la transparence d'un calque

▶ Dans le **Gestionnaire des propriétés des calques**, dans la colonne **Transparence**, cliquez sur l'indicateur de transparence au regard du calque **GLF-50-Hachures**.

La fenêtre **Transparence du calque** apparaît.

■ Dans la fenêtre **Transparence du calque**, dans la zone de texte **Valeur de transparence (0-90)**, saisissez **50** pour une transparence de 50 % comme indiqué dans la figure ci-dessous et cliquez sur **OK**.

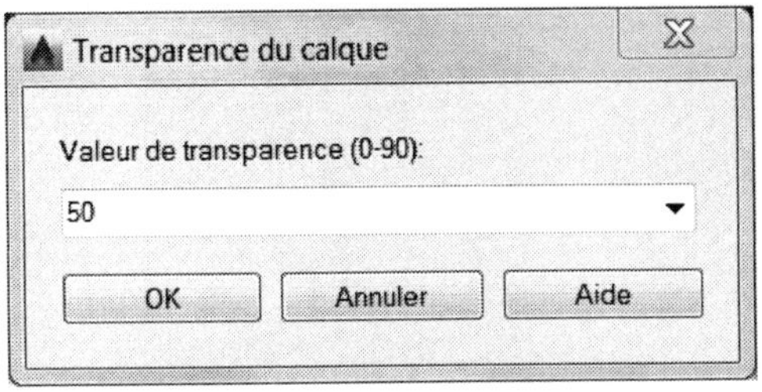


**Remarque**

*La transparence du tracé est visible à l'écran mais ne sera pas visible par défaut à l'impression. L'ensemble des éléments placés sur le calque **GLF-50-Hachures** seront transparents. Ce paramètre est utile notamment lorsqu'un motif de hachure SOLID est appliqué.*

# 7. Étape 7 : Rendre un calque non imprimable

■ Dans le **Gestionnaire des propriétés des calques**, dans la colonne **Tracer**, cliquez sur l'indicateur d'impression  à la ligne du calque **GLF-70-Contours**. L'indicateur d'impression change pour indiquer que le calque est non imprimable .

La figure ci-dessous résume l'ensemble des opérations effectuées entres les étapes 2 et 7.

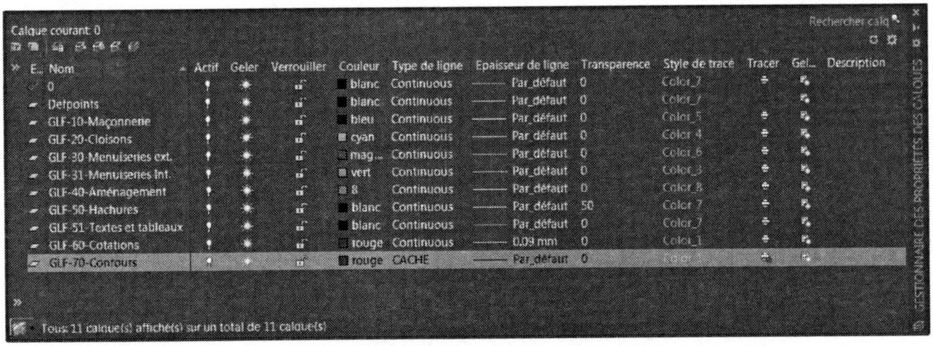


■ Fermez le **Gestionnaire des propriétés des calques**.

## 8. Étape 8 : Placer chaque élément sur un calque correspondant

Chaque élément de la zone graphique est automatiquement placé sur un calque. Il est possible de redéfinir le calque d'un ou plusieurs éléments en les sélectionnant et en attribuant un nouveau calque de destination dans la liste.

▶ Sélectionnez les polylignes correspondant aux contours des pièces.

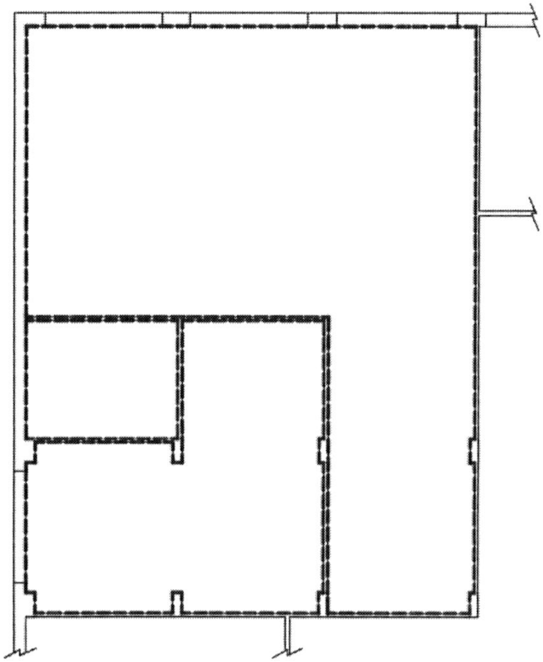

- Dans le groupe de fonctions **Calques** (onglet **Début**), déroulez la liste des calques et choisissez le calque de destination **GLF-70-Contours** comme indiqué dans la figure ci-dessous.

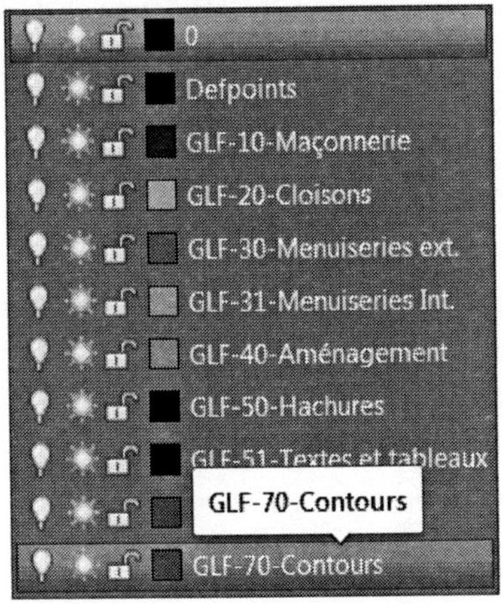


- Dans le groupe de fonctions **Calques** (onglet **Début**), déroulez la liste des calques et cliquez sur l'icône **Activer/Désactiver un calque**  au regard du calque **GLF-70-Contours** pour le masquer.

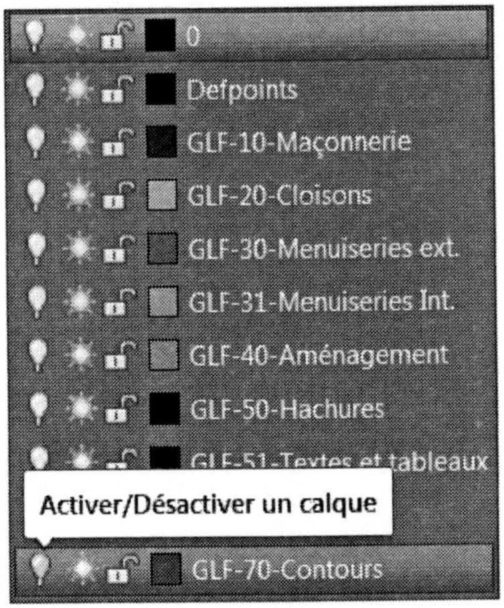


Les polylignes de contours des pièces sont masquées.

- Sélectionnez les éléments correspondant aux cloisons.

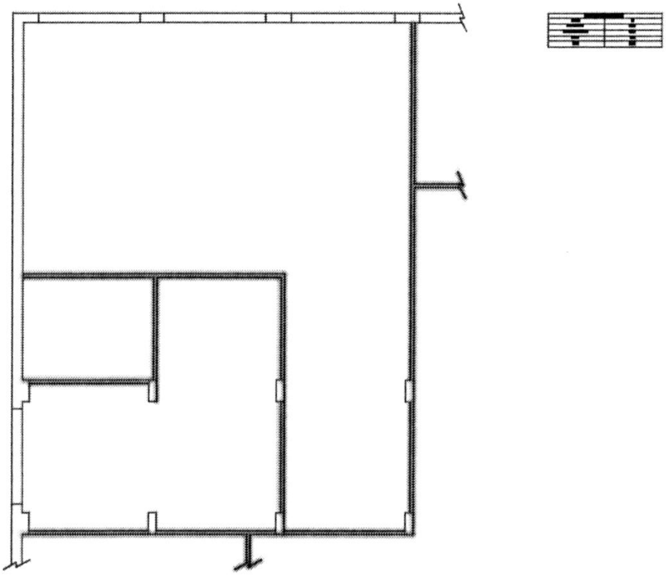

Dans le groupe de fonctions **Calques** (onglet **Début**), déroulez la liste des calques et choisissez le calque de destination **GLF-20-Cloisons** comme indiqué dans la figure ci-dessous.

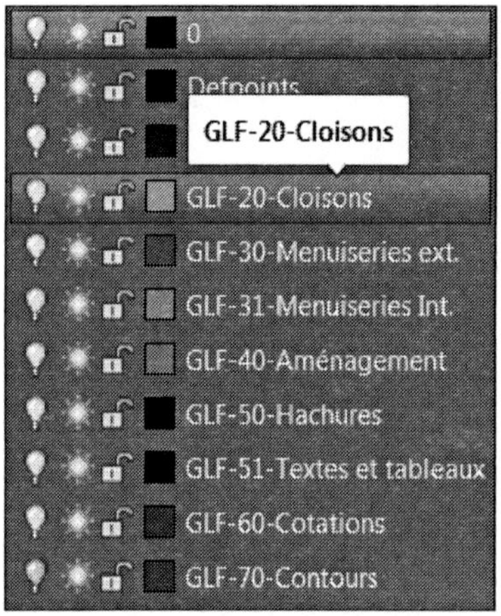

▶ Dans le groupe de fonctions **Calques** (onglet **Début**), déroulez la liste des calques et cliquez sur l'icône **Activer/Désactiver un calque**  au regard du calque **GLF-20-Cloisons** pour le masquer comme indiqué sur la figure ci-dessous.

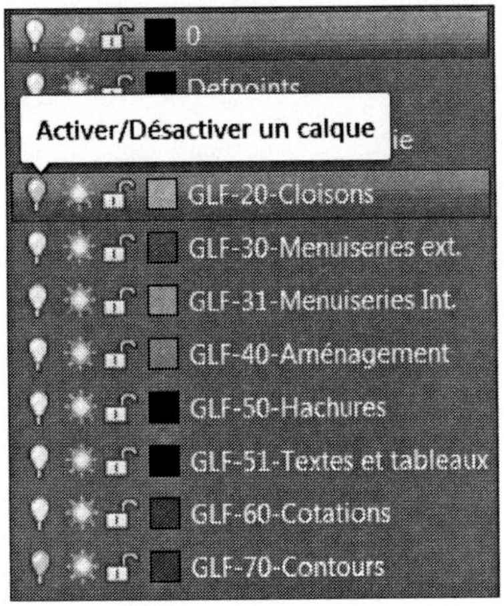


Les lignes du calque **GLF-20-Cloisons** disparaissent.

▶ Sélectionnez les éléments correspondant à la maçonnerie.

- Dans le groupe de fonctions **Calques** (onglet **Début**), activez la liste des calques et choisissez le calque de destination **GLF-10-Maçonnerie** comme indiqué dans la figure ci-dessous.

- Sélectionnez le tableau de surfaces et positionnez celui-ci sur le calque **GLF-51-Textes et tableaux**.
- Dans le groupe de fonctions **Calques** (onglet **Début**), activez la liste des calques.
- Cliquez sur l'icône **Activer/Désactiver un calque**  au regard du calque **GLF-20-Cloisons** et du calque **GLF-70-Contours** pour les afficher.

La figure ci-dessous affiche le résultat obtenu.

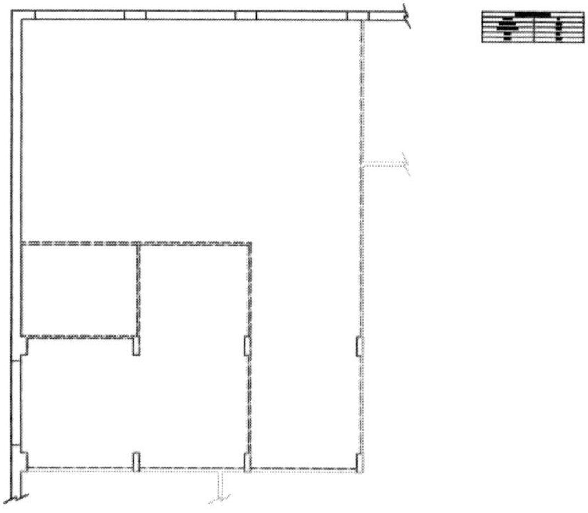

# Chapitre 10
# Les éléments de bibliothèque

## 1. Les blocs

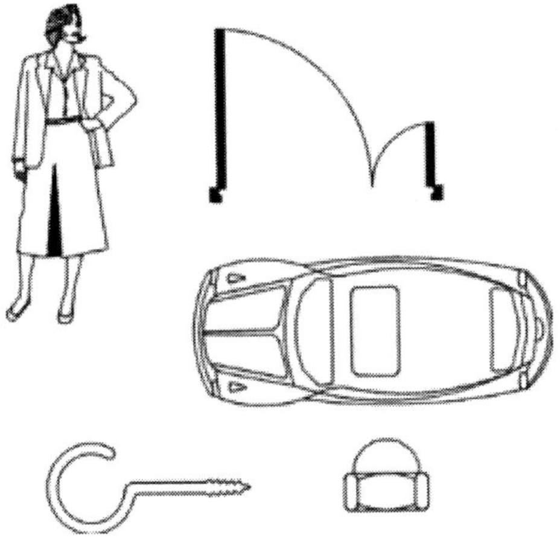

Un bloc est un ensemble d'entités groupées en un objet complexe. Une fois groupées, ces entités prennent un nom : nom du bloc. À partir de ce moment, vous pouvez placer cet objet composé dans votre dessin en l'appelant par son nom, en lui donnant une échelle en X et en Y et une rotation de mise en place.

Si toutes les entités de cette figure sont rassemblées en un bloc, elles pourront être insérées dans votre dessin de multiples façons, comme par exemple :

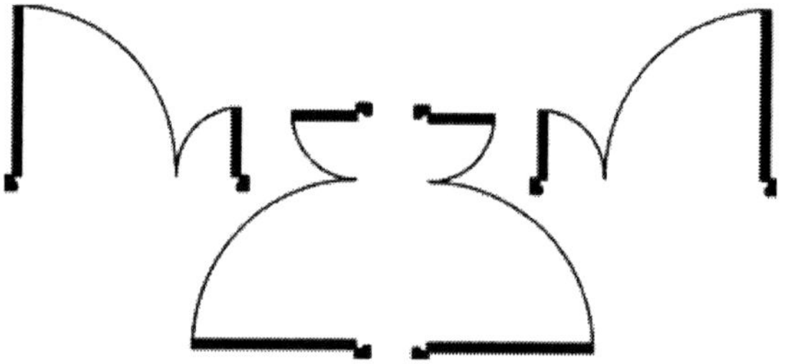

Un bloc est traité comme un simple objet par AutoCAD. Il peut être manipulé par toutes les commandes d'édition et de renseignement.

Vous définissez un bloc en sélectionnant des éléments, soit dans votre dessin, soit à partir d'autres dessins AutoCAD.

Vous pouvez ainsi créer vos propres bibliothèques d'éléments et les insérer dans votre dessin à n'importe quel endroit.

Vos dessins, par l'utilisation des blocs, auront des bases de données très compactes, le bloc étant défini une seule fois et placé autant de fois que nécessaire.

Les blocs dynamiques permettent, pour un seul bloc, diverses utilisations avec des variations de dimensions, d'orientation, de rotation, etc.

## 1.1 Blocs, calques, couleurs, types de ligne

Un bloc peut être constitué d'entités situées dans des calques différents et ayant différents types de ligne. Toute entité d'un bloc située dans un calque et ayant une couleur et un type de ligne avant la création du bloc restera placée dans ce calque et gardera sa couleur et son type de ligne lors de l'insertion du bloc, et ce, quels que soient le calque, la couleur et le type de ligne courants au moment de l'insertion du bloc.

AutoCAD vous permet de créer des blocs de plusieurs façons. Ainsi les résultats, lors des différentes insertions de bloc, peuvent être divers. Le bloc peut s'adapter aux caractéristiques d'un calque ou conserver ses caractéristiques de création.

## 1.2 Pourquoi utiliser les blocs ?

Les blocs présentent de multiples avantages qui n'apparaissent pas au premier abord :

- Réduction et organisation du travail

  L'utilisation des blocs dans un dessin permet de construire les plus petits détails selon des modèles préétablis. Les caractéristiques qui apparaissent souvent peuvent être dessinées une seule fois plutôt que l'une après l'autre.

- Personnalisation

  Les blocs sont utilisés pour construire vos propres bibliothèques.

- Facilité de redéfinition

  Les dessins doivent être révisés et mis à jour en cas de changement d'un élément de bibliothèque. Sans l'utilisation de blocs, les modifications seraient fastidieuses. Ainsi, ayant défini un élément de bibliothèque comme bloc, vous pouvez facilement le modifier, et toutes les références à ce bloc dans le dessin seront automatiquement mises à jour.

- Gain d'espace

  À chaque entrée d'une entité dans votre dessin, AutoCAD augmente la taille de votre fichier sur le disque. L'espace disque devient vite très important. Si vous créez un bloc défini avec des lignes, arcs et autres, à chaque fois que vous appellerez cet élément, AutoCAD placera dans votre dessin une seule entité. Plus complexe sera la définition du bloc, plus grand sera le gain de place sur le disque.

- Attributs

  Vous pourrez attacher des attributs à chaque bloc. Les attributs sont des informations texte rattachées aux blocs, qui seront affectées à chaque insertion du bloc. Ces commentaires pouvant être visibles ou invisibles. Les attributs peuvent être extraits du fichier dessin par AutoCAD pour être transférés dans une base de données.

# 2. Création de blocs

Vous pouvez créer de nouveaux blocs dans votre dessin à partir des entités de votre choix.

▶ Dans le groupe de fonctions **Bloc** (onglet **Début**), cliquez sur l'icône **Créer** .

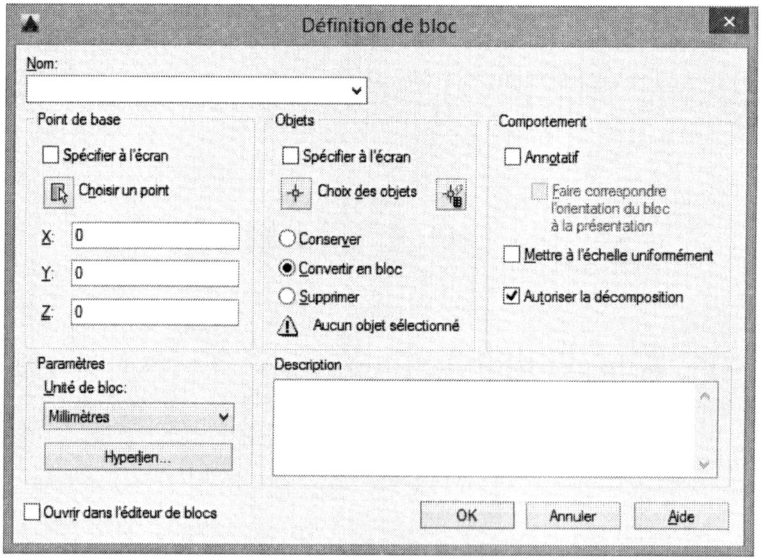


La boîte de dialogue **Définition de bloc** se compose des éléments suivants :

## Nom

Vous devez donner un nom au bloc. 255 caractères sont autorisés y compris le tiret (-), le souligné (_) et le dollar ($).

▶ Indiquez le nom dans la zone de texte **Nom**. La liste déroulante vous permet de visualiser les blocs existants dans le dessin.

## Point de base

Vous devez ensuite préciser le point de base pour les futures insertions.

▶ Indiquez les coordonnées de ce point en **X**, **Y** et **Z** dans les zones correspondantes, ou identifiez un point caractéristique grâce aux outils d'accrochage aux objets ; dans ce cas, cliquez sur **Choisir un point**.

## Objets

Enfin, vous choisissez les objets constituant le bloc.

▶ Cliquez sur **Choix des objets**. Utilisez une méthode quelconque de sélection pour désigner les composants du nouveau bloc et appuyez sur [Entrée]. La boîte de dialogue réapparaît. Notez que le nombre d'objets indiqué permet un éventuel contrôle.

**Conserver** : permet de conserver les éléments originaux à l'écran, après création du bloc.

**Convertir en bloc** : après création du bloc, positionne un bloc à l'emplacement des éléments initiaux du bloc.

**Supprimer** : ne garde pas les éléments initiaux constituant le bloc.

## Paramètres

**Unité de bloc** : précise les unités de bloc utilisées lors de l'insertion.

Le bouton **Hyperlien** permet l'accès à la boîte de dialogue **Insérer un hyperlien**. Vous pouvez ici associer tout type de fichier au bloc lui-même.

## Comportement

**Annotatif** : indique que le bloc possède une propriété annotative.

**Faire correspondre l'orientation du bloc à la présentation** : permet la correspondance de l'orientation des références de bloc (dans les fenêtres de présentation) avec l'orientation de la présentation. Cette option n'est disponible que si l'option **Annotatif** est activée.

**Mettre à l'échelle uniformément** : permet de spécifier si le bloc pourra être ou non inséré à une échelle non uniforme (X différent de Y par exemple).

**Autoriser la décomposition** : permet ou non la décomposition d'un bloc après insertion.

## Description

Cette zone permet de renseigner le bloc. La description est notamment utilisée dans le DesignCenter.

**Ouvrir dans l'éditeur de blocs** : permet d'accéder à la définition de bloc courante dans l'Editeur de blocs, après confirmation par **OK**.

Un bloc ne peut être inséré que dans le dessin courant. Un second fichier dessin ne peut reconnaître le bloc spécifique au premier. Les éléments standards vus un peu plus loin permettent l'insertion depuis n'importe quel dessin.

**Remarque**

*Le glissement d'un dessin à un autre est possible avec tout type d'objets, y compris le bloc ! (cf. AutoCAD DesignCenter dans ce chapitre.)*

# 3. Insertion de blocs

## 3.1 Ajout d'un bloc

Dans votre dessin, vous pouvez insérer un bloc préalablement défini ou un fichier dessin qui sera enregistré en tant que définition de bloc. À chaque insertion, vous devez fixer le point d'insertion, l'échelle et l'angle de rotation, dans la boîte de dialogue ou au clavier lors de l'insertion.

Notez qu'il vous sera possible, si nécessaire, de décomposer le bloc.

▶Dans le groupe de fonctions **Bloc** (onglet **Début**), cliquez sur l'icône déroulante **Insérer** 

.

La boîte de dialogue ci-dessous est affichée :

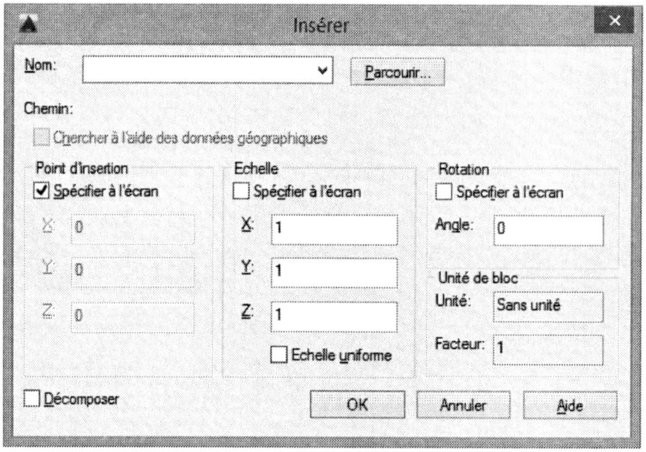


Vous indiquez le bloc ou le fichier dessin que vous souhaitez insérer. Vous précisez le point d'insertion du bloc, une échelle ainsi qu'un angle de rotation. Vous pouvez insérer le bloc décomposé (même résultat que si vous le décomposiez ensuite). Le nom du dernier bloc inséré est mémorisé et devient la valeur par défaut dans la liste déroulante **Nom**.

### Nom

La liste déroulante **Nom** répertorie les blocs définis dans le dessin courant.

▶Choisissez le bloc à insérer dans la liste **Nom**.

**Parcourir** : le bouton **Parcourir** affiche une boîte de dialogue de fichiers standards. Tout fichier dessin peut être choisi et inséré sous forme de définition de bloc. Notez l'indication du **chemin**. Une fois le fichier choisi, la boîte de dialogue précédente réapparaît afin que vous puissiez définir le point d'insertion, l'échelle et l'angle de rotation.

La case à cocher **Chercher à l'aide des données géographiques** permet l'insertion d'un dessin en utilisant les données géographiques. Cette option est disponible si les deux dessins (courant et à insérer) contiennent des données géographiques.

## Point d'insertion

La zone **Point d'insertion** permet de définir l'emplacement des coordonnées **X**, **Y** et **Z** d'insertion du bloc. Le bloc désigné est dessiné de façon à ce que son point de base se situe au point d'insertion indiqué. Si la case à cocher **Spécifier à l'écran** est activée, l'utilisateur fixe le point d'insertion dynamiquement à l'aide de la souris.

## Echelle

Cette zone permet de définir les facteurs d'échelle **X**, **Y** et **Z** du bloc inséré.

Vous pouvez préciser un facteur d'échelle négatif en X ou en Y, ce qui a pour effet de créer des symétries de l'objet initial. Attention aux résultats obtenus avec des attributs associés aux blocs lors de cette commande.

Si la case à cocher **Spécifier à l'écran** est activée, l'utilisateur fixe l'échelle au clavier pendant la procédure. Si cette case est décochée, les valeurs présentes dans les zones **X**, **Y** et **Z** sont prises en compte, et AutoCAD ne vous demandera pas d'échelle pendant la procédure d'insertion. **Echelle uniforme** impose une taille uniforme (X = Y).

## Rotation

Vous pouvez définir ici l'angle de rotation pour le bloc inséré. Si la case à cocher **Spécifier à l'écran** est activée, l'utilisateur fixe la rotation au clavier ou dynamiquement à la souris pendant la procédure d'insertion. Si cette case est décochée, la valeur présente dans la zone **Angle** est prise en compte, et AutoCAD ne vous demandera pas d'angle de rotation pendant la procédure d'insertion.

## Unité de bloc

Cette zone permet l'insertion du bloc avec un facteur d'échelle particulier, calculé sur la base de la valeur de la zone de texte **Facteur** et de la valeur d'unités de bloc (et des unités de dessin) spécifiée dans la zone de texte **Unité**.

**Décomposer** : la case à cocher **Décomposer** permet d'insérer le bloc non pas comme une seule entité mais comme un ensemble d'entités distinctes. Vous pouvez ainsi les modifier au besoin. Son action est comparable à la décomposition du bloc après son insertion (icône **Décomposer** de la barre d'outils **Modifier**). Une fois l'option **Décomposer** activée, le bloc est inséré avec des facteurs d'échelle **X**, **Y** et **Z** identiques. Par conséquent, un seul facteur d'échelle est disponible pour le bloc décomposé : il est appliqué à toutes les échelles et ne peut être négatif.

Les entités dessinées sur le calque 0 d'un bloc, restent sur ce calque si elles ont été insérées en activant **Décomposer**. De la même façon, les entités de couleur DuBloc sont dessinées en blanc, et celles dont le type de ligne est DuBloc le sont en lignes continues.

## 3.2 Mise à jour d'un dessin inséré

Vous pouvez mettre à jour un ou plusieurs blocs ayant subi des modifications. Les changements sont instantanés et automatiques.

Imaginons l'exemple suivant :

Vous avez initialement créé un élément de bibliothèque Cheminée L.dwg (cf. Création d'éléments standards dans ce chapitre). Vous l'avez inséré en tant que bloc Cheminée L à plusieurs reprises dans un dessin Bâtiment.dwg. L'élément de bibliothèque doit avoir aujourd'hui une définition différente. Vous procédez donc aux modifications sur le fichier original Cheminée L.dwg.

Les mises à jour terminées sur l'original, il vous reste à préciser la mise à jour de l'élément Cheminée L dans le fichier Bâtiment.dwg. Ouvrez le fichier Bâtiment.dwg et procédez comme suit :

- Choisissez l'icône **Insérer** dans le groupe de fonctions **Bloc**. Cliquez ensuite sur le bouton **Parcourir** dans la boîte de dialogue **Insérer**.

  Vous devez choisir l'élément original Cheminée L.dwg. AutoCAD va procéder comme à son habitude et va donc vouloir créer un bloc Cheminée L dans le dessin courant. Or, ce bloc Cheminée L existe déjà.

AutoCAD vous demande donc si vous désirez une mise à jour :

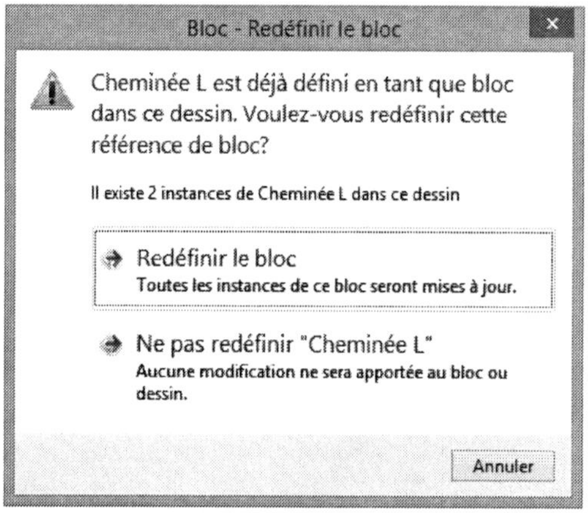

▶ Cliquez sur **Redéfinir le bloc**. AutoCAD régénère le dessin afin de mettre à jour tous les blocs. Il vous donne la possibilité d'insérer un autre bloc. Appuyez sur la touche [Echap] pour conserver la mise à jour sans insérer un nouveau bloc.

■ Remarque

*Depuis le DesignCenter, vous pouvez redéfinir directement une définition du bloc. Accédez à la rubrique Blocs du dessin concerné, puis effectuez un clic droit sur le bloc et choisissez **Redéfinir seulement**.*

## 4. Création d'éléments standards

▶ Dans la ligne de commande, saisissez **Wbloc**.

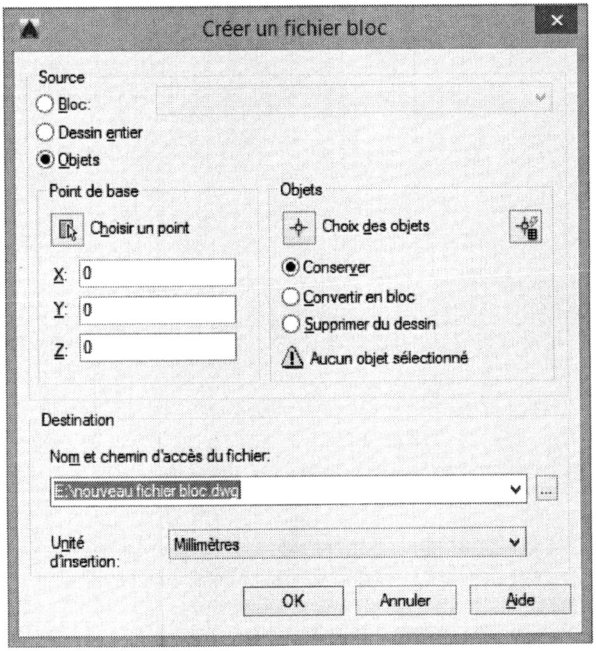


Vous pouvez ici créer vos propres bibliothèques sur disque. Ces éléments de bibliothèque seront accessibles depuis n'importe quel dessin.

## Source

**Bloc** : **bloc** est activé si des blocs sont définis dans le dessin courant. La sélection de l'un d'entre eux permet la création d'un fichier dessin à partir d'un bloc du dessin.

**Dessin entier** : permet la création d'un fichier dessin à partir de toute la géométrie du dessin. La création d'éléments de bibliothèque impose souvent une organisation rigoureuse du disque. Il n'est donc pas impossible d'avoir deux dessins identiques sur le disque (un original et un dessin à insérer).

**Objets** : cette option par défaut crée un fichier bloc à partir des objets sélectionnés par l'utilisateur. Il suffit de sélectionner le bouton **Choix des objets**.

## Point de base

Le bouton **Choisir un point** propose à l'utilisateur d'indiquer graphiquement le point qui servira de référence pour les futures insertions. Les zones **X**, **Y** et **Z** peuvent également fixer ce point de référence.

## Objets

Le bouton **Choix des objets** vous invite à sélectionner les objets constituant l'élément de bibliothèque. Utilisez la méthode de sélection de votre choix.

**Conserver** : permet de conserver les éléments originaux à l'écran, après création du fichier bloc.

**Convertir en bloc** : après création du fichier bloc, positionne un bloc à l'emplacement des éléments initiaux du bloc.

**Supprimer du dessin** : ne garde pas les éléments initiaux constituant le fichier bloc.

## Destination

**Nom et chemin d'accès du fichier** : choisissez l'emplacement du fichier bloc à créer et spécifiez son nom. La liste déroulante propose les chemins précédemment utilisés. Cliquez sur le bouton situé à droite (3 petits points) pour accéder à l'arborescence du disque.

**Unité d'insertion** : fixe le type d'unité pour le fichier bloc lorsqu'il est inséré (glissé) depuis le DesignCenter (cf. AutoCAD DesignCenter dans ce chapitre). La liste déroulante vous propose tous types d'unités (km, hectomètres, microns, pouces, miles, décimètres...).

**Remarque**

*Tout fichier dessin peut être inséré comme bloc dans un autre dessin. Si vous voulez rendre le fichier actuel disponible pour une insertion, utilisez simplement la commande **Enregistrer** du menu **Fichier** pour le stocker sur disque.*

Vous pouvez apporter des modifications sur cet élément de bibliothèque en ouvrant normalement ce fichier. Une mise à jour des dessins utilisant le bloc correspondant peut être effectuée (cf. Insertion de blocs - Mise à jour d'un dessin inséré dans ce chapitre). Si vous souhaitez modifier l'emplacement des entités de l'élément de bibliothèque, vous pouvez utiliser la commande **Déplacer** classique, comme toute autre commande de modification. Vous pouvez également utiliser l'icône **Définir un point de base**  (groupe de fonctions **Bloc**, onglet **Début**) vous permettant de repositionner l'origine actuelle du dessin et donc le point de base des futures insertions.

Le message ci-dessous apparaît alors :

```
Entrez le point de base <0.0000,0.0000,0.0000>:
```

# 5. AutoCAD DesignCenter

## 5.1 Présentation

AutoCAD DesignCenter constitue une sorte d'explorateur intelligent de contenus.

Une première possibilité permet très rapidement de visualiser et d'insérer le contenu d'un dossier (dessins AutoCAD et images tramées) dans un dessin ouvert. À l'aide d'un simple cliqué-glissé, l'utilisateur insère un dessin extérieur entier dans un dessin ouvert.

Une deuxième possibilité permet de transférer d'un dessin à un autre les éléments suivants : calques (avec toutes ses propriétés), types de ligne, blocs, xrefs, styles de texte, styles de tableau, styles de cote et présentations (avec configuration de tracé, mise en page, cadre, cartouche et fenêtres de présentation).

L'utilisateur visualise le contenu d'un dessin AutoCAD (liste ci-dessus) présent dans l'arborescence du disque, et grâce à un simple cliqué-glissé dépose dans un dessin ouvert l'élément voulu.

Pour lancer AutoCAD DesignCenter :

- Dans le groupe de fonctions **Palettes**, cliquez sur l'icône **DesignCenter** .

La palette ci-après est affichée.

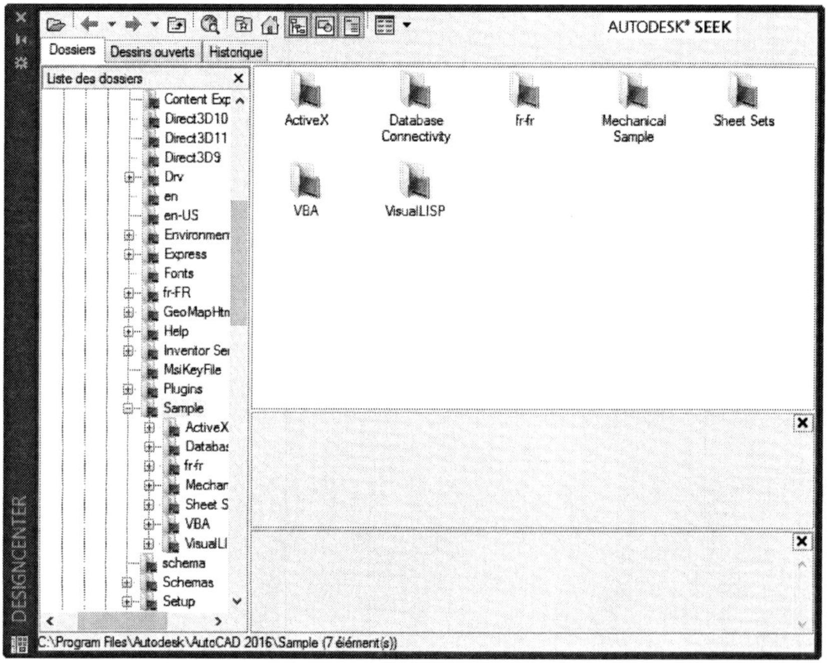


La fenêtre DesignCenter est flottante (figure précédente) ou arrimée sur le bord gauche de la fenêtre AutoCAD.

Dans la partie supérieure, trois onglets ainsi qu'une barre d'outils sont disponibles.

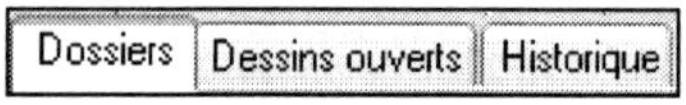


L'onglet **Dossiers** permet d'accéder aux divers dossiers de votre disque ou réseau.

L'onglet **Dessins ouverts** permet l'accès aux contenus des dessins ouverts.

L'onglet **Historique** affiche les vingt derniers fichiers ou dossiers "visités" avec AutoCAD DesignCenter.

La fenêtre DesignCenter est composée de la barre d'outils ci-après :

Cette barre d'outils se compose des éléments suivants :

**Charger** : permet de charger le contenu de fichiers situés sur les lecteurs locaux, sur le réseau ou sur le Web.

**Arrière** : permet de revenir au plus récent emplacement dans l'historique ; ou via la liste déroulante, à l'un des précédents emplacements.

**Avant** : permet de "remonter" dans l'historique des emplacements suivants.

**Haut** : permet d'accéder au dossier situé hiérarchiquement au-dessus du dossier ouvert.

**Rechercher** : ouvre la boîte de dialogue **Rechercher** permettant la recherche rapide des éléments suivants : dessins, blocs, calques, styles de texte, styles de cote, présentations, types de ligne et xrefs. Précisez le chemin de recherche, la date de modification...

**Favoris** : permet l'accès direct au dossier **Favoris**. Celui-ci se situe dans le dossier ...\Favoris\Autodesk. Notez qu'un clic droit sur un élément d'AutoCAD DesignCenter permet d'accéder à un menu contextuel proposant l'ajout aux Favoris, ou encore la suppression d'un élément du dossier **Favoris** (option **Organiser les favoris**). Constituez ainsi vos classements favoris.

**Début** : revient au dossier ouvert par défaut lors de l'installation (...\Sample\DesignCenter). Vous pouvez modifier ce dossier par défaut grâce au menu contextuel de l'arborescence.

**Arborescence** : permet l'affichage des fichiers ou dossiers sous forme hiérarchique. Sélectionnez l'un d'entre eux pour visualiser son contenu dans la partie droite. Vous réduisez ou déroulez les différents niveaux hiérarchiques en agissant sur le signe plus (+) ou moins (-).

**Aperçu** : affiche un aperçu de l'élément sélectionné.

**Description** : affiche un commentaire propre à l'élément sélectionné.

**Vues** : affiche le contenu du DesignCenter sous forme de grandes ou petites icônes, de liste ou de détails.

▶ Pour redimensionner la fenêtre DesignCenter, effectuez un cliqué-glissé sur l'un de ses bords.

Vous pouvez aussi redéfinir la position du séparateur entre l'arborescence et le contenu. Un cliqué-glissé réduit ou augmente ces largeurs. Notez que des barres de défilement sont affichées lorsque l'affichage n'est pas complet, et permettent de faire varier l'affichage.

Pour une bonne gestion de vos projets, pensez à utiliser le DesignCenter. En effet, il vous permet d'échanger, de réutiliser les éléments du premier projet vers autant de nouveaux projets que vous le souhaitez.

Ainsi, vous effectuez des cliqués-glissés des blocs ou références externes déjà utilisés dans un projet. Des présentations finalisées dans un projet sont réutilisées dans un nouveau projet ; ceci permet un gain de temps considérable. Les annotations (styles de texte) et cotations (styles de cote) sont échangées et évitent de nouveaux paramétrages. Les calques ne sont plus à créer s'ils existent sur un projet existant.

## 5.2 Utilisation du DesignCenter

Toute insertion s'effectue vers un dessin ouvert. Ce dessin ainsi que le DesignCenter sont donc affichés à l'écran.

### 5.2.1 Insérer un dessin entier

- Accédez à l'arborescence du DesignCenter et ouvrez le dossier contenant le dessin à insérer.
- Dans la partie droite du DesignCenter, sélectionnez le dessin AutoCAD et faites-le glisser dans le dessin ouvert.
- Relâchez le bouton de la souris là où vous souhaitez positionner le dessin. Utilisez l'accrochage aux objets si nécessaire.

### 5.2.2 Attacher une image tramée

- Accédez à l'arborescence du DesignCenter et ouvrez le dossier contenant l'image à attacher.
- Dans la partie droite du DesignCenter, sélectionnez l'icône du fichier d'image tramée et glissez celle-ci dans le dessin ouvert.
- Relâchez le bouton de la souris là où vous souhaitez déposer l'image tramée.
- Entrez les valeurs de l'échelle et de l'angle de rotation.

### 5.2.3 Insérer un bloc

- Accédez à l'arborescence du DesignCenter pour accéder au dessin contenant le bloc à insérer. Affichez le contenu du dessin en agissant sur le signe + et choisissez la catégorie **Blocs**.
- Dans la partie droite du DesignCenter, sélectionnez le bloc à insérer.
- Faites un cliqué-glissé vers le dessin ouvert.
- Relâchez le bouton de la souris là où vous souhaitez le positionner.

Le bloc est directement affiché lorsque vous glissez la souris sur le dessin. Vous pouvez utiliser les outils d'accrochage pour le positionner précisément.

Le bloc est inséré avec un facteur d'échelle et un angle de rotation par défaut.

Pour insérer un bloc avec des coordonnées, un facteur d'échelle et un angle de rotation à définir, effectuez un double clic sur le bloc depuis AutoCAD DesignCenter.

### 5.2.4 Glisser des calques

- Accédez à l'arborescence du DesignCenter pour accéder au dessin contenant les calques à insérer. Affichez le contenu du dessin en agissant sur le signe + et choisissez la catégorie **Calques**.
- Dans la partie droite du DesignCenter, sélectionnez le ou les calques à insérer.
- Faites un cliqué-glissé vers le dessin ouvert.

Les calques sont maintenant disponibles avec toutes leurs propriétés dans le dessin courant.

### 5.2.5 Glisser des styles de cote

- Accédez à l'arborescence du DesignCenter pour accéder au dessin contenant les styles de cote à insérer. Affichez le contenu du dessin en agissant sur le signe + et choisissez la catégorie **Styles de cote**.
- Dans la partie droite du DesignCenter, sélectionnez le ou les styles de cote à insérer. Faites un cliqué-glissé vers le dessin ouvert.

Les styles de cote sont maintenant disponibles dans le dessin courant.

**Remarque**

*Vous effectuez de la même façon un cliqué-glissé des styles de texte, types de ligne, des références externes (xrefs) et des présentations d'un dessin à un autre.*

### 5.2.6 Application rapide de motifs de hachure

Depuis AutoCAD DesignCenter, si vous pointez dans l'arborescence sur le fichier **acadiso.pat**, vous accédez aux divers motifs de hachure. Ce fichier est situé dans le dossier **Support** (dossier caché) d'AutoCAD.

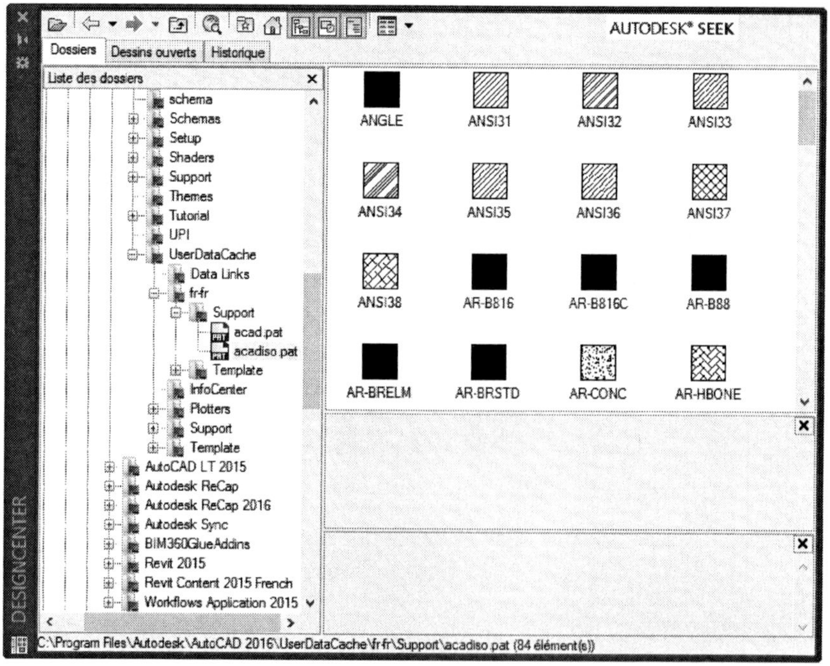


▶ Choisissez le motif de hachure et effectuez un cliqué-glissé vers la zone à hachurer.

**Remarque**

*Dans le DesignCenter, un clic droit sur le motif permet l'accès à la boîte de dialogue **Hachures de contour**. Ainsi, vous pouvez hachurer avec la méthode classique.*

## 5.2.7 Création de palette d'outils à partir du DesignCenter

À partir du DesignCenter, il vous est possible de procéder à la création automatique d'une palette d'outils. Cette création est possible de deux façons :

▶ **Depuis l'arborescence du DesignCenter** : choisissez un dossier, un fichier ou une catégorie de blocs, de motifs de hachures..., puis effectuez un clic droit dans l'arborescence du DesignCenter. Choisissez **Créer une palette d'outils**.

La palette est créée automatiquement dans la fenêtre **Palettes d'outils**, et les blocs ou motifs de hachure sont directement utilisables depuis les palettes d'outils.

Dans le cas de la sélection d'un fichier de motifs de hachure, le menu contextuel affiche **Créer une palette d'outils comme motif de hachure**.

Avec cette méthode, le nom de la palette est affecté automatiquement.

- **Depuis le contenu de DesignCenter** : choisissez un ou plusieurs éléments (bloc ou motif de hachure), puis effectuez un clic droit et choisissez **Créer une palette d'outils**.

  Dans ce cas, les blocs et motifs de hachure sont créés directement dans la nouvelle palette d'outils. AutoCAD vous demande de nommer cette nouvelle palette.

## 6. Les blocs dynamiques

Les blocs dynamiques sont définis à l'aide de propriétés personnalisées qui vous permettent d'adapter un bloc dans un dessin, sans le redéfinir ou en insérer un autre. Grâce aux blocs dynamiques, vous pouvez, après insertion, étirer un bloc dans un sens ou dans l'autre, redimensionner un bloc suivant des dimensions prédéfinies, orienter un bloc suivant un angle de rotation ou en obtenir une symétrie, modifier l'aspect du bloc parmi une liste...

Ces manipulations sont possibles en agissant sur des poignées personnalisées propres aux blocs dynamiques et par l'intermédiaire de la fenêtre propriétés.

Étudions les exemples particuliers suivants :

**Exemple 1**

- Dans le groupe de fonctions **Palettes** (onglet **Vue**), cliquez sur l'icône **Palettes d'outils** 

.
- Effectuez un clic droit sur la barre de titre de la fenêtre **Palettes d'outils** puis activez l'affichage de toutes les palettes en cliquant sur **Toutes les palettes**.
- Dans la fenêtre **Palettes d'outils**, activez l'onglet **Architecture**.

Vous obtenez l'affichage des palettes d'outils suivant :

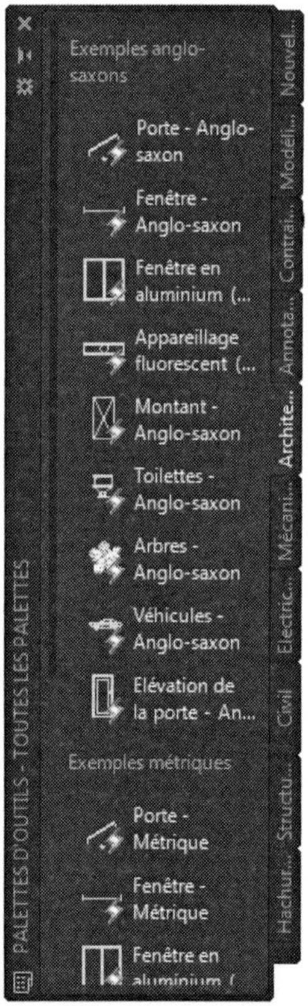


- Dans la partie inférieure **Exemples métriques**, cliquez sur le bloc **Fenêtre en Aluminium - Métrique**.

AutoCAD vous invite à indiquer un point d'insertion dans la zone graphique.
Une fois l'insertion réalisée, la figure est similaire au dessin ci-dessous :

- Cliquez sur ce bloc et constatez l'affichage des poignées personnalisées.

- Cliquez sur la poignée carrée pour déplacer le bloc à partir de son point d'insertion.
- Agissez sur la poignée droite pour étirer dynamiquement (avec la souris) la largeur de la fenêtre. Cet étirement se fait ici conformément à des largeurs de fenêtre prédéfinies.
- Agissez sur la poignée supérieure pour étirer dynamiquement (avec la souris) la hauteur de la fenêtre. Cet étirement se fait ici conformément à des hauteurs de fenêtre prédéfinies.

La fenêtre **Propriétés** vous permet de sélectionner, dans une liste, des dimensions prédéfinies pour les largeur et hauteur de la fenêtre.

- Effectuez un clic droit, puis choisissez **Propriétés** pour afficher la fenêtre **Propriétés** qui présente la rubrique **Personnaliser** suivante :

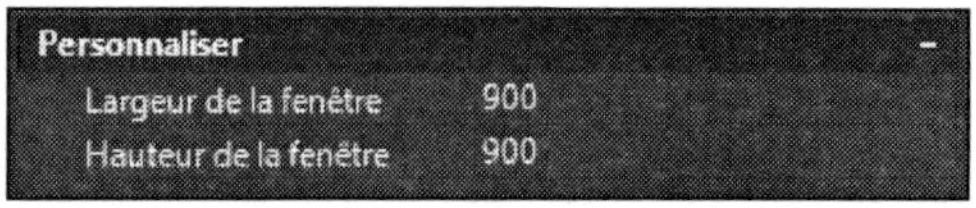


- Dans la rubrique **Personnaliser**, déroulez la liste **Largeur de la fenêtre** et choisissez une largeur prédéfinie.
- Dans la rubrique **Personnaliser**, déroulez la liste **Hauteur de la fenêtre** et choisissez une hauteur prédéfinie.

Le bloc dynamique évolue en fonction des choix ci-dessus.

La palette **Propriétés rapides** permet l'accès direct (et la modification) à certaines caractéristiques du bloc dynamique.

- Sélectionnez le bloc dynamique, effectuez un clic droit et choisissez **Propriétés rapides** pour afficher la fenêtre **Propriétés rapides**.

La fenêtre suivante est affichée :

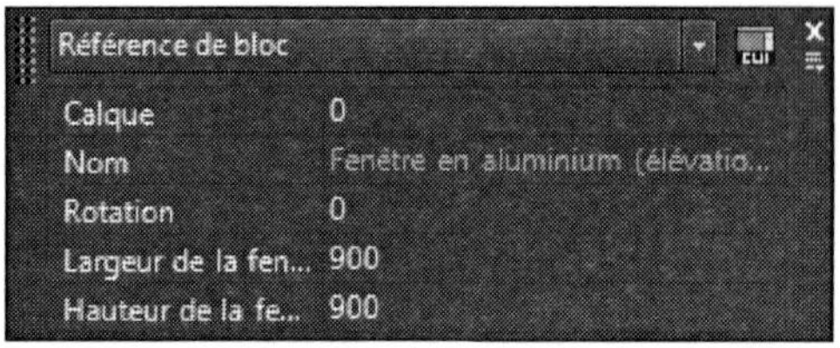


- Modifiez les paramètres **Calque**, **Nom**, **Rotation**, **Largeur de la fenêtre** et **Hauteur de la fenêtre** (caractéristiques de ce bloc dynamique).

## Exemple 2

- Dans la fenêtre **Palettes d'outils**, activez l'onglet **Architecture**.
- Dans la partie inférieure **Exemples métriques**, cliquez sur le bloc **Porte - Métrique**.

  AutoCAD vous invite à indiquer un point d'insertion dans la zone graphique.

- Une fois l'insertion réalisée, cliquez sur le bloc pour afficher la figure suivante :

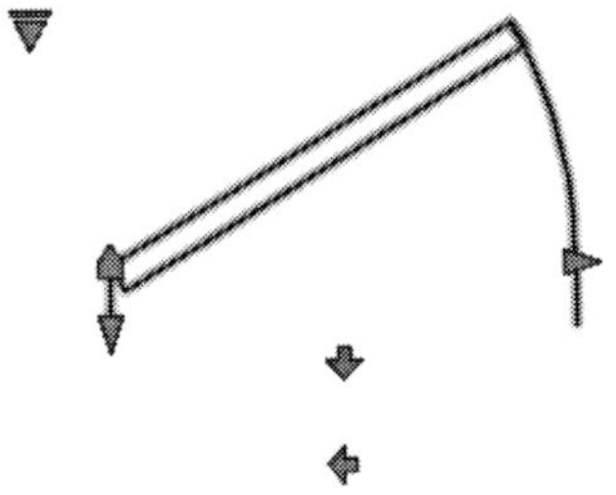

- Cliquez sur la poignée carrée pour déplacer le bloc à partir de son point d'insertion.
- Agissez sur la poignée pour modifier l'épaisseur de la paroi. Cet étirement se fait ici conformément à des épaisseurs de paroi prédéfinies (voir les propriétés ci-après).

- Agissez sur la poignée pour sélectionner dans les angles d'ouverture 30°, 45°, 60°, 90° ou une porte fermée.

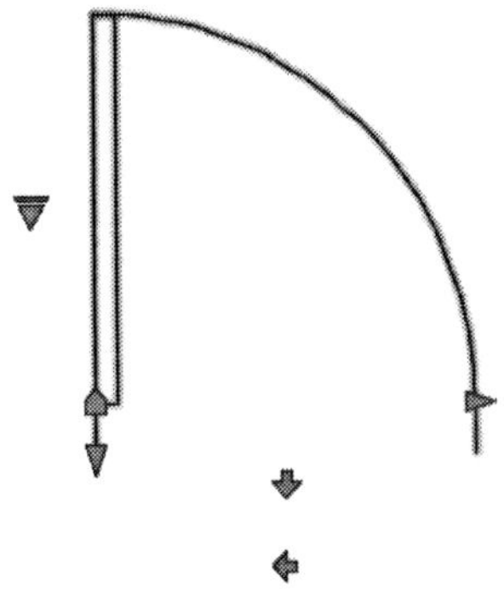

- Agissez sur la poignée droite pour étirer dynamiquement (avec la souris) la largeur de la fenêtre. Cet étirement se fait ici conformément à des largeurs de porte prédéfinies (voir les propriétés ci-dessous).

- Agissez sur la flèche vers le bas pour obtenir une symétrie horizontale.
  Vous obtenez la figure ci-après et la flèche devient flèche vers le haut.

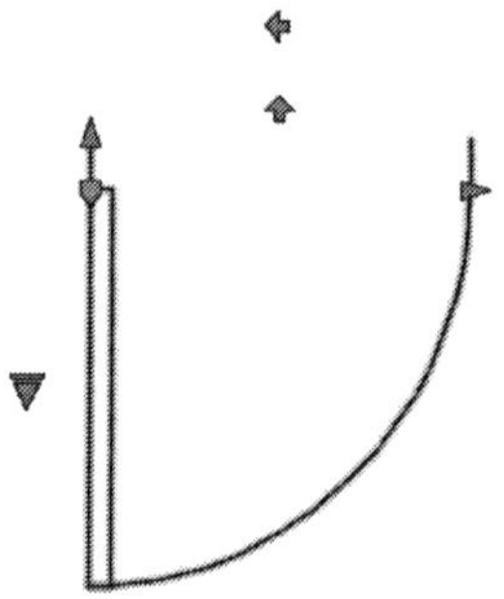

▶ Agissez sur la flèche vers la gauche pour obtenir une symétrie verticale. Vous obtenez la figure ci-dessous et la flèche devient flèche vers la droite.

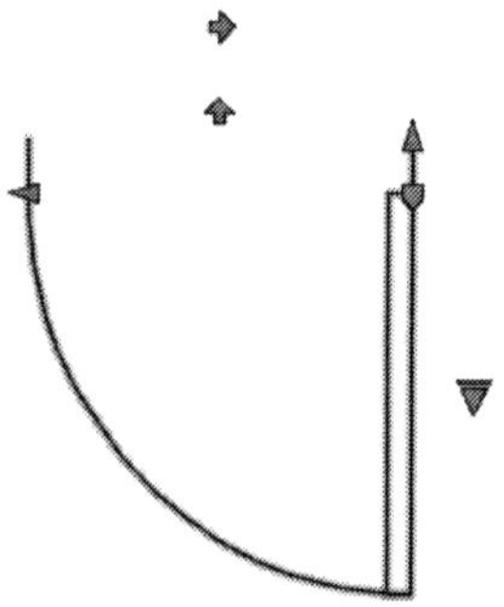

La palette **Propriétés rapides** ci-après vous permet de choisir :

- La taille de la porte dans une liste de dimensions prédéfinies.
- L'épaisseur de la paroi dans une liste de dimensions prédéfinies.
- Le côté de montage de la porte (charnière à gauche ou droite).
- L'ouverture intérieure ou extérieure de la porte.
- Les angles d'ouverture de la porte (30, 45, 60 ou 90°) ou une porte fermée.

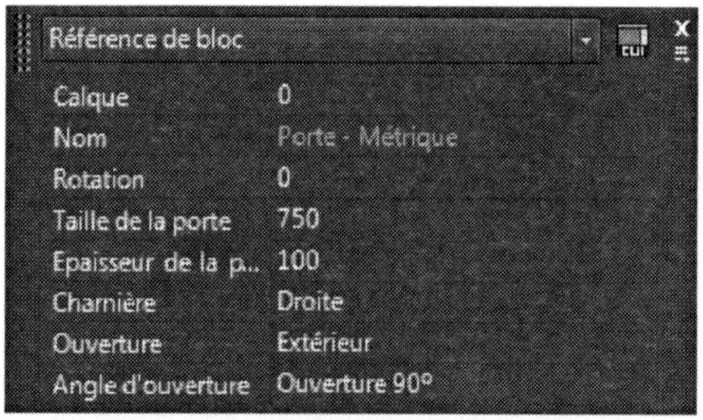

## Exemple 3

- Dans la fenêtre **Palettes d'outils**, activez l'onglet **Structurel**.
- Dans la partie inférieure **Exemples métriques**, cliquez sur le bloc **Poutre en I - Métrique**.

  AutoCAD vous invite à indiquer un point d'insertion dans la zone graphique.

  Une fois l'insertion réalisée, cliquez sur le bloc pour afficher la figure suivante :

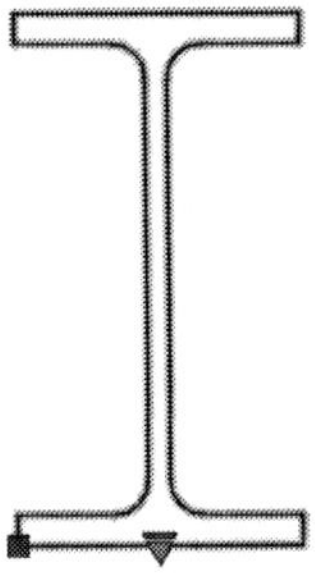

- Agissez sur la poignée ▼ pour sélectionner dans le menu contextuel ci-dessous le type de poutre (profilé) désiré. Le bloc s'adapte automatiquement aux dimensions du nouveau profilé.

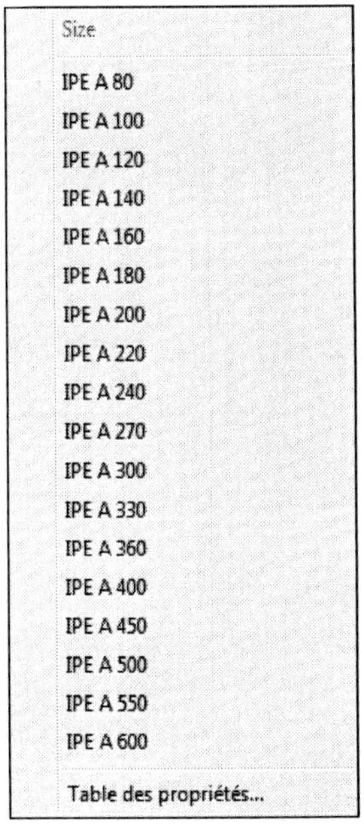

La palette **Propriétés rapides** vous permet de choisir la taille de poutre dans la liste prédéfinie (normalisée), la largeur de la bride, la hauteur de l'âme, l'épaisseur de la bride, l'épaisseur de l'âme, la valeur des rayons.

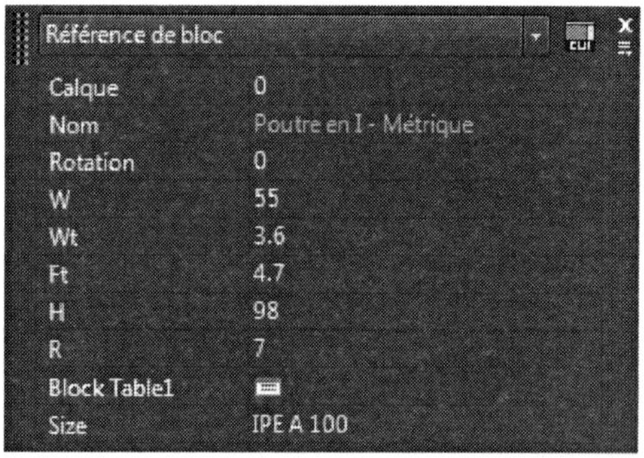


Le choix du type de poutre via **Tailles de poutre** (ou Block Table1) affecte l'ensemble des valeurs car il s'agit ici de dimensions normalisées. En revanche, les autres choix permettent de modifier indépendamment l'une et l'autre des dimensions. Dans ce cas, la zone **Size** indique **Taille non répertoriée** (ou Custom).

## Exemple 4

- Dans la fenêtre **Palettes d'outils**, activez l'onglet **Mécanique**.
- Dans la partie inférieure **Exemples métriques**, cliquez sur le bloc **Boulon à tête hexagonale - Métrique**.

  AutoCAD vous invite à indiquer un point d'insertion dans la zone graphique.

  Une fois l'insertion réalisée, cliquez sur le bloc pour afficher la figure suivante :

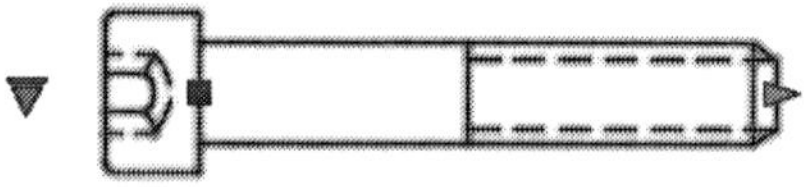

- Agissez sur la poignée ▼ pour sélectionner dans le menu contextuel ci-dessous le type de vis désiré. Le bloc s'adapte automatiquement aux dimensions de la nouvelle vis.
- Agissez sur la poignée droite ▶ pour étirer dynamiquement (avec la souris) la longueur de la vis. Cet étirement se fait ici conformément à des largeurs de porte prédéfinies (voir les propriétés ci-dessous).

La rubrique **Personnaliser** de la fenêtre **Propriétés** vous permet de choisir :

- La taille de vis dans la liste prédéfinie (normalisée).
- La longueur de la vis dans la liste prédéfinie.

**Exemple 5**

- Dans la fenêtre **Palettes d'outils**, activez l'onglet **Civil**.
- Dans la partie inférieure **Exemples métriques**, cliquez sur le bloc **Panneau international de limitation de vitesse - Métrique**.

  AutoCAD vous invite à indiquer un point d'insertion dans la zone graphique.

  Une fois l'insertion réalisée, cliquez sur le bloc pour afficher la figure suivante :

- Agissez sur la poignée ▼ pour sélectionner dans le menu contextuel l'un des choix de la liste ci-dessous :

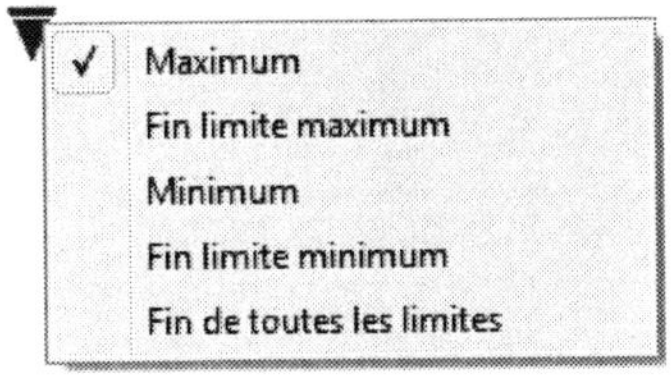


- Choisissez **Fin limite minimum**.

  Le bloc est affiché comme ci-dessous :

Le bloc est automatiquement modifié et peut d'ailleurs être complètement différent du premier.

**Remarque**

*La palette **Propriétés rapides** ci-dessus (ou **Propriétés**) permet de modifier les caractéristiques ci-dessous :*

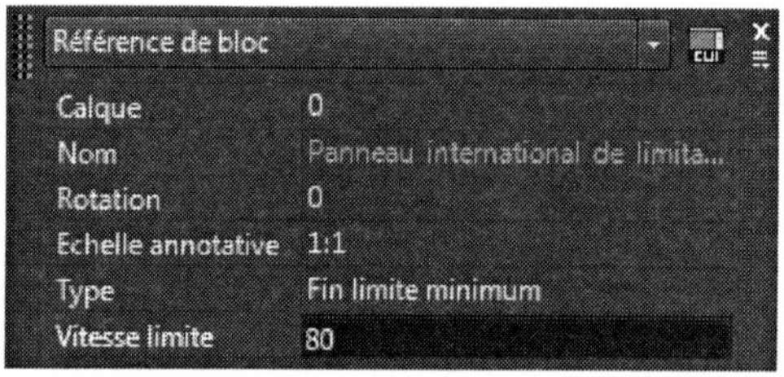


## 6.1 Création de blocs dynamiques

Pour qu'un bloc soit dynamique, il doit contenir au moins un paramètre et une action associée au paramètre.

Les paramètres définissent les propriétés personnalisées et spécifient des positions, des distances et des angles pour la géométrie du bloc. Les actions définissent la manière dont la géométrie d'une référence de bloc dynamique est déplacée ou modifiée lorsqu'un bloc change.

Lorsque vous ajoutez des actions au bloc, vous devez les associer à des paramètres et à une géométrie.

Considérons la création du bloc suivant dont le nom est Lunettes par exemple. Les dimensions sont affichées à titre d'information, mais seule la géométrie constitue le bloc Lunettes.

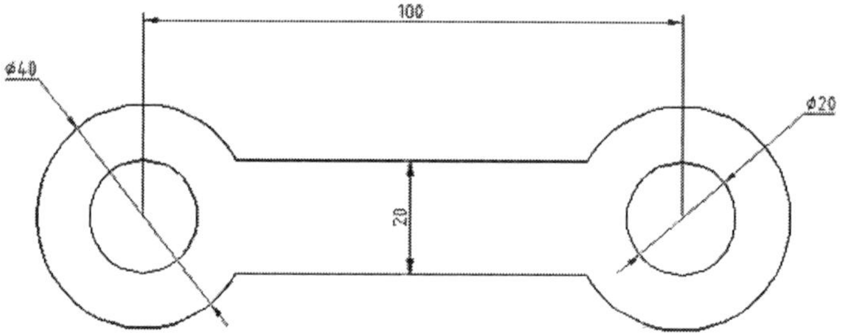

## Permettre l'étirement d'une partie du bloc et la rotation du bloc

Dans cet exemple, vous allez définir un bloc dynamique que vous pourrez étirer vers la droite. L'entre-axes (défini à 100 ci-dessus) évoluera donc vers une valeur inférieure ou supérieure. Puis vous ajouterez un paramètre de rotation pour permettre une rotation du bloc autour de centre du cercle gauche.

### Étirement d'une partie du bloc

- Effectuez un double clic sur la géométrie du bloc pour accéder à l'édition du bloc.

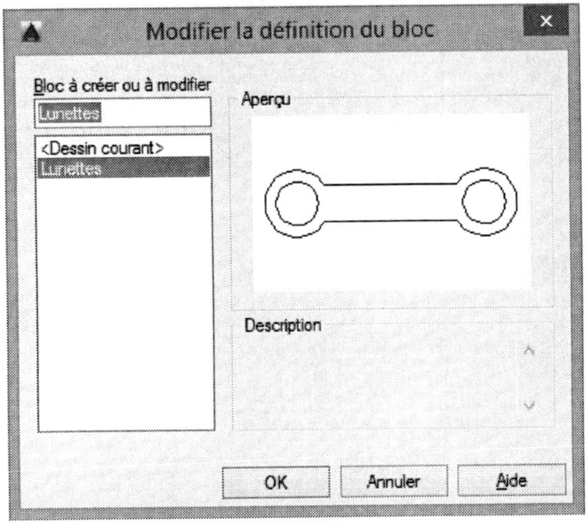


- Si votre dessin possède plusieurs blocs, sélectionnez le bloc à modifier dans la liste **Bloc à créer ou à modifier**, puis confirmez par **OK**.

  AutoCAD vous présente l'environnement propre à l'éditeur de blocs. L'onglet **Editeur de blocs** contient des groupes de fonctions spécifiques ainsi que les palettes de création de blocs comme ci-après.

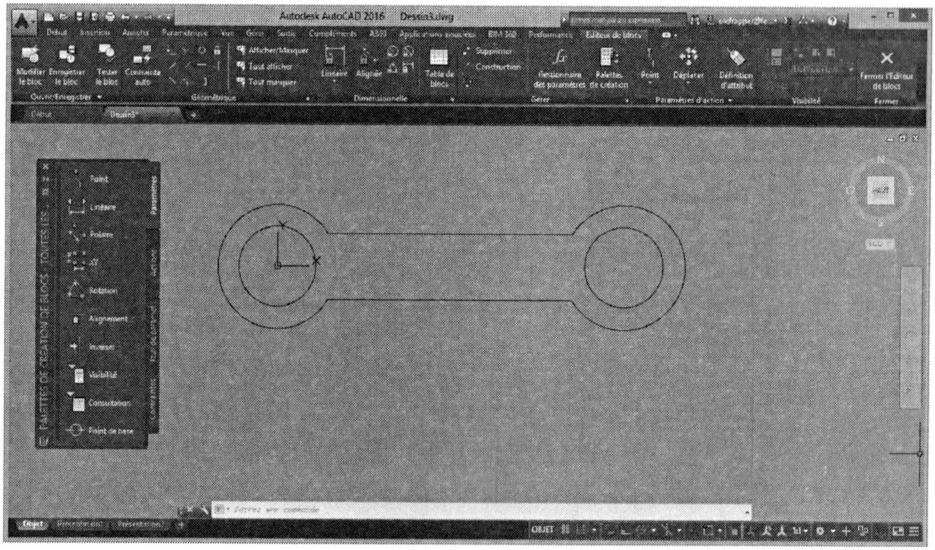

▶ Dans la palette **Palettes de création de blocs**, activez l'onglet **Paramètres** et cliquez sur l'outil **Linéaire** 

.
AutoCAD vous demande d'indiquer le point de départ du paramètre linéaire.

**Remarque**

*À ce stade, vous pouvez accéder à l'option **Jeu de valeurs**, puis à la sous-option **Liste**. Vous définissez ici une liste de longueurs (séparées par une virgule) qui constitueront les longueurs d'étirement possibles proposées dans la fenêtre propriétés.*

▶ Spécifiez le centre du cercle gauche.

▶ Spécifiez ensuite une extrémité pour ce paramètre linéaire : le centre du cercle droit.

▶ Spécifiez alors un emplacement d'étiquette sur la partie supérieure de la géométrie de façon à obtenir la figure ci-dessous :

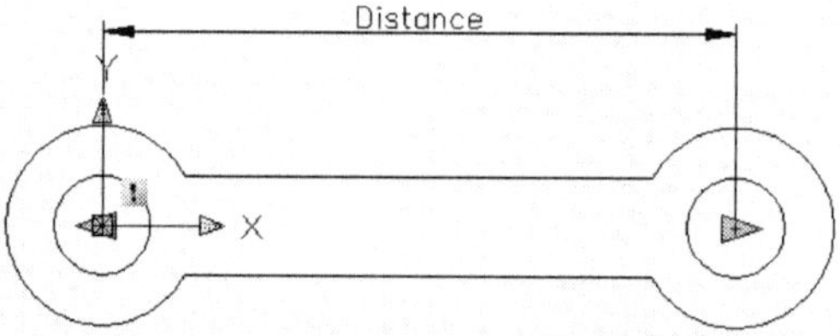

Vous constatez la présence des poignées personnalisées, ainsi que la présence d'une icône d'alerte indiquant qu'aucune action n'est encore associée au paramètre linéaire.

- Dans la palette **Palettes de création de blocs**, activez l'onglet **Actions**.

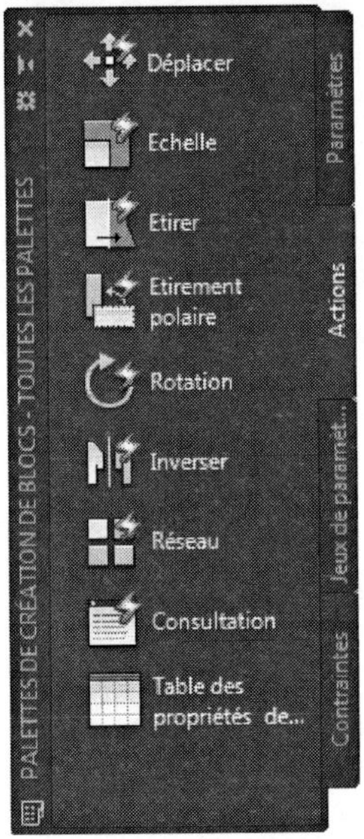


- Cliquez sur l'outil **Etirer** et sélectionnez le paramètre linéaire (libellé Distance par défaut).

  AutoCAD vous demande ensuite de spécifier le point d'étirement, c'est-à-dire l'emplacement de la poignée à partir de laquelle vous effectuerez l'étirement.
- Cliquez sur le centre du cercle droit.
- Spécifiez ensuite une sélection par capture (de la droite vers la gauche) pour inclure le cercle et l'arc droits et croiser les deux lignes ainsi que le paramètre.
- Sélectionnez ensuite les objets concernés par l'étirement, c'est-à-dire le cercle et l'arc droits, les deux lignes et le paramètre (sélection par capture), puis validez la sélection par [Entrée].

AutoCAD positionne l'action **Etirer** sous forme d'icône  à proximité des objets comme ci-dessous :

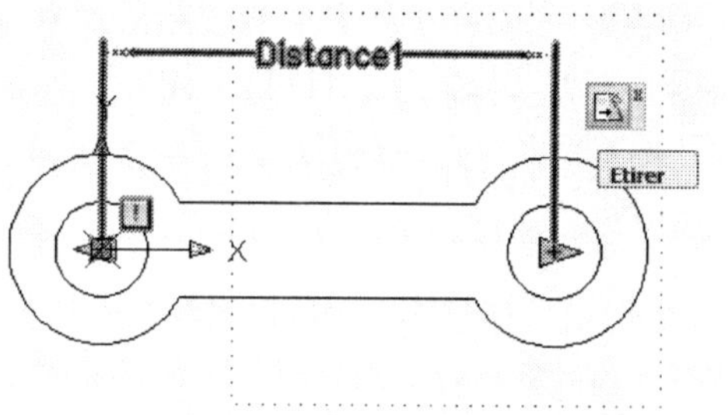


Vous pouvez repositionner l'action **Etirer**  si nécessaire à l'aide d'un cliqué-glissé, ou encore cliquer sur la même icône pour modifier l'action d'Etirement.

**Remarque**

*Lorsque le bloc édité est un bloc paramétrique, utilisez le bouton* ***Convertir***  *du groupe de fonctions* ***Dimensionnelle*** *(onglet* ***Editeur de blocs****) pour convertir chaque contrainte dimensionnelle en paramètre (cela évite les étapes précédentes de mise en place de paramètre puis d'action).*

- Procédez maintenant à l'enregistrement du bloc.
- Dans le groupe de fonctions **Fermer** (onglet **Editeur de blocs**), cliquez sur le bouton **Fermer l'éditeur de blocs**.

AutoCAD vous demande de confirmer l'enregistrement des changements du bloc en cliquant sur **Enregistrer les modifications** :

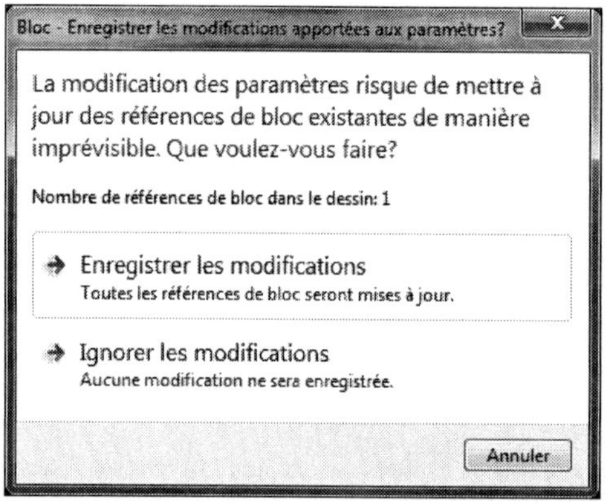

- Vous quittez l'éditeur de bloc, et à ce stade, le paramètre d'étirement est effectif.
- Cliquez sur le bloc pour afficher le bloc dynamique avec ses poignées spécifiques comme ci-dessous.

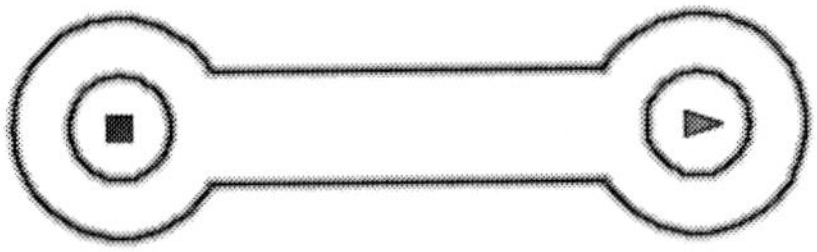

- Cliquez sur la poignée d'étirement définie à droite et modifiez la longueur du bloc **Lunettes**.

## Rotation du bloc

- Effectuez un double clic sur la géométrie du bloc pour accéder à l'édition du bloc. AutoCAD vous propose de sélectionner le bloc à modifier dans la liste **Bloc à créer ou à modifier** dans la fenêtre **Modifier la définition du bloc** ci-après.

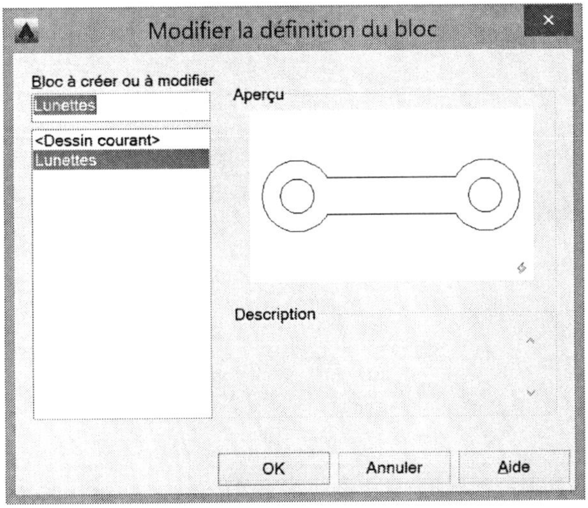


- Sélectionnez le bloc à modifier (Lunettes dans l'exemple).
- Confirmez par **OK** pour accéder à l'éditeur de blocs.
- Confirmez par **OK** (idem étape 1 précédente). Vous accédez à l'éditeur de bloc.

- Dans la palette **Palettes de création de blocs**, activez l'onglet **Paramètres** puis cliquez sur l'outil **Rotation** 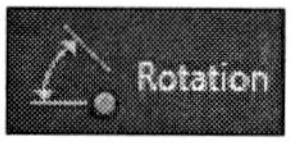. AutoCAD vous demande d'indiquer le point de base du paramètre de rotation.
- Spécifiez le centre du cercle gauche.
- Spécifiez ensuite le rayon du paramètre en spécifiant un point situé sur l'horizontale droite (par exemple un des points quadrants OUEST ou EST du cercle droit).
- Spécifiez alors l'angle de rotation par défaut. Ici validez la valeur 0 pour respecter la position horizontale par défaut.
- Dans la palette **Palettes de création de blocs**, activez l'onglet **Actions**.
- Cliquez sur l'outil  et sélectionnez le paramètre de rotation (libellé Angle par défaut).

  AutoCAD vous demande ensuite de sélectionner les objets concernés par la rotation.
- Sélectionnez l'ensemble de la géométrie et les paramètres et validez par [Entrée].

AutoCAD positionne l'action **Rotation** sous forme d'icône  à proximité des objets, comme ci-dessous :

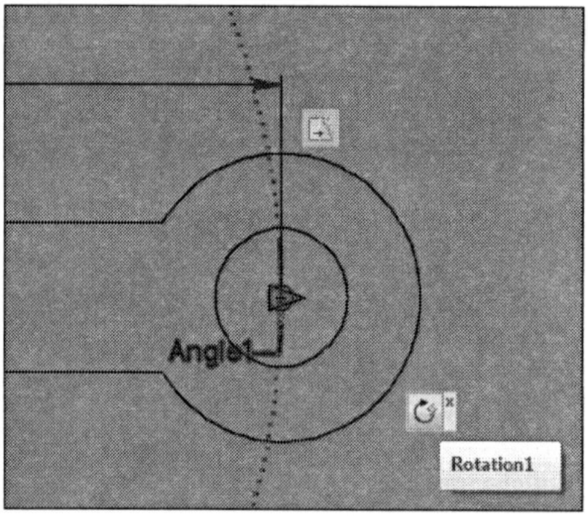


Vous pouvez repositionner l'action **Rotation**  si nécessaire à l'aide d'un cliqué-glissé.

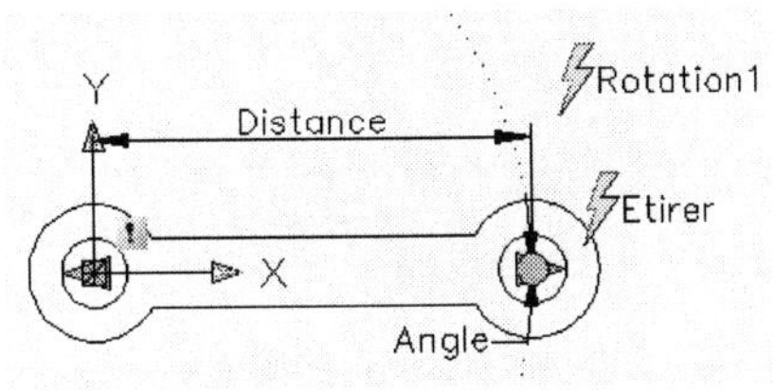


**Remarque**

*Lorsque le bloc édité est un bloc paramétrique, utilisez le bouton **Convertir** du groupe de fonctions **Dimensionnelle** (onglet **Editeur de blocs**) pour convertir chaque contrainte dimensionnelle en paramètre (cela évite les étapes précédentes de mise en place de paramètre puis d'action).*

Procédez maintenant à l'enregistrement du bloc.

- Dans le groupe de fonctions **Fermer** (onglet **Editeur de blocs**), cliquez sur le bouton **Fermer l'éditeur de bloc**.

AutoCAD vous demande de confirmer l'enregistrement des changements du bloc.

- Cliquez sur **Enregistrer les modifications**.

  Vous quittez l'éditeur de bloc, et à ce stade, le paramètre de rotation est effectif.

- Cliquez sur le bloc pour afficher le bloc dynamique avec ses poignées spécifiques à l'étirement et à la rotation.

- Cliquez sur la poignée de rotation et définissez le nouvel angle de rotation, soit dynamiquement avec le pointeur de sélection ou encore en saisissant l'angle au clavier.

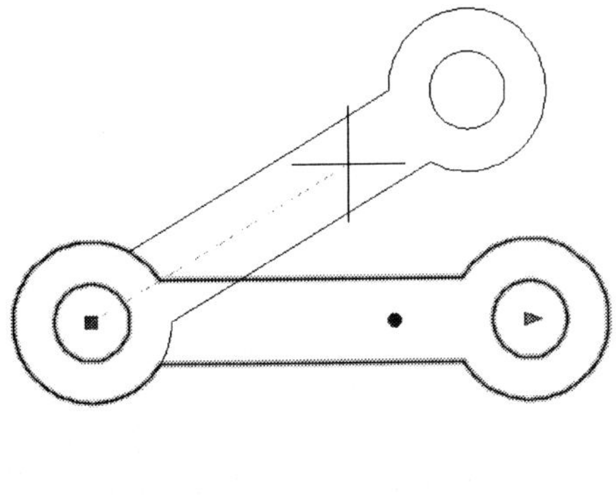

La rubrique **Personnaliser** de la palette **Propriétés** (ou la palette **Propriétés rapides**) vous permet de choisir : la longueur (distance), l'angle.

Si une liste de valeurs a été définie lors de la création du paramètre linéaire, la zone **Distance** propose une liste déroulante composée de ces valeurs personnalisées.

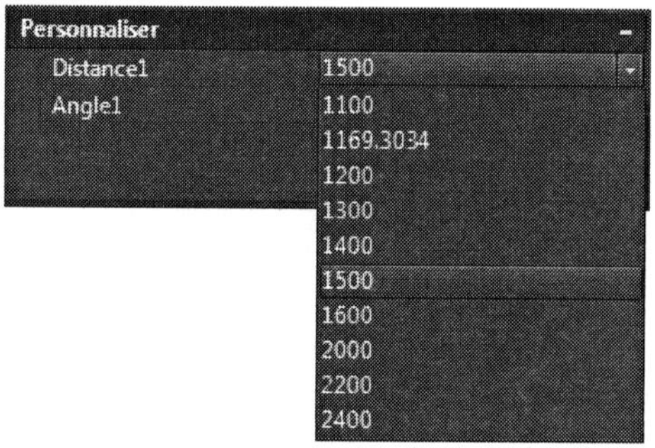


## 6.2 Modification d'un bloc dynamique

À tout moment, vous pouvez modifier les diverses propriétés des paramètres et des actions d'un bloc dynamique. Mais il est peut-être plus aisé de tout paramétrer à partir de la fenêtre **Propriétés**.

- Effectuez un double clic sur le bloc (le bloc Lunettes dans notre cas) pour activer l'éditeur de bloc.

  AutoCAD vous propose de sélectionner le bloc à modifier dans la liste **Bloc à créer ou modifier** dans la fenêtre **Modifier la définition du bloc**.

- Confirmez par **OK**.
- Dans le groupe de fonctions **Palettes** (onglet **Vue**), choisissez le bouton **Propriétés** pour afficher la fenêtre **Propriétés**.

Selon la sélection du paramètre, l'affichage de la fenêtre **Propriétés** varie et vous permet d'agir sur les divers paramètres courants.

- **Sélectionnez le paramètre linéaire** et constatez l'affichage suivant dans la fenêtre **Propriétés** :

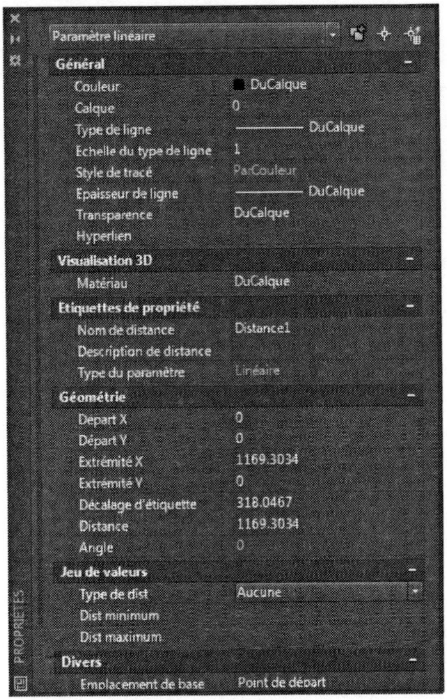


Dans la rubrique **Etiquettes de propriété**, vous personnalisez le nom de l'étiquette de distance et du nom du paramètre, ainsi que la description de distance.

Dans la rubrique **Géométrie**, vous modifiez le positionnement des points de base et extrémité du paramètre, de l'étiquette (ligne de cote), la distance entre les premier et second point et l'angle.

Dans la rubrique **Jeu de valeurs**, vous pouvez définir trois types de jeux.

- La valeur **Aucune** permet de définir la distance personnalisée.
- La valeur **Liste** permet de composer une liste de valeurs qui définiront les distances autorisées. Cette liste est constituée de valeurs affichées dans la zone de texte **Liste de valeurs de distance**, et le bouton  à droite de cette zone accède à la fenêtre suivante pour ajouter de nouvelles distances à la liste ou en supprimer.

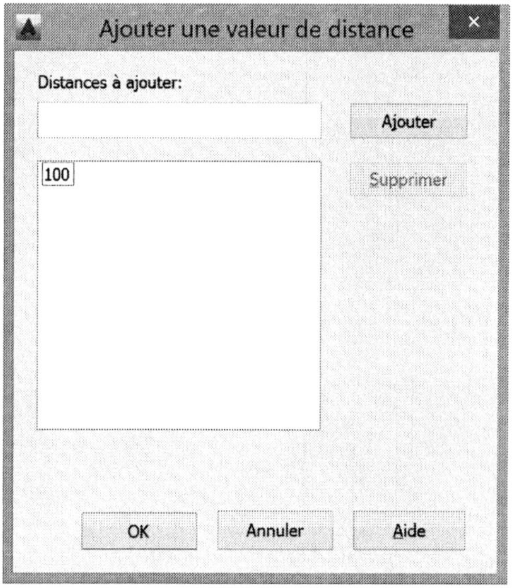


- La valeur **Incrément** permet de composer une liste de valeurs incrémentées. AutoCAD vous demande de préciser 3 éléments pour définir cet incrément :
  - Zone **Dist incrément** : la valeur d'incrémentation (entre chaque distance).
  - Zone **Dist minimum** : la distance minimum du paramètre.
  - Zone **Dist maximum** : la distance maximum du paramètre.

Dans la rubrique **Divers**, notez que vous pouvez notamment agir sur le nombre de poignées personnalisées du bloc dynamique. Ainsi, il sera judicieux dans certains cas d'afficher une seule poignée définissant, par exemple, le côté et le sens concernés par un étirement.

Dans le cas du bloc Lunettes, le choix d'une poignée limite l'affichage de la poignée personnalisée de droite.

- Sélectionnez le **paramètre rotation** et constatez l'affichage dans la fenêtre **Propriétés** :

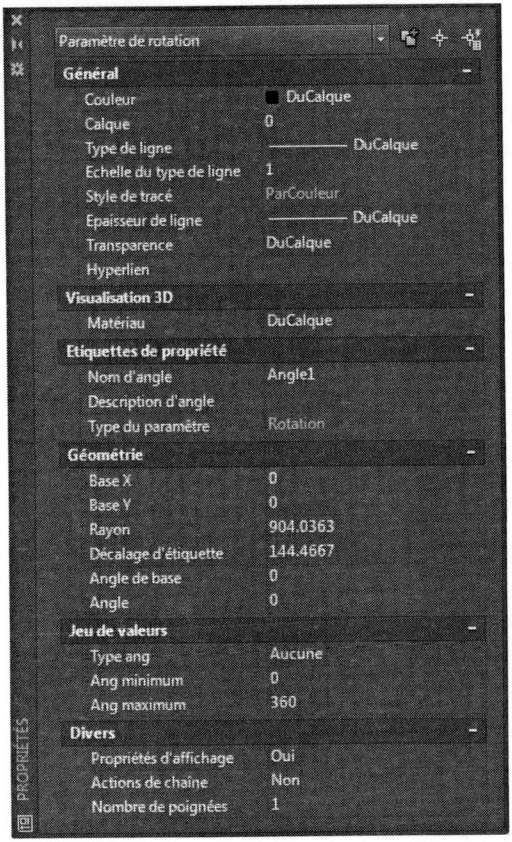


Dans la rubrique **Jeu de valeurs**, vous pouvez définir les mêmes types de jeux : Aucune, Liste et Incrément. Dans le cas du choix d'**Aucune** et d'**Incrément**, vous spécifiez un angle minimum et maximum.

– La valeur **Aucune** permet de définir la distance personnalisée.

– La valeur **Liste** permet de composer une liste de valeurs qui définiront les distances autorisées. Cette liste est constituée de valeurs affichées dans la zone de texte **Liste de valeurs de distance**, et le bouton à droite de cette zone accède à la fenêtre suivante pour ajouter de nouvelles distances à la liste ou en supprimer :

▶ Sélectionnez le **paramètre d'action Etirer** et constatez l'affichage suivant dans la fenêtre **Propriétés**.

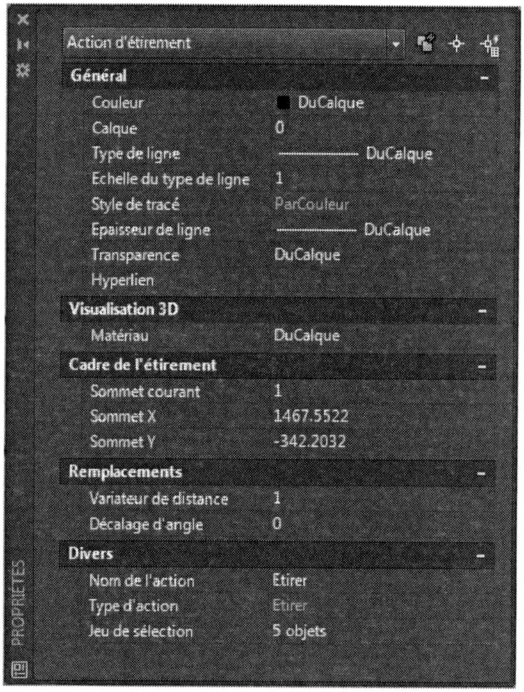


▶ Dans la rubrique **Cadre de l'étirement**, vous pouvez redéfinir le cadre de sélection par Capture.

▶ Dans la rubrique **Remplacements**, vous pouvez définir des valeurs d'incréments pour les variations de distances et d'angle.

▶ Dans la rubrique **Divers**, vous pouvez renommer le paramètre d'action et afficher le nombre d'objets sélectionné (le bouton de droite affiche la sélection).

▶ Dans le groupe de fonctions **Fermer** de l'éditeur de blocs, cliquez sur **Fermer l'éditeur de blocs** pour enregistrer les modifications apportées au bloc et quitter.

## 6.3 Utilisation des états de visibilité

Les états de visibilité permettent l'affichage de l'une ou l'autre des parties du bloc à partir d'une liste d'états, accessibles depuis la poignée personnalisée du bloc dynamique.

Dans l'exemple du bloc (nommé Lunettes et support) ci-dessous, les trois états de visibilité peuvent être les suivants :

- Affichage des lunettes et de son support.
- Affichage des lunettes (le support est invisible).
- Affichage du support (les lunettes sont invisibles).

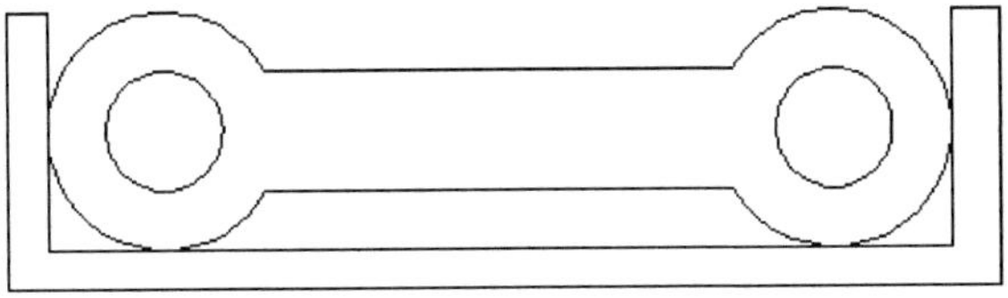

### Définir les états de visibilité

▶ Effectuez un double clic sur la géométrie du bloc pour accéder à l'édition du bloc. AutoCAD affiche la boîte de dialogue suivante :

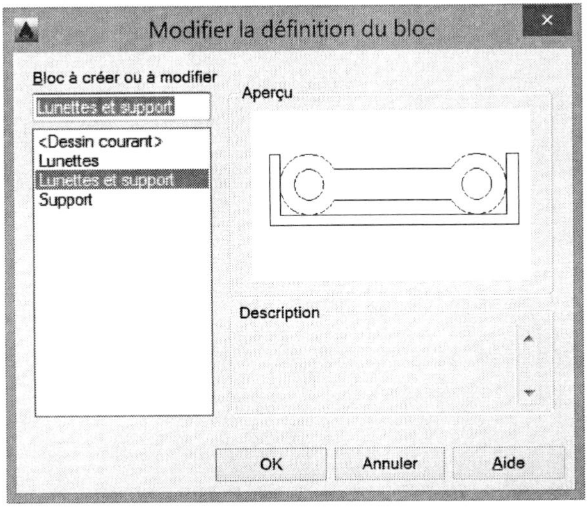

AutoCAD vous propose de sélectionner le bloc à modifier dans la liste **Bloc à créer ou à modifier** dans la fenêtre **Modifier la définition du bloc**.

- Confirmez par **OK**.

Vous accédez à l'éditeur de bloc.

- Dans la palette **Palettes de création de blocs**, activez l'onglet **Paramètres** et cliquez sur l'outil **Visibilité**.

AutoCAD vous demande de spécifier l'emplacement du paramètre.

- Cliquez sur le point d'emplacement comme sur la figure ci-après.

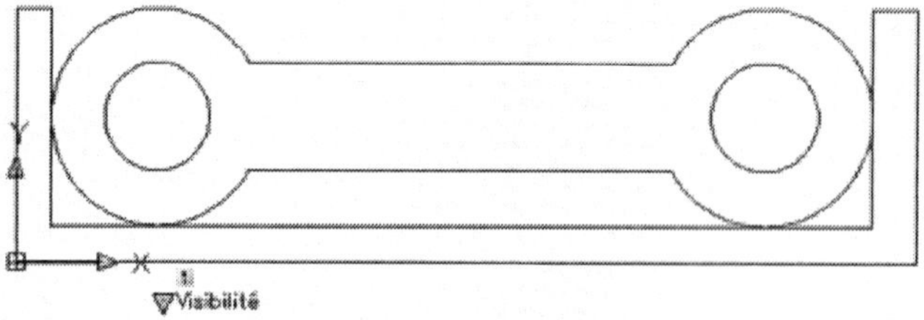


- Effectuez un double clic sur le paramètre de visibilité que vous venez de placer. La fenêtre suivante est affichée :

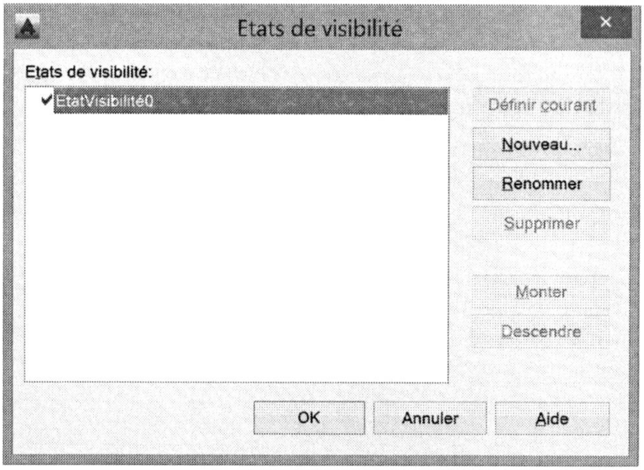


- Dans la fenêtre **Etats de visibilité**, cliquez sur le bouton **Renommer**. Saisissez le nom **Lunettes et support** et appuyez sur la touche [Entrée].

Le nom **Lunettes et support** apparaît désormais dans la liste des **Etats de visibilité**.

▶ Cliquez sur le bouton **Nouveau**. La fenêtre suivante est affichée :

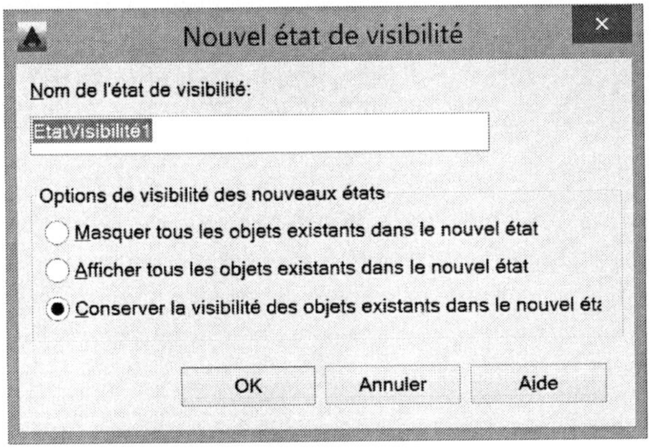


▶ Saisissez **Lunettes** et confirmez par **OK**.

Les noms **Lunettes et support** et **Lunettes** apparaissent désormais dans la liste des **Etats de visibilité**.

▶ Cliquez sur le bouton **Nouveau**, et dans la fenêtre **Nouvel état de visibilité**, saisissez **Support** et confirmez par **OK**.

Désormais, les trois noms **Lunettes et support**, **Lunettes** et **Support** apparaissent dans la liste des **Etats de visibilité**.

▶ Confirmez par **OK** pour quitter la fenêtre **Etats de visibilité**.

Accédez à la liste déroulante des états de visibilité dans le groupe de fonctions **Visibilité** (onglet **Editeur de blocs**).

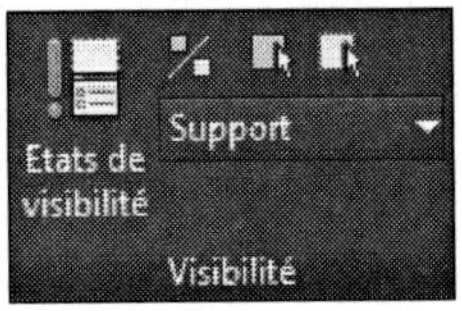


▶ Choisissez **Support** dans cette liste puis cliquez sur le bouton **Masquer** .

AutoCAD vous demande de sélectionner les objets à masquer.

▶ Sélectionnez tous les objets constituant les lunettes de façon à ne conserver que les objets faisant partie du support. Appuyez sur [Entrée].

Le dessin est semblable à :

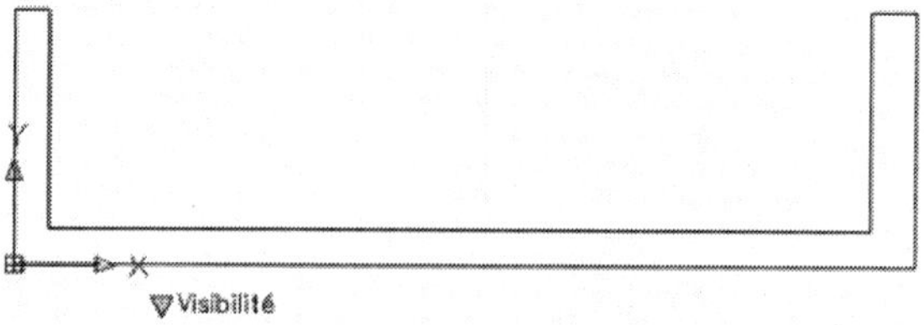


- Choisissez **Lunettes** dans la liste des états de visibilité dans le groupe de fonctions **Visibilité** (onglet **Editeur de blocs**) puis cliquez sur le bouton **Masquer** . AutoCAD vous demande de sélectionner les objets à masquer.
- Sélectionnez tous les objets constituant le support de façon à ne conserver que les objets faisant partie des lunettes. Appuyez sur [Entrée].

  Le dessin est semblable à :

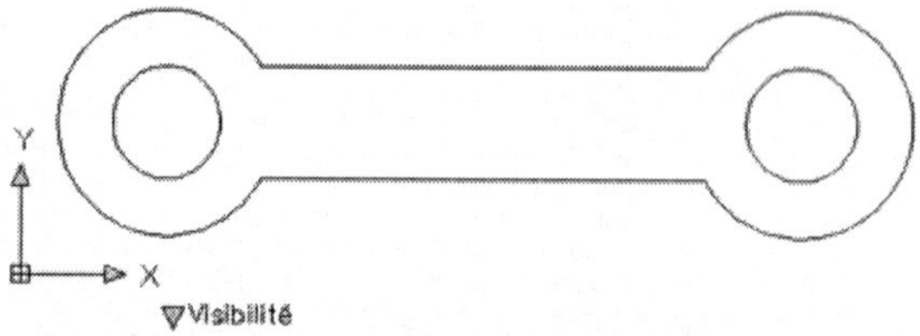


- Dans le groupe de fonctions **Fermer** (onglet **Editeur de blocs**), cliquez sur **Fermer l'éditeur de blocs** pour enregistrer les modifications apportées au bloc et quitter.
- Cliquez sur le bloc modifié composé des états de visibilité et agissez sur la poignée pour sélectionner l'un des états de visibilité et afficher l'une ou l'autre partie du bloc.

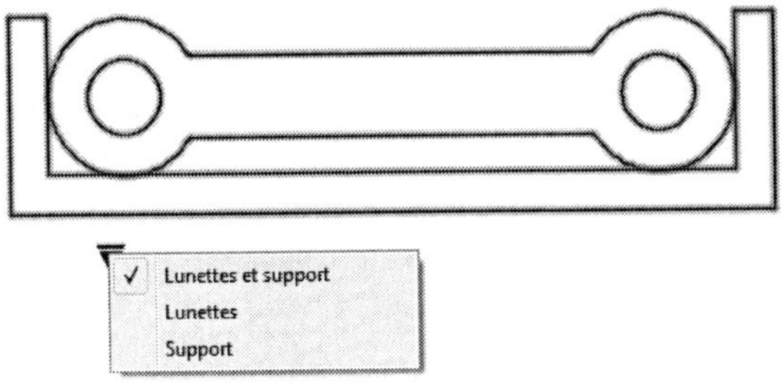


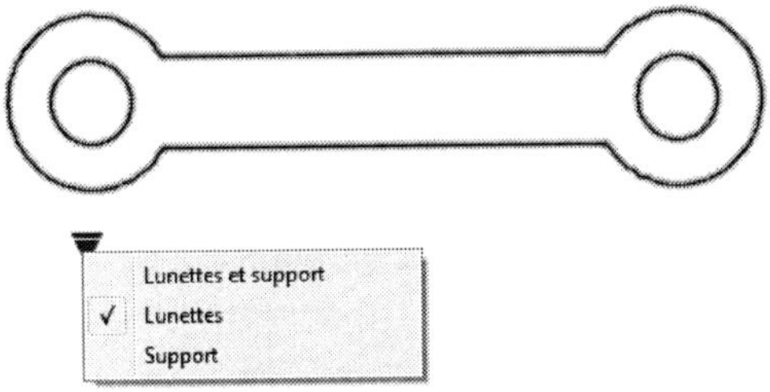


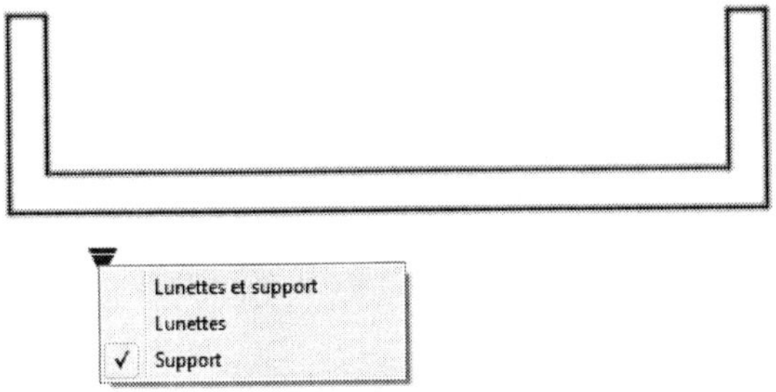


Notez que vous accédez également aux états de visibilité via la fenêtre **Propriétés rapides** :

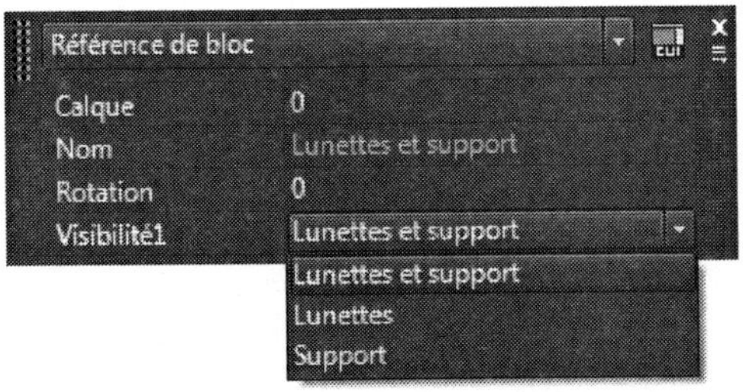

## 6.4 Utilisation d'une table de consultation

La table de consultation permet d'accéder à une liste (table) de valeurs, depuis une poignée personnalisée, et d'accéder automatiquement à la dimension voulue du bloc.

Prenons l'exemple du bloc suivant représentant un plateau (la cotation est placée à titre d'information) :

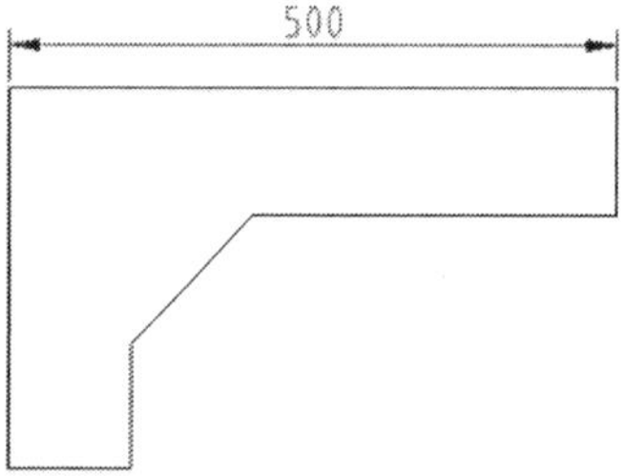


La longueur du plateau pourra varier de 500 à 550, 600 et 650. Vous avez donc défini un paramètre d'étirement avec un jeu de valeurs comprenant ces 4 distances.

▶ Effectuez un double clic sur la géométrie du bloc pour accéder à l'édition du bloc.

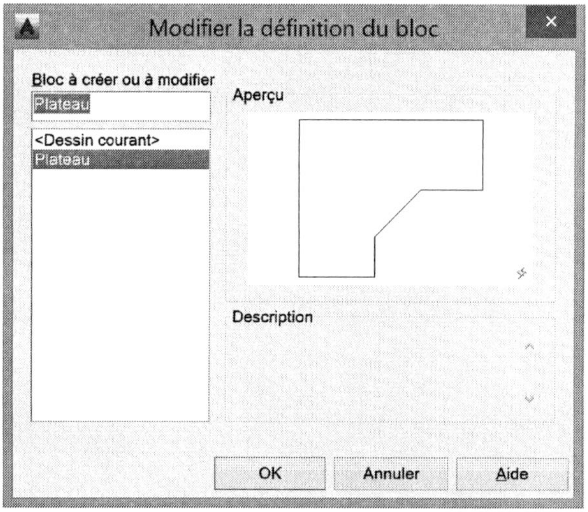


AutoCAD vous propose de sélectionner le bloc à modifier dans la liste **Bloc à créer ou à modifier** dans la fenêtre **Modifier la définition du bloc**.

▶ Confirmez par **OK**.

Vous accédez à l'éditeur de bloc.

▶ Dans la palette **Palettes de création de blocs**, activez l'onglet **Paramètres**, et cliquez sur l'outil **Consultation**.

AutoCAD vous demande de spécifier l'emplacement du paramètre.

▶ Cliquez sur le point d'emplacement comme sur la figure ci-dessous :

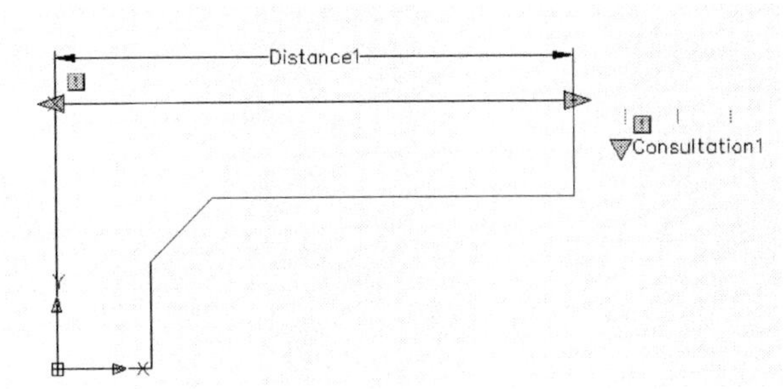


▶ Dans la palette **Palettes de création de blocs**, activez l'onglet **Actions** et cliquez sur l'outil **Consultation**.

AutoCAD vous demande de sélectionner le paramètre.

▶ Sélectionnez le paramètre précédent.

La fenêtre suivante s'affiche :

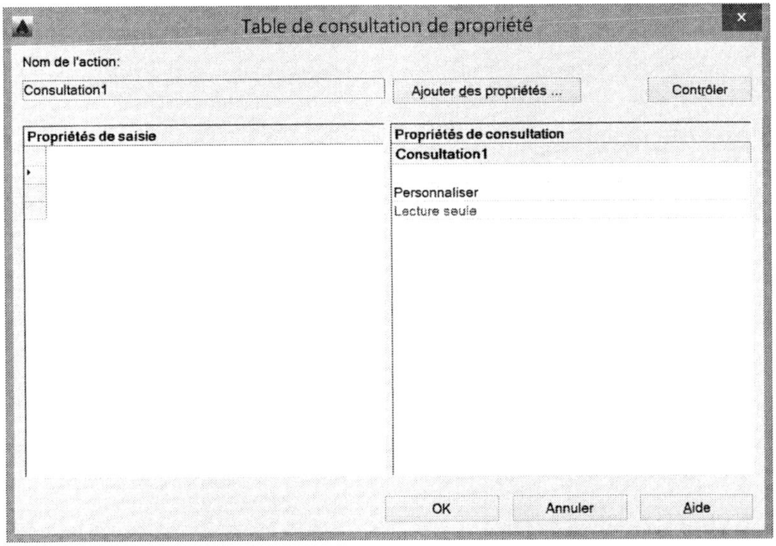


▶ Dans la fenêtre **Table de consultation de propriété**, cliquez sur le bouton **Ajouter des propriétés**.

La fenêtre suivante est affichée :

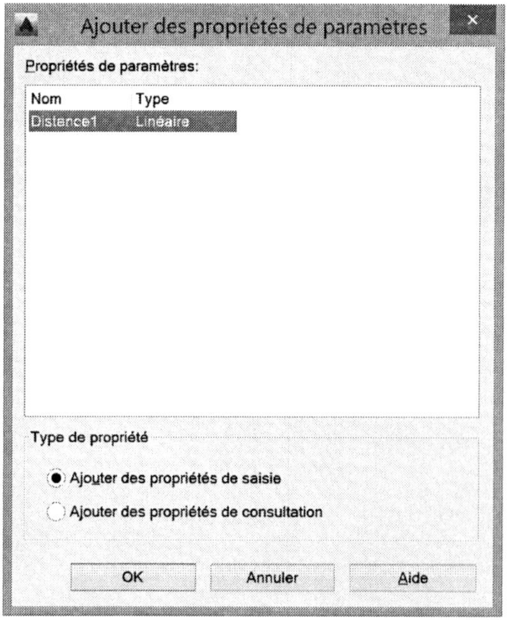


▶ Sélectionnez le paramètre **Linéaire** (dans d'autres cas, la liste de paramètres peut être nombreuse) et confirmez par **OK**. Vous obtenez la figure suivante :

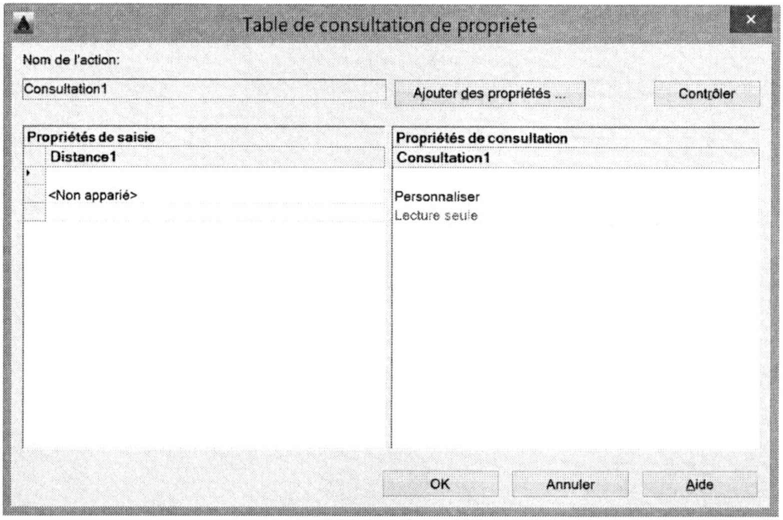

- Dans la colonne **Distance1**, face à la flèche noire, sélectionnez dans la liste la valeur **500**. Au regard de cette valeur, dans la colonne **Consultation1**. Saisissez la description **Plateau 500**.
- Procédez de la même façon sous la valeur 500 pour sélectionner successivement les valeurs **550**, **600** et **650** et les descriptions associées **Plateau 550**, **Plateau 600**, **Plateau 650**.
- Dans la colonne droite, sous **Personnaliser**, sélectionnez dans la liste déroulante **Autoriser la consultation inversée** et confirmez par **OK**.
- Dans la barre d'outils de l'éditeur de blocs, cliquez sur **Fermer l'éditeur de blocs** pour enregistrer les modifications apportées au bloc et quitter.
- Confirmez par **Enregistrer les modifications**.
- Sélectionnez le bloc dynamique et sélectionnez la poignée personnalisée pour afficher la table de consultation et constater la mise à jour automatique du bloc.

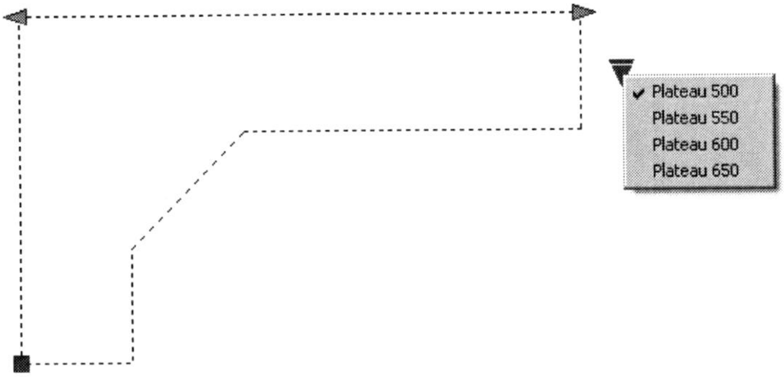

# Exercice 5
# Éléments de bibliothèque

Nous allons dans cet exercice utiliser les outils de bloc pour insérer et positionner des éléments de bibliothèque afin de compléter le plan du local professionnel.

## 1. Étape 1 : Créer un bloc

Nous allons tout d'abord créer un bloc comprenant un objet existant déjà sur le plan : la chaise de bureau.

▶ Téléchargez et ouvrez le fichier ressource **Eléments_de_bibliothèque.dwg**.

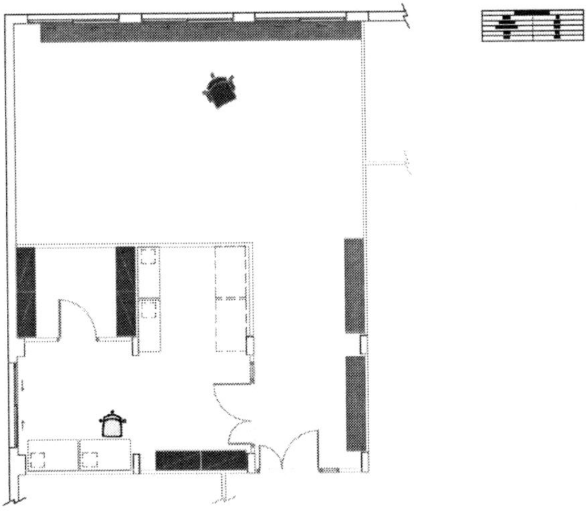

▶ Dans le groupe de fonctions **Définition de bloc** (onglet **Insertion**), cliquez sur l'icône **Créer un bloc** .

La fenêtre suivante apparaît :

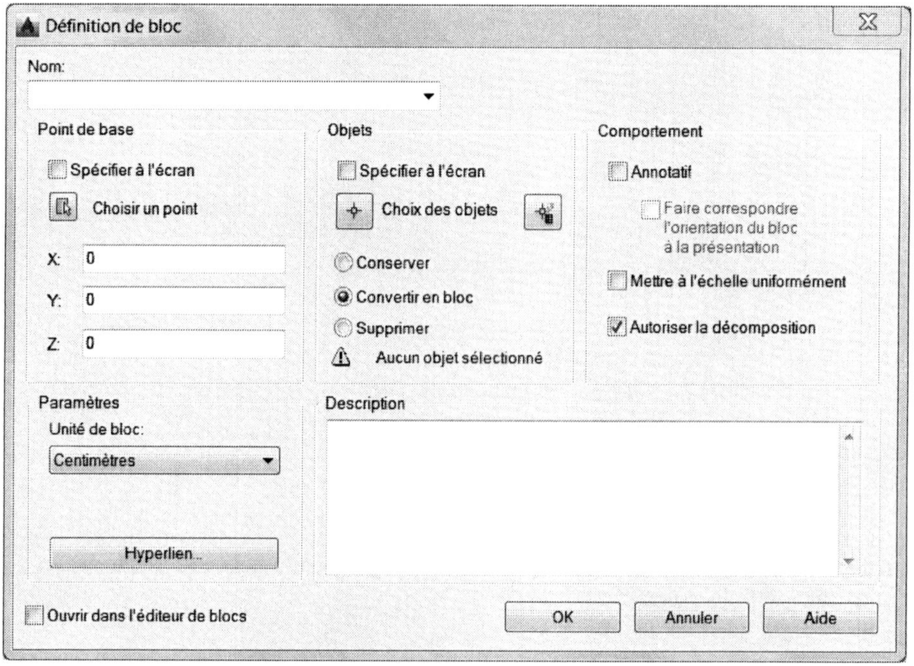


▶ Dans la fenêtre **Définition de bloc**, saisissez **Chaise Haute** dans la rubrique **Nom** pour renseigner le nom du nouveau bloc.

▶ Dans la rubrique **Point de base**, cliquez sur l'icône **Choisir un point**  pour renseigner le point de base du bloc dans la zone graphique.

La fenêtre de commande affiche le message suivant.

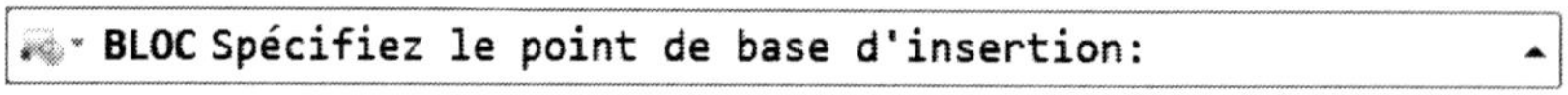


▶ Cliquez sur le coin supérieur droit du rectangle droit à l'aide de l'outil d'accrochage **Extrémité** (par exemple) comme présenté sur la figure ci-après.

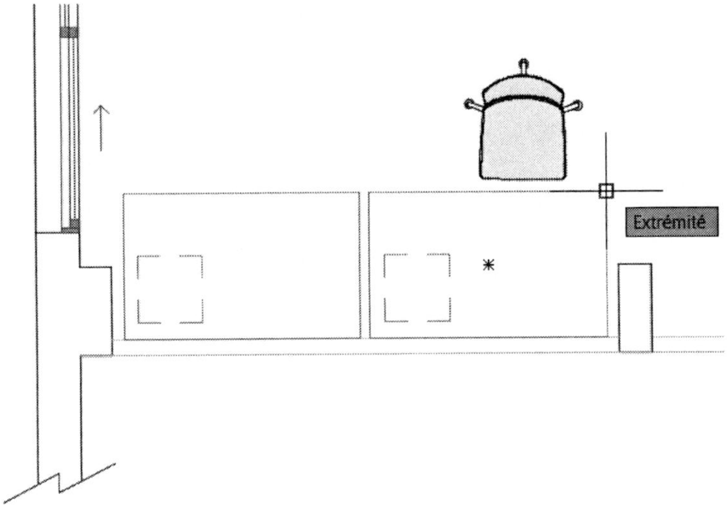


▶ Dans la fenêtre **Définition de bloc**, cliquez sur l'icône **Choix des objets**  dans la rubrique **Objets** pour sélectionner les éléments à regrouper.

La fenêtre de commande affiche le message suivant.

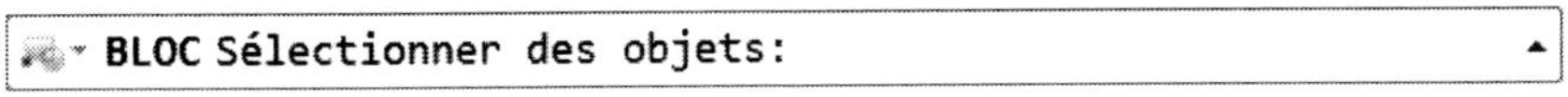


▶ Au moyen d'une fenêtre de sélection, sélectionnez les éléments à regrouper comme présenté dans la figure ci-dessous et appuyez sur [Entrée] pour valider la sélection.

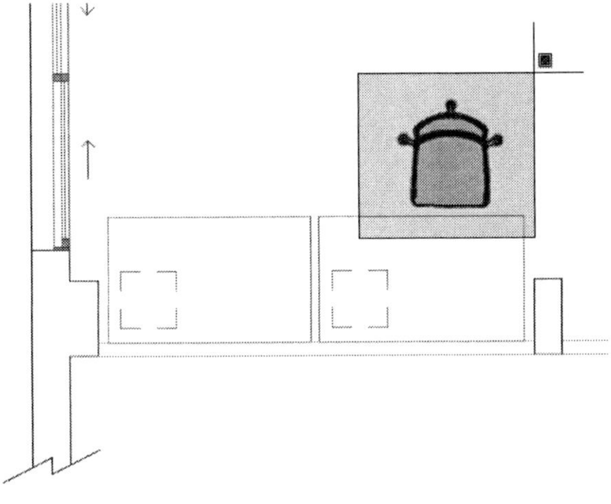

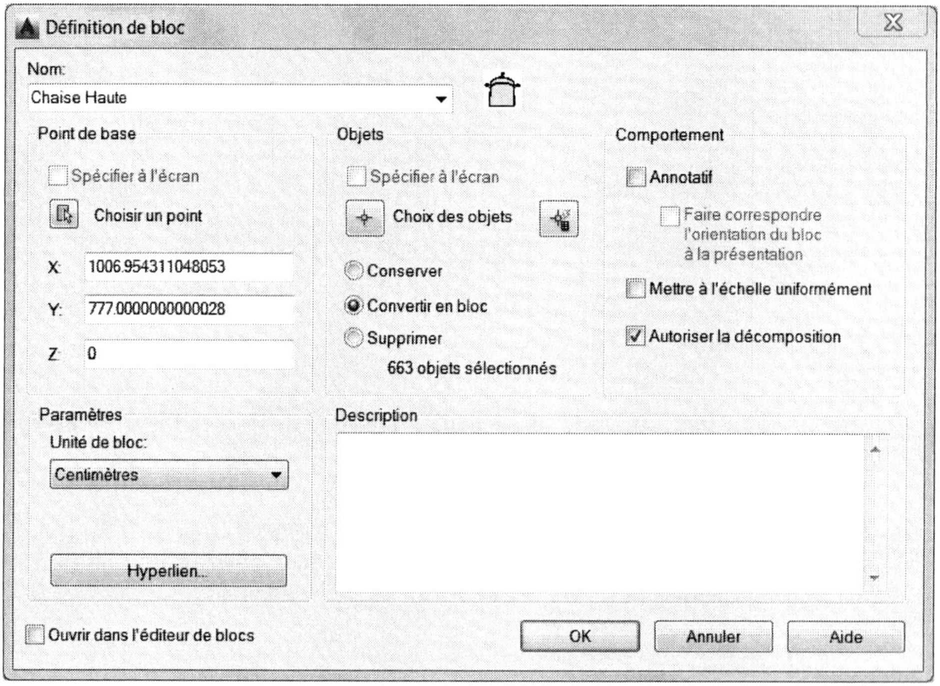


▶ Cliquez sur **OK** pour confirmer la création du bloc.

## 2. Étape 2 : Insérer un bloc

Nous allons maintenant insérer le bloc créé à l'étape 1 pour positionner des chaises devant chaque bureau.

▶ Dans le groupe de fonctions **Bloc** (onglet **Insertion**), déroulez l'icône **Insérer**

et sélectionnez le bloc **Chaise Haute** dans la liste de blocs.

La fenêtre de commande affiche le message suivant.

```
-INSERER Spécifiez le point d'insertion ou [Pointdebase
Echelle X Y Z rOtation]:
```

- Dans la zone graphique, cliquez sur le coin supérieur droit du rectangle pour spécifier le point d'insertion du bloc, comme indiqué dans la figure ci-dessous.

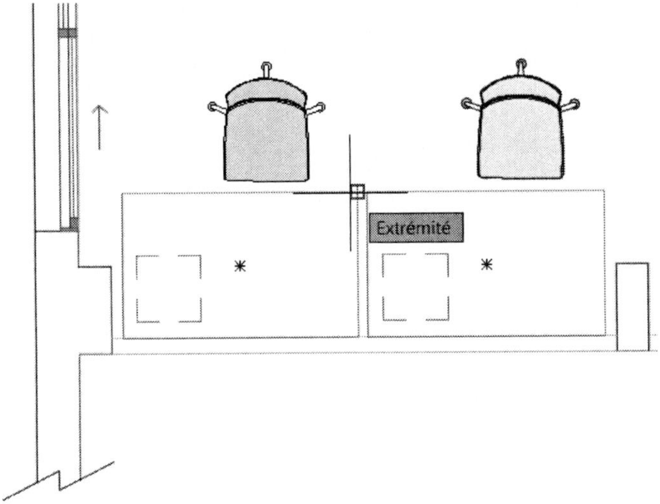


- Dans le groupe de fonctions **Bloc** (onglet **Insertion**), cliquez sur l'icône déroulante **Insérer**  et dans la liste cliquez sur **Plus d'options...**.
- Dans la rubrique **Nom** de la fenêtre **Insérer**, recherchez et sélectionnez le bloc **Chaise Haute**.
- Dans la rubrique **Point d'insertion**, vérifiez que la case à cocher **Spécifier à l'écran** est cochée.

  Ce paramètre permettra de renseigner le point d'insertion à l'aide du clavier ou des outils d'accrochage aux objets.
- Dans la rubrique **Echelle**, vérifiez que la case à cocher **Spécifier à l'écran** est décochée, et que les valeurs pour **X**, **Y** et **Z** sont égales à **1**.
- Dans la rubrique **Rotation** vérifiez que la case à cocher **Spécifier à l'écran** est décochée et saisissez **-90** dans la zone de texte **Angle** pour faire pivoter le bloc.

La figure suivante résume les paramètres à renseigner :

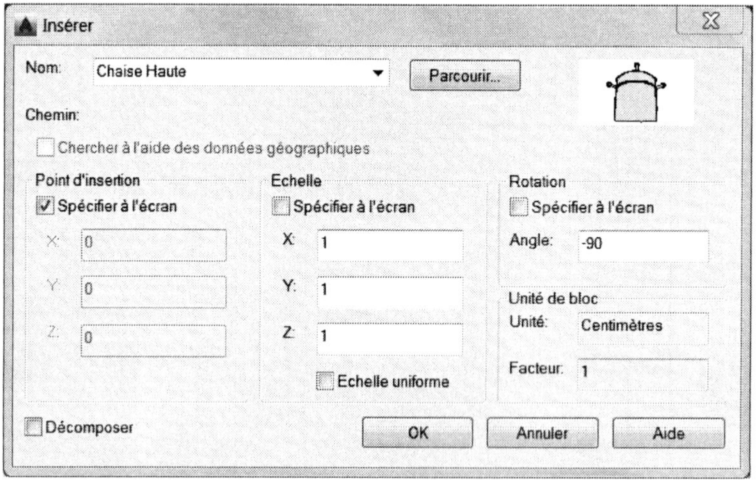


◘ Cliquez sur **OK** pour valider les paramètres d'insertion.

La fenêtre de commande affiche le message suivant.

```
-INSERER Spécifiez le point d'insertion ou [Pointdebase
Echelle X Y Z rOtation]:
```

◘ Précisez le point d'insertion en spécifiant le coin inférieur droit du rectangle comme indiqué dans la figure ci-dessous.

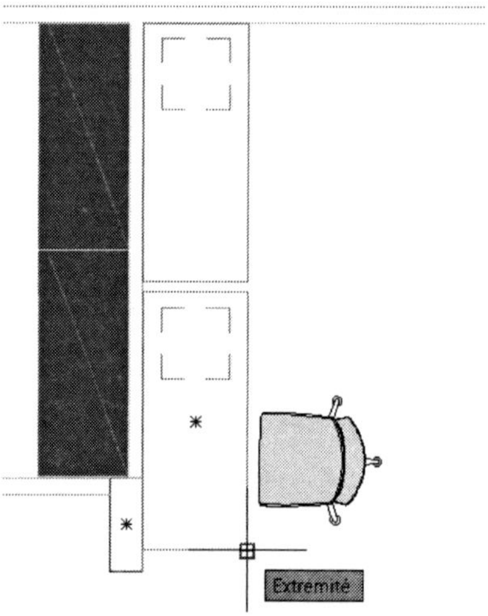

- Effectuez un clic droit, et choisissez **Répéter Insérer** pour procéder à une nouvelle insertion du bloc **Chaise Haute**.
- Dans la rubrique **Point d'insertion**, vérifiez que la case à cocher **Spécifier à l'écran** est cochée.
- Dans la rubrique **Echelle**, vérifiez que la case à cocher **Spécifier à l'écran** est décochée, et que les valeurs pour **X**, **Y** et **Z** sont égales à **1**.
- Dans la rubrique **Rotation** vérifiez que la case à cocher **Spécifier à l'écran** est décochée et saisissez **-90** dans la zone de texte **Angle** pour faire pivoter le bloc.
- Confirmez par **OK**.
- Précisez le point d'insertion en spécifiant le coin inférieur droit du rectangle haut pour obtenir le résultat suivant :

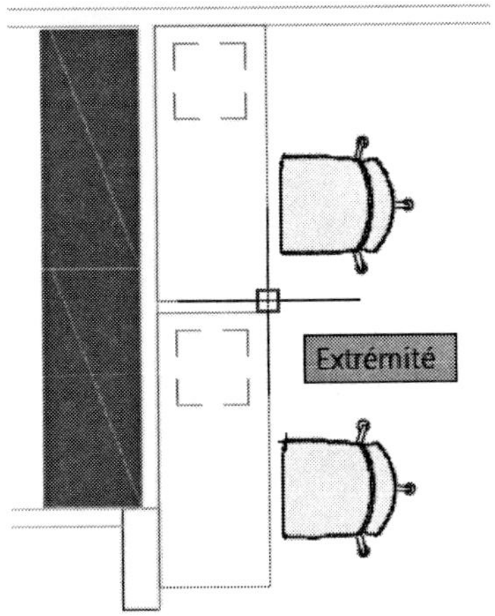


## 3. Étape 3 : Insérer un fichier DWG

À présent, nous allons insérer un bloc à partir d'un fichier DWG.

- Dans le groupe de fonctions **Bloc** (onglet **Insertion**), déroulez l'icône **Insérer** 

 et choisissez **Plus d'options...**.
- Dans la fenêtre **Insérer**, cliquez sur le bouton **Parcourir**.

- Dans la fenêtre **Sélectionner le fichier de dessin**, accédez au dossier contenant les fichiers ressources, sélectionnez le fichier **Bureau.dwg** et cliquez sur **Ouvrir**.
- Dans la fenêtre **Insérer**, dans la rubrique **Point d'insertion**, vérifiez que la case à cocher **Spécifier à l'écran** est cochée.
- Dans la rubrique **Echelle**, vérifiez que la case à cocher **Spécifier à l'écran** est décochée, et que les valeurs pour **X**, **Y** et **Z** sont égales à **1**.
- Dans la rubrique **Rotation**, vérifiez la valeur **0** dans la zone de texte **Angle**, et confirmez par **OK**.

La fenêtre de commande affiche le message suivant.

```
-INSERER Spécifiez le point d'insertion ou [Pointdebase
Echelle X Y Z rOtation]:
```

- Dans la zone graphique, spécifiez le point d'insertion du bloc comme indiqué dans la figure ci-dessous. Dans le cas présent, la position du point d'insertion est approximative.

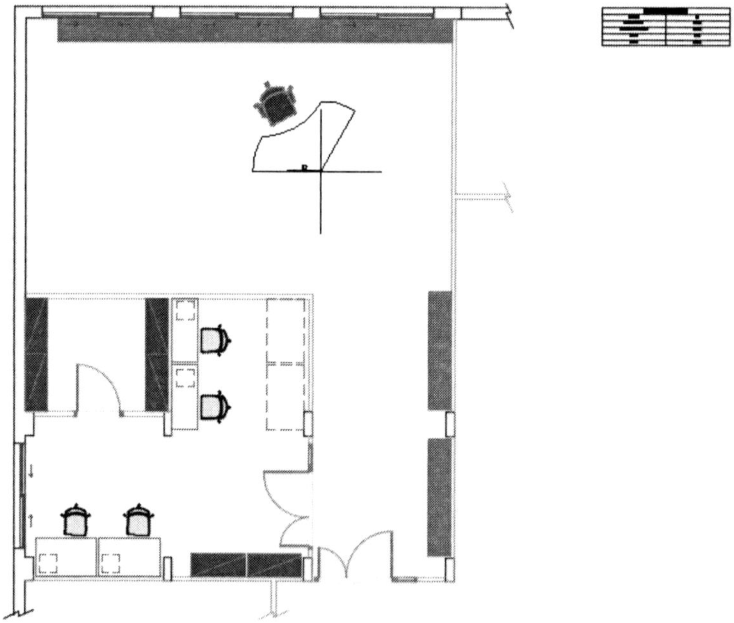

## 4. Étape 4 : Modifier un bloc

Nous allons habiller le bureau d'un motif de hachures.

- Sélectionnez le bloc **Bureau**, effectuez un clic droit et choisissez **Editeur de blocs** dans le menu contextuel pour accéder à l'éditeur de bloc.
- Dans le groupe de fonctions **Dessin** (onglet **Début**), cliquez sur l'icône **Hachures** .

  La fenêtre de commande affiche le message suivant.

```
HACHURES Choisissez un point interne ou [
Sélectionner objets annUler paramèTres]:
```

- Dans le groupe de fonctions **Motif** (onglet **Création de hachures**), sélectionnez le motif de hachures **SOLID**.
- Dans le groupe de fonctions **Propriétés** (onglet **Création de hachures**), déroulez la liste **Couleur de hachures** et sélectionnez la couleur indiquée ci-dessous.

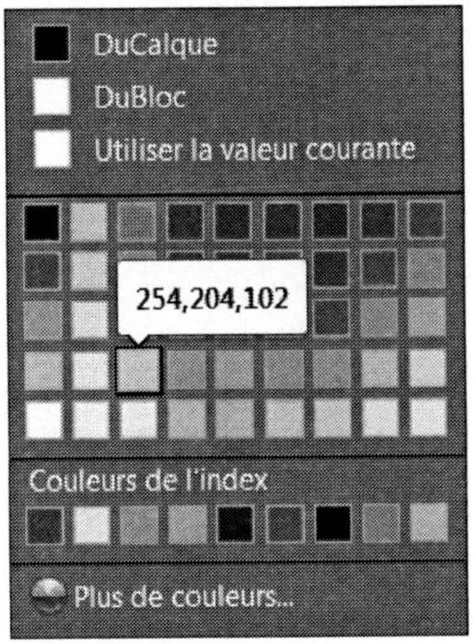

- Cliquez sur les deux points de la figure ci-dessous pour la sélection des deux contours à hachurer.

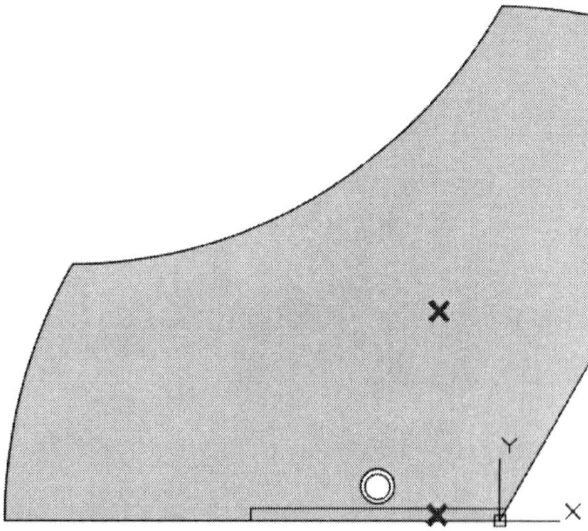


- Dans le groupe de fonctions **Fermer** cliquez sur **Fermer l'Editeur de blocs** 

.

## 5. Étape 5 : Manipuler les blocs

Nous allons ici réaliser une copie circulaire (ou réseau polaire) pour organiser un groupe de bureaux.

- Sélectionnez le bloc **Bureau** et le bloc **Chaise Haute**.
- Dans le groupe de fonctions **Calques**, choisissez le calque **GLF-40-Aménagement** dans la liste des calques.
  Les blocs sélectionnés sont placés sur le calque **GLF-40-Aménagement**.
- Appuyez sur la touche [Echap] pour désélectionner les objets.

■ Sélectionnez le bloc **Bureau** et le bloc **Siège** comme indiqué dans la figure ci-dessous.

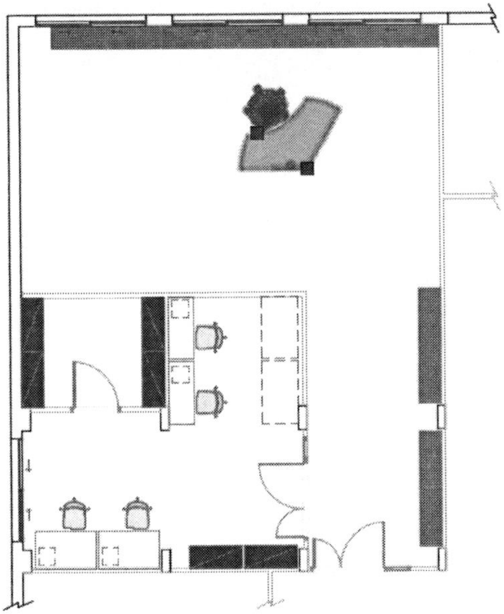

■ Dans le groupe de fonctions **Modifier** (onglet **Début**), choisissez l'icône déroulante **Réseau polaire** 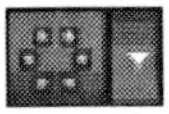.

La fenêtre de commande affiche le message suivant.

```
RESEAUPOLAIRE Spécifiez le point central du réseau ou [
point de Base Axe de rotation]:
```

▶ Spécifiez le point central du réseau indiqué ci-dessous.

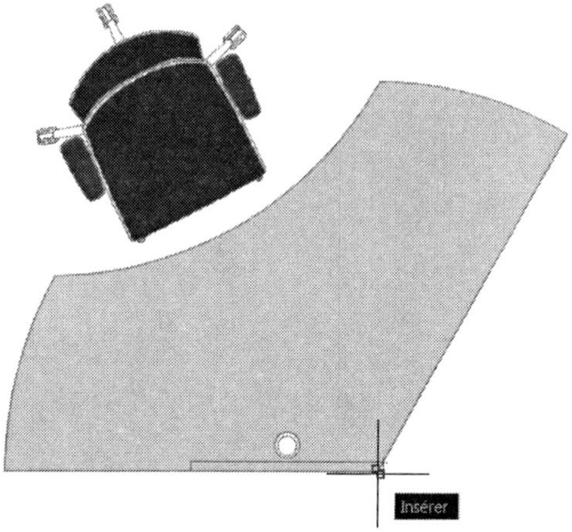


▶ Dans le groupe de fonctions **Eléments** (onglet **Création de réseau**), saisissez **3** dans la zone de texte **Eléments**.

▶ Dans le groupe de fonctions **Fermer** (onglet **Création de réseau**), cliquez sur **Fermer le réseau** 

.

La figure ci-dessous affiche le résultat obtenu.

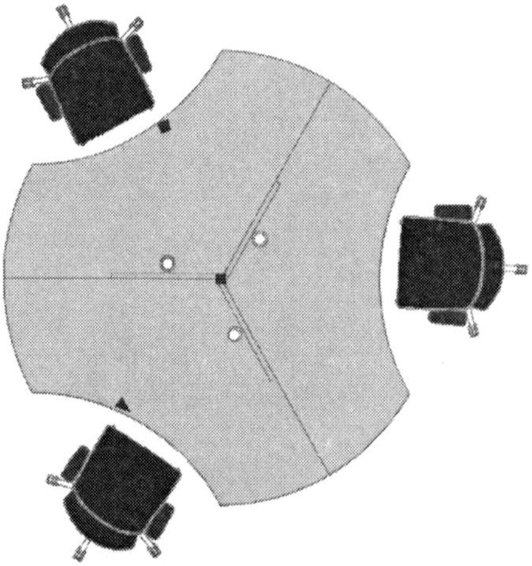

Nous allons meubler la partie gauche de l'open space avec la même disposition de bureaux en cercle en appliquant une symétrie au réseau créé.

- Sélectionnez le réseau précédemment créé.
- Dans le groupe de fonctions **Modification** (onglet **Dessin**) activez l'outil **Miroir** 

pour créer une copie symétrique.

La fenêtre de commande affiche le message suivant.

**MIROIR** Spécifiez le premier point de la ligne de symétrie:

- Spécifiez le premier point de l'axe de symétrie comme indiqué ci-dessous.

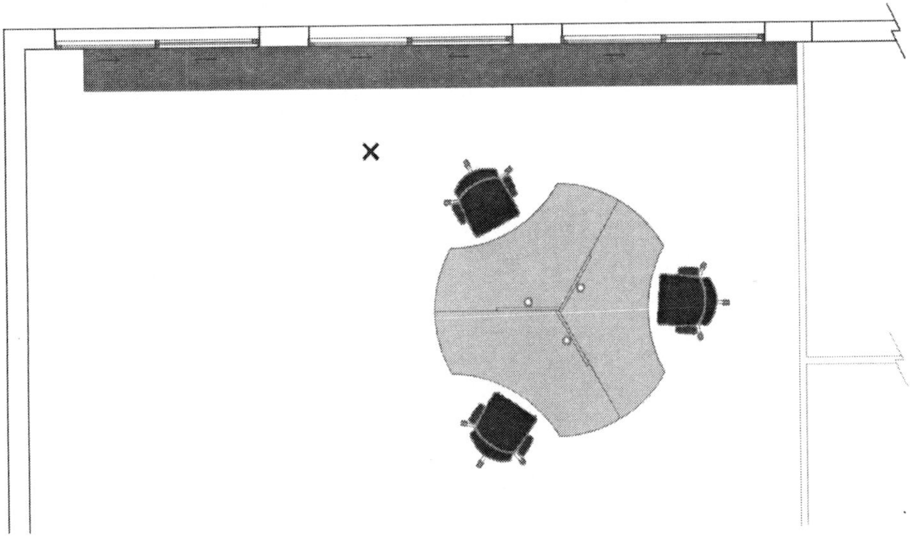

La fenêtre de commande affiche le message suivant.

**MIROIR** Spécifiez le deuxième point de la ligne de symétrie:

▶ Spécifiez le second point de l'axe de symétrie selon un axe vertical comme indiqué ci-dessous.

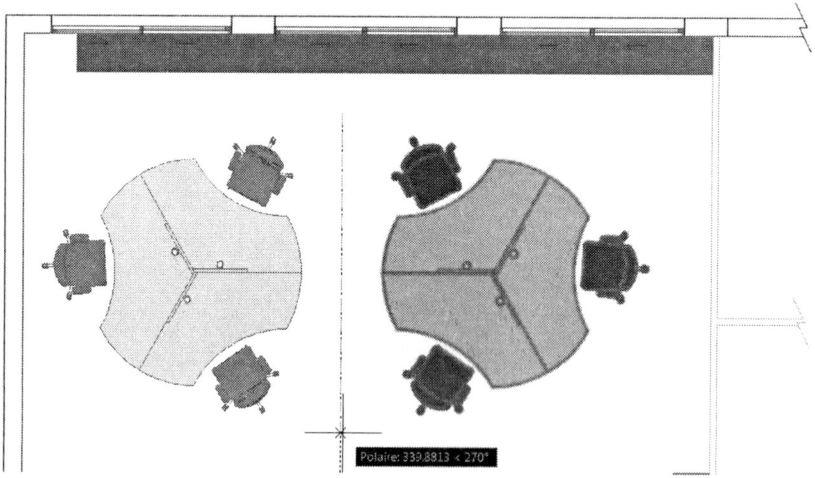


La fenêtre de commande affiche le message suivant.

```
MIROIR Effacer les objets source ? [Oui Non] <Non>:
```

▶ Cliquez sur l'option **Non** dans la fenêtre de commande pour ne pas effacer les objets sources.

La figure ci-dessous affiche le résultat obtenu.

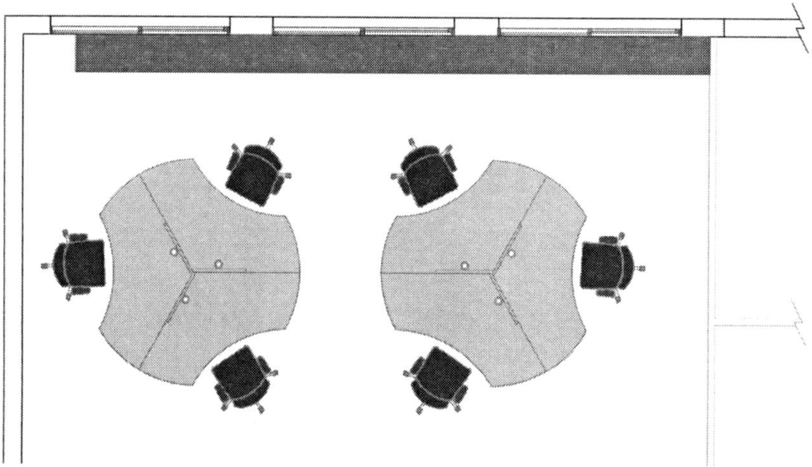

## 6. Étape 6 : Enregistrer un fichier de bloc

À des fins de réutilisation ultérieure, nous allons enregistrer le bloc **Chaise Haute** en fichier de bloc.

- Sélectionnez le bloc **Chaise Haute**.
- Dans le groupe de fonctions **Définition de bloc** (onglet **Insertion**), déroulez l'icône **Créer un bloc** 

et sélectionnez l'icône **Créer un fichier bloc** 

.
- Dans la fenêtre **Créer un fichier de bloc**, dans la rubrique **Destination**, cliquez sur le bouton .
- Dans la boîte de dialogue **Rechercher un fichier de dessin**, spécifiez le chemin d'accès et nommez le nouveau fichier.
- Cliquez sur **Enregistrer**.
- Cliquez sur **OK** pour quitter la boîte de dialogue **Créer un fichier de bloc**.

# Chapitre 11
# Les références externes

## 1. Gérer les références externes

La technique des références externes permet d'associer à votre dessin des fichiers dessins extérieurs. Ces fichiers nommés références externes (ou Xrefs) ne font pas réellement partie de votre dessin. On peut considérer qu'elles apparaissent en trame de fond. À chaque ouverture de votre dessin, les références externes attachées à votre dessin sont mises à jour et affichent donc les dernières modifications enregistrées. Vous pouvez de cette façon surveiller et suivre d'éventuelles modifications entraînant des évolutions de votre dessin. Notez que les entités propres aux représentations ne sont pas prises en compte lors de l'utilisation des références externes.

La palette **Références externes** ci-dessous permet de contrôler les Xrefs. Elle affiche toutes les références externes liées au dessin, et permet d'attacher, de superposer, de recharger, de détacher une référence externe. Elle contrôle également les fichiers DWF, DGN et PDF referéncés et images raster importées.

▶ Dans le groupe de fonctions **Palettes** (onglet **Vue**), choisissez **Palette Références externes** .

- Agissez sur les boutons **Affichage sous forme de liste**  et **Affichage sous forme d'une arborescence**  pour contrôler l'affichage des références externes.

## 1.1 Attacher une référence externe

- Dans le groupe de fonctions **Référence** (onglet **Insertion**), cliquez sur l'icône **Attacher**  ou dans la palette **Références externes**, utilisez le bouton-liste **Attacher** ci-après pour choisir **Attacher un fichier DWG**.

Une boîte de dialogue vous invite à choisir un fichier dessin qui sera appliqué en trame de fond au dessin courant. AutoCAD vous demande, comme pour un bloc, un point d'insertion, une échelle et une orientation (à spécifier dans la boîte de dialogue ou dans la ligne de commande lors de l'insertion). Les références externes attachées ne font pas réellement partie du dessin. Elles sont mises à jour à chaque ouverture du fichier auquel elles sont rattachées. Vous ne pouvez pas les décomposer, mais vous vous appuyez dessus pour la réalisation ou l'évolution de votre dessin.

## Association et Superposition

Notez les deux types de références : **Association** et **Superposition**.

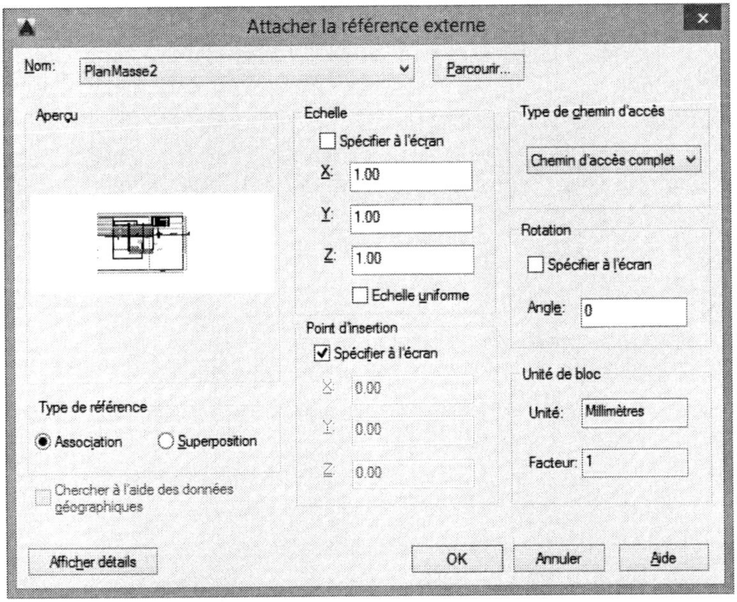


L'option **Association** est proposée par défaut. Si des références externes sont déjà attachées à la référence externe que vous attachez au dessin courant, vous visualisez toutes ces références imbriquées.

Si des références externes sont déjà superposées à la référence externe que vous superposez au dessin courant, vous ne visualisez que la référence externe superposée à votre dessin.

Imaginez un dessin *portes.dwg* superposé à un dessin *cloisons.dwg*. Si vous superposez *cloisons.dwg* à un nouveau dessin *murs.dwg*, vous ne visualisez pas la référence *portes.dwg*.

## 1.2 Détacher une référence externe

- Dans la palette **Références externes**, sélectionnez la ou les références, effectuez un clic droit et choisissez **Détacher** dans le menu contextuel.

La touche [Ctrl] permet la sélection multiple des références attachées ou superposées. Une référence détachée ne fait plus partie du dessin courant, et les objets appartenant à cette référence ne sont plus affichés. À la prochaine ouverture du dessin courant, la référence externe sera ignorée.

## 1.3 Décharger une référence externe

- Dans la palette **Références externes**, sélectionnez la ou les références, effectuez un clic droit et choisissez **Décharger** dans le menu contextuel.

La touche [Ctrl] permet la sélection multiple des références attachées ou superposées. Vous déchargez temporairement une référence externe, et ne visualisez plus les objets appartenant aux références déchargées, et ils ne sont plus pris en compte lors de chaque nouvelle régénération. Cette manipulation est très pratique, car elle permet de libérer efficacement du dessin courant une référence externe entière.

## 1.4 Recharger une référence externe

- Dans la palette **Références externes**, sélectionnez la ou les références, effectuez un clic droit et choisissez **Recharger** dans le menu contextuel.

La touche [Ctrl] permet la sélection multiple des références attachées ou superposées. Vous rechargez la ou les références externes qui ont été préalablement déchargées. Ainsi, vous récupérez la dernière version de la référence externe attachée.

En effet, l'affichage respecte les dernières modifications (effectuées par un collaborateur, par exemple). Cette option représente un intérêt majeur dans une installation en réseau.

Notez que le point d'insertion ainsi que l'échelle et l'angle de rotation ne sont plus demandés.

## 1.5 Lier une référence externe

▶ Dans la palette **Références externes**, sélectionnez la ou les références, effectuez un clic droit et choisissez **Lier** dans le menu contextuel.

Lorsque vous attachez des références externes à votre dessin, celles-ci ne font pas partie du dessin. Mais si vous le souhaitez, elles peuvent y être attribuées ou liées définitivement.

Dans un dessin, vous utilisez des calques, des styles de texte, des styles de cote, des styles de ligne, des blocs. Lorsque vous attachez une référence externe, tous ses éléments sont nommés **symboles dépendants**. Si un dessin *bâtiment.dwg* comportant un calque *murs* est attaché au dessin courant, le calque devient **bâtiment|murs**. Le caractère | (pipe en anglais) sépare le nom de la référence externe du calque. Ceci permet de distinguer facilement les symboles dépendants des références externes.

Quand vous ajoutez une référence externe à votre dessin, tous les symboles dépendants sont renommés. Le caractère | est remplacé par **$0$**. Le chiffre 0 (ou 1 pour éviter les doublons) est positionné entre deux signes dollars. Dans l'exemple précédent, le calque **bâtiment|murs** devient **bâtiment$0$murs**.

AutoCAD propose deux options lorsque vous liez une référence externe :

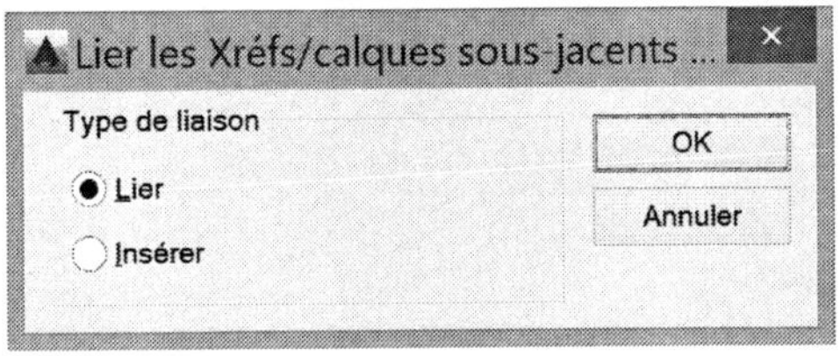


L'option **Lier** respecte les règles précédentes concernant les symboles dépendants, alors que l'option **Insérer** engendre une insertion classique du fichier dessin dans le dessin courant (identique à l'insertion d'un bloc).

## 1.6 Ouvrir une référence externe

▶ Dans la palette **Références externes**, sélectionnez la référence à modifier, effectuez un clic droit et choisissez **Ouvrir** dans le menu contextuel.

Le fichier est alors ouvert dans une fenêtre séparée.

Cette fonction permet de sélectionner une Xréf attachée au dessin courant et de l'ouvrir dans une fenêtre distincte. Ainsi, vous procédez aux modifications sur le fichier séparé puis enregistrez les modifications.

Un rechargement dans le dessin dans lequel est attaché ce fichier modifié permet l'actualisation des modifications à l'écran.

**Remarque**

*Vous pouvez également ouvrir une référence externe en sélectionnant la géométrie dans la zone de dessin, puis en cliquant sur l'icône* ***Ouvrir la référence*** *dans le groupe de fonctions* ***Modifier*** *(onglet* ***Référence externe****).*

## 2. Délimiter une référence externe

Ce choix permet de limiter l'affichage d'une référence externe ou d'un bloc. Cette limite ou délimitation est possible avec une polyligne existante, une zone rectangulaire ou polygonale à définir. L'affichage est permis à l'intérieur de la délimitation.

Déroulez le groupe de fonctions **Référence** (onglet **Insertion**), cliquez sur l'icône **Délimiter** 

.

AutoCAD vous demande de sélectionner la ou les références externes à délimiter.

Le message suivant est affiché :

```
Sélectionner l'objet à délimiter:
```

La ligne d'options suivante apparaît :

```
[ACtif INactif Profdelim Supprimer générer POlyligne Nouveau contour] <Nouveau>:
```

### Nouveau contour

C'est l'option par défaut. Appuyez sur [Entrée]. AutoCAD permet de préciser la zone de délimitation selon trois méthodes :

**Sélectionner polyligne** : sélectionne une polyligne existante.

**Polygonal** : définit un contour quelconque à l'aide de points successifs.

**Rectangulaire** : définit un contour rectangulaire à l'aide de deux points.

### générer POlyligne

Permet de générer une polyligne indépendante à partir d'une zone de délimitation définie à l'aide de points.

**ACtif** : permet d'activer la délimitation, lorsque celle-ci a été désactivée.

**INactif** : désactive la délimitation et réaffiche l'ensemble de la référence externe. Cette notion est provisoire (bascule ACtif / INactif).

**Profdelim** : permet de limiter l'affichage d'une référence externe à une certaine élévation en Z. Deux points (deux Z différents) définissent une épaisseur à prendre en compte pour l'affichage. Tout ce qui est placé en dessous ou au-dessus de ce volume n'est pas affiché. Si les points 0,0,50 et 0,0,-60 sont fixés, seuls les objets placés en Z intermédiaire (ex. 40, 0, -10 ou -55) sont affichés. Cette option ne fonctionne que lorsqu'une délimitation a été définie.

**Supprimer** : efface définitivement une délimitation, et permet l'affichage entier de la référence externe.

**Remarque**

*Si vous sélectionnez la géométrie d'une référence externe, vous accédez aux commandes suivantes dans le groupe de fonctions* ***Délimitation*** *(onglet* ***Référence externe****) :* ***Créer un contour de délimitation*** *pour délimiter une référence externe (ou modifier la délimitation) et* ***Supprimer la délimitation*** *de la référence externe.*

## Afficher le cadre de délimitation

- Dans le groupe de fonctions **Référence** (onglet **Insertion**), cliquez sur le bouton-liste **Variation des paramètres des cadres** 
.

Cette option permet l'affichage du contour de délimitation (rectangulaire ou polygonal). Vous pouvez choisir de **Masquer les cadres**, **Afficher et tracer les cadres** ou **Afficher mais ne pas tracer les cadres**.

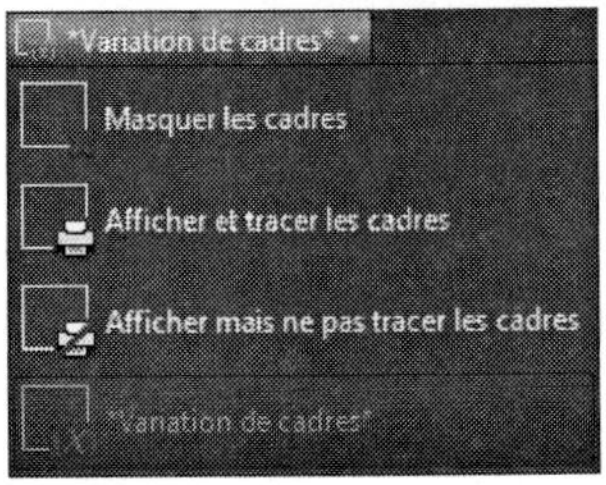


# 3. Éditer le chemin d'une référence externe

- Dans la palette **Références externes**, sélectionnez la référence externe pour laquelle vous souhaitez éditer le chemin.
- Dans la palette **Références externes**, accédez à la rubrique **Détails**. Au regard du libellé **Chemin enregistré**, cliquez sur le bouton [...] situé à l'extrême droite.

AutoCAD affiche une boîte de dialogue vous permettant de rechercher le nouveau chemin.

▶ Sélectionnez le fichier et cliquez sur **Ouvrir**.

Les éléments de la référence externe sont maintenant affichés.

## 4. Éditer des blocs et des références externes

AutoCAD permet la modification des éléments liés à un bloc ou à une référence externe associée au dessin courant.

- L'édition d'un **bloc** permet la mise à jour de tous les blocs insérés dans le dessin.
- L'édition d'une **référence externe** permet la mise à jour de toutes les références associées au dessin courant, mais aussi la modification du fichier externe d'origine. Ceci constitue un très grand intérêt puisque vous pouvez, par exemple, depuis un dessin d'ensemble, modifier un dessin de détail sans même ouvrir le fichier.

Pour éditer des blocs ou références externes, procédez comme suit :

▶ Déroulez le groupe de fonctions **Référence**, cliquez sur l'icône **Modifier les références** 

.

▶ Sélectionnez une référence à modifier.

La liste **Nom de référence** affiche les blocs et/ou références externes.

▶ Si celles-ci sont imbriquées, sélectionnez dans l'arborescence la référence à modifier. Un aperçu est affiché. Dans la partie inférieure, le chemin de la référence originale est indiqué.

- Pour afficher tous les noms de calque et de symbole imbriqués, conservez l'option **Sélectionner automatiquement tous les objets imbriqués** active.

L'option **Inviter à sélectionner les objets imbriqués** permet la sélection des objets imbriqués séparément, limitant l'édition à ces objets. Dans ce cas, AutoCAD demandera la sélection des objets.

- Confirmez par **OK**.
- Effectuez les changements de géométrie, ajoutez de nouveaux éléments, supprimez-en d'autres.
- Dans le groupe de fonctions contextuel **Modifier les références** (onglet **Insertion**), les boutons **Ajouter au jeu de sélection** et **Supprimer du jeu de sélection** permettent d'ajouter et de supprimer des éléments extérieurs à la référence à modifier.

Une fois tous les changements effectués, dans le groupe de fonctions **Modifier les références**, cliquez sur l'icône **Enregistrer les modifications**.

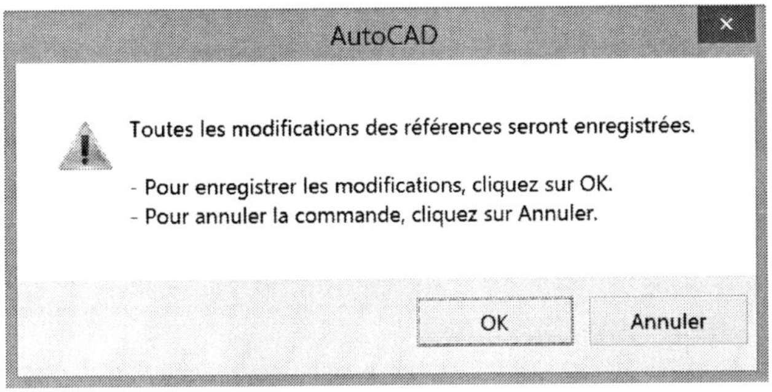


- Pour confirmer l'enregistrement, cliquez sur **OK**.

**Remarque**

*Toutes les références sont mises à jour dans le dessin, ainsi que le fichier dessin original.*

*Vous pouvez également éditer des blocs ou références externes en sélectionnant la géométrie dans la zone de dessin, puis en cliquant sur l'icône **Edition des références dans le dessin** dans le groupe de fonctions **Modifier** (onglet **Référence externe**).*

## 5. Attacher un fichier DWF au dessin courant

Vous pouvez attacher un fichier DWF au dessin courant. L'état des calques du fichier DWF est respecté. Il s'agit d'un objet unique non modifiable appelé calque sous-jacent. Il peut être extrêmement pratique de se référer à un fichier DWF. Ainsi, le fichier DWF inséré à l'échelle peut servir de fond de plan pour concevoir ou faire évoluer votre projet.

Tout comme une référence externe ou une image tramée, vous pouvez visualiser des informations sur un calque sous-jacent, l'attacher ou le détacher, le décharger ou le recharger, le rechercher et enregistrer un nouveau chemin de recherche.

- Dans la palette **Références externes**, cliquez sur l'icône déroulante et choisissez **Attacher un fichier DWF**.

Une boîte de dialogue vous invite à choisir un fichier DWF qui sera inséré dans le dessin courant.

- Confirmez par **Ouvrir** après sélection du fichier DWF (ou DWFx).

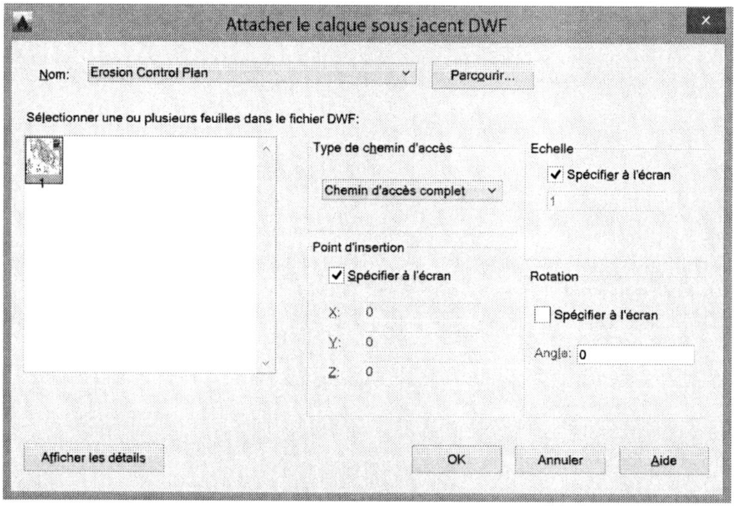

- Dans la liste **Sélectionner une ou plusieurs feuilles dans le fichier DWF**, prenez le soin de choisir la feuille à attacher (correspondant au calque sous-jacent DWF). Notez qu'un fichier DWF peut contenir de nombreuses feuilles.

  Le bouton **Afficher les détails** précise l'emplacement et le chemin du fichier DWF référencé.

- Puis définissez les modes **Point d'insertion**, **Echelle** et **Rotation** selon vos préférences avant de confirmer par **OK**.

Selon les choix précédents, AutoCAD vous propose de préciser dans la zone graphique le point d'insertion, l'échelle (ou l'unité) ainsi que l'angle de rotation du fichier DWF à attacher.

## Propriétés

La fenêtre **Propriétés** vous permet d'agir sur les paramètres suivants, spécifiques aux calques sous-jacents (fichier DWF attaché) :

- Après sélection du calque sous-jacent, effectuez un clic droit puis choisissez **Propriétés** dans le menu contextuel.

La fenêtre suivante est affichée :

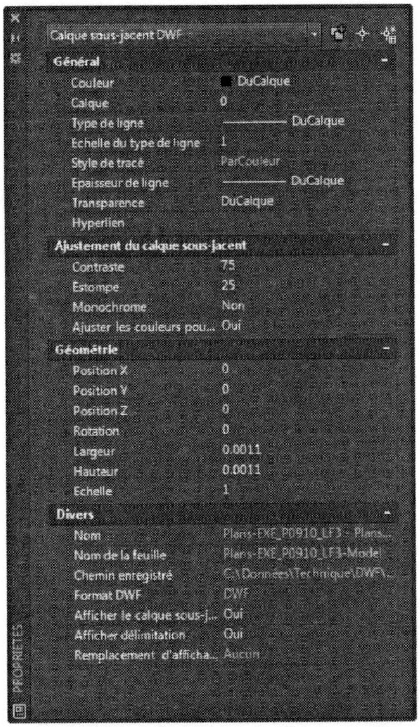

La rubrique **Géométrie** permet de modifier les positions, l'angle de rotation, l'échelle, la largeur et la hauteur du calque sous-jacent.

La rubrique **Ajustement du calque sous-jacent** permet d'agir sur le contraste et la valeur d'estompe, de forcer l'affichage monochrome ou couleur du calque sous-jacent et d'activer l'ajustement des couleurs du calque sous-jacent par rapport à l'arrière-plan courant.

La rubrique **Divers** permet de modifier le nom du calque sous-jacent et celui de la feuille, le chemin et d'activer ou non l'affichage du calque sous-jacent et de son contour de délimitation.

Si vous sélectionnez la géométrie du calque sous-jacent DWF, vous pouvez modifier ses propriétés avec les groupes de fonctions suivants :

**Ajuster** : permet de régler le constraste et l'estompe et d'afficher en monochrome ou en couleur.

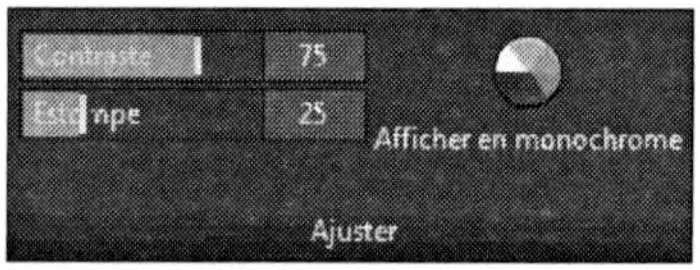


**Délimitation** : permet de créer un nouveau contour de délimitation ou de supprimer le contour de délimitation.

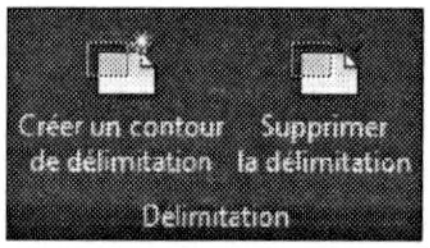


**Options** : permet d'afficher ou de masquer le calque sous-jacent ; permet d'activer ou de désactiver l'accrochage à la géométrie du calque sous-jacent ; permet d'afficher ou de masquer la palette **Références externes**.

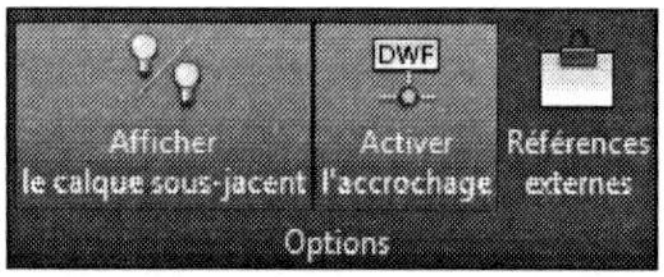


**Calques DWF** : permet d'afficher ou de masquer les calques composant le fichier DWF (ou DWFx).

Dans la fenêtre **Calques sous-jacents** ci-dessous, vous agissez directement sur les icônes pour afficher ou masquer les calques :

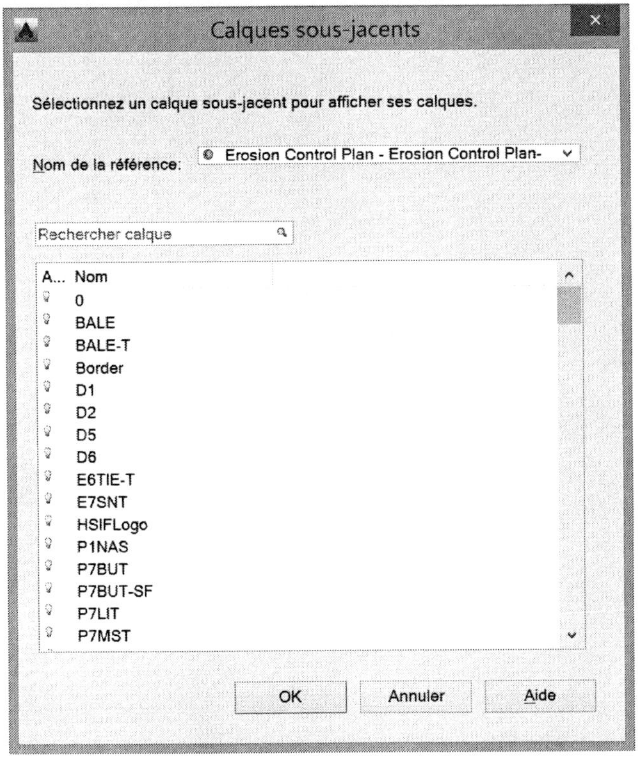


## 6. Attacher un fichier DGN au dessin courant

Vous pouvez attacher un fichier DGN au dessin courant. Il s'agit d'un objet unique non modifiable appelé calque sous-jacent, mais qui peut s'avérer utile en tant que référence. Ainsi, le fichier DGN inséré à l'échelle peut servir de fond de plan pour concevoir ou faire évoluer votre projet.

Tout comme une référence externe, un fichier DWF, ou une image tramée, vous pouvez visualiser des informations sur un calque sous-jacent, attacher ou détacher celui-ci, le décharger ou le recharger, rechercher et enregistrer un nouveau chemin de recherche.

- Dans la palette **Références externes**, cliquez sur le bouton-liste et choisissez **Attacher un fichier DGN**.

Une boîte de dialogue vous invite à choisir un fichier DGN qui sera inséré dans le dessin courant.

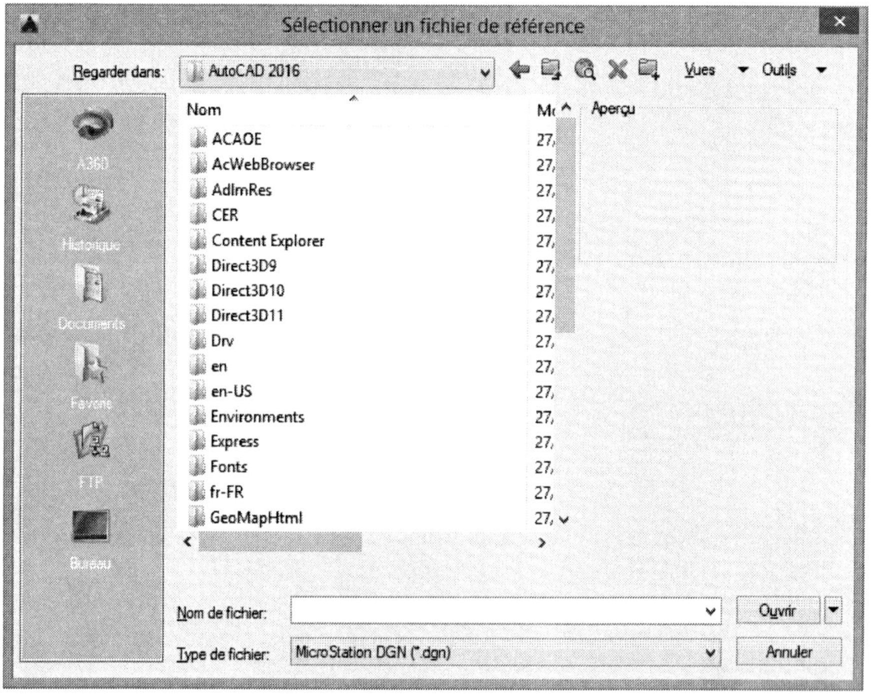


▶ Confirmez par **Ouvrir**, après sélection du fichier.

AutoCAD affiche ensuite la boîte de dialogue suivante :

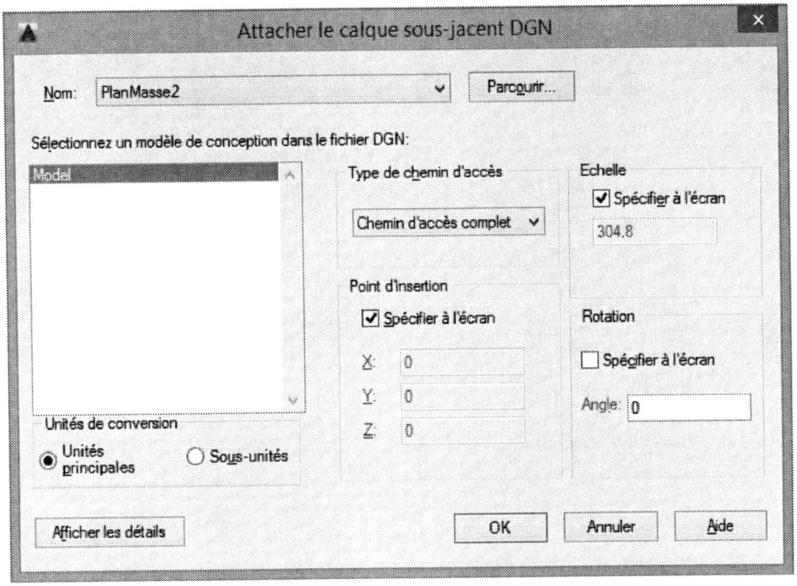


▶ Dans la liste **Sélectionnez un modèle de conception dans le fichier DGN**, prenez le soin de choisir le modèle à attacher (correspondant au calque sous-jacent DGN). Choisissez les unités de conversion si nécessaire.

Le bouton **Afficher les détails** précise l'emplacement et le chemin enregistrés du fichier référencé.

▶ Définissez ensuite les modes **Point d'insertion**, **Echelle** et **Rotation** selon vos préférences et confirmez par **OK**.

Selon les choix précédents, AutoCAD vous propose de préciser dans la zone graphique les points d'insertion, échelle et angle de rotation du calque sous-jacent DGN.

Si vous sélectionnez la géométrie du calque sous-jacent DGN, vous pouvez modifier ses propriétés avec les groupes de fonctions suivants :

**Ajuster** : permet de régler le contraste et l'estompe et d'afficher en monochrome ou en couleur.

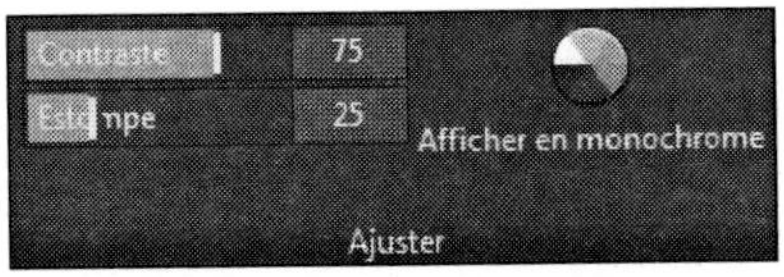

**Délimitation** : permet de créer un nouveau contour de délimitation ou de supprimer le contour de délimitation.

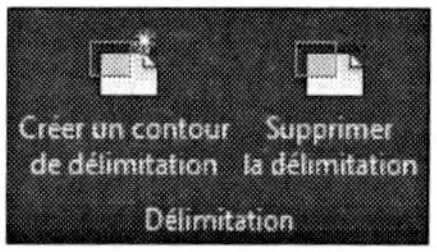


**Options** : permet d'afficher ou de masquer le calque sous-jacent ; permet d'activer ou de désactiver l'accrochage à la géométrie du calque sous-jacent ; permet d'afficher ou de masquer la palette **Références externes**.

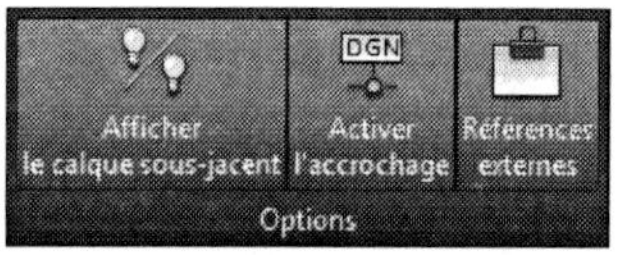


**Calques DGN** : permet d'afficher ou de masquer les calques composant le fichier DGN.

Dans la fenêtre **Calques sous-jacents** ci-dessous, vous agissez directement sur les icônes pour afficher ou masquer les calques :

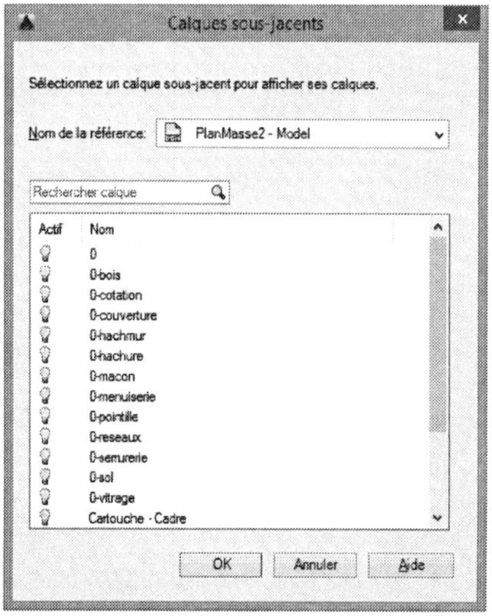

# 7. Attacher un fichier PDF au dessin courant

Vous pouvez attacher le fichier PDF au dessin courant. Il s'agit d'un objet unique non modifiable appelé calque sous-jacent, qui peut s'avérer utile en tant que référence. Ainsi, le fichier PDF inséré à l'échelle peut servir de fond de plan pour concevoir ou faire évoluer votre projet.

Tout comme une référence externe (fichier DWG), un fichier DWF, un fichier DGN ou une image tramée, vous pouvez visualiser des informations sur un calque sous-jacent, attacher ou détacher celui-ci, le décharger ou le recharger, rechercher et enregistrer un nouveau chemin de recherche.

- Dans la palette **Références externes**, cliquez sur le bouton-liste et choisissez **Attacher le PDF**.

Une boîte de dialogue vous invite à choisir un fichier PDF qui sera inséré dans le dessin courant.

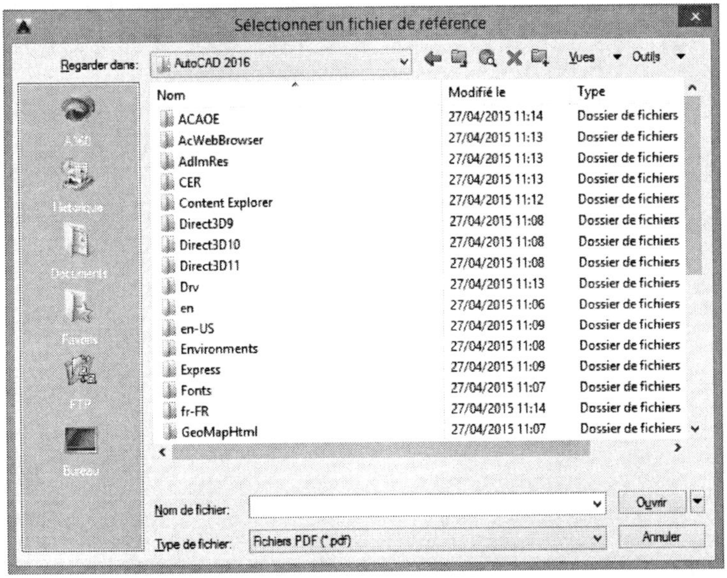

◘ Confirmez par **Ouvrir**, après sélection du fichier.

AutoCAD affiche ensuite la boîte de dialogue suivante :

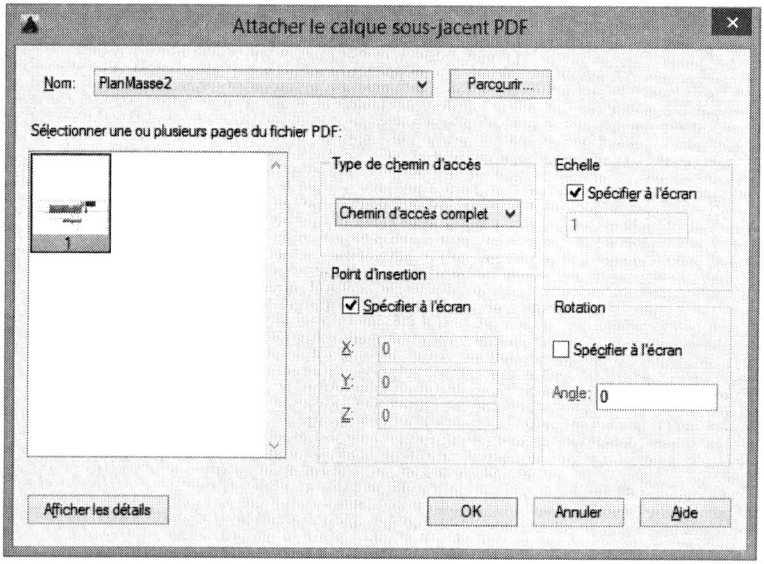


◘ Dans la liste **Sélectionner une ou plusieurs pages du fichier PDF**, prenez le soin de choisir la ou les pages du fichier PDF à attacher (correspondant au(x) calque(s) sous-jacent(s)).

Le bouton **Afficher les détails** précise l'emplacement et le chemin enregistrés du fichier référencé.

◘ Définissez ensuite les modes **Point d'insertion**, **Echelle** et **Rotation** selon vos préférences et confirmez par **OK**.

Selon les choix précédents, AutoCAD vous propose de préciser dans la zone graphique les points d'insertion, échelle et angle de rotation du calque sous-jacent.

Si vous sélectionnez la géométrie du calque sous-jacent PDF, vous pouvez modifier ses propriétés avec les groupes de fonctions suivants :

**Ajuster** : permet de régler le constraste et l'estompe et d'afficher en monochrome ou en couleur.

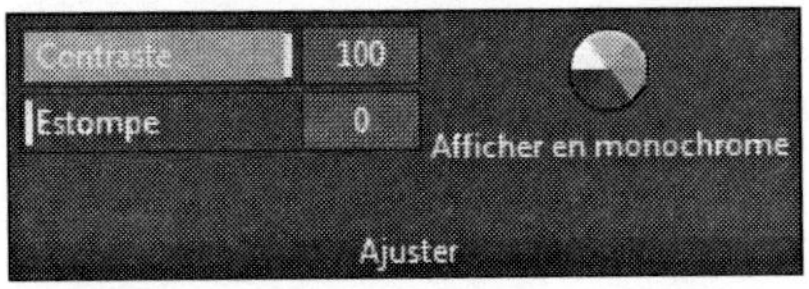


**Délimitation** : permet de créer un nouveau contour de délimitation ou de supprimer le contour de délimitation.

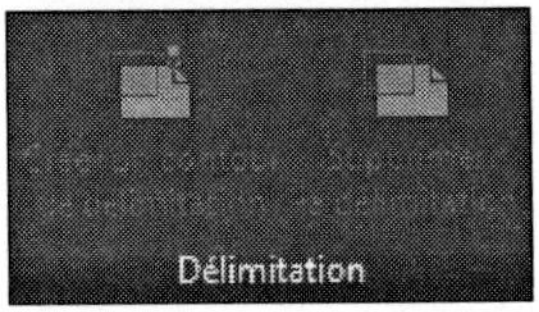


**Options** : permet d'afficher ou de masquer le calque sous-jacent ; permet d'activer ou de désactiver l'accrochage à la géométrie du calque sous-jacent ; permet d'afficher ou de masquer la palette **Références externes**.

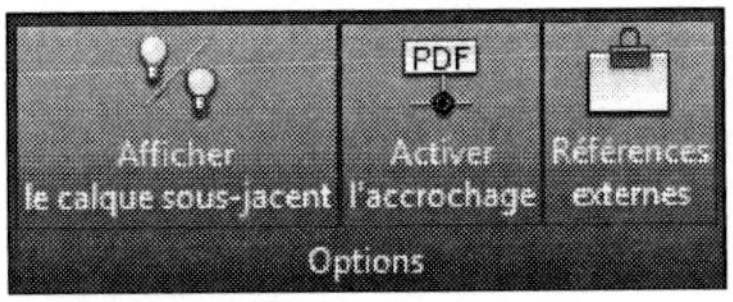


**Calques PDF** : permet d'afficher ou de masquer les calques composant le fichier PDF.

Dans la fenêtre **Calques sous-jacents** ci-dessous, vous agissez directement sur les icônes pour afficher ou masquer les calques :

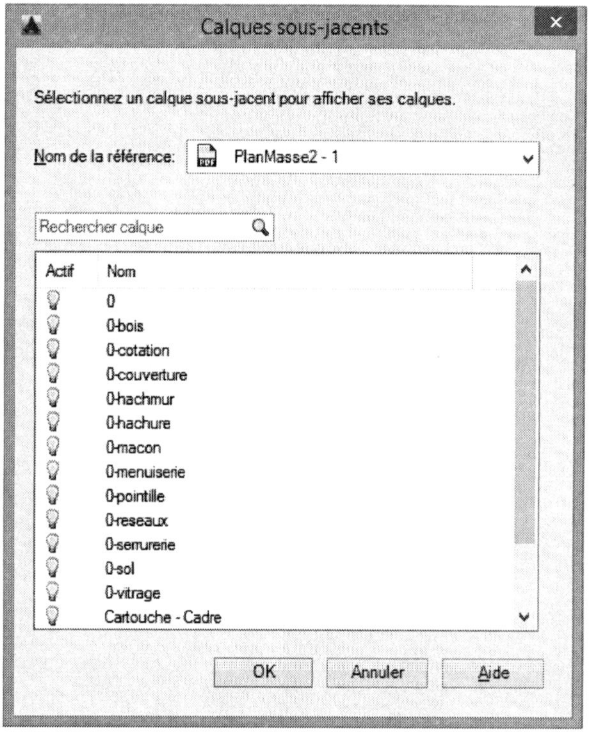

# Exercice 6
# Références externes

Dans cet exercice, nous allons attacher au plan du local professionnel un fichier de référence externe correspondant au schéma de l'implantation électrique et modifier celui-ci pour l'adapter à la disposition des pièces.

## 1. Étape 1 : Insérer une référence externe

▶ Téléchargez et ouvrez le fichier ressources **Références_externes.dwg**.

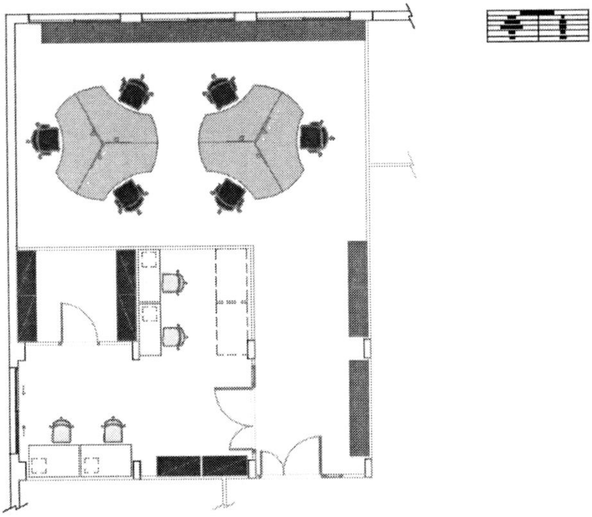

■ Dans le groupe de fonctions **Référence** (onglet **Insertion**), cliquez sur l'icône **Attacher** 

.

La fenêtre **Sélectionner un fichier de référence** apparaît :

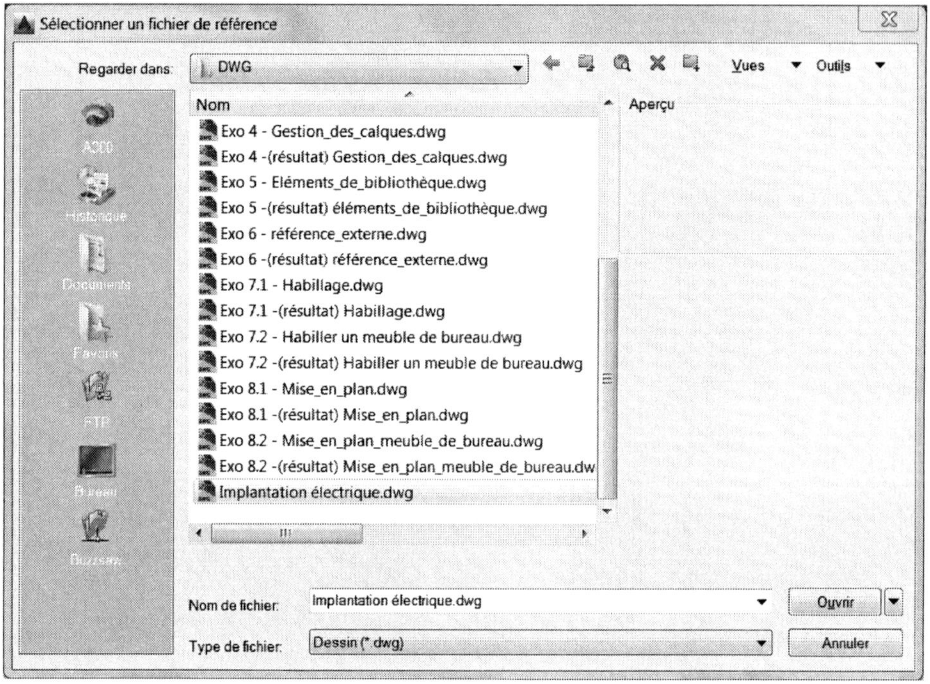


■ Naviguez jusqu'au fichier ressource **Implantation_électrique.dwg**, sélectionnez-le et cliquez sur **Ouvrir**.

La fenêtre **Attacher la référence externe** apparaît :

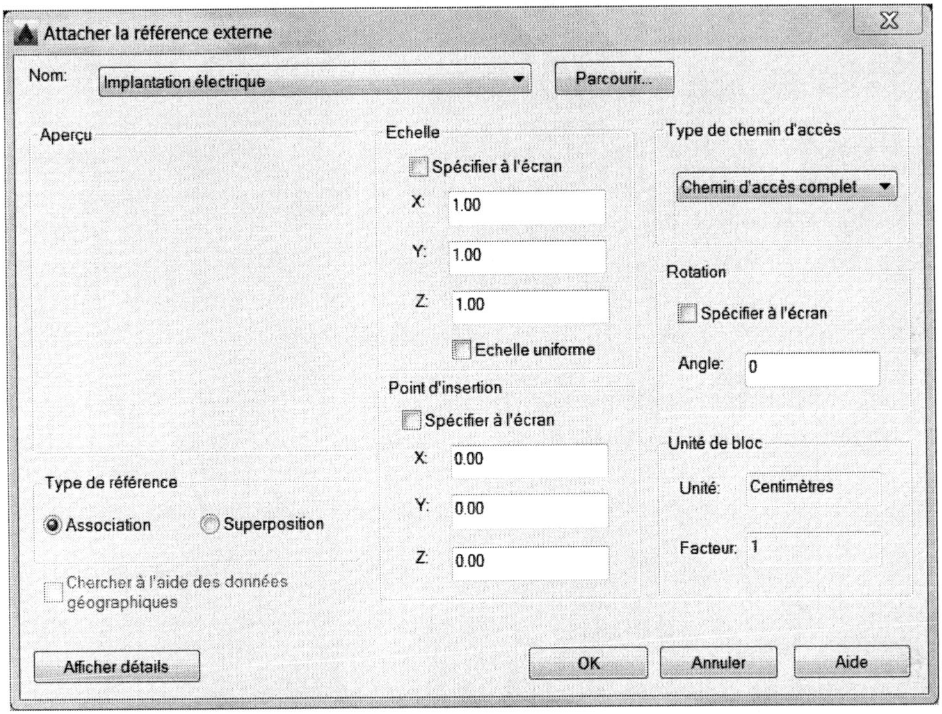


Dans la fenêtre **Attacher la référence externe**, plusieurs propriétés sont à renseigner avant d'insérer la référence externe.

- Dans la rubrique **Echelle**, vérifiez que la case à cocher **Spécifier à l'écran** est désactivée et renseignez **1** pour les zones de texte de **X**, **Y** et **Z**.
- Dans la rubrique **Point d'insertion**, vérifiez que la case à cocher **Spécifier à l'écran** est désactivée et renseignez **0** pour les zones de texte de **X**, **Y** et **Z**.
- Dans la rubrique **Rotation**, vérifiez que la case à cocher **Spécifier à l'écran** est désactivée et renseignez **0** pour la zone de texte **Angle**.
- Vérifiez que les rubriques **Type de référence** et **Type de chemin d'accès** correspondent à la figure ci-dessus.
- Cliquez sur **OK** pour insérer la référence externe.

L'implantation électrique vient s'ajouter au projet.

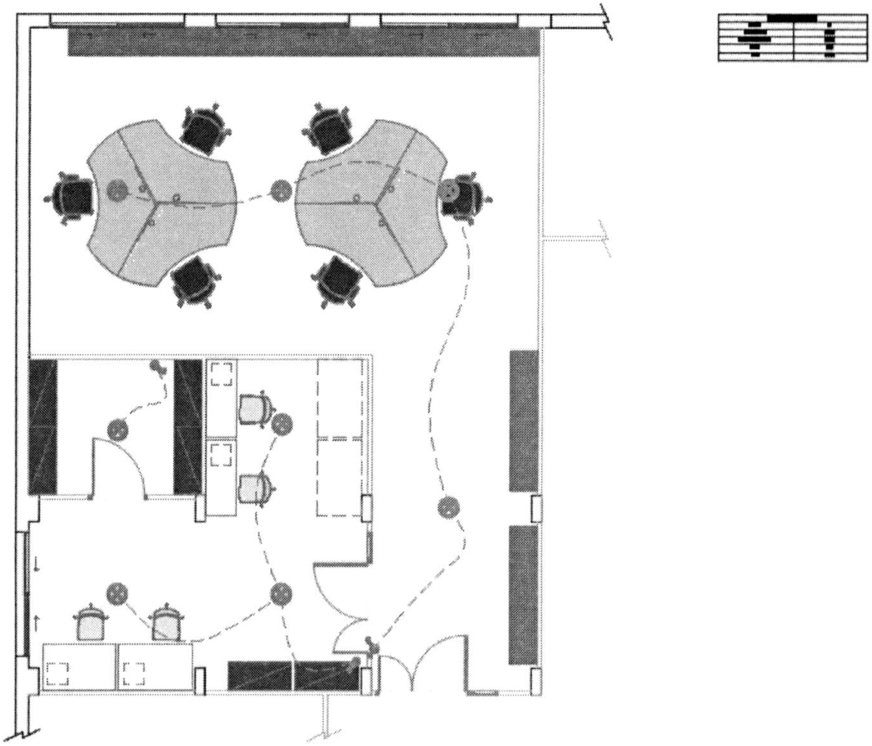

## 2. Étape 2 : Modifier un fichier de référence externe

Modifier un fichier de référence externe permet d'apporter des changements à un fichier pendant que celui-ci est affiché dans un contexte bien précis. Toutes les modifications apportées à la référence externe seront automatiquement appliquées au fichier original.

Ici, nous allons modifier le fichier de référence externe afin d'adapter le positionnement d'un interrupteur à la disposition d'une pièce.

- Dans le groupe de fonctions **Calque** (onglet **Début**), déroulez la liste des calques et cliquez sur l'icône **Activer/désactiver le calque**  du calque **GLF-40-Aménagement**.
- Dans la zone graphique, sélectionnez la référence externe et effectuez un clic droit. Dans le menu contextuel, choisissez **Modifier Xréf sur place**.

▶ Dans la fenêtre **Edition des références**, cliquez sur **OK**.

▶ Sélectionnez les éléments à modifier comme indiqué dans la figure ci-dessous.

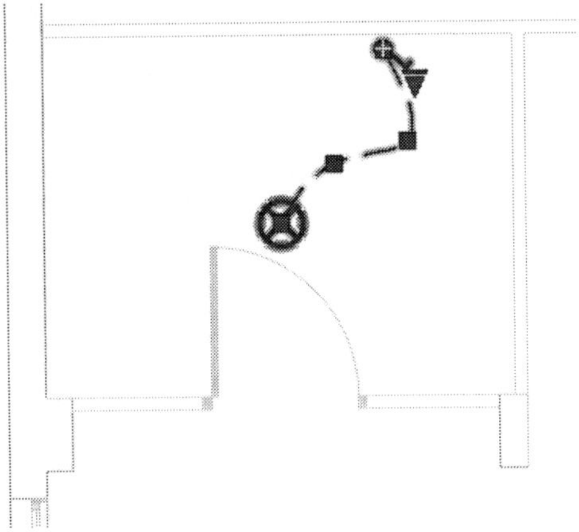

▶ Dans le groupe de fonctions **Modifier** (onglet **Début**), cliquez sur l'icône **Miroir** 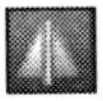.

La fenêtre de commande affiche :

```
MIROIR Spécifiez le premier point de la ligne de symétrie:
```

▶ Dans la zone graphique, cliquez sur le point au milieu de la ligne comme indiqué dans la figure ci-dessous pour spécifier la position du premier point de l'axe de symétrie.

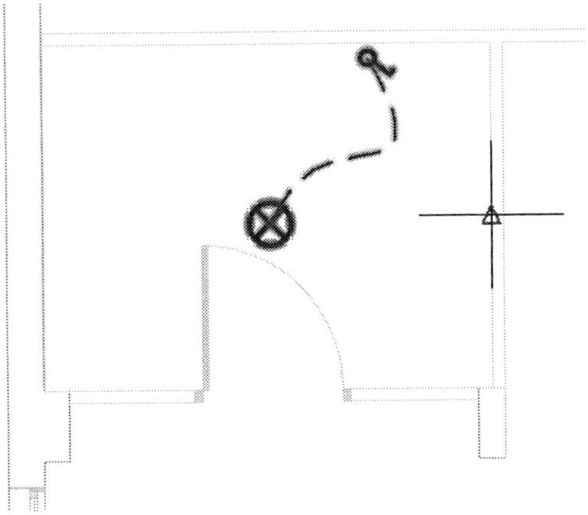

La fenêtre de commande affiche :

`MIROIR Spécifiez le deuxième point de la ligne de symétrie:`

▶ Cliquez sur le point d'accrochage perpendiculaire indiqué dans la figure ci-dessous pour spécifier la position du second point de l'axe de symétrie.

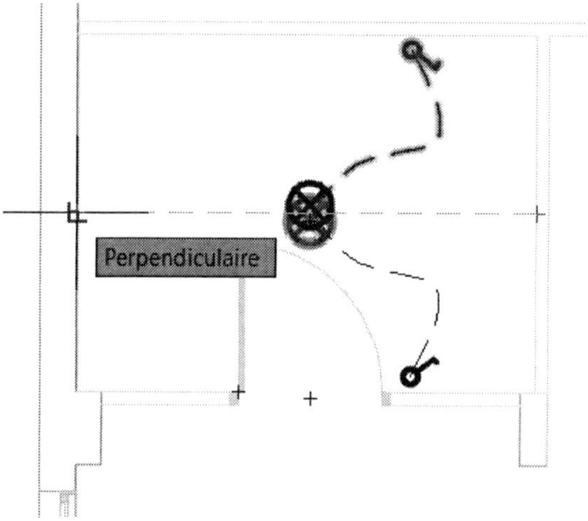


La fenêtre de commande affiche :

`MIROIR Effacer les objets source ? [Oui Non] <Non>:`

▶ Dans la fenêtre de commande, cliquez sur **Oui** pour effacer les objets sources.

▶ Déroulez le groupe de fonctions **Modifier les références** 

(onglet **Début**) et cliquez sur **Enregistrer les modifications** 

.

Dans la fenêtre **AutoCAD**, cliquez sur **OK** pour confirmer les modifications.

La figure ci-dessous affiche le résultat obtenu.

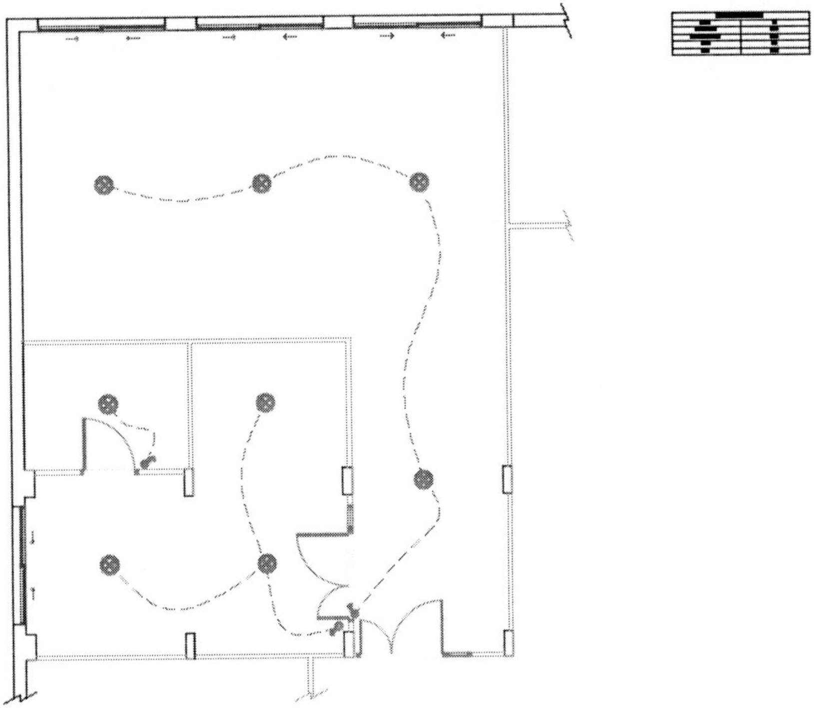

# Chapitre 12
# Les images tramées

## 1. Introduction

AutoCAD permet, comme beaucoup d'autres applications CAO/DAO, la conception de dessins vectoriels. Vous manipulez des lignes, arcs, cercles... qui sont des objets vectoriels. Le dessin vectoriel permet d'agir sur les objets eux-mêmes, et de modifier leurs caractéristiques (longueur, orientation, rayon...). Contrairement au dessin vectoriel, le dessin bitmap est une image dont chaque point peut être composé d'une couleur. L'image (photo numérisée ou image virtuelle) est définie par un nombre de points (ou pixels) largeur x hauteur appelée résolution. Plus ce nombre est important, meilleure est la qualité de l'image. L'autre élément déterminant est le nombre de couleurs affichées. Notez qu'une image à haute résolution avec un nombre de couleurs important (16 millions par exemple) favorise un fichier de grande taille (plusieurs mégaoctets).

AutoCAD permet l'affichage d'une image tramée dans un dessin. Ceci est très intéressant et permet, par exemple, d'agrémenter un dessin vectoriel AutoCAD. L'image peut être une photo numérisée ou une image virtuelle, conçue par AutoCAD, ou une application spécialisée en image de synthèse comme 3DS Max par exemple.

Il est fréquent aujourd'hui de mêler des dessins vectoriel et bitmap. Vous pouvez ainsi travailler sur une image de fond, et à l'inverse placer une image sur un dessin AutoCAD (ou à côté de celui-ci). Les formats d'images les plus répandus sont accessibles : *tga, tif, gif, bmp, rle, jpg, pct, pcx...*

La palette d'outils **Références externes** permet de contrôler les images dans votre dessin. Elle affiche toutes les images liées au dessin et permet d'attacher, de recharger, de détacher... une image. Les touches [F3] et [F4] permettent un affichage sous forme de liste ou d'arborescence, au sein de la palette **Références externes**.

## 2. Attacher une image

- Dans la palette d'outils **Références**, cliquez sur le bouton-liste et choisissez **Attacher une image**.

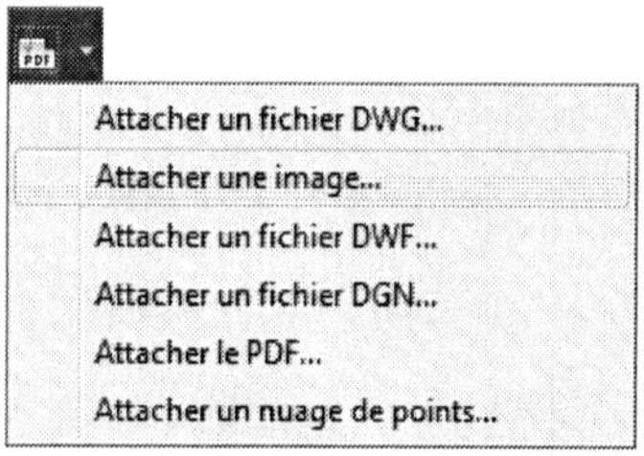


Une boîte de dialogue vous invite à choisir un fichier image qui sera inséré dans le dessin courant.

- Confirmez par **Ouvrir** après sélection du fichier image.

AutoCAD demande alors un point d'insertion, un facteur échelle et une orientation (à spécifier dans la boîte de dialogue ou dans la ligne de commande lors de l'insertion). Les images attachées sont mises à jour à chaque ouverture du fichier auquel elles sont rattachées.

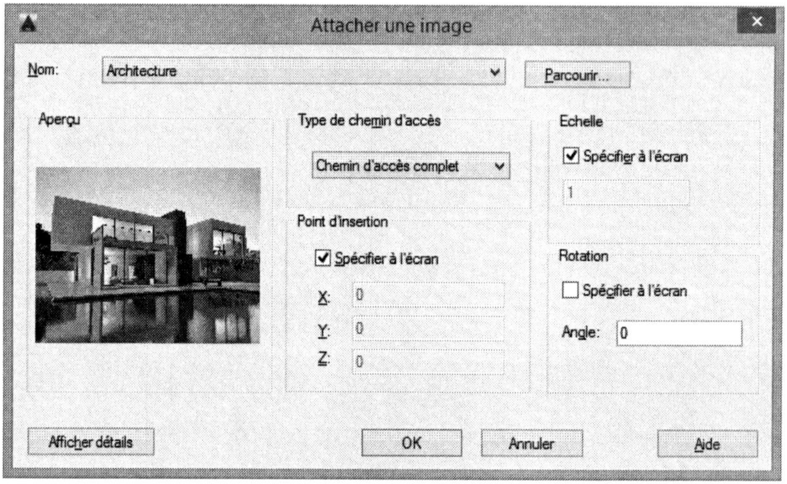


Le bouton **Afficher détails/Masquer détails** permet d'accéder aux informations et caractéristiques de l'image telles que la résolution et la taille de l'image, ainsi que son emplacement et son chemin de recherche.

## 3. Détacher une image

▶ Dans la palette **Références externes**, sélectionnez la ou les images, effectuez un clic droit, puis choisissez **Détacher** dans le menu contextuel.

La touche [Ctrl] permet la sélection multiple des images attachées. Une image détachée n'est plus affichée dans le dessin courant. À la prochaine ouverture du dessin courant, l'image sera ignorée.

## 4. Décharger une image

▶ Dans la palette **Références externes**, sélectionnez la ou les images, effectuez un clic droit puis choisissez **Décharger** dans le menu contextuel.

La touche [Ctrl] permet la sélection multiple des images attachées. Vous déchargez temporairement une image, et ne la visualisez plus. Cette manipulation est très pratique car elle permet de libérer efficacement le dessin courant de l'image entière.

## 5. Recharger une image

▶ Dans la palette **Références externes**, sélectionnez la ou les images, effectuez un clic droit puis choisissez **Recharger** dans le menu contextuel.

La touche [Ctrl] permet la sélection multiple des images attachées. Vous rechargez les images préalablement déchargées. Ainsi, vous récupérez leur dernière version.

En effet, l'affichage respecte les dernières modifications (effectuées par un collaborateur, par exemple). Cette option représente un intérêt majeur dans une installation en réseau.

## 6. Délimiter une image

▶ Déroulez le groupe de fonctions **Référence**, et cliquez sur l'icône **Délimiter**.

Ce choix permet de limiter l'affichage d'une image attachée. Cette limite ou délimitation est possible avec une zone rectangulaire ou polygonale. L'affichage est permis à l'intérieur de la délimitation. AutoCAD vous demande de sélectionner la ou les images à délimiter. Après la sélection, la ligne d'options suivante apparaît :

```
DELIM Entrez une option de délimitation de l'image [Actif INactif Supprimer Nouveau contour] <Nouveau>:
```

**Nouveau contour** : c'est l'option par défaut. Appuyez sur [Entrée]. AutoCAD permet de préciser la zone de délimitation selon deux méthodes :

- **Polygonal** : définit un contour quelconque à l'aide de points successifs.
- **Rectangulaire** : définit un contour rectangulaire à l'aide de deux points.

**ACtif** : permet d'activer la délimitation, lorsque celle-ci a été désactivée.

**INactif** : désactive la délimitation et réaffiche l'intégralité de l'image. Cette notion est provisoire (bascule ACtif/INactif).

**Supprimer** : efface définitivement une délimitation et permet l'affichage entier de l'image.

Vous pouvez aussi agir sur le contour de délimitation, en sélectionnant l'image et en accédant au groupe de fonctions **Délimitation** ci-dessous, pour créer un nouveau contour de délimitation ou supprimer le contour de délimitation.

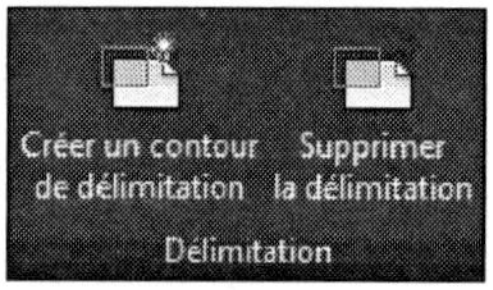


## 7. Éditer le chemin d'une image

▶Dans la palette **Références externes**, sélectionnez l'image pour laquelle vous souhaitez éditer le chemin.

▶Dans la palette **Références externes**, accédez à la rubrique **Détails**. Au regard du libellé **Chemin enregistré**, cliquez sur le bouton  situé à l'extrême droite.

AutoCAD affiche une boîte de dialogue vous permettant de rechercher le nouveau chemin.

▶Sélectionnez le fichier et cliquez sur **Ouvrir**. L'image s'affiche à nouveau.

## 8. Ajuster l'image

▶Sélectionnez l'image.

▶Dans le groupe de fonctions **Ajuster** (onglet contextuel **Image**), accédez aux réglages de luminosité **Contraste** et **Estompe** pour ajuster l'image.

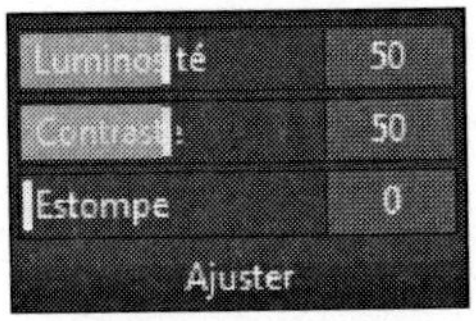


Au regard des libellés **Luminosité**, **Contraste** et **Estompe**, vous pouvez saisir une valeur ou encore agir sur chaque règle pour un réglage manuel.

## 9. Gérer la transparence de l'image

Cette option agit sur la transparence ou l'opacité du fond de l'image sélectionnée.

- Sélectionnez l'image.
- Dans le groupe de fonctions **Options** (onglet **Image**), cliquez sur l'icône **Transparence de l'arrière-plan** pour activer la transparence.

L'activation de la transparence reconnaît les pixels transparents de l'image et permet l'affichage du graphisme en transparence.

**Remarque**

*Plusieurs formats de fichier image acceptent des images comportant des pixels transparents. La transparence est disponible pour les images double ton et non double ton (RVB Alpha ou échelle de gris). Par défaut, les images sont liées avec la transparence désactivée.*

Vous pouvez aussi afficher ou masquer l'image, à l'aide de l'icône **Afficher l'image** dans le groupe de fonctions **Options**.

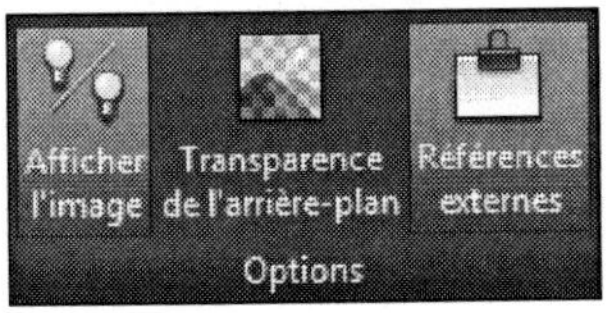


## 10. Modifier l'ordre d'affichage et de tracé

Cette option permet d'agir sur l'ordre d'apparition des images ou des autres objets superposés, pour l'affichage et le tracé.

### Affichage au premier plan

- Sélectionnez la ou les images à placer au premier plan. Effectuez un clic droit, choisissez **Ordre de tracé** puis **Placer au premier plan**.

## Affichage au dernier plan

▶ Sélectionnez la ou les images à placer au dernier plan. Effectuez un clic droit, choisissez **Ordre de tracé** puis **Placer en arrière-plan**.

## Affichage au-dessus

▶ Sélectionnez une ou plusieurs images, choisissez **Ordre de tracé** puis **Au-dessus de l'objet**. Permet de passer la ou les images sélectionnées devant une image (ou un autre objet) de référence sélectionnée.

## Affichage au-dessous

▶ Sélectionnez une ou plusieurs images, choisissez **Ordre de tracé** puis **Au-dessous de l'objet**. Permet de passer la ou les images sélectionnées derrière une image (ou un autre objet) de référence sélectionnée.

Ces fonctions sont également accessibles depuis le groupe de fonctions **Modification**.

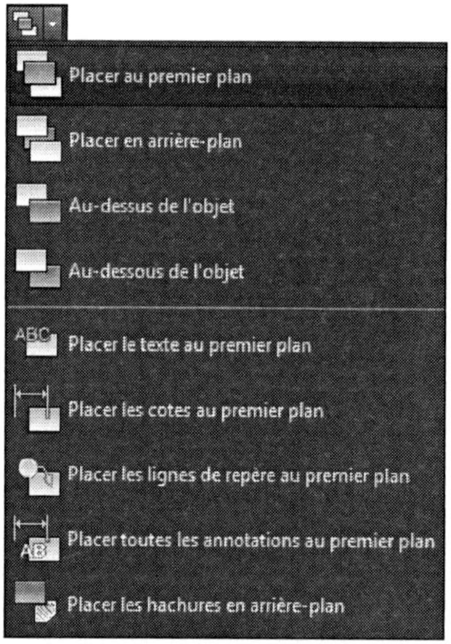


**Remarque**

*Les outils **Placer le texte au premier plan**, **Placer les cotes au premier plan** et **Placer les lignes de repère au premier plan** placent respectivement au premier plan les objets textes, cotes et lignes de repère.*
*L'outil **Placer toutes les annotations au premier plan** positionne l'ensemble des objets de type annotations au premier plan.*
*L'outil **Envoyer les hachures à l'arrière-plan** place les hachures à l'arrière-plan.*

# Chapitre 13
# L'habillage

## 1. Le hachurage et le remplissage du contour

AutoCAD dispose d'un hachurage facile d'utilisation. De plus, il bénéficie d'une prévisualisation en temps réel qui permet d'effectuer tout type de réglage avant d'affecter un hachurage définitif.

▶ Dans le groupe de fonctions **Dessin** (onglet **Début**), cliquez sur l'icône déroulante **Hachures** .

AutoCAD affiche le message suivant :

```
Choisissez un point interne ou [Sélectionner objets annUler paramèTres]:
```

L'option **Choisissez un point interne** permet par défaut de déplacer le pointeur à l'intérieur de la zone à hachurer (idéalement, cette zone doit être visible à l'écran). Vous obtenez un aperçu immédiat du motif de hachure appliqué comme sur la figure ci-après.

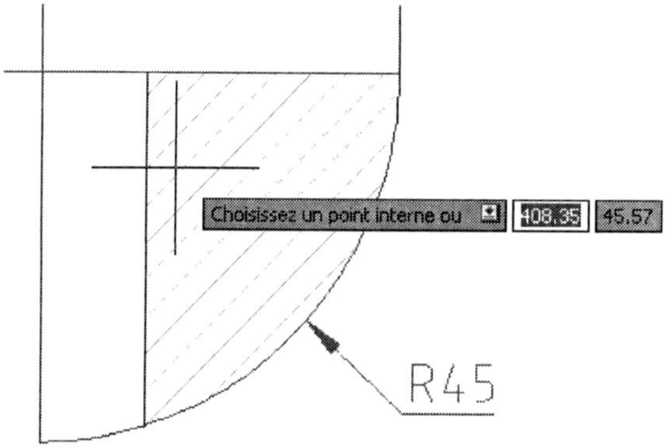


À cet instant, l'onglet **Création de hachures** affiche les groupes de fonctions **Contours**, **Motif**, **Propriétés**, **Origine** et **Options** (onglet contextuel **Création de hachures**) :

Ces groupes de fonctions permettent d'accéder aux options de hachures et permettent un affichage, en temps réel, des modifications apportées au hachurage en cours. Ces options sont regroupées dans la boîte de dialogue **Hachures et gradient** détaillée ci-après (option **paramèTres**).

L'option **Sélectionner objets** permet de procéder à la sélection classique d'objets à hachurer. Vous pouvez utiliser le jeu de sélection habituel.

Dans la ligne de commande, le message devient :

```
Sélectionnez les objets ou [cHoisir un point interne annUler paramèTres]:
```

L'option **paramèTres** ouvre la boîte de dialogue **Hachures et gradient** ci-après qui permet l'accès à la majorité des options de hachures.

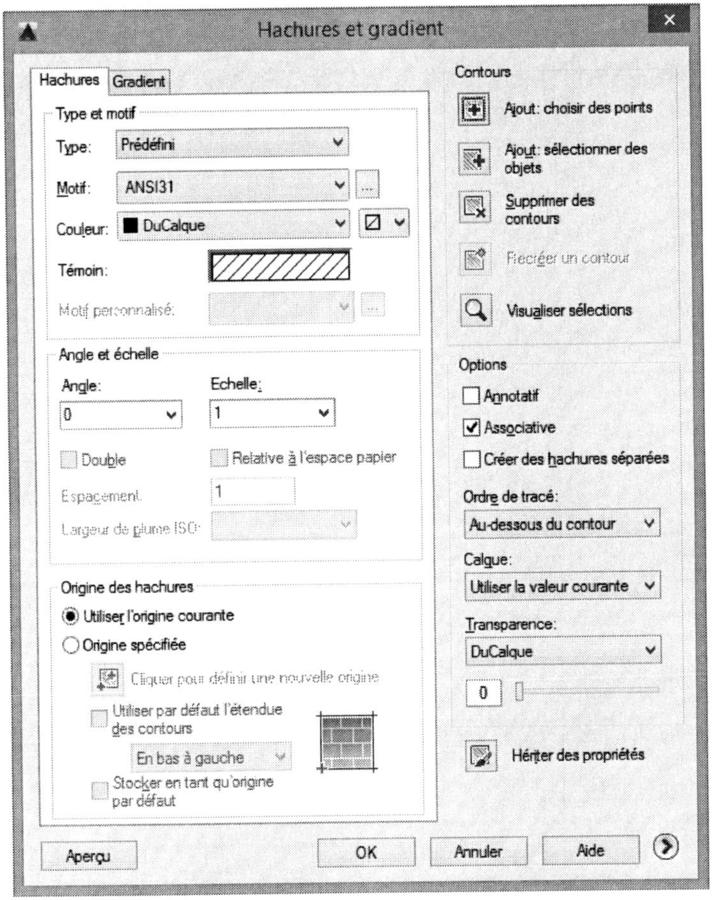


## Onglet Hachures

### Type et motif

**Type** : la liste déroulante propose l'accès aux motifs prédéfinis par défaut, mais aussi aux motifs définis par l'utilisateur ou personnalisés. Les motifs **prédéfinis** sont disponibles dans la palette de motifs fournie avec AutoCAD (cf. ci-après). Les motifs **définis par l'utilisateur** permettent la mise en place de motifs (basés sur des lignes parallèles) auxquels vous affectez un angle de rotation ainsi qu'un espacement spécifiques. La case à cocher **Double** permet le hachurage "croisé" (les lignes de hachure sont perpendiculaires). Les motifs **personnalisés** sont créés par l'utilisateur grâce à la personnalisation d'un fichier *.PAT*.

**Motif** : cette liste propose différents noms de motifs de hachures. L'affichage dépend de la palette choisie.

**Couleur** : cette liste propose d'attribuer une couleur au motif de hachures. Notez la couleur DUCALQUE associée communément au calque courant.

**Témoin** : affiche un aperçu du motif choisi. Cliquez sur l'aperçu ; la boîte de dialogue suivante apparaît :

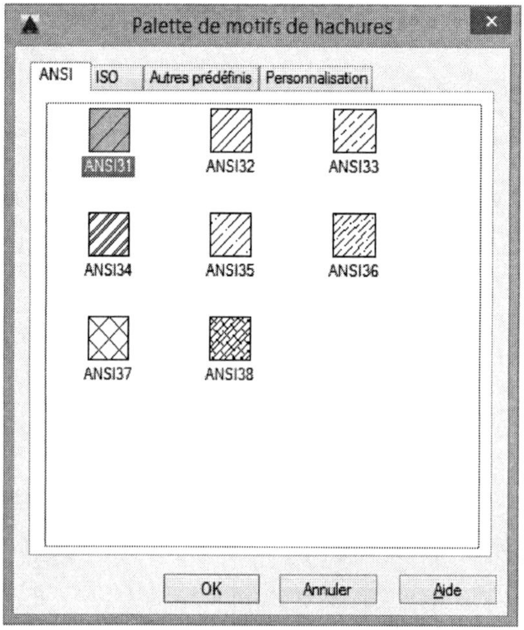


Les onglets **ANSI**, **ISO** et **Autres prédéfinis** proposent divers motifs de hachure présents dans le fichier ACADISO.PAT. L'onglet **Personnalisation** permet d'accéder aux motifs personnalisés et enregistrés dans un fichier .PAT.

**Motif personnalisé** : option disponible si la palette **Personnalisation** est choisie. Permet l'accès aux motifs personnalisés.

## Angle et échelle

**Angle** : permet d'incliner le motif de hachure.

**Echelle** : permet d'agir sur la taille d'un motif (non disponible pour le type **Défini par l'utilisateur**).

**Relative à l'espace papier** : permet d'adapter l'échelle du motif de hachure aux présentations du dessin (seulement disponible dans les présentations).

**Double** : valable dans le cas de motifs définis par l'utilisateur, cette option permet de dessiner un deuxième jeu de lignes placé perpendiculairement aux lignes d'origine.

**Espacement** : option uniquement disponible avec le type **Défini par l'utilisateur**. Correspond à l'écart entre les lignes de hachure.

**Largeur de plume ISO** : permet d'affecter une épaisseur de ligne aux motifs prédéfinis ISO.

## Origine des hachures

À la différence du bouton radio **Utiliser l'origine courante**, le bouton radio **Origine spécifiée** permet de modifier l'origine d'un motif de hachure. Sélectionnez le bouton **Cliquer pour définir une nouvelle origine** pour préciser à la souris une nouvelle origine. La case à cocher **Utiliser par défaut l'étendue des contours** permet de calculer une nouvelle origine sur la base des contours rectangulaires de hachure. Les choix possibles sont disponibles dans la liste déroulante : **En bas à gauche**, **En bas à droite**, **En haut à gauche**, **En haut à droite**, **Centre**. La case à cocher **Stocker en tant qu'origine par défaut** permet d'enregistrer la nouvelle origine des hachures.

Ci-dessous un exemple représentatif de changement d'origine des hachures :

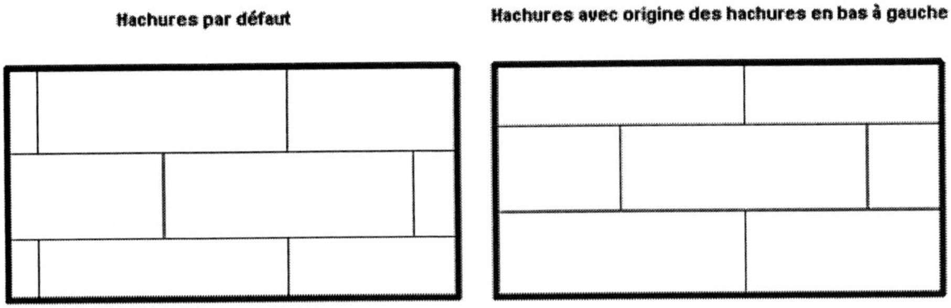


## Contours

**Ajout: choisir des points** : ce bouton vous donne la possibilité en un seul clic de définir une zone fermée à hachurer. AutoCAD recherche d'abord une zone externe, puis vérifie si ce contour peut contenir d'autres zones hachurables. Vous pouvez utiliser plusieurs fois de suite ce bouton.

**Ajout: sélectionner des objets** : permet une sélection classique des entités à hachurer. Les jeux de sélection habituels sont autorisés.

**Supprimer des contours** : permet de revenir sur une sélection contenant des zones internes non désirables.

**Recréer un contour** : permet de constituer le contour externe au motif de hachure. AutoCAD vous demande si vous souhaitez une polyligne ou une région. Ce nouveau contour créé sera associé ou non au motif de hachure.

**Visualiser sélections** : affiche en pointillés toutes les zones prises en compte pour le hachurage en cours.

## Options

**Annotatif** : permet de rendre les hachures annotatives. La propriété annotative automatise le processus de mise à l'échelle des hachures dans les onglets de présentation du dessin.

**Associative** : permet de créer une hachure ou un remplissage dépendant ou indépendant de ses contours. Ainsi, le hachurage ou remplissage évolue ou pas avec le contour associé, dans le cas d'une modification de celui-ci. La case à cocher active **Associative** permet la modification automatique du hachurage en cas de modification des contours.

La case à cocher **Créer des hachures séparées** permet d'obtenir un motif de hachure composé de lignes et non d'un motif de hachure solidaire. Il est conseillé d'utiliser cette option seulement dans des cas exceptionnels.

**Ordre de tracé** : permet de donner la priorité aux hachures ou au remplissage. Ainsi, les hachures ou le remplissage peuvent être placés au-dessous ou au-dessus les autres objets, au-dessous ou au-dessus le contour de hachures.

**Calque** : permet d'attribuer les hachures et remplissage à un calque particulier. La valeur courante respecte le calque courant.

**Transparence** : permet d'attribuer une transparence aux hachures et remplissage. La valeur courante respecte la transparence affectée au calque courant. Spécifier la valeur permet de définir une valeur précise à saisir ou agir sur la règle située juste en dessous.

**Hériter des propriétés** : permet de sélectionner un élément hachuré dans le dessin, pour réutiliser les mêmes paramètres de hachurage sur une autre zone du dessin.

## Onglet Gradient

Cet onglet est spécifique au remplissage de contours et propose un choix de dégradés de couleurs sur la base d'une ou de deux couleurs.

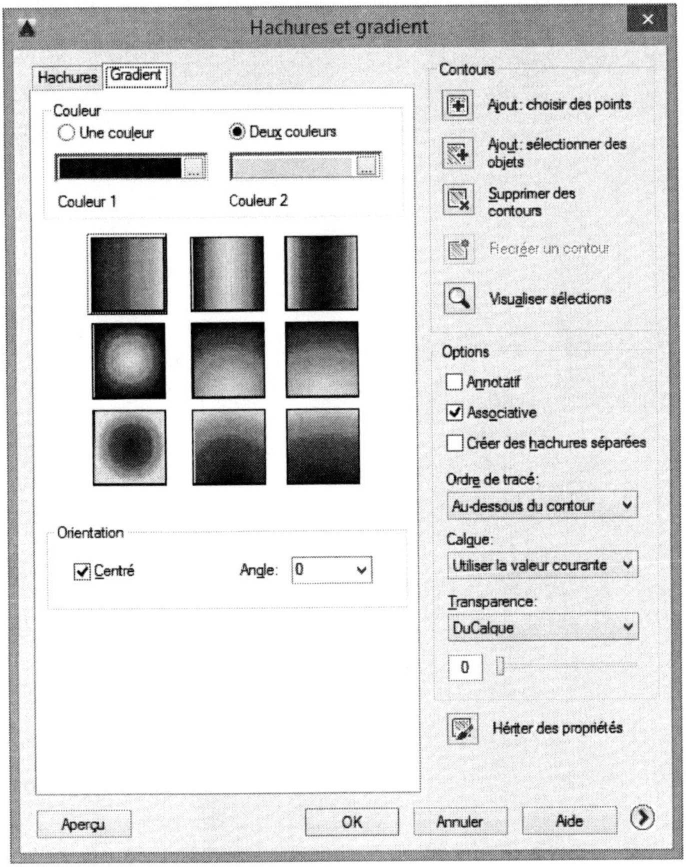


L'option **Une couleur** vous invite à choisir une couleur dans la palette de couleurs vraies, avant de procéder aux réglages d'ombrage et de teinte, de choisir le type de dégradé, ainsi que son orientation et le centrage du motif de remplissage. Ici, la couleur choisie s'accompagnera du blanc.

L'option **Deux couleurs** vous invite à choisir deux couleurs dans la palette de couleurs vraies, avant de procéder aux réglages d'ombrage et teinte, de choisir le type de dégradé, ainsi que son orientation et le centrage du motif de remplissage.

Un double clic sur la couleur (ou un clic sur le bouton aux trois points)  affiche la palette de couleurs suivante :

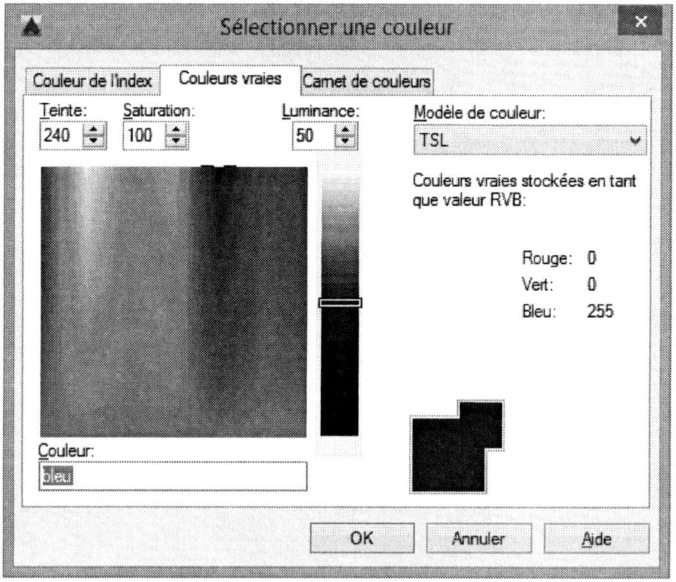


L'onglet **Couleurs vraies** vous permet de régler précisément la teinte, la saturation et la luminance avant ou après avoir choisi, à l'aide du pointeur, la nuance de couleur sur le spectre de couleurs.

L'onglet **Couleur de l'index** donne accès aux couleurs AutoCAD.

L'onglet **Carnet de couleurs** permet d'accéder aux carnets de couleurs tels Pantone.

## Application de hachures par glissement

- Dans le groupe de fonctions **Palettes** (onglet **Vue**), choisissez **DesignCenter** .
- Dans l'arborescence, accédez au dossier **AutoCAD 2016\Support** puis sélectionnez le fichier **Acadiso.pat**.
- Effectuez un double clic sur le nom de ce fichier pour visualiser les motifs de hachure à disposition.

L'affichage du DesignCenter devient le suivant :

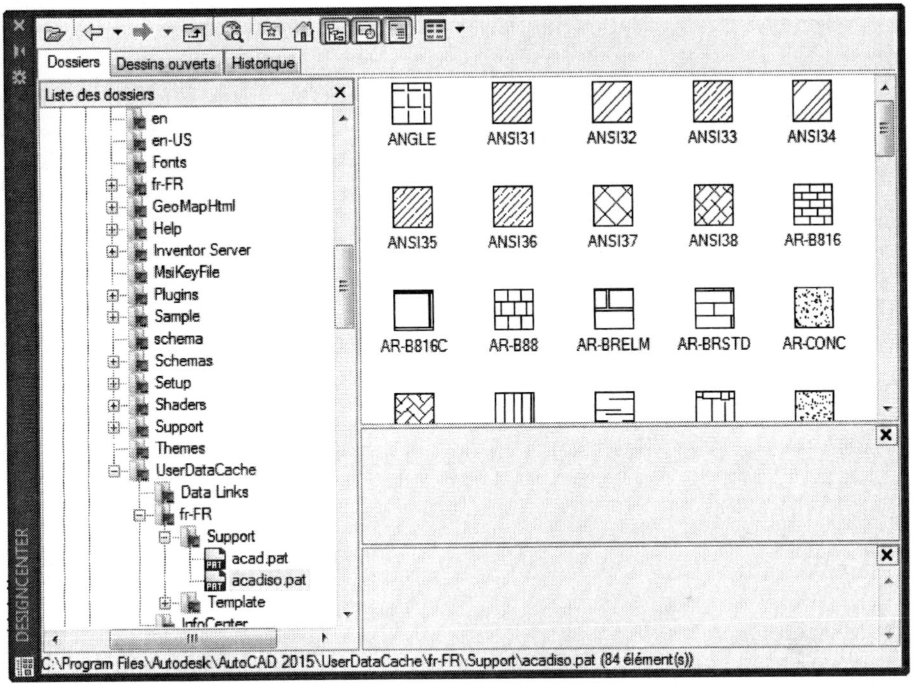


- Sélectionnez le motif de votre choix et glissez-le depuis le DesignCenter vers la zone à hachurer.

  Le motif de hachure est immédiatement appliqué.

**Remarque**

*Les palettes d'outils permettent également d'apposer des motifs de hachure personnalisés. Lorsque le motif est sélectionné, un clic droit -* ***Éditer les hachures*** *permet l'édition de celui-ci. AutoCAD autorise l'ajustement d'une hachure comme celui des objets géométriques tels que les lignes, arcs, cercles, polylignes, ellipses, splines... La fenêtre* ***Propriétés*** *liste l'ensemble des propriétés des hachures appliqués à un ou plusieurs contours, y compris l'aire (pour une zone hachurée) et les aires cumulées (pour plusieurs zones hachurées).*

## 2. La cotation

La cotation est un élément prépondérant dans un dessin technique. Elle permet de décrire précisément un dessin ou une partie du dessin. Elle est indispensable pour la fabrication ou la construction.

Des normes existent et permettent une "relative" standardisation des cotations. En effet, différentes présentations de cotation sont possibles. AutoCAD vous permet de présenter de nombreux aspects de cotation. La cotation est associative et donc évolue avec les changements de géométrie.

### 2.1 Création de cotation

AutoCAD propose huit catégories majeures de cotation situées dans le groupe de fonctions **Cotes** (onglet **Annoter**).

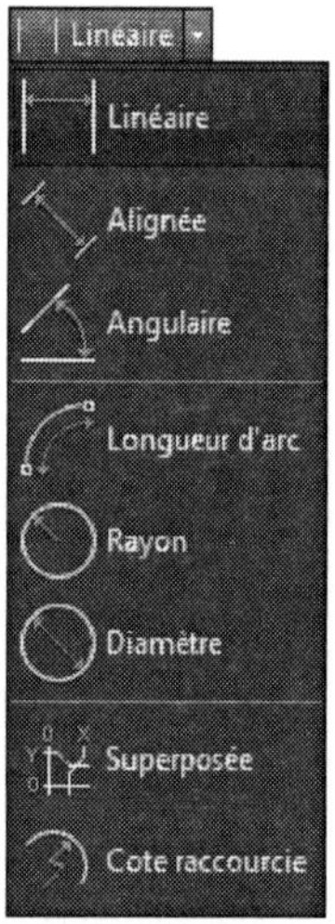

**Linéaire** : permet des cotations horizontales, verticales ou selon une orientation à préciser.

**Alignée** : permet une cotation linéaire respectant l'inclinaison d'un segment.

**Angulaire** : permet une cotation angulaire précisée par deux lignes ou un arc de cercle.

**Longueur d'arc** : permet de créer une cote de la longueur d'un arc.

**Rayon** : permet une cotation radiale d'un cercle ou d'un arc.

**Diamètre** : permet une cotation de diamètre d'un cercle ou d'un arc.

**Superposée** : permet la cotation d'un point selon l'axe des abscisses ou des ordonnées (X et Y) appelée aussi cotation d'ordonnées.

**Cote raccourcie** : permet des cotations radiales raccourcies lorsque le centre d'un cercle et d'un arc se situe en dehors du dessin. Le centre peut alors être défini à un autre emplacement, par exemple sur un axe.

Voici les éléments composant une cotation :

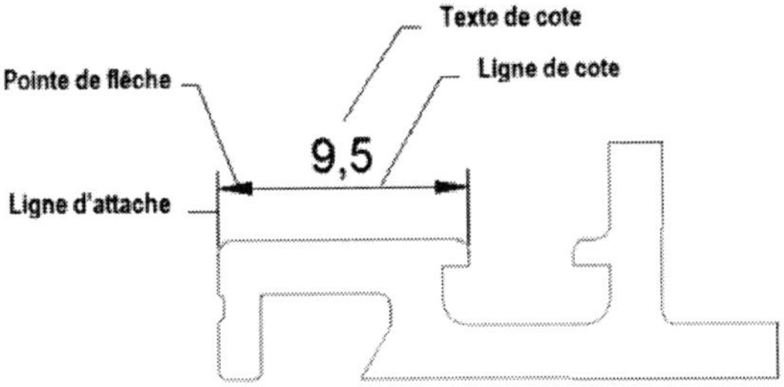


Le **texte de cote** peut se positionner sur la ligne de cote ou au milieu. Vous pouvez aussi le disposer à gauche, au centre ou à droite sur la ligne de cote ou la ligne d'attache.

La **ligne de cote** peut s'orienter horizontalement, verticalement ou selon un angle donné. La ligne de cote prend son départ sur une ligne d'attache et se termine sur la deuxième ligne d'attache.

Les **pointes de flèches** se situent à chaque extrémité de la ligne de cote. Vous choisissez entre des points, des barres ou des flèches personnalisées.

Les **lignes d'attache** prennent leur départ à proximité des objets à coter et dépassent la ligne de cote d'une distance fixée par l'utilisateur. Le départ depuis l'objet coté est aussi réglable. Elles peuvent être visibles ou invisibles.

Prenons un exemple de création de cote linéaire :

- Dans le groupe de fonctions **Cotes**, cliquez sur l'icône **Linéaire**.

Le message suivant apparaît :

```
Indiquez le premier point d'origine de la ligne d'attache ou
<sélectionnez un objet>:
```

- Précisez l'origine de la première ligne d'attache, AutoCAD vous demande ensuite :

```
Indiquez le second point d'origine de la ligne d'attache:
```

- Précisez l'origine de la deuxième ligne d'attache. Avec cette méthode, vous pouvez coter une ligne fictive (deux points). Si l'objet entier est à coter, appuyez sur [Entrée].

AutoCAD vous demande directement de sélectionner l'objet, puis :

```
Indiquez la position de la ligne de cote ou
[textMult/TExte/Angle/Horizontale/Verticale/Rotation]:
```

AutoCAD attend une position généralement donnée à la souris. Mais en bougeant le pointeur de la souris, vous remarquez une cotation intuitive. En fait, si les lignes d'attache prennent leur départ sur une ligne oblique (ni horizontale ni verticale), un déplacement horizontal de la souris propose une cotation verticale, et un déplacement vertical donne une cotation horizontale.

Si vous positionnez cette ligne de cote, AutoCAD quitte la commande sans vous proposer d'autres choix.

C'est donc avant de positionner la ligne de cote que vous pouvez forcer un texte différent (options **TExte** ou **Textmult**), orienter le texte de cotation (option **Angle**), imposer une cotation horizontale ou verticale, ou encore orienter l'angle de la ligne de cote (option **Rotation**).

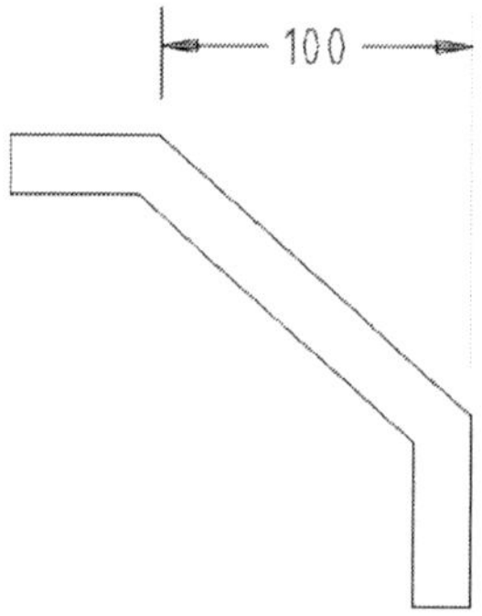

AutoCAD offre des cotations complétant intelligemment les cotations précédentes.

▶ Dans le groupe de fonctions **Cotes** (onglet **Annoter**), sélectionnez le bouton-liste ci-dessous pour accéder aux cotes **Continuer** et **Ligne de base**.

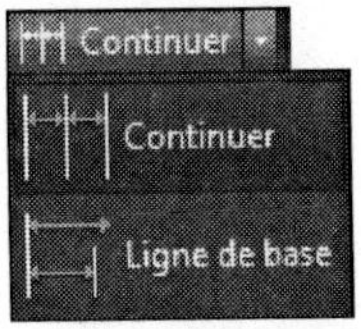

**Ligne de base** : permet, à partir de la cotation précédente (linéaire, angulaire ou d'ordonnées), de créer plusieurs cotations s'appuyant sur la même ligne de base.

**Continuer** : permet, à partir de la cotation précédente (linéaire, angulaire ou d'ordonnées), de créer plusieurs cotations successives s'appuyant à chaque fois sur la dernière ligne d'attache.

▶ Déroulez le groupe de fonctions **Cotes**, et sélectionnez les boutons suivants :

**Tolérance** : permet le positionnement de tolérances géométriques. Demande un symbole et une valeur de tolérance puis une ou plusieurs références associées.

**Marque centrale** : positionne une petite croix ou des axes au centre de cercles ou d'arcs.

AutoCAD offre une cotation automatique particulièrement productive avec la cotation rapide.

▶ Dans le groupe de fonctions **Cotes**, sélectionnez le bouton **Rapide** :

**Rapide** : permet de générer automatiquement un grand nombre de cotations linéaires, de rayon ou de diamètre. À partir d'une sélection multiple, AutoCAD positionne des séries de cotes (décalées, continues...). Un menu contextuel permet de préciser la présentation et le type de cotation voulue, de modifier la sélection...

Prenons quelques exemples de cotation rapide :

Exemple 1 : cotation continue

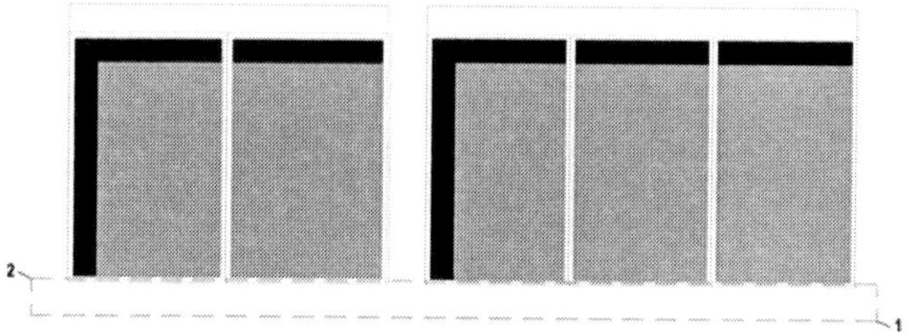


**Figure à coter**

- Choisissez le bouton **Rapide**, puis sélectionnez la partie inférieure grâce à une capture comme sur la figure ci-dessus (depuis le point 1 jusqu'au point 2). Validez la sélection par [Entrée].
- Effectuez un clic droit pour accéder à l'une des options (**Continue**, **Lignedebase** ou **Décalée**).
- Positionnez l'ensemble des cotes à l'aide d'un simple clic.

L'exemple ci-dessous est obtenu avec l'option **Continue**.

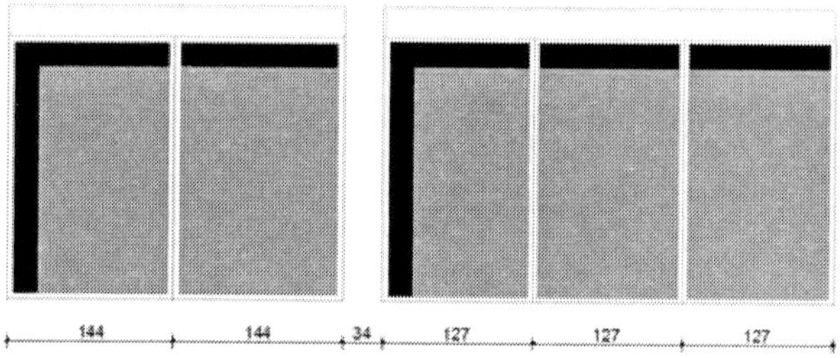


Voici le détail des options de cotation automatique :

**Continue** : positionne les cotes linéaires bout à bout.

**DEcalée** : fixe une cotation linéaire centrale, puis décale les différentes cotes linéaires l'une après l'autre.

**Lignebase** : génère plusieurs cotes linéaires s'appuyant sur la même ligne de base.

**Ordonnée** : place l'ensemble des cotes selon les abscisses ou les ordonnées.

**Rayon** : fixe un ensemble de cotes radiales (uniquement sur des arcs et cercles).

**DIamètre** : fixe un ensemble de cotes de diamètre (uniquement sur des arcs et cercles).

**Pointréférence** : permet, notamment pour les cotes Ligne de base, de fixer la base de référence. Il est possible de le changer à tout moment.

**Modif** : permet de supprimer dans une sélection multiple des points indésirables, ou de changer la présentation ou le type de cotes déjà positionnées.

Exemple 2

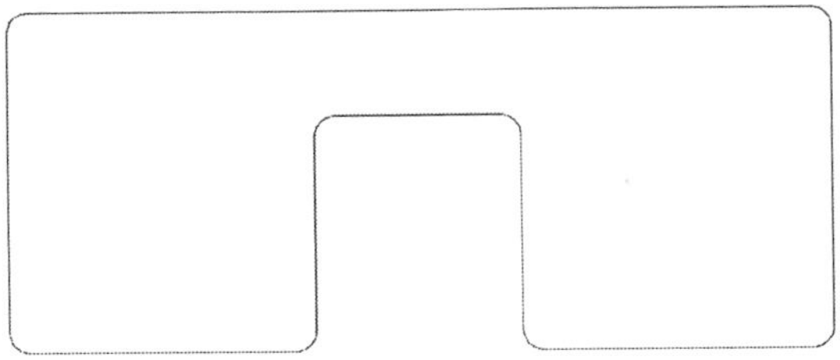

**Figure à coter**

- Choisissez le bouton **Rapide**, puis sélectionnez toute la géométrie. Validez la sélection par [Entrée].
- Effectuez un clic droit pour accéder à l'option **Rayon**.

Toutes les cotes radiales sont positionnées comme dans la figure suivante :

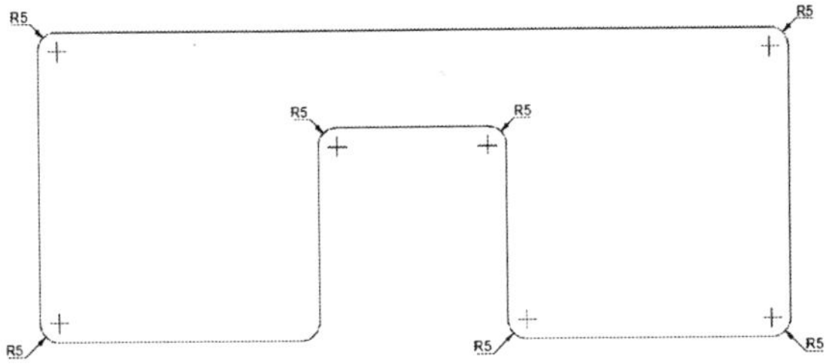


**Remarque**

*Bien qu'elle soit bien plus intéressante sur un ensemble d'objets à coter, la cotation rapide fonctionne très bien sur des objets seuls (toujours pour les cotations linéaire, radiale et de diamètre). Le bouton* ***Rapide*** *permet aussi la modification rapide de cotations multiples.*

L'outil **Cote** 

permet la mise en place automatisée du type de cote approprié en fonction de la sélection ou des points spécifiés.

La création des types de cote suivants est ainsi possible avec la même fonction : cotes linéaires verticales, horizontales, alignées et pivotées, cotes angulaires, cotes de rayon, de diamètre, de rayon raccourcies et de longueur d'arc, ainsi que cotes de ligne de base et cotes continues.

◘ Dans le groupe de fonctions **Cotes** (onglet **Annoter**), cliquez sur l'icône **Cote** 

.

Les options suivantes sont affichées :

```
COT Sélectionnez les objets ou spécifiez le premier point d'origine de la ligne d'attache ou [Angulaire ligneBase Continuer Superposée aliGner Distribuer caLque annUler]:
```

**Sélectionner les objets** : permet la sélection automatique d'un type de cote applicable à l'objet sélectionné, puis affiche les options disponibles pour ce type de cote.

Les cotes suivantes sont ainsi créées : linéaires, angulaires, de rayon, de diamètre.

**Spécifier le premier point d'origine de la ligne d'attache** : permet la création d'une cote linéaire à partir de deux points.

**Angulaire** : permet la création d'une cote angulaire à partir de deux lignes ou de trois points.

**ligneBase** : permet la création d'une cote linéaire, d'une cote angulaire ou de cotes superposées à partir de la première ligne d'attache de la cote précédente ou à partir de la ligne d'attache sélectionnée.

**Continuer** : permet la création d'une cote linéaire, d'une cote angulaire ou de cotes superposées à partir de la deuxième ligne d'attache de la cote précédente ou à partir d'une cote sélectionnée.

**Superposée** : permet la création de cotes superposées.

**aliGner** : permet d'aligner plusieurs cotes linéaires parallèles, cotes angulaires concentriques ou cotes superposées à partir d'une cote de base sélectionnée.

**Distribuer** : permet de spécifier la méthode de distribution d'un groupe de cotes superposées ou linaires isolées.

**caLque** : permet d'associer les nouvelles cotes au calque spécifié.

**annUler** : permet d'annuler la dernière opération de cote.

## 2.2 Modification de cotation

AutoCAD permet de modifier les cotations existantes. Vous pouvez déplacer et réorienter le texte de cote, incliner les lignes d'attache, modifier ou remplacer le texte de cote.

### Modifier l'inclinaison des lignes d'attache

- Déroulez le groupe de fonctions **Cote** (onglet **Annoter**), et cliquez sur l'icône **Oblique** .
- Sélectionnez la ou les cotes dont vous voulez modifier l'inclinaison des lignes d'attache et validez par [Entrée].

La figure ci-dessous présente des cotes dont l'inclinaison des lignes d'attache a été fixée à 80°.

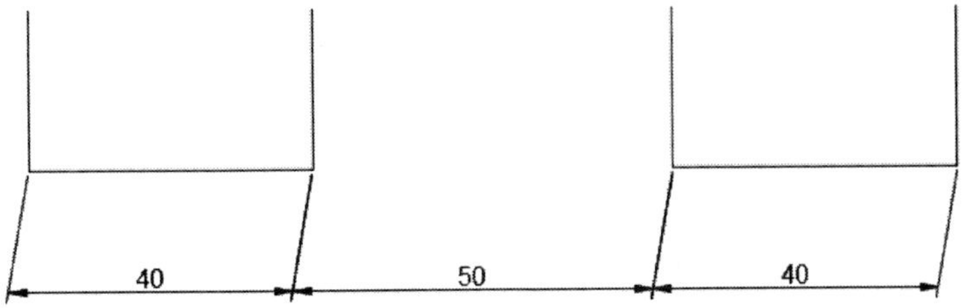


AutoCAD affiche les options suivantes :

```
Entrez l'angle d'inclinaison (appuyez sur ENTREE pour aucun):
```

- Saisissez le nouvel angle d'inclinaison des lignes d'attache.

### Modifier la position du texte de cote

- Déroulez le groupe de fonctions **Cotes**, et agissez sur les boutons suivants pour modifier la position du texte :

 **Justifier à Gauche** : place le texte de cote à proximité de la ligne d'attache gauche.

 **Centrer** : place le texte de cote au milieu de la ligne de cote.

 **Justifier à Droite** : place le texte de cote à proximité de la ligne d'attache droite.

 **Angle du texte** : permet d'orienter le texte de cote.

**Remarque**

*Une évolution dynamique permet de placer manuellement le texte de cote.*

## Modifier le texte de cote

- Dans le groupe de fonctions **Palettes** (onglet **Vue**), cliquez sur l'icône **Propriétés**.
- Sélectionnez la ou les cotes dont vous voulez modifier le texte de cote.

La palette **Propriétés** est affichée comme ci-après :

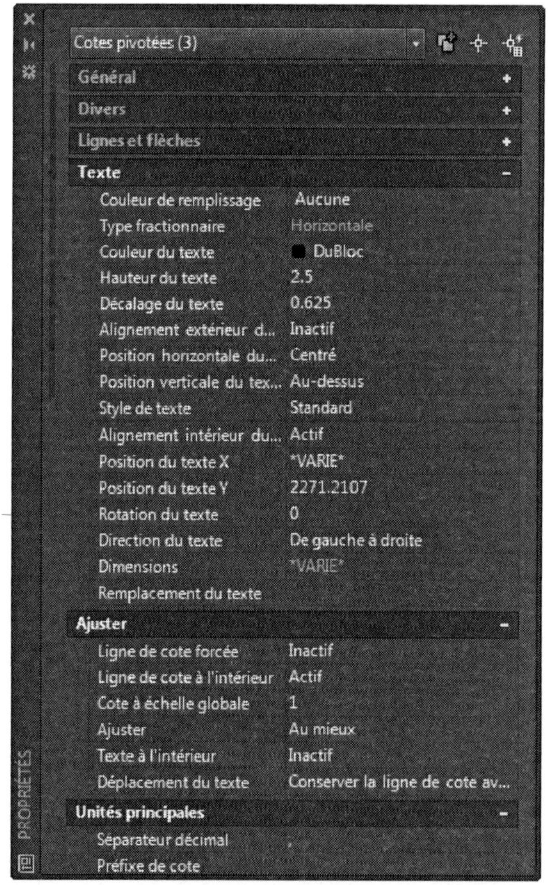

Vous avez ici accès à toutes les modifications possibles sur votre cotation. Vous pouvez changer les propriétés générales mais aussi changer de style de cote, ou modifier la géométrie, le format et le type d'annotation (cf. Les styles de cote dans ce chapitre).

- Si vous souhaitez seulement modifier le contenu du texte de cote, affichez la rubrique **Texte**.

Dans la zone **Remplacement du texte** (zone vide), vous pouvez forcer un texte de cote. Attention, un texte de cote forcé n'est plus associé à la géométrie de l'objet coté.

Si vous réaffectez une valeur vierge dans cette zone de texte **Remplacement du texte**, vous retrouvez un texte de cote associatif.

**Remarque**

*Sélectionnez une cote et constatez que le menu contextuel permet d'agir sur le positionnement du texte de cote, la précision du texte de cote, l'inversion de la flèche, ainsi que le style de cote.*

### Aligner et espacer des cotes linéaires ou angulaires

AutoCAD permet également d'espacer uniformément des cotes linéaires ou angulaires.

- Dans le groupe de fonctions **Cotes** (onglet **Annoter**), cliquez sur l'icône **Ajuster l'espacement** .

Le message suivant est affiché :

```
Sélectionnez la cote de base:
```

- Sélectionnez la cote de référence.

Le message suivant est affiché :

```
Sélectionnez les cotes à espacer:
```

- Sélectionnez les cotes linéaires ou angulaires à espacer et validez par [Entrée].

AutoCAD affiche :

```
Entrez une valeur ou [Auto] <Auto>:
```

- Saisissez une valeur pour espacer de façon égale les cotes sélectionnées de la cote de base.

**Remarque**

*Une valeur de 0 aligne les cotes sélectionnées.*

La valeur par défaut **Auto** respecte une valeur d'espacement calculée automatiquement en fonction de la hauteur de texte de cote (deux fois la hauteur de texte).

## Couper des cotes

AutoCAD permet de couper des cotes et d'autres objets géométriques pour faciliter l'affichage et la lecture d'une ou de plusieurs cotes.

- Dans le groupe de fonctions **Cotes** (onglet **Annoter**), cliquez sur l'icône **Coupure** .

Le message suivant est affiché :

```
Sélectionnez une cote pour ajouter ou supprimer une coupure ou [Multiple]:
```

- Sélectionnez la cote de référence. L'option **Multiple** permet de sélectionner plusieurs cotes.

Le message suivant est alors affiché :

```
Sélectionnez l'objet auquel appliquer la coupure de cote ou [Auto Manuel Restaurer] <Auto>:
```

- Sélectionnez l'objet à couper.

L'option par défaut **Auto** permet de procéder à une coupure automatique à chaque intersection de l'objet avec la cote. Par exemple, plusieurs segments d'une même polyligne croisant une cote peuvent être coupés.

L'option **Manuel** permet à l'utilisateur de définir les points de coupe.

L'option **Restaurer** permet de restaurer l'affichage des objets dans leur intégralité, c'est-à-dire sans coupure.

**Remarque**

*La coupure est associative, c'est-à-dire que lorsque la cote ou l'objet est déplacé, la coupure est actualisée.*

## Ajouter ou supprimer des informations d'inspection

AutoCAD vous permet d'ajouter ou de supprimer des informations d'inspection à une ou des cotes sélectionnées.

- Dans le groupe de fonctions **Cotes** (onglet **Annoter**), cliquez sur l'icône **Inspecter** .

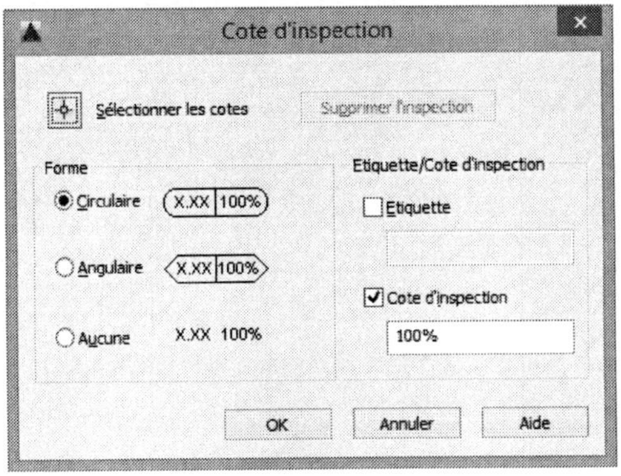


- Utilisez la rubrique **Forme** pour définir l'aspect du cadre (circulaire, angulaire ou sans cadre).
- Utilisez la rubrique **Etiquette/Cote d'inspection** pour définir l'aspect de la cote d'inspection. L'étiquette définit un texte qui sera placé après le texte de cote.

Le pourcentage **Cote d'inspection** définit la fréquence d'inspection.

- Cliquez sur le bouton **Sélectionner les cotes** pour procéder à la sélection des objets auxquels sera attribuée la cote d'inspection.
- Confirmez par **OK** pour valider la cote d'inspection.

## Appliquer une ligne raccourcie

AutoCAD permet d'appliquer ou de supprimer un raccourcissement à une cote linéaire ou alignée, comme dans la figure ci-dessous :

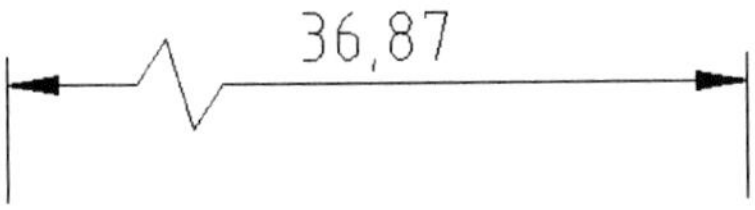


- Dans le groupe de fonctions **Cotes** (onglet **Annoter**), cliquez sur l'icône **Ligne raccourci** .

Le message suivant est alors affiché :

```
Sélectionnez une cote à laquelle ajouter un raccourcissement ou [Supprimer]:
```

- Sélectionnez la cote à laquelle appliquer le raccourcissement.

Puis le message suivant est affiché :

```
Indiquez la position du raccourcissement (ou appuyez sur ENTREE):
```

- Spécifiez l'emplacement du symbole de raccourcissement.

## 2.3 Mise à jour d'un groupe de cotations

Grâce aux styles de cote, une mise à jour des cotations est automatique. Vous pouvez cependant vouloir changer le style de cote de plusieurs cotations existantes.

- Dans le groupe de fonctions **Cotes** (onglet **Annoter**), cliquez sur l'icône **Mettre à jour** 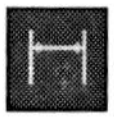.

Le message suivant est alors affiché :

```
Choix des objets:
```

- Sélectionnez les cotes à mettre à jour en fonction du style de cote courant.

## 2.4 Associativité des cotes

AutoCAD permet une réelle associativité des cotes aux objets ou points référents. Un simple déplacement ou une modification de la géométrie de référence impose un changement de la valeur du texte de cote.

- Dans le menu déroulant **Outils**, choisissez **Options**.
- Dans la boîte de dialogue **Options**, activez l'onglet **Préférences utilisateur**.
- Activez ou désactivez la case à cocher **Rendre associatives les nouvelles cotes** dans la rubrique **Cotation associative**.

## 2.5 Modifications à l'aide des poignées multifonctionnelles

- Après avoir sélectionné une cotation, déplacez le pointeur sur une poignée de modification pour afficher le menu contextuel associé (cf. les deux exemples ci-dessous). Le menu contextuel varie selon le type de cotation et selon la poignée concernée.

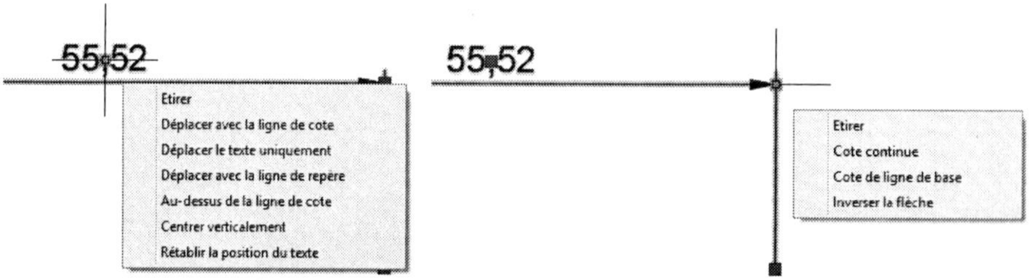

▶ Cliquez sur la fonction affichée dans le menu contextuel pour exécuter la commande.

Dans l'exemple de droite, l'option **Inverser la flèche** modifie le sens de la flèche droite telle que le présente la figure ci-dessous.

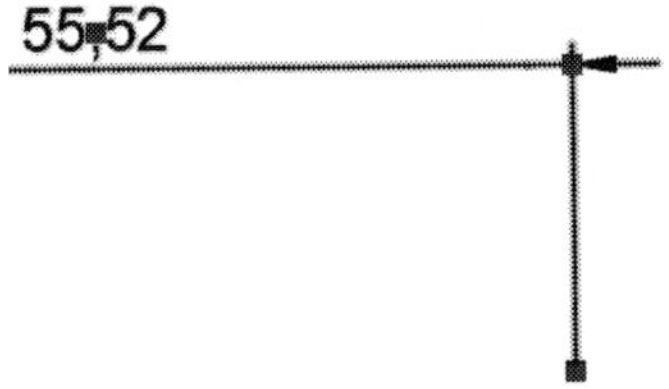


L'option **Cote continue** permet de créer plusieurs cotations successives s'appuyant à chaque fois sur la dernière ligne d'attache.

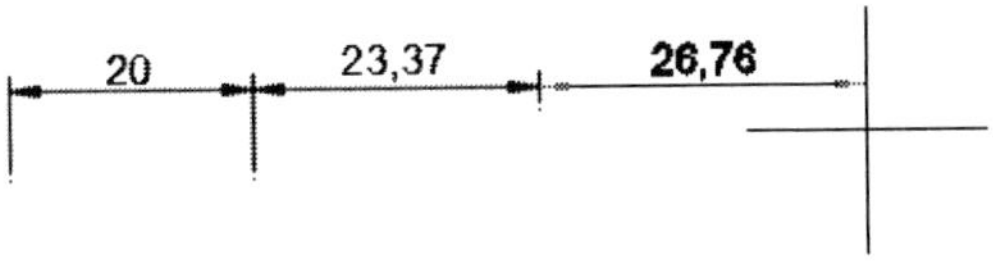


# 3. Les styles de cote

Un jeu de variables de cotation définit la manière dont sont dessinées les cotations. Ces variables sont des sélecteurs actif/inactif, distances, angles, entiers, chaînes de texte...

Vous pouvez agir sur ces variables et enregistrer différents aspects ou styles de cotation. Le gabarit *acadiso.dwt* contient un style de cote (ISO - 25) respectant la norme ISO.

▶ Dans le menu déroulant **Outils**, choisissez **Options**.

▶ Dans la boîte de dialogue **Options**, activez l'onglet **Préférences utilisateur**.

▶ Activez ou désactivez la case à cocher **Rendre associatives les nouvelles cotes** dans la rubrique **Cotation associative**.

Vous pouvez créer, modifier et restaurer différents styles de cote dans un dessin.

▶ Déroulez le groupe de fonctions **Annotation** (onglet **Début**), et choisissez l'icône **Style de cotes** .

La boîte de dialogue suivante est affichée :

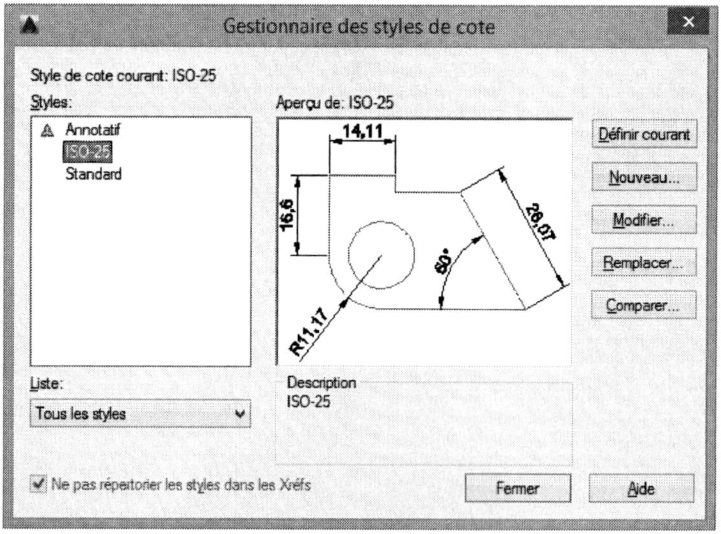


Vous pouvez agir sur plusieurs variables concernant la ligne de cote, les lignes d'attache, les pointes de flèches, la position et le format du texte, l'échelle et la couleur. Tous ces paramètres seront enregistrés dans le style nommé dans la zone **Styles**.

Chaque bon utilisateur emploie plusieurs styles de cote, pour éviter les réglages permanents.

Notez que l'aperçu respecte le style sélectionné et affiche de façon réaliste l'aspect des cotations.

**Liste** agit sur l'affichage de la zone **Styles**. Cette liste déroulante propose l'affichage de tous les styles disponibles dans le dessin, ou uniquement des styles utilisés dans le dessin.

## 3.1 Création d'un style de cote

▶Dans le **Gestionnaire des styles de cote**, choisissez le bouton **Nouveau**.

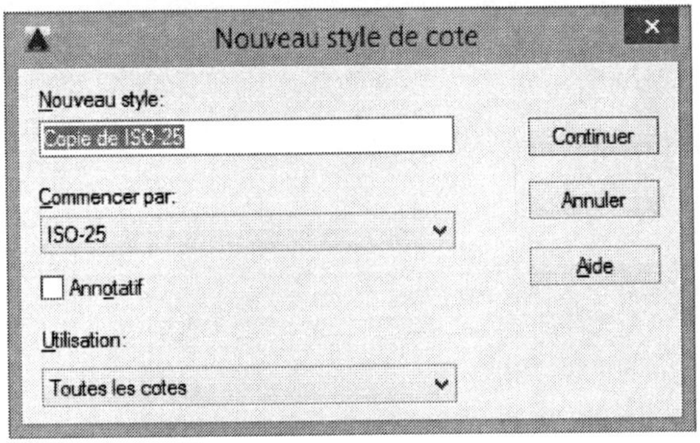


▶Saisissez le nouveau nom dans la zone de texte **Nouveau style**.

Le nouveau style s'inspirant toujours d'un précédent style, choisissez dans la liste **Commencer par** le style de référence.

La liste **Utilisation** peut préciser sur quel type de cote spécifique vous souhaitez apporter des modifications. La valeur par défaut (**Toutes les cotes**) entraîne la création d'un style de cote "uniforme" quel que soit le type de cote.

La case à cocher **Annotatif** permet d'activer la propriété annotative permettant d'automatiser le processus de mise à l'échelle des cotations dans les présentations.

▶Confirmez par **Continuer**.

▶Dans la boîte de dialogue **Modifier le style de cote**, vous passez d'un onglet à un autre pour attribuer au nouveau style les spécificités nécessaires (cf. le détail des onglets ci-après).

▶Confirmez par **OK** pour valider les modifications puis cliquez sur le bouton **Fermer**.

Le nouveau style créé devient le style courant.

## Onglet Lignes

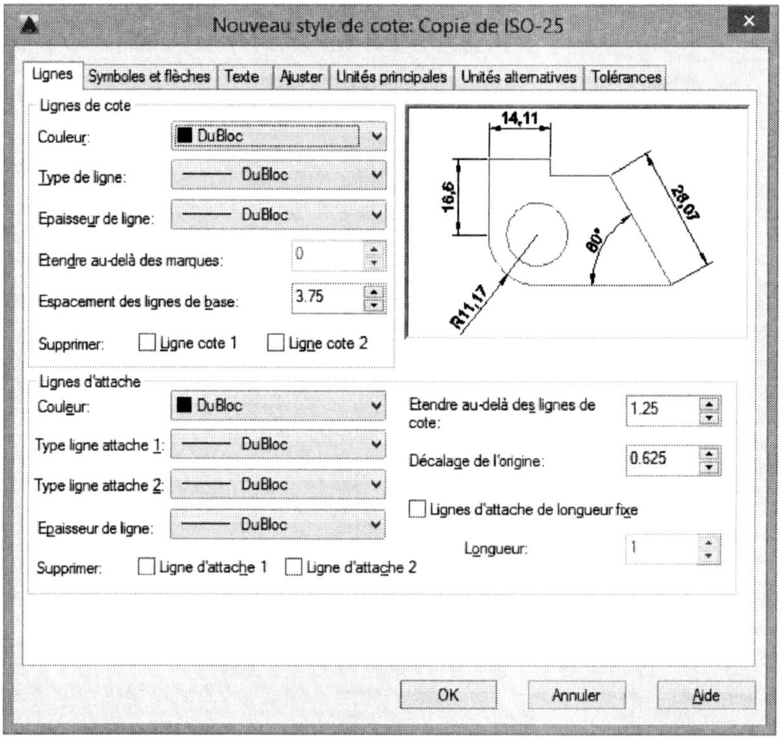


## Lignes de cote

**Couleur** : affecte la couleur de la ligne de cote et des pointes de flèche uniquement.

**Type de ligne** : définit le type de ligne de la ligne de cote.

**Epaisseur de ligne** : peut modifier l'épaisseur de la ligne de cote.

**Etendre au-delà des marques** : la valeur par défaut est fixée à zéro. Cette valeur est accessible uniquement si la pointe de flèche **Oblique** est choisie. Elle permet un prolongement de la ligne de cote au-delà de la ligne d'attache.

**Espacement des lignes de base** : cette valeur fixe l'écart entre les lignes de cote pour les cotations de ligne de base.

**Supprimer** : les cases à cocher **Ligne cote 1** et **Ligne cote 2** sont désactivées par défaut, et permettent l'affichage des deux lignes de cote lorsque celles-ci dépassent les lignes d'attache. Si cela est gênant, vous pouvez cocher l'une de ces cases pour supprimer la ligne de cote et la pointe de flèche.

## Lignes d'attache

**Couleur** : affecte la couleur des lignes d'attache uniquement.

**Type ligne attache 1** : définit le type de la première ligne d'attache.

**Type ligne attache 2** : définit le type de la seconde ligne d'attache.

**Epaisseur de ligne** : peut modifier l'épaisseur des lignes d'attache.

**Supprimer** : les cases à cocher **Ligne d'attache 1** et **Ligne d'attache 2** permettent de supprimer l'une ou l'autre des lignes d'attache. Si les deux cases sont cochées, les lignes d'attache ne sont pas affichées.

**Etendre au-delà des lignes de cote** : cette valeur détermine la longueur de la ligne d'attache qui dépasse la ligne de cote.

**Décalage de l'origine** : la valeur précisée correspond à la distance de la ligne d'attache depuis le point d'origine précisé (ou l'objet).

**Lignes d'attache de longueur fixe** : active la longueur fixe des lignes d'attache. La zone de texte **Longueur** définit la longueur totale des lignes d'attache entre la ligne de cote et l'origine de la cote.

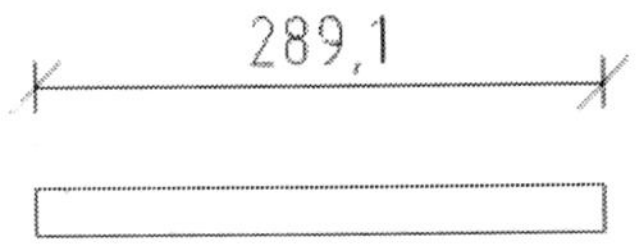

## Onglet Symboles et flèches

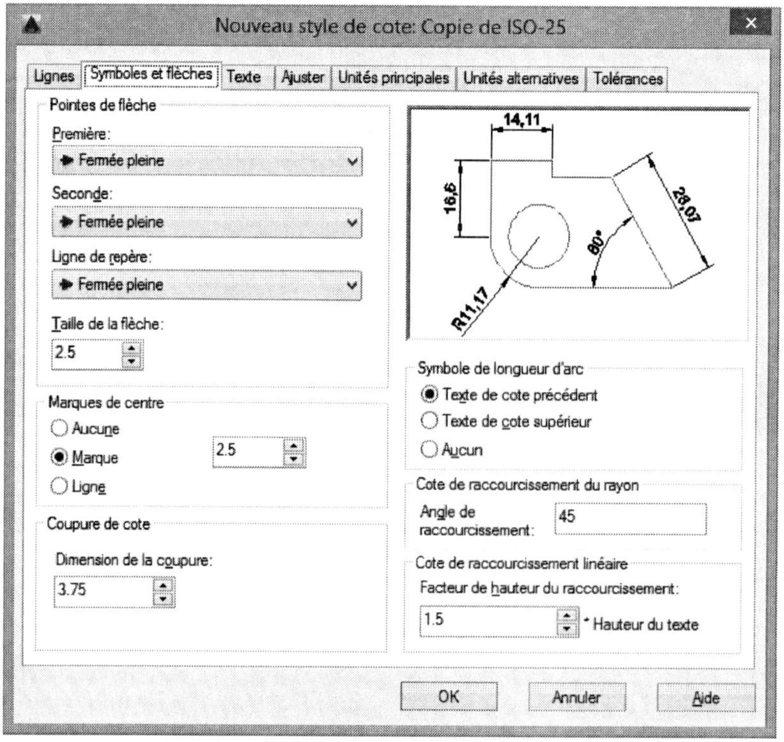


### Pointes de flèche

**Première** et **Seconde** : permet de choisir parmi une liste de pointes de flèches. Plusieurs types de flèches sont disponibles ; et vous pouvez choisir une pointe personnalisée en choisissant **Flèche utilisateur**. AutoCAD vous demande de sélectionner le bloc défini dans le dessin correspondant à la flèche à utiliser.

**Ligne de repère** : définit la pointe de flèche de la ligne de repère (cotation repère rapide).

**Taille de la flèche** : permet de régler la taille des symboles et flèches.

## Marques de centre

**Aucune**, **Marque** et **Ligne** : permettent d'afficher une marque ou des lignes au centre des arcs et des cercles.

**Taille** : permet de régler la taille de marque de centre.

## Coupure de cote

**Dimension de la coupure** : permet de définir la taille de l'écart utilisée pour la coupure de cote.

## Symbole de longueur d'arc

**Texte de cote précédent** : fait précéder le symbole de longueur d'arc avant le texte de cote.

**Texte de cote supérieur** : place le symbole de longueur d'arc au-dessus du texte de cote.

**Aucun** : supprime l'affichage du symbole de longueur d'arc.

## Cote de raccourcissement du rayon

**Angle de raccourcissement** : détermine l'angle de la ligne transversale qui relie les lignes d'attache et de cote d'une cote radiale. L'exemple ci-dessous respecte un angle de 30°.

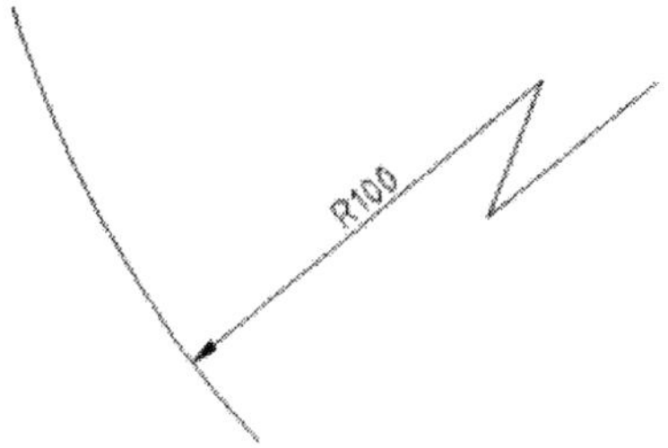


## Cote de raccourcissement linéaire

**Facteur de hauteur du raccourcissement** : permet de définir la hauteur séparant les deux sommets de ligne brisée de raccourcissement linéaire. Il s'agit d'un facteur d'échelle en rapport avec la hauteur du texte de cote.

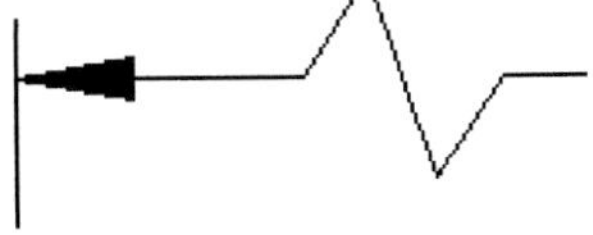

## Onglet Texte

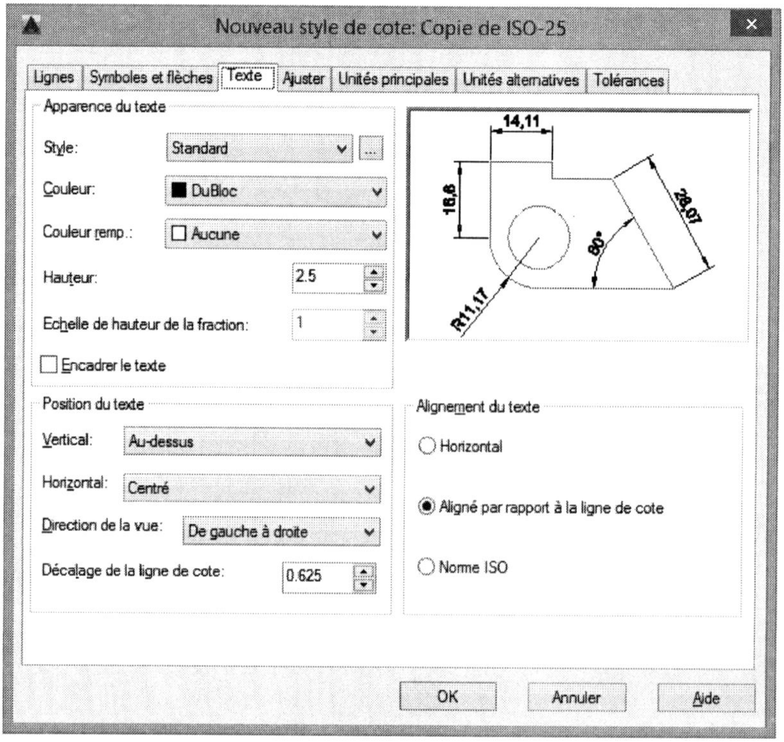


## Apparence du texte

**Style** : accède aux styles de texte disponibles dans le dessin. Le bouton à trois petits points permet la création ou la modification de styles de texte.

**Couleur** : affecte la couleur du texte de cote indépendamment.

**Couleur remp.** : définit la couleur de l'arrière-plan du texte dans les cotes.

**Hauteur** : fixe la hauteur du texte de cote. L'option **Echelle des objets de cote** dans l'onglet **Ajuster** permet de changer globalement la taille des icônes.

**Echelle de hauteur de la fraction** : peut préciser un facteur d'échelle pris en compte pour les tolérances et les fractions.

**Encadrer le texte** : affiche un texte de cote encadré.

### Position du texte

**Vertical** : fixe la justification verticale du texte.

- **Centré** centre le texte de cote de part et d'autre de la ligne de cote.
- **Au-dessus** positionne le texte au dessus de la ligne de cote (norme ISO). La distance est réglée par la valeur **Décalage de la ligne de cote**.
- **A l'extérieur** force le texte à l'extérieur de la ligne de cote (incidence selon inclinaison de la ligne de cote).
- **JIS** respecte le standard industriel japonais.

**Horizontal** : fixe la justification horizontale du texte.

- **Centré** place le texte au milieu de la ligne de cote.
- **Côté ligne d'attache 1** place le texte sur la ligne de cote, à proximité de la première ligne d'attache définie.
- **Côté ligne d'attache 2** place le texte sur la ligne de cote, à proximité de la deuxième ligne d'attache définie.
- **Au-dessus de la ligne d'attache 1** place le texte au niveau de la première ligne d'attache (respecte son orientation).
- **Au-dessus de la ligne d'attache 2** place le texte au niveau de la deuxième ligne d'attache.

**Direction de la vue** contrôle la direction de l'affichage du texte (gauche à droite ou droite à gauche).

**Décalage de la ligne de cote** : permet de fixer la distance séparant le texte de cote de la ligne de cote.

### Alignement du texte

**Horizontal** : impose un alignement horizontal à tous les textes de cote.

**Aligné par rapport à la ligne de cote** : impose un alignement à la ligne de cote.

**Norme ISO** : respecte la norme ISO en alignant en général les textes de cote aux lignes de cotes. Pour les cotes de rayon, le texte est placé horizontalement.

**Remarque**

*Les modifications apportées sont visibles dans l'aperçu.*

## Onglet Ajuster

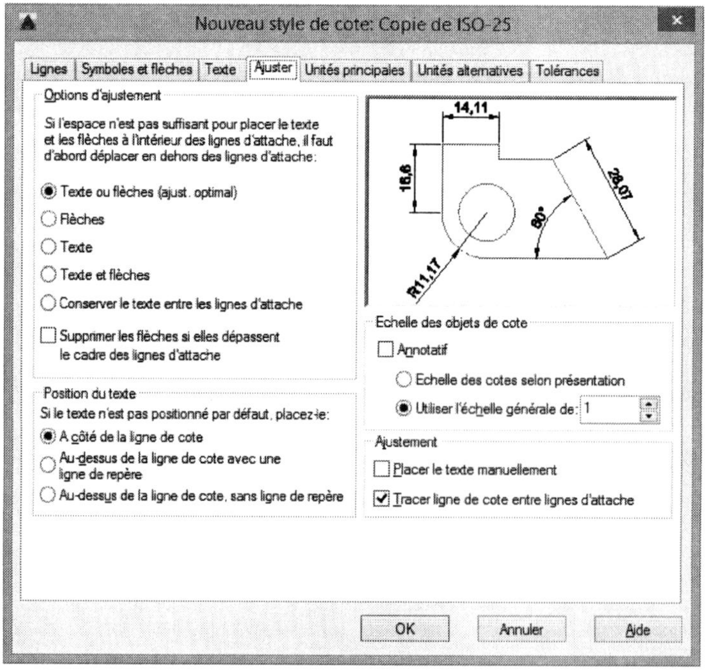


## Options d'ajustement

Comme indiqué, dans le cas où l'espace est réduit, vous donnez ici priorité au déplacement du texte ou des flèches à l'extérieur des lignes d'attache. Vous pouvez également supprimer les flèches le cas échéant.

## Position du texte

Dans le cas où le positionnement standard ne peut être respecté, AutoCAD propose trois solutions :

**A côté de la ligne de cote** : place en général le texte à l'extérieur des lignes d'attache.

**Au-dessus de la ligne de cote avec une ligne de repère** : rejoint la ligne de cote au texte par une ligne de repère.

**Au-dessus de la ligne de cote, sans ligne de repère** : place le texte au-dessus de la ligne de cote.

## Echelle des objets de cote

**Annotatif** : permet d'activer la propriété annotative permettant d'automatiser le processus de mise à l'échelle des cotations dans les présentations.

**Echelle des cotes selon présentation** : permet d'obtenir une taille uniforme de cotation dans une ou plusieurs fenêtres de présentation du dessin, et ceci quelles que soient les échelles associées.

**Utiliser l'échelle générale de** : intervient globalement sur l'aspect des cotations, la taille des flèches et du texte. Pensez-y plutôt que de modifier individuellement la taille du texte, des flèches ou des diverses valeurs de réglage.

### Ajustement

**Placer le texte manuellement** : permet à l'utilisateur de choisir l'emplacement du texte de cote lors de la mise en place de la cote.

**Tracer ligne de cote entre lignes d'attache** : force ou pas la mise en place d'une ligne de cote. Dans certains cas de figure, AutoCAD n'ayant que très peu de place (par exemple) place le texte de cote, mais pas la ligne de cote. Cette option est donc en générale activée. Mais pour les cotes de rayon (et parfois les cotes de diamètre), cette option désactivée retire la ligne rejoignant le centre de l'arc ou du cercle à la flèche.

## Onglet Unités principales

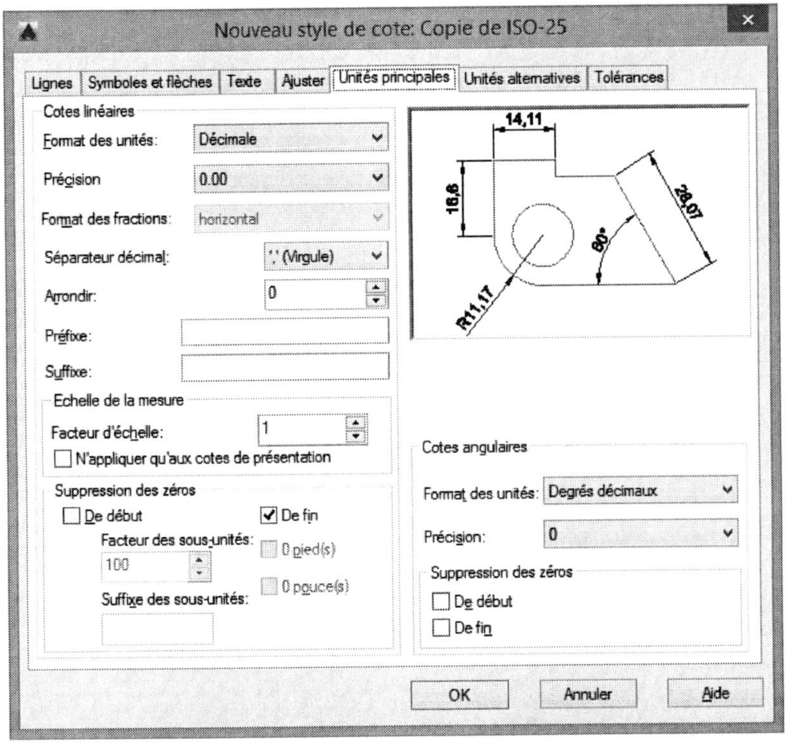

## Cotes linéaires

**Format des unités** : permet de changer l'unité ou le type de mesure pour les cotes.

**Précision** : permet de modifier la précision de l'affichage des cotes. La valeur 0 affiche des entiers. La valeur 000 affiche une précision à trois décimales. Le nombre de décimales va jusqu'à huit.

**Format des fractions** : modifie l'affichage des fractions (horizontal, diagonal ou non empilé). Disponible avec le format Architecture et fractionnaire.

**Séparateur décimal** : propose un séparateur de décimales de type point, virgule ou espace.

**Arrondir** : permet d'arrondir les unités de cotation. Une valeur 0,50 arrondit à l'unité 0,50 la plus proche (ex. 15,62 devient 15,50).

**Préfixe** : cette zone peut recevoir une chaîne de caractères qui précédera la valeur du texte de côte (par exemple "environ", ce qui affichera pour la valeur 52 : "environ 52").

**Suffixe** : cette zone peut recevoir une chaîne de caractères qui suivra la valeur du texte de côte (par exemple "mm", ce qui affichera pour la valeur 52 : "52 mm").

## Echelle de la mesure

Le **Facteur d'échelle** multiplie la valeur du texte de cote. Par exemple, vous utilisez l'unité du mètre mais vous souhaitez afficher toutes les cotes inférieures au mètre en centimètres. Ainsi, pour 0,90 m vous souhaitez obtenir 90. Indiquez pour cela le facteur d'échelle 100. La case à cocher **N'appliquer qu'aux cotes de présentation** "réduit" l'utilisation du facteur d'échelle aux cotes de présentation (espace papier).

## Suppression des zéros

Évite des annotations disgracieuses ou inutiles. Si l'option **De début** est activée, un texte de cote de 0,25 s'affiche ,25. Si l'option **De fin** est activée, un texte de cote 50,00 s'affiche 50.

## Cotes angulaires

**Format des unités** : permet de changer l'unité ou le type de mesure pour les cotes d'angle. Les angles s'affichent en degrés décimaux, degrés minutes secondes, en grades ou en radians.

**Précision** : permet de modifier la précision de l'affichage des cotes angulaires. La valeur 0 affiche des entiers (pas de décimales) ; la valeur 000 affiche une précision à trois décimales. Le nombre de décimales va jusqu'à huit.

## Suppression des zéros

Évite des annotations disgracieuses ou inutiles. Si l'option **De début** est activée, un angle de 0,45 s'affiche ,45. Si l'option **De fin** est activée, un angle 50,00 s'affiche 50.

## Onglet Unités alternatives

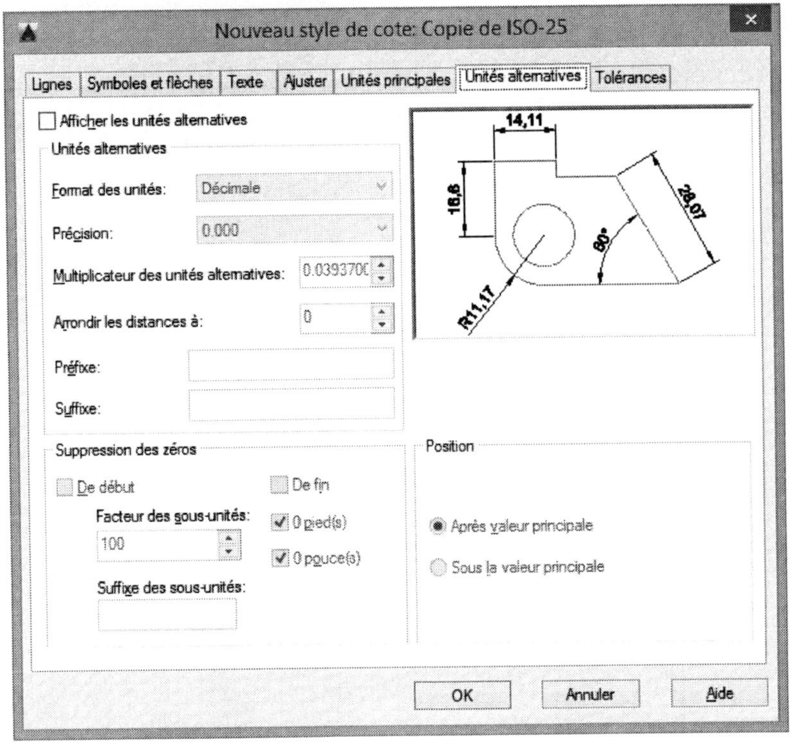


### Unités alternatives

Si la case à cocher **Afficher les unités alternatives** est activée, vous pouvez définir un équivalent dans une autre unité (ex. 10"[254mm]). Vous accédez aux mêmes indications de précision que pour les unités principales.

### Suppression des zéros

Évite des annotations disgracieuses (unités alternatives). Si l'option **De début** est activée, un texte de 0,45 s'affiche ,45. Si l'option **De fin** est activée, un texte 50,00 s'affiche 50.

### Position

**Après valeur principale** : place les unités alternatives après le texte de cote.

**Sous la valeur principale** : place les unités alternatives en dessous du texte de cote (en dessous de la ligne de cote).

## Onglet Tolérances

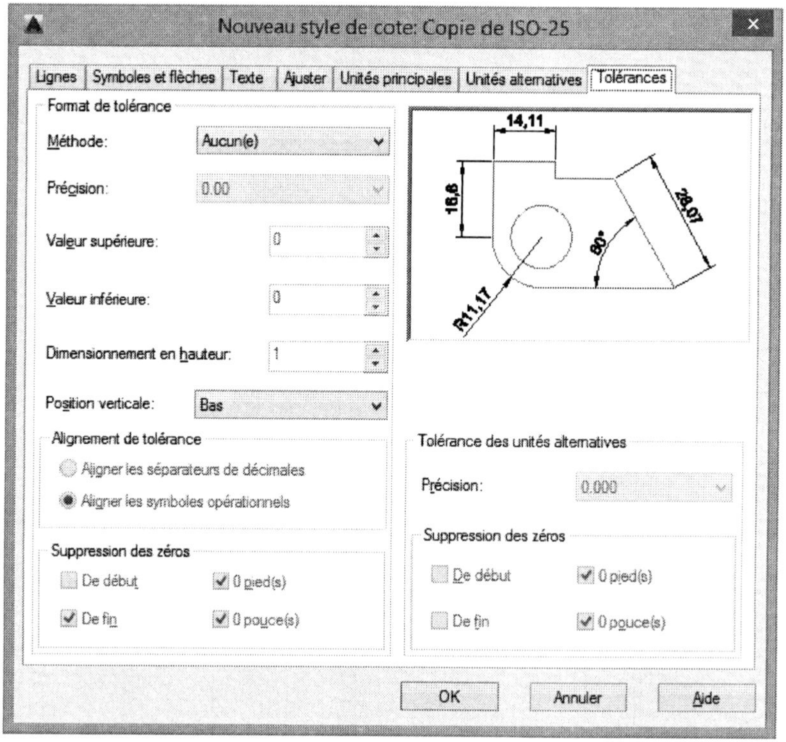


### Format de tolérance

La liste **Méthode** propose quatre types d'affichage de tolérance :

- **Symétrique** : attend une valeur de tolérance positive (zone **Valeur supérieure**). Ici, le signe "plus ou moins" précède la tolérance.
- **Ecart** : attend deux valeurs de tolérance ; une valeur supérieure et une valeur inférieure. Dans ce cas, les tolérances sont placées l'une sur l'autre. Contrairement à la valeur supérieure, la valeur inférieure est précédée du signe - (moins). Vous pouvez changer cela en fixant le signe négatif devant les valeurs positives ou négatives.
- **Limites** : attend deux valeurs de tolérance. AutoCAD ajoute la valeur supérieure, retire la valeur inférieure au texte de cote, et affiche les deux extrêmes l'une sur l'autre.
- **Base** : permet un encadrement du texte de cote.

**Précision** : permet de modifier la précision de l'affichage des tolérances. La valeur 0 affiche des entiers (pas de décimales) ; la valeur 000 affiche une précision à trois décimales. Le nombre de décimales va jusqu'à huit.

**Valeur supérieure** : reçoit la tolérance supérieure. Un signe moins permet l'affichage d'une tolérance négative.

**Valeur inférieure** : reçoit la tolérance inférieure. Un signe moins permet l'affichage d'une tolérance positive.

**Dimensionnement en hauteur** : affecte un facteur d'échelle à la hauteur des tolérances.

**Position verticale** : place la tolérance verticalement, en bas, au milieu ou en haut du texte de cote.

## Alignement de tolérance

Gère les tolérances hautes et basses lorsqu'elles sont empilées. Ces options sont actives pour les formats de tolérance **Ecarts** et **Limites**.

L'option **Aligner les séparateurs de décimales** permet un alignement selon le séparateur de décimales (la virgule par exemple).

L'option **Aligner les symboles opérationnels** permet un alignement selon le symbole d'opération (tel que + ou – par exemple).

## Suppression des zéros

Évite des annotations disgracieuses de tolérances. Si l'option **De début** est activée, un texte de 0,15 s'affiche ,15. Si l'option **De fin** est activée, un texte 0,10 s'affiche 0,1.

La case à cocher **0 pied** supprime la partie en pied d'une cote exprimée en pieds et en pouces lorsqu'elle est inférieure à 1 pied. Par exemple 0' 6 1/2" est affiché 6 ½".

La case à cocher **0 pouce** supprime la partie en pouce d'une cote exprimée en pieds et en pouces lorsqu'elle représente un nombre entier. Par exemple 6' 00" est affiché 6".

## Tolérance des unités alternatives

Agit sur la précision (nombre de décimales) et la suppression du zéro des tolérances des unités alternatives.

## Suppression des zéros

Évite des annotations disgracieuses pour les annotations propres aux unités alternatives. Si l'option **De début** est activée, un texte de 0,15 s'affiche ,15. Si l'option **De fin** est activée, un texte de 0,10 s'affiche 0,1.

La case à cocher **0 pied** supprime la partie en pied d'une cote exprimée en pieds et en pouces lorsqu'elle est inférieure à 1 pied. Par exemple 0' 6 1/2" est affiché 6 ½".

La case à cocher **0 pouce** supprime la partie en pouce d'une cote exprimée en pieds et en pouces lorsqu'elle représente un nombre entier. Par exemple 6' 00" est affiché 6".

## 3.2 Les types de cote

Vous créez différents styles de cote pour prédéfinir vos propres réglages et affichages. À chaque style correspond un paramétrage spécifique. Mais cela n'est pas toujours suffisant. Parfois presque tous les réglages conviennent pour un type de cotation (linéaire par exemple), alors que pour une cotation angulaire ou radiale, il est préférable d'envisager une présentation différente. Les types de cote permettent ces subtilités.

Chaque style contient six types de cotation : cotes linéaires, cotes angulaires, cotes de rayon, cotes de diamètre, cotes superposées (ou d'ordonnées) et lignes de repère et tolérances.

- Dans le **Gestionnaire des styles de cote**, sélectionnez le style concerné puis choisissez le bouton **Nouveau**.

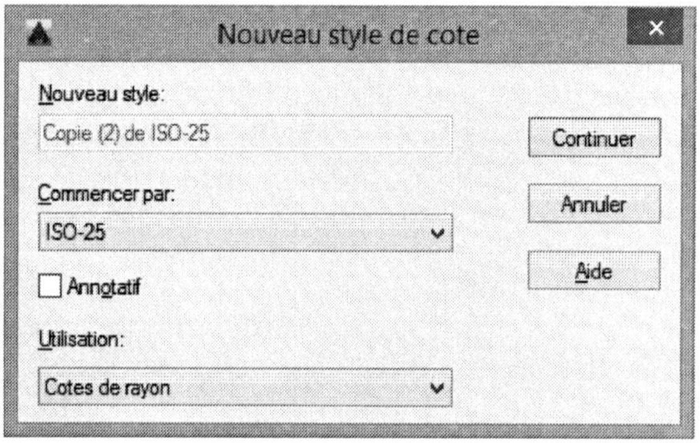


- Dans la liste **Utilisation**, choisissez le type de cote à modifier (ex. Cotes de rayon). Confirmez par **Continuer**.

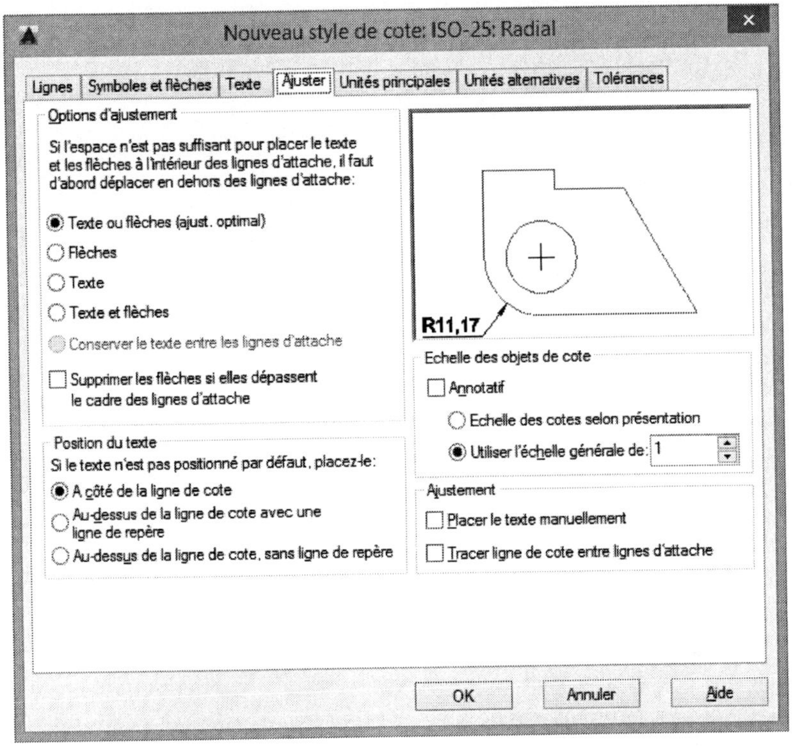


Vous accédez alors aux différents onglets pour les réglages souhaités. Par exemple, choisissez dans l'onglet **Texte**, l'alignement du texte à la norme ISO ; puis dans l'onglet **Ajuster**, désactivez **Tracer ligne de cote entre lignes d'attache**. Confirmez par **OK**.

La liste des styles de cote affiche maintenant, sous le style concerné, la déclinaison du type radial.

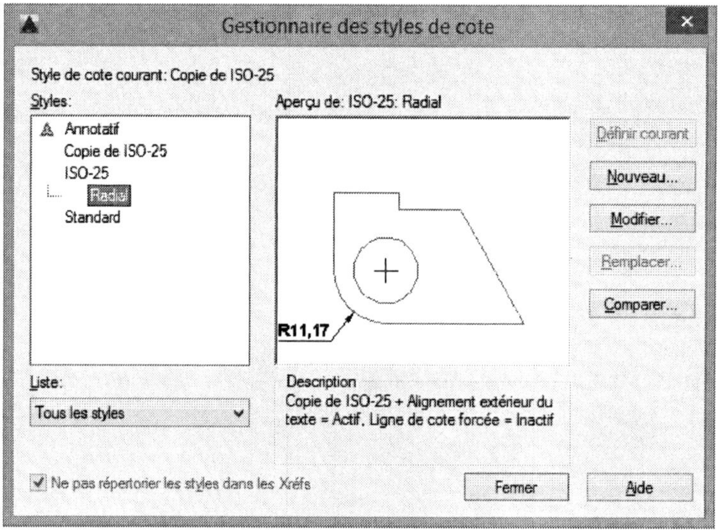


Vous pouvez afficher ainsi les différents types de cote. La sélection du type de cote entraîne un aperçu des particularités de ce type de cote.

## 3.3 Modification d'un style de cote

- Dans le **Gestionnaire des styles de cote**, sélectionnez le style concerné, puis choisissez le bouton **Modifier**.
- Vous accédez directement aux différents onglets. Apportez les modifications voulues puis confirmez par **OK**. Cliquez sur le bouton **Fermer** pour quitter le **Gestionnaire des styles de cote**.

Notez le bouton **Comparer** pouvant lister les différentes nuances entre deux styles de cote.

La zone **Description** affiche les spécificités du style ou type de cote sélectionné dans la liste.

AutoCAD intervient (de façon transparente pour l'utilisateur) sur des variables de type texte. Vous pouvez accéder à ces variables en saisissant au clavier **COT**, puis **E**. La liste des variables est affichée. Certaines d'entre elles sont modifiables. Saisissez **COT**, puis le nom de la variable.

- Appuyez sur la touche [Echap] pour revenir à l'invite standard "Commande".

Notez que AutoCAD différencie les noms de styles de cote pour chaque famille, en ajoutant au style de cote le code $ suivi d'un numéro :

- Cotes linéaires : **nomstyle$0**
- Cotes angulaires : **nomstyle$2**
- Cotes de diamètre : **nomstyle$3**
- Cotes de rayon : **nomstyle$4**
- Cotes superposées : **nomstyle$6**
- Lignes de repère et tolérances : **nomstyle$7**

# Chapitre 14
# Les lignes de repère

## 1. Introduction

Les lignes de repère permettent de lier une ou plusieurs annotations à une géométrie. La ligne de repère est constituée d'une annotation, d'une ligne et d'une pointe de flèche. Le gestionnaire des styles de lignes de repère permet de définir et de personnaliser l'aspect général des repères, la couleur, les types de ligne, les pointes de flèche, des contraintes d'angle pour les lignes, mais aussi les types d'annotations de contenu (texte, bloc...), etc.

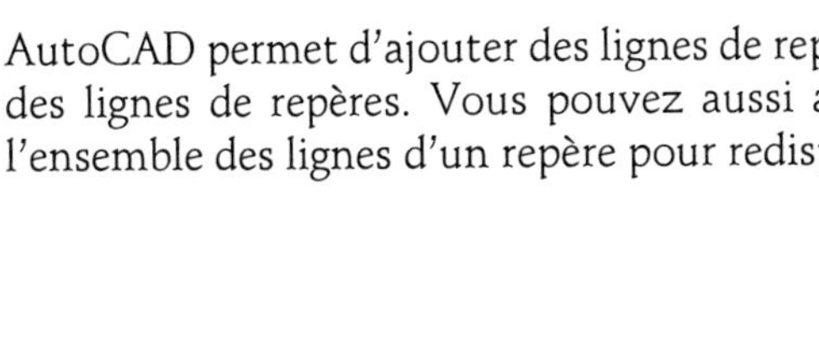


AutoCAD permet d'ajouter des lignes de repère aux repères existants et de supprimer des lignes de repères. Vous pouvez aussi aligner les repères entre eux et recueillir l'ensemble des lignes d'un repère pour redisposer l'ensemble.

## 2. Création d'un repère simple

▶ Dans le groupe de fonctions **Lignes de repère** (onglet **Annoter**), choisissez **Ligne de repère multiple**.

Le message AutoCAD vous propose de spécifier la pointe de flèche :

```
LIGNEDEREPMULT Spécifiez l'emplacement de la pointe de flèche de la ligne de repère ou [
Ligne de guidage de la ligne de repère en premier Contenu en premier Options] <Options>:
```

▶ Cliquez dans la zone graphique pour préciser l'emplacement de la pointe de flèche.

**Remarque**

*Les options **Ligne de guidage de la ligne de repère en premier** et **Contenu en premier** permettent de modifier l'ordre des points de mise en place (par défaut, l'ordre est la pointe de flèche, la ligne de guidage puis le contenu).*

AutoCAD affiche le message :

```
Spécifiez l'emplacement de la ligne de guidage de la ligne de repère:
```

▶ Cliquez dans la zone graphique pour préciser le positionnement de la ligne de guidage.

Le repère est alors affiché comme suit :

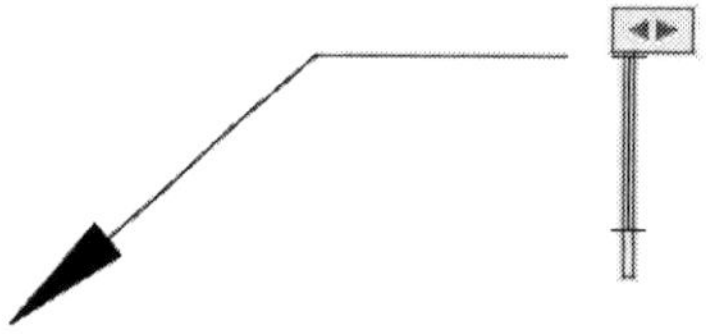

**Remarque**

*Il s'agit du positionnement de la partie horizontale de ligne de repère.*

Puis l'option par défaut affiche l'éditeur de texte (ci-dessous) et vous invite à saisir et à formater l'annotation à associer au repère.

▶ Saisissez le texte et cliquez sur le bouton **Fermer l'éditeur de texte** pour quitter l'éditeur de texte.

## 3. Ajouter une ligne de repère

Cette fonction permet d'ajouter des lignes de repère à une ligne de repère existante.

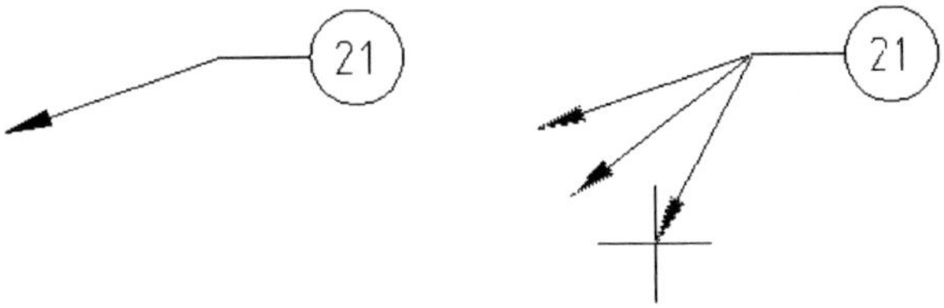


▶ Dans le groupe de fonctions **Lignes de repère** (onglet **Annoter**), choisissez **Ajouter une ligne de repère** 

.

AutoCAD vous propose de sélectionner la ligne de repère à laquelle vous souhaitez ajouter des lignes de repère.

```
Sélectionnez une ligne de repère multiple:
```

Puis AutoCAD vous demande de positionner les pointes de flèche des lignes de repère à ajouter.

```
AIMLEADEREDITADD Spécifiez l'emplacement de la pointe de flèche de la ligne de repère ou [
Supprimer des lignes de repères]:
```

▶ Utilisez la touche [Entrée] ou [Echap] pour quitter la commande.

## 4. Supprimer une ligne de repère

Cette fonction permet de supprimer des lignes de repère à une ligne de repère existante.

▶ Dans le groupe de fonctions **Lignes de repère**, choisissez **Supprimer une ligne de repère** .

Le message suivant est affiché :

```
Sélectionnez une ligne de repère multiple:
```

▶ Sélectionnez la ligne de repère à laquelle vous souhaitez supprimer les lignes de repère.

Le message suivant est affiché :

```
Spécifiez les lignes de repère à supprimer ou [Ajouter des lignes de repère]:
```

- Sélectionnez la ou les lignes à supprimer.
- Utilisez la touche [Entrée] ou [Echap] pour quitter la commande.

## 5. Aligner les lignes de repère

Cette fonction permet d'aligner un ensemble de lignes de repère multiples selon une ligne de référence, un angle défini par une ligne de repère ou selon un espacement spécifique.

- Dans le groupe de fonctions **Lignes de repère multiples**, choisissez **Aligner** .

Le message suivant est affiché :

```
Sélectionnez des lignes de repère multiples:
```

- Sélectionnez les lignes de repère à aligner, et validez par [Entrée].

Le message suivant est affiché :

```
Sélectionnez des lignes de repère multiple pour l'alignement ou [Options]:
```

- Sélectionnez la ligne de repère sur laquelle toutes les autres doivent s'aligner.

Le message suivant est affiché :

```
Spécifiez la direction:
```

- Spécifiez à l'aide d'un point la direction d'alignement pour l'ensemble des lignes de repère.

La figure ci-dessous présente les lignes de repère initiales à gauche, les lignes de repère alignées par rapport au repère C à droite.

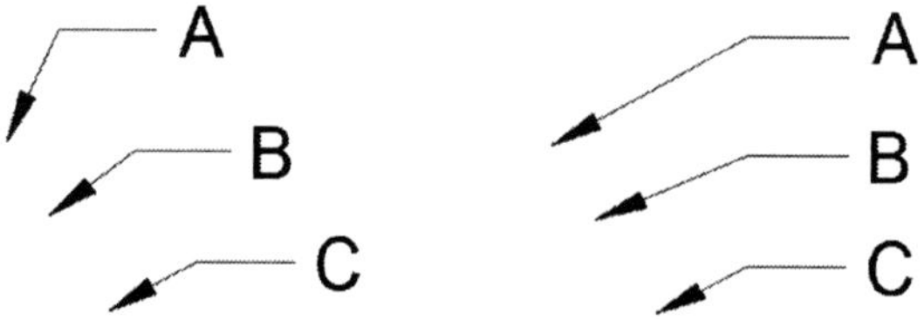

Le choix **Options** permet d'accéder aux choix suivants :

**Distribuer** : espace les lignes de repère uniformément à l'intérieur d'un segment défini par deux points.

**Rendre les segments de la ligne de repère parallèles** : positionne toutes les lignes de repère suivant une même direction.

**Spécifier l'espacement** : permet d'imposer une distance entre chaque ligne de repère.

**Utiliser l'espacement courant** : respecte l'espacement courant entre le contenu et la ligne de repère multiple.

## 6. Recueillir des lignes de repère

Cette fonction permet de regrouper des repères dont le contenu utilise des blocs en une ligne de repère unique.

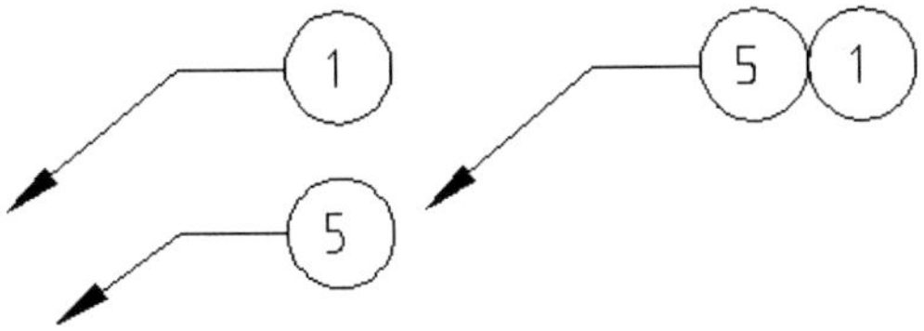


▶ Dans le groupe de fonctions **Lignes de repère**, choisissez **Recueillir** .

Le message ci-dessous est affiché :

```
Sélectionnez des lignes de repère multiples:
```

▶ Sélectionnez les lignes de repère à regrouper.

Le message suivant est affiché :

```
COLLECTLIGNEDEREPMULT Indiquez la position de la ligne de repère multiple collectée ou [Vertical Horizontal Retour à la ligne] <Horizontal>:
```

▶ Spécifiez le positionnement pour le regroupement de lignes de repère, ou utilisez les options suivantes :

**Vertical** : impose un positionnement vertical du regroupement des lignes de repère multiples.

**Horizontal** : impose un positionnement horizontal du regroupement des lignes de repère multiples.

**Retour à la ligne** : permet un retour à la ligne selon une largeur spécifiée. L'option **Nombre** fixe un nombre maximal de blocs par rangée.

## 7. Définir des styles de lignes de repère

Les styles de lignes de repère définissent l'apparence des lignes de repère.

Tout comme les styles de texte ou les styles de cote, vous personnalisez vos propres styles de lignes de repère. Le gestionnaire des styles de lignes de repère permet de définir et de personnaliser l'aspect général des repères, la couleur, les types de ligne, les pointes de flèche, des contraintes d'angle pour les lignes, mais aussi les types d'annotations de contenu (texte, bloc...), etc.

◘ Déroulez le groupe de fonctions **Annotation** (onglet **Début**) et choisissez l'icône **Style de ligne de repère multiple** .

La boîte de dialogue suivante est affichée :

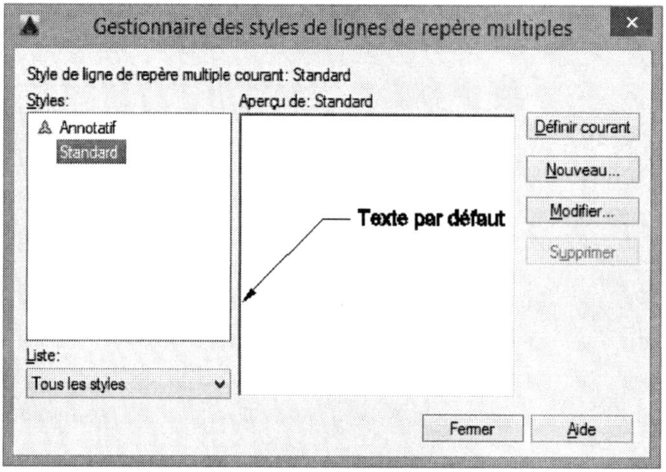


La liste **Styles** affiche les deux styles par défaut : le style **Standard** et le style **Annotatif** qui est doté d'une propriété annotative qui permet d'automatiser le processus de mise à l'échelle des annotations.

La liste déroulante **Liste** permet d'afficher tous les styles ou seulement ceux en cours d'utilisation.

La zone **Aperçu de** affiche l'aspect du style courant.

# 8. Créer un nouveau style de ligne de repère

- Dans le **Gestionnaire des styles de lignes de repère multiples**, choisissez le bouton **Nouveau**.

AutoCAD affiche la fenêtre suivante :

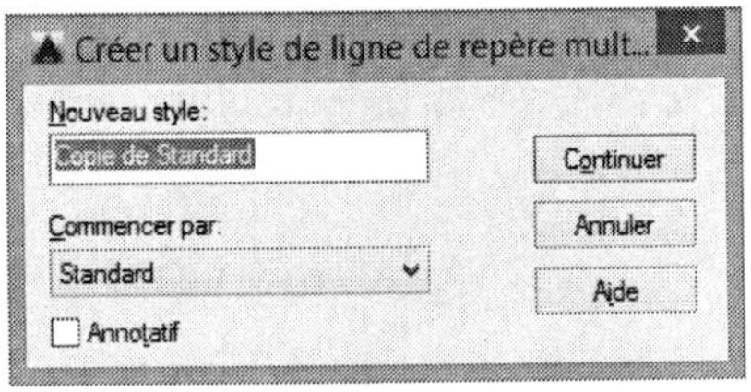


- Saisissez le nom du nouveau style de ligne de repère dans la zone de texte **Nouveau style**.
- Sélectionnez dans la liste **Commencer par** le style de référence (par défaut deux styles sont disponibles).
- Cochez la case **Annotatif** si nécessaire pour attribuer la propriété annotative.
- Choisissez **Continuer**.

AutoCAD affiche :

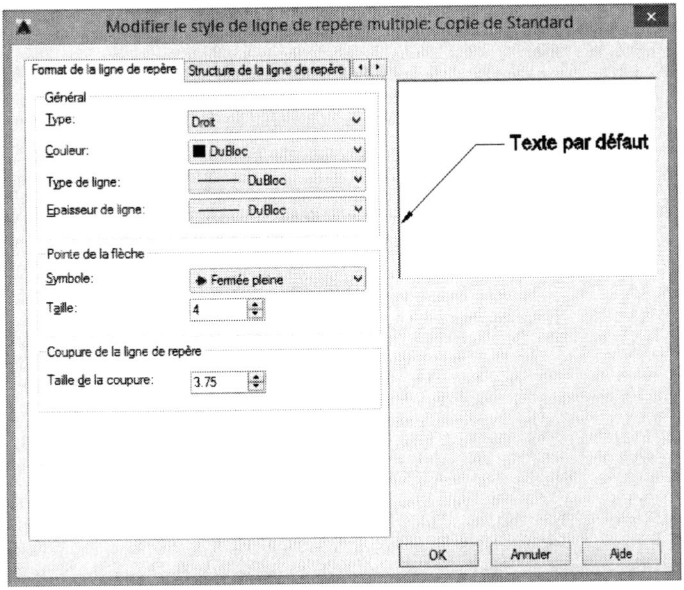

- Effectuez les réglages du nouveau style de repère dans les trois onglets **Format de la ligne de repère**, **Structure de la ligne de repère** et **Contenu**, et confirmez la création du style de ligne de repère par **OK**.

## Onglet Format de la ligne de repère

### Général

- Dans la liste **Type**, choisissez l'aspect de la ligne de repère : droit, spline ou aucun type de ligne.
- Dans la liste **Couleur**, choisissez la couleur de la ligne de repère.
- Dans la liste **Type de ligne**, choisissez le type de ligne pour la ligne de repère.
- Dans la liste **Epaisseur de ligne**, choisissez l'épaisseur de la ligne de repère.

### Pointe de la flèche

- Dans la liste **Symbole**, sélectionnez l'aspect de la pointe de flèche de la ligne de repère.
- Réglez la taille de la pointe de flèche dans la zone **Taille**.

### Coupure de la ligne de repère

Définit la **Taille de la coupure** lorsqu'une coupure de cote est ajoutée à une ligne de repère multiple.

## Onglet Structure de la ligne de repère

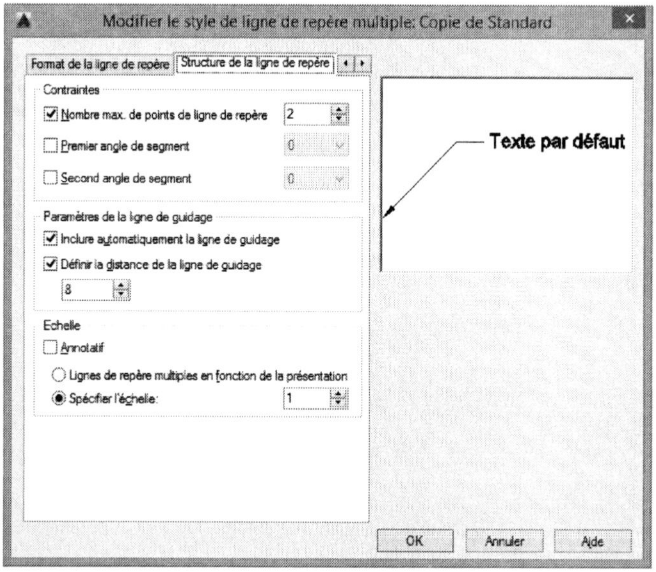

## Contraintes

▶ En regard de la case **Nombre max. de points de ligne de repère**, définissez le nombre maximum de points. Par exemple, le nombre **2** fixe la pointe de flèche, puis un second point (base de ligne horizontale), puis AutoCAD vous invite à saisir le contenu.

L'option **Premier angle de segment** définit l'angle de la première ligne de repère, à partir du premier point. L'option **Second angle de segment** définit l'angle de la deuxième ligne de repère, à partir du second point.

## Paramètres de la ligne de guidage

La case à cocher **Inclure automatiquement la ligne de guidage** permet la mise en place d'une ligne de guidage horizontale au niveau du contenu (ou annotation).

La case à cocher **Définir la distance de la ligne de guidage** permet de déterminer la distance fixe de la ligne de guidage de ligne de repère.

## Echelle

La case à cocher **Annotatif** active la propriété annotative qui permet d'automatiser le processus de mise à l'échelle des annotations.

Si la propriété **Annotatif** n'est pas activée, les options suivantes sont accessibles :

**Lignes de repère multiples en fonction de la présentation** : calcule un facteur d'échelle pour la ligne de repère multiple, en fonction de l'échelle des fenêtres de présentation et de l'espace objet.

**Spécifier l'échelle** : détermine un facteur d'échelle global pour les lignes de repère multiple.

## Onglet Contenu

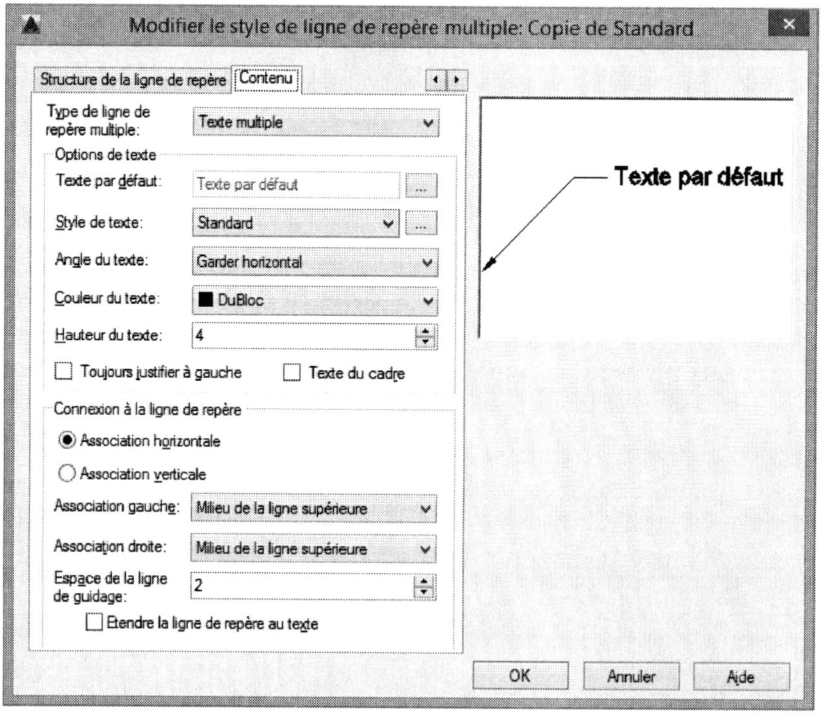


La liste **Type de ligne de repère multiple** détermine si la ligne de repère contient du texte ou un bloc. Les choix disponibles sont **Texte multiple** et **Bloc**.

Les options suivantes sont disponibles si vous choisissez **Texte multiple** :

### Options de texte

Le champ **Texte par défaut** permet de prédéfinir un texte qui sera proposé à chaque création de ligne de repère multiple. Le bouton situé à droite du champ permet d'accéder à l'éditeur de texte multiligne.

La liste **Style de texte** permet d'attribuer un style de texte à l'annotation de la ligne de repère.

La liste **Angle du texte** permet de spécifier un angle de rotation au texte de la ligne de repère.

La liste **Couleur du texte** permet d'attribuer une couleur au texte de la ligne de repère.

Le champ **Hauteur du texte** permet de fixer la hauteur du texte de la ligne de repère.

La case à cocher **Toujours justifier à gauche** impose une justification à gauche du texte de la ligne de repère multiple.

La case à cocher **Texte du cadre** encadre le texte de la ligne de repère multiple.

## Connexion à la ligne de repère

**Association horizontale** : option par défaut incluant une ligne de guidage horizontale entre le texte et la ligne de repère.

**Association verticale** : option n'incluant pas de ligne de guidage entre le texte et la ligne de repère.

Gère la façon dont la ligne de guidage est attachée au texte de la ligne de repère multiple lorsque le texte est à gauche du repère (**Association gauche**) et lorsque le texte est à droite du repère (**Association droite**).

Le champ **Espace de la ligne de guidage** règle la distance entre le texte et la ligne de guidage.

La case à cocher **Etendre la ligne de repère au texte** permet de prolonger la ligne de guidage jusqu'au texte (et non au bord de la zone de texte).

Les options suivantes sont disponibles si vous choisissez **Bloc** :

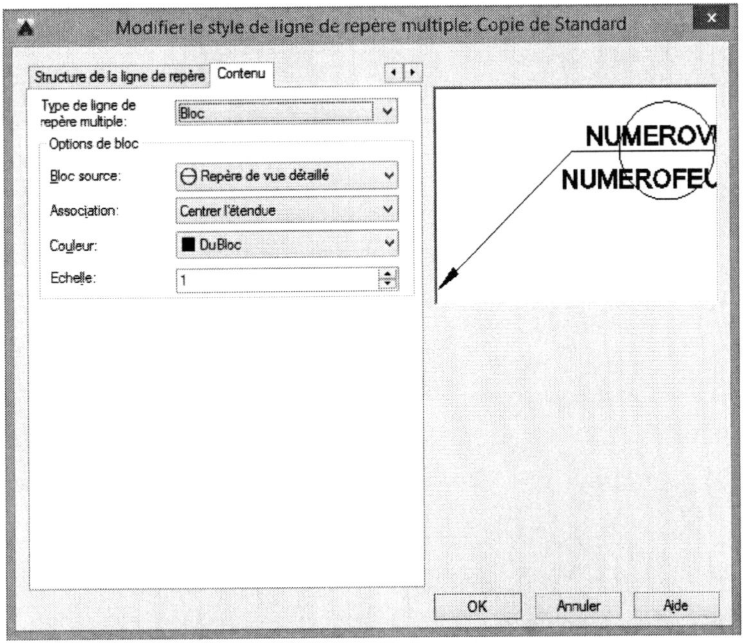

**Options de bloc**

La liste **Bloc source** permet de sélectionner, dans la liste, des blocs prédéfinis ou encore des blocs personnalisés pour le contenu de texte de ligne de repère. Par exemple, le bloc **Cercle** permet un repère circulaire avec attribut.

La liste **Association** détermine la façon dont le bloc est attaché à la ligne de repère : Etendue du bloc, point d'insertion ou point central du bloc.

La liste **Couleur** permet d'attribuer une couleur au contenu du bloc de la ligne de repère.

La zone **Echelle** permet de définir une échelle d'insertion du bloc personnalisée.

## 9. Modifier un style de ligne de repère

- Dans le **Gestionnaire des styles de lignes de repère multiples**, sélectionnez le style à modifier dans la liste **Styles**, puis choisissez le bouton **Modifier**.
- Modifiez les paramètres souhaités dans la boîte de dialogue **Modifier le style de ligne de repère** et confirmez les changements par **OK**.
- Cliquez sur **Fermer** pour quitter le **Gestionnaire des styles de ligne de repère**.

## 10. Rendre courant un style de ligne de repère

- Dans le groupe de fonctions **Lignes de repère** (onglet **Annoter**), sélectionnez le style souhaité dans la liste **Style de ligne de repère multiple** 

.

# Exercice 7
# Habiller le plan

Dans cet exercice, nous allons finaliser le plan de notre local professionnel en procédant aux derniers habillages : hachures, cotation, légendes...

## 1. Étape 1 : Déposer des hachures

Nous allons hachurer les structures porteuses et cloisons de notre plan.

▶ Téléchargez et ouvrez le fichier ressource **Habillage.dwg**.

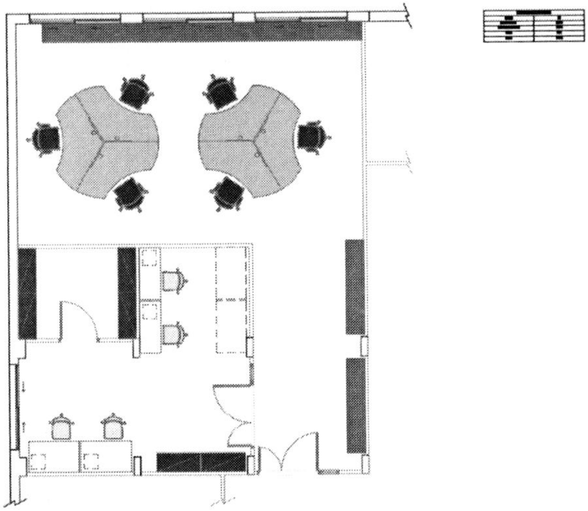

▶ Dans le groupe de fonctions **Calques** (onglet **Début**), déroulez la liste des calques et cliquez sur l'icône **Activer/Désactiver le calque**  du calque **GLF-31-Menuiseries Int.** afin de masquer les objets (portes) relatifs aux menuiseries intérieures et sélectionnez le calque **GLF-50-Hachures** pour le rendre courant.

▶ Dans le groupe de fonctions **Dessin** (onglet **Début**), cliquez sur l'icône **Hachures** .

La fenêtre de commande affiche le message suivant.

```
HACHURES Choisissez un point interne ou [
Sélectionner objets annUler paramèTres]:
```

▶ Dans le groupe de fonctions **Motif** (onglet **Création de hachures**), sélectionnez le motif de hachures **SOLID**.

▶ Dans le groupe de fonctions **Propriétés** (onglet **Création de hachures**), déroulez la liste **Couleur de hachures** et sélectionnez **DuCalque** comme indiqué dans la figure ci-dessous.

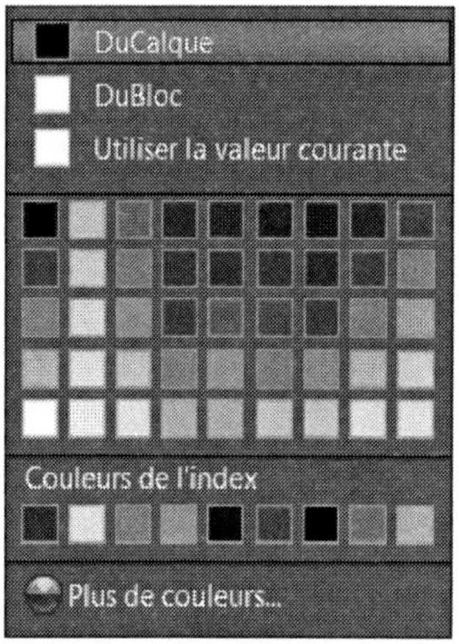

▶ Cliquez les points repérés sur la figure ci-dessous pour la sélection des contours à hachurer.

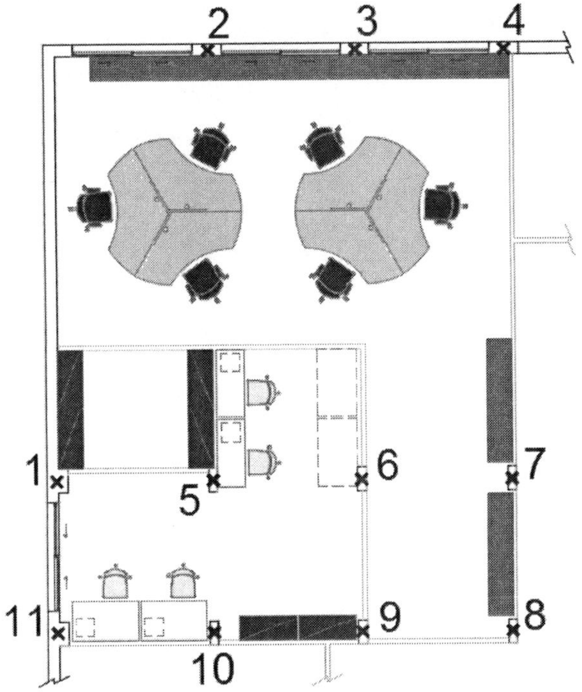


▶ Appuyez sur [Entrée] pour valider la création des hachures.

▶ Dans le groupe de fonctions **Dessin** (onglet **Début**), cliquez sur l'icône **Hachures**

.

La fenêtre de commande affiche le message suivant.

```
HACHURES Choisissez un point interne ou [
Sélectionner objets annUler paramèTres]:
```

▶ Dans le groupe de fonctions **Motif** (onglet **Création de hachures**), sélectionnez le motif de hachures **ANSI31**.

- Cliquez les points repérés sur la figure ci-dessous pour la sélection des contours à hachurer.

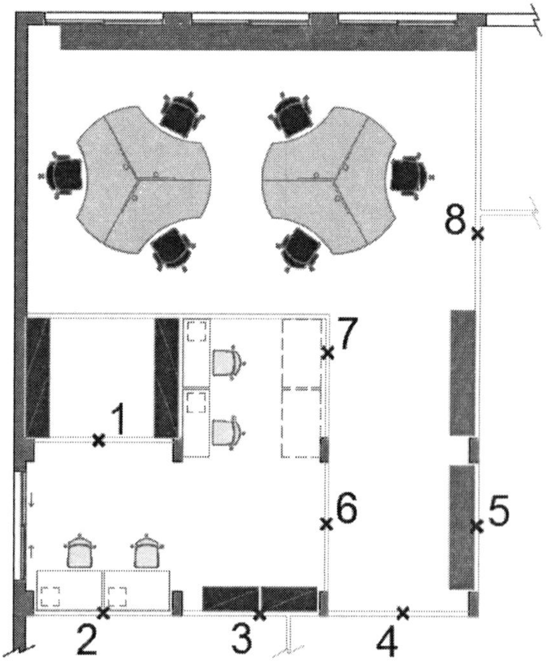


- Appuyez sur [Entrée] pour valider la création des hachures.

## Remarque

*Pour utiliser au mieux cette méthode de hachurage, les zones à hachurer doivent être totalement visibles à l'écran, sinon le message suivant apparaîtra :*

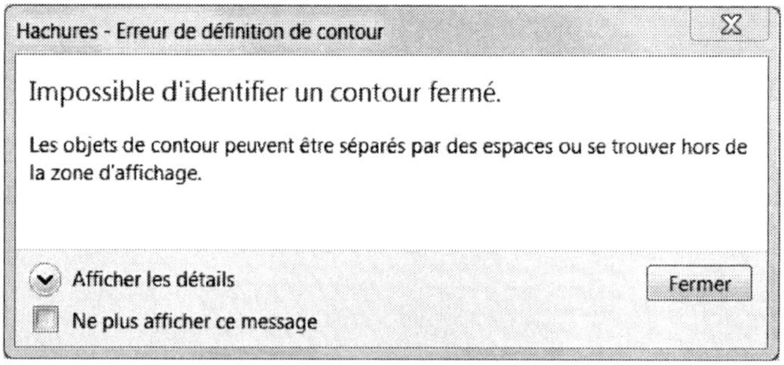

## 2. Étape 2 : Déposer du texte

Nous allons saisir des annotations sur le plan du local professionnel afin d'y indiquer les noms des pièces.

- Dans le groupe de fonctions **Calques** (onglet **Début**), déroulez la liste des calques et cliquez sur le calque **GLF-51-Textes et tableaux** pour le rendre courant.
- Dans le groupe de fonctions **Annotation** (onglet **Début**), choisissez l'icône déroulante **Texte sur une ligne** 
.

  La fenêtre de commande affiche :

```
TEXTE Spécifiez le point de départ du texte ou [Justifier Style]:
```

- Dans la zone graphique, cliquez pour spécifier le point d'insertion du texte comme affiché dans la figure ci-dessous.

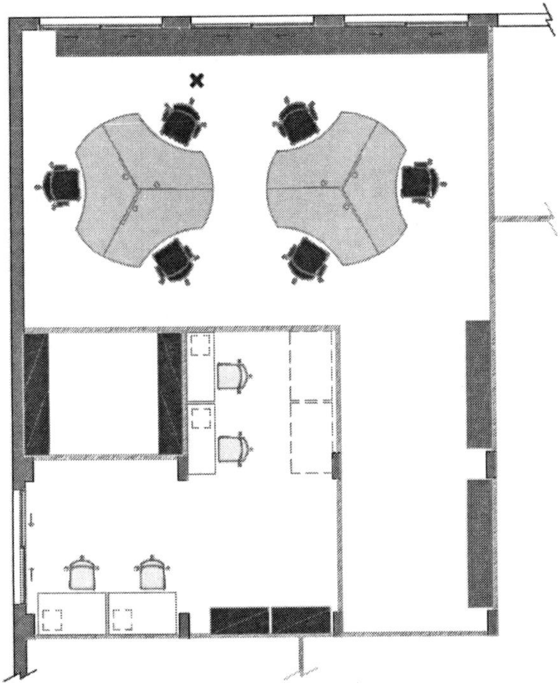

La fenêtre de commande affiche :

```
TEXTE Spécifiez la hauteur <80.0000>:
```

▶ Saisissez **20** pour renseigner la hauteur du texte et appuyez sur [Entrée].

La fenêtre de commande affiche :

```
TEXTE Spécifiez l'angle de rotation du texte <0>:
```

▶ Saisissez **0** pour définir l'orientation du texte et appuyez sur [Entrée].

La fenêtre de commande affiche le message ci-dessous, et un curseur clignotant attend la saisie du texte.

```
TEXTE
```

▶ Saisissez le texte **OPEN SPACE**, puis cliquez pour spécifier un nouveau point d'insertion comme indiqué dans la figure suivante.

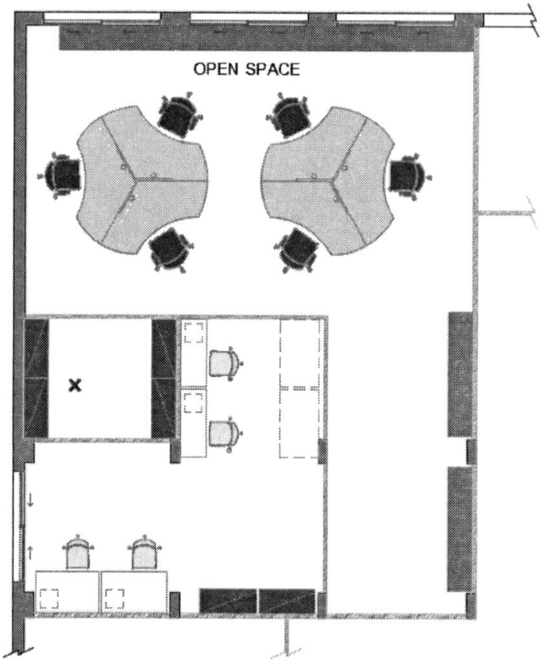


▶ Saisissez le texte **STOCK** et cliquez pour spécifier le nouveau point d'insertion ci-après.

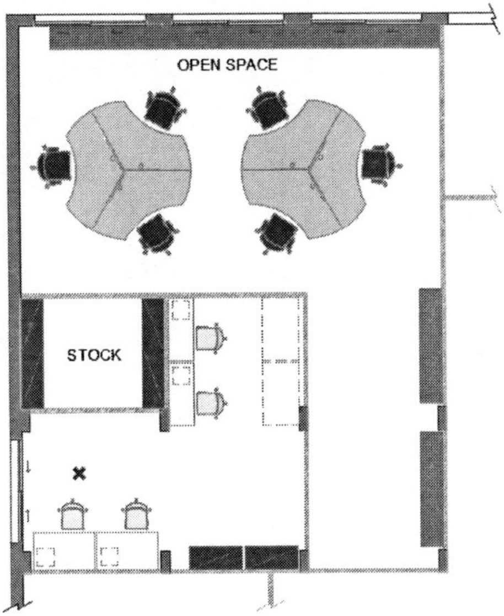


- Saisissez le texte **ATELIER TECHNIQUE** et appuyez deux fois sur [Entrée] pour valider et quitter la commande **Texte sur une ligne**.

  La figure suivante affiche le résultat obtenu.

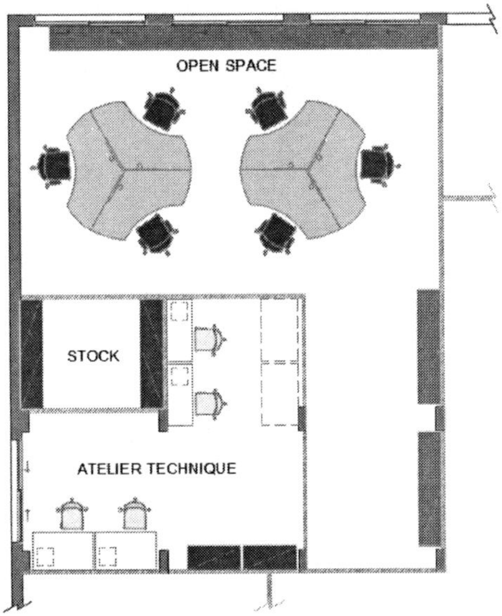

## 3. Étape 3 : Déposer la cotation

À présent, nous allons déposer les cotes sur le plan afin d'y spécifier les dimensions des maçonneries.

- Dans le groupe de fonctions **Calques** (onglet **Début**), déroulez la liste des calques et cliquez sur le calque **GLF-60-Cotations** pour le rendre courant.
- Dans le groupe de fonctions **Annotation** (onglet **Début**), activez la commande **Cote** 

.

  La fenêtre de commande affiche :

```
COT
Sélectionnez les objets ou spécifiez le premier point d'origine de la ligne d'attache ou
[Angulaire ligneBase Continuer Superposée aliGner Distribuer caLque annUler]:
```

- Cliquez sur l'extrémité indiquée sur la figure ci-dessous pour spécifier la position du premier point d'origine de la cote.

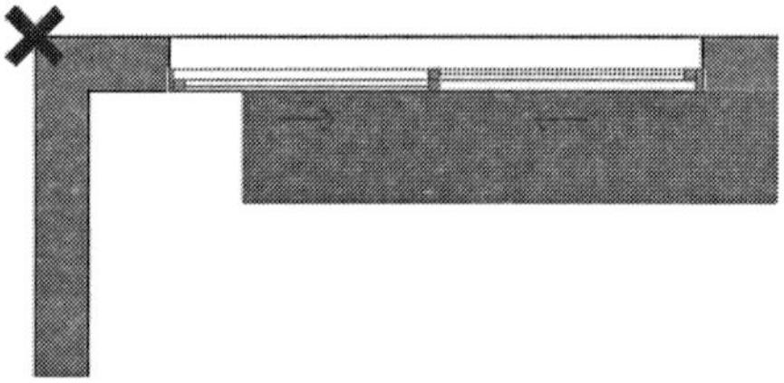

  La fenêtre de commande affiche :

```
COT Spécifiez le second point d'origine de la ligne d'attache ou [Annuler]:
```

- Cliquez sur l'extrémité indiquée sur la figure ci-dessous pour spécifier la position du second point d'origine de la cote.

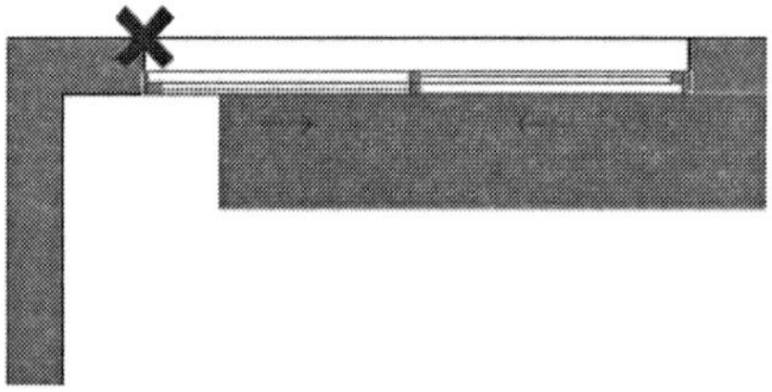

La fenêtre de commande affiche :

```
COT Spécifiez l'emplacement de la ligne de cote ou la seconde ligne de l'angle
[textMult Texte aNgle texte annUler]:
```

▶ Déplacez le pointeur vers le haut et cliquez pour positionner la ligne de cote comme sur la figure ci-dessous.

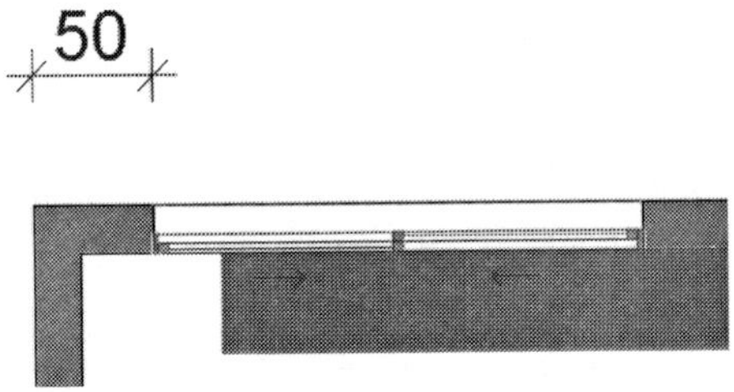


La fenêtre de commande affiche :

```
COT
Sélectionnez les objets ou spécifiez le premier point d'origine de la ligne d'attache ou
[Angulaire ligneBase Continuer Superposée aliGner Distribuer caLque annUler]:
```

▶ Cliquez sur la ligne à coter comme indiqué dans la figure ci-dessous.

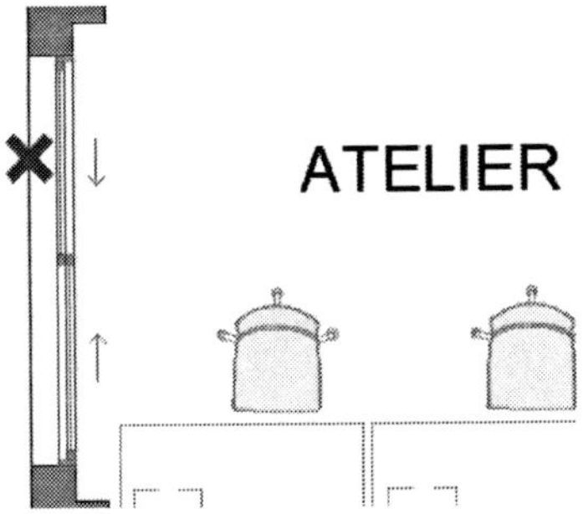


La fenêtre de commande affiche :

```
COT Spécifiez l'emplacement de la ligne de cote ou la seconde ligne de l'angle
[textMult Texte aNgle texte annUler]:
```

▶ Déplacez le pointeur sur la gauche et cliquez pour positionner la ligne de cote.

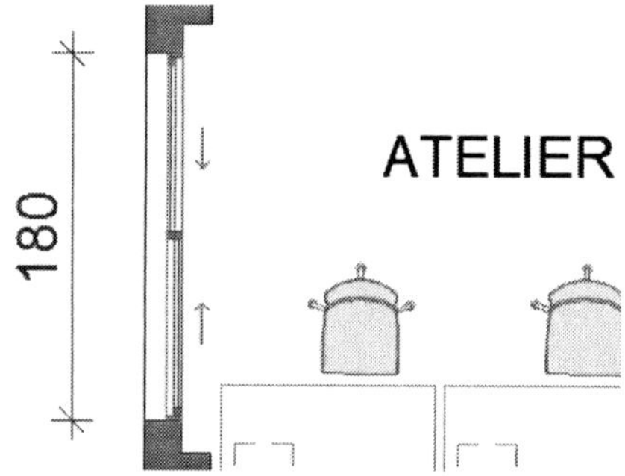


La fenêtre de commande affiche :

```
COT
Sélectionnez les objets ou spécifiez le premier point d'origine de la ligne d'attache ou
[Angulaire ligneBase Continuer Superposée aliGner Distribuer caLque annUler]:
```

▶ Appuyez sur [Entrée] pour quitter la commande **Cote**.

## 4. Étape 4 : Changer de style de cotation courant

Changeons de style de cotation pour spécifier les cotes des cloisons intérieures.

▶ Déroulez le groupe de fonctions **Annotation** (onglet **Début**) en cliquant sur l'icône 

, et déroulez la liste de styles de cote.

▶ Dans la liste des styles de cote, choisissez le style **Int 1-50** pour le rendre courant.

Les prochaines cotes créées utiliseront les paramètres du style courant.

▶ Dans le groupe de fonctions **Annotation** (onglet **Début**), activez la commande **Cote** 

.

La fenêtre de commande affiche :

```
COT
Sélectionnez les objets ou spécifiez le premier point d'origine de la ligne d'attache ou
[Angulaire ligneBase Continuer Superposée aliGner Distribuer caLque annUler]:
```

▶ Cliquez sur les extrémités indiquées sur la figure ci-dessous pour spécifier la position des premier et second points d'origine de la cote.

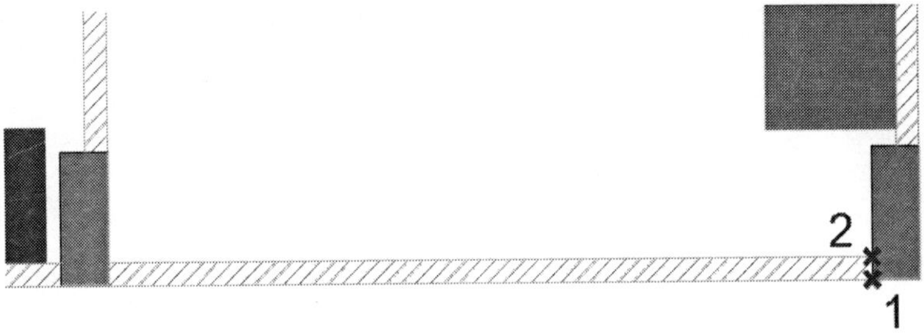


La fenêtre de commande affiche :

```
COT Spécifiez l'emplacement de la ligne de cote ou la seconde ligne de l'angle
[textMult Texte aNgle texte annUler]:
```

▶ Déplacez le pointeur vers la gauche et cliquez pour positionner la ligne de cote comme indiqué dans la figure ci-dessous.

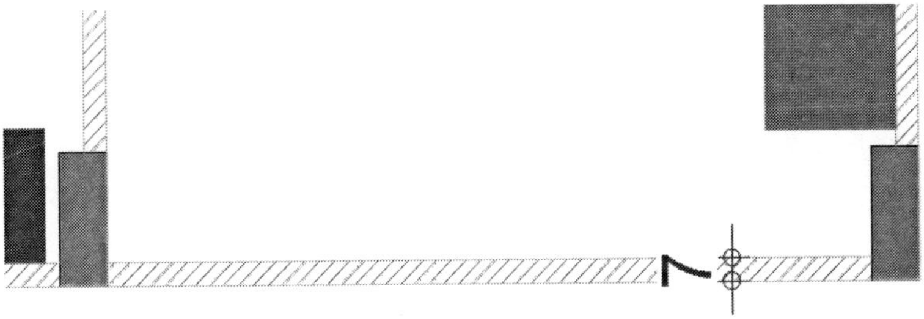

La fenêtre de commande affiche :

```
COT
Sélectionnez les objets ou spécifiez le premier point d'origine de la ligne d'attache ou
[Angulaire ligneBase Continuer Superposée aliGner Distribuer caLque annUler]:
```

▶ Dans la zone graphique, cliquez sur la ligne indiquée dans la figure ci-dessous.

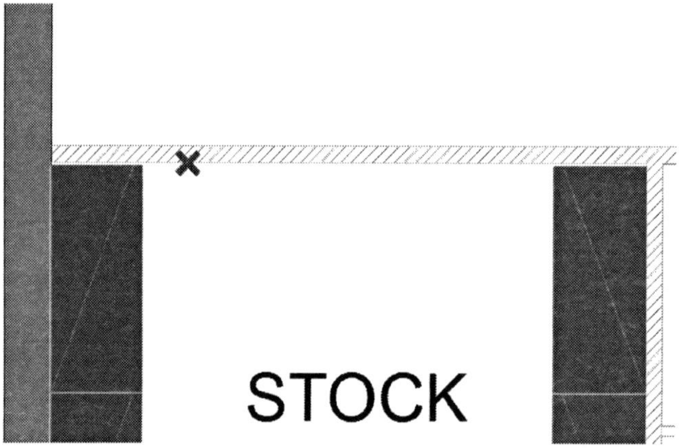


La fenêtre de commande affiche :

```
COT Spécifiez l'emplacement de la ligne de cote ou la seconde ligne de l'angle
[textMult Texte aNgle texte annUler]:
```

▶ Positionnez la ligne de cote.

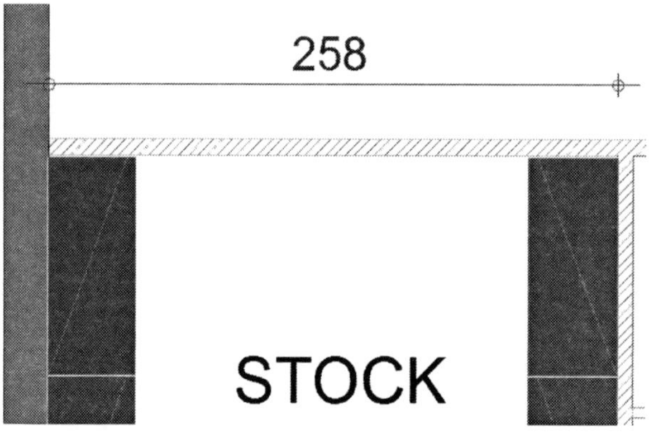


La fenêtre de commande affiche :

```
COT
Sélectionnez les objets ou spécifiez le premier point d'origine de la ligne d'attache ou
[Angulaire ligneBase Continuer Superposée aliGner Distribuer caLque annUler]:
```

▶ Appuyez sur [Entrée] pour quitter la commande **Cote**.

## 5. Étape 5 : Créer rapidement une série de cotes

- Sélectionnez la cote indiquée sur la figure ci-dessous.

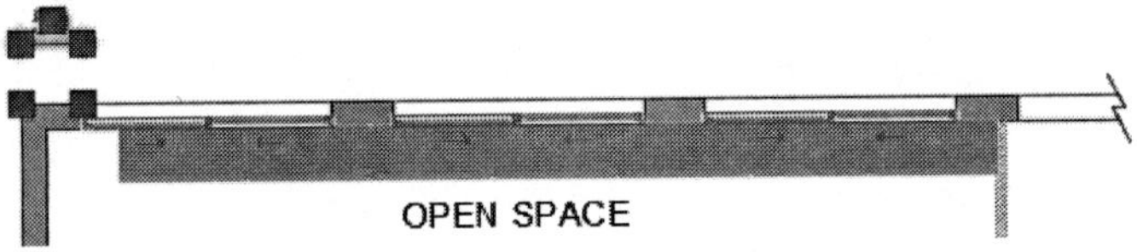


Les poignées dynamiques de la cote apparaissent.

- Placez le pointeur sur la poignée dynamique de la flèche de droite pour afficher le menu contextuel ci-dessous, et choisissez **Cote continue**.

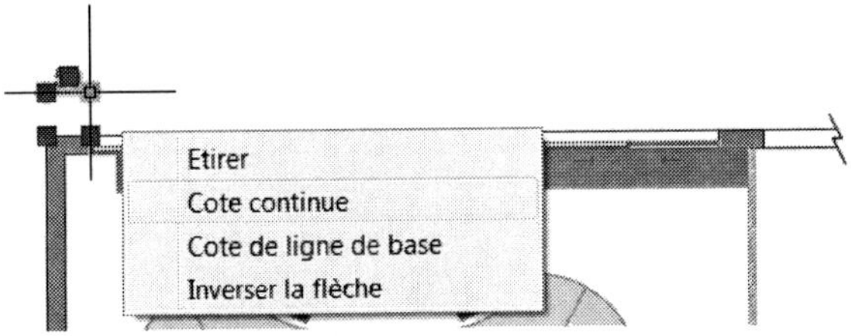


- Cliquez sur les extrémités indiquées sur la figure ci-dessous pour spécifier la position des points d'origine des nouvelles cotes.

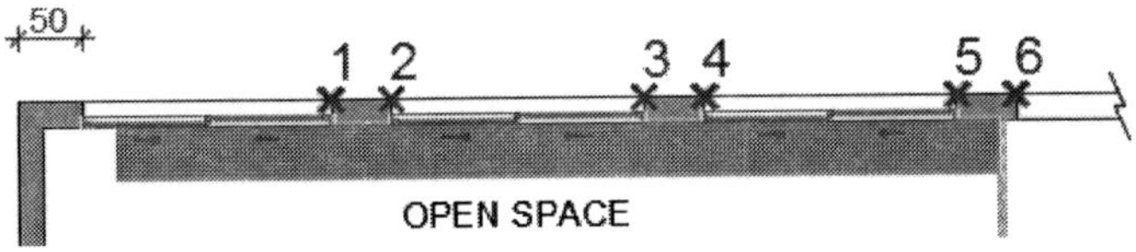


- Appuyez sur [Entrée] pour quitter la commande **Cote continue** et appuyez sur [Echap] pour annuler la sélection.

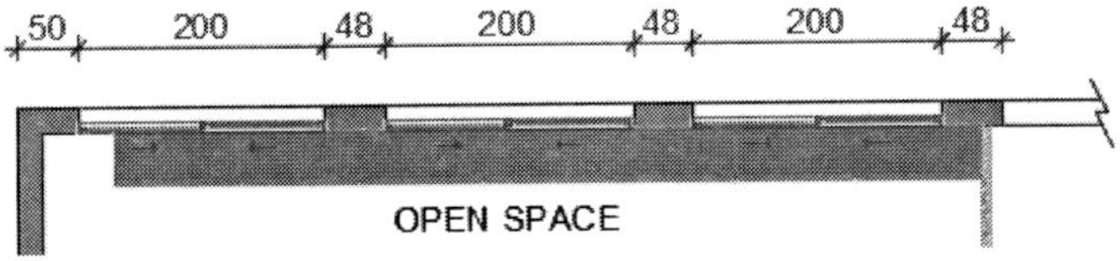

▶ Répétez l'opération pour les cotes de **180**, **7**, et **258** créées précédemment.

La figure ci-dessous affiche le résultat obtenu.

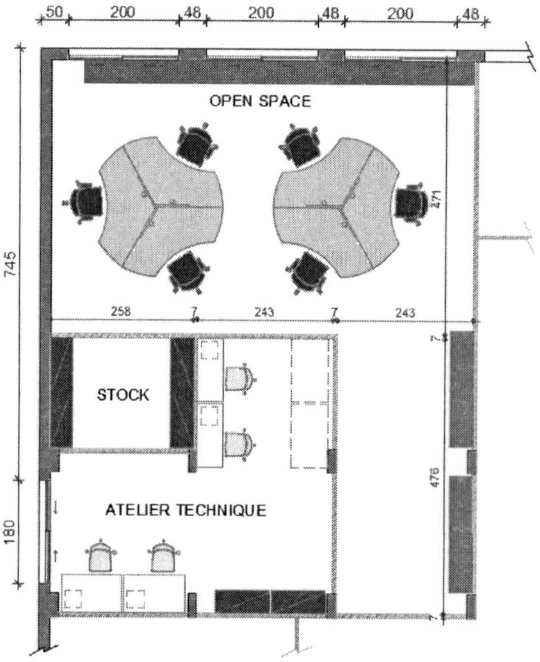


## 6. Étape 6 : Déposer des lignes de repère

Pour poursuivre les annotations sur notre plan, nous allons maintenant utiliser des lignes de repère pour légender les différents postes de l'atelier technique.

▶ Dans le groupe de fonctions **Calques** (onglet **Début**), déroulez la liste des calques et cliquez sur le calque **GLF-51-Textes et tableaux** pour le rendre courant.

▶ Dans le groupe de fonctions **Annotation** (onglet **Début**), activez l'outil **ligne de repère** .

La fenêtre de commande affiche :

```
LIGNEDEREPMULT Spécifiez l'emplacement de la pointe de flèche de la ligne de repère ou
[Ligne de guidage de la ligne de repère en premier Contenu en premier Options] <Options>:
```

▶ Cliquez sur le point indiqué dans la figure ci-dessous pour spécifier la position de la flèche de la ligne de repère.

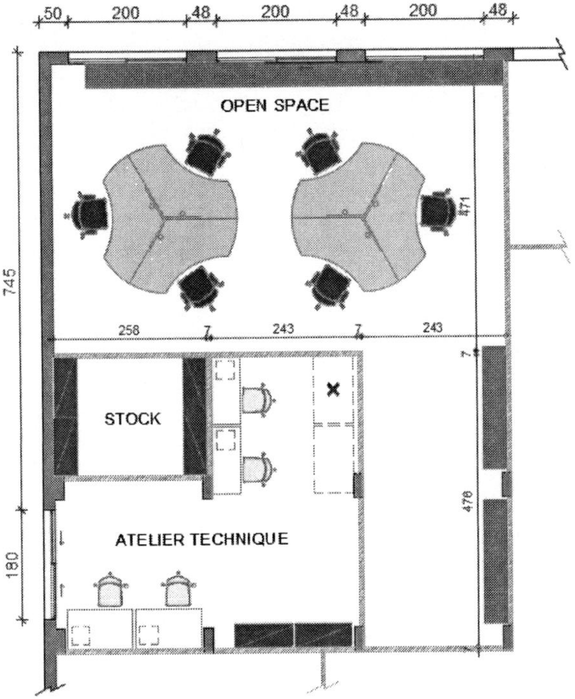


La fenêtre de commande affiche :

```
LIGNEDEREPMULT Spécifiez l'emplacement de la ligne de guidage de la ligne de repère:
```

▶ Cliquez sur le point indiqué sur la figure ci-après pour spécifier la position du texte.

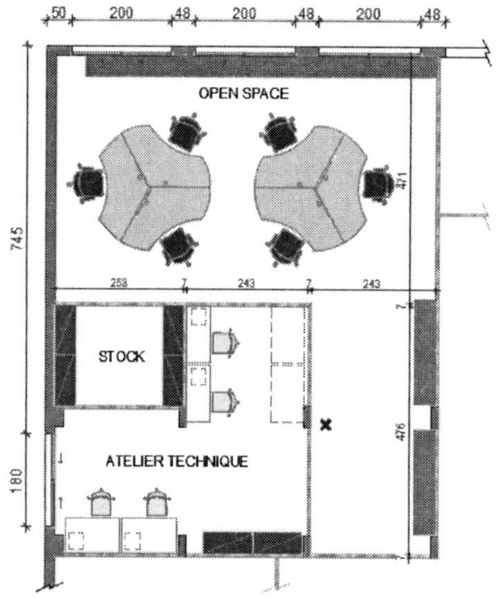


- Saisissez le texte **Découpe laser**, et cliquez à l'extérieur de la zone de texte pour quitter la commande **Ligne de repère**.

La figure ci-dessous affiche le résultat obtenu.

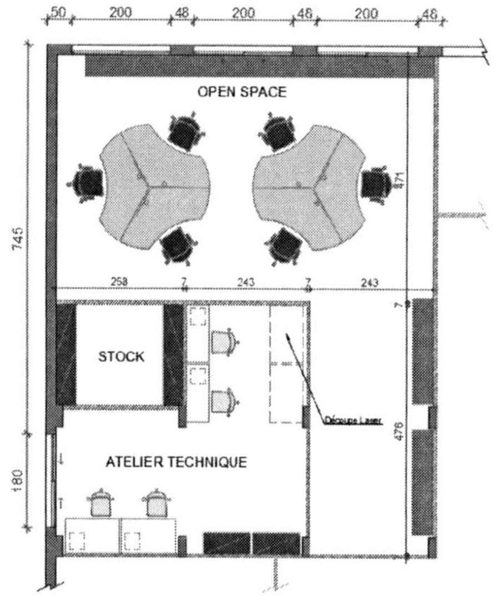

- Répétez l'opération pour créer des lignes de repère distinctes avec les textes respectifs suivants **Imprimante 3D**, **Ordinateur**, **Imprimante**, **Fer à souder** et **Fraiseuse**, selon les positions des flèches (1, 2, 3, 4 et 5) mentionnées ci-dessous.

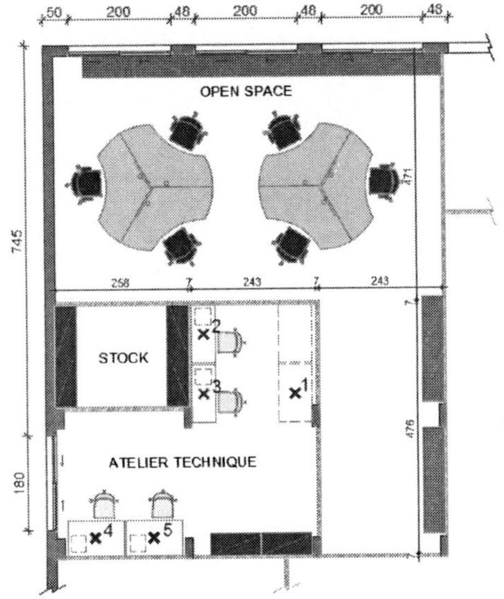


La figure ci-dessous affiche le résultat obtenu.

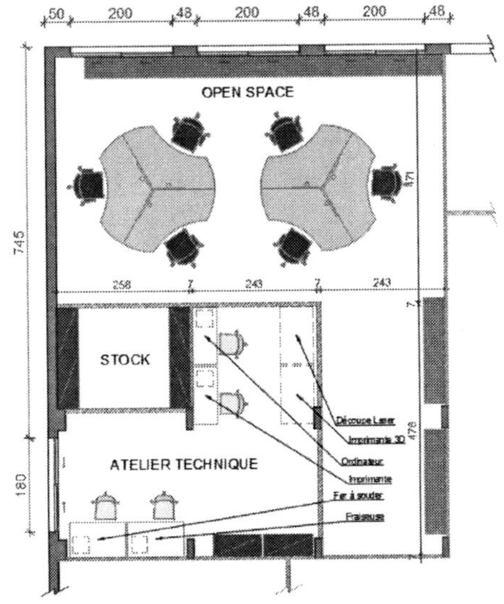

## 7. Étape 7 : Aligner des lignes de repère

Pour une meilleure présentation du texte des lignes de repère, nous allons aligner celles-ci les unes par rapport aux autres.

- Dans le groupe de fonctions **Annotation** (onglet **Début**), déroulez l'icône **Ligne de repère**  et choisissez l'icône **Aligner** .
  La fenêtre de commande affiche :

```
8- ALIGNLIGNEDEREPMULT Sélectionnez des lignes de repère multiples:
```

- Sélectionnez les lignes de repère précédemment créées et validez en appuyant sur [Entrée].
  La fenêtre de commande affiche :

```
8- ALIGNLIGNEDEREPMULT
Sélectionnez des lignes de repère multiple pour l'alignement ou [Options]:
```

- Dans la fenêtre de commande, cliquez sur **Options**.
  La fenêtre de commande affiche :

```
8- ALIGNLIGNEDEREPMULT Entrez une option ou [Distribuer
Rendre les segments de la ligne de repère parallèles Spécifier l'espacement
Utiliser l'espacement courant]<Spécifier l'espacement>:
```

- Cliquez sur **Spécifier l'espacement**.
  La fenêtre de commande affiche :

```
8- ALIGNLIGNEDEREPMULT Spécifiez l'espacement <15.000000>:
```

- Saisissez **15** pour renseigner la valeur de l'espacement entre les lignes de repère et appuyez sur [Entrée] pour valider.
  La fenêtre de commande affiche :

```
8- ALIGNLIGNEDEREPMULT
Sélectionnez des lignes de repère multiple pour l'alignement ou [Options]:
```

- Cliquez sur la ligne de repère **Découpe Laser** sur laquelle aligner les autres lignes de repère.
  La fenêtre de commande affiche :

```
8- ALIGNLIGNEDEREPMULT Spécifiez la direction:
```

▶ Déplacez le pointeur vers le bas verticalement, pour spécifier la position du second point de l'axe.

Les lignes de repère seront alignées le long de cet axe, tel que le montre la figure ci-dessous.

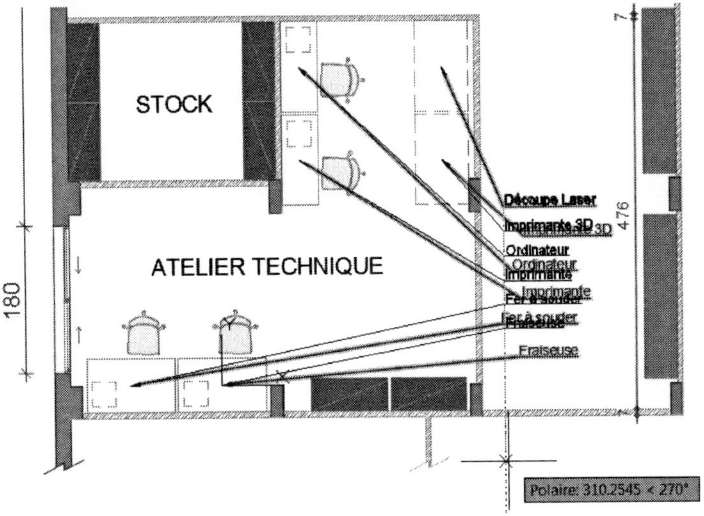


La figure ci-dessous affiche le résultat obtenu.

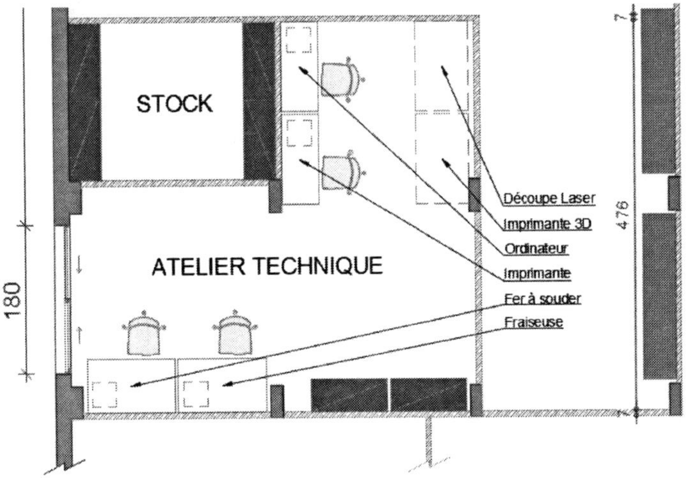

# Exercice 8
# Habiller le plateau

Dans cet exercice, nous allons positionner une annotation pour chacune des vues, placer l'ensemble des cotations et lignes de repère, et insérer une nomenclature.

## 1. Étape 1 : Accéder au fichier ressource

▶ Téléchargez et ouvrez le fichier ressource **Habiller_plateau.dwg**.
L'affichage ressemble à la figure ci-dessous.

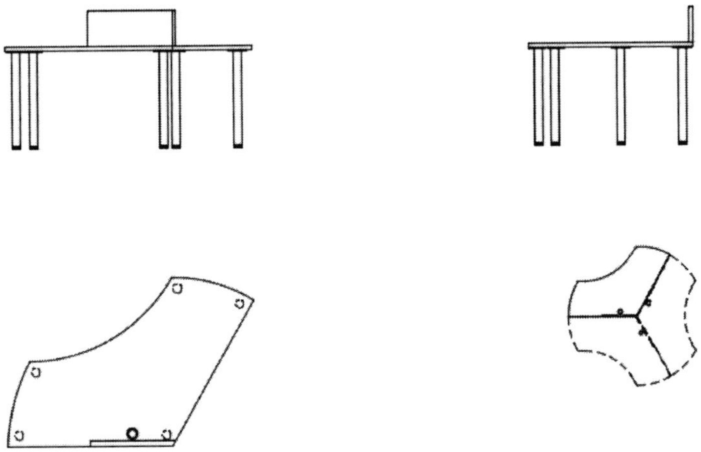

## 2. Étape 2 : Créer du texte

Nous allons tout d'abord légender les différentes vues du meuble.

Le calque **GLF-51-Textes et tableaux** est actif dès l'ouverture du fichier ressource.

- Dans le groupe de fonctions **Annotation** (onglet **Début**), choisissez l'icône déroulante **Texte sur une ligne** 

.
  La fenêtre de commande affiche :

```
TEXTE Spécifiez le point de départ du texte ou [Justifier Style]:
```

- Dans la fenêtre de commande, cliquez sur l'option **Justifier** puis sur l'option **MC** pour une justification **Milieu-Centre**.
- Dans la zone graphique, cliquez sur le point **P1** indiqué dans la figure ci-dessous, pour spécifier le point d'insertion du texte.

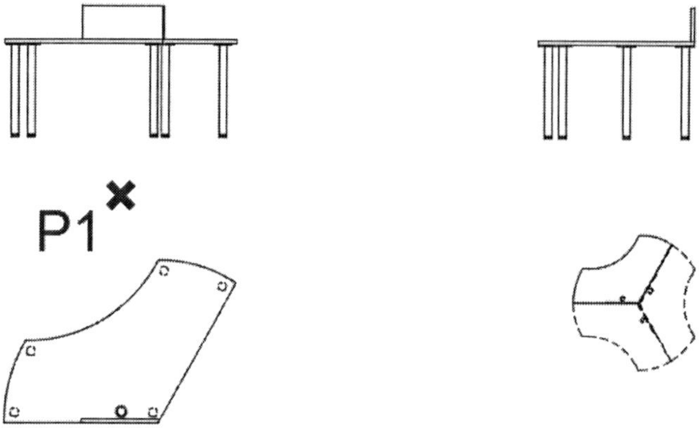


La fenêtre de commande affiche :

```
TEXTE Spécifiez la hauteur <80.0000>:
```

- Saisissez **10** pour renseigner la hauteur du texte et appuyez sur [Entrée].
  La fenêtre de commande affiche :

```
TEXTE Spécifiez l'angle de rotation du texte <0>:
```

▶ Saisissez **0** pour définir l'orientation du texte et appuyez sur [Entrée].

La fenêtre de commande affiche le message ci-dessous, et un curseur clignotant attend la saisie du texte.

```
TEXTE
```

▶ Saisissez le texte **VUE DE DESSUS** et appuyez deux fois sur [Entrée] pour confirmer la création du nouveau texte.

La figure ci-dessous affiche le résultat obtenu :

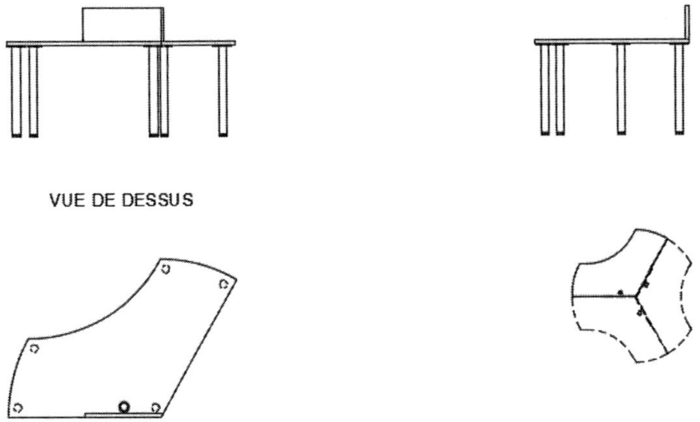


▶ Dans le groupe de fonctions **Modification** (onglet **Début**), cliquez sur l'icône **Copier** 
.

La fenêtre de commande affiche :

```
COPIER Sélectionner des objets:
```

▶ Sélectionnez le texte et appuyez sur [Entrée] pour valider la sélection.

La fenêtre de commande affiche :

```
COPIER Spécifiez le point de base ou [Déplacement mOde] <Déplacement>:
```

▶ Dans la zone graphique, à l'aide de l'outil d'accrochage aux objets **Point d'insertion**, spécifiez le point d'insertion du texte.

Le message suivant est affiché dans la ligne de commande :

```
COPIER Spécifiez le deuxième point ou [Réseau]
<utiliser le premier point comme déplacement>:
```

- Déplacez le pointeur vers le haut selon l'axe vertical, saisissez **200** et appuyez sur [Entrée] pour positionner la copie.
- Appuyez sur [Echap] pour quitter la commande.

La figure suivante affiche le résultat obtenu.

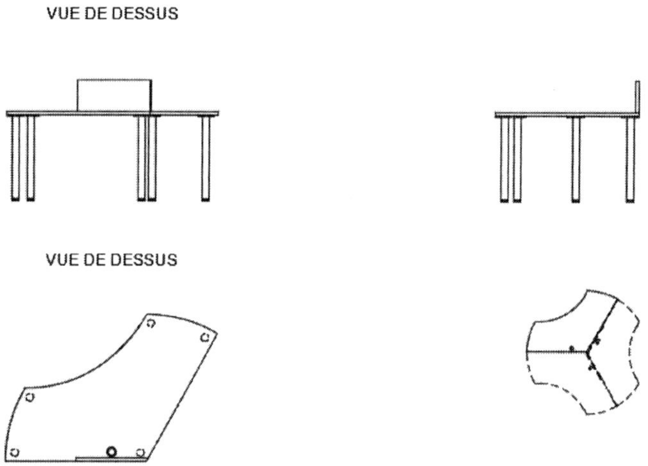


- Dans la zone graphique, effectuez un clic droit et dans le menu contextuel sélectionnez **Répéter COPIER**.

La fenêtre de commande affiche :

```
COPIER Sélectionner des objets:
```

- Sélectionnez les deux textes et appuyez sur [Entrée] pour valider la sélection.

La fenêtre de commande affiche :

```
COPIER Spécifiez le point de base ou [Déplacement mOde] <Déplacement>:
```

- Dans la zone graphique, spécifiez un point à proximité d'un texte **VUE DE DESSUS**.

La fenêtre de commande affiche :

```
COPIER Spécifiez le deuxième point ou [Réseau]
<utiliser le premier point comme déplacement>:
```

▶ Déplacez le pointeur vers la droite selon l'axe horizontal, saisissez **400** et appuyez sur [Entrée] pour positionner la copie.

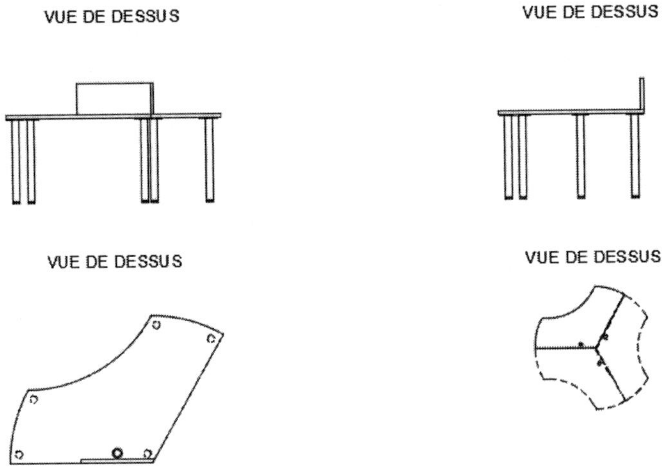


▶ Double cliquez sur chaque texte et saisissez respectivement les textes **VUE DE FACE**, **VUE DE GAUCHE** et **CONFIGURATION TRIO** (en validant pour chaque nouveau texte créé) comme affiché sur la figure ci-dessous.

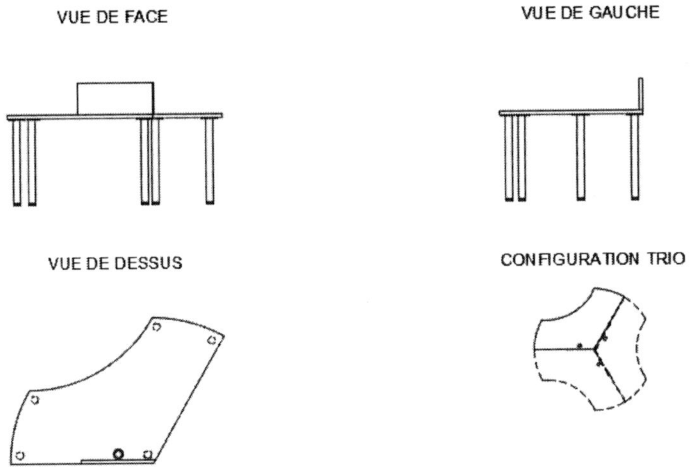

## 3. Étape 3 : Créer des cotes linéaires

Nous allons à présent déposer les cotations pour spécifier les dimensions du meuble.

- Dans le groupe de fonctions **Calques** (onglet **Début**), déroulez la liste des calques et cliquez sur le calque **GLF-60-Cotations** pour le rendre courant.
- Dans le groupe de fonctions **Annotation** (onglet **Début**), choisissez l'icône **Cote** .

La fenêtre de commande affiche :

```
COT
Sélectionnez les objets ou spécifiez le premier point d'origine de la ligne d'attache ou
[Angulaire ligneBase Continuer Superposée aliGner Distribuer caLque annUler]:
```

- Spécifiez le point **P1** indiqué sur la figure ci-dessous pour sélectionner la ligne à coter.

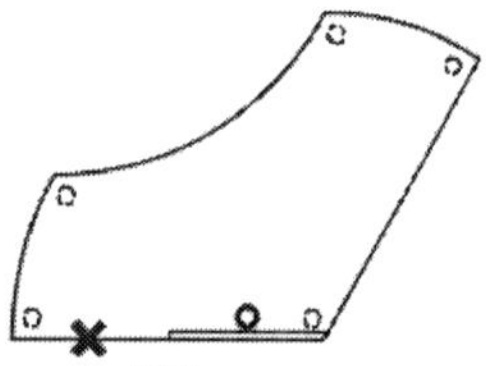


La fenêtre de commande affiche :

```
COT Spécifiez l'emplacement de la ligne de cote ou la seconde ligne de l'angle
[textMult Texte aNgle texte annUler]:
```

▶ Déplacez le pointeur vers le bas et cliquez pour positionner la ligne de cote et obtenir le résultat ci-dessous.

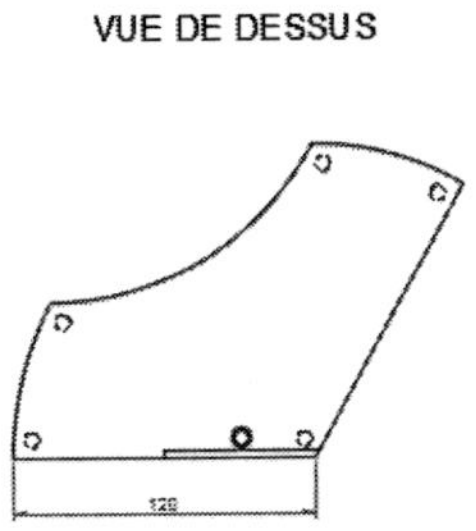


La fenêtre de commande affiche :

```
COT
Sélectionnez les objets ou spécifiez le premier point d'origine de la ligne d'attache ou
[Angulaire ligneBase Continuer Superposée aliGner Distribuer caLque annUler]:
```

▶ À l'aide des outils d'accrochage **Extrémités**, spécifiez les points **P2** et **P3** indiqués sur la figure ci-dessous pour spécifier la position du premier et du second point des lignes d'attache.

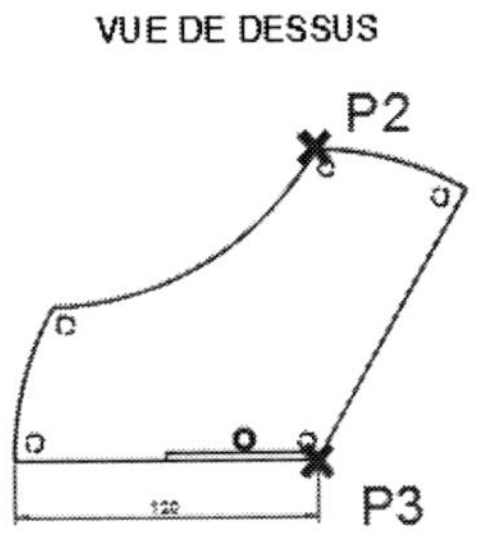


La fenêtre de commande affiche :

```
COT Spécifiez l'emplacement de la ligne de cote ou la seconde ligne de l'angle
[textMult Texte aNgle texte annUler]:
```

▶ Déplacez le pointeur vers la droite et cliquez pour positionner la ligne de cote. La figure suivante affiche le résultat obtenu.

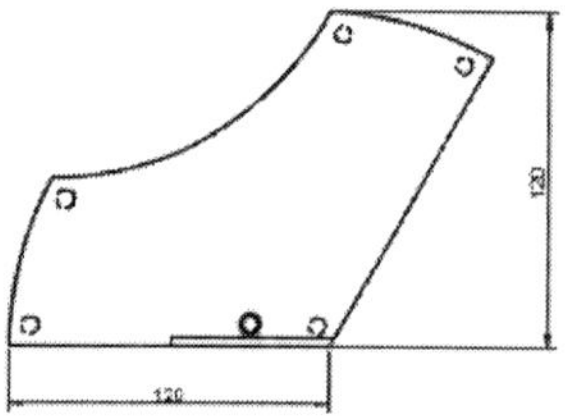

La fenêtre de commande affiche :

```
COT
Sélectionnez les objets ou spécifiez le premier point d'origine de la ligne d'attache ou
[Angulaire ligneBase Continuer Superposée aliGner Distribuer caLque annUler]:
```

- À l'aide des outils d'accrochage **Extrémités**, spécifiez les points **P4** et **P5** indiquée sur la figure ci-dessous pour spécifier la position du premier et du second point des lignes d'attache.

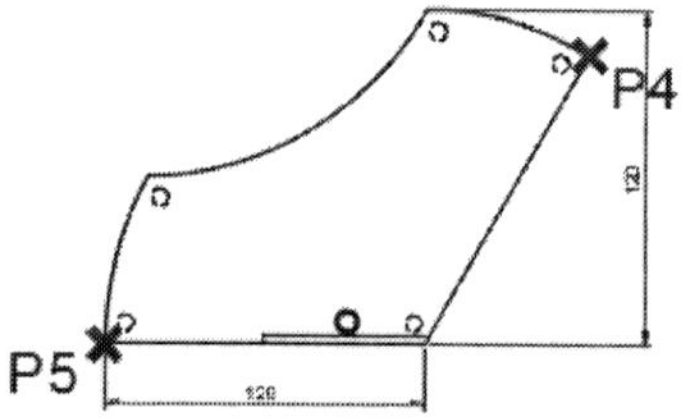


La fenêtre de commande affiche :

```
COT Spécifiez l'emplacement de la ligne de cote ou la seconde ligne de l'angle
[textMult Texte aNgle texte annUler]:
```

- Déplacez le pointeur vers le bas et cliquez pour positionner la ligne de cote comme sur la figure ci-dessous.

VUE DE DESSUS

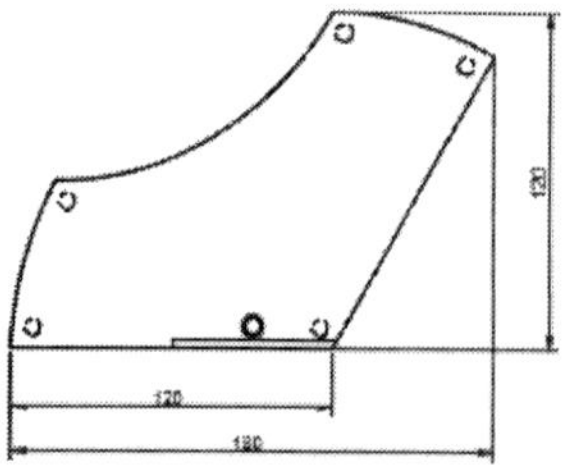

La fenêtre de commande affiche :

```
COT
Sélectionnez les objets ou spécifiez le premier point d'origine de la ligne d'attache ou
[Angulaire ligneBase Continuer Superposée aliGner Distribuer caLque annUler]:
```

◘ Répéter l'opération pour créer les cotes **A**, **B**, **C**, **D**, **E** et **F** indiquées sur la figure ci-dessous.

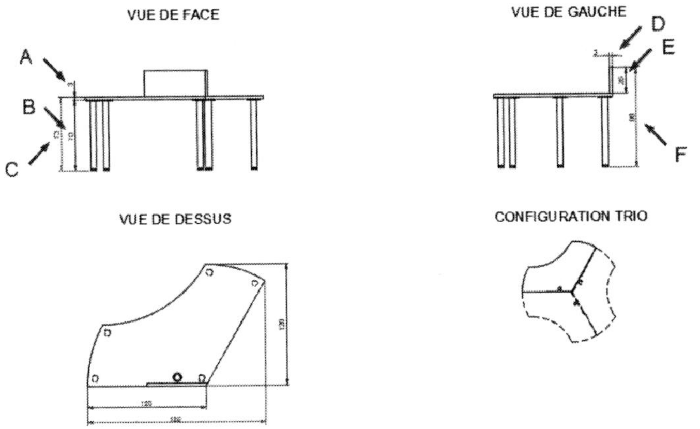


## 4. Étape 4 : Créer des cotes de rayon

La commande **Cote** 

est toujours active.

◘ Cliquez sur l'arc au niveau du point **P6** indiqué sur la figure ci-dessous pour sélectionner l'arc à coter.

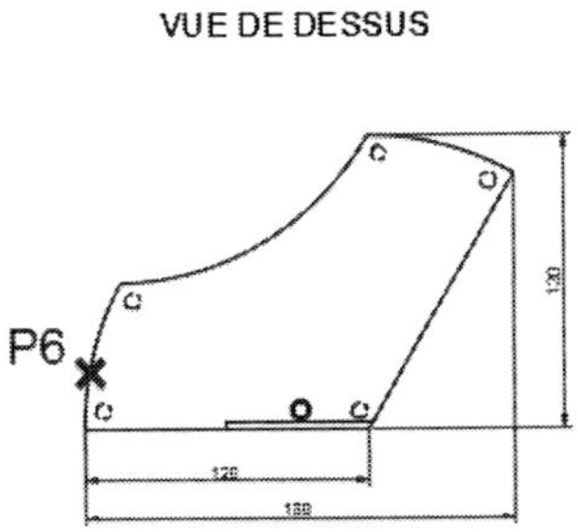

La fenêtre de commande affiche :

```
COT Spécifiez l'emplacement de la cote de rayon ou [Diamètre Angulaire textMult
Texte aNgle texte annUler]:
```

Déplacez le pointeur vers la gauche et cliquez pour positionner la ligne de cote comme l'affiche la figure ci-dessous.

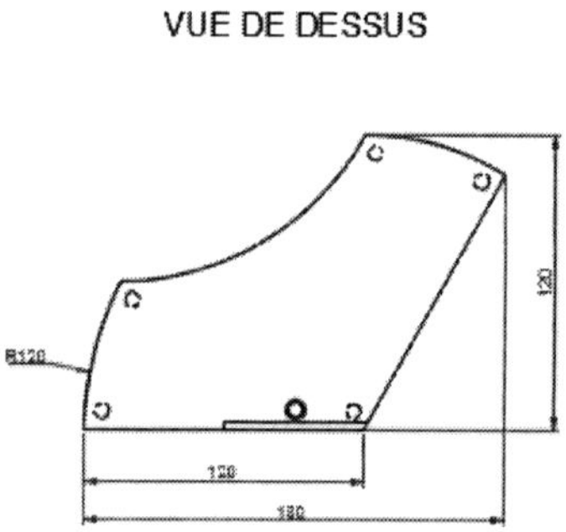


La fenêtre de commande affiche :

```
COT
Sélectionnez les objets ou spécifiez le premier point d'origine de la ligne d'attache ou
[Angulaire ligneBase Continuer Superposée aliGner Distribuer caLque annUler]:
```

Répétez l'opération sur l'arc **A1** matérialisé sur la figure ci-dessous.

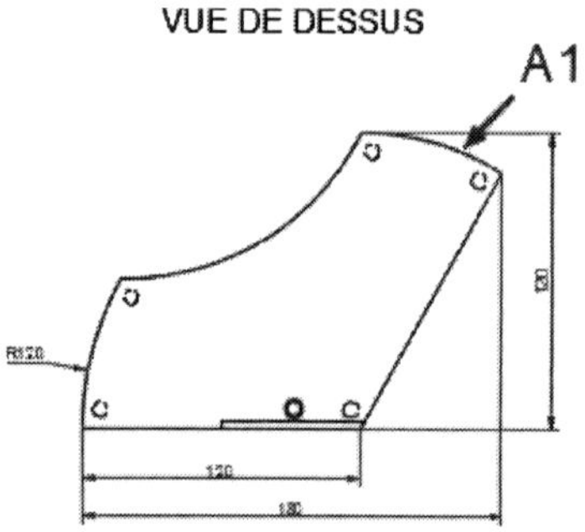

La figure suivante affiche le résultat obtenu.

VUE DE DESSUS

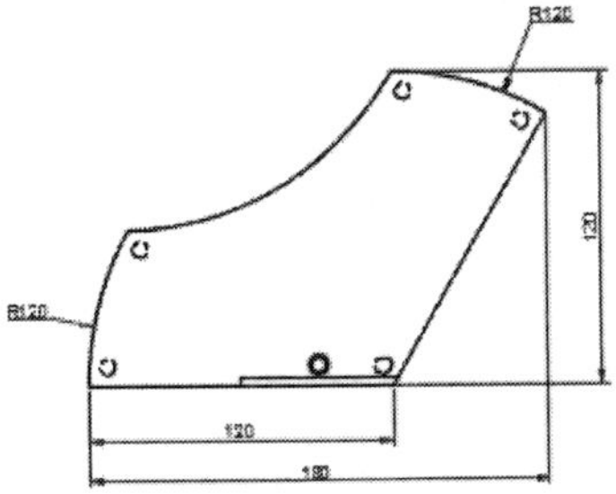


## 5. Étape 5 : Créer une cote angulaire

La commande **Cote** 

est toujours active.

- Cliquez au niveau des points **P7** et **P8** indiqués sur la figure ci-dessous pour sélectionner les première et seconde lignes de la cote angulaire.

VUE DE DESSUS

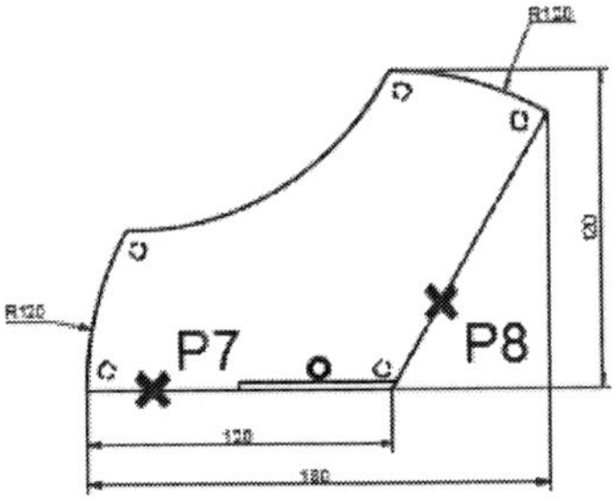


La fenêtre de commande affiche :

```
COT Spécifiez l'emplacement de la cote angulaire ou [textMult Texte aNgle texte annUler]:
```

▶ Spécifiez le point **P9** indiqué sur la figure suivante pour préciser la position du texte de la cote angulaire.

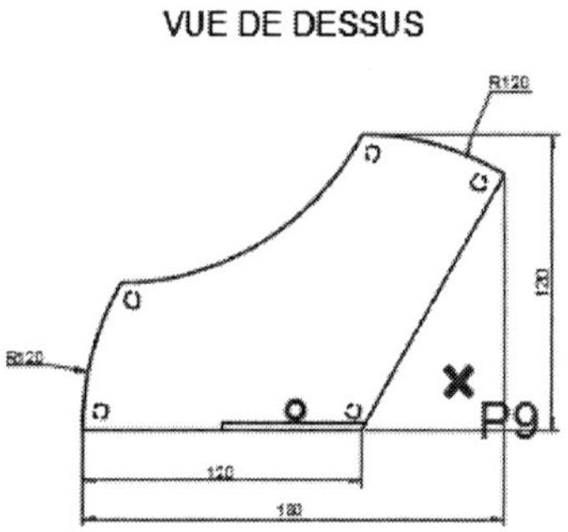


La figure suivante affiche le résultat obtenu.

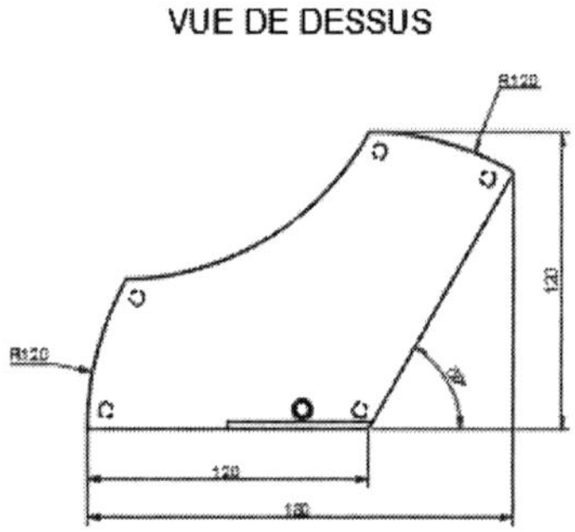


▶ La fenêtre de commande affiche :

```
COT
Sélectionnez les objets ou spécifiez le premier point d'origine de la ligne d'attache ou
[Angulaire ligneBase Continuer Superposée aliGner Distribuer caLque annUler]:
```

▶ Dans la fenêtre de commande, cliquez sur **Angulaire** pour spécifier le type de cote.

La fenêtre de commande affiche :

```
COT Sélectionner un arc, un cercle, une ligne ou [Sommet]:
```

▶ Cliquez sur l'arc au niveau du point **P10** indiqué sur la figure ci-dessous pour spécifier l'arc de cercle à coter.

VUE DE DESSUS

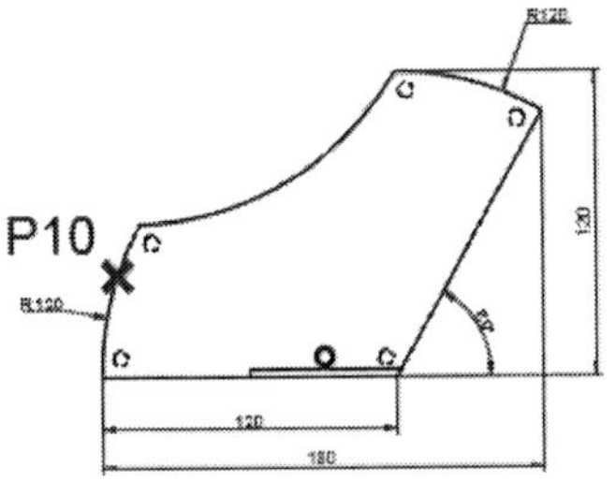


La fenêtre de commande affiche :

```
COT Spécifiez l'emplacement de la cote angulaire ou [Rayon Diamètre textMult Texte
aNgle texte annUler]:
```

▶ Déplacez le pointeur vers la gauche et cliquez pour positionner le texte de la cote angulaire comme le présente la figure ci-dessous.

VUE DE DESSUS

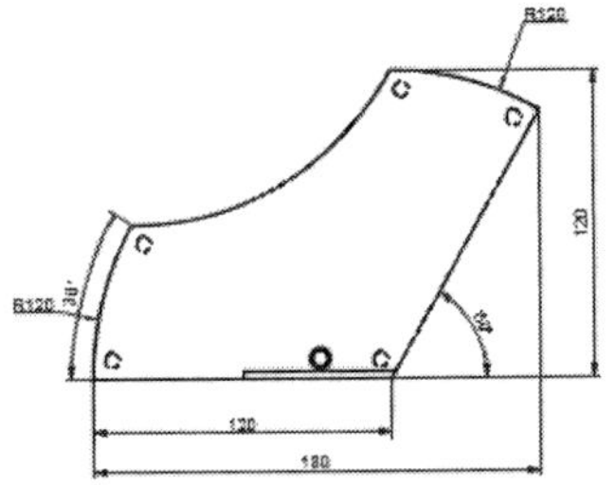

▶ Répétez l'opération sur l'arc ci-dessous (**P11**).

VUE DE DESSUS

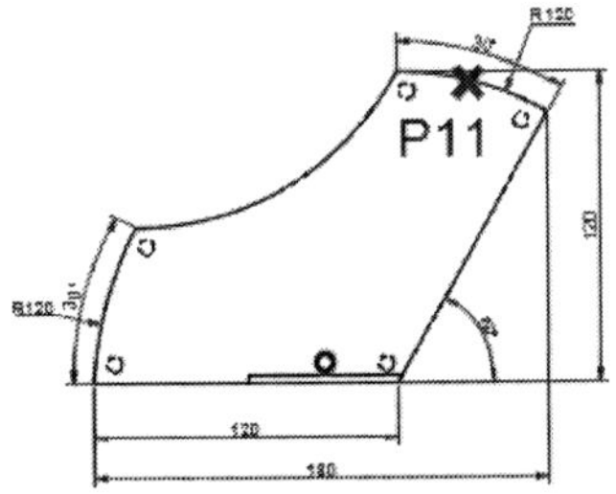

La figure suivante affiche le résultat obtenu.

VUE DE DESSUS

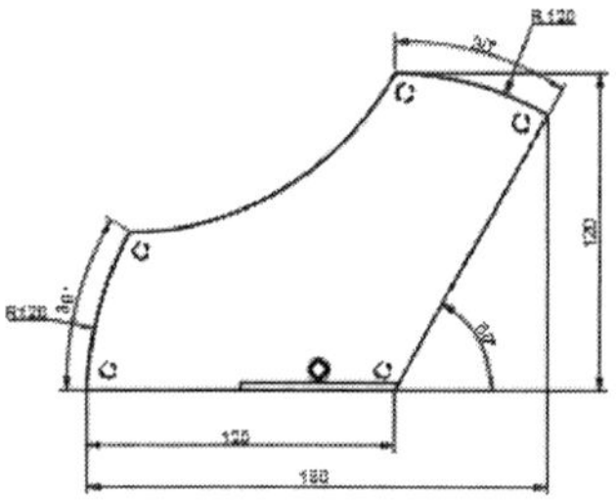

▶ Appuyez sur [Echap] pour quitter la commande **Cote**.

## 6. Étape 6 : Déposer des lignes de repère

À présent, nous allons utiliser les lignes de repère pour spécifier les différents éléments composant le meuble.

▶ Dans le groupe de fonctions **Calques** (onglet **Début**), déroulez la liste des calques et cliquez sur le calque **GLF-51-Textes et tableaux** pour le rendre courant.

▶ Dans le groupe de fonctions **Annotation** (onglet **Début**), activez l'outil **ligne de repère** .

La fenêtre de commande affiche :

```
LIGNEDEREPMULT Spécifiez l'emplacement de la pointe de flèche de la ligne de repère ou
[Ligne de guidage de la ligne de repère en premier Contenu en premier Options] <Options>:
```

▶ Sélectionnez le cercle **P12** indiqué dans la figure ci-dessous pour spécifier la position de la flèche de la ligne de repère.

VUE DE DESSUS

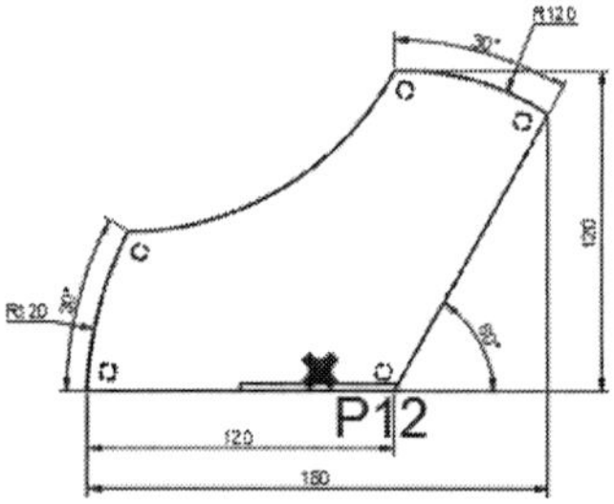

La fenêtre de commande affiche :

```
LIGNEDEREPMULT Spécifiez l'emplacement de la ligne de guidage de la ligne de repère:
```

▶ Cliquez au niveau du point **P13** pour spécifier la position du texte de la ligne de repère.

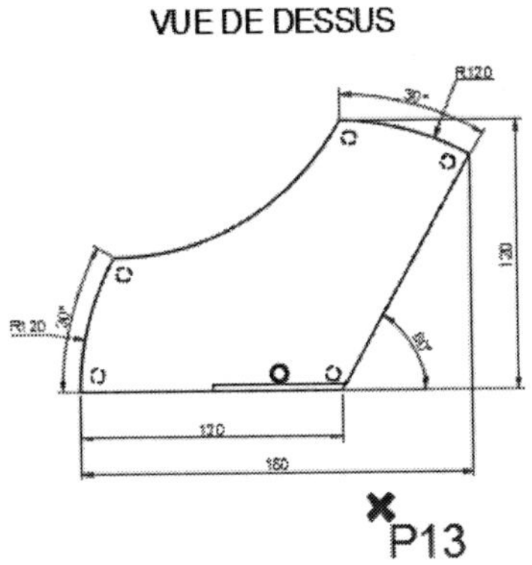


▶ Saisissez le texte **Passe-câble**, et cliquez à l'extérieur de la zone de texte pour quitter la commande en cours.
La figure ci-dessous affiche le résultat obtenu.

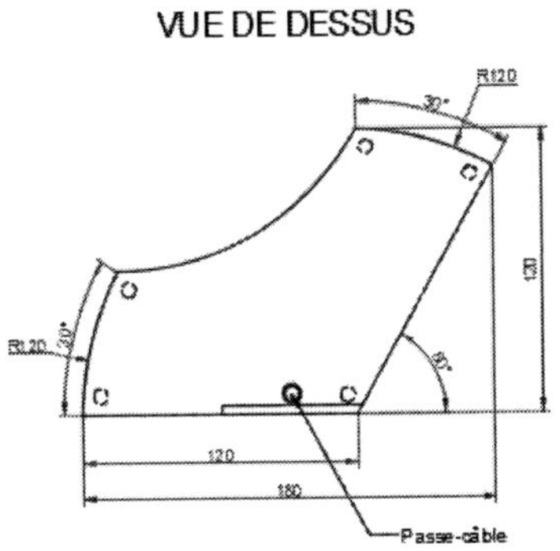

▶ Répétez l'opération pour créer des lignes de repère distinctes avec les textes respectifs suivants : **Pare-vue**, **Plateau 3cm** et **5 pieds Ø6mm** selon les positions de flèches A, B et C ci-dessous.

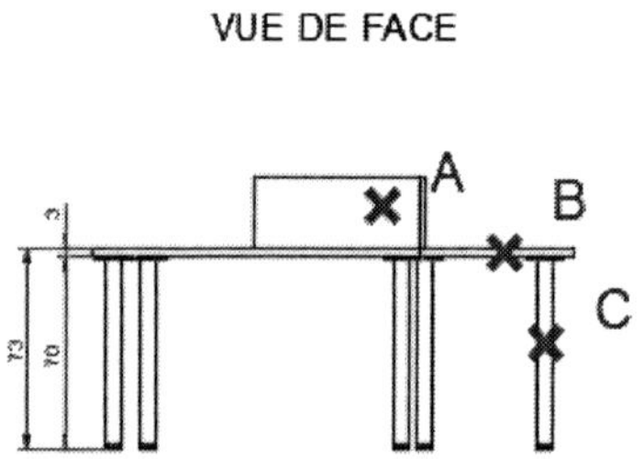


La figure ci-dessous affiche le résultat obtenu.

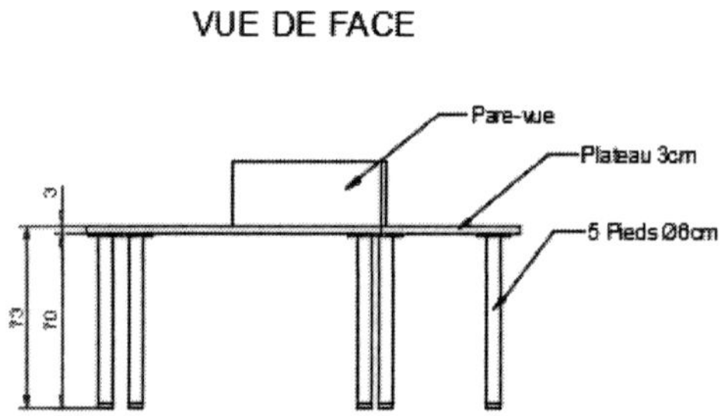


## 7. Étape 7 : Insérer un tableau

Nous allons maintenant insérer un tableau de spécifications du produit.

▶ Dans le groupe de fonctions **Calque** (onglet **Début**), déroulez la liste des calques et choisissez le calque **GLF-51-Textes et tableaux**.

▶ Dans le groupe de fonctions **Annotation** (onglet **Début**), cliquez sur l'icône **Tableau** .

▶ Dans la fenêtre **Insérer un tableau**, dans la rubrique **Paramètres des rangées et des colonnes**, saisissez la valeur **4** dans la zone de texte **Colonnes**, la valeur **50** dans la zone **Largeur de colonne**, la valeur **4** dans la zone de texte **Rangées**, et la valeur **1** dans la zone de texte **Hauteur de rangée** (cf. fenêtre ci-dessous).

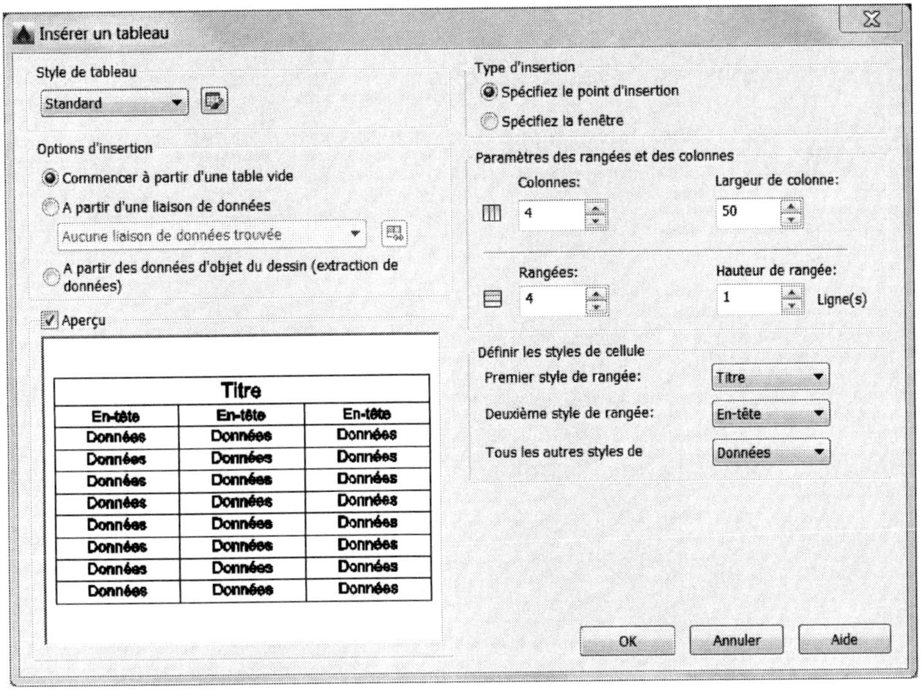


▶ Confirmez par **OK** pour insérer le tableau.

La fenêtre de commande affiche :

```
TABLEAU Spécifiez le point d'insertion:
```

◘ Cliquez au niveau du point **P14** ci-dessous pour insérer le tableau :

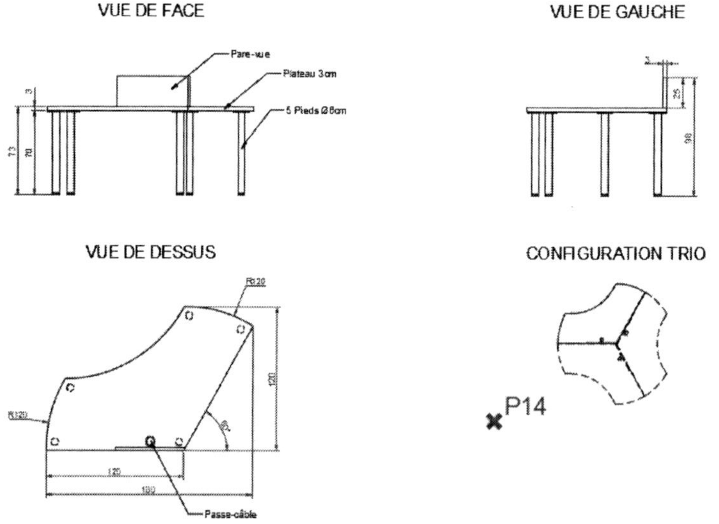


La figure ci-dessous affiche le résultat obtenu.

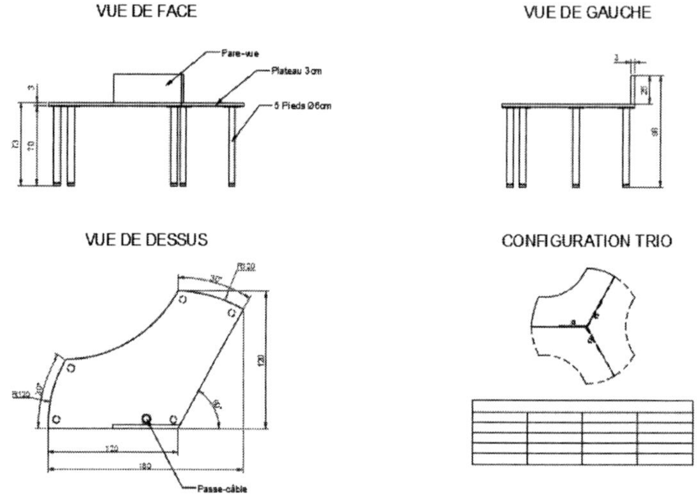

## 8. Étape 8 : Renseigner le titre, les en-têtes et les informations de chaque cellule

Il ne reste plus qu'à renseigner les cellules du tableau avec les différentes informations requises.

À ce stade, la commande d'insertion d'un tableau est toujours en cours. AutoCAD attend la saisie des données du tableau.

- Saisissez **Nomenclature**, appuyez sur la touche [Entrée] pour un déplacement vers le bas, saisissez **Référence**, appuyez sur la touche [Tab] pour un déplacement vers la droite, saisissez **Désignation**, appuyez sur la touche [Tab], saisissez **Quantité**, appuyez sur la touche [Tab], saisissez **Matière**.
- Continuez à renseigner les données du tableau comme affiché sur la figure ci-dessous.
- Appuyez sur la touche [Entrée] pour quitter l'édition du tableau.

| Nomenclature | | | |
|---|---|---|---|
| **Référence** | **Désignation** | **Quantité** | **Matière** |
| 22001 | Plateau ep .3 | 1 | MDF Hêtre |
| 22002 | Pied Ø6 | 5 | Acier Inox |
| 22003 | Pare-vue ep. 3 | 1 | MDF Hêtre |
| 22004 | Passe-câble | 1 | PVC Beige |

La figure ci-dessous affiche le résultat obtenu :

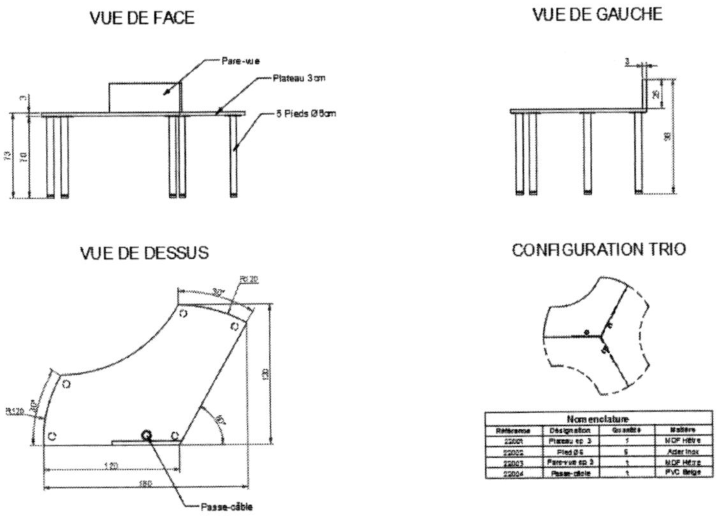

# Chapitre 15
# Les renseignements

## 1. Introduction

Les renseignements permettent d'extraire avec précision les informations propres à un ou plusieurs objets. Ainsi, vous localisez un point, vous vérifiez une distance, un angle, une surface, un centre de gravité, un volume.

## 2. Identification d'un point

- Déroulez le groupe de fonctions **Utilitaires** (onglet **Début**), et cliquez sur l'icône **Localiser un point** 

.
- À l'aide des accrochages aux objets, précisez une intersection, un centre... AutoCAD affiche les coordonnées de ce point suivant les axes X, Y et Z. Vous vous servez de cette position pour insérer un bloc, pour y copier des objets...

## 3. Caractéristiques des objets

- Déroulez le groupe de fonctions **Propriétés**, et cliquez sur l'icône **Liste** 

.
- Sélectionnez un ou plusieurs objets et validez par [Entrée].

AutoCAD donne la liste des caractéristiques de chacun des objets. Vous connaissez alors le type d'objet (ligne, cotation, bloc...), le calque sur lequel il se trouve, l'espace dans lequel il a été créé, et différentes précisions en fonction du type d'entité.

Dans le cas d'une ligne, vous pouvez obtenir des renseignements de ce type :

```
          LIGNE      Calque: "0"
                     Espace: Espace objet
            Maintien = 259
         de point, X=1501.5018  Y=1457.5599  Z=    0.0000
       vers point, X=1551.5018  Y=1457.5599  Z=    0.0000
  Longueur =  50.0000,   Angle dans le plan XY =       0
          Delta X =  50.0000, Delta Y =     0.0000, Delta Z =    0.0000
```

Le maintien est une adresse en base de données (transparent pour l'utilisateur). L'angle est toujours donné par rapport à la direction Est. Les Delta précisent les différences en X, Y et Z entre les deux extrémités de la ligne. Notez que la précision des unités et des angles est celle du dessin courant.

## 4. Distance entre deux points

- Dans le groupe de fonctions **Utilitaires**, cliquez sur l'icône déroulante **Distance**

.

- Précisez deux points à l'aide des outils d'accrochage aux objets.

AutoCAD donne les renseignements concernant cette ligne fictive : une longueur, un angle ou deux (en 3D), les différences en X, Y et Z entre les deux points.

```
Distance = 814.6575,  Angle dans le plan XY = 208,  Angle avec le plan XY = 0
Delta X = -718.5177,  Delta Y = -383.9260,   Delta Z = 0.0000
```

- Dans la ligne de commande (ou dans le menu contextuel), choisissez **Distance** pour une nouvelle mesure ou choisissez **Quitter** pour quitter la commande.

## 5. Calcul de rayon et de diamètre

- Dans le groupe de fonctions **Utilitaires**, choisissez l'icône déroulante **Rayon**.

AutoCAD vous propose de sélectionner le cercle ou l'arc, et affiche les rayon et diamètre correspondants.

- Dans la ligne de commande (ou dans le menu contextuel), choisissez **Rayon** pour une nouvelle mesure ou l'option **Quitter** pour quitter la commande.

## 6. Calcul d'angle

AutoCAD permet de calculer l'angle entre deux lignes (réelles ou fictives) de différentes façons :

- Angle entre deux lignes réelles.
- Angle à partir de lignes fictives, à partir des points ou sommets.
- Angle décrit par un arc.

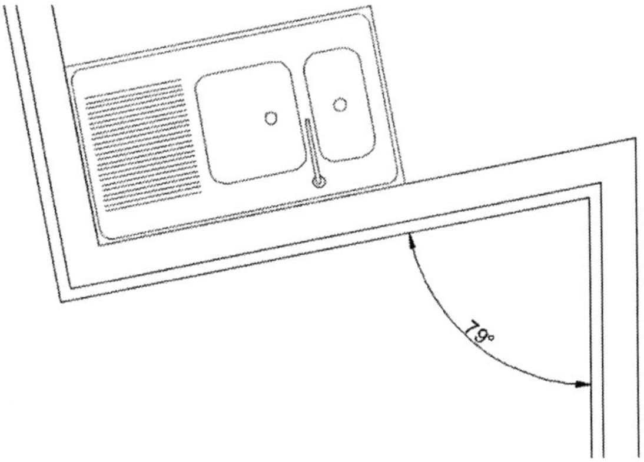


▶ Dans le groupe de fonctions **Utilitaires**, choisissez l'icône déroulante **Angle**

.

Le message suivant est affiché :

```
Sélectionnez l'arc, le cercle, la ligne ou <indiquez un Sommet>:
```

▶ Sélectionnez la première ligne (dans l'exemple ci-dessus), ou un arc ou un cercle.

Le message suivant est affiché :

```
Choix de la seconde ligne:
```

▶ Sélectionnez la deuxième ligne (dans l'exemple ci-dessous).

Les renseignements sont affichés comme suit :

```
Angle = 79°
```

▶ Dans la fenêtre de commande (ou dans le menu contextuel) choisissez **Angle** pour une nouvelle mesure angulaire ou choisissez **Quitter** pour quitter la commande.

Voici les différentes techniques pour calculer un angle :

**Ligne** : permet de sélectionner deux lignes existantes.

**Indiquez un Sommet** : permet de matérialiser 2 lignes fictives par 3 points (d'abord le sommet de l'angle, *ou l'origine*, puis les deux extrémités correspondant aux côtés).

**Arc** : permet de sélectionner un arc, et d'obtenir l'angle dont le sommet est au centre de l'arc et dont les côtés passent par les extrémités de l'arc.

**Cercle** : permet de sélectionner un cercle et d'obtenir l'angle dont le sommet est au centre du cercle, et de matérialiser les côtés passant par deux points. La sélection du cercle détermine l'angle de référence (utiliser l'accrochage aux objets).

## 7. Calcul de surfaces

Régulièrement, vous devez vérifier ou calculer une surface. AutoCAD permet d'effectuer des calculs de surfaces complexes, ainsi que des additions et soustractions d'aires.

▶ Dans le groupe de fonctions **Utilitaires**, cliquez sur l'icône déroulante **Aire**

.

Le message suivant apparaît :

```
Spécifiez le premier coin ou [Objet Ajouter une aire Soustraire une aire Quitter] <Objet>:
```

Voici les différentes techniques pour calculer des surfaces :

### Coin par coin

L'option par défaut vous invite à préciser les différents coins de la figure (utilisez les outils d'accrochage). AutoCAD affiche provisoirement la surface calculée d'une couleur verte. Une fois le dernier coin précisé, validez par [Entrée]. Le résultat s'affiche.

```
Aire = 512.8465, Périmètre = 99.8063
```

**Remarque**

*Cette méthode n'est valable que si tous les côtés de la figure réelle ou fictive sont droits.*

### Objet

Cette option attend la sélection d'un objet possédant une aire comme un cercle, une polyligne, une région ou une spline. Les polylignes ou splines ouvertes sont prises en compte, à la nuance près que le résultat affiche, en plus de l'aire, une longueur à la place d'un périmètre.

Dans le cas d'une zone complexe (bords droits et courbes entrecoupées), la solution consiste à recréer un seul objet correspondant au contour de la surface recherchée.

- Dans ce cas, créez un contour à partir d'un point interne (cf. chapitre Le dessin - Création de contours), puis demandez l'aire de l'objet résultant.

## Ajouter une aire

- Choisissez l'option **Ajouter une aire** puis **Objet** pour la sélection des entités.

Le message suivant est affiché :

```
(mode ADDITION) Choix des objets:
```

- Sélectionnez le premier objet.

La surface totale provisoire est affichée :

```
Aire = 7571.0266, Périmètre = 355.2627
Aire totale = 7571.0266
```

La surface calculée est affichée en vert.

- Sélectionnez ensuite les objets (ou contours) dont les aires seront additionnées.

Pour chaque objet, la nouvelle surface calculée est affichée ainsi que la surface totale (incluant la première aire à laquelle est ajoutée la seconde aire) :

```
Aire = 2589.5467, Périmètre = 209.9962
Aire totale = 10160.5733
```

- Sélectionnez un nouvel objet pour calculer et additionner sa surface ou appuyez sur la touche [Echap] pour quitter la commande.

## Soustraire une aire

- Choisissez l'option **Ajouter une aire** puis **Objet** pour la sélection du contour principal.

Le message suivant est affiché :

```
(mode ADDITION) Choix des objets:
```

- Sélectionnez le premier objet.

La surface totale provisoire est affichée :

```
Aire = 7571.0266, Périmètre = 355.2627
Aire totale = 7571.0266
```

La surface calculée est affichée en vert.

- Validez par [Entrée] pour ne pas additionner plusieurs surfaces.

Le message ci-dessous est affiché :

```
Spécifiez le premier coin ou [Objet Soustraire une aire Quitter]:
```

▶ Choisissez l'option **Soustraire une aire**, puis l'option **Objet**.

Le message suivant est affiché :

```
(mode SOUSTRACTION) Choix des objets:
```

▶ Sélectionnez l'objet dont l'aire sera retirée de la surface totale précédente.

Les surfaces retirées sont colorées en rouge.

Pour chaque objet, la nouvelle surface calculée est affichée ainsi que la surface totale (la première aire à laquelle est retirée la seconde aire) :

```
Aire = 2589.5467, Périmètre = 209.9962
Aire totale = 4981.4800
```

▶ Sélectionnez un nouvel objet pour calculer et soustraire sa surface ou appuyez sur la touche [Echap] pour quitter la commande.

## 8. La calculatrice

AutoCAD vous permet d'effectuer bons nombres de calculs mathématiques et trigonométriques. La calculatrice utilise les expressions mathématiques et graphiques standards, et permet aussi le calcul d'intersections, de distances et d'angles. Elle permet aussi de créer et d'utiliser des variables et de convertir des unités de mesure.

▶ Dans le groupe de fonctions **Utilitaires** (onglet **Début**), cliquez sur l'icône **Calculatrice rapide** .

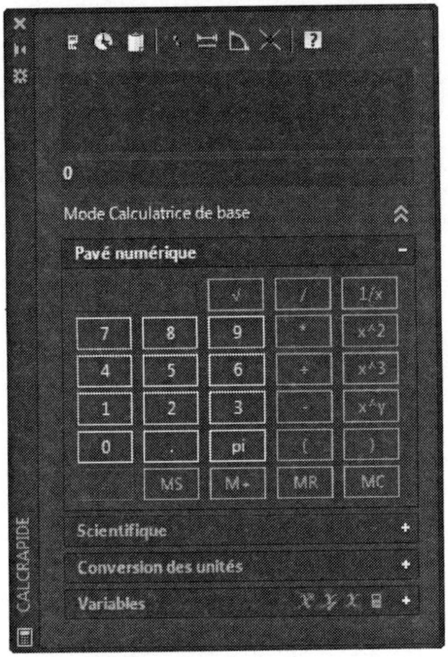


## La zone Historique

Elle constitue la plus grande zone de texte de la fenêtre **Calculatrice**. Elle affiche la liste des expressions utilisées et calculées précédemment. Un menu contextuel fournit plusieurs options, y compris la copie d'une expression sélectionnée vers le Presse-papiers Windows.

## Zone de saisie

Elle constitue la plus petite zone de texte de la palette **Calculatrice**. Elle vous permet d'entrer et d'extraire des expressions. Appuyez sur [Entrée] (ou sur la touche =) pour obtenir les résultats.

## La barre d'outils

La barre d'outils vous permet d'effectuer des calculs rapides de fonctions courantes.

**Obtenir les coordonnées** : permet d'obtenir les coordonnées d'un point (X,Y,Z) qu'AutoCAD vous invite à désigner dans la zone graphique.

**Distance entre deux points** : permet d'obtenir la distance entre deux points à matérialiser dans la zone graphique.

**Angle de ligne définie par deux points** : permet de calculer l'angle défini par les deux points sélectionnés dans la zone graphique.

**Intersection de deux lignes définies par quatre points** : permet de calculer les coordonnées de l'intersection (réelle ou fictive) de deux lignes qu'AutoCAD vous invite à définir par quatre points dans la zone graphique.

**Effacer** : permet de supprimer le résultat du calcul courant dans la zone de saisie.

**Effacer l'historique** : permet de supprimer la liste des précédents calculs effectués (historique) affichés.

**Coller la valeur sur la ligne de commande** : permet d'insérer le résultat du dernier calcul dans la ligne de commande.

Utilisez le bouton **Plus** ou **Moins** pour dérouler ou réduire l'affichage des fonctions de la calculatrice.

## Pavé numérique

Il présente un clavier de calculatrice standard qui vous permet de saisir des chiffres et des symboles utilisés dans les expressions arithmétiques. Appuyez sur [Entrée] (ou sur la touche =) pour obtenir les résultats.

Nous ne détaillerons pas ici les fonctions classiques de toutes les calculatrices. Cependant, voici la définition de fonctions de mémoire :

**MS** (Stocker en mémoire) : stocke la valeur courante en mémoire.

**M+** (Ajouter à la valeur stockée en mémoire) : ajoute la valeur courante à la valeur stockée en mémoire.

**MR** (Restaurer la valeur de mémoire) : restaure la valeur actuellement stockée en mémoire dans la zone de saisie.

**MC** (Effacer la mémoire) : supprime la valeur actuellement stockée en mémoire.

## Scientifique

La rubrique **Scientifique** calcule les expressions trigonométriques, logarithmiques, exponentielles et toutes celles généralement liées à des applications scientifiques et d'ingénierie :

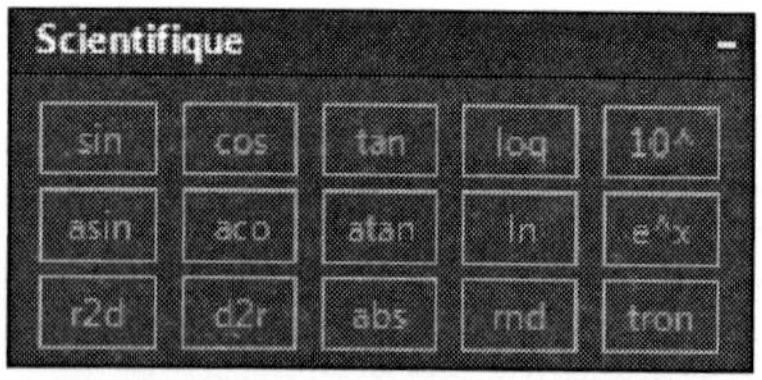

**sin** (Sinus) : spécifie le sinus de l'angle dans la zone de saisie.

**cos** (Cosinus) : spécifie le cosinus de l'angle dans la zone de saisie.

**tan** (Tangente) : spécifie la tangente de l'angle dans la zone de saisie.

**log** (Logarithme base 10) : spécifie le logarithme de la valeur dans la zone de saisie.

**10^** (Exposant base 10) : spécifie l'exposant base 10 de la valeur dans la zone de saisie.

**asin** (Arc sinus) : spécifie l'arc sinus du nombre dans la zone de saisie. Ce nombre doit être compris entre -1 et 1.

**aco** (Arc cosinus) : spécifie l'arc cosinus du nombre dans la zone de saisie. Ce nombre doit être compris entre -1 et 1.

**atan** (Arc tangente) : spécifie l'arc tangente du nombre dans la zone de saisie.

**ln** (Logarithme népérien) : spécifie le logarithme népérien du nombre dans la zone de saisie.

**e^x** (Exposant naturel) : spécifie l'exposant naturel du nombre actuellement entré dans la zone de saisie.

**r2d** (Convertir les radians en degrés) : convertit en degrés des angles exprimés en radians ; par exemple, r2d (pi) convertit la valeur de pi en 180 degrés.

**d2r** (Convertir les degrés en radians) : convertit en radians des angles exprimés en degrés ; par exemple, d2r (180) convertit 180 degrés en radians et renvoie la valeur de pi.

**abs** (Valeur absolue) : renvoie la valeur absolue du nombre dans la zone de saisie.

**rnd** (Arrondi) : arrondit le nombre dans la zone de saisie au nombre entier le plus proche.

**tron** (Tronquer) : renvoie la partie du nombre entier dans la zone de saisie.

## Conversion des unités

Convertit les unités de mesure d'un type d'unité à un autre. La zone de conversion des unités accepte uniquement des valeurs décimales sans unités.

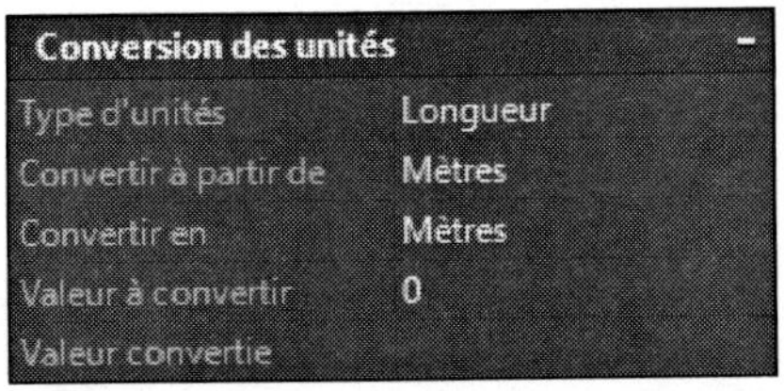


**Type d'unités** : permet de sélectionner le type d'unités à convertir parmi les suivantes : Longueur, Aire, Volume, Angulaire.

**Convertir à partir de** : permet de sélectionner les unités de mesure à partir desquelles la conversion sera effectuée.

**Convertir en** : permet de sélectionner les unités de mesure vers lesquelles la conversion sera effectuée.

**Valeur à convertir** : permet de saisir la valeur à convertir.

**Valeur convertie** : affiche le résultat de la conversion. L'icône de la calculatrice renvoie la valeur convertie dans la zone de saisie.

## Variables

Permet d'accéder aux fonctions et aux constantes prédéfinies. Vous pouvez utiliser la zone **Variables** pour définir et enregistrer des fonctions et des constantes supplémentaires.

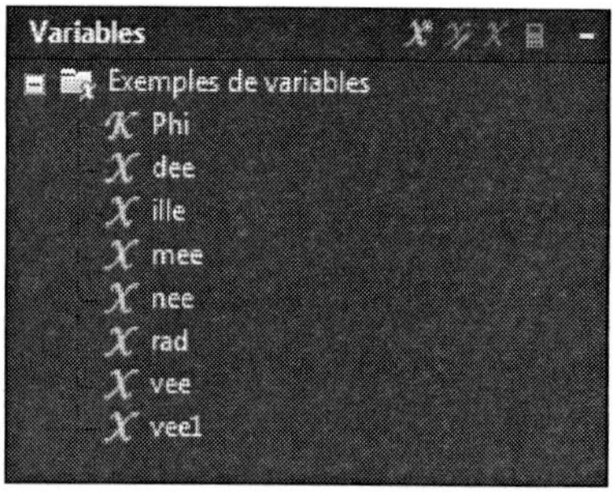


Arborescence **Exemples de variables** : enregistre les fonctions de raccourci prédéfinies et les variables définies par l'utilisateur.

Les fonctions de raccourci sont des expressions communes qui combinent une fonction à un accrochage aux objets.

Le tableau suivant décrit les fonctions de raccourci prédéfinies de la liste.

| Fonction de raccourci | Raccourci | Description |
|---|---|---|
| dee | dist(ext,ext) | Distance entre deux extrémités. |
| ille | ill(ext,ext,ext,ext) | Intersection de deux lignes définies par quatre extrémités. |
| mee | (ext+ext)/2 | Milieu entre deux extrémités. |
| nee | nor(ext,ext) | Vecteur d'une unité dans le plan XY et normale de deux extrémités. |

| Fonction de raccourci | Raccourci | Description |
|---|---|---|
| rad | rad | Rayon d'un cercle, d'un arc ou d'un arc de polyligne sélectionné. |
| vee | vec(ext,ext) | Vecteur à partir de deux extrémités. |
| vee1 | vec1(ext,ext) | Vecteur d'une unité à partir de deux extrémités. |

Bouton **Nouvelle variable**  : permet la création d'une nouvelle variable via la boîte de dialogue **Définition de la variable**.

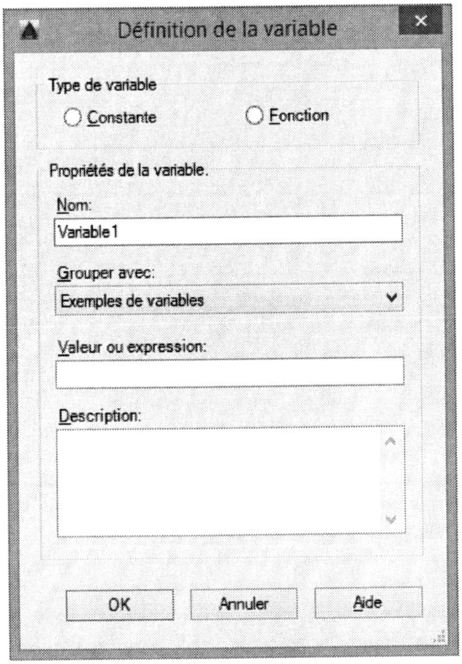


Bouton **Modifier la variable**  : permet la modification de variables depuis la boîte de dialogue **Définition de la variable**.

Bouton **Supprimer**  : supprime la variable sélectionnée.

Bouton **Calculatrice**  : renvoie la variable sélectionnée dans la zone de saisie.

# Chapitre 16
# La présentation du dessin

## 1. La présentation du dessin

Dans chaque dessin AutoCAD, il existe au moins deux parties bien distinctes : la partie **Objet** et la partie **Présentation**.

La partie **Objet** est dédiée à la modélisation du dessin.

La partie **Présentation** est consacrée aux présentations finales du projet intégrant les notions d'échelle, de cadre, cartouche. Avec AutoCAD, plusieurs présentations sont possibles dans le même dessin. À chaque présentation sont associés une configuration de traceur, un format, des marges, un style de tracé. Dans un même dessin, une première présentation peut afficher un dessin d'ensemble, une seconde présentation peut afficher un dessin de définition, une troisième présentation peut afficher des détails...

Dans la partie inférieure gauche de la zone graphique, vous passez de la partie **Objet** (ou modèle) à la partie **Présentation** en cliquant sur les onglets **Objet**, **Présentation1**, **Présentation2**, etc.

Les onglets **Objet**, **Présentation1**, **Présentation2** permettent de passer alternativement de la partie **Objet** aux présentations.

▶ Déplacez le pointeur sur un onglet pour obtenir un aperçu comme ci-dessous :

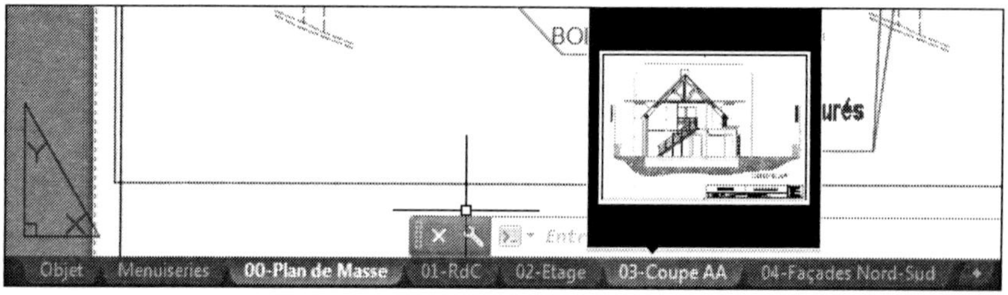


## 1.1 La partie Objet

L'Espace **Objet** concerne la création ou modélisation du dessin lui-même.

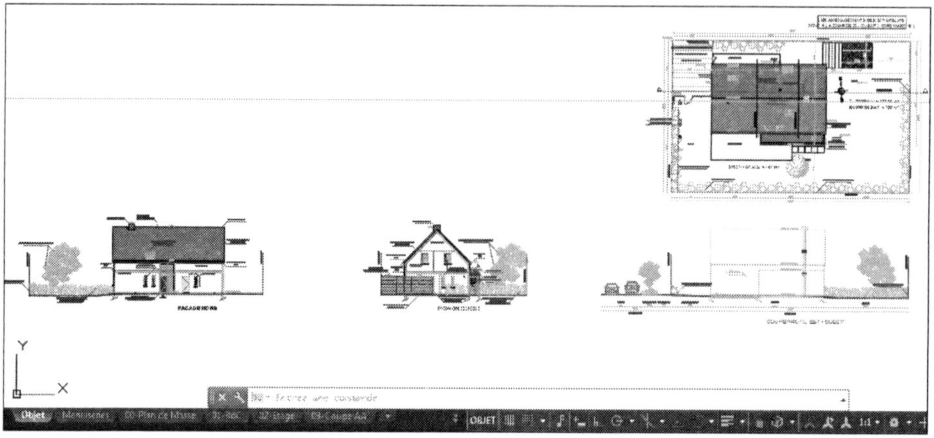

Ici, vous concevez, vous dessinez, vous hachurez et vous cotez. Vous utilisez une unité réelle, celle qui vous convient. On ne précise nulle part à AutoCAD que l'on dessine en mètre, en cm ou en millimètre. On dessine donc comme à l'échelle 1. Imaginez que vous dessiniez un bâtiment en utilisant le mètre comme unité ; vous devez représenter une zone de 10 mètres par 5 mètres. Vous indiquez simplement à AutoCAD une longueur de 10 et une largeur de 5, sans souci de conversion contrairement à la planche à dessin.

**Remarque**

*En Espace Objet, les limites correspondent à une zone de travail sur laquelle vous dessinez. Celles-ci peuvent être égales à 30,20 (cas précédent) ou à 1000,800 ou encore à l'équivalent d'un format standard 420,297.*

## 1.2 La partie Présentation

L'Espace **Présentation** concerne la présentation du dessin en phase finale.

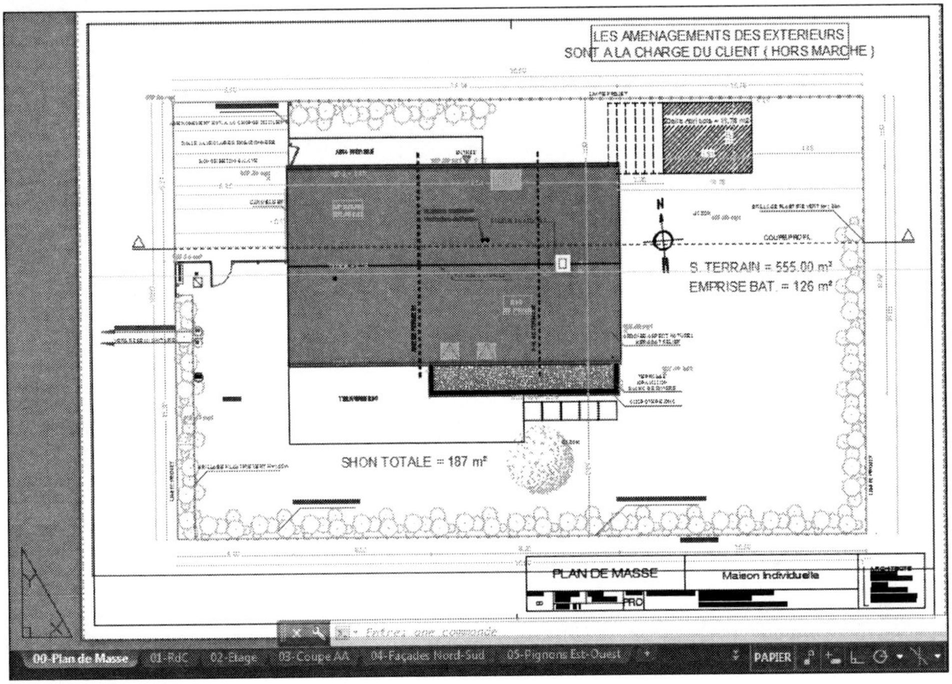


La première fois que vous accédez à une présentation, il lui est attribué une configuration par défaut de traceur et un format (cf. L'impression dans ce chapitre). Les options d'AutoCAD peuvent fixer les valeurs par défaut de traçage.

À chaque présentation, vous affectez un périphérique d'impression, un format, des marges, une orientation, une échelle, un style de tracé.

Les présentations peuvent être multiples. Vous pouvez en créer à tout moment, les renommer, les supprimer, les déplacer ou les copier dans la liste des présentations. Vous accédez à la configuration de chaque présentation ou procédez directement à l'impression.

Pour chaque **Présentation**, respectez les paramètres suivants :

Un périphérique est choisi pour la présentation courante ; un format de papier ainsi qu'une orientation sont affectés à l'aide du **Gestionnaire des mises en page** (voir ci-après Gestion des mises en page).

C'est dans la présentation que vous insérez un cadre et un cartouche spécifiques à l'entreprise, des annotations diverses...

Une fenêtre de présentation (appelée fenêtre flottante) affiche le dessin réalisé en espace objet. Soit cette fenêtre est déjà existante (cf. options d'AutoCAD), soit vous devez créer à ce stade la fenêtre flottante. Vous agirez ensuite sur l'échelle de présentation de cette fenêtre pour afficher le dessin selon une échelle précise.

- Utilisez pour cela une échelle dans la liste **Echelle Standard** ou saisissez une valeur dans la zone **Echelle personnalisée** dans la palette d'outils **Propriétés**. Sélectionnez la fenêtre avant de choisir l'échelle adaptée.

La fenêtre flottante est une entité à part entière. Vous la déplacez, la copiez ou l'étirez comme tout autre objet. Par contre, vous n'accédez pas à son contenu tant que vous n'effectuez pas un double clic dans la fenêtre. Le curseur n'est alors visible que dans la fenêtre. Un double clic en dehors de la fenêtre repositionne le curseur sur la présentation.

- Si plusieurs fenêtres sont existantes, un nouveau double clic permet de passer d'une fenêtre à l'autre. Si les fenêtres sont superposées, utilisez la combinaison de touches [Ctrl] **R**.

Les calques seront gelés indépendamment dans chacune des fenêtres. Ceci vous permet d'isoler certaines parties du dessin par fenêtre.

- Si les cotations n'apparaissent pas à une échelle uniforme dans les différentes fenêtres, activez la case à cocher **Echelle des cotes selon présentation** dans l'onglet **Ajuster** du **Gestionnaire des styles de cote**. Une mise à jour des cotes par fenêtre, peut être nécessaire.

## Gestion des mises en page

- Activez la présentation dont vous souhaitez définir la mise en page.

▶ Effectuez un clic droit sur l'onglet de présentation pour afficher le menu contextuel suivant :

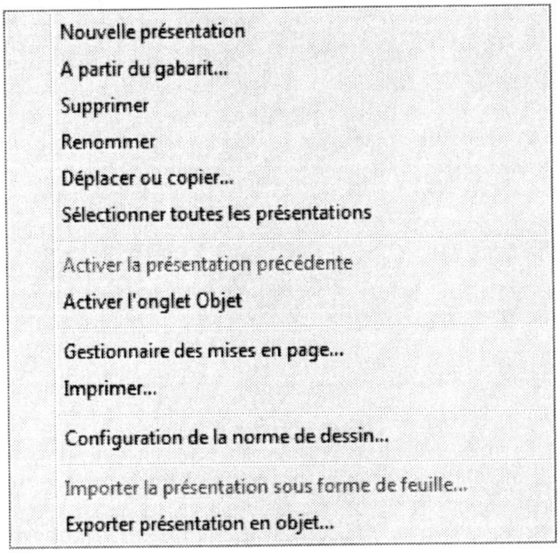


▶ Dans ce menu contextuel, choisissez **Gestionnaire des mises en page**.

La fenêtre ci-après apparaît :

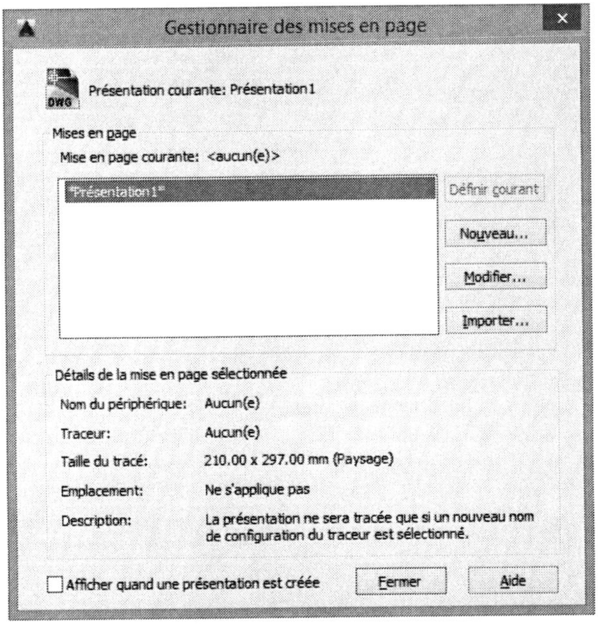

▶ Choisissez le bouton **Nouveau** pour accéder à la création d'une mise en page.

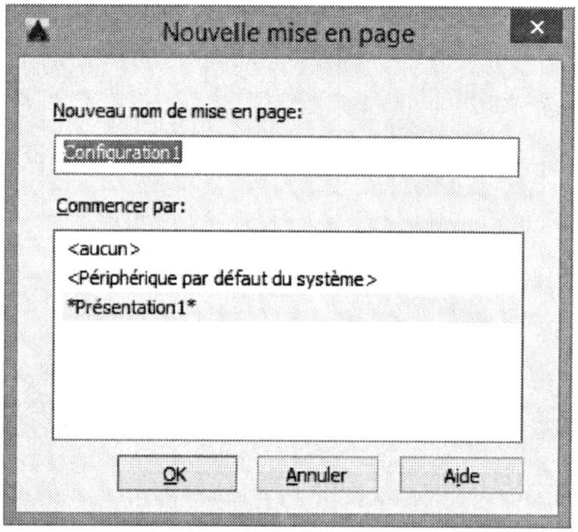


▶ Attribuez un nouveau nom à la mise en page dans la zone de texte **Nouveau nom de mise en page**.

Ce nom peut être "Imprimante A3H" ou "Traceur AO" par exemple. Par défaut, le nom de la mise en page est **Configuration1** et celle-ci peut s'appuyer sur les mises en page situées dans la liste **Commencer par** qui contiendra les nouvelles mises en page après leur création.

▶ Confirmez par **OK**.

La fenêtre suivante est affichée :

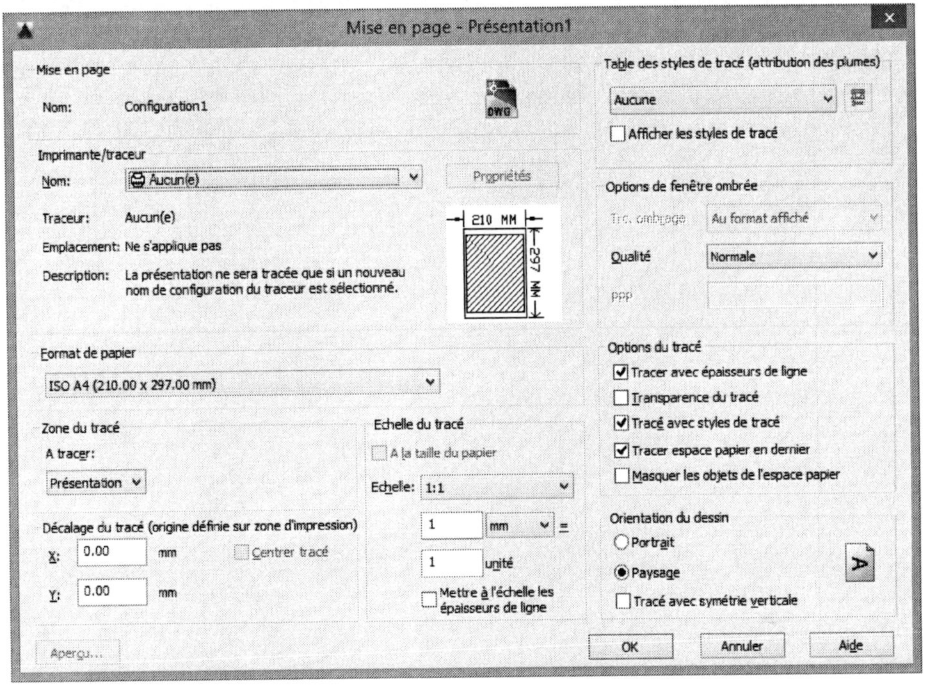


**Mise en page** : le nom de la mise en page en cours de création apparaît.

- Dans la boîte de dialogue **Mise en page**, effectuez les réglages dans les rubriques suivantes :

  **Imprimante/traceur** : sélectionnez le périphérique d'impression dans la liste déroulante **Nom**. Une fois ce choix effectué, sous la liste **Nom**, sont affichés le nom du traceur (**Traceur**), le port ou le chemin d'accès de réseau (**Emplacement**) et un commentaire éventuel associé au périphérique (**Description**). Le bouton **Propriétés** donne accès aux modifications de la configuration de traceur courante, des ports, des périphériques, des supports, des formats de papier personnalisés... Un aperçu présente l'orientation du format du papier et ses dimensions.

  **Format de papier** : sélectionnez, dans la liste, un des formats standards.

  **Zone du tracé** : dans la liste **A tracer**, définissez la partie du dessin qui sera imprimée. Choisissez la présentation courante (**Présentation**), l'affichage courant du dessin (**Affichage**), le dessin le plus grand possible (**Etendu**), ou **Fenêtre** pour déterminer à l'aide du périphérique de saisie deux points matérialisant la zone du dessin qui sera imprimée.

**Décalage du tracé** : les zones de texte X et Y permettent de centrer le tracé sur la feuille de papier si nécessaire. La case à cocher **Centrer tracé** permet de centrer automatiquement le tracé sur la feuille de papier.

**Echelle du tracé** : permet de définir l'échelle d'impression. La liste **Echelle** dispose d'une série prédéfinie, mais vous pouvez personnaliser cette échelle. Ici, l'échelle ne correspond pas à celle du dessin lui-même, mais à l'échelle d'impression de l'aire du tracé.

Les zones de texte **mm** et **unités** affichant 1 mm pour 2 mm précisent une impression à l'échelle. Si vous présentez correctement vos dessins à l'aide des onglets **Présentation**, les formats et cadres affichés en millimètres imposent logiquement une échelle de 1/1. Les zones **mm** et **unités** affichent 1.

La case à cocher **A la taille du papier** calcule automatiquement l'échelle de tracé de façon à ce que le dessin s'adapte au format du papier.

La case à cocher **Mettre à l'échelle les épaisseurs de ligne** adapte les épaisseurs de ligne en fonction de l'échelle de tracé.

**Table des styles de tracé** : choisissez, dans la liste, la table de styles de tracé pour l'affecter à la mise en page courante. Les styles de tracé sont des propriétés d'objet spécifiant des valeurs de remplacement à l'impression pour la couleur, le panachage, la gamme de gris, l'assignation des plumes, le filtrage, le type de ligne, l'épaisseur de ligne, les styles d'extrémité, les jointures et le remplissage. Les tables Acad.ctb et Acad.stb respectent par défaut les couleurs des objets lors de l'impression alors que les tables Monochrome.ctb et Monochrome.stb imposent une impression en noir et blanc (voir aussi les styles de tracé dans ce chapitre).

La case à cocher **Afficher les styles de tracé** permet l'affichage des styles de tracé déjà affectés à des objets.

**Remarque**

*Lorsque le choix de la table est effectué, le bouton **Modifier**, situé à droite de la liste, est accessible pour l'édition de la table de styles de tracé.*

**Options de fenêtre ombrée** : la liste **Trc. ombrage** précise la façon dont les vues sont tracées. Pour que ce paramètre soit effectif, vous devez sélectionner chaque fenêtre de la présentation et lui attribuer le type de tracé (**Filaire**, **Caché** ou **Rendu**) à l'aide de la palette **Propriétés**. La liste **Qualité** agit sur la résolution d'impression des fenêtres en mode ombré et rendu. Les choix sont **Brouillon**, **Aperçu** (75 points par pouce), **Normale** (150 PPP), **Présentation** (300 PPP), **Maximale** (300 PPP), **Personnalisée** (résolution à définir en fonction des possibilités du périphérique d'impression).

**Options du tracé** :

- **Tracer avec épaisseurs de ligne** : permet le respect des épaisseurs de ligne affectées aux objets ou aux calques lors de l'impression.
- **Transparence du tracé** : indique si la transparence d'un objet est tracée.
- **Tracé avec styles de tracé** : permet le respect des styles de tracé attribués aux objets ou aux calques lors de l'impression.
- **Tracer espace papier en dernier** : impose l'impression des objets (internes aux fenêtres de présentation) avant l'impression des objets de présentation.
- **Masquer les objets de l'espace papier** : détermine si l'élimination des lignes cachées s'applique aux objets de la fenêtre de présentation (espace papier). Cette option n'est disponible qu'à partir d'un onglet de présentation.

**Orientation du dessin** : cette rubrique définit l'orientation du dessin en **Portrait** (verticale) ou en **Paysage** (horizontale) ainsi qu'une symétrie verticale (orientation du dessin renversée).

▶ Vérifiez la configuration de la mise en page grâce au bouton **Aperçu** avant de confirmer par **OK**.

La fenêtre **Gestionnaire des mises en page** apparaît à nouveau avec, dans la liste, la nouvelle mise en page :

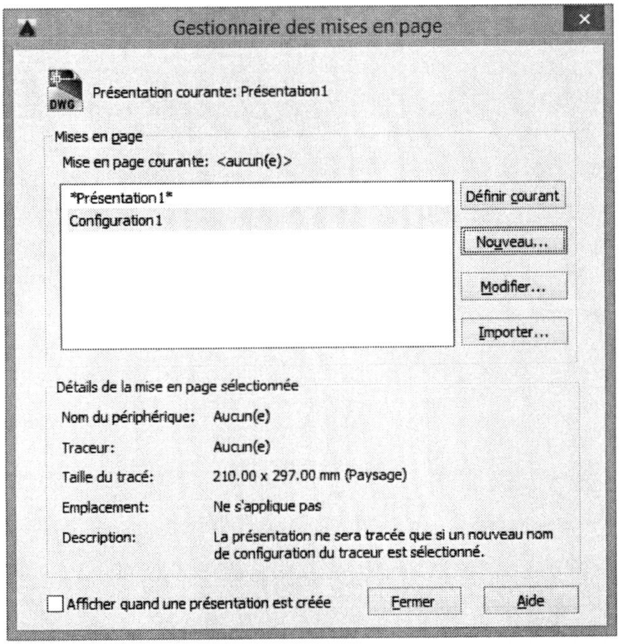

- Sélectionnez la nouvelle mise en page dans la liste et cliquez sur le bouton **Définir courant** pour attribuer la mise en page et ses paramètres à la présentation courante.

Vous pouvez procéder de façon identique pour créer plusieurs mises en page. À tout moment dans le dessin, vous pourrez attribuer l'une ou l'autre de ces mises en page aux diverses présentations du dessin.

**Remarque**

*Le bouton **Modifier** permet d'apporter des changements à tout moment sur les mises en page existantes.*

- Confirmez par **Fermer** pour quitter les paramètres de mise en page.

Les mises en page effectuées, les présentations sont prêtes à accueillir les cadres et cartouches, ainsi que les fenêtres de présentation (ou flottantes) affichant le dessin.

## 1.3 Les fenêtres de présentation

Vous disposez sur la présentation d'au moins une fenêtre de présentation nommée aussi fenêtre flottante.

- Pour créer celle-ci, dans le groupe de fonctions **Fenêtres de présentation** (onglet **Présentation**), choisissez l'icône déroulante **Rectangulaire** 

.

AutoCAD vous demande de placer la diagonale de la fenêtre par deux points. Dans le cas d'une vue générale, n'hésitez pas à fixer une fenêtre suffisamment grande (en général, les fenêtres flottantes sont positionnées sur un calque non tracé).

Vous devez ensuite procéder à la mise à l'échelle du dessin dans la fenêtre.

- Sélectionnez la fenêtre flottante ; l'échelle correspondante (approximative à ce stade) est affichée au regard du libellé **Echelle personnalisée** dans la fenêtre **Propriétés rapides** (clic droit - **Propriétés rapides**) :

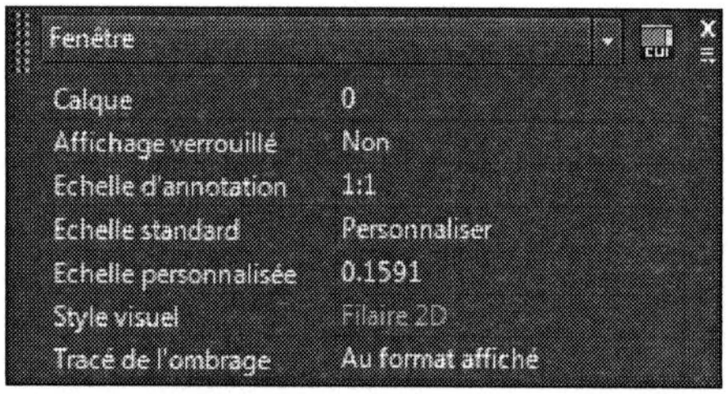


- Dans la liste **Echelle standard**, sélectionnez une échelle standard, ou saisissez une valeur d'échelle dans la zone de texte **Echelle personnalisée**. Le cas échéant, recentrez le dessin (Panoramique) dans la fenêtre pour obtenir un affichage optimal.

AutoCAD autorise les formes polygonales de fenêtres (polygones, cercles, splines...). Dans le groupe de fonctions **Fenêtres de présentation**, le bouton **Délimiter** 

permet de définir une forme polygonale (composée de segments droits et courbes) à partir d'une fenêtre existante.

L'icône déroulante **Polygonale** 

du groupe de fonctions **Fenêtres de présentation** permet de créer une fenêtre en définissant une forme polygonale.

Dans le groupe de fonctions **Fenêtres de présentation**, l'icône déroulante **Objet** 

crée une nouvelle fenêtre à partir d'un polygone existant. Ce polygone peut être une polyligne comme une spline.

Dans le groupe de fonctions **Fenêtres de présentation**, l'icône **Nommé** 

permet de créer simultanément plusieurs fenêtres flottantes. L'utilisateur peut placer des configurations de fenêtres prédéfinies 2D ou 3D (avec visualisations préréglées). La visualisation est modifiable par fenêtre, grâce à la liste déroulante **Changer de vue** de la boîte de dialogue **Fenêtres** (onglet **Nouvelles Fenêtres**).

Si vous sélectionnez une fenêtre flottante, un clic droit affiche les options du menu contextuel suivant :

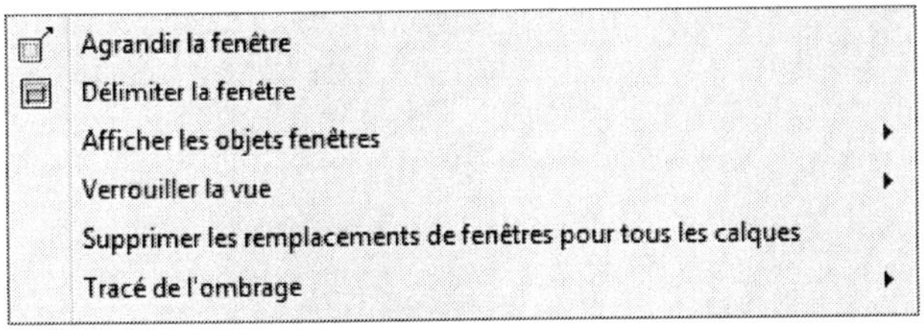


Vous pouvez **Agrandir la fenêtre** pour utiliser ponctuellement un affichage de la fenêtre le plus grand possible à l'écran (il faudra effectuer un double clic sur le contour de la fenêtre pour restituer l'affichage normal de la fenêtre flottante).

Vous pouvez **Délimiter la fenêtre** en forme polygonale quelconque. Le contenu des fenêtres sera affiché ou non.

Vous pouvez **Verrouiller la vue** d'une fenêtre ; dans ce cas vous ne pouvez plus agir sur son échelle tant qu'elle n'est pas déverrouillée. Ceci apporte une sécurité supplémentaire.

Vous pouvez rétablir les propriétés de calque initiales en choisissant **Supprimer les remplacements de fenêtres pour tous les calques**.

Vous pouvez demander à AutoCAD d'affecter un type de **Tracé de l'ombrage** du contenu de la fenêtre désirée (filaire, caché ou rendu).

## Principe des échelles dans les fenêtres flottantes

Il est nécessaire de comprendre le principe des échelles et leur fonctionnement dans les fenêtres flottantes, notamment lorsque l'on travaille avec une unité différente du millimètre.

La liste **Echelle standard** (fenêtre **Propriétés rapides**) donne accès à une liste d'échelles prédéfinies. Mais celles-ci ne suffisent pas toujours, notamment si l'unité utilisée est le centimètre ou le mètre.

▶ Sélectionnez la fenêtre pour procéder à la mise à l'échelle.

La liste **Echelle standard** (fenêtre **Propriétés rapides**) est composée de valeurs d'échelles.

Mais attention, cette liste ne correspond pas forcément aux échelles du dessin à intégrer dans le cartouche, mais plutôt à des ratios ou facteurs qui tiennent compte des unités utilisées dans la partie Objet (mm, cm, m, km...) et de l'unité des présentations (toujours en mm pour le système métrique).

### Dessins réalisés en millimètres

La valeur à affecter à la fenêtre flottante est directement donnée dans la liste **Echelle standard** (fenêtre **Propriétés rapides**). Dans ce cas, elle correspond exactement à l'échelle du dessin.

### Dessins réalisés en centimètres

La valeur à affecter à la fenêtre flottante correspond à l'échelle du dessin multipliée par 10. 10 correspond au rapport entre les parties Objet et Présentation (1 cm = 10 mm).

### Dessins réalisés en mètres

La valeur à affecter à la fenêtre flottante correspond à l'échelle du dessin multipliée par 1000. 1000 correspond au rapport entre les parties Objet et Présentation (1 m = 1000 mm).

Voici un tableau qui affiche les valeurs à affecter aux fenêtres de présentation, selon les échelles de dessin les plus courantes. Il peut vous être utile pour vos premiers projets.

| | **Unités Objet** | | |
|---|---|---|---|
| **Echelles Dessin (cartouche)** | **mm** | **cm** | **m** |
| 10 | 10 | 100 | 10000 |

| | Unités Objet | | |
|---|---|---|---|
| **Echelles Dessin (cartouche)** | **mm** | **cm** | **m** |
| 5 | 5 | 50 | 5000 |
| 2 | 2 | 20 | 2000 |
| 1 | 1 | 10 | 1000 |
| 1/2 | 1/2 | 5 | 500 |
| 1/4 | 1/4 | 2.5 ou 10/4 | 250 |
| 1/10 | 1/10 | 1 | 100 |
| 1/25 | 1/25 | 0.4 ou 10/25 | 40 |
| 1/50 | 1/50 | 1/5 | 20 |
| 1/100 | 1/100 | 1/10 | 10 |
| 1/200 | 1/200 | 1/20 | 5 |
| 1/250 | 1/250 | 1/25 | 4 |
| 1/500 | 1/500 | 1/50 | 2 |
| 1/1000 | 1/1000 | 1/100 | 1 |

Les valeurs affichées en gras sont celles affectées aux fenêtres de présentation. Elles sont choisies dans la liste **Echelle standard** (fenêtre **Propriétés rapides**), ou saisies dans la zone de texte **Echelle Personnalisée** (fenêtre **Propriétés rapides**).

Dans l'exemple affiché précédemment, vous avez dessiné en mètres dans la partie Objet. Imaginez que vous ayez dessiné un bâtiment de 15 mètres par 6 mètres. Vous souhaitez l'afficher à l'échelle 1/50ème. Vous voulez donc que 15 mètres en réalité correspondent à 300 millimètres.

300 mm = 15 m ou 300 mm = 15000 mm ou 3 = 150 ou 1 = 50 ou 1/50

L'échelle 1/50 correspond à celle du dessin que vous indiquez dans le cartouche. Mais pour l'affichage dans la fenêtre flottante, il faut préciser le rapport de 1000. Il suffit de multiplier 1 par 1000. Ce qui nous fait 1000/50. La valeur à affecter dans la liste **Echelle personnalisée** est donc de 20.

## Liste d'échelles

AutoCAD vous permet d'accéder à une liste d'échelles prédéfinies. Vous pouvez y supprimer celles dont vous ne vous servez pas et y ajouter des échelles personnalisées.

Ces échelles peuvent notamment être enregistrées dans un fichier gabarit de façon à ce que vous disposiez systématiquement des échelles usuelles.

- Effectuez un clic droit à l'écran, et choisissez **Options** dans le menu contextuel.
- Dans la fenêtre **Options**, activez l'onglet **Préférences utilisateur**, et cliquez sur le bouton **Liste d'échelles par défaut**.

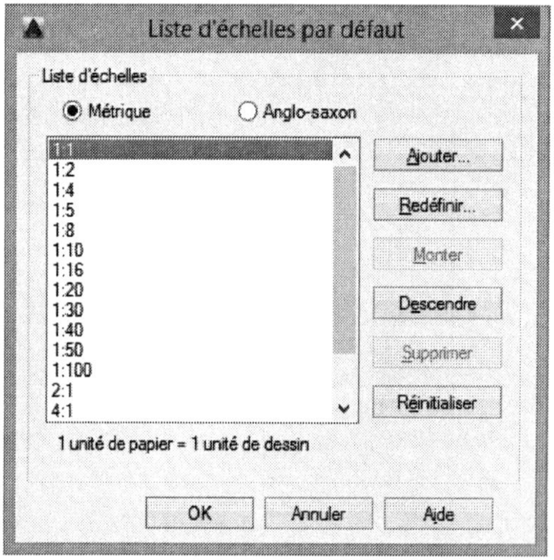


## Supprimer des échelles de la liste

- Pour supprimer les échelles indésirables, sélectionnez-les en maintenant la touche [Ctrl] et cliquez sur le bouton **Supprimer**.

## Créer une nouvelle échelle

- Pour créer une nouvelle échelle, cliquez sur le bouton **Ajouter**. AutoCAD affiche la fenêtre suivante :

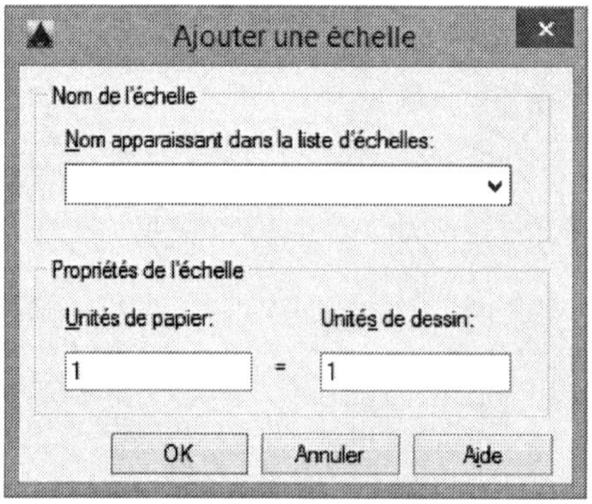

▶ Saisissez le nom qui sera affiché dans la liste d'échelles puis saisissez les valeurs **Unités de papier** et **Unités de dessin** pour définir le rapport d'échelle souhaité.

### Modifier une échelle dans la liste

▶ Pour modifier une échelle de la liste, sélectionnez-la puis cliquez sur le bouton **Redéfinir**.

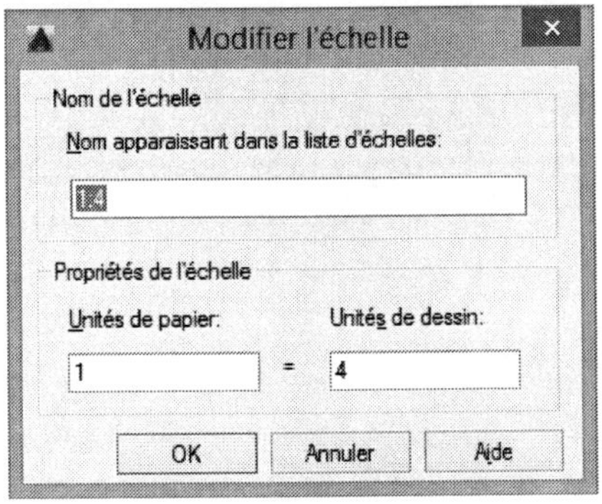


▶ Effectuez les modifications de nom et unités, puis confirmez par **OK**.

### Monter et Descendre

Les boutons **Monter** et **Descendre** vous permettent d'organiser le positionnement des différentes échelles dans la liste.

**Remarque**

*La liste des échelles est disponible directement dans la liste déroulante de la barre d'outils **Fenêtres**.*

## 2. L'impression

L'impression d'un dessin est possible sur de nombreux périphériques. Ceux-ci peuvent être des imprimantes et des traceurs acceptant de nombreux formats.

▶ Dans le groupe de fonctions **Traceur** (onglet **Sortie**), choisissez l'icône **Traceur**

.

Étant donné le nombre de types d'impression possibles, certains paramètres sont à régler dans la boîte de dialogue **Tracer**. AutoCAD vous propose une aide au traçage.

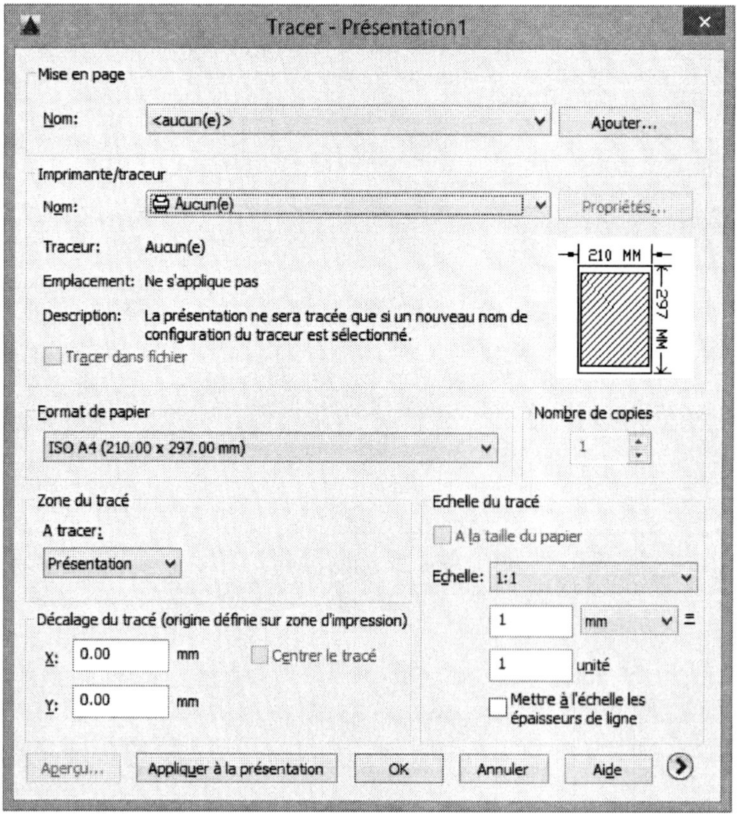


Si vous utilisez le **Gestionnaire des mises en page**, l'ensemble des paramètres propres aux mises en page sont répercutés dans la boîte de dialogue **Tracer**.

Il est donc plus logique d'utiliser, en amont, le **Gestionnaire des mises en page** puis d'effectuer quelques simples vérifications ou modifications dans la boîte de dialogue **Tracer**.

## Mise en page

Affiche le nom de la mise en page courante et des autres mises en page du dessin courant. Le bouton **Ajouter** vous permet de créer une nouvelle mise en page depuis les paramètres courants de la boîte de dialogue **Tracer**. Cette mise en page sera modifiable à l'aide du **Gestionnaire des mises en page**.

## Imprimante/traceur

Ces paramètres peuvent provenir directement de la mise en page courante. Sélectionnez le périphérique d'impression dans la liste déroulante **Nom**. Une fois ce choix effectué, sous la liste **Nom**, sont affichés le nom du traceur (**Traceur**), le port ou le chemin d'accès de réseau (**Emplacement**) et un commentaire éventuel associé au périphérique (**Description**). Le bouton **Propriétés** donne accès aux modifications de la configuration de traceur courante, des ports, des périphériques, des supports, des formats de papier personnalisés... via la boîte de dialogue **Editeur de configuration du traceur** :

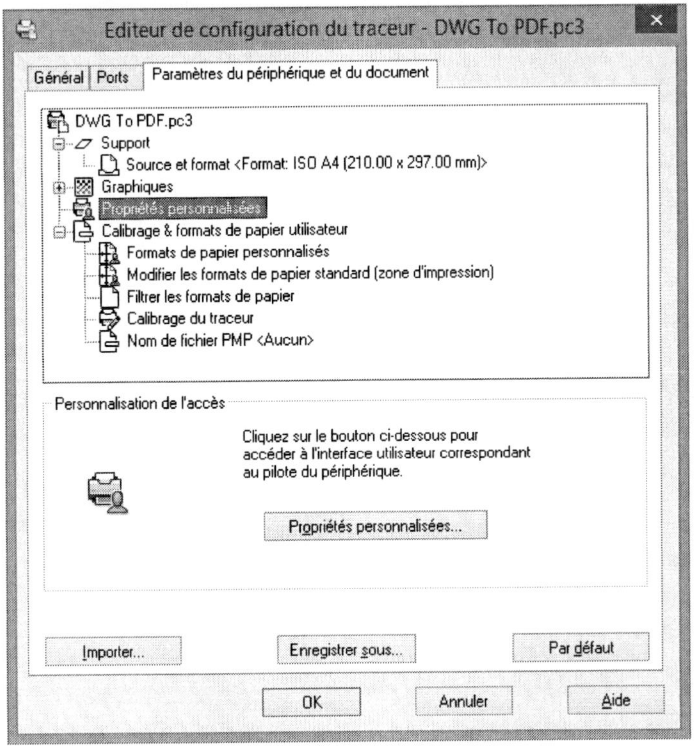


Sous le bouton **Propriétés**, un aperçu présente l'orientation du format du papier et ses dimensions.

La case à cocher **Tracer dans fichier** permet de générer un fichier d'impression (.PLT) plutôt qu'une impression vers une imprimante ou un traceur. AutoCAD vous demande dans ce cas, lors de l'impression, les nom et emplacement du fichier PLT. AutoCAD peut proposer un emplacement par défaut pour ce type de fichier.

Choisissez **Outils - Options**, activez l'onglet **Tracer** et publier puis la liste **Emp. par défaut pour opérations de tracé dans un fichier** dans la zone **Tracer dans fichier**.

## Format de papier

Ces paramètres peuvent provenir directement de la mise en page courante. Sélectionnez, dans la liste, l'un des formats standards.

## Nombre de copies

Indiquez ici le nombre de copies à imprimer. Cette option est indisponible pour le traçage vers un fichier.

## Zone du tracé

Ces paramètres peuvent provenir directement de la mise en page courante. Dans la liste **A tracer**, définissez la partie du dessin qui sera imprimée. Choisissez la présentation courante (**Présentation**), l'affichage courant du dessin (**Affichage**), le dessin le plus grand possible (**Etendu**), ou **Fenêtre** pour déterminer, à l'aide du périphérique de saisie, deux points matérialisant la zone du dessin qui sera imprimée.

## Décalage du tracé

Les zones de texte **X** et **Y** permettent de décaler en X et Y l'impression. La case à cocher **Centrer le tracé** permet de centrer l'impression sur la feuille de papier si nécessaire.

## Echelle du tracé

Permet de définir l'échelle d'impression. La case à cocher **A la taille du papier** permet d'adapter l'échelle du tracé à partir de la taille du papier (par exemple lors d'une impression depuis l'espace **Objet**. La liste **Echelle** dispose d'une série prédéfinie, mais vous pouvez personnaliser cette échelle. Ici, l'échelle ne correspond pas à celle du dessin lui-même, mais à l'échelle d'impression de l'aire du tracé. Les zones de texte **mm** et **unités** affichant 1 mm pour 2 mm précisent une impression à l'échelle. Si vous présentez vos dessins à l'aide des onglets **Présentation**, les formats et cadres affichés en millimètres imposent logiquement une échelle de 1/1. Les zones **mm** et **unités** affichent 1. La case à cocher **Mettre à l'échelle les épaisseurs de ligne** adapte les épaisseurs de ligne en fonction de l'échelle de tracé.

- Choisissez le bouton **Plus d'options** pour accéder aux paramètres supplémentaires présentés ci-après, voire les modifier.

La boîte de dialogue **Tracer** affiche, dans la partie droite, les paramètres suivants.

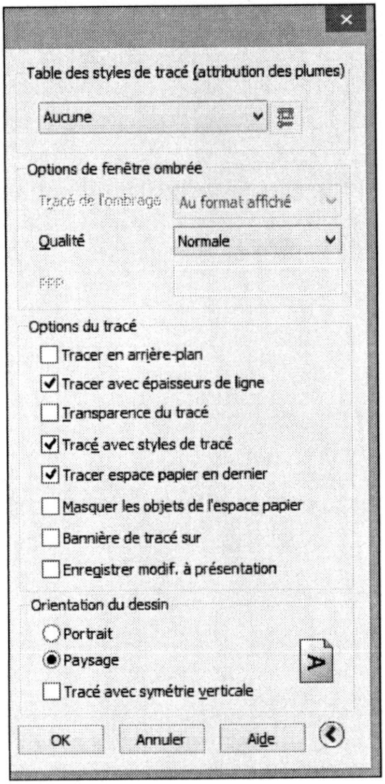


## Table des styles de tracé

Ces paramètres peuvent provenir directement de la mise en page courante. Choisissez, dans la liste, la table de styles de tracé pour l'affecter à la mise en page courante. Les styles de tracé sont des propriétés d'objet spécifiant des valeurs de remplacement à l'impression pour la couleur, le panachage, la gamme de gris, l'assignation des plumes, le filtrage, le type de ligne, l'épaisseur de ligne, les styles d'extrémité, les jointures et le remplissage. Les tables *Acad.ctb* et *Acad.stb* respectent par défaut les couleurs des objets lors de l'impression alors que les tables *Monochrome.ctb* et *Monochrome.stb* imposent une impression en noir et blanc (voir aussi Les styles de tracé dans ce chapitre).

**Remarque**

*Lorsque le choix de la table est effectué, le bouton* ***Modifier*** *, situé à droite de la liste, est accessible pour l'édition de la table de styles de tracé.*

## Options de fenêtre ombrée

Ces paramètres peuvent provenir directement de la mise en page courante.

La liste **Tracé de l'ombrage** précise la façon dont les vues sont tracées. Pour que ce paramètre soit effectif, vous devez sélectionner chaque fenêtre de la présentation et lui attribuer le type de tracé (**Filaire**, **Caché** ou **Rendu**) à l'aide la fenêtre **Propriétés** (**Outils - Propriétés**).

La liste **Qualité** agit sur la résolution d'impression des fenêtres en mode ombré et rendu. Les choix sont **Brouillon**, **Aperçu** (75 points par pouce), **Normale** (150 PPP), **Présentation** (300 PPP), **Maximale** (300 PPP), **Personnalisée** (résolution à définir en fonction des possibilités du périphérique d'impression).

## Options du tracé

Ces paramètres peuvent provenir directement de la mise en page courante.

**Tracer en arrière-plan** permet le traitement de l'impression en arrière-plan. Ainsi, vous pouvez revenir immédiatement à votre dessin. Vous pouvez vérifier l'état de votre tâche en positionnant le curseur sur l'icône du traceur dans la barre d'état.

**Tracer avec épaisseurs de ligne** permet le respect des épaisseurs de ligne affectées aux objets ou aux calques lors de l'impression.

**Transparence du tracé** indique si la transparence d'un objet est tracée.

**Tracé avec styles de tracé** permet le respect des styles de tracé attribués aux objets ou aux calques lors de l'impression.

**Tracer espace papier en dernier** impose l'impression des objets (internes aux fenêtres de présentation) avant l'impression des objets de présentation.

**Masquer les objets de l'espace papier** détermine si l'élimination des lignes cachées s'applique aux objets de la fenêtre de présentation (espace papier). Cette option n'est disponible qu'à partir d'un onglet de présentation.

**Bannière de tracé sur** permet d'ajouter les annotations suivantes dans un coin de la feuille : date et heure, nom de fichier, nom de la présentation imprimée, code d'accès Windows, nom du périphérique d'impression, format du papier, échelle de tracé et annotations personnalisées... Vous pouvez enregistrer l'ensemble de ces annotations dans un fichier .pss et ainsi créer une bannière de tracé personnalisée.

**Enregistrer modif. à présentation** permet la sauvegarde des modifications que vous avez apportées à la présentation dans la boîte de dialogue **Tracer**.

Remarque

*Les annotations de la bannière ne sont pas visibles à l'aperçu avant impression.*

### Orientation du dessin

Cette rubrique définit l'orientation de dessin **Portrait** (verticale) ou **Paysage** (horizontale) ainsi qu'un **Tracé avec symétrie verticale** (orientation du dessin renversée).

▶ Vérifiez la configuration d'impresson grâce au bouton **Aperçu** avant de confirmer par **Appliquer à la présentation** et **OK** pour procéder à l'impression.

## 3. Les styles de tracé

Il existe deux types de table de styles de tracé :

- La table de styles de tracé dépendant des couleurs AutoCAD (*.CTB*).
- La table de styles de tracé nommés (*.STB*).

Les styles de tracé ne sont pas liés au périphérique sélectionné. Lors de la gestion des mises en page ou lors du traçage, vous choisissez la table des styles de tracé à associer (voir dans ce chapitre L'impression).

Les styles de tracé définissent les paramètres d'impression suivants : l'épaisseur de ligne, la couleur, les nuances de gris, le panachage, le type de ligne, les terminaisons de ligne (lignes avec épaisseur), les styles de jointure (lignes avec épaisseur), le motif de remplissage et le numéro de plume.

Pour la table de styles de tracé dépendant des couleurs AutoCAD (*.CTB*), à chaque couleur AutoCAD (256 couleurs), l'utilisateur affecte les paramètres d'impression de son choix (liste ci-dessus).

Pour les tables de styles de tracé nommés (*.STB*), un nom de style de tracé contient les paramètres d'impression voulus. Vous pouvez créer plusieurs styles de tracé dans la table (non limité). Cette méthode est plus riche.

En effet, vous affectez soit à un objet, soit à un calque, le style de tracé adapté.

## Création d'une table de styles de tracé

- Dans le navigateur, choisissez **Imprimer** puis **Gérer les styles de tracé**.

La fenêtre (explorateur Windows) **Plot Styles** apparaît et propose la liste d'icônes suivante :

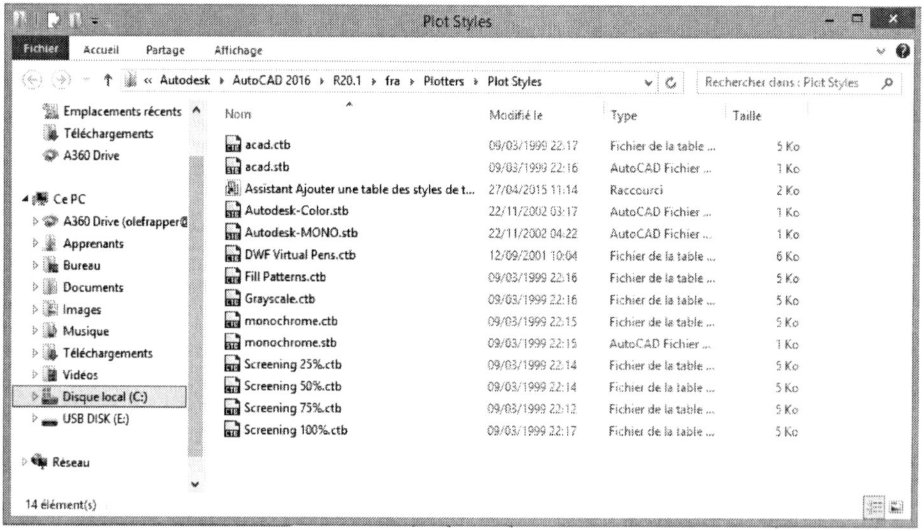


- Cliquez sur l'icône **Assistant Ajouter une table des styles de tracé**.

  Suivez la procédure pour générer une table de styles à partir d'un fichier .PCP ou PC2, d'une configuration de traceur AutoCAD 14, ou d'une table de styles existante, ou encore à partir d'un brouillon.

- Cliquez sur le bouton **Suivant**.
- Choisissez ici **Commencer avec un brouillon**. Cliquez sur le bouton **Suivant**.

  Choisissez ensuite la table des styles de tracé nommés ou dépendant des couleurs.

- Ici, choisissez **Table des styles de tracé dépendant des couleurs**. Cliquez sur le bouton **Suivant**.
- Précisez le nom de la table (CTB) et cliquez sur le bouton **Suivant**.

  La table est créée et peut être affectée aux nouveaux dessins ainsi qu'aux dessins de versions antérieures (cochez l'option).

- Choisissez le bouton **Editeur de la table des styles de tracé** pour agir sur les différents paramètres d'impression. Vous pouvez aussi venir l'éditer ultérieurement (cf. ci-après L'éditeur de la table des styles de tracé).
- Confirmez par **Terminer**.

## L'éditeur de la table des styles de tracé

Si vous souhaitez modifier une table des styles de tracé existante, procédez de la façon suivante :

- Dans le navigateur, choisissez **Imprimer** puis **Gérer les styles de tracé**.

La fenêtre **Plot Styles** affiche toutes les tables de styles de tracé disponibles.

- Effectuez un double clic sur la table voulue (acad.ctb par exemple).

  Vous obtenez la fenêtre suivante :

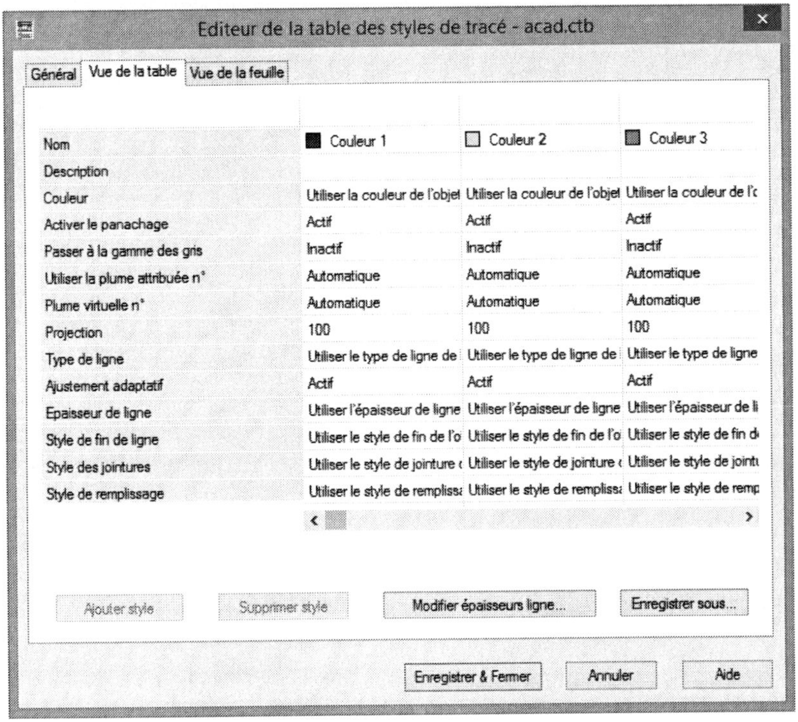


L'onglet **Vue de la table** est activé et affiche l'ensemble des paramètres d'impression par défaut des couleurs AutoCAD, par colonne.

Modifiez le paramètre d'impression pour les couleurs voulues dans les colonnes correspondantes. Ainsi, la couleur rouge (n°1) peut être imprimée d'une couleur, d'une épaisseur... différentes de celles qui sont affichées (cf. ci-après le détail des options).

Le bouton **Enregistrer sous** permet la création d'une nouvelle table de styles à partir de la table de styles courante.

▶ Choisissez le bouton **Enregistrer & Fermer** pour quitter en sauvegardant les modifications.

Les options suivantes sont disponibles :

**Description** : permet d'associer un commentaire explicite au style de tracé.

**Couleur** : laisse la couleur logique de l'objet ou impose une couleur d'impression. Tous les objets des calques (ou objets indépendants) auxquels le style de tracé sera associé sont tracés avec cette couleur.

**Activer le panachage** : le panachage simule un tracé à plusieurs couleurs. Le tracé est plus ou moins soutenu (nuages de points) et donne l'impression de tracés plus ou moins épais selon les couleurs initiales. Si le traceur ne prend pas en charge le panachage, ce paramètre est désactivé.

**Passer à la gamme des gris** : les couleurs sont transformées en nuances de gris si le traceur les prend en charge.

**Utiliser la plume attribuée n°** : cette option est disponible pour les traceurs à plumes uniquement. Indique la plume à utiliser pour tracer des objets utilisant ce style de tracé.

**Plume virtuelle n°** : indique un numéro de plume virtuelle compris entre 1 et 255. Certains traceurs sans plumes utilisent des plumes virtuelles (ceci impose une configuration spécifique dans Configuration du traceur). Entrez **0** ou **Automatique** pour indiquer que les plumes virtuelles sont affectées à partir de l'index des couleurs d'AutoCAD.

**Projection** : détermine l'intensité (0 à 100) de couleur pour la quantité d'encre projetée lors de l'impression. La valeur 0 correspond à une couleur blanche, la valeur 100 fixe l'intensité maximale.

**Type de ligne** : accède à la liste des types de ligne. Le type de ligne par défaut est **Utiliser le type de ligne de l'objet**. Si vous affectez un autre type de ligne, les objets utilisant ce style de tracé respecteront le type de ligne choisi lors du traçage.

**Ajustement adaptatif** : ajuste l'échelle du type de ligne pour un meilleur affichage aux intersections.

**Epaisseur de ligne** : accède à la liste des épaisseurs de ligne. L'épaisseur de ligne par défaut est **Utiliser l'épaisseur de ligne de l'objet**. Si vous affectez une autre épaisseur, les objets utilisant ce style de tracé respecteront l'épaisseur de ligne choisie lors du traçage.

**Style de fin de ligne** : accède à une liste des types d'extrémité de ligne possibles (objets avec une épaisseur). Les fins de ligne suivantes sont possibles : **Bouton**, **Carré**, **Arrondi** et **Losange**. Si vous attribuez un type d'extrémité de ligne au style de tracé, ce type d'extrémité remplace celui de l'objet pour le tracé.

**Style des jointures** : accède à une liste de jointures possibles (intersections d'objets avec épaisseur). Les jointures suivantes sont possibles : **Mitre**, **Biseau**, **Arrondi** et **Losange**. Le type de jointure sélectionné remplace celui de l'objet pour le tracé.

**Style de remplissage** : accède aux différents types de remplissage possibles (aplats). Les remplissages suivants sont possibles : **Solide**, **Damier**, **Hachures**, **Losanges**, **Barres horizontales**, **Inclinaison à gauche**, **Inclinaison à droite**, **Points carrés** et **Barres verticales**. Le style de remplissage sélectionné remplace celui de l'objet pour le tracé.

**Remarque**

*Un clic droit dans l'une ou l'autre des lignes affiche un menu contextuel. Vous pouvez créer ou supprimer un style de tracé, copier des valeurs dans un ou tous les styles.*

## Affectation d'une table de styles de tracé

Une table de styles peut contenir de nombreux styles de tracé. Elle est associée à l'onglet **Objet** ou aux **Présentations**. Procédez de la façon suivante :

- Activez une présentation.
- Effectuez un clic droit puis choisissez **Gestionnaire des mises en page** dans le menu contextuel.

La fenêtre ci-après apparaît :

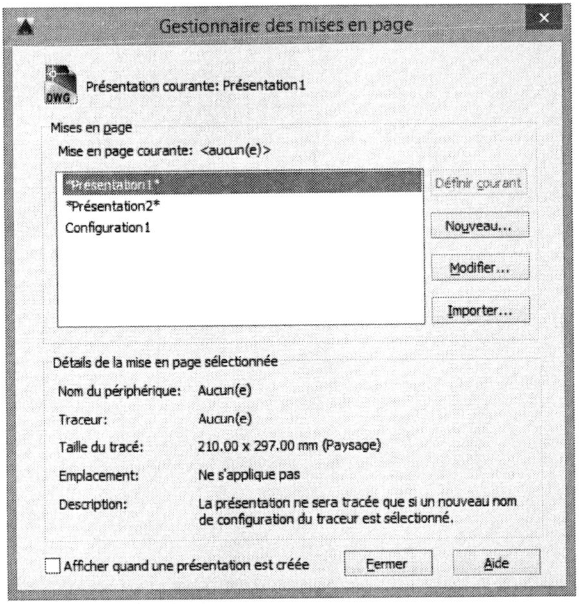

La mise en page courante (idéalement prédéfinie, cf. La présentation du dessin - La partie Présentation, dans ce chapitre) est sélectionnée. Choisissez le bouton **Modifier** pour accéder aux paramètres de mise en page.

La fenêtre suivante est affichée :

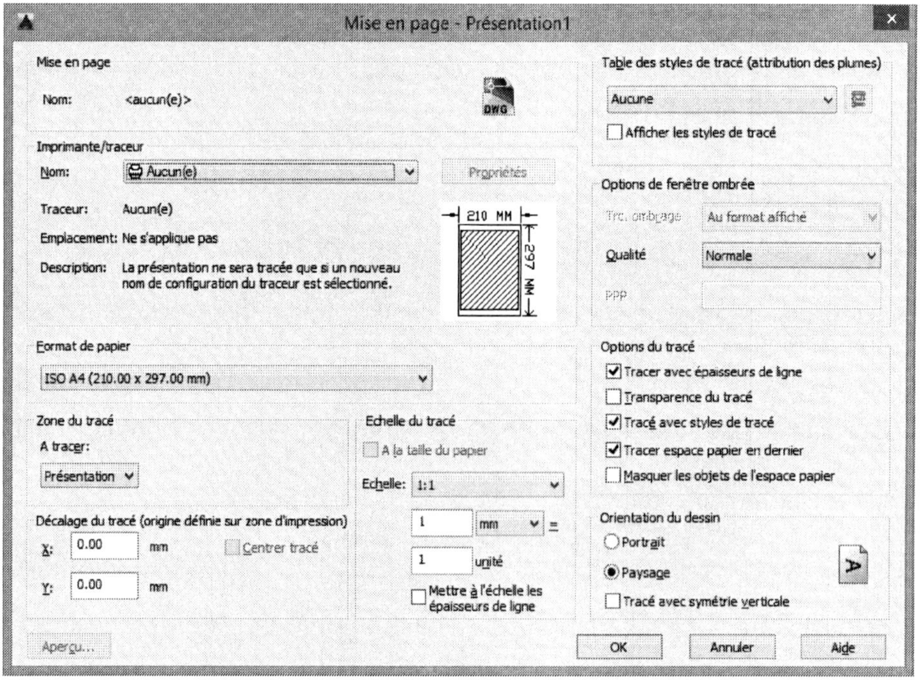


▶ Sélectionnez une table dans la zone **Table des styles de tracé**.

▶ Confirmez par **OK**.

## Remarque

*Lorsque le choix de la table est effectué, le bouton* ***Modifier*** 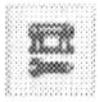 *situé à droite de la liste est accessible pour l'édition de la table de styles de tracé.*

# Exercice 9
# Mettre en page le plan

Notre plan étant maintenant terminé, nous allons dans cet exercice préparer notre fichier à l'impression en configurant ses paramètres de mise en page et d'impression et en y apposant un cadre et un cartouche.

## 1. Étape 1 : Accéder à l'espace Présentation

▶ Téléchargez et ouvrez le fichier ressource **Mise_en_page.dwg**.

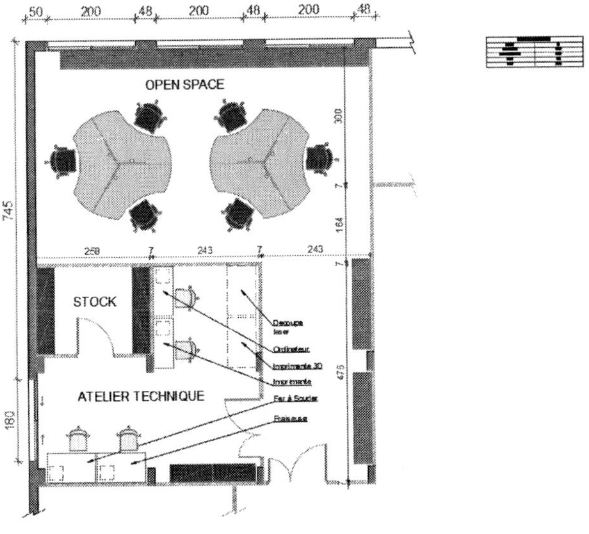

Chaque onglet de présentation sert à préparer l'impression du travail final sur un plan. Pour chaque onglet de présentation, on peut paramétrer une mise en page différente.

- Pour accéder à l'espace de présentation, cliquez sur l'onglet **Présentation1** situé en bas à gauche de la zone graphique.

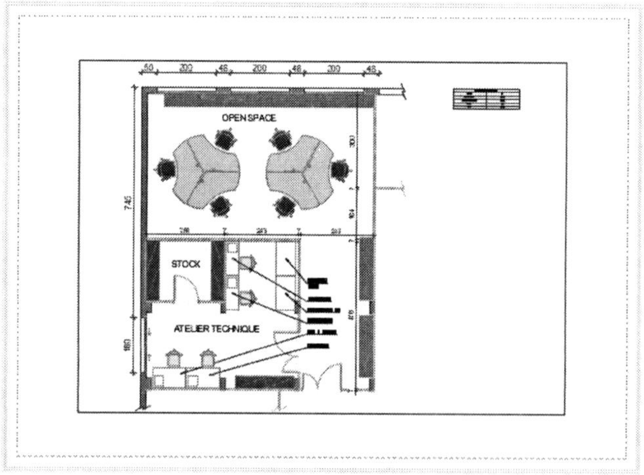


- Double cliquez sur l'onglet **Présentation1**, saisissez **Aménagement** et validez par [Entrée] pour renommer la présentation.
- Sélectionnez la fenêtre de présentation indiquée dans la figure ci-dessous et appuyez sur la touche [Suppr] pour l'effacer.

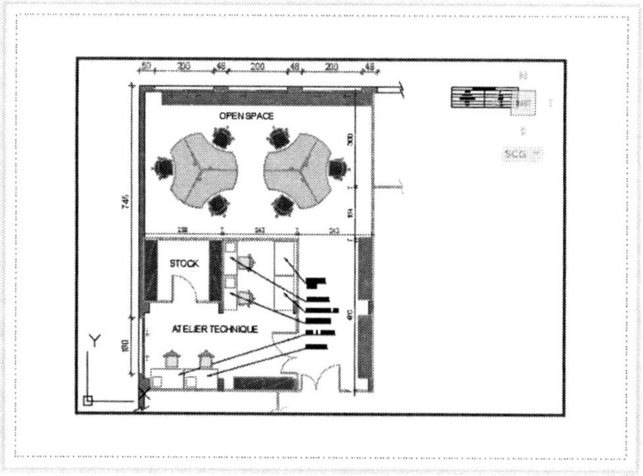

## 2. Étape 2 : Paramétrer la mise en page

Commençons par configurer la mise en page de notre document.

▶ Effectuez un clic droit sur l'onglet de présentation **Aménagement**, et dans le menu contextuel choisissez **Gestionnaire des mises en page**.

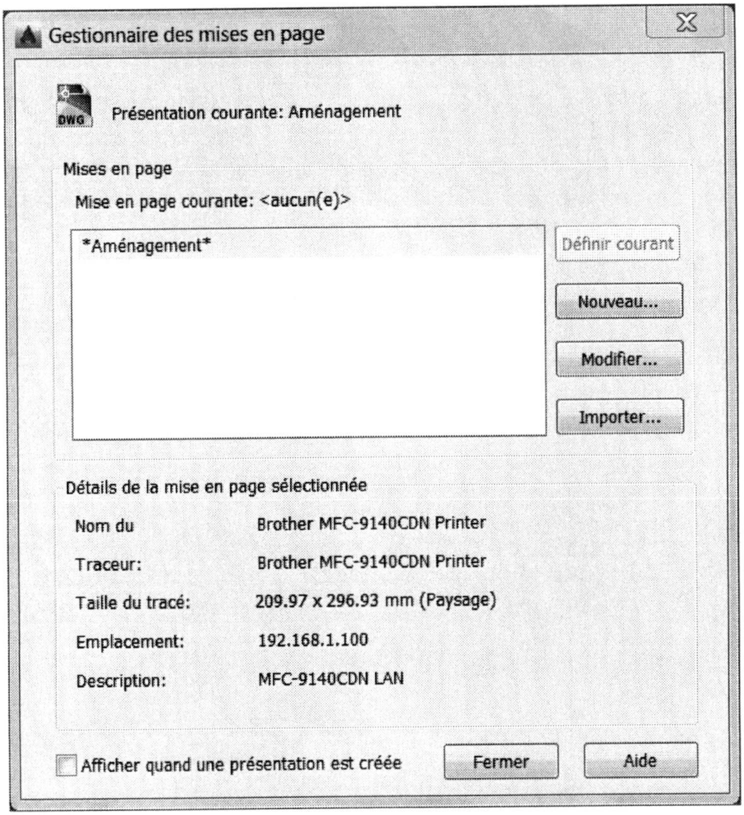


▶ Dans le **Gestionnaire des mises en page**, cliquez sur le bouton **Modifier** pour accéder aux paramètres de mise en page de la présentation **Aménagement**.

▶ Dans la fenêtre **Mise en page - Aménagement**, procédez aux paramétrages suivants :

- Dans la rubrique **Imprimante/traceur**, déroulez la liste **Nom** et sélectionnez l'imprimante virtuelle **DWG to PDF**.
- Dans la rubrique **Format de papier**, déroulez la liste et sélectionnez le format **ISO full bleed A4 (210.00 x 297.00 mm)**.

- Dans la rubrique **Zone du tracé**, vérifiez que la liste **A tracer** affiche le choix **Présentation**.
- Dans la rubrique **Décalage du tracé**, vérifiez la valeur **0** dans les zones de texte **X** et **Y**.
- Dans la rubrique **Echelle du tracé**, sélectionnez **10:1** dans la liste déroulante **Echelle**.
- Dans la rubrique **Table des styles de tracé (attribution des plumes)**, déroulez la liste des styles de tracé et sélectionnez **monochrome.ctb**.
- Dans la rubrique **Options de fenêtre ombrée**, vérifiez que la liste **Qualité** affiche le choix **Normale**.
- Dans la rubrique **Options du tracé**, vérifiez que les cases **Tracer avec épaisseurs de ligne**, **Tracer avec styles de tracé** et **Tracer espace papier en dernier** sont cochées.
- Dans la rubrique **Orientation du dessin**, activez le bouton radio **Portrait**.

La figure ci-dessous affiche l'ensemble des paramètres à renseigner.

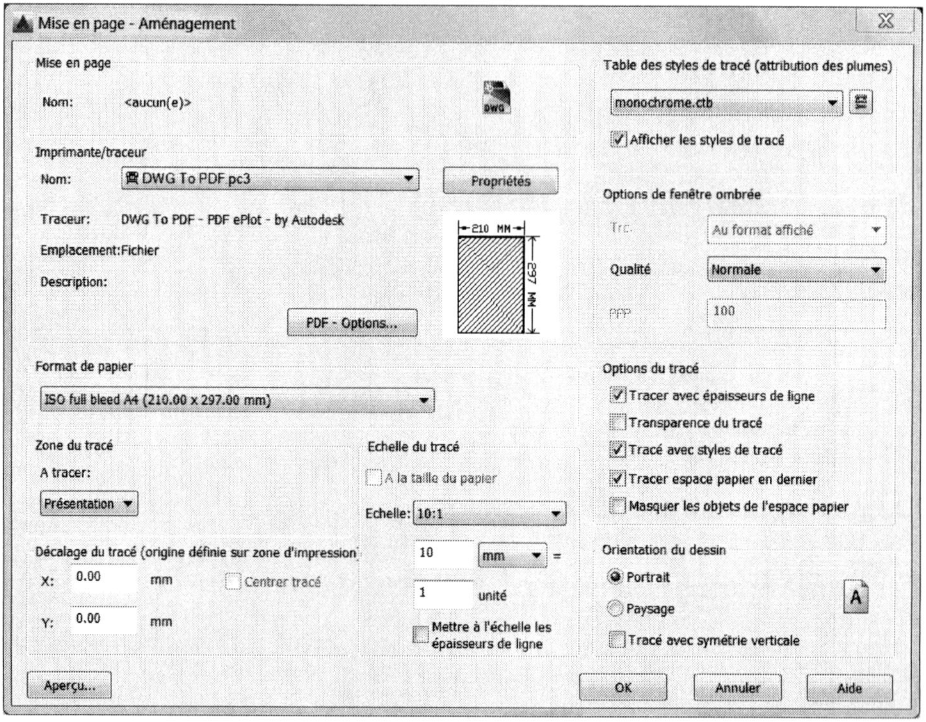

- Cliquez sur **OK** pour confirmer les paramètres de la fenêtre **Mise en page**, et cliquez sur **Fermer** pour fermer le **Gestionnaire de mise en page**.

## 3. Étape 3 : Créer un cadre de présentation et insérer le cartouche

Pour une présentation professionnelle de notre document, nous allons définir un cadre et insérer un cartouche contenant diverses informations relatives au projet.

- Dans le groupe de fonctions **Dessin** (onglet **Début**), cliquez sur l'icône **Rectangle** .

  La fenêtre de commande affiche :

```
RECTANG Spécifiez le premier coin ou [Chanfrein Elévation Raccord Hauteur Largeur]:
```

- Saisissez **0.4,0.4** et appuyez sur [Entrée] pour spécifier la position du premier coin du rectangle.

  La fenêtre de commande affiche :

```
RECTANG Spécifiez un autre coin ou [Aire Cotes rOtation]:
```

- Saisissez **20,28.7** et appuyez sur [Entrée] pour spécifier le coin opposé du rectangle.
- Dans le groupe de fonctions **Bloc** (onglet **Insertion**), déroulez l'icône **Insérer** 

 et choisissez **Plus d'options...**.
- Dans la fenêtre **Insérer**, cliquez sur le bouton **Parcourir**.
- Dans la fenêtre **Sélectionner le fichier de dessin**, accédez au dossier contenant les fichiers ressources, sélectionnez le fichier **Cartouche.dwg** et cliquez sur **Ouvrir**.
- Dans la fenêtre **Insérer**, dans la rubrique **Point d'insertion**, vérifiez que la case à cocher **Spécifier à l'écran** est activée.
- Dans la rubrique **Echelle**, vérifiez que la case à cocher **Spécifier à l'écran** est désactivée, et que les valeurs pour **X**, **Y** et **Z** sont égales à **1**.
- Dans la rubrique **Rotation**, vérifiez la valeur **0** dans la zone de texte **Angle**, et confirmez par **OK**.

La figure ci-dessous résume les paramètres à renseigner.

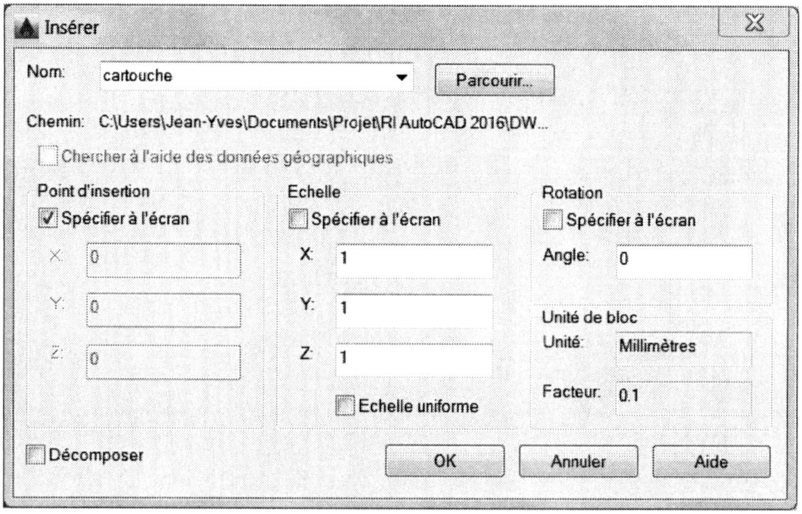


La fenêtre de commande affiche le message suivant.

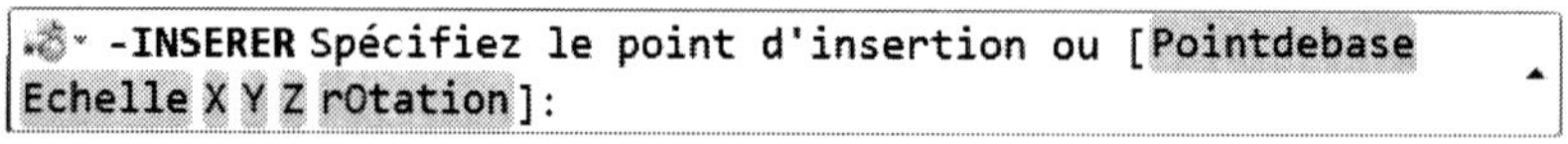


▶ Dans la zone graphique, cliquez sur le coin en bas à droite du rectangle pour spécifier la positon du point d'insertion du bloc, comme indiqué dans la figure ci-dessous.

La fenêtre **Modifier attributs** apparaît :

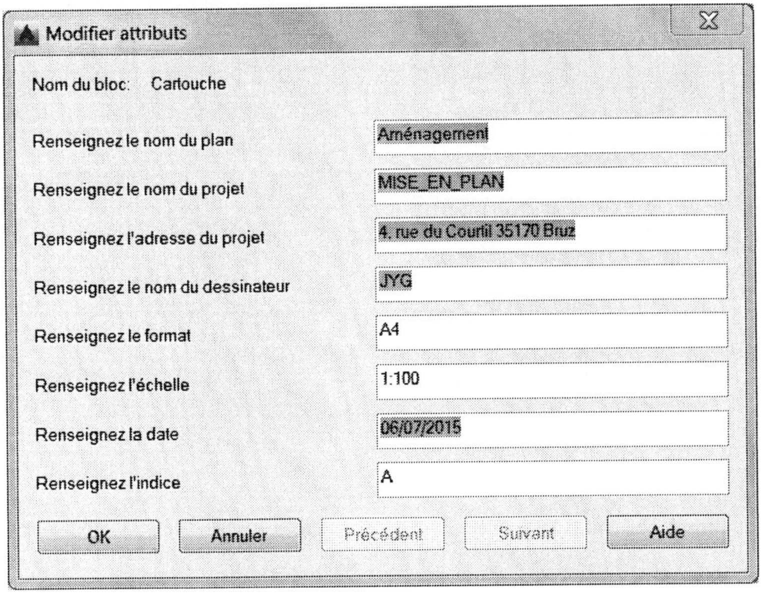


Le bloc **cartouche** contient des attributs. Lors de l'insertion d'un bloc contenant des attributs, la fenêtre **Modifier attributs** apparaît. Les attributs permettent d'ajouter des zones de texte éditables en dehors de l'éditeur de bloc. Ces informations texte seront indépendantes pour chaque bloc. Ici, ces informations sont relatives au cartouche et sont prédéfinies (renseignées automatiquement) pour la plupart.

- Dans la fenêtre **Modifier attributs**, saisissez **1:50** dans la zone de texte **Renseignez l'échelle**.
- Cliquez sur **OK** pour confirmer les nouvelles valeurs données aux attributs du bloc et confirmer l'insertion.

La figure ci-dessous illustre le résultat obtenu :

## 4. Étape 4 : Créer une fenêtre de présentation

▶ Dans le groupe de fonctions **Fenêtres de présentation** (onglet **Présentation**), cliquez sur l'icône **Rectangulaire** .
La fenêtre de commande affiche :

```
-FENETRES Spécifiez le coin de la fenêtre ou [Actif Inactif Zonegraph Tracombr
Verrou Objet Polygonal Restaurer Calque 2 3 4] <Zonegraph>:
```

▶ Dans la zone graphique, cliquez sur le point indiqué dans la figure ci-après pour spécifier la position du premier coin du rectangle de la fenêtre de présentation.

La fenêtre de commande affiche :

```
-FENETRES Spécifiez le coin opposé:
```

▶ Cliquez sur le point indiqué dans la figure ci-dessous pour spécifier la position du coin opposé.

La fenêtre de présentation affiche une vue étendue de l'ensemble des éléments dessinés dans l'espace objet.

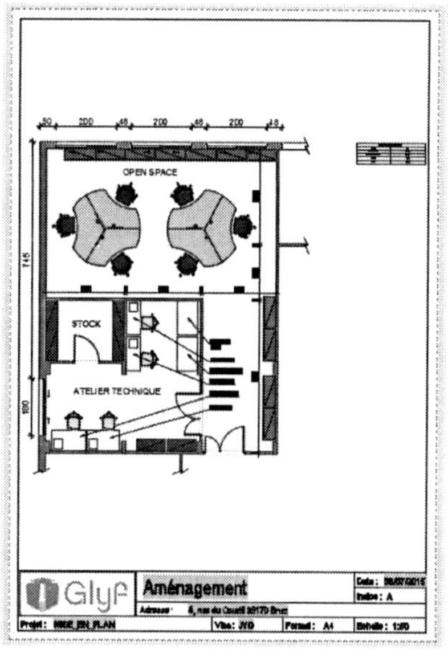


## 5. Étape 5 : Définir la zone à afficher

- Double cliquez dans la fenêtre de présentation pour l'activer.

  Les contours de la fenêtre de présentation apparaissent en traits forts pour indiquer que la fenêtre est active.

- Centrez sur la zone à afficher pour obtenir l'affichage ci-dessous.

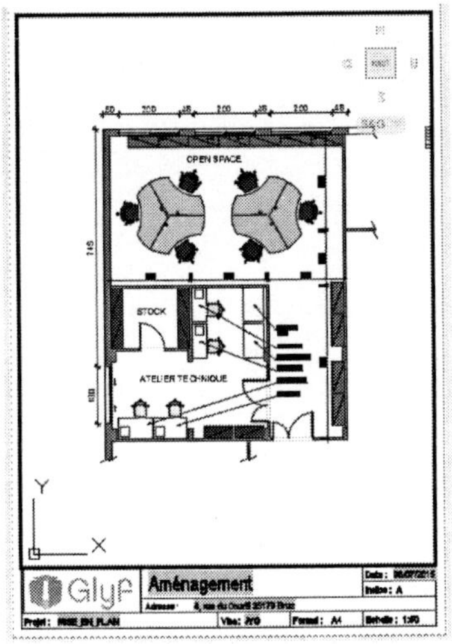


▶ Dans la zone d'état, déroulez la liste **Echelle de la fenêtre** et sélectionnez l'échelle **1:50**.

L'affichage s'ajuste pour obtenir une échelle du dessin au 1:50ème.

▶ Double cliquez en dehors de la fenêtre de présentation pour désactiver la fenêtre de présentation.

La figure ci-dessous affiche le résultat obtenu.

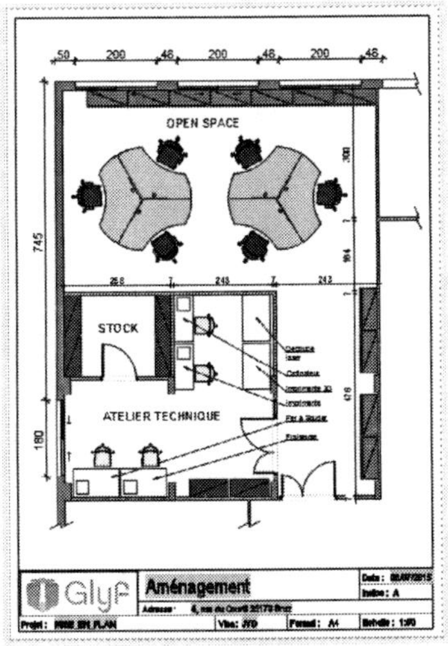

## 6. Étape 6 : Lancer l'impression

Nous allons ici réaliser une impression numérique (PDF).

▶ Déroulez le menu du **Navigateur**  et cliquez sur **Imprimer** 
.

La fenêtre **Tracer - Aménagement** suivante apparaît :

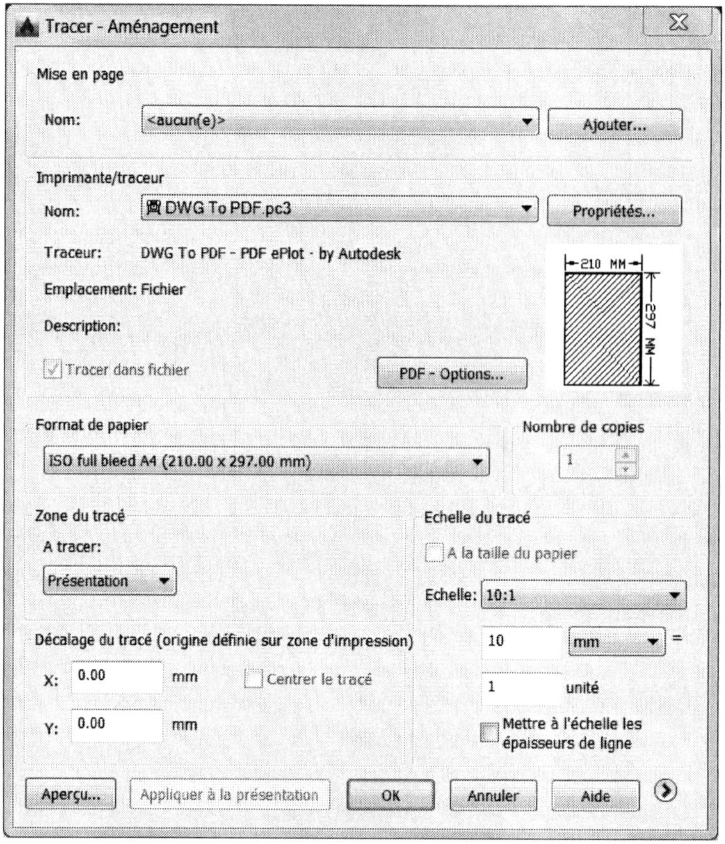


La fenêtre **Tracer - Aménagement** reprend l'ensemble des paramètres de mise en page définis précédemment.

▶ Cliquez sur **OK** pour lancer l'impression.

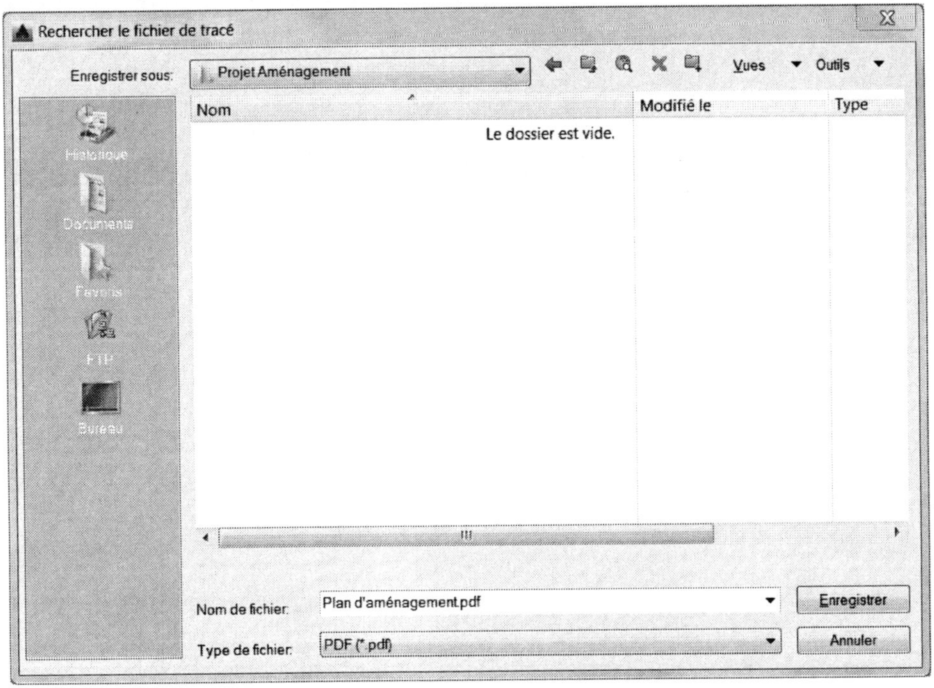


- Dans la fenêtre **Rechercher le fichier de tracé**, accédez au dossier voulu et renseignez le nom du fichier PDF dans la zone de texte **Nom de fichier**.
- Cliquez sur **Enregistrer** pour générer le fichier PDF.

La figure ci-dessous affiche le résultat final.

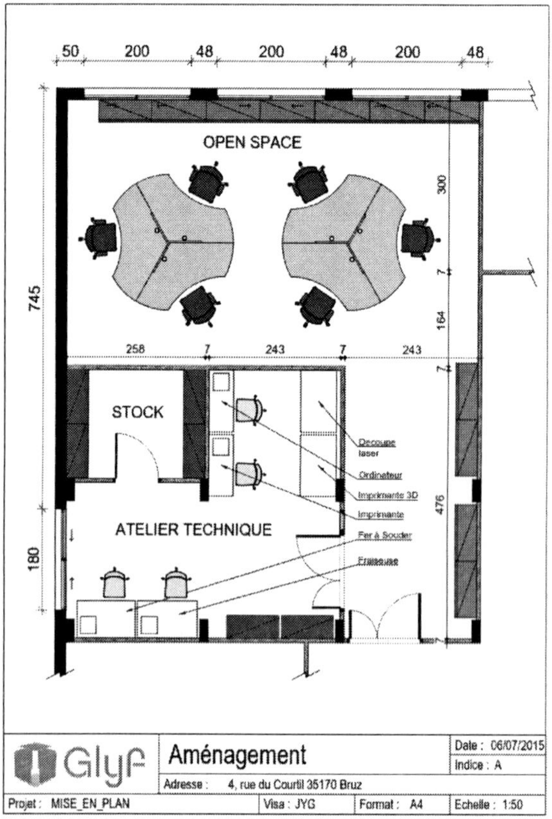

# Exercice 10
# Mettre en page le plateau

Dans cet exercice, nous allons apposer un cartouche correspondant aux informations de notre projet.

## 1. Étape 1 : Accéder à l'espace Présentation

▶ Téléchargez et ouvrez le fichier ressource **Mise_en_plan_plateau.dwg**.

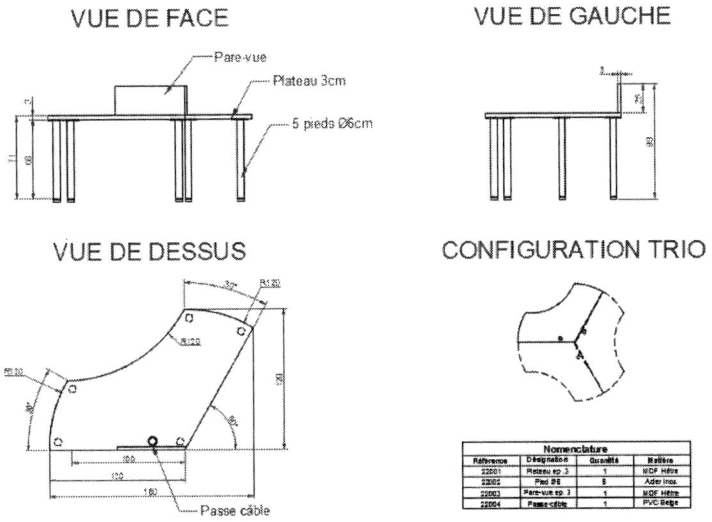

Chaque onglet de présentation sert à préparer l'impression du travail final sur un plan. Pour chaque onglet de présentation, on peut paramétrer une mise en page différente.

- Pour accéder à l'espace de présentation, cliquez sur l'onglet **Présentation1** situé en bas à gauche de la zone graphique.

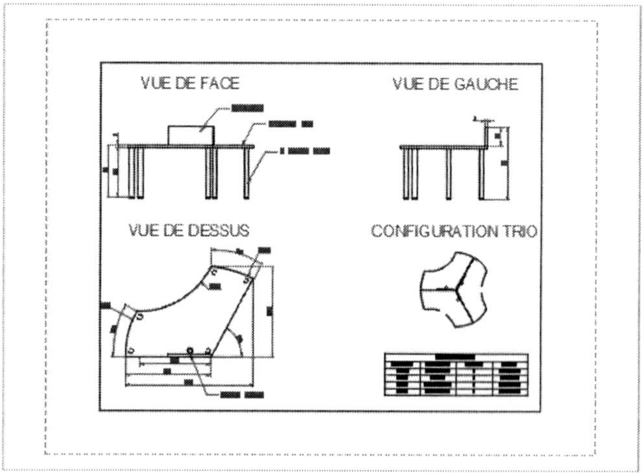


- Double cliquez sur l'onglet **Présentation1** pour sélectionner le nom de la présentation, saisissez **Plateau de bureau** et validez par [Entrée] pour renommer la présentation.
- Sélectionnez la fenêtre de présentation indiquée dans la figure ci-dessous et appuyez sur la touche [Suppr] pour l'effacer.

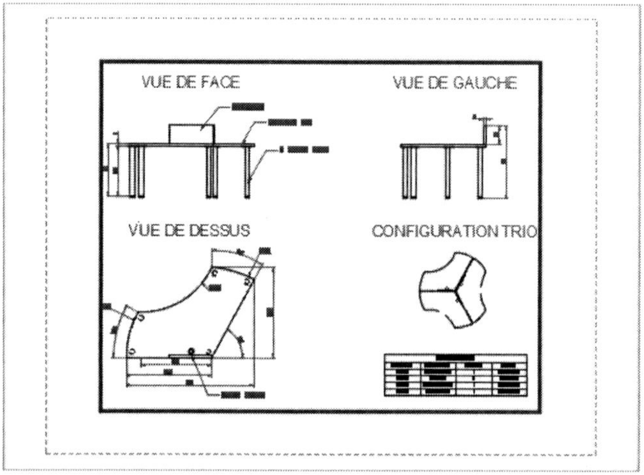

## 2. Étape 2 : Paramétrer la mise en page

Commençons par configurer la mise en page.

- Effectuez un clic droit sur l'onglet de présentation **Plateau de bureau**, et dans le menu contextuel choisissez **Gestionnaire des mises en page**.

  La fenêtre ci-dessous est affichée.

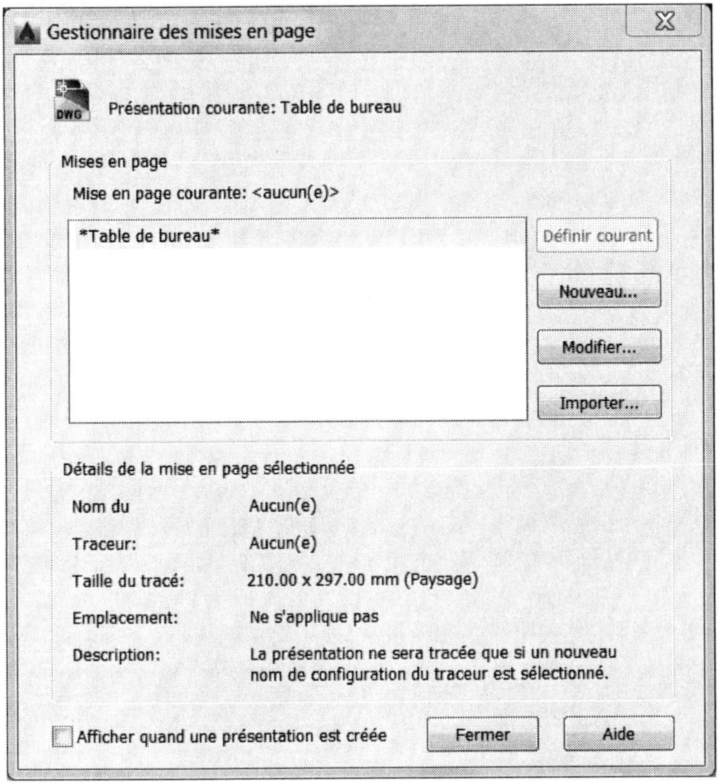


- Dans le **Gestionnaire des mises en page**, cliquez sur le bouton **Modifier** pour accéder aux paramètres de mise en page de la présentation **Plateau de bureau**.
- Dans la fenêtre **Mise en page - Plateau de bureau**, procédez aux paramétrages suivants :
  - Dans la rubrique **Imprimante/traceur**, déroulez la liste **Nom** et sélectionnez l'imprimante virtuelle **DWG to PDF**.
  - Dans la rubrique **Format de papier**, déroulez la liste et sélectionnez le format **ISO full bleed A4 (210.00 x 297.00 mm)**.

- Dans la rubrique **Zone du tracé**, vérifiez que la liste **A tracer** affiche le choix **Présentation**.
- Dans la rubrique **Décalage du tracé**, vérifiez la valeur **0** dans les zones de texte **X** et **Y**.
- Dans la rubrique **Echelle du tracé**, sélectionnez **10:1** dans la liste déroulante **Echelle**.
- Dans la rubrique **Table des styles de tracé (attribution des plumes)**, déroulez la liste des styles de tracé et sélectionnez **monochrome.ctb**.
- Dans la rubrique **Options de fenêtre ombrée**, vérifiez que la liste **Qualité** affiche le choix **Normale**.
- Dans la rubrique **Options du tracé**, vérifiez que les cases **Tracer avec épaisseurs de ligne**, **Tracer avec styles de tracé** et **Tracer espace papier en dernier** sont cochées.
- Dans la rubrique **Orientation du dessin**, activez le bouton radio **Paysage**.

La fenêtre ci-dessous affiche l'ensemble des paramètres à renseigner.

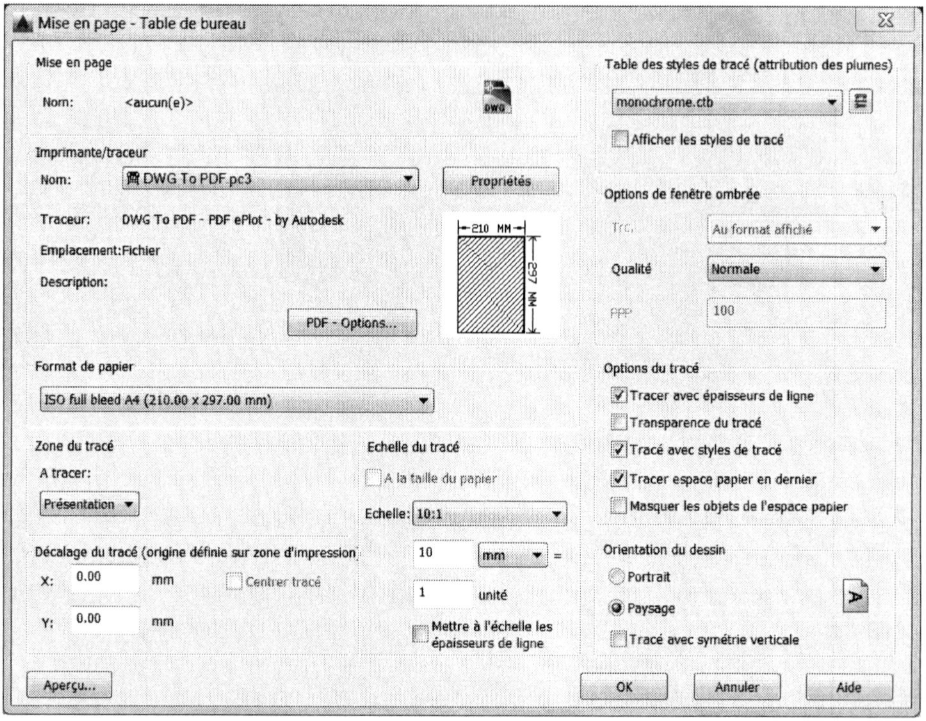

- Cliquez sur **OK** pour confirmer les paramètres de la fenêtre **Mise en page**, et cliquez sur **Fermer** pour fermer le **Gestionnaire des mises en page**.

## 3. Étape 3 : Créer un cadre de présentation et insérer le cartouche

- Dans le groupe de fonctions **Dessin** (onglet **Début**), cliquez sur l'icône **Rectangle** .

  La fenêtre de commande affiche :

```
RECTANG Spécifiez le premier coin ou [Chanfrein Elévation Raccord Hauteur Largeur]:
```

- Saisissez **0.4,0.4** et appuyez sur [Entrée] pour spécifier la position du premier coin du rectangle.
  La fenêtre de commande affiche :

```
RECTANG Spécifiez un autre coin ou [Aire Cotes rOtation]:
```

- Saisissez **28.7,20** et appuyez sur [Entrée] pour spécifier le coin opposé du rectangle.
  La figure ci-dessous affiche le résultat obtenu :

- Dans le groupe de fonctions **Bloc** (onglet **Insertion**), déroulez l'icône **Insérer** 

et choisissez **Plus d'options...**.
- Dans la fenêtre **Insérer**, cliquez sur le bouton **Parcourir**.
- Dans la fenêtre **Sélectionner le fichier de dessin**, accédez au dossier contenant les fichiers ressources, sélectionnez le fichier **Cartouche.dwg** et cliquez sur **Ouvrir**.
- Dans la fenêtre **Insérer**, dans la rubrique **Point d'insertion**, vérifiez que la case à cocher **Spécifier à l'écran** est activée.
- Dans la rubrique **Echelle**, vérifiez que la case à cocher **Spécifier à l'écran** est désactivée et que les valeurs pour **X**, **Y** et **Z** sont égales à **1**.
- Dans la rubrique **Rotation**, vérifiez la valeur **0** dans la zone de texte **Angle**, et confirmez par **OK**.

La fenêtre ci-dessous présente les paramètres à renseigner.

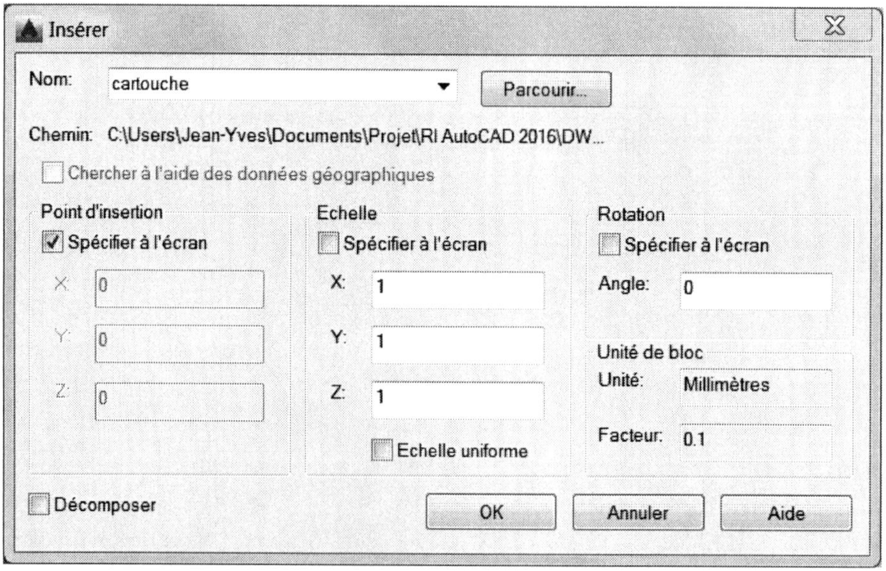


La fenêtre de commande affiche le message suivant.

```
-INSERER Spécifiez le point d'insertion ou [Pointdebase
Echelle X Y Z rOtation]:
```

▶ Dans la zone graphique, cliquez sur le coin en bas à droite du rectangle pour spécifier le point d'insertion du bloc, comme indiqué dans la figure ci-dessus.

La fenêtre **Modifier attributs** ci-dessous apparaît :

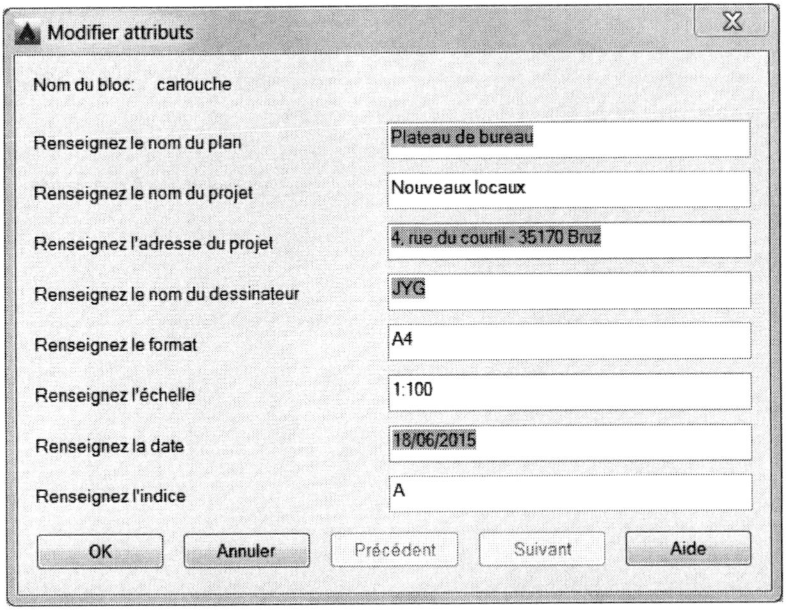

Le bloc cartouche contient des attributs. Lors de l'insertion d'un bloc contenant des attributs, la fenêtre **Modifier attributs** apparaît. Les attributs permettent d'ajouter des zones de texte éditables en dehors de l'éditeur de bloc. Ces informations textes seront indépendantes pour chaque bloc. Ici, ces informations sont relatives au cartouche et sont prédéfinies (renseignées automatiquement) pour la plupart.

- Dans la fenêtre **Modifier attributs**, saisissez **1:30** dans la zone de texte **Renseigner l'échelle**.
- Cliquez sur **OK** pour confirmer les nouvelles valeurs données aux attributs du bloc et valider l'insertion.

## 4. Étape 4 : Créer une fenêtre de présentation

- Dans le groupe de fonctions **Fenêtres de présentation** (onglet **Présentation**), déroulez l'icône **Fenêtres** et choisissez **Polygonal** 

.
La fenêtre de commande affiche :

```
-FENETRES Spécifiez le point de départ:
```

- Dans la zone graphique, cliquez sur le point **P1** indiqué dans la figure ci-dessous pour spécifier la position du point de départ de la fenêtre de présentation.

La fenêtre de commande affiche :

```
-FENETRES Spécifiez le point suivant ou [Arc LOngueur
annUler]:
```

▶ Cliquez sur les points **P2**, **P3**, **P4**, **P5** et **P6** indiqués dans la figure ci-dessous pour spécifier la position des points suivants et appuyez sur [Entrée] pour valider la création de la nouvelle fenêtre de présentation.

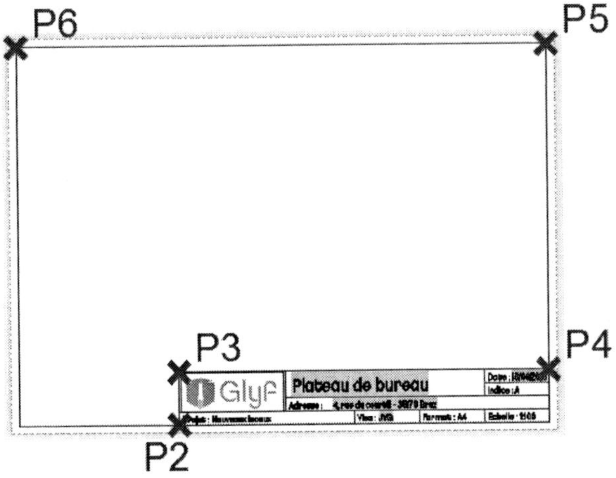


La fenêtre de présentation affiche une vue étendue de l'ensemble des éléments dessinés dans l'espace objet.

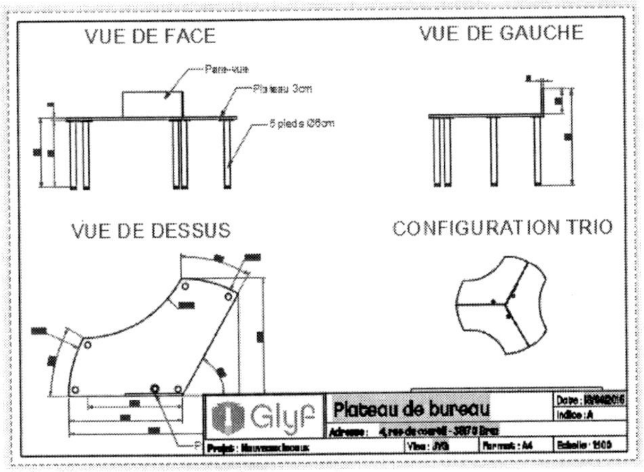

## 5. Étape 5 : Définir la zone à afficher

▶Double cliquez dans la fenêtre de présentation pour l'activer.

Les contours de la fenêtre de présentation apparaissent en traits forts pour indiquer que la fenêtre est active.

▶Centrez sur la zone à afficher à l'aide des outils **Panoramique** ou/et **Zoom** pour obtenir l'affichage ci-dessous.

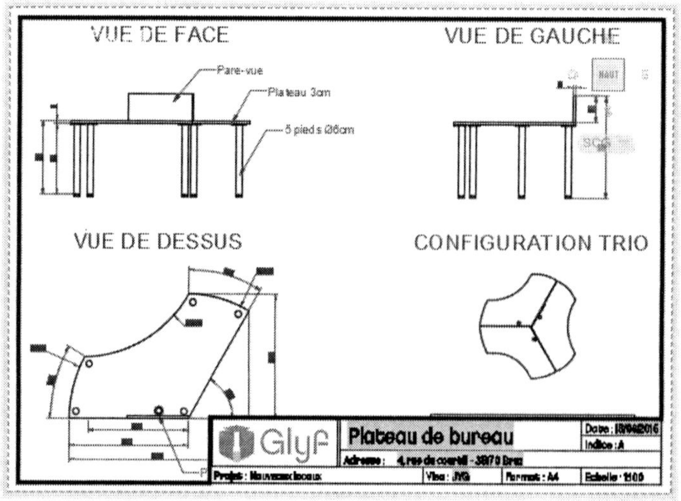


▶Double cliquez en dehors de la fenêtre de présentation pour la désactiver.

▶Cliquez sur le contour de la fenêtre de présentation pour la sélectionner.

▶Dans la zone d'état, déroulez la liste **Echelle de la fenêtre** et sélectionnez l'échelle **1:30**.

L'affichage s'ajuste pour obtenir un dessin à l'échelle 1:30ème.

▶ Cliquez sur l'icône **Verrouiller la fenêtre** pour verrouiller la fenêtre de présentation.
La figure ci-dessous affiche le résultat obtenu.

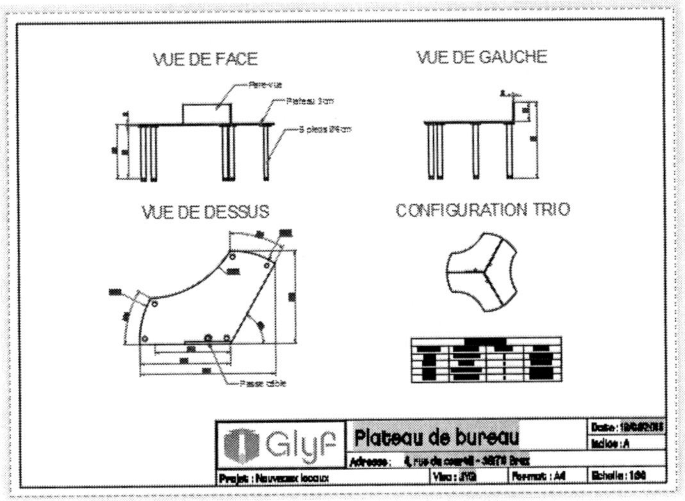


## 6. Étape 6 : Lancer l'impression

▶ Déroulez le menu du **Navigateur** et cliquez sur **Imprimer** .
La fenêtre **Tracer - Plateau de bureau** apparaît.

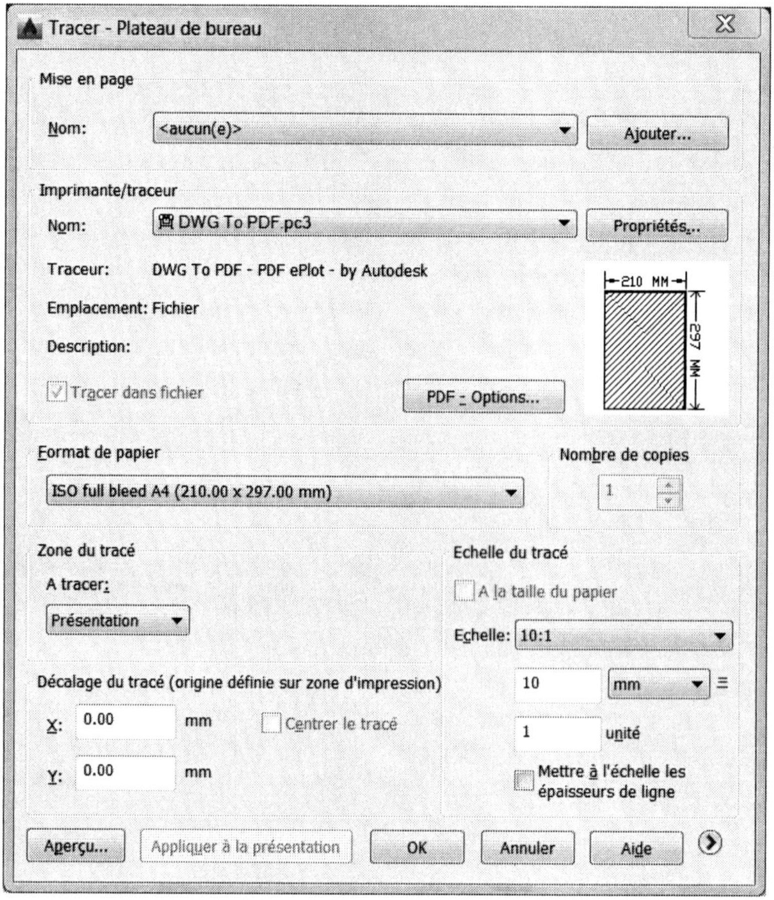


La fenêtre **Tracer - Plateau de bureau** reprend l'ensemble des paramètres de mise en page définis précédemment.

- Cliquez sur **OK** pour lancer l'impression.

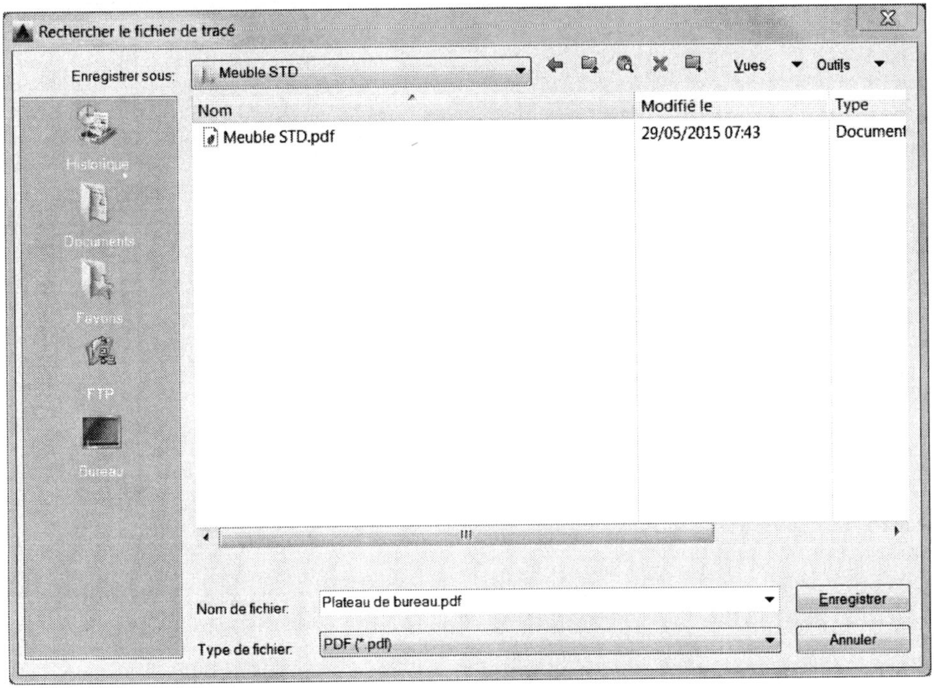


- Dans la fenêtre **Rechercher le fichier de tracé**, accédez au dossier voulu et renseignez le nom du fichier PDF dans la zone de texte **Nom de fichier**.
- Cliquez sur **Enregistrer** pour générer le fichier PDF.

La figure ci-dessous affiche le résultat final.

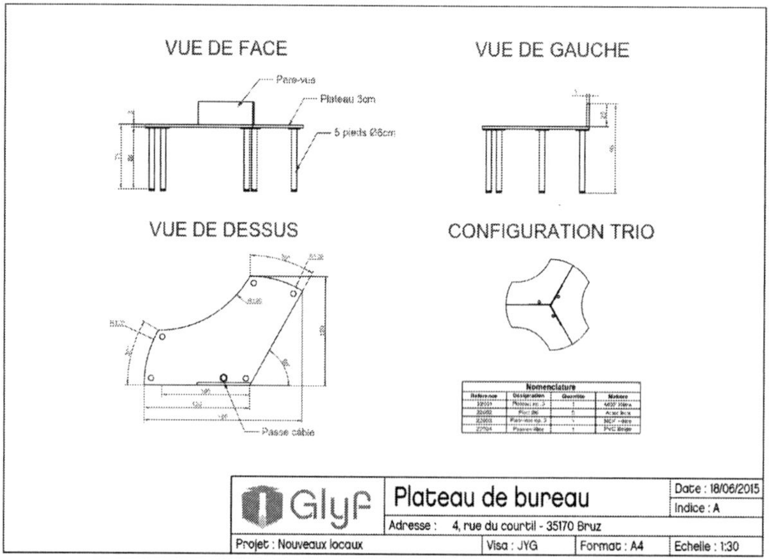

# Chapitre 17
# Objets annotatifs et échelle d'annotation

## 1. Objets annotatifs

La propriété annotative peut être activée pour les objets suivants :

- Hachures
- Texte
- Cotes
- Tolérances
- Lignes de repère multiples
- Blocs
- Attributs

Cette propriété permet d'automatiser le processus de mise à l'échelle des annotations.

Les objets annotatifs sont mis à l'échelle en fonction du paramètre d'échelle d'annotation courant et sont affichés automatiquement à la taille appropriée (voir Échelle d'annotation dans ce chapitre).

Plusieurs boîtes de dialogue ou palettes contiennent une case à cocher (ou un sélecteur) **Annotatif** qui vous permet d'activer la propriété annotative, telle que la palette **Propriétés** :

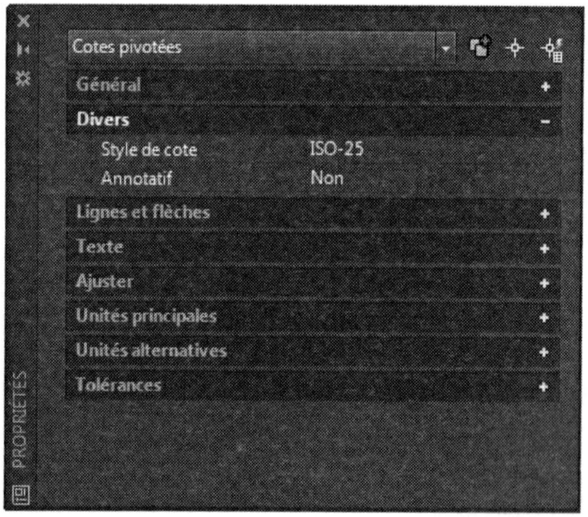


Lorsque l'objet est annotatif, passez le curseur sur celui-ci pour constater l'icône qui indique la prise en charge de l'échelle d'annotation. Lorsque l'objet prend en charge plusieurs échelles d'annotation, le curseur affiche l'icône .

**Remarque**

*La propriété **Annotatif** peut être activée par objet ou par style.*

## 2. Échelle d'annotation

La propriété annotative permet d'automatiser le processus de mise à l'échelle, de façon à ce que les annotations (objets annotatifs) soient automatiquement affichées et imprimées à la taille appropriée.

La propriété **Annotatif** est activée par objet ou par style, et vous définissez l'échelle d'annotation pour les fenêtres de présentation ou l'espace objet. Ainsi, l'échelle d'annotation détermine la taille des objets annotatifs, en fonction de la géométrie de l'objet dans le dessin. Ceci évite de créer plusieurs annotations de différentes tailles sur des calques distincts.

La propriété annotative activée, vous pouvez attribuer une échelle d'annotation aux objets annotatifs. Cette échelle est définie pour les fenêtres de présentation ou l'espace objet, et détermine la taille des objets annotatifs.

## 3. Création d'un style de cote annotatif

- Dans le groupe de fonctions **Annotation** (onglet **Début**), choisissez le bouton **Style de cote** .
- Dans la boîte de dialogue **Gestionnaire des styles de cote**, cliquez sur le bouton **Nouveau** pour créer un nouveau style de cote.
- Dans la boîte de dialogue **Nouveau style de cote**, entrez un nom de style. Cochez la case **Annotatif**.
- Cliquez sur le bouton **Continuer**.
- Dans la boîte de dialogue **Nouveau style de cote**, choisissez l'onglet approprié et apportez les modifications nécessaires pour personnaliser le style de cote.
- Cliquez sur **OK**.
- Cliquez sur **Fermer** pour quitter le **Gestionnaire des styles de cote**.

L'icône est affichée dans la liste **Styles** et indique que le style de cote est annotatif.

## 4. Création d'un style de texte annotatif

- Dans le groupe de fonctions **Annotation** (onglet **Début**), choisissez le bouton **Style de texte** .
- Dans la boîte de dialogue **Style de texte**, cliquez sur le bouton **Nouveau** pour créer un nouveau style de texte.
- Dans la boîte de dialogue **Style de texte**, entrez un nom de style.
- Dans la boîte de dialogue **Style de texte**, cochez la case **Annotatif** dans la rubrique **Taille**, et fixez la taille de texte dans la zone **Hauteur du texte sur le papier**. Cette hauteur sera celle respectée dans les présentations.
- Cliquez sur **Appliquer**, puis **Fermer** pour quitter la boîte de dialogue **Style de texte**.

L'icône est affichée dans la liste **Styles** et indique que le style de texte est annotatif.

## 5. Création d'un style de ligne de repère annotatif

- Dans le groupe de fonctions **Annotation** (onglet **Début**), choisissez le bouton **Style de lignes de repère multiple** .
- Dans la boîte de dialogue **Gestionnaire des styles de lignes de repère multiples**, cliquez sur **Nouveau** pour créer un nouveau style de texte.
- Dans la boîte de dialogue **Créer un style de ligne de repère multiple**, saisissez le nom du style, puis cochez la case à cocher **Annotatif**.
- Cliquez sur le bouton **Continuer**.
- Dans la boîte de dialogue **Modifier le style de ligne de repère multiple**, choisissez l'onglet approprié et effectuez les modifications nécessaires pour définir le style de repère multiple.
- Cliquez sur **OK**.
- Cliquez sur **Fermer** pour quitter la boîte de dialogue **Gestionnaire des styles de lignes de repère multiples**.

L'icône est affichée dans la liste **Styles** et indique que le style de ligne de repère est annotatif.

## 6. Définition de l'échelle d'annotation courante dans l'espace Objet

- Dans la partie droite de la barre d'état, déroulez le bouton-liste **Echelle d'annotation** de la vue courante 1:1.
- Sélectionnez une échelle dans la liste.

## 7. Création d'une échelle d'annotation personnalisée

Le bouton-liste **Echelle d'annotation** propose une liste d'échelles d'annotation. Si toutefois, elle ne vous suffit pas, vous pouvez créer des échelles d'annotation personnalisées. Procédez de la façon suivante :

- Dans le groupe de fonctions **Echelle d'annotation** (onglet **Annoter**), choisissez l'icône **Liste d'échelles** Liste d'échelles.

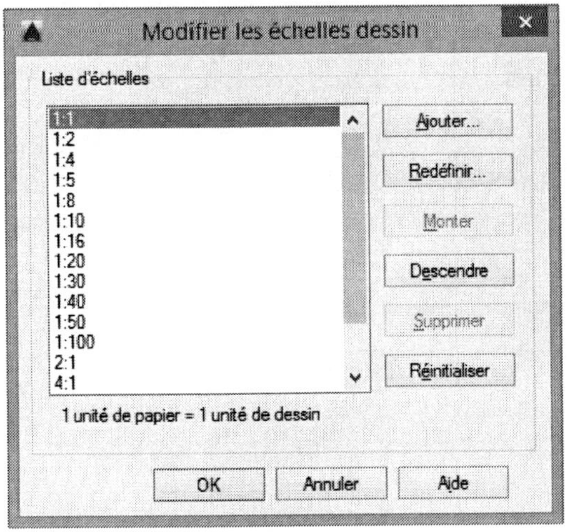


▶ Dans la boîte de dialogue **Modifier les échelles dessin** ci-dessus, cliquez sur le bouton **Ajouter**.

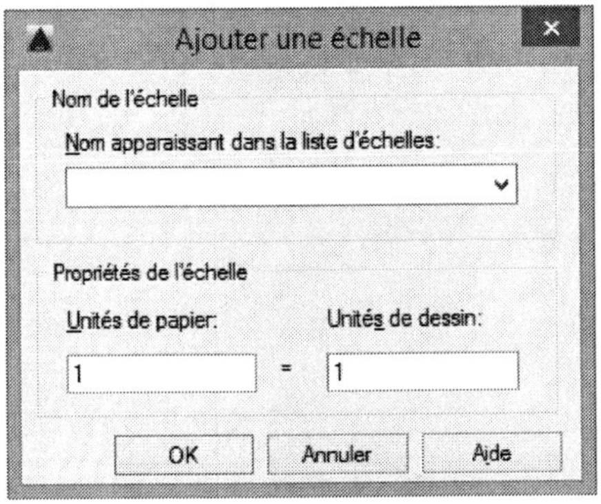


▶ Sélectionnez une échelle dans la zone **Nom apparaissant dans la liste d'échelles**, puis les unités correspondantes dans les zones de texte de la rubrique **Propriétés de l'échelle**.

▶ Confirmez par **OK** pour quitter la boîte de dialogue **Ajouter une échelle**.

▶ Confirmez par **OK** pour quitter la boîte de dialogue **Modifier les échelles dessin**.

## 8. Activer la propriété annotative d'un ou de plusieurs objets

- Sélectionnez le ou les objets.
- Effectuez un clic droit et choisissez **Propriétés** dans le menu contextuel.
- Dans la palette **Propriétés**, dans la rubrique concernée (varie selon le type d'objet sélectionné), choisissez **Oui** au regard du libellé **Annotatif**.

## 9. Afficher et masquer les objets annotatifs

- Dans la partie droite de la barre d'état, cliquez sur l'icône **Afficher les objets d'annotation**  pour modifier l'affichage des objets annotatifs.

L'icône **activée** affiche tous les objets annotatifs pour toutes les échelles.

L'icône **désactivée** affiche les objets annotatifs pour l'échelle annotative courante.

## 10. Définir l'échelle d'annotation pour une fenêtre de présentation

Prenons l'exemple d'une présentation composée de deux fenêtres (de présentation). L'une affiche la globalité du dessin à l'échelle 1:2 et l'autre affiche un détail à l'échelle 1:1 (paramètre **Echelle Standard** de la palette **Propriétés par exemple**).

Dans l'espace objet, une série de cotations annotatives utilise l'échelle d'annotation 1:2 concernant le dessin global ; une seconde série de cotations annotatives utilise l'échelle de 1:1 concernant un détail.

Dans l'espace Objet, les deux séries de cotation sont donc affichées avec des tailles différentes.

L'objectif est ici de faire en sorte que, dans les espaces de présentation, seules les cotations concernant une fenêtre soient affichées dans cette fenêtre, et que les cotations des différentes fenêtres aient une taille uniforme.

Respectez la procédure suivante pour chaque fenêtre de présentation :

- Dans la présentation concernée, sélectionnez la fenêtre de présentation.
- Dans la partie droite de la barre d'état, déroulez le bouton-liste **Echelle d'annotation** de la vue courante 

, et sélectionnez l'échelle d'annotation adaptée à la fenêtre.
- Appuyez sur la touche [Echap] pour désélectionner la fenêtre et constatez l'affichage uniforme des objets d'annotation.

## 11. Ajouter une échelle d'annotation à un objet annotatif

Lorsque vous créez un objet annotatif dans votre dessin, il prend en charge une échelle d'annotation, c'est-à-dire l'échelle d'annotation courante au moment où l'objet est créé. Vous pouvez ajouter une échelle d'annotation à un objet annotatif afin de permettre à celui-ci la prise en charge d'autres échelles d'annotation.

- Sélectionnez un ou plusieurs objets annotatifs.
- Effectuez un clic droit et choisissez **Echelle des objets d'annotation**, puis **Ajouter/Supprimer échelles**.
- Dans la boîte de dialogue **Echelle des objets d'annotation**, cliquez sur le bouton **Ajouter**.
- Dans la boîte de dialogue **Ajouter des échelles à l'objet**, sélectionnez l'échelle à ajouter à l'objet.
- Confirmez par **OK** pour quitter la boîte de dialogue **Ajouter des échelles à l'objet**.
- Confirmez par **OK** pour quitter la boîte de dialogue **Echelle des objets d'annotation**.

# Chapitre 18
# Les fichiers d'échange

## 1. Introduction

Il est indispensable de communiquer entre logiciels de CAO/DAO. Le format .dwg est très répandu, mais n'est pas utilisable directement par tous les autres logiciels. Chaque logiciel CAO/DAO utilise son propre format de fichier. Aussi, il existe des formats d'échange standards comme le format DXF (*Drawing Interchange Format*). Ce format est reconnu par toutes les applications CAO/DAO, et prend en compte les géométries 2D et 3D.

## 2. Exportation/importation de fichiers DXF

### 2.1 Exportation de fichiers DXF

- Dans le Navigateur, choisissez **Enregistrer sous**, puis **Autres formats**.
- Choisissez le format DXF AutoCAD 2013 (*.dxf*) dans la liste déroulante **Type de fichier**.
- Précisez ensuite le répertoire dans lequel sera enregistré le fichier.
- Indiquez le nom du fichier dans la zone de texte **Nom de fichier** et cliquez sur le bouton **Enregistrer**.

AutoCAD crée un fichier .dxf à partir de tous les objets de l'espace objet.

- Si vous souhaitez exporter une partie du dessin, dans la fenêtre **Enregistrer le dessin sous**, choisissez **Options** dans le menu **Outils** avant de confirmer par **Enregistrer**. La case à cocher **Sélectionner les objets** (onglet **Options DXF**) permet de limiter la génération du fichier DXF à une sélection d'objets.

**Remarque**

*Choisissez le format DXF AutoCAD 2010/LT2010, AutoCAD 2007/LT2007, AutoCAD 2004/LT2004, DXF AutoCAD 2000/LT2000 ou DXF AutoCAD R12/LT2 pour générer un fichier DXF exploitable par des solutions logicielles ne reconnaissant pas le format DXF AutoCAD 2013 plus récent. Le format DXF AutoCAD 2004 est commun aux versions AutoCAD 2004/LT2004, 2005/LT2005 et 2006/LT2006. Le format DXF AutoCAD 2007 est commun aux versions AutoCAD 2007/LT2007, 2008/LT2008 et 2009/LT2009. Le format DXF AutoCAD 2010 est commun aux versions AutoCAD 2010/LT2010, 2011/LT2011 et 2012/LT2012. Le format DXF AutoCAD 2013 est commun aux versions AutoCAD 2013/LT2013, AutoCAD 2014/LT2014, AutoCAD 2015/LT2015 et AutoCAD 2016/LT2016.*

### 2.2 Importation de fichiers DXF

- Dans la barre d'outils d'accès rapide, cliquez sur l'icône **Ouvrir** .
- Dans la boîte de dialogue, choisissez dans la liste déroulante **Type de fichier** le format DXF (*.dxf*). Ouvrez le répertoire adéquat et sélectionnez le fichier voulu.
- Confirmez par **Ouvrir**.

## 3. Exportation/importation de fichiers ACIS

ACIS est un modeleur volumique. Le format de fichier est .SAT. Les fichiers .sat permettent un échange de solides (formes 3D volumiques) entre les logiciels reconnaissant le modeleur ACIS.

### 3.1 Exportation de fichiers ACIS

- Dans le Navigateur, choisissez **Exporter** puis **Autres formats**.
- Dans la boîte de dialogue **Exporter les données**, choisissez le type de fichier ACIS (*.sat*), puis donnez le nom de fichier avant de cliquer sur **Enregistrer**.
- Sélectionnez les objets à exporter et validez par [Entrée].

## 3.2 Importation de fichiers ACIS

- Dans le groupe de fonctions **Importer** (onglet **Insertion**), choisissez le bouton **Importer**.

La boîte de dialogue **Choisir un fichier ACIS** apparaît.

- Choisissez le répertoire adéquat puis sélectionnez le fichier voulu dans la liste.
- Confirmez par **Ouvrir**.

**Remarque**

*AutoCAD peut importer et exporter d'autres formats de fichiers comme le standard de Windows (.wmf), ainsi que les formats bitmap .bmp et .eps. Les images de rendus peuvent être exportées au format .tga, .tif, .gif... Remarquez aussi le format .stl (lithographie)*

# 4. Exportation/importation de fichiers DGN (MicroStation)

## 4.1 Exportation de fichiers DGN

- Dans le Navigateur, choisissez **Exporter** puis **DGN**.
- Dans la boîte de dialogue **Exporter un fichier DGN**, choisissez le format **V8 DGN** dans la liste déroulante **Type de fichier**.
- Précisez ensuite le répertoire dans lequel sera enregistré le fichier.
- Indiquez ensuite le nom du fichier dans la zone de texte **Nom de fichier** et cliquez sur le bouton **Enregistrer**.

AutoCAD affiche la boîte de dialogue suivante :

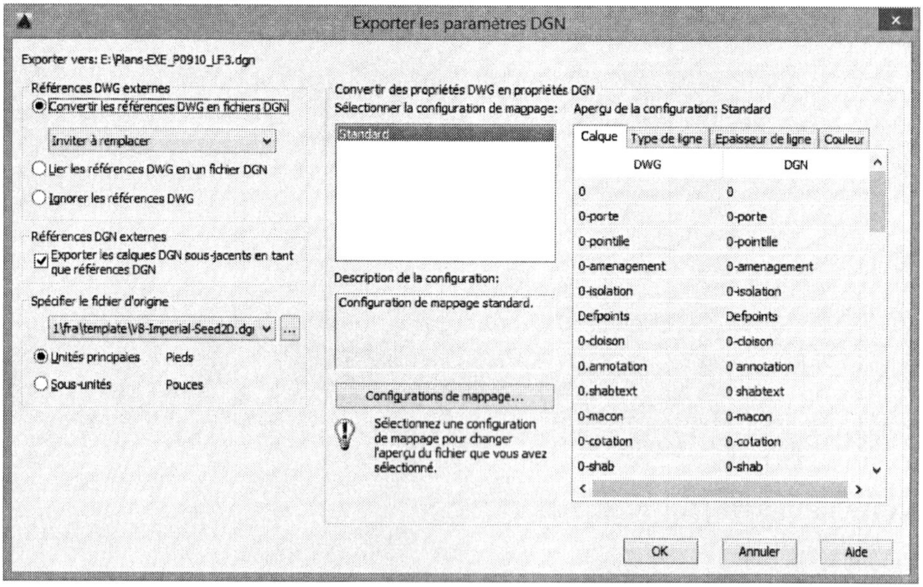


Cette boîte de dialogue détermine la façon dont les références externes sont traitées.

**Références DWG externes** : permet de **Convertir les références DWG** (y compris les références imbriquées) **en** plusieurs **fichiers DGN**, ou de **Lier les références DWG en un** seul **fichier DGN**. L'option **Ignorer les références DWG** ne prendra pas en compte les références externes.

**Références DGN externes** : permet d'**Exporter les calques DGN sous-jacents** du fichier DWG **en tant que références DGN** du fichier DGN résultant.

**Spécifier le fichier d'origine** : permet de régler les unités d'exportation. Le bouton  permet d'accéder aux fichiers unitaires d'origine spécifiques au format DGN.

**Convertir des propriétés DWG en propriétés DGN** : permet de gérer les paramètres de mappage utilisés dans l'exportation DGN courante. Les paramètres de mappage correspondent aux calques, types de ligne, épaisseurs de ligne et couleur tels que définis dans la zone **Aperçu de la configuration**.

Le bouton **Configurations de mappage** permet de créer des configurations de mappage et permet de modifier, renommer ou supprimer des configurations de mappage existantes.

Vous pouvez aussi exporter de la même façon pour exporter des fichiers au format **V7 DGN**.

## 4.2 Importation de fichiers DGN

- Dans le groupe de fonctions **Importer** (onglet **Insertion**), choisissez le bouton **Importer**.
- Choisissez le format **V8 DGN** dans la liste déroulante **Type de fichier**.
- Choisissez le répertoire contenant le fichier DGN.
- Sélectionnez le fichier DGN à importer, et cliquez sur **Ouvrir**.
- Dans la boîte de dialogue **Importer les paramètres DGN**, sélectionnez un modèle de conception dans la liste et spécifiez les options d'importation voulues.
- Cliquez sur **OK**.

# 5. Publication de fichiers DWF (Design Web Format) ou PDF (Portable Document Format)

Le format DWF (*Design Web Format*) est destiné aux échanges électroniques (Internet, intranet). Il ne s'agit pas d'un format d'exportation classique, mais de traçage électronique (ePlot). Il s'agit d'un format vectoriel compressé qui peut être consulté, ouvert, affiché et imprimé à l'aide du visualiseur **Autodesk Design Review** (le format DWFx peut être lu avec Internet Explorer 7). **Autodesk Design Review** vous permet également d'apposer des annotations et symboles, des repères, de réaliser des croquis, de prendre des mesures de distance et d'angle, etc. Vous pouvez trier l'affichage en désactivant les calques du dessin initial AutoCAD, accéder aux vues enregistrées... Notez aussi que vous pouvez publier des modèles 3D complets. Autodesk Design Review permet de faire pivoter les modèles, de masquer les composants, de les rendre transparents, de réaliser des coupes, des rotations et des déplacements de composants, etc.

Le format PDF (*Portable Document Format*), créé par Adobe Systems, est un format de diffusion des documents électroniques, de visualisation et surtout d'impression. La spécificité du PDF est de préserver la mise en forme (polices d'écritures, images, objets graphiques...) telle qu'elle a été définie par son auteur. Le PDF s'est imposé comme format d'échange (consultation écran, impression, etc.) et d'archivage de documents électroniques, il est devenu un « standard international ». Vous consultez les fichiers PDF dans une fenêtre de votre navigateur ou depuis Acrobat Reader.

AutoCAD permet la publication automatisée d'un jeu de dessins, avec pour chacun la sélection des présentations à publier.

- Dans le **Navigateur**, choisissez **Publier**.

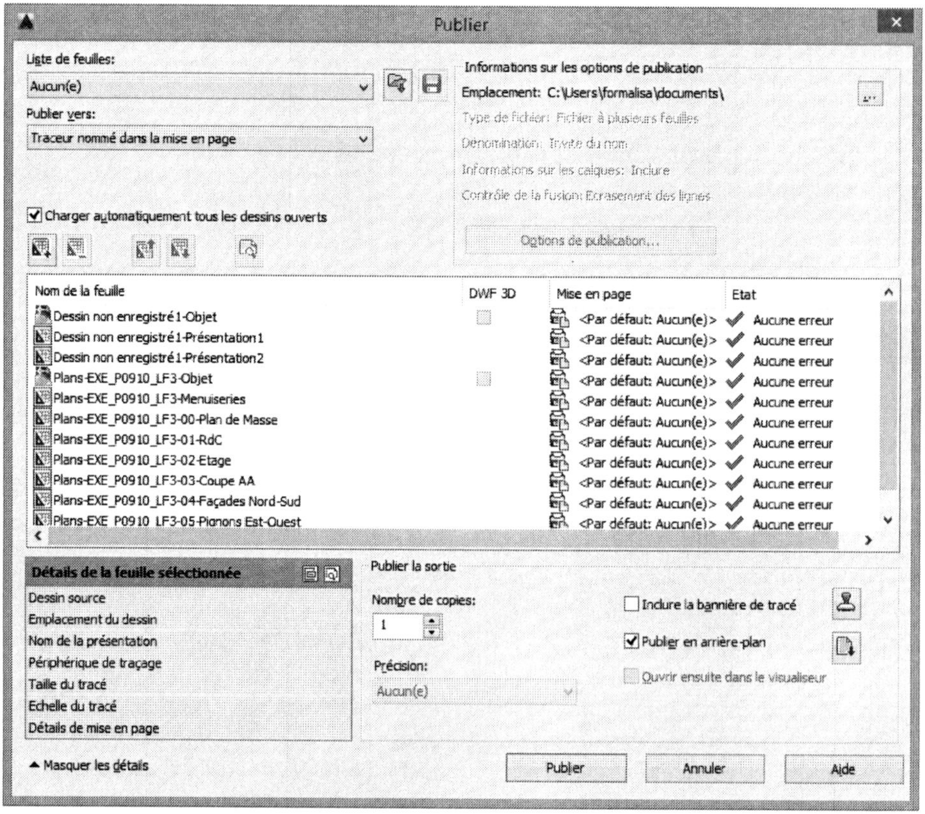


▶ La boîte de dialogue **Publier** affiche la liste des feuilles du dessin courant. Les boutons **Monter la feuille**  et **Descendre la feuille**  permettent la réorganisation des feuilles dans la liste (à sélectionner).

▶ Utilisez, si besoin, le bouton **Ajouter des feuilles**  pour sélectionner les feuilles d'un ou de plusieurs autres fichiers dessin. AutoCAD listera toutes les feuilles des dessins sélectionnés, sauf si vous prenez la précaution d'inclure ou d'exclure l'**Onglet Objet** ou les **Onglets de présentation** dans la liste **Inclure**.

▶ Afin de limiter la publication à certaines présentations de dessin (ou feuilles), sélectionnez, à l'aide de la touche [Ctrl], les feuilles que vous ne souhaitez pas conserver et cliquez sur le bouton **Supprimer les feuilles** .

**Remarque**

*Le bouton **Enregistrer la liste des feuilles***  *permet la sauvegarde d'une liste exploitable ultérieurement.*
*Le bouton **Charger la liste des feuilles***  *permet l'accès à une liste enregistrée. La case à cocher **DWF3D**, présente dans la liste des feuilles, permet d'activer la publication des modèles 3D. Cette option est valable pour les espaces Objets, et non pour les présentations.*

- Dans la liste **Publier vers**, vérifiez que l'option **DWF** (ou DwFx) est activée pour une publication DWF (le format PDF est également disponible).
- Choisissez le bouton **Options de publication**.

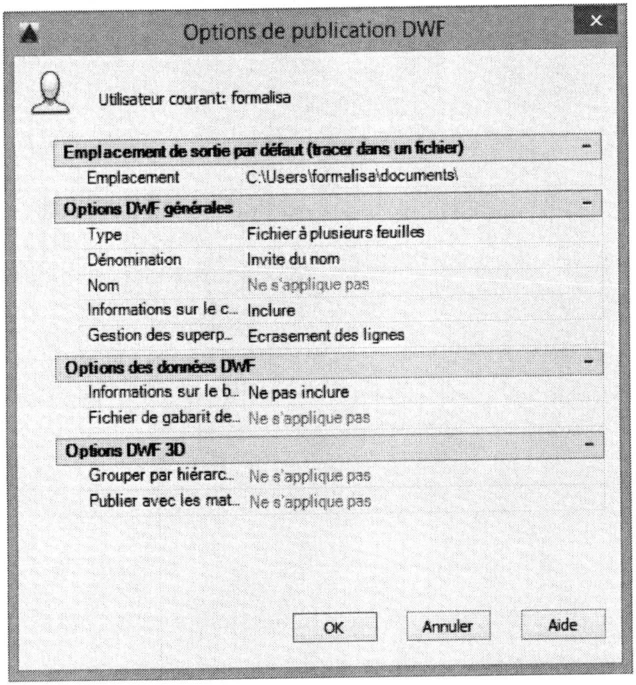


## Emplacement de sortie par défaut (tracer dans un fichier)

- Dans la zone **Emplacement**, spécifiez l'emplacement ou le dossier dans lequel sont enregistrés les fichiers DWF™ et de tracé.

## Options DWF générales

**Type** : spécifie la génération d'un fichier DWF ou DWFx à une ou plusieurs feuilles.

**Dénomination** : l'option **Invite du nom** permet de spécifier un nom et un emplacement lors de la publication ; l'option **Spécifiez le nom** permet de spécifier le nom et l'emplacement en regard de l'option **Nom** située juste en dessous.

**Informations sur le calque** : détermine si les données de calque sont incluses dans le fichier DWF publié.

**Gestion des superpositions** : l'option **Fusion des lignes** implique la fusion des lignes qui se chevauchent (les couleurs des lignes se fondent en une troisième couleur) ; l'option **Ecrasement des lignes** implique que les lignes qui se chevauchent s'écrasent (la dernière ligne tracée obscurcit la ligne située en dessous).

## Options des données DWF

**Informations sur le bloc** : détermine si les informations sur les blocs et attributs sont incluses dans le fichier DWF publié. Dans le cas du choix **Inclure**, vous pouvez spécifier un gabarit (*.BLK) d'extractions d'attributs, en regard de l'option **Fichier de gabarit de bloc** située juste en dessous.

**Fichier de gabarit de bloc** : fournit des options permettant de créer un fichier de gabarit de bloc (DXE), de modifier un fichier de gabarit de bloc existant ou d'utiliser les paramètres d'un fichier de gabarit de bloc précédemment créé (valable si le choix **Inclure** est activé dans l'option **Informations sur le bloc**).

## Options DWF 3D

**Grouper par hiérarchie de Xrefs** : dispose hiérarchiquement les références externes dans le visualiseur pour les fichiers DWF 3D publiés.

**Publier avec les matériaux** : permet la publication des fichiers DWF 3D avec les matériaux.

- Cliquez sur **OK** pour valider les options de publication DWF.
- Cliquez sur **Publier**.

AutoCAD peut vous proposer d'enregistrer la liste de feuilles si vous ne l'avez pas fait précédemment.

La publication du ou des fichiers DWF s'effectue en arrière-plan.

Vous accédez à un rapport de publication en cliquant sur le bouton **Afficher les détails** 

dans le groupe de fonctions **Traceur**.

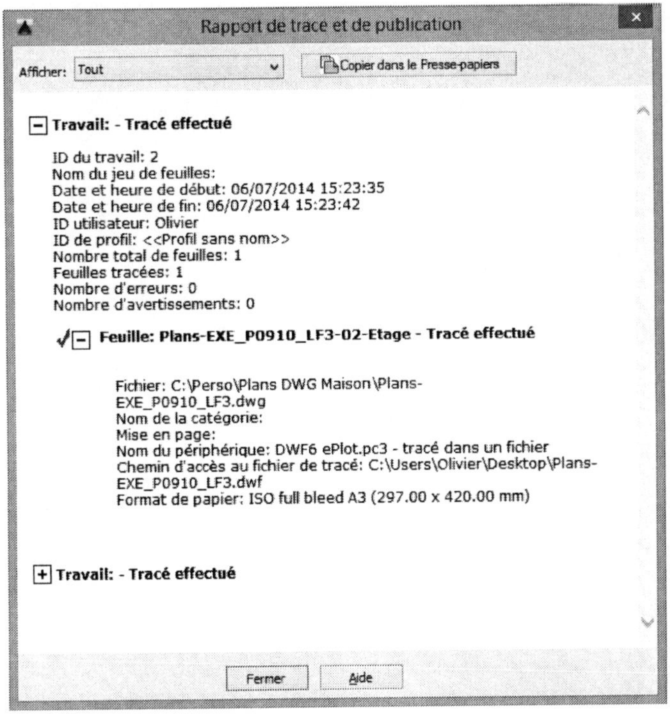


▶ Effectuez un clic droit sur l'icône **Rapport sur les détails du tracé/de la publication**  de la barre d'état. Le menu contextuel suivant est affiché :

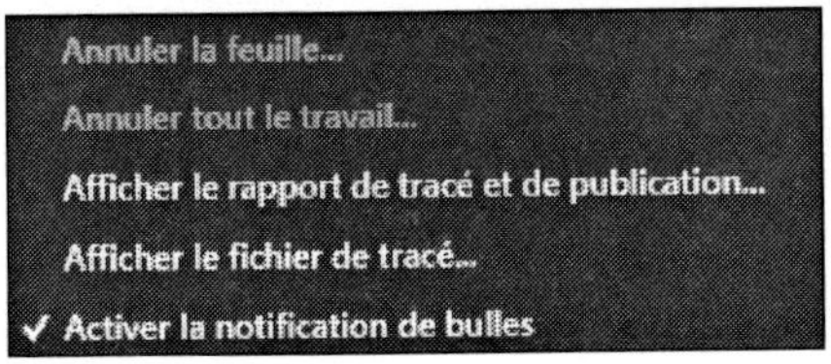


▶ Choisissez **Afficher le fichier de tracé**.

**Remarque**

*Depuis l'Explorateur Windows, un double clic sur le fichier DWF lance le visualiseur Autodesk Design Review.*

La fenêtre **Autodesk Design Review** suivante apparaît et permet la visualisation des feuilles du fichier DWF créé :

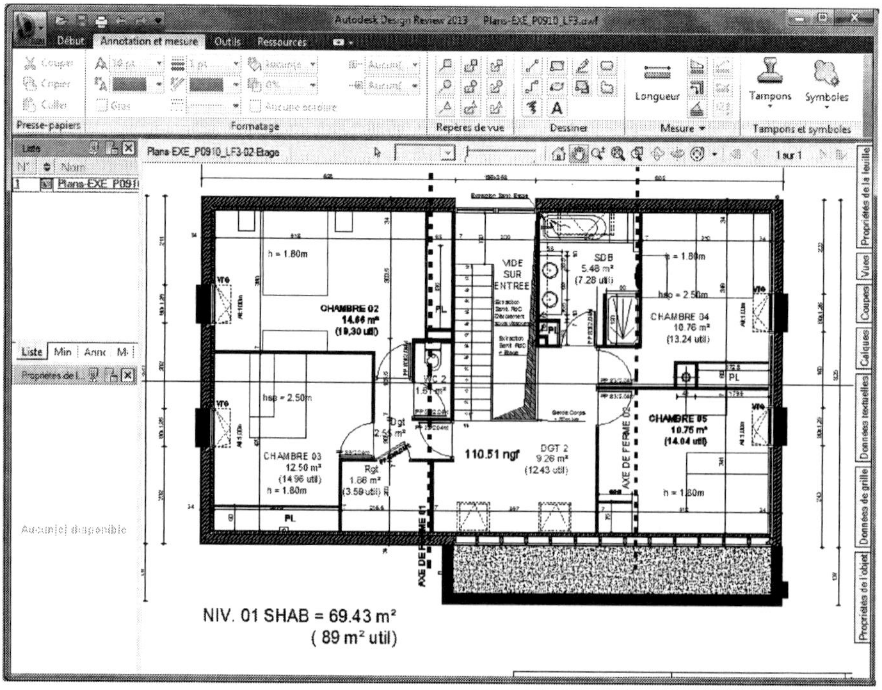


▶ Utilisez les boutons **Feuille précédente** et **Feuille suivante** pour accéder à la feuille désirée, ou cliquez sur les images miniatures proposées sur la partie gauche du visualiseur **Autodesk Design Review**.

▶ Effectuez un clic droit sur l'image pour accéder aux options du menu contextuel.

Grâce à ce menu, vous pouvez effectuer des agrandissements ou réductions de l'affichage (Zoom et Panoramique). Vous accédez aussi aux vues préenregistrées dans AutoCAD, ainsi qu'à la visibilité ou l'invisibilité des calques du dessin initial, à l'impression des feuilles...

**Autodesk Design Review** vous permet également d'apposer des annotations et symboles, des repères, de réaliser des croquis, de prendre des mesures de distance et d'angle, etc. Dans **Autodesk Design Review**, activez l'onglet **Annotation et mesure** pour accéder à ces outils.

**Remarque**

*Les hyperliens associés aux objets AutoCAD sont conservés dans les fichiers DWF.*

# 6. Publier un fichier DWF, DWFx ou PDF feuille par feuille

Contrairement à la publication de jeux de dessins vue dans le titre précédent, vous pouvez grâce à la fonction suivante publier la feuille courante (onglet **Objet** ou **Présentation**), et générer ainsi très rapidement un fichier DWF, DWFx ou PDF.

▶ Dans le groupe de fonctions **Exporter au format DWF/PDF** (onglet **Sortie**), déroulez l'icône déroulante **Exporter** et choisissez l'option voulue.

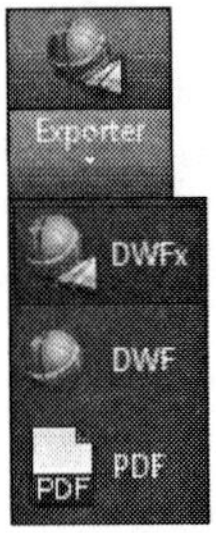


La fenêtre suivante est affichée :

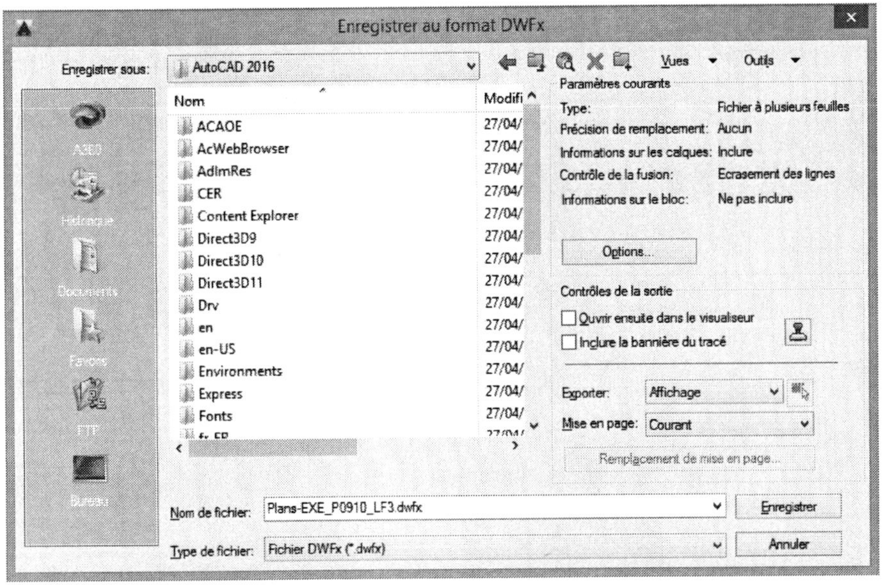


## Paramètres courants

▶ Accédez aux options de publication grâce au bouton **Options** (détaillées dans le titre précédent).

**Contrôles de la sortie**

▶ Activez la case à cocher **Ouvrir ensuite dans le visualiseur** pour accéder à Autodesk Design Review immédiatement après la publication.

La case à cocher **Inclure la bannière du tracé** permet d'inclure les champs et paramètres (nom du dessin, date, heure et échelle de tracé, par exemple) définis dans la fenêtre **Bannière** via le bouton **Paramètres de la bannière de tracé**  (voir le chapitre La présentation du dessin - L'impression).

La liste **Exporter** permet de définir la partie du dessin à exporter. Lorsqu'un onglet de présentation est actif, vous pouvez sélectionner la présentation courante ou toutes les présentations. Lorsque l'onglet **Objet** est actif, vous pouvez sélectionner l'affichage courant, l'étendue du dessin ou une zone (ou fenêtre) à définir (via le bouton **Fenêtre d'impression**).

La liste **Mise en page** permet d'exporter le fichier selon les paramètres courants du **Gestionnaire des mises en page** ou de remplacer ces paramètres. Choisissez **Remplacer** pour accéder au bouton **Remplacement de mise en page** et aux paramètres suivants : format de papier, table des styles de tracé, échelle du tracé, orientation du dessin.

▶ Dans la liste **Nom de fichier**, saisissez le nom du fichier publié.

▶ Confirmez par **Enregistrer** pour publier le fichier.

## 7. Exportation de fichiers STL (stéréolithographie)

AutoCAD permet d'exporter des objets solides 3D au format STL. Le format STL est compatible avec la stéréolithographie ou l'impression 3D, qui est utilisée dans la création rapide de prototypes et autres applications visant à fabriquer des pièces et modèles.

Les données des solides 3D (ou maillages fermés) sont converties en une représentation maillée à facettes, constituée d'un ensemble de triangles et enregistrée au format STL. Utilisez les fonctions de densification des facettes (variable Facetres) pour obtenir un niveau de détail approprié des solides.

Les données STL permettent de créer un objet en « déposant » une succession de calques fins constitués de plastiques, métaux ou matériaux composés. Les pièces et modèles obtenus sont généralement utilisés dans les cas suivants :

- Visualiser les conceptions.
- Créer des représentations des produits, des modèles architecturaux et des modèles de terrain.

- Tester la forme, l'ajustement et la fonction.
- Identifier les problèmes de conception.
- Créer des modèles de référence pour les applications de moules positifs.
- Créer des outils de marketing.

Dans le Navigateur, choisissez **Publier** puis **Envoyer au service d'impression 3D**.

AutoCAD affiche la fenêtre suivante qui permet de s'informer sur la préparation des modèles.

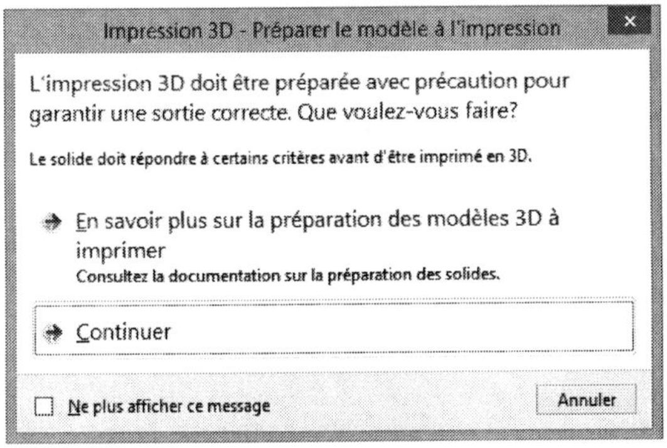


Choisissez le bouton **Continuer**.

AutoCAD affiche un message pour vous inviter à sélectionner les solides ou maillages fermés.

Sélectionnez les solides ou maillages et appuyez sur [Entrée].

La boîte de dialogue suivante est affichée :

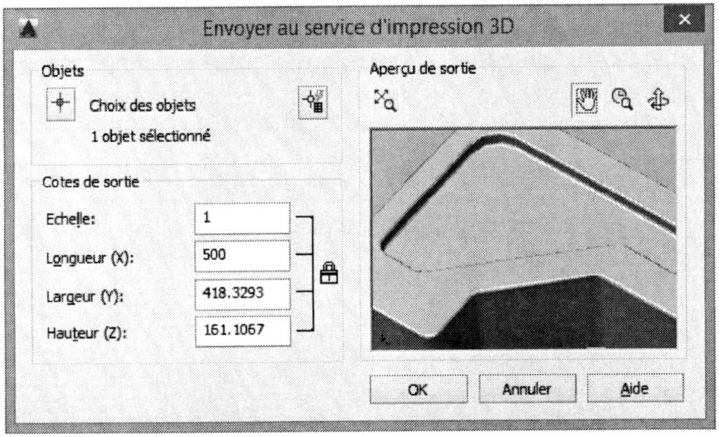

La rubrique **Objets** permet de sélectionner de nouveaux objets via le bouton **Choix des objets** et de procéder à une sélection filtrée via le bouton **Sélection rapide**.

La rubrique **Cotes de sortie** permet de modifier les échelle, longueur, largeur et hauteur du fichier STL exporté.

La rubrique **Aperçu de sortie** permet d'ajuster l'affichage dans la fenêtre d'aperçu à l'aide de fonctions **Panoramique**, **Zoom** et **Orbite**.

▶ Confirmez par **OK** pour générer le fichier STL.

La fenêtre suivante permet de nommer et d'enregistrer le fichier STL généré :

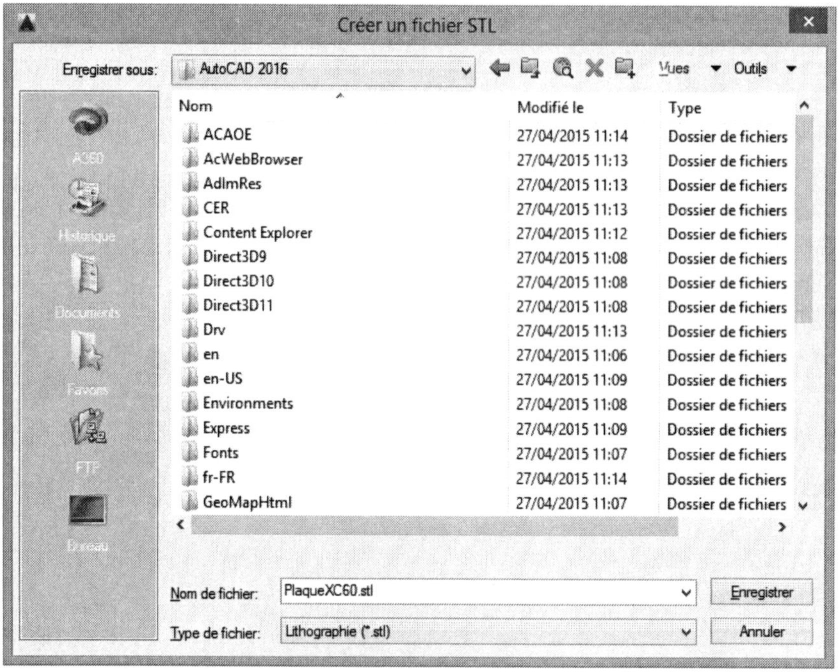

# 8. Exportation/importation de fichiers IGES

IGES (*Initial Graphics Exchange Specification*) est un format de fichier neutre conçu pour transférer des données de dessin 2D et 3D entre différents systèmes de CAO, voire de fabrication (FAO).

Le format IGES (ou IGS) concernant une géométrie 3D a la particularité d'afficher des modèles surfaciques. À l'inverse des objets volumiques, ces surfaces simples ou complexes représentent l'enveloppe (ou la peau) des modèles. Ainsi, même dans le cas où les modèles d'origine sont volumiques, la restitution d'un format IGES est forcément surfacique.

## 8.1 Exportation de fichiers IGES

- Dans le navigateur, choisissez **Exporter** puis **Autres formats**.
- Dans la boîte de dialogue **Exporter les données**, choisissez le type de fichier IGES (ou IGS), puis donnez le nom du fichier avant de cliquer sur **Enregistrer**.
- Sélectionnez les objets à exporter et à valider.

Le processus d'exportation est lancé, et une bulle de notification apparaît à la fin de l'exportation dans la barre des tâches.

## 8.2 Importation de fichiers IGES

- Dans le groupe de fonctions **Importer** (onglet **Insertion**), choisissez le bouton **Importer**.
- Dans la boîte de dialogue **Importer un fichier**, choisissez le type de fichier IGES.
- Accédez au dossier adéquat et au fichier à importer.
- Confirmez par **Ouvrir**.

Le processus d'importation est lancé, et l'affichage suivant apparaît :

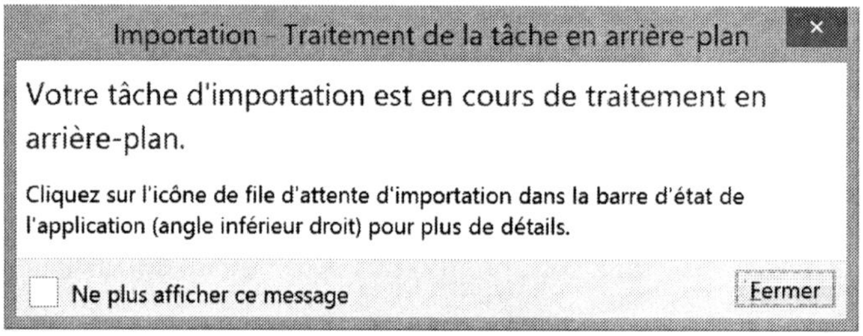


La bulle de notification suivante apparaît à la fin de l'importation dans la barre des tâches.

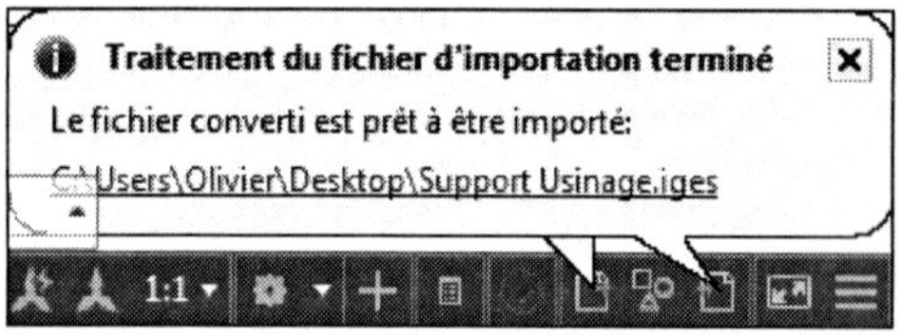


▶ Cliquez sur le lien de la notification ci-dessus pour insérer le fichier IGES dans le dessin.

## 9. Importer des fichiers CATIA®, Pro/ENGINEER®, STEP, SolidWorks®, JT, NX, Parasolid et Rhinoceros® (Rhino)

AutoCAD 2016 permet d'importer un large éventail de formats CAO, dont les formats natifs les plus répandus tels que CATIA, SolidWorks, Pro/Engineer, NX, Rhino, le format d'échange propre au modeleur Parasolid, ainsi que les standards d'échange IGES, STEP et JT.

Vous pouvez notamment importer les formats de fichier de CAO 3D suivants :

- IGES (toutes les versions)
- STEP (AP214 et AP203E2)
- Rhinoceros (Rhino v. 4.0)
- Pro/ENGINEER (jusqu'à Wildfire 5.0)
- CATIA V4 (toutes les révisions)
- CATIA V5 (R10 à R19)
- Parasolid (jusqu'à V23)

- JT (7.0, 8.0, 8.1, 8.2, 9.0-9.5)
- NX (3 à 7.5)
- SolidWorks (2003 à 2010)

Lorsque vous importez le modèle 3D, celui-ci est disponible sous la forme d'un modèle 3D AutoCAD dans l'espace objet.

## Importation

- Dans le groupe de fonctions **Importer** (onglet **Insertion**), choisissez le bouton **Importer**.
- Dans la boîte de dialogue **Importer un fichier**, déroulez la liste **Type de fichier** pour choisir le type de fichier à importer :

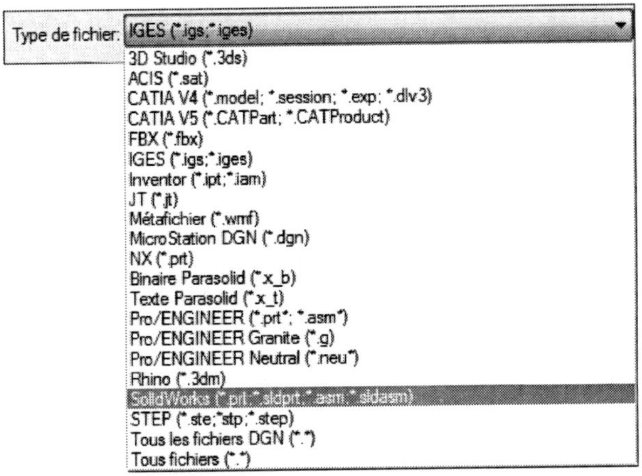


- Sélectionnez le format à importer
- Accédez au dossier adéquat et au fichier à importer.
- Confirmez par **Ouvrir**.

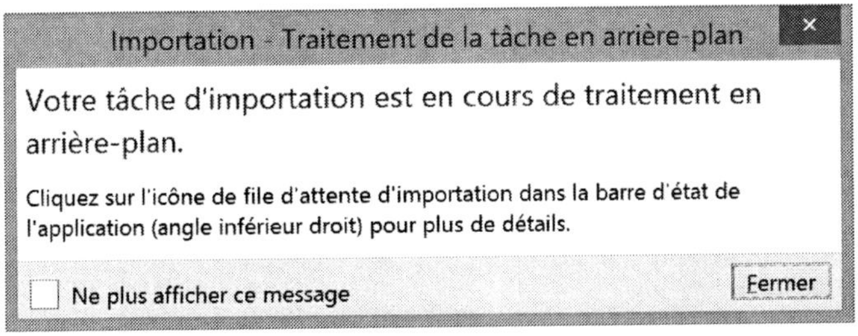

La bulle de notification suivante apparaît à la fin de l'importation dans la barre des tâches.

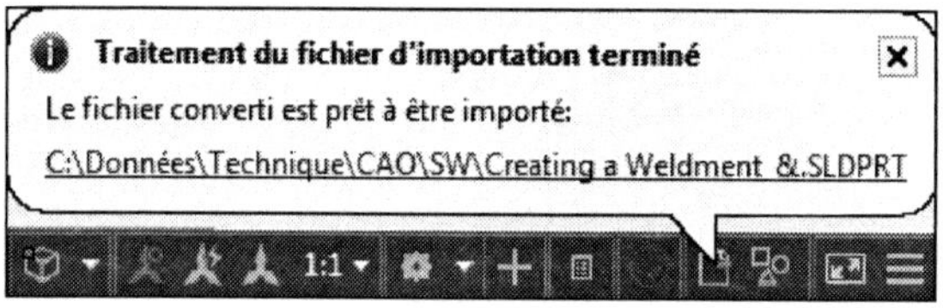


▶ Cliquez sur le lien de la notification ci-dessus pour insérer le fichier (ici un modèle SolidWorks) dans le dessin.

Le modèle est affiché en tant que modèle 3D AutoCAD dans l'espace objet, comme ci-dessous :

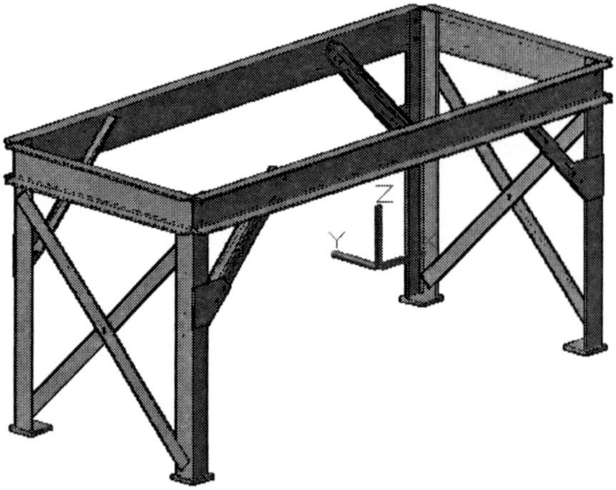

# A

# B



# C

# D

## E

# F

## G



## H



## I

## M



## N

# O



# P

# Q



# R

# S

# T



# U



# V

# W



# X



# Z